BOHEMIA · JAHRBUCH DES COLLEGIUM CAROLINUM

BOHEMIA

JAHRBUCH
des
COLLEGIUM CAROLINUM

BAND 12

R. OLDENBOURG VERLAG MÜNCHEN WIEN 1971

© 1972 Collegium Carolinum, München

Das Werk ist urheberrechtlich geschützt. Die dadurch begründeten Rechte, insbesondere die der Übersetzung, des Nachdrucks, des Vortrages, der Entnahme von Abbildungen, der Funksendung, der Wiedergabe auf photomechanischem oder ähnlichem Wege und der Speicherung, Verwendung und Auswertung in Datenverarbeitungsanlagen, bleiben, auch bei nur auszugsweiser Verwertung, vorbehalten. Werden einzelne Vervielfältigungsstücke für gewerbliche Zwecke hergestellt, ist an das Collegium Carolinum die nach § 54 Abs. 2 UG zu zahlende Vergütung zu entrichten, über deren Höhe das Collegium Carolinum Auskunft gibt.

Für Form und Inhalt der einzelnen Beiträge tragen die Verfasser die Verantwortung.

Herausgegeben im Auftrag des Collegium Carolinum von
Univ.-Prof. Dr. Karl Bosl, München

Schriftleitung: Dr. Gerhard Hanke, 8 München 22, Thierschstraße 11—17/III

Auslieferung August 1972
Satz, Druck und Einband:
Verlagsdruckerei Michael Laßleben, 8411 Kallmünz
ISBN 3-486-43871-9

INHALT

ABHANDLUNGEN

Preidel, Helmut: Böhmen und Mähren in den ersten nachchristlichen Jahrhunderten 9
De Vooght, Paul: Jean Huss, aujourd'hui. 34
Otruba, Gustav und Kropf, Rudolf: Bergbau und Industrie Böhmens in der Epoche der Frühindustrialisierung (1820—1848) 53
Bachmann, Harald: Zisleithanische Gesellschaftsentwicklung und deutschböhmische Frage. Staatliche und staatsfreie Sphäre im Hinblick auf die nationale und soziale Ideologie 233
Wolf, Mechthild: Hauptprobleme einer Monographie Ignaz von Pleners 243
Kann, Robert A.: Der Thronfolger Erzherzog Franz Ferdinand und seine Einstellung zur böhmischen Frage 255
Lipscher, Ladislav: Zur Tätigkeit der slowakischen Abgeordneten in der Tschechoslowakischen Nationalversammlung (1918—1920) 281
Alexander, Manfred: Die Tschechoslowakei und die Probleme der Ruhrbesetzung 1923 297
Haruštiaková-zum Felde, L'ubica: Die Slowaken und ihre Presse in Polen 337

MISZELLEN

Floderer, August: Avogadro'sche oder Loschmidt'sche Zahl? 377
Wessely, Kurt: Die Wirtschaft der Tschechoslowakei im Jahre 1970 385
Schwarz, Ernst: Der Rollberg und die Rohlau 398

BUCHBESPRECHUNGEN

Die Deutschen und ihre östlichen Nachbarn (Karl Möckl) 406
H. Schenk: Nürnberg und Prag (Richard Klier) 408
K. H. Osterloh: Joseph von Sonnenfels und die österreichische Reformbewegung im Zeitalter des aufgeklärten Absolutismus (Wolf D. Gruner) 415
L. v. Gogolák: Beiträge zur Geschichte des slowakischen Volkes. Band 2: Die slowakische nationale Frage in der Reformepoche Ungarns (1790—1848) (Harald Bachmann) 417
H. Veverková-Rousová: Max Haushofer 1811—1866. Lehrer für Landschaftsmalerei an der Akademie der bildenden Künste in Prag (Heinz Haushofer) . 418
Die Protokolle des Österreichischen Ministerrates (1848—1867) (Wolf D. Gruner) 420
W. Wagner: Geschichte des k. k. Kriegsministeriums. Band 2: 1866—1888 (Wolf D. Gruner) 423

H. Mommsen: Nationalitätenfrage und Arbeiterbewegung (Harald Bachmann) 425

G. F. Kennan: From Prague after Munich. Diplomatic Papers 1938—1940 (Fritz Peter Habel) 427

V. Mastny: The Czechs Under Nazi Rule (Martin K. Bachstein) 431

LAUDATIO

Franz Laufke zum 70. Geburtstag (Friedrich Korkisch) 433

ZUSAMMENFASSUNGEN DER ABHANDLUNGEN IN ENGLISCHER SPRACHE 438

ZUSAMMENFASSUNGEN DER ABHANDLUNGEN IN FRANZÖSISCHER SPRACHE 446

ABKÜRZUNGSVERZEICHNIS 453

STICHWORTREGISTER 454

PERSONENREGISTER 457

MITARBEITER DES JAHRBUCHES

Alexander, Manfred, Dr. phil., wissenschaftl. Mitarbeiter im Ostkolleg d. Bundeszentrale f. politische Bildung, Köln.

Bachmann, Harald, Dr. phil., Fürth/Bay.

Bachstein, Martin K., Dr. phil., München.

De Vooght, Paul, Dr. phil., Prof., St. Germain-en Laye.

Floderer, August, Oberstudienrat i. R., Wien.

Gruner, Wolf D., Dr. phil., München.

Habel, Fritz Peter, Dr. phil., München.

Haruštiaková-zum Felde, L'ubica, Dipl.Journ., München.

Haushofer, Heinz, Dr. phil., Prof., Hartschimmel/Obb.

Kann, Robert A., Dr. phil., Prof. a. d. Rutgers University, New Brunswick/NJ.

Klier, Richard, Dr. phil., Oberstudienrat i. R., Nürnberg.

Korkisch, Friedrich, Dr. jur., Dipl.Volkswirt, apl. Prof. a. d. Universität Hamburg.

Kropf, Rudolf, Dr. phil., H. Ass. a. d. Hochschule f. Sozial- u. Wirtschaftswissenschaften, Linz.

Lipscher, Ladislav, Dr. jur. M. Sc., Zürich.

Möckl, Karl, Dr. phil., München.

Otruba, Gustav, Dr. phil., o. Prof. a. d. Hochschule f. Sozial- u. Wirtschaftswissenschaften, Linz.

Preidel, Helmut, Dr. phil., Prof., Planegg.

Schwarz, Ernst, Dr. phil., em. Prof. a. d. Universität Erlangen.

Wessely, Kurt, Dr. phil., Dr. rer. pol., Prof., Ostwirtschaftsreferent d. Österr. Ost- u. Südosteuropainstituts, Wien.

Wolf, Mechthild, Dr. phil., Düsseldorf.

BÖHMEN UND MÄHREN IN DEN ERSTEN NACHCHRISTLICHEN JAHRHUNDERTEN

Von Helmut Preidel

Die historische Überlieferung ist oft reichlich lückenhaft und läßt manches offen, was uns zwielichtig erscheint. Die antiken Autoren sahen eben mit griechischen und römischen Augen und reihten das Wahrgenommene oder Vernommene in ihre Vorstellungswelt ein, wie dies vor allem die Götternamen verdeutlichen. Was vielfach als Zeugnis aufgefaßt wurde, ist also in der Regel bloße Interpretation und muß häufig erst selbst ausgelegt werden. In diesem Zusammenhang erscheint es heute meist wichtiger, genau zu wissen, was der oder jener Forscher zu diesem oder jenem gesagt hat, als zu den Quellen selbst vorzustoßen. Dieses Verfahren, gewissenhaft durchgeführt, spielt jedoch Irrtümer und Fehldeutungen immer wieder hoch und drängt die Gedanken in Richtungen, die jede Abweichung absurd erscheinen lassen, selbst wenn die Auffassung gut unterbaut ist.

Dies gilt z. B. von der Vorstellung, die von Tacitus in seiner Germania beschriebenen Germanen seien ein einheitliches Volk gewesen, sie hätten eine einheitliche Sprache gesprochen, selbst wenn da und dort einige wesentliche Unterschiede vorhanden gewesen seien. Dem ist jedoch nicht so. Dieser Auffassung widerspricht nämlich nicht nur die historische Entwicklung, sondern auch der vermeintliche Kronzeuge Tacitus, denn der kennt nur eine Vielheit von *gentes* und *populi*, die selbständige politische Einheiten darstellen und die kein Zusammengehörigkeitsgefühl untereinander verbindet. Schon in den ersten nachchristlichen Jahrhunderten strebten sie auseinander, um schließlich im fremden Milieu unterzugehen. Wie das in so verhältnismäßig kurzer Zeit vor sich gehen konnte, darüber machte man sich zunächst wenig Gedanken; erst in jüngster Zeit pflegt man Strukturänderungen einige Beachtung zu schenken.

Diese und andere Ungereimtheiten in der historischen Entwicklung lösen sich von selbst, wenn man damit aufhören wollte, heutige Lebens- und Strukturverhältnisse, wenn auch in vereinfachter Form, in eine ferne Vergangenheit hineinzusehen und die in vielen unzulängliche historische Überlieferung in diesem Sinn zu deuten und anzupassen. Dieses Verfahren muß in die Irre führen; in den Quellen ist eigentlich nur von Oberschichten die Rede, kaum einmal von einfachen Leuten. Und warum sollte das, was für das Mittelalter längst erkannt ist, nicht auch für die germanische Frühgeschichte gelten?

Wenn wir unter diesem Gesichtspunkt die Hauptquelle zur germanischen Frühgeschichte, die Germania des Tacitus, durchsehen, werden wir in dieser Auffassung nur bestärkt. Was er von der Lebensweise und Lebenshaltung germanischer Völker zu sagen weiß, deutet keineswegs auf bäuerliche Lebensgewohnheiten, entspricht aber oft bis ins einzelne der Lebenshaltung von Nomaden[1]. Diese Folgerung ist zwingend, wenn wir nicht von Wunschbildern, sondern vom Wortlaut der Quelle ausgehen. Da heißt es z. B. im Kapitel 15 der Germania: „Wenn sie keine Kriege führen, verbringen sie eine gewisse Zeit auf der Jagd, mehr jedoch mit Nichtstun: sie essen und schlafen. Der tapfere Krieger tut gar nichts, denn die Sorge für Haus, Hof und Felder überlassen sie den Frauen, den Greisen und den Schwachen des Hausstandes." Und weiter sagt Tacitus im Kapitel 26: „Bebaubares Land wird gemäß der Zahl der *cultores* von allen zusammen in der Absicht auf Wechsel in Besitz genommen. Und dann teilen sie es unter sich nach dem Ansehen; die Leichtigkeit des Teilens wird durch die Ausdehnung des Ackerlandes ermöglicht. Sie wechseln das Pflugland Jahr für Jahr, und Ackerland ist im Überfluß vorhanden." Schon im vorhergehenden Kapitel hatte Tacitus von der Landwirtschaft der „germanischen" Knechte gesprochen. „Jeder einzelne", so führt er aus, „verwaltet eigenen Grund und ein eigenes Hauswesen. Der Herr legt ihm eine bestimmte Menge Getreide, Kleinvieh und Gewebe auf wie einem Pächter, *ut colono*, und nur insofern ist der Knecht sachfällig; die übrigen Pflichten des Hausstandes besorgen die Gattin und die Kinder."

Wenn wir diese Äußerungen in einen logischen Zusammenhang bringen, dann geht doch wohl unzweideutig hervor, daß die germanischen Völker, von denen Tacitus berichtet, keine Bauern im geläufigen Sinn waren, sondern Nutznießer von Grund und Boden mit allem lebenden und toten Inventar, der den Geschlechtern und Sippen gehörte, die nicht nur *in vici et pagi*, in Gehöften und Bezirken, beisammen lebten, sondern auch besondere Kampfeinheiten mit eigenen Abzeichen stellten (Kapitel 7), wie es von ausgesprochenen Nomaden überliefert ist. An der Spitze dieser Verwandtschaftsverbände standen Häuptlinge, *principes*, die offenbar erst dann fürstlichen Rang erlangten, wenn sie mehrere Sippen unter ihren Einfluß brachten.

Einen breiten Raum nimmt die Schilderung der Gefolgschaft ein, über die Tacitus gut unterrichtet. *Principes,* so erklärt Tacitus, zeichnen Jünglinge vornehmer Abkunft dadurch aus, daß sie sie ihrem Gefolge aus kriegserfahrenen Jungmännern beigesellen; von vielen erlesenen jungen Männern umgeben zu sein, verleihe Ansehen und Einfluß, diese Gefolgsherren würden durch Gesandtschaften umworben und durch Geschenke (Abgaben, Tribute) ausgezeichnet und oft genüge bereits das Gerücht von einem bevorstehenden Eingreifen, um Kriege niederzuschlagen. Wörtlich erklärt Tacitus im Kapitel 14: „Wenn das Gemeinwesen (*civitas*), in dem sie geboren sind, durch einen langen Frieden und durch Nichtstun einrostet, dann suchen sehr viele der jungen Adeligen aus freien Stücken jene Stämme (*gentes*) auf, die gerade Krieg führen, weil dem Volk der Friede nicht behagt, weil sie in Gefahren leichter berühmt werden und weil man ein großes Gefolge nur durch Gewalttat und Krieg unterhalten kann: verlangen sie doch von der Freigebigkeit ihres *princeps* das bekannte Streitroß, jene berühmte blutige und siegreiche Lanze; denn Gastmahle und wenn auch einfache, so doch reichliche

---

[1] Vgl. dazu P r e i d e l, Helmut: Die Sozialordnungen in den oberdeutschen sog. Volksrechten. In: Studium sociale, K. V. Müller dargebracht. Köln und Opladen 1963, 833 S., hier 781 ff.

Ausrüstung gelten als Sold. Die Mittel dieser Freigebigkeit liefern Krieg und Raubzüge." Und Tacitus fährt fort: „Man kann sie nicht so leicht dazu bewegen, Land zu bestellen oder den Jahresertrag zu erwarten, als den Feind herauszufordern und Wunden zu erwerben. Faul und träge erscheint vielmehr, durch Schweiß zu gewinnen, was sich durch Blut erkaufen läßt."

Wenn wir die verschiedenen Mäntelchen, in die man diese Gefolgschaften zu hüllen pflegt, um sie zu verklären, beiseite lassen, dann waren diese Gefolgschaften Organisationen zum Zwecke indirekten Nahrungserwerbes. Nach bürgerlicher Auffassung waren es Räuberbanden, deren Anführer mit ihnen Raubzüge unternehmen mußte, um seinen und seiner Spießgesellen Lebensunterhalt mit der gewonnenen Beute standesgemäß bestreiten zu können. Auch diese Lebensweise hat nichts mit bäuerlicher Lebenshaltung zu tun, nicht einmal mit der Lebensweise von „Wehrbauern", für die man die Germanen längere Zeit gehalten hat.

Tacitus kennt demnach in seiner Germania zwei Verbände, die sich vor allem in der Kriegführung unterscheiden. In den Kapiteln 6 und 7 schildert er die Kampfweise politischer Einheiten (*gentes, nationes* oder *populi, civitates*), ihre Kampfgliederung nach Geschlechtern und Sippen (*familiae et propinquitates*) und ihre Führung durch Könige (*reges*) mit beschränkter Verfügungsgewalt oder durch Anführer (*duces*), die weniger durch Befehle, als vielmehr durch ihr Vorbild leiteten. — Andere Verbände sind dagegen die Gefolgschaften (*comitatus*), reine Personalverbände, die sich um *principes* scharten. Im Gegensatz zu den politischen Landschaftsverbänden stammten ihre Mitglieder nicht bloß aus dem eigenen Volk (*gens*), sondern auch aus anderen *civitates*. Der Gefolgsherr (*princeps*) unternahm mit seinen Leuten oder im Zusammenwirken mit anderen Gefolgschaften aus der gleichen oder aus verschiedenen *civitates* Raubzüge und Kriege mit dem einzigen Ziel, Beute zu machen.

Die antiken Geschichtsschreiber, denen diese sozialwirtschaftlichen Hintergründe gewöhnlich verborgen blieben, vermochten nicht zu unterscheiden, ob Kampfhandlungen und Kriege von Landschafts- oder von Personalverbänden getragen wurden; sie schrieben sie stets ethnischen oder politischen Verbänden zu. Daß auch die moderne Geschichtsschreibung diese Irrtümer und Fehldeutungen nicht erkennt, ist besonders verhängnisvoll, weil damit alle Ereignisse aufgebauscht und mit Gedanken belastet werden, die unser Geschichtsbild entstellen; Inhalt und Umfang der einzelnen Geschehen erhalten so einen anderen Sinn, so daß wir die wahren Größenverhältnisse nicht mehr richtig abzuschätzen vermögen.

Die Geschichte der Markomannen und Quaden nach der antiken Überlieferung und nach den vielseitigen Auslegungen dieser Überlieferung durch die neuere Geschichtsschreibung bietet treffliche Beispiele dafür, auf welch unsicheren Grundlagen unser anscheinend so gefestigtes Geschichtsbild beruht. Nach Velleius Paterculus, einem zeitgenössischen römischen Offizier, und nach Strabo, einem zeitgenössischen griechischen Geographen, wanderten die zuerst unter den Sweben des Ariowist genannten Markomannen wenige Jahre vor Christi Geburt aus dem Main-Gebiet nach Böhmen, vielleicht auch die etwas später genannten Quaden, die dann als Südostnachbarn der Markomannen eine Rolle spielten, um dadurch einer möglichen Unterwerfung durch die Römer zu entgehen. Der Führer dieser Absetzbewegung der Markomannen, der sich nach Strabo auch einige andere kleine Stämme anschlossen, war ein *princeps* namens Marbod, der in seiner Jugend längere Zeit in Rom gewesen war und dort eine Menge gelernt hatte. Velleius Paterculus erzählt weiter, Marbod habe sich nach der Ankunft in den neuen Wohnsitzen alle Nachbarstämme durch Kriege unterworfen oder durch Übereinkünfte verpflichtet, ohne jedoch Näheres darüber auszusagen. Strabo dagegen nennt sechs Namen, die verderbt zu sein scheinen, denn sie lassen sich kaum identifizieren, abgesehen von den Semnonen, die nach Mitteldeutschland lokalisiert zu werden pflegen. Ob die in Schlesien ansässigen Lugier und die noch weiter im Norden wohnenden Goten angeführt sind, ist fraglich, denn beide sind nach Tacitus *gentes,* die auf viele *civitates* verteilt sind.

Käme diese Auffassung, die heute fast allgemein angenommen ist, der Wahrheit nahe, dann hätte Marbod ein riesiges Gebiet beherrscht, das etwa von der mittleren Donau bis fast an die Ostsee gereicht hätte, wo gewiß auch noch andere germanische Stämme wohnten als die eben genannten, z. B. die Hermunduren und Quaden, aber die Überlieferung durch Velleius Paterculus und Strabo enthält wenig verläßliche Angaben, so daß wir uns keine rechte Vorstellung machen können, wie dieses „Reich" ausgesehen haben könnte. Im Gegensatz dazu steht die bestimmte Aussage des Velleius Paterculus, Marbod habe ein stehendes Heer von 70 000 Kriegern zu Fuß und 4 000 Reitern unterhalten. Und gerade diese genauen Zahlen erregen ernste Bedenken, denn solche Angaben lassen sich errechnen, nicht aber abzählen, wie man das heute vielfach verstehen zu müssen meint. Da ein Errechnen nicht in Frage kommt, handelt es sich also um eine bloße Schätzung, die man schon deshalb für maßlos übertrieben halten muß, weil solche Menschenmassen einfach nicht ernährt werden konnten, selbst wenn sie in kleinere oder größere Einheiten über ein größeres Gebiet verteilt gewesen wären.

Diese und andere phantastische Zahlen hatten zur Folge, daß häufig die germanischen Völker und Stämme für volkreicher gehalten wurden, als sie es gewesen sein können. Von Hans Delbrück[2] bis Karl Völkl[3] pflegt man eine Bevölkerungsdichte von 2—10 Menschen auf den Geviertkilometer anzunehmen und die Zahl der Markomannen schon wenige Jahre nach ihrer Einwanderung aus dem Main-Gebiet nach Böhmen mit 500 000 anzugeben. Auch diese Schätzung ist übertrieben hoch und zudem irreführend, denn sie umfaßt alle Landeseinwohner im Sinne eines Volksbegriffes, der wohl der romantischen Auffassung, nicht aber der historischen Wirklichkeit entspricht, wie man an den Verhältnissen in Böhmen und Mähren klarmachen kann.

Wenn wir von der damals vorhandenen Nährfläche ausgehen, die für Böhmen etwa 600 000 Hektar und für Mähren rund 250 000 Hektar betragen haben dürfte, konnten bei der damaligen Feldgras-Wirtschaft und einem Hektarertrag

---

[2] D e l b r ü c k , Hans: Geschichte der Kriegskunst im Rahmen der politischen Geschichte. 4 Bde., hier Bd. 2. 4. Aufl. Berlin 1966, 507 S., hier 14 f.
[3] V ö l k l , Karl: Zur Bevölkerungsdichte im alten Germanien. In: Innsbrucker Beiträge zur Kulturwissenschaft. 2 Bde. Innsbruck 1964, S. 178—190, hier 185.

von 5—6 Doppelzentnern in Böhmen 400 000 bis 450 000 und in Mähren 160 000 bis 180 000 Menschen leben, zusammen demnach etwa 600 000 Menschen. Daß diese Anzahl vom Main-Gebiet und etwas nordöstlich davon kurz vor Christi Geburt nach Böhmen und Mähren gewandert wäre, wird wohl niemand ernstlich annehmen, denn eine Wanderung Hunderttausender über Hunderte von Kilometern ist praktisch unmöglich, namentlich durch unwegsames und wenig zugängliches Gebirgsgelände, in dem derartige Menschenmassen auch nicht hätten ernährt werden können.

Es wäre auch völlig absurd anzunehmen, die Markomannen und Quaden wären in menschenleere Länder gekommen, oder sie hätten die Vorbevölkerung umgebracht oder vertrieben, um dann selbst alle zum Lebensunterhalt nötigen Arbeiten zu verrichten. Fraglich ist nur, wie etwa das Zahlenverhältnis zwischen den eingewanderten Herren und der unterworfenen ansässigen Bevölkerung war. Nach dem uralten Satz für Abgaben und Tribute von Hörigen und Knechten, dem zehnten Teil des Ernteertrages, könnte man versucht sein, dieses Verhältnis mit 1 : 10 anzugeben, doch wäre das eine grobe Täuschung. Allein die Bedürfnisse der Oberschicht an Lebensmitteln, Unterkünften, Ausstattung und Ausrüstung waren weit größer, so daß das Zahlenverhältnis wohl zwischen 1 : 15 und 1 : 20 anzunehmen sein wird. Das bedeutet, daß von den rund 600 000 Einwohnern in Böhmen und Mähren nur etwa 28 000 bis 42 000 Markomannen und Quaden waren, etwa 20 000 bis 30 000 Markomannen und 8 000 bis 12 000 Quaden. Das alles sind natürlich nur Richtzahlen, Annäherungswerte, die nur eine Vorstellung vermitteln sollen, mit welchen Größenverhältnissen wir es zu tun haben. Damit wird auch deutlich, daß wir nicht entfernt die Lebensverhältnisse von heute, wenn auch in sehr vereinfachter Form, auf die ersten nachchristlichen Jahrhunderte übertragen dürfen, weil die Struktur und die Zusammensetzung der Bevölkerung einer Landschaft ganz anders waren als heute. Aus diesem Grunde müssen wir auch mit anderen Begriffen an die Aufhellung der Vergangenheit jener Gebiete herangehen, als sie uns die historische Gegenwart zur Verfügung stellt.

Der Ausdruck Volk oder Stamm umfaßt nicht alle Bewohner des von diesem Volk oder Stamm beherrschten Gebietes, sondern nur die politisch aktive Oberschicht, die als *populus* dem Gemeinwesen (*civitas*) den Namen gab. Die große Masse der unterworfenen werktätigen Schichten gleicher oder verschiedener Herkunft (*plebs*) gehörte nicht zur „Volksgemeinschaft", so daß die Ausdrücke „Volksboden" oder „Stammesgebiet" fehl am Platze sind oder einen anderen Inhalt bekommen müssen. Diese Auffassung entspricht auch den Vorstellungen der antiken Welt, in der die griechischen und römischen Geschichtsschreiber lebten und in die sie das Gesehene oder Vernommene irgendwie einzuordnen versuchten.

Für unsere zeitgenössische Forschung, die zu einem Teil immer noch in den überkommenen romantischen Vorstellungen verhaftet ist, bedeutet diese Auffassung ein völliges Umdenken und eine kaum übersehbare Umwälzung, denn es gilt, vielfach bereits bezogene Positionen aufzugeben. Aus diesem Grunde werden sich die eben entwickelten Gedankengänge nur nach und nach durchsetzen und jenen Wandel herbeiführen, der unser Geschichtsbild wirklichkeitsnäher und natürlicher gestalten wird.

Der Einwanderung so schmaler Oberschichten in Böhmen und Mähren — die Zahl der Quaden dürfte sich, wenn wir die südwestliche Slowakei mit einschließen, annähernd verdoppeln — standen keine solchen Hindernisse entgegen, die die Wanderung Hunderttausender vereitelten. Schon die Wanderzeit war viel geringer, was das Ernährungsproblem wesentlich vereinfachte. Jeder vierte oder fünfte war bewaffnet und beritten, so daß sich die einzelnen Kolonnen verteidigen konnten, sie vermochten aber auch selbst Gewalt anzuwenden, wenn die Wandernden auf Widerstand stießen. Auch die notwendigen Lebensmittel für die wenigen Zehntausende waren auf Ochsenkarren oder Saumtieren zu befördern, zumal die Berittenen wohl noch zusätzliche Nahrung auftreiben konnten, sobald das unwegsame Gelände durchzogen war, was sicherlich nach einigen Tagen der Fall war. Den Kern des gesamten Unternehmens bildeten offenbar die Gefolgschaften, die in ihrer Vielzahl und Beweglichkeit vorzüglich geeignet waren, nicht nur den ungestörten Ablauf der Wanderung zu sichern, sondern auch die „Landnahme" selbst, die an sich für ein Volksheer eine kaum zu lösende Aufgabe war.

Die zünftige Forschung pflegt sich mit den Problemen, die mit der Eroberung eines größeren Gebietes verbunden sind, nur höchst allgemein und nur sehr vage zu befassen, wobei Frontalangriffe und eine unzulängliche Landesverteilung unausgesprochen mitspielen. Die Vorstellung, daß mit der Einnahme des Machtzentrums sich der gesamte Herrschaftsbereich ergeben habe[4], wäre nur dann berechtigt, wenn es sich um wohlorganisierte Staatswesen handelte, deren Verwaltung damit zusammenbräche. Um Christi Geburt sind jedoch solche politische Gebilde in Mitteleuropa undenkbar, denn überall war die Staatsgewalt auf mehrere Schultern verteilt. Dies gilt auch für die Bojer, die nach Tacitus von den Markomannen aus Böhmen vertrieben worden sein sollen. Andere antike Autoren wissen davon nichts, berichten aber von einem Bojerreich in Pannonien um die Mitte des 1. Jahrhunderts v. Chr., andere Bojer, angeblich 32 000, was jedenfalls maßlos übertrieben erscheint, gelangten etwa zur selben Zeit zu den Helvetern und erhielten schließlich in Gallien Wohnsitze zugewiesen. In Böhmen und Mähren selbst fehlt es nicht an Bodenfunden, die den Bojern zugeschrieben werden müssen, vor allem die sog. Oppida, stadtähnliche Siedlungen auf Anhöhen und Felsvorsprüngen. Natürlich bewohnten diese keltischen Siedlungen nicht ausschließlich Bojer und andere Angehörige keltischer Oberschichten, sondern hauptsächlich Hörige verschiedener Herkunft, die bereits so keltisiert waren, daß sie ihre sonstigen Eigenarten verloren hatten. Hauptmerkmal dieser niederen Schichten war ihr Ausschluß vom Dienst mit der Waffe, der sich als Ausschluß vom politischen Leben von selbst verstand. Das bedeutet für weite Flächen des Siedlungslandes eine solche Verdünnung der Wehrkraft, daß diese Gebiete nahezu schutzlos jedem Eroberer preisgegeben waren, also auch den einwandernden Markomannen und Quaden, deren Gefolgschaften die „Landnahme" durchführten und die Besitzergreifung sicherten. Ein „Volksheer", wie das vielen Historikern nach romantischen Vorstellungen vorschwebt, hätte diese Aufgabe niemals so rasch und gründlich bewältigen können, wie es die antiken Quellen andeuten.

---

[4] Tacitus: Annales II 62 schien diese Auffassung zu unterstützen.

Die überragende Bedeutung der Gefolgschaften während der Wanderung und dem Einnehmen neuer Wohnsitze legt den Gedanken nahe, daß die Gefolgschaften auch bei der Bildung neuer politischer Einheiten eine Rolle spielten, besonders beim Entstehen des Reiches König Marbods, das seinen Kern in Boiohaemum hatte, wie dies Velleius Paterculus und der etwa 100 Jahre später schreibende Tacitus[5] auch vermerken. Als König gebot Marbod nicht nur über die eigene Gefolgschaft, sondern auch über die anderer Gefolgsherren markomannischer oder anderer Stammeszugehörigkeit; so scheint es, daß Marbods „Reich" nicht etwa als Verband benachbarter germanischer Völker und Stämme zu verstehen ist, wie sie z. B. Strabo aufzählt, sondern als Personalverband von Gefolgschaften verschiedener Herkunft. Weil die antike Welt die Einrichtung von Gefolgschaften nicht kannte, urteilten griechische und römische Schriftsteller nach den ihnen geläufigen Kategorien und sprachen von einem großen Markomannenreich, in dem ein riesiges stehendes Heer aufgestellt war. Dieses Heer konnte jedoch nicht existieren, denn zu seinem Unterhalt wären jährlich mindestens 30 000 Tonnen Getreide erforderlich gewesen, eine Menge, die in keiner Weise hätte aufgebracht werden können, weil dazu fast die halbe Nährfläche Mährens nötig gewesen wäre. Welchen Zweck hätte auch eine solche Machtkonzentration gehabt, selbst wenn sie auf mehrere Plätze verteilt gewesen wäre?

Wahrscheinlich wurde Velleius Paterculus absichtlich falsch unterrichtet, wie seinerzeit Julius Caesar, als ihm die Elchjagd in Germanien erklärt wurde. Den vermeintlichen Umfang des „Reiches" Marbods und die angebliche Stärke des stehenden Heeres halten jedoch die meisten Historiker für glaubhaft. Bedenken gegen die Angaben des Velleius Paterculus stellen sich erst ein, wenn man die Erfordernisse berechnet und feststellt, daß so ein Heer in keinem Verhältnis zu den damals herrschenden Oberschichten bei den germanischen Völkern und Stämmen stand, also die Grenzen des Möglichen weit überschritten hätte.

In diesem Zusammenhang erscheint auch der großangelegte Kriegszug der Römer gegen Marbod im Sommer des Jahres 6 n. Chr. irgendwie problematisch, zu mal die antiken Berichte darüber nicht ohne weiteres hingenommen werden können. Die Nachricht, daß der römische Kaiser gegen Böhmen 12 Legionen in Marsch setzte, 6 unter seinem Adoptivsohn und Nachfolger Tiberius von Carnuntum aus, dem Vorort der neugebildeten römischen Provinz Norikum, und 6 unter dem Befehlshaber der Rheinarmee, ist in dieser Form unglaubhaft, weil derartige Streitkräfte bei wiederholtem oder bei tagelangem Durchzug durch menschenarme und menschenleere Gebiete nicht hätten ausreichend verpflegt werden können; der Tagesbedarf jeder Kolonne, 30—40 Tonnen Getreide, hätte unmöglich mitgeführt werden können, weil sie wochenlang unterwegs waren. Aus diesem Grunde dürften wohl nur Teile dieser Legionen an dem Feldzug beteiligt gewesen sein, so daß die einzelnen Heereszüge höchstens einige tausend Mann umfaßt haben werden, abgesehen natürlich von jenen Truppen, die die Verbindung mit der Ausgangsbasis aufrecht erhielten.

---

[5] Velleius Paterculus II 109. — Tacitus: Annales II 44.

Mysteriös ist auch das plötzliche Abbrechen des Feldzuges, als die beiden Heereskolonnen nur noch 5 Tagesmärsche voneinander entfernt gewesen sein sollen. Den Vorwand dafür lieferte der pannonische Aufstand, der von Syrmien aus Bosnien, Dalmatien und Albanien erfaßt hatte, in seiner Bedeutung aber maßlos überschätzt wird, weil man die ganze Schilderung des Velleius Paterculus für bare Münze zu nehmen pflegt. Gegen die Aufständischen wurden nämlich zuerst nur Teile der 20. Legion entsandt, denen dann Tiberius mit weiteren Truppen folgte. Daß irgendwelche Aufstände, selbst wenn sie größere Dimensionen angenommen hatten, den Bestand des römischen Weltreiches bedroht hätten, daß deswegen von langer Hand vorbereitete kriegerische Unternehmen aufgegeben werden mußten, ist so unwahrscheinlich wie die Annahme, Marbod hätte mit den Aufständischen Verbindung gehabt und die Erhebung gesteuert. Man sollte mehr auf die damaligen Verhältnisse achten und weniger gegenwärtige Verhaltensweisen in eine so ferne Vergangenheit hineinsehen.

Es muß daher einen anderen Grund gegeben haben, den Feldzug gegen die Markomannen abzubrechen, einen Grund, den Velleius Paterculus nicht nennen konnte oder wollte. Am plausibelsten wäre die Annahme, daß der großangelegte Kriegszug fehlzuschlagen drohte, sei es, daß er ins Leere zu stoßen schien, oder sei es, daß die Schwierigkeiten zu groß waren und in keinem Verhältnis zu den angenommenen Kriegszielen standen. Dabei muß stets berücksichtigt werden, daß der prädestinierte Thronfolger das Unternehmen führte, daß sein Name mit keiner Fehlplanung und keinem erkennbaren Mißerfolg verbunden werden sollte. Und ein Mißerfolg wäre es gewesen, wenn das Heer nirgends auf einen dem Aufwand entsprechenden Gegner gestoßen wäre, oder wenn die Versorgung zusammengebrochen und hohe Verluste eingetreten wären. Unter diesen Umständen war also die Nachricht vom Ausbrechen des pannonischen Aufstandes ein willkommener Anlaß, das große Unternehmen gegen Marbod abzubrechen.

Daß dem Rückzug der römischen Legionen nach Südosten und nach Westen irgendwelche Verhandlungen und Vereinbarungen folgten, wie es Velleius Paterculus andeutet, ist unwahrscheinlich, denn diese Absprachen, wenn sie überhaupt zustande kamen, wären in diesem Zusammenhang völlig unmotiviert gewesen. Sie ließen sich nur dann einigermaßen begründen, wenn damals moderne Verhältnisse geherrscht hätten und Marbod und Tiberius vollendete Staatsmänner gewesen wären. Das war sicher nicht der Fall, auch wenn man in den späteren Ereignissen eine gewisse Bestätigung zu sehen glaubte.

Der Aufstand der Cherusker, die Schlacht im Teutoburger Wald und die Vertreibung der Römer aus der *Germania Magna* wurde lange Zeit durch die nationale Brille gesehen, bis ins einzelne ausgemalt und ausgeweitet, so daß es schwer wurde, ohne unsachliche Übertreibungen den historischen Kern der Ereignisse herauszuschälen. Nach den vorhandenen Quellen scheint es sich um keinen Volksaufstand in unserem Sinne, sondern um ein großangelegtes Gefolgschaftsunternehmen gehandelt zu haben, an dem nicht nur cheruskische, sondern auch Gefolgschaften von Nachbarstämmen beteiligt waren. Dazu paßt auch das Werben um Marbod, dem Arminius das Haupt des getöteten römischen Statthalters gesandt haben soll, wie Velleius Paterculus berichtet. Marbod lehnte aber jede Beteiligung am Kampf gegen die Römer ab und schickte das Haupt des P. Quinctilius Varus nach Rom [6].

Erst 17 n. Chr. kam es zwischen den beiden hervorragenden Gefolgschaftsverbänden des Arminius und Marbod zum offenen Kampf, in dem der Charakter von Personalverbänden in den Quellen klar zum Ausdruck kam, aber auch das Mißverstehen römischer Geschichtsschreiber, die die Ereignisse ausschließlich durch ihre Brille sahen. Arminius und Marbod hielten wie römische Feldherrn Ansprachen an ihre Legionäre, die in Wirklichkeit Gefolgschaften waren, wie aus der Darstellung des Tacitus [7] hervorgeht. Aus dem Reiche Marbods, so heißt es dort, traten swebische Völker (*Suebae gentes*) wie die Semnonen und die Langobarden auf die Seite des Arminius. „Durch diese Verstärkung hätte er das Übergewicht gehabt, wenn nicht Inguiomerus mit seiner Gefolgschaft (*Inguiomerus cum manu clientium*) zu Marbod übergelaufen wäre." Wenn der Personalverband Inguiomers ausreichte, den Abfall der Semnonen und der Langobarden wettzumachen, dann kann es sich nicht um die „Volksheere" der beiden Germanenstämme gehandelt haben, sondern um semnonische und langobardische Gefolgschaften. — Nach dem unentschiedenen Treffen der beiden Kampfverbände zog sich Marbod nach Böhmen zurück, von wo er Kaiser Tiberius (14—37) um militärische Unterstützung gebeten haben soll, freilich vergebens. Bald darauf wurde er von Katwald, einem zu den Gotonen geflüchteten markomannischen *princeps*, den Marbod vertrieben hatte, gestürzt und vertrieben, nachdem Katwalds Gefolgschaftsverband Marbods Residenz erobert hatte. Aber auch Katwald verlor etwas später seine Vormachtstellung; ihn und seine Gefolgschaft beseitigte der Hermundure Vibilius. Marbod und Katwald flüchteten zu den Römern und erhielten getrennte Wohnsitze zugewiesen.

Inwieweit Kaiser Tiberius und sein Sohn Drusus (gest. 23) in den Ablauf der markomannischen Geschichte eingegriffen haben — in den Quellen finden sich manche Hinweise, die freilich nicht recht greifbar erscheinen —, muß dahingestellt bleiben, doch ist es glaubhaft, daß sie Marbods und Katwalds Gefolgschaften auf römischem Staatsgebiet kein Asyl gewährten. „Die Barbaren, die beide begleitet hatten", schreibt Tacitus [8], „wurden, um durch ihr Eindringen den Frieden der Provinzen nicht zu stören, jenseits der Donau zwischen March und Waag (*Danuvium ultra inter flumina Marum et Cusum*) angesiedelt, und ihnen als König Vannius aus dem Volk der Quaden gegeben [9]."

Das Land zwischen der unteren March und der unteren Waag umfaßt, die Kleinen Karpaten abgerechnet, annähernd 2 000 Geviertkilometer, in dem 120 000 bis 140 000 Menschen gut leben konnten. Dorthin die Gefolgschaften zweier Könige anzusiedeln, kann nur so verstanden werden, daß sie, die mit ihren Angehörigen bestenfalls 300 Köpfe zählten, als Gutsherren über eine ansässige Be-

---

[6] Velleius Paterculus II 119.
[7] Tacitus: Annales II 45.
[8] Tacitus: Annales II 26, 10, 63; XII 29.
[9] Tacitus: Annales II 62. — Vgl. Schwarz, Ernst: Die Ortsnamen der Sudetenländer als Geschichtsquelle. 2. Aufl. München 1961, 405 S., hier 28.

völkerung eingesetzt wurden, denn mit etwa 300 Leuten lassen sich keine so ausgedehnten Landschaften bevölkern.

Im Laufe der folgenden 30 Jahre, so berichtet Tacitus[10], brachte Vannius durch Raubzüge und Wegzölle (*praedationibus et vectigalibus*) solche Schätze an sich, daß dies den Unwillen und die Begehrlichkeit der Nachbarn erregte. Um 50 n. Chr. vereinigten sich seine Neffen Sido und Vangio mit dem Hermundurenkönig Vibilius, um gemeinsam mit Lugiern und anderen Stämmen (*gentes*) König Vannius zu stürzen. Vannius selbst hatte lediglich eine erlesene Schar Krieger zu Fuß und jazygische Reiter (*ipsi manus propria pedites, eques Sarmatis Jazygibus*) zur Verfügung, die der Menge der Angreifer nicht gewachsen waren (*impar multitudini hostium*). Aus diesem Mißverhältnis geht wieder deutlich hervor, daß in diese Kämpfe keine „Volksheere" verwickelt waren, wie man lange nach den Volks- und Stammesnamen angenommen hat, sondern ausschließlich Personalverbände. Nach kurzer Gegenwehr setzte sich Vannius und seine Gefolgschaft (*clientes*) nach Pannonien ab, wo sie Ackerland erhielten und angesiedelt wurden. Sido und Vangio teilten sich in das *regnum Vannianum* und wurden bewährte Vasallen der Römer. In den Thronkämpfen nach dem Tode Kaiser Neros (54—68) nahmen sie für Vespasian (69—79) Partei und die Swebenkönige Sido und Italicus führten ihre Gefolgschaften tief nach Oberitalien[11].

Erst 20 Jahre später hören wir von Kämpfen der Römer mit Germanen an der mittleren Donau. Damals führte Kaiser Domitian (81—96) mit den Dakern in Siebenbürgen Krieg, an dem sich, wie der anderthalb Jahrhunderte später schreibende Cassius Dio[12] erzählt, Markomannen und Quaden nicht beteiligten, wozu sie damals offenbar gehalten waren. Darüber erbost, begab sich der Kaiser nach Pannonien, um sie zu bekriegen, doch wurde er von den Markomannen besiegt und in die Flucht geschlagen. An anderer Stelle schreibt Cassius Dio[13], im Kampf der Lugier mit den Sweben habe Domitian den Lugiern 100 Reiter zur Verfügung gestellt, weshalb sich die Sweben im Bund mit den benachbarten Jazygen anschickten, die Donau nach Pannonien zu überschreiten. Auch unter Kaiser Nerva (96—98) ist von einem Swebenkrieg die Rede, der in Pannonien siegreich geführt wurde[14]. Weil sich die Auseinandersetzungen mit den Markomannen und Quaden an den unterbliebenen Klientelverpflichtungen ihrer Herrscher entzündet zu haben scheinen, dürfte es sich immer wieder um Gefolgschaftskriege gehandelt haben, die dadurch noch begünstigt wurden, weil der mit wechselndem Erfolg geführte Dakerkrieg den Schutz der römischen Grenze an der mittleren Donau schwächte.

Die Kämpfe mit den Dakern gingen zwar auch unter Trajan (98—117) weiter — erst 106 n. Chr. wurde die römische Provinz Dazien errichtet —, aber von irgendwelchen Einfällen der Markomannen oder der Quaden ist keine Rede. Erst unter der Regierung Kaiser Hadrians (117—138) und seines Nachfolgers

---

[10] Tacitus: Annales XII 29, 30.
[11] Tacitus: Historiae III 5, 21.
[12] Cassius Dio: LXVII 7, 1—2.
[13] Cassius Dio: LXVII 5, 2.
[14] Plinius: Panegyricus Traiano dictus 8, 2.

Antoninus Pius (138—161) werden Unternehmen gegen die Sweben und Jazygen oder Kämpfe in Pannonien erwähnt, ohne daß wir jedoch etwas Näheres darüber erfahren. Immerhin gewinnt man nach der erhaltenen Überlieferung den Eindruck, daß sich in der ersten Hälfte des 2. Jahrhunderts die Germaneneinfälle in die römischen Donauprovinzen recht gemindert hatten. Dies scheint mit dem planmäßigen Anlegen von Grenzbefestigungen zusammenzuhängen, das nach dem aus älteren Quellen schöpfenden spätrömischen Autor Festus[15] Kaiser Trajan begonnen haben soll. Gewißheit ist auch durch Geländeuntersuchungen kaum zu gewinnen, obwohl die meisten vorgeschobenen römischen Stationen, wie Muschau, Bezirk Nikolsburg, Stampfen, Bezirk Preßburg, Oberleiserberg, Bezirk Mistelbach, unter Kaiser Trajan angelegt worden zu sein scheinen[16].

Die Grenzkämpfe, die im letzten Drittel des 2. Jahrhunderts im sog. Markomannenkrieg (166—180) gipfelten, veranlaßten manche Forscher zu der Annahme, die Markomannen und die Quaden hätten ihre Wohnsitze gegen die Donau hin vorgeschoben. Diese Auffassung geht von der Voraussetzung aus, Stammesaufgebote, also Volksheere, fielen in die römischen Donauprovinzen ein, um hier Beute zu machen. Dieses Ziel hatten jedoch ausschließlich Gefolgschaften, deren Unterhalt in erster Linie von solchen Raubzügen abhing, wie das auch Tacitus erklärt. Daß Griechen und Römer diese Einfälle in Norikum und Pannonien, nicht aber die Beutezüge in die von andern germanischen Völkern bewohnten Nachbarländer verzeichneten, ist nur natürlich, denn sie lagen außerhalb ihres Gesichtskreises. Immerhin berichten antike Geschichtsschreiber, daß am Sturz des Königs Vannius Lugier und Hermunduren beteiligt waren und daß Lugier mit gewissen Sweben Krieg führten[17].

In Böhmen und Mähren findet sich die den Markomannen und Quaden zugeschriebene Hinterlassenschaft in den ersten beiden nachchristlichen Jahrhunderten in den gleichen Bereichen, die sie in den folgenden Jahrhunderten innehatten, abgesehen von einzelnen unwesentlichen Verschiebungen. Wenn aber nur 5—8 % der Gesamtbevölkerung als Markomannen und Quaden angesprochen werden können, dann muß man wohl die Frage stellen, welche Teile der archäologischen Hinterlassenschaft der hörigen Bevölkerung und welche der germanischen Oberschicht zugeschrieben werden können. Dieses Problem befriedigend zu lösen, ist kaum möglich, doch können wir von vornherein wohl alle Siedlungsfunde ausschalten, soweit nicht besondere Umstände den Objekten und ihren Inhalten eine Ausnahmestellung sichern. Wesentlich schwieriger ist es, Grabfunde richtig einzuschätzen, wenn auch die reicher ausgestatteten oder die mit Waffen und erlesenen Beigaben versehenen Begräbnisse grundsätzlich der Oberschicht zuzuschreiben sein

---

[15] Festus: Breviarium 8: Marcomanni et Quadi de locis Valeriae, quae sunt inter Danuvium et Dravum, pulsi sunt et limes Romanos ac barbaros ab Augusta Vindelicum, Pannonias ac Moesiam est constitutus. Traianus Dacos sub rege Decibalo vicit et Daciam trans Danuvium in solo barbariae provinciam fecit ...

[16] Dekan, Ján: Stand und Aufgaben der Limesforschung in der Slowakei. In: Limes-Romanus-Konferenz Nitra. Preßburg 1959, S. 15—25.

[17] Tacitus: Annales XII 30. Die Hermunduren wohnten etwa 500 km vom *regnum Vannianum* entfernt, die Lugier 200—300 km, gewaltige Strecken, die von Gefolgschaften aber offenbar leicht bewältigt werden konnten. Vgl. Anm. 13.

werden; die untere Grenze ist freilich schwer zu ziehen, so daß eine einwandfreie Klassifizierung kaum möglich ist, vor allem auf größeren Gräberfeldern, zumal wir keinen Anlaß haben, in Böhmen und Mähren das getrennte Begraben der hörigen und der freien Bevölkerung anzunehmen.

Wesentlich wichtiger ist die Feststellung, daß die Gegenstände der materiellen Kultur, Keramik, Geräte, Werkzeuge und Waffen, als Erzeugnisse der hörigen Bevölkerung für die Beurteilung der Gesamtentwicklung nicht die Rolle spielen können, die ihnen herkömmlich zugewiesen wurde, weil man nicht von der historischen Wirklichkeit, sondern von romantischen Vorstellungen auszugehen pflegt. Daß Angehörige der Oberschicht selbst Hand anlegten und produktiv tätig waren, ist eine weltfremde Annahme, so daß man sie nicht erst zu widerlegen braucht[18].

Aus dieser Sicht erübrigt es sich auch, den Vorstufen, Entwicklungen und Verzweigungen einzelner Altsachenformen nachzugehen, um aus der Herkunft, der typologischen Aufeinanderfolge und den eventuellen Varianten Hinweise zu gewinnen, die sich historisch auswerten ließen, falls noch andere typologische Reihen eine gleiche oder wenigstens eine ähnliche Entwicklung hätten. Was sich nicht auf einheimische Wurzeln zurückführen ließe oder in keinem organischen Zusammenhang mit geläufigen Typen stand, das sollte importiert sein, das sollte der Fernhandel herangebracht haben. Große Worte und Begriffe aus dem modernen Wirtschaftsleben verdunkelten vielfach die Tatbestände mit einer verwirrenden Fülle von Einzelheiten, so daß eigentlich nur der mit dem Spezialgebiet näher vertraute Fachmann zu erkennen vermag, was wirklich gemeint war. Ausdrücke wie Metallindustrie, Massenproduktion, Absatzmarkt, Arbeit auf Bestellung und Wirtschaftskrise, um nur einige zu nennen, täuschen Lebensverhältnisse vor, die es damals nicht entfernt gegeben hat.

Die produktiv tätige Bevölkerungsschicht war in der ersten nachchristlichen Zeit in Böhmen und Mähren die keltische oder keltisierte Vorbevölkerung, die hier den Markomannen und den Quaden so unterworfen war wie in den neueingerichteten Provinzen Norikum und Pannonien jenseits der Donau den Römern. Unter diesen Umständen ist es nur zu verständlich, daß in Böhmen und Mähren wie jenseits der mittleren Donau zunächst die gleichen oder doch recht ähnliche Erzeugnisse angefertigt wurden, weil die Produzenten jeweils von den gleichen Voraussetzungen ausgingen. Deutliche Unterschiede begannen sich erst zu zeigen, als sich nach und nach die Behelfe, Geräte und Werkzeuge änderten oder aufgegeben wurden, z. B. in Böhmen und Mähren die Töpferscheibe. Daß sich besonders in der Keramik die auffallendsten Gegensätze ausprägten, ist durchaus begreiflich, weil da die Anfertigung von verschiedenen Grundlagen ausging. Im übrigen können wir nur der Feststellung K. Motyková-Šneidrovás beipflichten, wenn sie erklärt: „Der Beitrag der keltischen Bevölkerung zur materiellen und geistigen Kultur Böhmens in dieser Stufe wird aus den Bodenfunden ersichtlich und tritt besonders in der weiteren Entwicklung stark hervor, ja, man gewinnt den Eindruck, als erlebe keltisches Schaffen einen erneuten Aufschwung gemeinsam mit den noch älteren Traditionen der Hallstattzeit[19]."

---

[18] T a c i t u s : Germania cap. 14 und 15.
[19] M o t y k o v á - Š n e i d r o v á, Karla: Zur Chronologie der älteren römischen Kaiser-

Weit schwieriger ist es, das Vorhandensein ausgesprochen römischer oder provinzialrömischer Gegenstände in der germanischen Hinterlassenschaft Böhmens und Mährens zu erklären. In der Regel sieht man in ihnen „Einfuhrwaren", die der Fernhandel aus den römischen Donauprovinzen ins Land gebracht hatte. Dazu verweist man gerne auf eine Bemerkung in den Jahrbüchern des Tacitus[20], nach der sich etwa 19 n. Chr. provinzialrömische Feldkrämer und Händler bei König Marbods Wohnsitz aufgehalten haben; einige hatten, so sagt Tacitus, ihre Heimat bereits vergessen, andere hatte die Geldgier und wieder andere das Vorrecht des Handelsverkehrs „ins feindliche Land" verpflanzt. Im selben Zusammenhang spricht Tacitus von alter Beute der Sweben, was freilich nicht weiter beachtet zu werden pflegt. Wenn unser Gewährsmann gut unterrichtet war, handelt es sich um Kriegsbeute (*praeda*), die bei der Inbesitznahme Böhmens gemacht worden war, vielleicht keltisches Gold- oder Silbergeld, vielleicht aber auch römische Bronzegefäße, wie sie z. B. in den Oppida Staré Hradisko bei Okluk, Bez. Proßnitz, Hradischt bei Stradonitz, Bez. Rakonitz, bei Třissau, Bez. Krumau, in Bruchstücken angetroffen wurden. Trotz der in letzter Zeit geäußerten Bedenken[21] deuten diese nicht immer genauer bestimmbaren Reste römischer Bronzegefäße auf das Bestehen gewisser Verbindungen mit den keltischen Ländern an der mittleren Donau, die bald nachher in die römischen Provinzen Norikum und Pannonien umgewandelt wurden. Die Bronzegefäße selbst dürften in Oberitalien angefertigt worden sein, wie man allgemein annimmt.

Ganz besonderes Interesse verdienen die bronzenen Eimer mit Herzblatt- oder Delphinattaschen, die sowohl in spätlatènezeitlicher als auch in frühkaiserzeitlicher Umgebung vorkommen. Sie, die zum Teil wie in der Spätlatènezeit ganz getrieben waren, zum Teil aber einen gegossenen Unterteil besitzen[22], könnten als Beutestücke in Frage kommen, doch ist das nicht mehr als eine vage Vermutung, denn Bronzeeimer mit Herzblatt- oder Delphinattaschen erscheinen auch im Gebiet der unteren Saale und der unteren Elbe, vereinzelt auch in Ostdeutschland und Polen. Alle diese Bronzeeimer gehören in die Jahrzehnte um Christi Geburt,

---

zeit in Böhmen. Berliner Jahrbuch für Vor- und Frühgeschichte 6 (1965) 103—174, hier 170. — Ähnliche Schlüsse zog V e e c k , Walther: Volkstum und Rasse in Süddeutschland. Germania 10 (1926) 104—108, hier 105.

[20] T a c i t u s : Annales II 62.
[21] T e j r a l , Jaroslav: K otázce postavení Moravy v době kolem přelomu letopočtu [Zur Frage der Stellung Mährens um die Zeitwende]. PA 59 (1968) 488—514, hier 490, hält die römische Herkunft für recht unsicher. „Bis auf wenige Ausnahmen", sagt er nämlich, „sind das spätere Formen, deren Verbindung mit der Latèneperiode untragbar ist, bei denen übrigens auch der Verdacht nicht fehlt, daß unter die hiesigen Funde Inventar aus Privatsammlungen gelangte, die auch Dinge außerhalb Mährens enthielten. Die Sachen, die man sicher in einen Zusammenhang mit der spätlatènezeitlichen Fundschicht bringen kann, bieten im ganzen das übliche Bild, das sich keineswegs von dem unterscheidet, das das Fundmaterial in den übrigen mitteleuropäischen Oppida nördlich der Donau gewährt." Deutsche Zusammenfassung der Ausführungen T e j r a l s 515—518, hier 515 ff. — Vgl. aber M e d u n a , Jiří: Das keltische Oppidum Staré Hradisko in Mähren. Germania 48 (1970) 34—59, hier 51 ff., Abb. 6 und 7.
[22] A n t o n i e w i c z , Jerzy: Wiadra brązow z delfinowatymi uchwytami na ziemiach polskich [Bronze Buckets with Delphin-Shaped Grips on Polish Territory]. Wiadomości Archeologiczne 18 (1951) 135—180.

also in die augusteische Zeit, der auch einige andere Bronzegefäße zuzuweisen sind, die sich in sehr frühen Gräbern als Beigaben fanden [23].

An diese augusteischen Bronzegefäße schließt sich eine Reihe von Formen an, die im süditalischen Capua angefertigt worden sein sollen, wie man aus einzelnen Erzeugerstempeln entnehmen zu können glaubt, anderen wieder wird provinzialrömische Herkunft zugeschrieben. Während die augusteischen und älteren Bronzegefäße hauptsächlich in Böhmen zutage kamen, sind die nachaugusteischen Gefäßtypen nun auch in Mähren, im nördlichen Niederösterreich und in der Südwestslowakei in größerer Zahl vorhanden, während sie in Böhmen weit seltener nachweisbar sind. Provinzialrömischer Herkunft sind auch einige andere Gegenstände, vor allem verschiedene Fibeln, doch würde es zu weit führen, die einzelnen Typen aufzuzählen.

Was wir in den zeitgenössischen römischen Quellen über den Handelsverkehr mit germanischen Völkern lesen, klingt nicht sehr ermutigend. Um die Mitte des 1. vorchristlichen Jahrhunderts schreibt G. Julius Caesar von den mainländischen Sweben, bei ihnen hätten Händler Zutritt, um ihnen die Kriegsbeute abzunehmen, nicht aber, damit irgendetwas bei ihnen eingeführt werde [24]. Anders äußert sich der um mehr als ein Jahrhundert jüngere Tacitus. Silberne Gefäße, so sagt er in seiner Germania [25], die ihre Gesandte und Häuptlinge (*principes*) als Geschenke erhielten, würden bei ihnen nicht höher bewertet als Tongefäße, „obwohl die unmittelbaren Grenznachbarn wegen des Handelsverkehrs Gold und Silber zu schätzen wissen ... Die entfernter Wohnenden treiben in einfacher und altertümlicher Weise Tauschhandel". Auch in einem späteren Abschnitt [26] unterscheidet Tacitus germanische Völker, die an der Donau- und Rheingrenze (*proximi*) wohnten, von denen, die im Binnenland ansässig waren und denen der Handel keine Kultivierung zuführe (*nullus per commercia cultus*). Zum Jahre 70 n. Chr. nennt Tacitus [27] römische Feldkrämer und Händler, die über Land gezogen und verstreut waren; sie wurden von aufständischen Kanninefaten im Rheindelta überfallen. Von dem den Römern treu ergebenen Gemeinwesen der Hermunduren sagt er, als einziges unter den Germanen triebe es nicht nur am Ufer Handel (*in ripa commercium*), sondern auch tief im Innern und in der sehr prächtigen Niederlassung der Provinz Rätien [28]. Damit sind jedoch hermundurische Händler keineswegs erwiesen [29].

Mit diesen knappen Angaben läßt sich wenig anfangen, doch geht daraus deutlich hervor, daß Verallgemeinerungen fehl am Platze wären. Auch in späteren Jahrhunderten sind römische Händler, die in den von Germanen bewohnten

---

[23] W e r n e r, Joachim: Die Bronzekanne von Kelheim. Bayerische Vorgeschichtsblätter 20 (1954) 43—73, hier 70—73.
[24] G. J u l i u s C a e s a r : Commentarii de bello Gallico IV 2, 1.
[25] T a c i t u s : Germania cap. 5.
[26] T a c i t u s : Germania cap. 17.
[27] T a c i t u s : Historiae IV 15.
[28] Augsburg. T a c i t u s : Germania cap. 41.
[29] Dies gilt auch von den Ausführungen des älteren P l i n i u s, der in seiner Naturalis historia 37, 3, 43—46 schreibt, daß Bernstein von Germanen besonders nach der Provinz Pannonien gebracht werde (*„Glaesum ... adfertur a Germanis in Pannoniam"*).

Gebieten verkehrten, nirgends genannt. Die Vorstellung eines mehr oder weniger lebhaften römischen Handels in den germanischen Ländern beruht daher ausschließlich auf der verhältnismäßig beachtlichen Zahl jener Bodenfunde, die für römische oder provinzialrömische Einfuhrstücke gehalten werden. Allein schon der Ausdruck „Einfuhrstücke" ist eine vorweggenommene Entscheidung, auf welche Weise im römischen Hoheitsgebiet erzeugte Gegenstände in die Länder der Markomannen und Quaden gebracht wurden. Es kann sich aber ebensogut um Geschenke oder um Beutegut handeln, jedenfalls ist dies nicht ohne weiteres erkennbar.

Bei der Inbesitznahme Böhmens und Mährens fiel den einwandernden Markomannen und Quaden, wir erwähnten das schon, eine ansehnliche Beute in die Hände, doch läßt sich das im einzelnen nur schwer abschätzen, zumal es immerhin möglich wäre, daß die seinerzeit von den Bojern unterhaltenen Verbindungen mit den Donauprovinzen Norikum und Pannonien noch eine Zeitlang weiterbestanden hätten. Andererseits kann man sich nicht vorstellen, daß die markomannische oder die quadische Oberschicht an diesen Wirtschaftsbeziehungen teilgenommen hätten, denn das paßte ganz und gar nicht zu dem Bild, das Tacitus in seiner Germania von diesen germanischen Oberschichten entworfen hat. Und ob die unterworfene hörige Bevölkerung, auch wenn sie *ut colono*, wie Pächter, sich einer gewissen Selbständigkeit erfreute, die Tauschmittel aufbrachte, die römischen Händlern befriedigende Gewinne verhieß, ist mehr als fragwürdig. Wenn man das Für und Wider abwägt, dann dürfte es sich wohl großenteils um Ehrengeschenke und Auszeichnungen gehandelt haben, von denen auch Tacitus[30] spricht, vielleicht auch um Abgaben, die als Wegzölle erscheinen mochten. Auch das ist kaum zu sagen, denn ein Gutteil der römischen und provinzialrömischen Kleinsachen könnte recht wohl im römischen Kriegsdienst erworben sein, den zahlreiche germanische Adelige nach der Überlieferung vorübergehend leisteten.

In eine andere Richtung weist eine andere Bemerkung unseres Gewährsmannes. „Bei den Markomannen und den Quaden", erklärt er in seiner Germania[31], „hat es bis auf unsere Tage Könige aus dem eigenen Volk gegeben, aus dem berühmten Geschlecht des Marbod und Tudrus. Jetzt ertragen sie auch Auswärtige, aber Macht und Einfluß sichert den Königen die Willensäußerung der Römer. Selten wird ihnen mit unseren Waffen geholfen, öfter mit Geld, eine nicht minder wirksame Unterstützung." Zusammen mit anderen Bemerkungen[32] erscheint diese Aussage ungemein aufschlußreich, zumal die den Römern[33] ergebenen Hermunduren mit ihrem König Vibilius mehrfach in die politischen Verhältnisse bei Markomannen und Quaden eingriffen[34]. Wichtiger ist in diesem Zusammenhang je-

---

[30] Tacitus: Germania cap. 5.
[31] Tacitus: Germania cap. 42.
[32] Tacitus: Annales II 62, wo angegeben ist, daß der Adoptivsohn Kaiser Tiberius', um König Marbod zu stürzen, die Germanen zur Zwietracht verlockt habe.
[33] Tacitus: Germania cap. 41.
[34] So beim Sturz Katwalds (Tacitus: Annales II 63) und beim Sturz des Königs Vannius (Tacitus: Annales XII 29).

doch die Feststellung des Tacitus in seiner Germania [35], die Freigelassenen (*liberti*) stünden im allgemeinen nicht viel über den Knechten (*servi*), auch hätten sie im Gemeinwesen (*civitas*) nichts zu sagen, abgesehen von jenen Völkern (*gentes*), die von Königen beherrscht würden. „Dort steigen sie", so erklärt Tacitus wörtlich, „sowohl über die Freigeborenen (*ingenui*) als auch über die Adeligen (*nobiles*) empor."

Wenn diese Beobachtungen des Römers sachlich begründet waren, so folgt daraus: Wie immer ein König seine Stellung erlangt hatte, die Einrichtung der Gefolgschaft bot ihm allenthalben die Möglichkeit, sich in dieser Position zu halten. Dadurch, daß sich der König auf Gefolgsleute stützte, die ihre soziale Stellung, ihren Rang und Namen nicht ihrer vornehmen Abkunft, sondern ausschließlich ihrem Verhältnis zum König verdankten, schuf sich der König ein Machtinstrument, auf das er sich unbedingt verlassen konnte. Damit entstand etwas ganz Neues in der germanischen Oberschicht, der Dienstadel, der deshalb dem Geburtsadel biologisch überlegen war, weil er jederzeit erweitert und ergänzt werden konnte, indessen sich der Geburtsadel durch seine Neigungen immer mehr und mehr abnützte. — Aus dieser Sicht wird die Sonderstellung der Gefolgschaften der Könige Marbod und Katwald verständlich, aber auch die des Königs Vannius.

Vom Unterhalt der Gefolgschaften war schon die Rede. Der Gefolgsherr hatte für alles aufzukommen. „Die Mittel dieser Freigebigkeit", erklärt Tacitus [36], „liefern Krieg und Raub" (*materia munificentiae per bella et raptus*). Dieser Sachverhalt gibt den Geldspenden der Römer einen klaren Inhalt: Gefolgsherren für sich zu gewinnen, wie dies Tacitus an einer Stelle andeutet [37], und Raubzüge und Kleinkriege unnötig zu machen. In der Geschichte der Markomannen und Quaden werden Geldgeschenke, Lösegeld, Goldmünzen und Löhnung erst während des sog. Markomannenkrieges (166—180) erwähnt, aber da gleich in verschiedenen Zusammenhängen [38]. Besonders aufschlußreich ist ein Vorkommnis, das Cassius Dio [39] überliefert. Kaiser Pertinax (193), so heißt es hier, habe eine barbarische Gesandtschaft zurückgehalten, die mit einem großen Geldbetrag (χουσίον) heimkehren wollte, mit dem Kaiser Commodus (180—192) die Erhaltung des Friedens von ihrem Volke erkaufte.

Diese Zuwendungen von Geld, das vermutlich eingeschmolzen und verarbeitet wurde, haben in den Bodenfunden natürlich kaum eine Spur hinterlassen. Im Hoheitsgebiet der Markomannen und Quaden wurden 23 Goldmünzen (*aurei*) aus den ersten nachchristlichen Jahrhunderten gefunden, davon 7 in Böhmen [40] (3 des Kaisers Augustus [31 v. Chr.—14 n. Chr.], 1 Tiberius [14—37], 1 Nero

---

[35] Tacitus: Germania cap. 25.
[36] Tacitus: Germania cap. 14.
[37] Tacitus: Historiae IV 76.
[38] Cassius Dio LXXI 11, 1—3. — Herodian I 6, 9.
[39] Cassius Dio LXXIII 6, 1.
[40] Nohejlová-Prátová, Emanuela: Nálezy mincí v Čechách, na Moravě a ve Slezskou [Die Münzfunde in Böhmen, Mähren und Schlesien]. Bd. 1. Prag 1955, 315 S., hier 97—105 (Nr. 249, 250, 254, 256, 275, 296, 299).

[54—68], 2 Titus [79—81]), 10 in Mähren[41] (7 Nero, 1 Trajan [98—117], 1 Hadrian [117—138], 1 Mark Aurel [161—180]) und 6 in der südwestlichen Slowakei[42] (5 Nero, 1 Domitian [geprägt 73]). Aus diesen sehr bescheidenen Zahlen läßt sich kaum etwas ableiten, obwohl die Aufschlüsselung der römischen Denare ein ähnliches Bild bietet, das sich noch weiterführen ließe. Wenn wir von den republikanischen Denaren absehen, die nicht unbedingt in markomannischen oder quadischen Händen gewesen sein müssen, setzen die römischen Gold- und Silbermünzen in Böhmen mit Geprägen des julischen Kaiserhauses (31 v. Chr.— 68 n. Chr.) ein, immerhin 4 % aller Münzfunde bis zum Beginn des 3. Jahrhunderts, im quadischen Siedlungsgebiet finden sich dagegen die ersten römischen Edelmetallmünzen erst mit Prägungen Kaiser Neros (54—68), was eine Verspätung um etwa ein halbes Jahrhundert bedeutet. Von da ab steigt die Zahl der Denare, besonders in der südwestlichen Slowakei, sprunghaft an, wo die Denare der Kaiser Vespasian (69—79), Domitian (81—96), Trajan (98—117) und Hadrian (117—138) die Zahlen 100, ja 200—300, weit übersteigen. Dann aber nehmen die Denarfunde auffallend ab, namentlich während der sog. Markomannenkriege, um zu Beginn des 3. Jahrhunderts wieder stark anzusteigen, vor allem in Mähren, weniger in Böhmen[43], wo sich aber je ein *aureus* der Kaiser Alexander Severus (222—235) und Gordian III. (238—244) fanden[44].

Lediglich informativen Charakter hat die folgende Aufstellung, die die vorhandene Situation nur in groben Umrissen skizzieren soll:

	Böhmen	Mähren	Südwestslowakei
erste Hälfte des 1. Jahrhunderts	4 %	—	—
zweite Hälfte des 1. Jahrhunderts	23 %	17 %	35 %
erste Hälfte des 2. Jahrhunderts	40 %	33 %	54 %
zweite Hälfte des 2. Jahrhunderts	16 %	15 %	2 %
erste Hälfte des 3. Jahrhunderts	17 %	35 %	9 %

Wir dürfen die hier angedeutete Sachlage freilich in keiner Weise überschätzen, weil jeder Neufund sie beträchtlich verändern kann, auch müssen wir uns immer bewußt bleiben, daß es vielfach dem Zufall überlassen war, ob Fundmünzen erhalten wurden und ob sie numismatisch untersucht werden konnten. Unter diesen Umständen können wir bestenfalls bloß mit repräsentativen Querschnitten rechnen.

---

[41] Nohejlová-Prátová 213—242 (Nr. 878—880, 883, 884, 886, 935, 961, 1029, 1036).
[42] Ondrouch, Vojtech: Nálezy keltských, antických a byzantských mincí na Slovensku [Finds of Celtic, Antique and Byzantian Coins in Slovakia]. Preßburg 1964, 197 S., hier 78 f. (Nr. 166—168, 175).
[43] Einen annähernd richtigen Eindruck vermittelt für Böhmen die Abhandlung von Frau Nemeškalová-Jiroudková, Zdenka: K současným úkolům numismatik v doby římské [Zu den gegenwärtigen Aufgaben der Numismatik der römischen Kaiserzeit]. PA 52 (1961) 436—441, hier 437 mit den Abbildungen 1 und 2, obwohl sie von der Gesamtzahl der Prägungen ohne Unterschied ausgehen.
[44] Nohejlová-Prátová 143, 147, Nr. 512 und 532.

Die angeschnittene Thematik ergänzen die Terra-sigillata-Funde, die nahezu ausschließlich dem 2. und dem beginnenden 3. Jahrhundert angehören. Gefäße aus gewöhnlich reliefverzierter roter Siegelerde sind freilich nur selten gut erhalten, weil sie in der Regel aus Siedlungen stammen. In den meisten Fällen handelt es sich um Bruchstücke von Gefäßen, deren Formen und Ornamente ihre Herkunft verraten. Wenn wir von einem heute nicht mehr überprüfbaren böhmischen Fund absehen, kommen im wesentlichen nur drei große Werkstattkreise in Frage, deren Erzeugnisse im markomannischen und quadischen Hoheitsgebiet zutage kamen, freilich meistens als bescheidene Reste. Die ältesten Terra-sigillata-Funde enthalten Produkte der Werkstätten von Lezoux, Dep. Puy-de-Dôme in Mittelfrankreich, die vor allem um die Mitte des 2. Jahrhunderts tätig waren und somit in die zweite Hälfte des 2. Jahrhunderts datiert werden können. Dann übernahmen ostgallische Werkstätten die Erzeugung, zunächst besonders Heiligenberg bei Straßburg und Rheinzabern in der Rheinpfalz, die hauptsächlich in der zweiten Hälfte des 2. Jahrhunderts arbeiteten, so daß ihre Erzeugnisse vielfach erst nach dem sog. Markomannenkrieg (166—180) unter die Erde gekommen sein dürften. Die spätesten im markomannischen und quadischen Wohnbereich gefundenen Terra-sigillata-Reste stammen aus Werkstätten in Westerndorf, Kreis Rosenheim in Oberbayern, und ihnen verwandten Manufakturen, die wohl samt und sonders in die erste Hälfte des 3. Jahrhunderts zu datieren sind. Wenn wir die Fundorte nach Landschaften aufschlüsseln, geben die drei maßgebenden Werkstattkreise folgendes Bild:

	Böhmen[45]	Mähren[46]	Südwestslowakei[47]	Zwischen Donau und Theiß[48]
Lezoux	13 %	22 %	16 %	1 %
Rheinzabern	67 %	56 %	63 %	32 %
Westerndorf	20 %	22 %	21 %	67 %

Auf bekannte historische Ereignisse bezogen, besagt diese Übersicht, daß vor dem sog. Markomannenkrieg verhältnismäßig wenig Terra-sigillata in das Grenzgebiet nördlich und östlich der mittleren Donau gelangte, wenn wir von Mähren absehen.

Die meisten Terra-sigillata-Gefäße kamen also während und unmittelbar nach dem sog. Markomannenkrieg nach Böhmen, Mähren und in die südwestliche Slowakei. Das steht freilich im Widerspruch zu der ziemlich allgemein vertretenen

---

[45] S a k a ř, Vladimír: Terra sigillata v českých nálezech [Terra sigillata in böhmischen Funden]. PA 47 (1956) 52—69.
[46] T e j r a l, Jaroslav: Markomanské války a otázka římského dovozu na Moravu v obdobi po Kommodově míru [Die Markomannenkriege und die Frage der römischen Einfuhr in Mähren nach dem Kommodus-Frieden]. AR 22 (1970) 289—411, hier 404.
[47] K ř í ž e k, František: Nové nálezy terra sigillaty na Slovensku [Neue Terra-sigillata-Funde in der Slowakei]. Slovenská archeológia 9 (1961) 301—434; 14 (1966) 97—143, abzüglich der ostslowakischen Funde.
[48] G a b l e r, Dénes: Terra sigillaták a kelet-pannoniával szomszédos barbaricumban [Sigillaten im Oberpannonien benachbarten Barbarikum]. Archaeologiai Értesitö 95 (1968) 211—261, hier 241 f.

Annahme, die meisten provinzialrömischen Erzeugnisse seien als begehrte Handelswaren eingeführt worden. Schon oben wurde darauf hingewiesen, daß für einen so umfangreichen Tauschhandel im Grenzgebiet nordwärts der mittleren Donau die wirtschaftlichen Voraussetzungen nicht gegeben waren. Der als Abnehmer von Luxuswaren in Frage kommende Kreis der jeweiligen Oberschicht war zu klein, um römischen oder provinzialrömischen Händlern einen hinreichenden Gewinn zu bringen, und die Masse der unfreien Pächter war kaum in der Lage, solch seltene Waren einzutauschen. Für die Oberschichten kämen höchstens noch Durchgangszölle (*vectigalia*), die in Form von Ehrengeschenken dargeboten wurden, in Betracht.

Es ist daher mehr als wahrscheinlich, daß der Großteil der Terra-sigillata-Funde in Böhmen, Mähren und in der Südwestslowakei aus Kriegsbeute stammt, unbeschadet der Transportschwierigkeiten ob der Zerbrechlichkeit von Keramik [49]. Damit entfällt auch die immer peinlich und unglaubhaft wirkende Annahme ererbten Familienbesitzes, falls einmal ältere Terra-sigillata-Gefäße in einem wesentlich jüngeren Fundkomplex angetroffen wurden, z. B. in dem Körpergrab 1 von 1926 in Leuna, Kreis Merseburg [50], wo eine Rheinzaberne Terra-sigillata-Schale mit Altsachen der Zeit um 300 zusammen gefunden wurde, oder im Körpergrab 2 von 1940 in Stráže, Bezirk Pistyan [51], wo ein Rheinzaberner Terra-sigillata-Teller sogar mit Silbergefäßen aus dem 1. Jahrhundert und datierenden Schmucksachen der Zeit um 300 angetroffen wurde. In diesen und in anderen Fällen handelt es sich kaum um alte Erbstücke im Besitz germanischer Familien, sondern um Beutegut, das in den römischen Provinzen alter Familienbesitz war. Beutegut sind auch die in Mitteldeutschland in diesen sog. Fürstengräbern vorgefundenen Bronze- und Glasgefäße, wie bereits vor Jahren J. Werner [52] nachgewiesen hat, aber die Terra-sigillata-Gefäße sind um mehr als ein halbes Jahrhundert älter als die germanischen Mitfunde, doch führte es zu weit, Einzelheiten anzuführen, die einer eigenen Arbeit vorbehalten sein sollen.

Diese Sachlage verändert naturgemäß die Vorstellungen, die man sich nach und nach ausmalte, um das Vorhandensein provinzialrömischer Altsachen weniger in Böhmen, als vielmehr in Mähren und in der südwestlichen Slowakei zu erklären. Von einem schwunghaften Tauschhandel kann indessen keine Rede sein, denn außer Terra-sigillata erscheint, besonders in Mähren und der Südwestslowa-

---

[49] S a k a ř, Vladimír: Nové možnost interprace keramický importů na území Římany neobsazené střední Evropy [Neue Deutungsmöglichkeiten keramischer Importe in das von den Römern nicht besetzte Mitteleuropa]. AR 21 (1969) 202—216, hier 204.

[50] S c h u l z, Walther: Leuna, ein germanischer Bestattungsplatz der spätrömischen Kaiserzeit. Berlin 1953, 96 S., hier 48, 57, 67 (Deutsche Akademie der Wissenschaften zu Berlin. Schriften der Sektion für Vor- und Frühgeschichte 1).

[51] O n d r o u c h, Vojtech: Bohaté hroby z doby rímsky na Slovensku [Reiche römerzeitliche Gräber in der Slowakei]. Preßburg 1957, 269 S., hier 162 f., 247 f., Abb. 38, Taf. 49, 50.

[52] W e r n e r, Joachim: Die römischen Bronzegeschirrdepots des 3. Jahrhunderts und die mitteldeutsche Skelettgräbergruppe. In: Marburger Studien. Hrsg. von Ernst S p r o c k - h o f f. Darmstadt 1938, S. 259—267. — Vgl. U s l a r, Rafael von: Westgermanische Bodenfunde des ersten bis dritten Jahrhunderts n. Chr. aus Mittel- und Westdeutschland. Berlin 1938, 272 S., hier 172 f.

kei, auch andere provinzialrömische Keramik. Da sind vor allem die sog. Ringschüsseln zu nennen, die nach M. R. Pernička zwar in Pannonien erzeugt wurden, von denen aber viel mehr Funde aus Mähren bekannt geworden sind[53], was natürlich nicht bedeuten kann, daß die Bewohner des damaligen Mähren die Hauptabnehmer dieser Schüsseln waren, denn wir dürfen nicht ohne weiteres moderne Wirtschaftsformen auf die so ferne Vergangenheit übertragen.

Wie die Terra-sigillata sind auch die Ringschüsseln in der Regel nur in mehr oder weniger ausgeprägten Bruchstücken im Zusammenhang mit Siedlungsfunden erhalten, so daß es kaum genauere Anhaltspunkte für eine engere Datierung gibt. Wie die Terra-sigillata-Gefäße dürften auch die Ringschüsseln hauptsächlich ins 2., aber auch noch in den Beginn des 3. Jahrhunderts gehören. Ob jedoch Ringschüsseln und andere weniger häufig vertretene provinzialrömische Gefäße überall als Kriegsbeute angesehen werden können, muß doch dahingestellt bleiben. Markomannen und Quaden, aber auch andere germanische Anrainer des römischen Limes, raubten in den Donau- und Rheinprovinzen nicht nur materielle Güter, sondern in erster Linie Arbeitskräfte, Männer, Frauen und Kinder, die in den antiken Quellen als „Kriegsgefangene" oder als „Überläufer" erscheinen[54]. Welchen Status diese Leute dann im germanischen Hoheitsgebiet hatten, ob sie regelrechte Sklaven waren oder „Pächter" im Sinne von Tacitus, wissen wir nicht, doch sprechen verschiedene Momente für die taciteische Darstellung. So vermochten Markomannen und Quaden den Römern nicht die vereinbarte Menge Getreide liefern, weil sie die „Kriegsgefangenen" zurückstellen mußten; das geht aus den Berichten des Cassius Dio deutlich hervor, und ebenso verhielten sich um die Mitte des 4. Jahrhunderts die Alemannen, wie Ammianus Marcellinus[55] näher ausführt. Beachtung verdient auch, daß Ammianus Marcellinus im alemannischen Siedlungsraum zwischen Main und Neckar *domicilia curatius ritu Romano constructa*, sorgfältiger nach römischem Brauch erbaute Wohnstätten, kennt, die die Krieger Kaiser Julians (355—363) verbrannten[56], aber auch *saepimenta fragilium penatium,* Verzäunungen gebrechlicher Höfe, in die die Römer Feuer legten und alles Lebende niedermachten[57]. Für das quadische Hoheitsgebiet ist zwar etwas Ähnliches nicht überliefert, es würde aber nicht befremden, wenn dieser Nachweis im Gelände erbracht werden könnte, jedenfalls dürfte ein Gutteil provinzialrömischer Keramik in Böhmen, Mähren und in der südwestlichen Slowakei von diesen geflohenen oder verschleppten römischen Provinzialen angefertigt worden sein. Ähnliches begründete 1926 bereits W. Veeck[58]

---

[53] Pernička, Martin Radko: Zur Verbreitung und Typologie der römerzeitlichen Ringschüsseln. Sborník praci filosofické fakulty brněnské university E 3 (1958) 52—74. — Pernička, M. R.: Die Keramik der älteren römischen Kaiserzeit. Brünn 1966, 164 S., hier 89 f.
[54] Cassius Dio LXXI 11, 5; 13, 2—3; LXXII 2, 2.
[55] Ammianus Marcellinus XVII 10, 5—8; XVIII 2, 19; XXVII 10, 1, 2.
[56] Ammianus Marcellinus XVII 1, 7.
[57] Ammianus Marcellinus XVIII 2, 5.
[58] Veeck, Walther: Über den Stand der alamannisch-fränkischen Forschung in Württemberg. Frankfurt a. M. 1925, S. 41—57, hier 48—51 (15. Bericht der römisch-germanischen Kommission 1923/24).

für das alemannische Siedlungsland. Für Mähren lieferten den unzweideutigen Nachweis die Töpferöfen in Jiříkowitz bei Brünn, daß diese vermeintliche provinzialrömische Keramik in Mähren selbst erzeugt wurde; J. Poulík fand in ihnen zwar überwiegend Reste grauer Keramik des 3. und 4. nachchristlichen Jahrhunderts, außerdem aber auch Bruchstücke von Ringschüsseln[59]. Auch slowakische Forscher setzen einheimische Produktionsstätten grauer Keramik voraus, vor allem für das Waagtal[60]. Insbesonders Titus Kolník sieht in den reichlich in der Südwestslowakei vertretenen Ringschüsseln „Zwischenglieder", also Vorstufen der grauen Keramik, womit er wohl recht haben dürfte[61].

In der Annahme, es handle sich bei diesen Erzeugnissen um Importgüter, glaubt man auf der Suche nach weiteren Kriterien feststellen zu können, wirkliche oder vermeintliche provinzialrömische Keramik käme im freien Germanien in der Nähe der römischen Grenze vor allem in Siedlungen vor, als Beigabe in Brand- und Körpergräbern jedoch fast ausschließlich in grenzfernen Gegenden Mittel- und Nordeuropas. Diese Auffassung beruht indessen auf einer Selbsttäuschung, denn der Großteil der angeblichen Siedlungsfunde ist an der Oberfläche gefunden worden, so daß diese Scherben auch aus zerstörten Gräbern stammen können. Sofern es sich jedoch um wirkliche Siedlungsfunde handelt, fanden sich in der Regel dort auch andere provinzialrömische Altsachen, Eisenschlacke u. a.[62], was in keiner Weise der hier vertretenen Ansicht widerspricht, diese Gegenstände seien als Beutegut oder als Erzeugnisse erbeuteter Provinzialen anzusehen.

Daß diese so naheliegende Erklärung nicht aufgegriffen wurde, obwohl sie bereits einige Male vorgeschlagen wurde, hängt in erster Linie mit den Fehldeutungen des sog. Markomannenkrieges (166—180) zusammen, der noch immer als der erste große Versuch angesehen zu werden pflegt, das römische Weltreich aus den Angeln zu heben. Diese Auffassung beruht auf maßlosen Übertreibungen, die zwar auf der größtenteils unseriösen Darstellung der *Historia Augusta* vom

---

[59] Š i m e k, Emanuel: Velké Germanie Klaudia Ptolemaia [Das Großgermanien des Claudius Ptolemäus]. Bd. 4. Brünn 1953, 365 S., hier 288, 363 Abb. 144 oben. — P e r n i č k a, M. R.: Na kruhu vytáčená keramika Jiříkovického typu z mladší doby římské v dosavadních výzkumech a literatuře [Spätkaiserzeitliche Drehscheibenware des Typus von Jiříkovice in Mähren. Funde und Literatur]. In: Sborník Josefu Poulíkovi k šedesátinám. Brünn 1970, 154 S., hier 76—81.

[60] K o l n í k, Titus: Popolnicové pohrebisko z mladšej doby rímskej a počiatku sťahovania národov v Očkove pri Piešťanoch [Ein Urnengräberfeld aus der spätrömischen Kaiserzeit und vom Anfang der Völkerwanderungszeit in Očkov bei Piešťany]. Slovenská archeológia 4 (1956) 233—300, hier 277, 288.

[61] K o l n í k, T.: Pohrebisko v Bešeňove [Ein römerzeitliches Gräberfeld in Bešeňov]. Slovenská archeológia 9 (1961) 219—300, hier 262. — K o l n í k, T.: Sídlisko z mladšej doby rímskej v Červeníku [Siedlung aus der jüngeren Kaiserzeit in Červeník]. Študijné zvesti Archeologického ústavu Slovenskej akadémie vied 11 (1963) 113—132, hier 121 f., 131.

[62] Z. B. Luschitz, Bez. Bilin, Tuklat, Bez. Böhm.Brod (S a k a ř : Terra sigillata 56 Abb. 4, 62) oder Pobedim, Bez. Trenčín und Červeník, Bez. Tyrnau (K o l n í k, T.: Rímsko-barbarské nálezy na „Dolnom poli" v Pobedime [Römisch-barbarische Funde auf dem „Unteren Feld" in Pobedim]. Študijně zvesti AUSAV 3 (1959) 183—186 Taf. I. — K o l n í k : Sídlisko 113 ff., 130 f., Abb. 2).

Anfang des 5. Jahrhunderts beruhen, mit denen sich aber manche ehrgeizige Historiker zu überbieten suchen. Nach der dürftigen Überlieferung handelt es sich beim sog. Markomannenkrieg nur um eine Vielzahl kleinerer oder größerer kriegerischer Unternehmen, denen einzelne griechische und römische Autoren einen Sinn unterlegen, der ihnen nach der Quellenanalyse nicht zukommen kann. Dem nüchternen Betrachter stellt sich die Sachlage ganz anders dar.

Wegen des Partherkrieges (161—166) hatten die Römer erhebliche Truppenkontingente von der Grenze an der mittleren Donau abgezogen, so daß die verbliebenen Einheiten nicht mehr in der Lage waren, die über 500 km lange Grenze von *Aquincum* (Budapest) bis *Lauriacum* (Lorch an der Ennsmündung in die Donau) ausreichend zu sichern. Nach der erfolgreichen Beendigung des Krieges im Nahen Osten kehrten zwar die Besatzungen in ihre alten Standorte zurück, mit den Truppen wurde aber die *pestilentia* eingeschleppt, so daß „in Rom, in Italien und in den Provinzen der größte Teil der Bevölkerung und fast alle Soldaten an der Krankheit starben"[63] und „alles von den Grenzen Persiens bis an den Rhein und nach Gallien mit Seuchen und Leichnamen erfüllt war"[64].

Wenn man der Lebensbeschreibung Kaiser Mark Aurels (161—180) im Rahmen der *Historia Augusta* glauben darf, kam es schon während des Partherkrieges an der mittleren Donau zu Kampfhandlungen, die „durch die Kunst derer, die dabei waren, lange hingehalten wurden"[65]. Näheres erfahren wir aus dieser allgemeinen Fassung nicht. Bald nachher überschritten angeblich 6 000 Langobarden und Obier die vermutlich zugefrorene Donau, wurden aber zurückgeworfen und schickten an den Statthalter von Pannonien „als Gesandte den König der Markomannen Ballomarius und zehn andere, je einen aus jeder Schar, κατ' ἔθνος. Als diese Gesandten den Frieden beschworen hatten, kehrten sie nach Hause, οἴκαδε, zurück". Cassius Dio[66], der diese Begebenheit berichtet, verwendet den Begriff ἔθνος noch an einer anderen Stelle[67]. Auch da ist von Gesandten die Rede, die sich an den Kaiser Mark Aurel wenden, die einen für ihre Sippen, κατὰ γένη[68], die anderen für ihre Gefolgschaften, κατὰ ἔθνη. In der Einzahl bedeutet der Begriff τὸ ἔθνος zusammengewöhnte Menge, also eine Schar, ein Stamm oder ein Volk, so daß man in die Darstellung des Cassius Dio hineinsehen kann, was man will, demnach auch unsere Auffassung, daß es sich hier wie dort nicht um Stämme oder Völker handelt, sondern um Personal- und Landschaftsverbände, um Gefolgschaften und um Sippen und Klane. Dazu paßt auch die Vielzahl der angesprochenen Kampfverbände, von denen aber nur Langobarden, Obier und Markomannen genannt sind, nicht die übrigen acht, was man bisher stets mit allerlei haltlosen Annahmen zu überbrücken versuchte[69]. Von mehre-

---

[63] Eutropius: Breviarium ab urbe condita VIII 12, 2.
[64] Ammianus Marcellinus XXIII 6, 24.
[65] Scriptores historiae Augustae (SHA) vita Marci 12, 13.
[66] Cassius Dio LXXI 3, 1. — Petrus Patricius fragm. 6.
[67] Cassius Dio LXXI 11, 3.
[68] Das griechische Wort τὸ γένος bedeutet Abstammung, Geburt, Geschlecht, also Familie, Sippe, Stamm oder Volk. Es ist demnach äußerst vieldeutig. Vgl. die oben S. 10 genannte Wendung *vici et pagi*.

ren Königen, die mit ihren Völkern zurückwichen und die Anstifter des Aufruhrs töteten, als die Kaiser Mark Aurel und Lucius Verus in Aquileja erschienen, erzählt der Biograph Mark Aurels[70]: Er nennt Viktualen und Markomannen, aber auch „andere Völker", die von weiter nördlicher wohnenden Barbaren verdrängt worden waren und die mit Krieg drohten, falls man sie nicht ins Römische Reich aufnähme. Wie immer man die Ereignisse zeitlich ansetzt, aus ihren Wohnsitzen vertriebene und neue Heimstätten suchende Völker (*gentes*) hätten sich gewiß nicht wie die Markomannen und Quaden zurückgezogen, als die Kaiser in Aquileja erschienen, wohl aber Gefolgschaften unter Führung von Königen und Fürsten, denn diese Gefolgschaften wollten keine Gebiete erobern, sondern sie ausplündern und ihren Raub in Sicherheit bringen.

Markomannen und Quaden waren noch einmal über die Alpen vorgedrungen, sie belagerten Aquileja und zerstörten *Opitergium* (Oderzo) und hatten zahlreiche blutige, mit größter Geschwindigkeit ausgeführte Kriegszüge unternommen, so daß ihnen Kaiser Mark Aurel nach ihrem Durchbruch durch die Julischen Alpen nur mit Mühe Widerstand leistete[71]. In den Quellen wird mit keinem Wort angedeutet, warum die Sieger nicht in das so gut wie schutzlos vor ihnen liegende Norditalien eindrangen, was übrigens auch den meisten Historikern nicht auffällt. Das Verhalten der Eindringlinge wird aber verständlich, wenn das Unternehmen nicht von Volksheeren oder anderen Landschaftsverbänden, sondern von Gefolgschaften getragen war; denn ihnen ging es in erster Linie um Beute, nicht um Geländegewinn und Eroberungen. Hatten Gefolgschaften genug Beute gemacht, kehrten sie mit ihrem Raub nach Hause (οἴκαδε) zurück[72].

Wenn wir den Gefolgschaften und ihren kriegerischen Unternehmen mehr Raum einräumen und die antike Überlieferung in diesem Sinne auslegen, so daß manche Unklarheiten und offene oder zwiespältig gelöste Fragen eine ansprechende Klärung finden, so bedeutet das nicht, daß nicht auch Landschaftsverbände, also Volksaufgebote in den sog. Markomannenkrieg hineingezogen wurden. Als die Römer, um sich der häufigen Einfälle zu erwehren, zu Gegenangriffen übergingen und den Krieg ins markomannische und quadische Siedlungsgebiet hineintrugen, stellten sich ihnen gewiß nicht nur Gefolgschaften, sondern vor allem Landschaftsverbände entgegen, denn nun stand die Existenz und das Leben aller auf dem Spiel, nicht mehr nur das Wohl und Wehe der *reges* und *principes* und ihrer *comitatus*. Die römischen Heere, die seit 172 einigemal die Donau überquerten, umfaßten aber nicht einige Tausende, wie man sich das vorzustellen pflegt, sondern nur einige hundert Mann. Dies beweist das 179/180 bei *Laugaricio* überwinternde Heer; es bestand aus 855 Soldaten der in *Aquincum* (Ofen) stationierten 2. Legion Adiutrix unter dem Legaten M. Valerius Maximianus, der diese Tatsache in einer Felseninschrift bei Trentschin in der Slowakei

---

[69] Vgl. P r e i d e l, Helmut: Der Markomannenkrieg in neuer Sicht. Vorzeit 16 (1967) 39—48, hier 41 f.
[70] SHA vita Marci 14, 1—6.
[71] A m m i a n u s   M a r c e l l i n u s XXIX 6, 1.
[72] Vgl. SHA vita Marci 21, 6: „*Marcomannos in ipso transitu Danuvii delevit et praedam provincialibus reddidit.*"

festhalten ließ. Vier Jahre vorher, also 175, hatte dieser Maximianus eine Reiterabteilung aus Markomannen, Naristen und Quaden befehligt, die im Nahen Osten einen Emporkömmling bekämpfen sollte[73], was immerhin einige Überlegungen auslösen sollte, weil diese drei Völker kurz zuvor von den Römern besiegt worden waren. J. Dobiáš nimmt daher an, diese donauländischen Swebenstämme hätten dem Kaiser Mark Aurel als Gegenleistung für die ihnen zugestandenen Milderungen der Friedensbedingungen[74] für seinen Krieg im Orient Reiterkontingente zur Verfügung gestellt[75], doch dürfte es sich um Kampfverbände unter eigenen Führern gehandelt haben, die, wie etwa der junge Battarios mit seinem Gefolgschaftsverband[76], gegen hohen Lohn ($\chi\varrho\acute{\eta}\mu\alpha\tau\alpha$ $\pi\lambda\varepsilon\tilde{\iota}\sigma\tau\alpha$) in römische Dienste getreten waren.

Wir kommen damit auf ein weiteres Problem zu sprechen, über das wir uns auch klarwerden müssen: waren die germanischen Stämme an der mittleren Donau so festgefügte politische Gebilde, daß die römischen Kaiser oder ihre Bevollmächtigten mit ihnen so verbindliche Friedensverträge oder Friedensdiktate vereinbaren konnten, wie es vor allem Cassius Dio darstellt[77], obwohl er an anderen Stellen wieder andere Verfahrensweisen andeutet?[78] Für die antiken Autoren, die entweder sehr späte Zeitgenossen oder gar keine waren, bestand kaum ein Zweifel, daß es Kaiser Mark Aurel mit wohlorganisierten Gegnern zu tun hatte, daß also Markomannen, Quaden und andere ethnische Einheiten durch Repräsentanten vertreten wurden, die für den ganzen Stamm rechtsverbindliche Verträge abzuschließen vermochten. Nur so sind die von Cassius Dio genannten Bedingungen zu verstehen, unter denen die Römer mit den germanischen Völkern an der mittleren Donau Frieden schlossen, besser gesagt mit ihren Königen und Fürsten. Daß sich andere Gefolgsherren an diese Abmachungen nicht gebunden fühlten und sie nicht hielten, was als Verrat, Treubruch und verbrecherischer Überfall erscheinen mochte, verrät der sog. Zweite Markomannenkrieg (177—180). Für seinen Kampf mit dem Gegenkaiser Avidius Cassius hatte Mark Aurel auch von der mittleren Donau Truppen abgezogen, nachdem er rasch mit den Jazygen Frieden geschlossen hatte, was die Markomannen und Quaden sogleich zu verschiedenen räuberischen Einfällen vor allem nach Pannonien ausnützten, wie immer, wenn ihnen die Gelegenheit günstig erschien. Diese Einfälle wurden aber nicht von Volksheeren verübt, sondern von Gefolgschaften, von denen sich viel-

---

[73] M. Valerio Maximiano . . . praep(osito) equitib(us) gent(ium) Marcomannor(um), Narist(arum), Quador(um) ad vindictam orientalis motus pergentium. Vgl. P f l a u m , H. G.: Deux carrières équestres de Lambèse et de Zana (Diana Veteranorum). Libyca. Sér. Archéologie Epigraphie 3 (1955) 135 ff.
[74] C a s s i u s D i o LXXI 15.
[75] D o b i á š, Josef: Dějiny československého území před vystoupením Slovanů [The History of the Czechoslovak Territory before the Appearance of the Slavs]. Prag 1964, 475 S., hier 211.
[76] C a s s i u s D i o LXXI 11, 1. — SHA vita Marci 21, 7.
[77] C a s s i u s D i o LXXI 11, 3—5; 15; LXXII 1/2. Über die Unverbindlichkeit der häufig verwendeten Zahl 13 000, die man daher nicht ernst nehmen kann, vgl. P r e i d e l : Markomannenkrieg 48 Anm. 50.
[78] C a s s i u s D i o LXXI 11, 1—3. P e t r u s P a t r i c i u s fragm. 6.

leicht einzelne auch zu größeren Verbänden zusammengetan hatten. Erst als die abgezogenen Truppen wieder heimgekehrt und die Standorte wieder aufgefüllt waren, begann der römische Gegenangriff, der den Überfällen Halt gebot und den Grenzraum wieder befriedete. Der plötzliche Tod Kaiser Mark Aurels (17. März 180) änderte die geschaffene Sachlage insofern, als seinem Sohn und Nachfolger Commodus (180—192) das Wohlleben in Rom begehrenswerter erschien als die völlige Unterwerfung der Markomannen und Quaden, ja, er zahlte ihnen sogar größere Geldbeträge, um den Frieden an der mittleren Donau zu erhalten, die nicht dem ganzen Stamm, sondern nur den Gefolgsherren zukamen. Aber davon war bereits die Rede.

Die einst allgemein verbreitete Auffassung, der sog. Markomannenkrieg von 166—180 hätte das „Kulturniveau" der Markomannen und der Quaden ungünstig beeinflußt, vor allem durch die „radikale Beschränkung des Handelsverkehrs", beruht auf irrigen Voraussetzungen. „Auch aus den erhaltenen archäologischen Überresten", fährt J. Dobiáš[79] fort, „kann man die auffallende Verarmung des Siedlungs- und Grabinventars herauslesen, ein klares Zeugnis des allgemeinen Rückganges des Lebensniveaus..." Auch dies beruht auf einer Verkennung des Sachverhaltes, wie oben zu zeigen versucht wurde. Natürlich ist gegenüber der ersten nachchristlichen Zeit, etwa der Ära Marbods und Katwalds, ein Wandel eingetreten, aber diese in der Entwicklung begründeten Änderungen rechtfertigen noch keine Pauschalurteile, zumal während und nach dem sog. Markomannenkrieg eine größere Zahl reicher ausgestatteter Gräber nachweisbar wird, und zwar auch in der Slowakei.

Die in den letzten Jahrzehnten ungemein rege tschechische und slowakische Landesforschung hat wohl erkannt, daß die Auswirkungen des sog. Markomannenkrieges als Folge der Überbewertung der erhaltenen historischen Nachrichten falsch eingeschätzt wurden[80], sie hat aber nicht die notwendigen Folgerungen aus ihren Feststellungen gezogen, weil sie wie die deutsche Forschung noch immer in romantischen Vorstellungen befangen ist. So wurden die sog. Lübsow-Gruppe und südlichere Entsprechungen[81] zwar als „Fürstengräber" herausgehoben, aber man vermochte sie nicht richtig in die jeweiligen Sozialkörper einzugliedern, weil der Forschung stets der romantische, aber nicht der antike Volksbegriff vorschwebte. Wenn es daher den vorstehenden Zeilen gelungen sein sollte, ein Überprüfen der bisherigen Auffassungen anzuregen, wäre das ein großer Gewinn, der sich in absehbarer Zeit günstig auf den weiteren Fortgang der Forschung auswirken müßte.

---

[79] Dobiáš 220.
[80] Sakař: Nové možnost 202—216. Tejral: Markomanské války 389—411.
[81] Eggers, H. J.: Lübsow, ein germanischer Fürstensitz der älteren Kaiserzeit. Prähistorische Zeitschrift 34/35 (1949/50) 58—111. — Ondrouch: Bohaté hroby.

JEAN HUSS, AUJOURD'HUI*

Paul De Vooght

Je vous dois avant tout un mot d'explication sur le titre de ma conférence. Je n'entends pas du tout vous apporter ce soir une nouvelle interprétation du personnage de Jean Huss, comme s'il était permis à un historien de maquiller à sa guise les figures du passé, en les redécrivant ou en les redéfinissant au gré de ses préjugés. Certes un personnage (ou un fait) du passé peut recevoir dans une situation historique nouvelle un éclairement insoupçonné de lui-même et de ses contemporains, et l'historien ne s'en désintéresse pas. Cependant sa tâche principale n'est pas là. Ce qu'il poursuit avant tout, c'est la réalité concrète ancienne, telle que nous pouvons la retrouver dans les sources authentiques. Chaque philosophe a le loisir de bâtir un monde nouveau appuyé sur des axiomes de son choix. L'historien est là pour rappeler les faits et les hommes tels qu'ils furent.

Loin donc de vouloir vous présenter un Jean Huss sous une affabulation nouvelle, empruntée au vocabulaire contemporain, je voudrais passer en revue avec vous les principales discussions auxquelles il a donné lieu récemment pour en dégager en guise de conclusion la figure de Huss, telle qu'elle a été vraiment et telle qu'elle reste encore aujourd'hui, rayonnante de toute sa grandeur humaine et de son martyre pour Jésus-Christ.

Tournons-nous d'abord vers la philosophie. Il y a maintenant six ans, un philosophe nous apprit que Wiclif avait conçu une métaphysique cosmique et que Huss l'avait transformée en une philosophie de l'homme qui déboucha sur une théorie nouvelle de l'obéissance. Le philosophe en question n'avait mis le doigt directement ni sur la métaphysique cosmique, ni sur la philosophie de l'homme. Ces deux notions paraissaient plutôt s'enchaîner à partir de la troisième: la théorie hussienne de l'obéissance. C'est de celle-ci que l'induction l'avait conduit à la philosophie de l'homme d'abord, à la métaphysique cosmique ensuite. Il était donc d'une importance capitale que le point de départ fût solidement établi. C'est ce que ce philosophe avait fait. Du moins, le croyait-il. Sans entrer ici dans le détail de sa démonstration[1], relevons-y un point capital. Il avait lu dans le traité de Huss sur l'Eglise une phrase bouleversante, dans laquelle

---

* Vortrag, der am 15. März 1971 in den Räumen des Collegium Carolinum in München gehalten wurde.
[1] Voir plus en détail dans l'article: Jean Huss au Symposium Hussianum Pragense. Istina, 1965—1966, p. 41—60. Le même article en allemand: Jan Hus beim Symposium Hussianum Pragense. Theologisch-Praktische Quartalschrift, 1966, t. 114, p. 81—95. Les articles cités dans la suite sans nom d'auteur sont de l'auteur de ces lignes. Pour tout ce qui n'est pas muni de références particulières, cfr du même: L'Hérésie de Jean Huss, Louvain 1960 et: Hussiana, Louvain 1960.

il était dit que les circonstances d'un acte influaient sur sa moralité. Et, de fait, ces circonstances s'y trouvent. Huss les résumait dans le vers latin suivant: *quis, quid, ubi, quibus auxiliis, cur, quomodo, quando*. Ces circonstances n'avaient rien de surnaturel, remarquait le philosophe et il concluait: donc, elles n'étaient ni catholiques, ni scolastiques, ni moyenageuses. Donc Huss avait tourné le dos à Thomas d'Aquin et à l'Eglise catholique. Il avait fondé une morale nouvelle, jeté les bases d'une philosophie de l'homme encore inédite en ce moment[2].

Hélas!, car la construction idéologique était belle, il fallait être philosophe pour ignorer que la doctrine catholique n'a jamais rejeté le bon sens sous prétexte de surnaturalisme et que la scolastique sous toutes ses formes avait toujours soutenu que la grâce ne supprime pas la nature. Il aurait même suffi, au lieu de tant raisonner, d'ouvrir les yeux et de remarquer que Huss lui-même note, en exposant ses vues sur les limites de l'obéissance: *concordat Thomas 2a 2ae*[3]. Ensuite la simple collation du texte de Huss avec celui de Thomas d'Aquin aurait montré et nous montre encore aujourd'hui la parfaite identité de vues entre le *Doctor communis* et Jean Huss. Le vers *quis, quid, etc.* se trouve dans la Somme, et il est un emprunt à Cicéron. La soi-disant grande innovation de Huss n'est ainsi qu'un point tout à fait banal de la morale chrétienne, catholique, scolastique et de la morale du bon sens. Lorsque La Fontaine fait déclarer par l'âne dans la fable Les animaux malades de la peste: „Un jour par un pré de moines passant, je tondis de ce pré la largeur de ma langue", c'est bien parce qu'il voulait insister sur la légèreté de la faute du pauvre âne à cause de deux circonstances: le peu d'importance du larcin et la richesse de ceux au détriment desquels il avait été commis. La même doctrine a toujours été enseignée et on l'enseigne encore dans tous les séminaires et collèges théologiques du globe ...

Plus subtile peut-être est la position d'un historien anglais, R. R. Betts, qui voulut voir dans les luttes de Huss avec ses adversaires, à Prague d'abord et à Constance pour finir, avant tout la guerre de deux écoles philosophiques: le nominalisme et le réalisme. Le bûcher de Constance a été allumé par les nominalistes qui voulurent écraser un de leurs adversaires réalistes (et un second, Jérôme de Prague, l'année suivante)[4]. C'est un conte ... mais, aux plus mauvaises

---

[2] D'après un texte polycopié, lu au premier Symposium Hussianum Pragense. Le texte fut repris ensuite dans un article: Hus a Viklef. Filosofický Časopis, 1966, p. 253—264. Cfr du même auteur: Hus, husovská a husitská tradice. Novinářský Sborník, 1965, p. 472—482.
Récemment M. Kalivoda a recidivé dans un livre que je n'ai pas encore pu avoir sous la main. D'après le compte rendu que M. Molnár en a fait, M. Kalivoda réaffirme que dès 1412 „il est acquis pour Huss que grâce à ses facultés rationnelles, tout homme est personnellement responsable de la conformité de ses actes à la norme divine. L'autorité institutionnelle de l'Eglise se trouve ainsi déjouée au profit de ce rationalisme hussite spécifique" (Communio Viatorum, 1970, t. XIII, p. 202). C'est parfaitement absurde! La responsabilité personnelle a toujours été admise dans la tradition chrétienne. L'autorité institutionnelle n'y change rien. Et Huss n'a jamais été touché ne fût-ce que par l'ombre du plus bénin des rationalismes.
[3] Magistri Joannis Hus, Tractatus de Ecclesia. Ed. S. Harrison Thomson, Cambridge (Mass.) 1956 (DE), p. 153.
[4] R. R Betts, Essays in Czech History, Londres 1969, p. 57 et 61.

causes on trouve des raisons ou des semblants de raison. Voici ce qu'écrit R. R. Betts: „Gerson et d'Ailly étaient pleinement conscients du fait que leur querelle avec Huss et Jérôme était foncièrement d'ordre philosophique. Les buts théologiques et ecclésiastiques de ceux-ci étaient les conséquences nécessaires de leur foi dans les *realia ante rem* ... Pierre d'Ailly touchait à la racine de l'affaire, lorsqu'il dit à Huss pendant l'audience du 7 juin 1415: Nous ne pouvons juger en nous fondant sur votre conscience, mais uniquement sur ce qui a été prouvé et déduit contre vous et sur ce que vous avez reconnu"[5].

Ce raisonnement surprend. Qu'avait à voir une jurisprudence fondée sur des faits prouvés avec une théorie philosophique sur l'origine des concepts abstraits? Il y a là, en fait, une étrange confusion. Partant du fait que les réalistes, dont Huss, admettaient la réalité des universaux indépendamment des choses individuelles qui n'en étaient que des réalisations transitoires, Betts transpose cette vue critériologique dans les domaines les plus divers où elle n'a rien à voir. Comme le réaliste admet que l'essence universelle des choses est imperceptible, Betts en déduit que tout ce qui est imperceptible est le vrai domaine du réaliste. C'est ainsi que le réaliste veut la réforme des coeurs, pas seulement celle des lois, réglements et rubriques[6]. Pour le réaliste aussi, c'est la conscience qui compte et la foi est pour lui un attachement à des réalités non apparentes et invisibles[7]. Mais que faut-il conclure alors pour les nominalistes? N'admettant pas les *universalia ante rem*, ce sont des sceptiques[8]. Ils ne s'intéressent qu'aux apparences[9]. Ils ne peuvent s'occuper des profondeurs cachées de la conscience et — il faut bien l'ajouter —, ils n'ont pas la foi, puisque le non-apparent n'existe pas pour eux! Dans ce cas, Thomas d'Aquin, qui n'admettait pas qu'il y eût un âne universel serait à ranger parmi les incroyants, d'Ailly aussi et le mystique Gerson. La chose est par trop absurde. Certes, les oppositions entre nominalistes et réalistes ont interféré dans les querelles praguoises de la fin de XIVᵉ et du début de XVᵉ siècle, mais elles n'ont pas la portée que leur attribue Betts. L'historien tchèque Fr. Šmahel[10] a montré le peu de temps que le réalisme wiclifien a obtenu un certain succès à Prague au tournant du siècle. Déjà en 1403, Wiclif n'y intéresse plus qu'en tant que théologien et hérétique. C'est à Vienne, Heidelberg et Erfurt que la discussion continue autour des *universalia realia*. A Prague, rien ne rappelle le réalisme dans les 45 articles de Wiclif condamnés en 1403. Les deux théologiens Stanislas de Znojmo et Etienne Páleč se séparèrent de Huss en 1412, sans que les universaux aient été pour rien dans leur différend.

Ja croirais même qu'il faudrait aller plus loin que Mr Fr. Šmahel. Celui-ci admet que la philosophie réaliste a été le tremplin qui porta Wiclif vers ses

---

[5] Ibid., p. 37.
[6] Ibid., p. 33.
[7] Ibid., p. 58.
[8] Ibid., p. 53.
[9] Ibid., p. 31—32 et 37.
[10] Fr. Šmahel, Universalia realia sunt haeresis seminaria. Filosofie pražského extremního realismu ve světle doktrinálně institucionální kritiky. Československý Časopis historický, 1968, t. XVI, p. 797—818. Cfr compte rendu dans la Revue d'Histoire ecclésiastique, 1969, t. LXIV, p. 1049—1050.

hérésies, opinion partagée par Benrath[11]. Or le fait est là qu'en 1365, Wiclif n'admettait plus qu'un accident pût être séparé de son sujet d'inhésion[12] et que, malgré cela, il continuait à professer après 1372 la transsubstantiation sur le terrain théologique[13]. Wiclif, théologien, se sert d'arguments que Wiclif, philosophe, ignore. Tout particulièrement, ses positions névralgiques sur l'eucharistie ont été élaborées en dehors de sa philosophie réaliste. Sa théologie se fonde ici sur la Sainte Ecriture[14], les *sancti doctores ut Ambrosius, Jeronimus et specialiter Augustinus*[15], les interventions de Nicolas II contre Bérenger[16]. Ce n'est qu'ensuite, logiquement et chronologiquement, que l'argument de raison, en ce cas de philosophie réaliste, est venu s'y ajouter. *Per ante ... non habui argumenta nisi solummodo ex Scriptura; modo autem accrevit argumentum topicum*[17].

Ceci dit quant à Wiclif, il faut rappeler que Huss ne suivit pas Wiclif dans sa théologie de l'eucharistie. Il admit la présence réelle et la transsubstantiation. Son oeuvre n'est pas philosophique, mais théologique et spirituelle. Il n'est pas question une seule fois des *universalia realia* dans les écrits qu'on possède de lui: un commentaire sur les Sentences d'une parfaite banalité, des commentaires sur les Ecritures, des sermons, des oeuvres de polémique théologique qui s'attaquent pour leur plus grande part à des maîtres et docteurs tchèques qui sont dans le même camp philosophique que lui. Cette philosophie n'y a donc pas joué, comme elle ne fut d'aucun poids à Constance où fut condamné l'homme dangereux qui prétendait prêcher au peuple en sa langue contre les péchés de ses supérieurs; qui déniait même aux prélats, vivant ouvertement dans des désordres scandaleux, leur qualité de bon pasteur, au sens que l'Evangile donne au mot; qui, pour couronner le tout, osait affirmer que l'Eglise n'est pas seulement terrestre, visible, sacramentaire et hiérarchique, mais aussi et surtout une communion des âmes avec Jésus-Christ par la prédestination et la grâce.

Plus vivement que sur le terrain philosophique, Huss a été sollicité au point de vue social. Au XIXe siècle, il était surtout considéré comme un héros national, exalté par les uns comme la plus grande figure nationale et bafoué par les autres ... Aujourd'hui, ce n'est plus tant un héros national qu'il aurait été, qu'un „progressiste" au point de vue social. Certes, les marxistes tchèques sont revenus de leur premier engouement. En 1953, un de leurs écrivains, B. Spačil écrivait que „de la chapelle de Bethléem partit la première révolution socialiste du monde"[18]. Mais, dix ans plus tard, un historien de la même école se contentait de l'affirma-

---

[11] G.-A. Benrath, Wyclifs Bibelkommentar (Arbeiten zur Kirchengeschichte 36), Berlin 1966, p. 313.
[12] A. Du Pont Breck, Joannis Wyclif Tractatus de Trinitate, Boulder (Colorado) 1962, p. 111.
[13] G.-A. Benrath, o. c., p. 215—216. Compte rendu dans la Revue d'Hist. eccl., 1967, t. LXII, p. 830—834.
[14] J. Wyclif, Trialogus. Ed. G. Lechler, Oxford 1869, p. 255.
[15] J. Wyclif, De Eucharistia. Ed. J. Loserth, Londres 1892, p. 288.
[16] Ibid., p. 279.
[17] J. Wyclif, De blasphemia. Ed. M. H. Dziewicky, Londres 1893, p. 248.
[18] B. Spačil, dans l'introduction au livre de Fr.-M. Bartoš, Z dějin kaple Betlemské, Prague 1951, p. 10.

tion que „Huss avait proclamé les conditions concrètes d'un féodalisme équitable" [19]. La distance parcourue est d'importance et, sans aucun doute, dans le bon sens.

Tous les réformistes de Bohême, depuis Conrad de Waldhausen et Milíč de Kroměříž, et Huss y compris, s'étaient acharnés contre les richesses excessives du clergé, mais il revint à Jacobellus de Stříbro de faire avancer la question d'un pas. Jusqu'à lui, l'action des réformistes avait consisté à dénoncer le mal avec véhémence, du haut de la chaire et dans les disputes académiques à l'Université, mais nulle part nous n'entendions de proposition bien concrète pour obvier au mal. Jacobellus, le premier, proposa une politique sociale pour le clergé. Il s'inspira de Wiclif dont il traduisit le Dialogue en 1411 [20].

En voici les lignes maîtresses. Originairement, les biens ecclésiastiques proviennent de dons et d'aumônes, dont l'excès a créé l'état abusif présent. Il ne faut même pas, en principe, que les clercs possèdent, puisqu'il ne leur revient pas non plus de défendre leurs biens, les armes à la main. Les deux fonctions complémentaires sont l'affaire des seigneurs nobles. La part des clercs, ce sont les biens spirituels, mais ceux-ci ne peuvent pas, de par leur nature même, faire l'objet d'un commerce. Cette vérité est évidente aussi d'après le témoignage de l'Ecriture et l'exemple de Jésus-Christ. Il faut donc que les clercs vivent d'aumônes dont ils tireront des salaires modestes. Pour arriver à ce résultat, deux moyens paraissent indiqués: d'un côté, la persuasion et de l'autre, l'autorité du roi. Le recrutement du clergé ne souffrira pas de cette manière de faire. Bien au contraire, elle augmentera le nombre des bons prêtres.

La lecture et la traduction du *Dialogus* avaient conquis Jacobellus. La même année 1411, il eut l'occasion de montrer à quel point les idées wicliffiennes sur le statut social et économique du clergé l'avaient convaincu. L'archevêque de Prague s'était fait livrer les écrits de Wiclif et il les avait fait solennellement brûler. Huss avait été condamné et excommunié. Pour se venger, le roi Venceslas prononça la confiscation des biens de l'archevêque. Jacobellus, alors, n'hésite pas. Il va au secours du roi. La mesure que celui-ci avait prise pouvait paraître arbitraire et peu conforme à ce qui était considéré comme juste et légal. Sur le plan de la vie religieuse, elle paraît à Jacobellus excellente. C'est un premier pas vers l'expropriation générale du clergé et sa reconversion à la vie évangélique. Il intervient par un sermon (*Magnae sanctitatis ille vir*) [21] dans lequel il ne se contente plus de prêcher une mystique de dépouillement et de vie évangélique, mais où il formule, cette fois, un programme concret. Si les clercs veulent

---

[19] J. M a c e k, d'après le texte ronéotypé, lu au Symp. Huss. Prag. de 1965, p. 18 et 24. M. Macek écrivit aussi le 4 juillet dans le Rudé Pravo: „. . . l'impulsion vivante que Huss a donnée et donne à notre combat pour un ordre social juste, à notre patriotisme et à notre internationalisme, à notre culture, à nos efforts pour l'éducation des moeurs, à tout ce qui est beau et pur, à quoi se consacrent le socialisme et le communisme. Cfr Jean Huss au Symp. Huss. Prag. et Jean Huss à l'heure du marxisme-léninisme, dans Revue d'Hist. eccl., 1962, t. LVIII, p. 493—500.
[20] J. W y c l i f, Dialogus. Ed. W. A. Pollard, Londres 1885.
[21] Ed. J. S e d l a k, Studie a texty k náboženským dějinám českým, Olomouc 1915, t. II, p. 449—462.

échapper à la damnation éternelle, qu'ils renoncent au *dominium saeculare,* pour adopter un genre de vie modeste et être tout entiers à l'accomplissement de leur ministère spirituel. Qu'ils renoncent par conséquent à la possession et à l'exploitation de grands domaines. Le clergé doit être entièrement libéré de ces soucis. S'il n'y consent pas volontairement, le bras séculier doit, d'une part, l'y forcer en prenant ses biens et, d'autre part, il doit lui fournir de quoi vivre modestement.

Pendant le reste de sa vie, Jacobellus ne cessa de défendre ce programme, à la fois, fonction d'une spiritualité et véritable système d'économie politique pour le clergé. Dans un de ses écrits, il résume tout en deux mots: *conversatio pauper et exproprietaria*[22]. Par *pauper,* il n'entendait pas la misère pouilleuse et paralysante, mais une vie modeste. Par *exproprietarius,* le fait que le clerc ne possédait pas comme les séculiers. Il n'avait pas de *dominium saeculare* c.-à-d. pas de biens sur lesquels il exerçait son autorité, au besoin en justice ou par la force. Un salaire modeste lui permettait de vivre, mais toute son activité était donnée à Dieu et au prochain, en dehors de toute question de gain ou de rémunération[23]. C'est le même système que Pierre Payne défendit au concile de Bâle en 1433: „Au temps de la loi de la grâce, la jouissance séculière et la propriété civile sont défendues au clergé du Christ par le droit humain et divin, les enseignements des Pères et la saine raison"[24].

Cela peut vous paraître étonnant, mais le fait est que Huss resta étranger à ce mouvement d'idées qui, parti de Wiclif et en passant par Jacobellus de Stříbro, aboutit au concile de Bâle, en attendant que les Frères bohêmes le mettent en pratique.

Huss, pour commencer, accepta comme allant de soi, le partage de la société en trois états: „... nous sommes d'avis que l'Eglise militante est vraiment composée de parties que le Seigneur a voulues ainsi, c.-à-d. de prêtres du Christ dont la seule fonction consiste à servir sa loi; de nobles de ce monde, qui doivent maintenir l'observance de l'ordre du Christ; du commun peuple *(vulgares)* qui est au service des deux autres parties selon la loi du Christ"[25]. En acceptant cette position, Huss était tout simplement de son temps. Wiclif[26], Jacobellus de Stříbro[27] et, à Bâle en 1433, Oldřich de Znojmo[28] en disaient autant et personne, sauf les partisans des rêveries chiliastes, ne pensait autrement. Huss, en outre, ne contesta jamais la royauté. Il lui reconnaissait, nous le verrons plus loin, un droit

---

[22] Tractatus responsivus. Ed. S. H. Thomson (Sbírka Pramenů českého hnuti nabozenského v XIV. a XV. stoleti), Prague 1927 et attribué par erreur à J. Huss.
[23] Pour tout ce qui est à propos de Jacobellus de Stříbro, voir mon livre Jacobellus de Stříbro (1429), premier théologien du hussitisme. Louvain 1972. A paraître bientôt.
[24] La confrontation des thèses hussites et romaines au concile de Bâle (janv.-avril 1433). Recherches de théologie ancienne et médiévale, 1970, t. XXXVII, p. 97—137 et 254—291.
[25] DE, c. XVII, p. 149.
[26] Dialogus, c. XXXIV, p. 82.
[27] En traduisant le Dialogus et en acceptant ses positions.
[28] Voir dans l'ed. de Fr.-M. Bartoš (Tábor, 1935) des discours des Tchèques au concile de Bâle: Orationes, p. 143.

d'intervention dans les affaires des clercs, lorsque ceux-ci manquaient à leurs devoirs. Une de ses dernières pensées, à Constance, a été pour son roi et pour sa „clémente souveraine"[29]. Ses correspondants, pendant sa captivité, sont des bourgeois cultivés, puisqu'il se sert plus souvent du latin que du tchèque pour s'adresser à eux. Ce sont des bourgeois riches puisqu'il en sollicite une aide financière et qu'il leur recommande de prendre soin des pauvres. Il leur demande aussi de traiter leurs affaires honnêtement. Il recommande aux artisans d'exercer consciencieusement leur métier et de vivre du travail de leurs mains, aux domestiques de servir fidèlement leurs maîtres et maîtresses, aux maîtres de vivre honnêtement et de former soigneusement leurs disciples, de leur apprendre avant tout l'amour de Dieu, aux étudiants et apprentis de toutes sortes d'obéir à leurs maîtres dans le bien, etc. La lettre qui contient ces détails est adressée à ceux qui lui sont chers „riches et pauvres"[30] ... Il ne fait pas de doute que Huss ait accepté les structures sociologiques de la société de son temps. Il n'a pas pensé un seul instant qu'une société pût exister sans classes ou „états" et l'idée ne lui est certainement pas venue qu'une seule de ces classes, celle des *vulgares*, fût appelée à triompher des autres et à leur imposer sa dictature.

Le plus important toutefois n'a pas encore été dit dans cette question. Non seulement Huss n'a nullement été un précurseur social. Il n'a même pas suivi son collègue Jacobellus lorsque celui-ci préconisa à la suite de Wiclif le statut *exproprietarius* du clergé, qui figurera ensuite dans les Quatre Articles et sera défendu à Bâle par Pierre Payne comme appartenant à l'essence même du hussitisme. Car, pour Huss, la propriété privée est intangible. Aucune autorité humaine ne peut l'enlever à l'homme.

Une première preuve en est que, nulle part dans son oeuvre, on ne trouve la moindre allusion à une structure *exproprietaria* de l'état clérical. Une autre preuve, sans doute meilleure, en est qu'il a soutenu positivement la thèse selon laquelle l'Eglise ne peut imposer à personne le renoncement à la propriété privée, exactement comme elle ne peut imposer la virginité ou le célibat. Pour Huss, les deux cas sont pareils. L'Evangile n'a imposé ni l'un in l'autre. Il en a donné le conseil. Celui qui le suit, fait bien. Celui qui ne le suit pas, ne fait pas mal, puisqu'il n'y a pas de précepte[31].

Il est vrai que, lorsque Huss déclare que l'Eglise ne peut imposer à personne le renoncement à la propriété privée et au mariage, il répète deux fois une énumération dans laquelle le clerc ne figure pas. Il écrit: „Nul roi, duc, chef, baron, soldat, citoyen, campagnard n'est tenu sous peine de péché mortel d'obéir à l'Eglise romaine ou aux prélats (qui lui commanderaient) de renoncer à la propriété privée ou au mariage". L'Eglise aurait-elle, dans la pensée de Huss, à l'égard de ses clercs un droit qu'elle ne possède pas à l'égard des laïcs? Il ne le semble pas, bien que le clerc ne figure pas explicitement sur la liste. S'il n'y est

---

[29] M. Jana Husi, Korespondence a Dokumenty. Ed. V. Novotný, Prague 1920 (HKD), p. 336.
[30] Cfr Jean Huss et ses juges, dans: Das Konzil von Konstanz, Fribourg en Br. 1964, p. 152—173.
[31] DE, c. XX, p. 184.

pas nommé, c'est parce que son cas est spécial. Il tombe sous l'économie des conseils. Il s'engage librement à renoncer à la propriété privée et au mariage: aux deux, s'il prononce des voeux monastiques comme le moine; au mariage, seulement lorsqu'il s'engage comme prêtre séculier. Mais dans l'un comme dans l'autre cas, le conseil évangélique est librement accepté. De précepte il n'y en a pas. La renonciation à la propriété privée comme au mariage ne peut être l'objet d'un précepte. Si l'Eglise s'avisait d'imposer un précepte de ce genre, elle placerait, en fait un précepte à elle au-dessus du conseil évangélique. Il ne peut donc en être question. Et ainsi in n'y a aucune ouverture dans la théologie de Huss vers cette sorte de „communisme" des clercs dont Jacobellus a été le premier théoricien dans l'histoire de la théologie hussite.

Ce n'est donc pas Huss qui a lancé la première révolution socialiste du monde. Aurait-il eu peut-être une grande activité politique? Comme je vous le disais au début de cette conférence, la mode de traiter Huss comme un héros national est plutôt passée. D'après M. Šmahel [32], la question religieuse, non pas la question nationale, a joué le premier rôle dans le hussitisme. Tout le mouvement partit des revendications de changements réformateurs et révolutionnaires dans l'Eglise et c'est „à l'intérieur du cadre religieux que les catégories d'Etat, de pays natal et de nation commencèrent seulement à se former". A côté d'un nationalisme spontané et diffus dans les couches profondes de la population, le concept abstrait de „nation" était répandu au début du XVe siècle dans le monde des lettrés, mais seulement dans de faibles proportions. Huss n'était pas un nationaliste, bien qu'il prouvât aimer sa patrie [33]. Rappelons que ce n'est pas lui qui arracha le fameux décret de Kutná hora au roi en 1409 et que sa déclaration: „je préfère un bon Allemand à un mauvais Tchèque" montre au moins qu'il n'était pas un nationaliste à tout crin et que, sans aucun doute, ses préoccupations essentielles n'étaient pas là.

Huss n'en eut-il pas moins quelques idées politiques novatrices? M. De Lagarde l'a insinué récemment en lui trouvant des convergences avec Marsile de Padoue et même en découvrant dans son *De Ecclesia* une réminiscence du *Defensor pacis* [34]. Je ne crois pas que l'argumentation de M. De Lagarde soit très probante. Et tout d'abord, parce que, prise dans son ensemble, l'idéologie de Huss est profondément différente de celle de Marsile. Alors que celui-ci vise à la destruction du pouvoir de l'Eglise dans l'organisation de la société, pour Huss, ce pouvoir, non seulement doit subsister, mais il est le premier en dignité. Il écrit dans son traité sur l'Eglise que „... le pouvoir sacerdotal dépasse le pouvoir royal en ancienneté, en dignité et en utilité" [35]. Marsile, ensuite, voulait la suppression de

---

[32] Fr. Šmahel, The Idea of the „Nation" in Hussite Bohemia. Study on the ideological and political aspects of the national question in the Czech Lands from the end of the 14th cent. to the 1470's. Historica, 1969, t. XVI, p. 143—247 et 1970, t. XVII, p. 93—197. Cfr c. r. Rev. d'Hist. eccl., 1969, t. LXIV, p. 1050—1052.

[33] Ces vues vont aussi dans la ligne de celles de Mr Seibt. Voir Hussitica. Zur Struktur einer Revolution (Archiv für Kulturgeschichte, Beiheft 8), Cologne 1965.

[34] G. De Lagarde, La naissance de l'esprit laïque au déclin du moyen âge. III. Le Defensor pacis, Louvain et Paris 1970, p. 363.

[35] DE, c. X, p. 74.

l'Eglise en tant que société humaine autonome, tandis que Huss prêchait pour sa réforme. Lorsque Huss écrit que le pape n'est le chef de l'Eglise que s'il le prouve par une conduite évangélique, il ne conteste pas du tout le pape en tant que chef d'une société qu'il vouerait à la destruction, comme c'est le cas de Marsile. Il récuse un chef indigne de sa charge, et l'ardeur même qu'il met à exiger une bonne qualité de ce chef prouve à quel point il désire le maintien de la société á laquelle ce chef préside. Même si, dans un cas extrême, il y avait lieu de supprimer la papauté fastueuse et „séculière", ce serait pour remplacer les mauvais pasteurs par de bons prêtres. Ce qui signifie bien garder l'institution après l'avoir purifiée.

Malgré ces divergences fondamentales, il y aurait, d'après M. De Lagarde, des thèses voisines chez Huss et chez Marsile. J'en cite ici les principales, celles qui touchent à l'organisation politique de l'Eglise. La première serait la négation de la juridiction coactive du sacerdoce. A quoi il faut répondre que si l'on entend par là que Huss critiquait l'usage abusif des peines canoniques et qu'il enseignait de ne pas craindre l'excommunication injuste et de suivre sa conscience plutôt que d'obéir à des ordres impies, la thèse est bien à lui. On pourrait apporter ici beaucoup de citations [36]. Mais la thèse n'est pas de Huss, si elle voulait dire qu'il n'aurait pas admis, comme Marsile, ni l'autorité des supérieurs ecclésiastiques, ni le devoir d'obéissance qui incombe aux chrétiens. Un grand nombre de pages de la seconde partie du *De Ecclesia* est précisément consacré à fixer les règles de cette obéissance. Une phrase résume le tout. Il s'agit de l'obéissance au pape et aux évêques. Huss déclare qu'il faut leur obéir, même s'ils sont mauvais, à condition toutefois qu'ils commandent d'accomplir les commandements de Notre Seigneur Jésus-Christ [37].

La seconde thèse voisine serait celle de la „pauvreté apostolique". L'expression est ambiguë. Huss a prêché contre la vie „séculière", le luxe, la débauche, les richesses excessives des prélats. Mais, nous venons de le voir, il est resté en-deçà de la ligne Wiclif-Jacobellus-Payne. Il n'a pas partagé leur initiative pour l'introduction d'un clergé sans propriété privée. Il n'a donc pas vraiment attaqué le mal par la racine et il n'a reconnu au roi un droit d'intervention que dans le cas d'abus flagrants [38].

La troisième thèse voisine résulte, sans doute, d'une confusion entre Wiclif et Huss. Elle aurait consisté à soutenir „l'égalité fondamentale de tous les prêtres". Si c'est vrai pour Wiclif, ce ne l'est pas pour Huss. Dans son commentaire sur le quatrième livre des Sentences de Pierre Lombard, dist. XXIV, n. 3 [39], Huss définit l'épiscopat comme étant le sacerdoce augmenté du pouvoir d'ordonner des

---

[36] P. ex. DE, c. XXII, p. 212 svv.
[37] DE, c. XIX, p. 177.
[38] E. a. Sermo „Ait Dominus servo". Historia et Monumenta Johannis Hus et Hieronymi Pragensis, Nuremberg 1558, II 47ʳ—48ʳ; De arguendo clero: i b i d., I, 152ʳ ᵉᵗ ᵛ; Defensio articulorum Wyclif: Magistri Johannis Hus, Opera polemica. Ed. J. Eršil, Prague 1966, p. 166. Le prologue de cette défense est particulièrement net.
[39] M a g i s t r i J o a n n i s H u s, Super IV Sententiarum. Opera. Ed. W. Flajšhans et M. Kominková, Prague 1903—1907, 1. IV, dist. XXIV, n. 3, p. 635.

prêtres *(potestas presbyteratus cum adiuncta potestate ordinandi presbyteros)*. Il n'est jamais revenu sur la question plus tard. Il a toujours distingué l'évêque du prêtre.

Mais que dire de la phrase que Huss a copiée chez Marsile et qui fournirait la preuve que Huss a écrit en ayant sous les yeux le traité de Marsile et-sous entendu-s'en est laissé influencer. Voici cette phrase, telle qu'on la lit dans chacun des deux traités:

DE, p. 82	DP, p. 206—207 [40]
Item *Deus est qui non potest ignorare* cui *remittendum sit peccatum, et solus* ipse est, *qui* non potest moveri *affeccione perversa* et iudicare iniuste	Quoniam solus *Deus est qui non potest ignorare* quibus *remittendum* (et quibus retinendum) *sit peccatum et solus qui affeccione perversa* neque movetur, neque iudicat quemquam iniuste

Voilà donc pour les traités de Marsile *(Defensor pacis)* et de Huss *(De Ecclesia)* en tout et pour tout quatorze mots identiques. Il ne me semble pas prouvé que Huss les ait directement copiés dans le *Defensor*. Mais si tel était le cas, si Huss a vraiment connu le traité de Marsile, il me semblerait que ces quatorze mots donneraient la mesure de l'accord que Huss reconnaissait entre sa pensée et celle de Marsile: quelques accointances fortuites et superficielles, mais aucun accord de fond sur la doctrine. Huss aurait copié occasionnellement Marsile, comme il avait copié Wiclif et bien d'autres, avec un parfait discernement. A Marsile il n'avait pas grand chose à prendre, car il n'admettait fondamentalement pas sa doctrine. Huss, il faut le répéter, ne visait pas à la destruction de l'Eglise terrestre, mais à sa réforme [41].

---

[40] Ed. R. S c h o l z, Marsilius von Padua, Defensor pacis, Hanovre 1932.
[41] Cfr c. r. de D e L a r g a r d e, La naissance..., dans: Rev. d'Hist. eccl., 1971, p. 3. Il n'a pas non plus de voisinage de thèses sur le nombre de sens du mot Eglise, Marsile en comptant cinq d'après M. De Lagarde et Huss, trois: universitas praedestinatorum, communio sanctorum, ecclesia mixta (cfr Sermo „Diligis": HM, II, XXVIII^r; Sermo „De Ecclesia": J. S e d l á k, Mistr Jan Hus. Prague 1915, p. 116—117; Super IV Sent., p. 36). Il n'y en a pas non plus sur la bulle Unam sanctam, Huss en donnant une interprétation fort originale qu'apparemment Marsile ignorait. Huss acceptait l'affirmation de Boniface VIII, selon laquelle le salut n'était possible que dans l'Eglise une, sainte, catholique, apostolique et romaine, gouvernée par le pontife romain. Seulement cette Eglise était l'ensemble des prédestinés et le pontife romain était Jésus-Christ (Voir DE, p. 10, 20, 43, 96, 107, 124, 227, 233). A M. De Lagarde, il faut pourtant concéder que sur Matth., XVI, 16—19 (Heureux es-tu Simon Bar-Iona! car ce n'est pas la chair et le sang qui t'ont révélé cela, mais mon Père qui est dans les cieux. Eh bien! moi je te le dis: tu es Pierre, et sur cette Pierre, je bâtirai mon Eglise; et les portes de l'enfer ne pourront rien contre elle. Je te donnerai les clés du Royaume des cieux; tout ce que tu lieras sur la terre demeurera lié dans les cieux, et tout ce que tu délieras sur la terre demeurera délié dans les cieux), les interprétations de Marsile et de Huss concordent. Ils ont adopté tous les deux la position de saint Augustin, suivie aussi par Wyclif, d'après laquelle la *petra*, fondement de l'Eglise, n'est pas saint Pierre, mais Jésus-Christ lui-même (Cfr DE, c. VII, p. 44 sv. et passim). Il est exact aussi que tant Huss que Marsile ont vu dans la Donation de Constantin un désastre majeur pour l'Eglise (DE, c. XIII, p. 104).

Il n'était surtout pas un révolutionnaire. Sur ce point j'ai eu un petit conflit avec l'historien tchèque Fr.-M. Bartoš[42]. J'avais écrit un jour qu'aux moments décisifs, Huss n'a jamais relevé l'étendard de la révolte, mais s'est toujours incliné. En 1412, pour éviter que la ville de Prague ne soit frappée d'interdit, il l'avait quitté volontairement. M. Bartoš m'a répondu qu'il s'était effacé pour „accomplir le voeu du roi"[43]. C'est bien cela, mais c'est tout sauf un geste révolutionnaire!

Il est parti librement aussi pour Constance[44]. Il n'y était ni contraint ni forcé. A la séance du 7 juin de son procès, d'Ailly s'étonne qu'il ait pu affirmer être venu de son plein gré à Constance. Huss répond: „Mais oui, j'ai déclaré être venu de ma propre volonté. Si j'avais refusé de venir, il y a en Bohême des seigneurs nombreux et de la plus haute noblesse, qui me sont dévoués. Dans leurs châteaux, j'aurais pu me réfugier et rester caché, de telle sorte qu'aucun roi sur terre n'aurait pu me forcer de venir ici". Mais Huss ne s'est pas mis sous la protection de ces seigneurs. Il ne les a pas entraînés dans une guerre révolutionnaire. Il est parti sagement pour Constance. Il s'est incliné.

A Constance, prétend encore M. Bartoš, Huss ne s'est pas soumis à Jean XXIII[45]. Il est pourtant évident qu'en partant pour Constance, il était résolu d'avance à y accepter l'ordre régnant, le concile et le pape pour autant qu'il y en avait un. C'est ce qu'il fit. Il n'est pas allé lui-même voir Jean XXIII, mais il lui a dépêché ses gardes de corps, Jean de Chlum et Henri de Lacembok. Et au compromis conclu entre eux et le pape (Huss sera libre, mais il ne se joindra pas aux cérémonies et il ne prêchera pas), Huss consent. Encore une fois, Huss s'incline[46].

Résumons-nous jusqu'ici. Huss n'est pas le philosophe qui a tourné le dos à la pensée médiévale, scolastique et catholique, en insérant dans la métaphysique cosmique de Wiclif une philosophie de l'homme, aboutissant à une théorie rationaliste de l'obéissance. Il n'est pas mort comme martyr de la noétique „réaliste" sous les coups d'une coalition de philosophes „nominalistes". En maintenant le caractère intangible de la propriété privée, il est resté en retrait de Wiclif et surtout de Jacobellus, son contemporain et collègue à l'Université de Prague, qui se sont engagés à fond pour une structure authentiquement communiste de l'„état" clérical. Il n'a pas joué un rôle politique bien important et il n'était pas d'humeur foncièrement révolutionnaire. Ces points une fois acquis, il sera sans doute temps de se demander ce que Huss a été positivement.

---

[42] Fr.-M. B a r t o š, Apologie de M. Jean Huss contre son apologiste. Communio Viatorum, 1965, t. VIII, p. 65—74.

[43] I b i d., p. 69.

[44] M. Bartoš essaye de montrer que Huss céda (il a donc bien céder!) sous la pression de l'Europe entière. I b i d., p. 70 sv.

[45] I b i d., p.. 69.

[46] Cfr Jean Huss tel qu'en lui-même. Communio Viatorum 1965, t. VIII, p. 235—238. Voir aussi A. M o l n á r, Endzeit und Reformation. Heidelberger Jahrbücher, 1965, t. IX, p. 76: „Hus war alles andere als ein Apokalyptiker, und seine Haltung dem Papst und dem Konstanzer Konzil gegenüber ... wurzelte in einer nüchternen Theologie des Gehorsams, die ihm den Ungehorsam gegenüber menschlichen Satzungen zur Pflicht machte ...".

Il ne me paraît faire aucun doute que c'est sur le terrain religieux qu'il faut chercher. Dans les années cinquante, un philosophe marxiste écrivait à Prague que ce que Huss avait enseigné, prêché, écrit au point de vue religieux était sans valeur et que Huss lui-même n'y avait jamais attaché d'importance [47]. Si c'était vrai, Huss ne se serait jamais intéressé à rien de ce qu'il a prêché et écrit, car toute son oeuvre, de la première ligne à la dernière, est religieuse et rien d'autre: ni philosophique, ni sociologique, ni politique. Sur ce point du reste, il règne en ce moment une presque unanimité.

Une question s'est posée tout de même. Huss a-t-il vécu et est-il mort en catholique ou fut-il déjà avant la lettre un protestant? Un „bon" catholique doit-il le considérer comme un „affreux" hérétique? Sur ce point une discussion, du reste fort courtoise et même amicale, s'est engagée par écrit et de vive voix entre le professeur Molnár de Prague et moi-même et nous sommes parvenus à nous entendre presque parfaitement.

Mon point de départ était que Huss était, à peine et sur la doctrine précise du pape seulement, en dehors de la vérité catholique. Je dis „à peine", parce que les textes de Huss sur ce point sont souvent obscurs, parfois même peu cohérents. Et aussi parce que les autorités théologiques qui condamnent n'ont pas dans l'arsenal de leur jurisprudence la ressource de la „relaxe pour insuffisance des preuves". Elles ne jugent pas tant d'une pensée ou d'une oeuvre que de sentences isolées qu'elles en dégagent. Tout en maintenant donc des réserves sur ce que Huss a vraiment pensé, j'admets qu'il est échappé à sa plume des déclarations qui, telles quelles, étaient hérétiques, par rapport à la foi générale de l'Eglise sur le pape. Par exemple: „que la dignité papale vient de l'empereur; qu'il n'y a pas une lueur de probabilité qu'il faille, pour régir l'Eglise au point de vue spirituel, une tête unique ..."

La question du pape mis à part, je ne découvre plus, dans les trente articles de Huss, condamnés à Constance, aucune hérésie proprement dite. Sa définition de l'Eglise comme ensemble des prédestinés ne serait une hérésie que s'il avait soutenu que l'Eglise n'était que cela. Mais ce n'est pas le cas. Huss a parfaitement admis que l'Eglise voulait dire aussi, et la communion des saints, et l'ensemble des croyants, pécheurs ou en état de grâce, pratiquant les sacrements dans la soumission aux prélats et aux prêtres. Cependant la valeur la plus haute était pour lui l'*universitas praedestinatorum*. C'était, à l'époque, un mode de penser insolite et qui rappelait dangereusement les hérésies de Wiclif. Malgré cela, les théologiens de Paris, à qui l'archevêque de Prague avait soumis le *De Ecclesia* de Huss, ne condamnèrent pas sa notion d'Eglise comme hérétique, mais simplement comme une erreur contraire à la notion d'Eglise, reçue par les docteurs qualifiés. Il aura donc suffi que ces docteurs qualifiés disparaissent et qu'ils soient remplacés par d'autres pour que ces erreurs aussi disparaissent toutes seules.

Huss, ensuite, n'a pas enseigné qu'un évêque perdait son caractère épiscopal du fait qu'il tombait dans le péché mortel. Il a, au contraire, corrigé la thèse de

---

[47] M. M a c h o v e c, Husovo učení a vyznam v tradici ceského naroda, Prague 1953, p. 152.

Wiclif sur ce sujet, en exposant qu'un évêque, vivant habituellement dans des désordres gravement scandaleux, n'éait plus un véritable, c.-à-d. un „bon" évêque, au sens qu'y donne l'Evangile. Huss n'a pas, non plus, nié les indulgences, comme Wiclif l'avait fait, mais il a condamné, comme le concile de Constance le fera après lui, les fausses indulgences proclamées par Jean XXIII (Balthazar Cossa) pour sa pseudo-croisade contre Ladislas de Naples qui soutenait son rival Grégoire XII. Et il n'a enseigné sur tous les autres points de la doctrine chrétienne que ce qu'il y avait de plus orthodoxe, de plus traditionnel et de plus catholique, corrigeant encore Wiclif sur les questions de l'eucharistie et de la pénitence.

Cependant Huss m'apparaît surtout catholique dans sa mort. Il est allé volontairement à Constance, nous l'avons rappelé tout à l'heure, persuadé qu'une discussion sincère aurait aplani les difficultés. Il ne doutait donc pas de la justesse ou de l'orthodoxie de sa doctrine. Ceux qui le connaissaient de près partageaient son avis, en particulier l'inquisiteur de Prague, Nicolas évêque titulaire de Nezero et les trois chevaliers tchèques, amis de Huss: Jean de Chlum, Venceslas de Duba et Henri Lacembok qui ont renseigné sans doute l'empereur Sigismond et l'ont amené à la décision fatale d'accorder à Huss un sauf-conduit pour le voyage de Constance. Je ne crois pas, pour ma part, que Sigismond ait agi en cette circonstance par pure félonie, comme bien des historiens le lui ont reproché par la suite. Sur le témoignage des trois chevaliers, il a tout simplement cru que l'affaire n'avait pas beaucoup de gravité. A Constance, une fois que le concile avait condamné Huss comme hérétique, il était impuissant à changer le cours des choses.

Huss avait donc la conscience en paix et, de plus, il obéissait. Plus important encore était finalement le motif pour lequel il périt sur le bûcher. Très souvent, les choses sont présentées de telle sorte qu'on croie que Huss a été condamné et exécuté parce qu'il a maintenu avec obstination les erreurs qui lui étaient reprochées. Or ce n'est pas le cas du tout. Huss a été condamné parce qu'il refusait de reconnaître comme siennes la plupart des erreurs qu'on lui attribuait et qu'il demandait qu'on lui expliquât en quoi il se trompait sur les autres. Au cours de la tragique séance finale du procès dans la cathédrale de Constance, il ne cesse de protester contre ce qu'on lui impute. Il demande un confesseur et il meurt en récitant le *Credo,* bien persuadé que le concile qu'il a vu à l'oeuvre ne représente pas mieux que les trois papes en compétition, la voix infaillible de Jésus-Christ sur terre. Ainsi Huss, vu à travers son oeuvre et dans son temps, ne paraît pas pouvoir être absous d'erreurs plus ou moins graves dont une pourrait être qualifiée d'hérésie, mais il n'est pas un hérétique en ce sens qu'il aurait soutenu avec obstination des thèses qu'une autorité doctrinale, élevée en ce moment au-dessous de tout soupçon, aurait condamnées. Huss m'a toujours paru être mort en catholique, après avoir consacré passionnément sa vie à la réforme, c.-à-d. à l'embellissement et à la sanctification de l'Eglise.

Comme je vous le disais, une contestation sérieuse, cette fois à l'intérieur du christianisme, m'a été opposée par le Professeur Molnár de Prague. Pour lui, je réduisais à l'excès le caractère hérétique de Huss. Que Huss était bel et bien un hérétique, il en voyait la preuve dans son appel à Jésus-Christ. Lorsque le 18 octobre 1412, l'excommunication majeure, portée par le cardinal de Saint-Ange le 29 juillet précédent, fut proclamée à Prague, Huss répond par un appel émouvant au Seigneur Jésus, son seul et dernier espoir: „... suivant l'exemple de Jésus-Christ, j'en appelle à Dieu à qui je confie ma cause ..."⁴⁸. Cet appel ne l'empêcha pas de répondre plus tard au désir du concile transmis par Sigismond et de se rendre à Constance. Mais là aussi il n'obtint pas gain de cause et lorsque, pendant la séance de condamnation dans la cathédrale de Constance, il lui est encore reproché d'avoir appelé à Dieu, Huss, loin de se rétracter, renouvelle son geste: „Seigneur Dieu, gémit-il, voici que le concile condamne ta conduite et ta loi comme une erreur. Lorsque tu étais accablé sous les coups de tes ennemis, tu as confié ta juste cause à Dieu ton Père, le plus juste des juges. A nous, misérables, tu as montré comment nous devions dans l'épreuve, recourir à toi, juge sans compromission et demander humblement ton suffrage". Puis, après un instant: „Moi, j'affirme, sans me lasser qu'il n'y a pas d'appel plus sûr qu'à Notre Seigneur Jésus-Christ. Il ne se laisse pas fléchir par des cadeaux malhonnêtes ni tromper pas de faux témoignages. Il donne à chacun ce qu'il mérite"⁴⁹. Dans cet appel renouvelé à Dieu et à Jésus-Christ, M. Molnár voit un acte par lequel „Huss a fait éclater les cadres solidement établis du droit canon"⁵⁰. Son appel constituait „un acte de révolte"⁵¹ ou d'„extrême désobéissance" et c'est celle-ci qui „donne à sa vie son vrai sens"⁵².

Remarquons tout d'abord que M. Molnár commet une première confusion entre l'hérésie — qui est une erreur contre la foi, soutenue avec opiniâtreté — et la révolte — qui est un refus d'obéissance à l'autorité légitime —. Ce n'est pas parce que, dans une circonstance donnée, un catholique refuse d'obéir à son évêque, voire au pape, qu'il est nécessairement un hérétique, et il peut aussi être un véritable hérétique, c.-à-d. un homme qui met avec obstination sá pensée personnelle au-dessus de celle de l'Eglise, tout en restant au moins extérieurement dans l'obéissance. M. Molnár confond ensuite la morale et le droit canon. La morale ou l'éthique est non seulement distincte du droit, mais elle lui est supérieure. Le droit doit certes jouir du préjugé favorable, mais il ne peut jamais être appliqué d'une manière matérielle ou mathématique. Un motif proportionnellement suffisant, eu égard à la gravité de la loi, excuse toujours de son observation. Il est donc très possible qu'on refuse, en une circonstance donnée, d'observer une prescription du droit canonique, sans que pour cela on le fasse nécessairement voler en éclats. Sans même qu'on fasse aucun mal ou aucun péché. Qui plus est, en agissant ainsi on peut très bien ne faire que ce qu'il est un devoir de faire, puisque, d'après la morale catholique, il faut toujours suivre le verdict de la conscience. M. Molnár observe encore que Huss „a refusé une obéissance aveugle ..." et qu'il a estimé devoir suivre „sa conscience responsable"⁵³. Nous

---

⁴⁸ HKD, p. 130—131, appel dont il est fait question à Constance pendant son procès le 7 juin 1415 (Fontes Rerum Bohemicarum. Ed. V. Novotný, Prague 1932 (FRB), t. VIII, p. 78) et le lendemain (i b i d., p. 92).
⁴⁹ FRB, VIII, 115.
⁵⁰ A. M o l n á r, Hus et son appel au Christ. Communio Viatorum, 1965, t. VIII, p. 96.
⁵¹ I b i d., p. 99.
⁵² I b i d., p. 102.
⁵³ I b i d.

sommes bien d'accord là-dessus. Mais, en le faisant, Huss n'a pas désobéi à l'éthique catholique de toujours. Il a parfaitement suivi les leçons que ses maîtres lui ont données dans sa jeunesse cléricale. Il s'est conduit comme tout catholique doit se conduire.

Poussons cependant l'analyse encore un peu plus loin. Est-ce que, dans le cas particulier qui mettait Huss aux prises avec un concile général, on peut admettre qu'il ait pu avoir des raisons de conscience de ne pas se soumettre? La réponse ne peut qu'être affirmative. Ce n'était pas une vérité de foi, que Huss était coupable. Même infaillible, le concile pouvait se tromper sur ce point. En ne lui faisant donc pas confiance, Huss ne niait aucune vérité de foi. Il faut aussi ne pas oublier que ce concile venait de déposer trois papes et qu'il venait de se déclarer supérieur au pape. Huss pouvait, en ce moment, douter de la légitimité de cette déclaration. Le concile avait aussi obstinément refusé d'accepter ses protestations contre l'interprétation manifestement fausse donnée à l'ensemble de sa doctrine. C'était une raison de plus qui ne pouvait que persuader Huss qu'il avait affaire, non pas avec un tribunal éclairé sur son cas et inspiré de l'esprit de l'Evangile, mais avec des juges iniques. En invoquant alors Jésus-Christ dans le désespoir d'obtenir justice auprès des hommes, il fit l'acte de foi le plus chrétien et le plus catholique imaginable.

Et pourtant, je crois ne pas pouvoir donner entièrement tort à M. Molnár. Une phrase qu'il a écrite contre moi, jointe à ce qu'il m'a dit en de nombreuses conversations amicales sur le sujet, éclaire bien ce que je crois de très juste dans sa pensée. Voici cette phrase: „Isolant Huss par rapport au hussitisme, Paul De Vooght risque de se méprendre sur la pensée réformatrice du martyr de Constance"[54]. Il est vrai que j'ai toujours étudié Huss en lui-même, avant tout dans son oeuvre, puis dans son milieu et en tenant compte de ce qui l'a précédé, surtout le mouvement réformiste tchèque, et c'est ainsi que je suis arrivé à la conclusion que l'hérésie l'avait à peine touché de son aile. On ne trouve aucune trace de valdisme chez lui. De Wiclif, il a présenté une version catholique, quelques bavures mises à part. Comme nous l'avons vu, il s'est présenté volontairement au concile et il est mort après s'être confessé, en récitant le *Credo*. Vu ainsi, Huss est un catholique. Mais si l'on considère maintenant ce qui l'a suivi et dont sa vie, sa prédication et surtout son martyre à Constance ont été le point de départ, c.-à-d. si l'on voit Huss dans son prolongment dans l'histoire, il a eu et, surtout, sa mort sur le bûcher a eu une portée réformatrice indiscutable. Vu de cette manière, Huss est déjà et avant la lettre, et — je crois pouvoir le dire — malgré lui, un protestant.

En terminant cette conférence, posons-nous une dernière fois la question: qui est Jean Huss pour nous aujourd'hui? Certainement pas un philosophe, grand ou petit. La philosophie pure n'a jamais tenté sa plume. Il n'est surtout pas un rationaliste et, qu'il ait été partisan du „réalisme" ou du „nominalisme", ce n'est pas en lisant ses oeuvres qu'on pourrait s'en aviser. Elles ne portent aucune trace

---

[54] A. Molnár, Husovo místo v evropské reformací. Česky Časopis historický, 1966, t. XIV, p. 14.

ni de l'une ni de l'autre de ces deux philosophies. Huss n'a guère été non plus un réformateur social. Il est bien évident que, s'il avait réussi à convertir la masse de ses auditeurs à vivre plus chrétiennement qu'ils le faisaient, il en serait résulté une amélioration des rapports sociaux. Mais rien n'aurait été changé aux structures sociologiques de l'époque. Celles-ci, Huss les a toujours acceptées comme elles étaient avec la société divisée en trois „états". Il n'a pas imaginé un instant qu'il pût en être autrement. Il ne me paraît pas injuste d'ajouter que Huss n'a pas été un penseur bien original. Comme théologien, il fait plutôt piètre figure à côté de Jacobellus de Stříbro, le premier qui ait construit une théologie hussite cohérente. L'oeuvre théologique de Huss est banale et, ce qu'elle a d'un peu marquant, la définition de l'Eglise comme *universitas praedestinatorum*, il l'a reprise à Wiclif et il l'a mal assimilée. De ce point de vue, on est bien obligé de reconnaître que son *De Ecclesia* est une oeuvre obscure, confuse et parfois même contradictoire.

Si Huss n'a pas été un penseur hors ligne, il n'a guère non plus été un audacieux ou un téméraire dans l'action. Lorsque l'émeute secoue Prague et que le peuple déchaîné porte en triomphe vers la chapelle de Bethléem pour les vénérer comme martyrs les trois jeunes gens décapités par la soldatesque, Huss trouve le moyen de n'être pas là. Il quitte aussi la ville, nous l'avons vu, pour lui éviter l'interdit. Il se rend au concile lorsqu'il y est invité ... Non, ce n'est pas non plus par l'audace dans la conduite que Huss se distingue. Il n'aime pas le combat. Arrivé à Constance, il évite toute provocation. Il accepte de ne pas paraître en public, de ne pas prêcher. Et lorsqu'on commence par l'interroger sur un certain nombre de propositions de Wiclif, il écrit sereinement: *nec tenui, nec teneo*. Il ne mentait pas, mais il ne cherchait pas non plus la querelle. A ses partisans à Prague, qui ont introduit le calice pour les laïcs — encore une idée qui ne lui est jamais venue —, il demande de surseoir et ... de demander la permission au concile!

L'iconographie vient ici à notre aide. Depuis des siècles, Huss est partout représenté avec un visage émacié, un long nez mince, une barbe solennelle, un regard d'illuminé ou de fanatique; d'un mot: un homme d'une pensée fulgurante et d'une incompressible audace. Cela, c'est la légende. La vérité, une autre image nous la suggère, la plus ancienne qui existe de lui, celle que l'on peut voir encore aujourd'hui à la mairie de Tábor. C'est une petite statuette qui représente Huss attaché à une colonne, la mître d'ignominie sur la tête, émergeant des flammes qui montent vers lui. La douleur fait grimacer son visage, mais celui-ci est rond, presque joufflu et sans barbe: une bonne tête de campagnard sans rien de romanesque ou de grandiloquent. Et voilà la réalité: un homme que sa correspondance montre simple et fidèle dans ses amitiés, qui ne sut pas toujours éviter les emportements et les colères, mais en qui, finalement, la raison triomphait. Il n'est pas monté sur le bûcher dans un grand élan fanatique, mais après avoir tout fait pour persuader ses juges qu'il n'était pas coupable de ce dont ils l'accusaient, parce que, en conscience et tout mûrement réfléchi, il refusait de mentir. Il ne voulut pas rétracter ce qu'il n'avait pas enseigné. Devant la menace suprême, il ne consentit pas à déclarer vrai ce qu'il savait être faux. A cause de ce geste, qui trahit la noblesse de toute une vie, Huss restera toujours dans l'histoire comme une des plus nobles figures d'homme.

Il est aussi un grand chrétien. Au pied du bûcher, il résume lui même sa vie. Ce qu'il a voulu, c'est „sauver les hommes du péché". C'est bien vers ce but qu'a tendu tout son effort, qui, par la parole écrite ou parlée, en revenait toujours à prêcher Jésus-Christ. Si nous examinons objectivement son immense oeuvre oratoire, nous constatons que les doléances et les accusations, les invectives et les injures, qui n'y manquent certes pas, ne sont que l'envers d'une doctrine spirituelle positive, cohérente et constructive, toujours inspirée par l'Ecriture et surtout par les évangiles, son livre de méditation par excellence. Il y cherchait de préférence l'image de Jésus-Christ, tracée par les synoptiques. Sans négliger les grandes synthèses paulinienne et johannique, dont beaucoup de textes figurent dans ses écrits, il voyait surtout Jésus comme le Fils de l'homme dont Matthieu, Marc et Luc ont raconté la vie et retenu les paroles authentiques: Jésus, humble, pauvre, souffrant, miséricordieux, dont le joug est léger et la croix douce à porter, le Jésus des Béatitudes et des paraboles, celui qui apprit aux hommes de s'adresser à Dieu comme à leur Père des cieux, celui surtout pour qui le légalisme et le pharisaïsme venaient du Mauvais et pour qui les valeurs chrétiennes se trouvaient d'abord dans le coeur et se réalisaient par des actes [55].

Persécuté, après avoir épuisé toutes les instances humaines pour obtenir justice, c'est en Jésus-Christ qu'il cherche son refuge et c'est avec son nom sur les lèvres qu'il exhale le dernier soupir. Loin des procès de tendances idéologiques de toutes sortes ainsi que des attachements ou des répulsions passionnels, inspirées par des images inexactes de sa personnalité, Huss appartient objectivement, c.-à-d. tel qu'on le trouve dans les sources authentiques de l'histoire, à tout homme de bonne volonté pour qui la vérité est plus précieuse que le mensonge et, plus spécialement encore au chrétien pour qui, comme pour lui, rien n'est au-dessus du Seigneur Jésus-Christ [56].

KURZFASSUNG

Der Verfasser berichtet über die wichtigsten Punkte der in den letzten Jahren geführten Kontroverse zur Person von Jan Hus und kommt zu folgenden Schlüssen:

Jan Hus ist nicht der Schöpfer einer neuen rationalistischen Philosophie des Menschen, die er auf einer neuen rationellen Theorie des Gehorsams begründete. Seine Lehre vom Gehorsam ist vielmehr Thomas von Aquin entnommen, auf den er auch in seinem Traktat *De Ecclesia* verweist. Hus ist auch nicht als Märtyrer des philosophischen Realismus gestorben. An dem Streit zwischen Realismus und Nominalismus, der am Ende des 14. und am Anfang des 15. Jahrhunderts in Prag ausgetragen wurde, war Hus nur am Rande beteiligt. Im Jahre 1403 war diese Auseinandersetzung in Prag übrigens bereits abgeschlossen. Sie wurde danach nur noch in Wien, Heidelberg und Erfurt weitergeführt. Hus hat sich vor allem der

---

[55] Article Huss (Jean), dans: Dictionnaire de spiritualité, t. 1195—1199.
[56] Huss à l'heure de l'oecuménisme. Irénikon, 1969, t. XLII, p. 293—313.

Predigt gewidmet, und hat seine Polemiken fast ausschließlich gegen tschechische Meister geführt, die sich auf dem Gebiet der Philosophie gleich ihm zum Realismus bekannt hatten. In Konstanz wurde nicht der „Realist", sondern der für die herrschende Kirche gefährliche Mann verurteilt. Er hatte nämlich dem Volk in der Volkssprache gepredigt und dabei die Mißbräuche der hohen Geistlichkeit angeprangert. Er hatte behauptet, daß sie keine guten Hirten im Sinne des Evangeliums sein könnten, wenn sie in offenbaren Skandalen lebten. Er hatte auch gelehrt, daß die Kirche nicht ausschließlich eine sichtbare Gesellschaft der Gläubigen sei, sondern auch eine Gemeinschaft der Heiligen und Prädestinierten. So wurde er von der kirchlichen Obrigkeit als eine drohende Gefahr empfunden und deswegen verurteilt.

Auf sozialem Gebiet war die Stellung Hussens konservativ. Die königliche Gewalt war für ihn die einzig denkbare und die Einteilung der Gesellschaft in drei Stände von Gott gewollt. Er war auch der Meinung, daß der dritte Stand (die *Vulgares*) von Gott berufen sei, um den zwei anderen Ständen zu dienen. Den Handwerkern predigte er, fleißig zu arbeiten und mit ihrem Lohn zufrieden zu sein. Er ist auch Jacobellus nicht gefolgt, der den Klerikern ein gemeinsames Leben (einen wahren Kommunismus) auferlegen wollte, und er hielt das Recht aller Menschen auf Privateigentum wie auf die Ehe für unantastbar.

In der eigentlichen Politik war Hus so gut wie gar nicht tätig. Es ist unrichtig, wenn behauptet wird, Hus habe das berühmte Dekret von 1409 von dem König erbeten und bekommen. Er liebte mehr „einen guten Deutschen als einen schlechten Tschechen". In seiner politischen Auffassung zeigen sich nur ganz äußerliche Ähnlichkeiten mit Marsilius von Padua. Im Grundsätzlichen wich er von diesem ab. Der Paduaner strebte die Vernichtung jeglicher kirchlicher Gewalt an; Hus dagegen stellte die kirchliche Autorität über die weltliche, da er die Kirche nicht zerstören, sondern reformieren wollte. Er forderte von den Christen den Gehorsam gegenüber ihren Vorgesetzten selbst dann, wenn diese unchristlich lebten. Auch in der Aktion war Hus kein vermessener und kühner Revolutionär. In allen entscheidenden Stunden hat er stets um des lieben Friedens willen nachgegeben.

Die wahre Persönlichkeit Hussens ist unbedingt religiös. Soll man ihn aber dem römisch-katholischen oder dem protestantischen Lager zurechnen? Manches spricht für die Katholizität von Hus. Von streng theologischem Standpunkt aus betrachtet hat er kaum eine einzige Ketzerei gelehrt. Er stand nicht unter dem Einfluß der Waldenser und von Wiclif hat er, im großen und ganzen, eine katholische Überarbeitung geliefert. Er ging freiwillig nach Konstanz, überzeugt von der Katholizität seiner Lehre, die auch der damalige Prager Inquisitor, Bischof Nicolaus von Nezero, bezeugt hatte. Vor dem Konzil bestand er nicht hartnäckig auf seinen Häresien, sondern weigerte sich nur, die ihm zugeschriebenen Irrtümer zu widerrufen, weil er überzeugt war, diese nicht gelehrt zu haben. Vor seinem Tode hat er gebeichtet und offen seinen Glauben an Christus und die Kirche bekannt. Sein Ruf an Christus hatte nichts Ketzerisches an sich, und war um so weniger eine Tat des Ungehorsams, als er bezwecken sollte, nicht von einer über jedem Verdacht erhabenen kirchlichen Instanz verurteilt zu werden. Trotzdem erscheint Hus in der Geschichte, wegen des nach seinem Tode entstandenen Hussitismus, schon als protestantisch.

Wegen seiner Gewissenstreue, die ihn veranlaßte lieber sterben zu wollen als zu lügen, wird Hus in dem Gedächtnis der Menschen stets fortleben als ein großer, edler Mann. Er ist allen Christen vor allem ein Vorbild evangelischer Treue in der Liebe zu Gott und dem Nächsten; denn nichts anderes hat er in seinem Leben gewollt als „die Menschen retten vor der Sünde".

BERGBAU UND INDUSTRIE BÖHMENS IN DER EPOCHE DER FRÜHINDUSTRIALISIERUNG (1820—1848)

Von Gustav O t r u b a und Rudolf K r o p f

Inhalt: Einleitung S. 53, — Bergbau S. 58, — Eisen- und metallverarbeitende Industrie S. 81, — Stein-, Erde- und Tonindustrie S. 117, — Glasindustrie S. 126, Chemische Industrie, S. 140, — Nahrungs- und Genußmittelindustrie S. 151, — Holzverarbeitende Industrie S. 165, — Papierindustrie S. 167, — Lederindustrie S. 176, — Textilindustrie S. 179; a) Leinen und Hanf S. 179, b) Seide S. 186, c) Sonstige Textilwaren S. 187, d) Gemischte Textilwaren S. 187, e) Schafwollwarenindustrie S. 193, f) Baumwollindustrie S. 207, g) Spitzenerzeugung S. 231.

EINLEITUNG

Vorliegender Aufsatz führt die im Bohemia-Jahrbuch bisher erschienenen Darstellungen „Die älteste Manufaktur- und Gewerbestatistik Böhmens" und „Anfänge und Verbreitung der böhmischen Manufakturen bis zum Beginn des 19. Jahrhunderts (1820)" fort[1]. Das Unternehmen steht nunmehr im Rahmen eines großen Forschungsprojektes der Lehrkanzel für Sozial- und Wirtschaftsgeschichte an der Hochschule für Sozial- und Wirtschaftswissenschaften in Linz und hat eine Industriegeschichte der Habsburger-Monarchie zum Ziele. Als erste Arbeit liegt eine Untersuchung über Oberösterreich im gleichen Zeitraum vor[2].

Die Quellenlage für diese Epoche ist als äußerst günstig zu bezeichnen. Als Ausgangspunkt wurde die große Darstellung von Keeß[3] für das Jahr 1820 genommen. Es folgten Kreutzberg[4] für 1834/35, die „Tafeln" für Statistik 1841[5]

---

[1] O t r u b a, Gustav: Die älteste Manufaktur- und Gewerbsstatistik Böhmens. BohJb 5 (1964) 161—241. — O t r u b a, Gustav: Anfänge und Verbreitung der böhmischen Manufaktur bis zum Beginn des 19. Jahrhunderts (1820). BohJb 6 (1965) 230—331.
[2] O t r u b a, Gustav / K r o p f, Rudolf: Die Entwicklung von Bergbau und Industrie in Oberösterreich. Von der Manufakturperiode bis zur Frühindustrialisierung. Oberösterreichische Heimatblätter 23, Heft 3/4 (1969) 3—19, 70—85.
[3] K e e ß, Stephan Edler von: Darstellung des Fabriks- und Gewerbewesens im österreichischen Kaiserstaate. 4 Bde. Wien 1819—1821. — K e e ß - B l u m e n b a c h, W. C. W.: Systematische Darstellung der neuesten Fortschritte in den Gewerben und Manufakturen und des gegenwärtigen Zustandes. 2 Bde. Wien 1829—1830.
[4] K r e u t z b e r g, K. J.: Skizzierte Übersicht des gegenwärtigen Standes und der Leistungen von Böhmens Gewerbe und Fabriksindustrie. Prag 1836.
[5] Tafeln zur Statistik der österreichischen Monarchie für das Jahr 1841. 14. Jg. Wien 1844.

sowie das große topographische Werk von Sommer[6], das ab 1834 über einen sehr langen Zeitraum erschienen ist und deshalb nur ergänzend herangezogen wurde. Industriekartenentwürfe (1842, 1846, 1850) von E. von Schwarzer[7] und J. F. Schmidt[8] ließen sich leider in keiner Bibliothek feststellen. Einen guten statistischen Überblick gibt das zeitgenössische Werk von Joseph Hain[9]. Für den Bergbau existiert eine ausführliche Statistik von Franz Friese, für die Eisenindustrie eine Beschreibung von Carl J. N. Balling[10]. Das Standardwerk für diese Epoche bleibt der Slokar[11], der zum Teil uns heute nicht mehr zugängliche Übersichtsquellen benützte, jedoch aus der Fülle der Quellenbelege für das einzelne Industrieunternehmen jeweils nur bestimmte herausgriff. Damit trägt seine Darstellung einer Entwicklungsgeschichte nur eingeschränkt Rechnung. Ergiebige Hinweise boten die beiden Ausgaben der „Großindustrie Österreichs", die auch für diese frühe Epoche Quellenmaterial beisteuerten[12]. Hingegen war die Darstellung der Industriegeschichte in der „Österreichisch-Ungarischen Monarchie in Wort und Bild" weniger verwertbar[13]. Nur wenig Brauchbares fand sich in der „Geschichte der böhmischen Industrie in der Neuzeit" von Arthur Salz[14]. Sehr gutes Material lieferten eine Reihe von Monographien für einzelne Industriesparten[15] sowie

---

[6] S o m m e r , Johann Gottfried: Das Königreich Böhmen, statistisch-topographisch dargestellt. 16 Bde. Prag 1835—1848.

[7] S c h w a r z e r , Ernst von: Statistisch, topographische Industriekarte des Königreichs Böhmen. Prag 1842.

[8] S c h m i d t , J. F.: Montanistische Geschäftskarte für Böhmen, Mähren und Schlesien. Prag 1846.

[9] H a i n , Joseph: Handbuch der Statistik des österreichischen Kaiserstaates. 2 Bde. Wien 1852/53.

[10] F r i e s e , Franz: Übersicht der österreichischen Bergwerksproduktion in den Jahren 1823—1854. Wien 1855. — B a l l i n g , Carl J. N.: Die Eisenerzeugung in Böhmen geschichtlich, statistisch und nach ihren gegenwärtigem Betriebe dargestellt, sowie mit kritischen Bemerkungen begleitet. Prag 1849.

[11] S l o k a r , Johann: Geschichte der österreichischen Industrie und ihrer Förderung unter Kaiser Franz I. Wien 1914.

[12] Die Großindustrie Österreichs. 6 Bde. Wien 1898. (Zitiert: Großindustrie Österreichs (1898).) — Die Großindustrie Österreichs. 4 Bde. Wien 1908/10. (Zitiert: Großindustrie Österreichs (1908).)

[13] H a l l w i c h , Hermann: Industrie und Handel. Die österreichisch-ungarische Monarchie in Wort und Bild. Böhmen: 2 Bde. (Wien 1896), S. 600—666.

[14] S a l z , Arthur: Geschichte der böhmischen Industrie in der Neuzeit. München-Leipzig 1913. — R a u p a c h , Hans: Der tschechische Frühnationalismus. Ein Beitrag zur Gesellschafts- und Ideengeschichte in Böhmen. Essen 1939, S. 48—69, bringt einen knappen, brauchbaren Überblick über die „Anfänge der modernen Produktion".

[15] T h i e l , Viktor: Geschichte der Papiererzeugung im Donauraum. Biberach a. d. Riß 1940. — D i v i š , Joh. V.: Beiträge zur Geschichte der Zuckerindustrie in Böhmen (1830—1860). Kolin 1891. — N e u m a n n , K. C.: Entwurf einer Geschichte der Zuckerindustrie in Böhmen (1787—1830). Prag 1891. — G i e r s c h i c k , Julius: Zur Geschichte der Thonwaaren-Industrie in Böhmen. MNExKl 24 (1901) 170 ff. — W e b e r , Ottocar: Die Entstehung der Porcellan- und Steingutindustrie in Böhmen. Prag 1894 (Beiträge zur Geschichte der deutschen Industrie in Böhmen 3). — S c h e b e k , Edmund: Böhmens Glasindustrie und Glashandel. Prag 1878. — Schmidt von Bergenhold, Johann Ferdinand: Übersichtliche Geschichte des Bergbau-

einzelne Stadtgeschichten und Heimatkunden, deren Zitierung jeweils im gegebenen Fall erfolgt. Hier ist zu bemerken, daß die „Industriegeschichte des Erzgebirges" von Siegfried Sieber[16] kaum auf den böhmischen Teil eingeht. Firmenfestschriften sind nur wenige vorhanden, nach dem Ersten Weltkrieg sind solche kaum mehr erschienen[17]. Der Historische Atlas der tschechischen Akademie der Wissenschaften[18] bringt für unseren Zeitabschnitt ebenfalls eine Industriekarte (vor 1848), die jedoch zeitlich nicht näher fixiert ist. Ein weiterer Nachteil derselben besteht darin, daß die einzelnen Industriesparten wenig ausgewogen behandelt wurden, so daß zum Beispiel ein erdrückendes Übergewicht der Lebensmittelindustrie mit den vielen kleinen Brauereien und Branntweinbrennereien im tschechischen Zentralraum zu einer Verfälschung des Gesamtbildes führt. Die Inkonsequenz wird besonders bei der Papierindustrie deutlich, wo nur die maschinellen Papierfabriken, nicht aber die zahlreichen Papiermühlen angeführt wurden. Bei der Textilindustrie, deren Schwerpunkte in den Randgebieten lagen, blieben große Lücken offen. Dabei ist allerdings zu berücksichtigen, daß sich bei der hohen Dichte und Überlagerung der Industrien in den böhmischen Randgebieten diese überhaupt nicht mehr in einer Karte darstellen lassen. Im „Handbuch der Geschichte der böhmischen Länder" ist der unseren Zeitraum behandelnde Band bisher noch nicht erschienen[19].

Unsere Darstellung versuchte diesmal, die Entwicklung stärker zum Ausdruck zu bringen. Die Karten zeigen jeweils in den Signaturen die Ausgangslage von 1820 und den Endpunkt der Entwicklung 1841, wobei jene Betriebe deutlich hervortreten, die während des gesamten Zeitraumes bestanden. Es wird aber auch erkennbar, welche Betriebe während der Epoche sowohl gegründet als auch stillgelegt wurden. Dieser Grundkonzeption mußte sich konsequenterweise auch die textliche Gestaltung anschließen. Die im Text jeweils nach der Ortsbezeichnung in Klammer angeführte Zahl bezieht sich auf die in der dazugehörigen Karte befindlichen Signaturen. Überdies wurden in allen Fällen, wo topographi-

---

und Hüttenwesens im Königreich Böhmen von den ältesten bis auf die neuesten Zeiten nebst einer Geschichte der einzelnen noch in Betrieb stehenden wie auch aufgelassenen montanistischen Unternehmungen in diesem Lande. Prag 1873.

[16] S i e b e r , Siegfried: Studien zur Industriegeschichte des Erzgebirges. Köln-Graz 1967 (Mitteldeutsche Forschungen 49).

[17] H a l l w i c h , Hermann: Firma Franz Leitenberger (1793—1893). Wien 1896 (Beiträge zur Geschichte der deutschen Industrie in Böhmen 2). — H o f m a n n , Albert: Die Bürgsteiner Spiegelmanufaktur. Kunstgewerbsblatt 1889. — L a n g e r , Eduard: Firma Schrolls Sohn. Prag 1895 (Beiträge zur Geschichte der deutschen Industrie in Böhmen 4). — L e d e r e r , Paul: Zur Geschichte der Wollenzeugfabrik in Neugedein. MVGDB 44 (1906) 124—133. — M a r i a n , A.: Die Papiermühle in Aussig. MVGDB 34 (1896) 400 ff. — N e d e r , Emil: Die Papiermühle in Bensen (1569—1884). MVGDB 44 (1905) 220—234. — P r o c h a s k a , A.: Die Firma Joh. Dav. Starck und ihre Berg-, Mineral-Werke und Fabriken. Pilsen 1873. — R ö s l e r , Adolf: Die Ignaz Rösler'sche Stahlwarenfabrik in Nixdorf. MNExKl 5 (1882) 286—293, 7 (1884) 143—148, 8 (1885) 111—115. — W i l l o m i t z e r , Joh. N.: Die Bensener Papiermühle. MNExKl 8 (1885).

[18] Atlas Československých Dějin (1965), Karte 17 a.

[19] Handbuch der Geschichte der böhmischen Länder. Herausgegeben von Karl B o s l. Stuttgart 1967 ff.

sche Werke[20] auch tschechische Namen anführen, diese in Klammer genannt. Die Schreibweise ist dem „Postlexikon von 1906" entnommen.

Gegenüber den bereits erschienenen „Manufakturkarten bis 1820" waren bei den Karten dieser Epoche einige Veränderungen erforderlich, die bei einem Vergleich zu berücksichtigen sind. Die Eisen-, Stahl-, Maschinen- und Metallwarenindustrie nahm in dieser Periode einen so großen Aufschwung, daß sie nicht mehr gemeinsam mit dem Bergbau behandelt werden konnte. Beide Zweige wurden deshalb getrennt und in eigenen Karten dargestellt. Größere Differenzierungen waren in der Textilindustrie notwendig. Die ursprünglich bei der Baumwollindustrie berücksichtigten Druckereien wurden jetzt jeweils dem betreffenden Industriezweig zugeordnet. Infolge eines starken Rückganges der Leinenindustrie und einer entsprechenden Verschiebung zur Erzeugung von Stoffen aus gemischten Fasern scheint letztere in der Karte Leinenindustrie mit eigenem Zeichen auf. Eine weitere neue Signatur im Rahmen dieser Karte berücksichtigt die „sonstigen" Erzeugnisse aus Seide, Strohwaren, Schilf, Bast, usw. Kammgarn- und mechanische Flachsspinnereien werden in beiden Karten besonders hervorgehoben. In der Karte „Papier, Leder" finden sich unter „Sonstige" Erzeugnisse aus Bein, Fischbein usw. Diese Umstellungen sind jedoch so unbedeutend, daß sie das Gesamtbild kaum verändern.

Vergleicht man die Karten der Manufakturepoche mit jenen der Frühindustrialisierungsphase, so zeigt sich deutlich eine Verschiebung der Schwergewichte. Die bisher führende Textilindustrie wird durch den Ausbau der Eisen-, Stahl-, Metallwaren- und Maschinenindustrie zurückgedrängt, infolgedessen der Bergbau sich durch ständig zunehmende Verwendung von Kohle ebenfalls stark ausweitete. Damit aber hing wieder der Aufbau einer chemischen Industrie eng zusammen, die vor allem für die Druckfabriken der Textilindustrie eine wichtige Voraussetzung bildete. Dank der überall reichlich vorhandenen Wasserkraft setzte sich in Böhmen die Dampfmaschine nur langsam durch und vermochte erst im letzten Jahrzehnt der Berichtszeit in nahezu alle Industriezweige einzudringen. Erfolgreicher waren Versuche zur Umstellung in der Energieversorgung auf Kohle. In der Eisenindustrie wurden Puddelwerke und Walzwerke damit geheizt, jedoch noch nicht die Hochöfen. Die Porzellanindustrie sowie die Zuckerfabriken waren bereits weitgehend auf Kohle umgestellt, in der Glasindustrie fanden die ersten Versuche statt.

Als zweitwichtigster Industriezweig behauptete sich weiterhin die Textilerzeugung, allerdings mit starken strukturellen Verschiebungen. Leinen und Schafwolle verloren gegenüber Baumwolle und gemischten Stoffen weiter an Bedeu-

---

[20] Crusius, Christian: Topographisches Post-Lexikon aller Ortschaften der k. k. Erbländer. 1. Teil: Böhmen, Mähren und Schlesien. 2 Bde. Wien 1798. — Kendler, Josef Edler von: Orts- und Reise-Lexikon für den gesamten Eisenbahn-, Post-, Dampfschiff- und Telegraphenverkehr Österreich-Ungarn. 2. Aufl. Wien o. J. — Allgemeines Postlexikon der im Reichsrate vertretenen Königreiche und Länder und des Fürstentums Lichtenstein. Wien 1906. — Allgemeines Verzeichnis der Ortsgemeinden und Ortschaften Österreichs nach den Ergebnissen der Volkszählung vom 31. Dezember 1910 nebst vollständigem alphabetischem Namensverzeichnis. Wien 1915.

tung. Die Auflösung des Verlagsystems vollzog sich im Bereich der Leinen- und Schafwollwarenindustrie besonders langsam. Die mechanischen Flachs- und Kammgarnspinnereien erreichten hier niemals die Bedeutung wie im benachbarten Niederösterreich. Relativ klein waren auch noch die Webereien, während sich die zumeist in Händen jüdischer Großhändler befindlichen Druckereien zu Großbetrieben entwickelten, die viele kleine Webereien im Verlagsystem von sich abhängig machten.

Charakteristisch für die böhmische Unternehmerschicht blieb die überragende Bedeutung der adeligen Großgrundbesitzer, die sowohl in den noch häufig aus dem 18. Jahrhundert stammenden Textilmanufakturen als auch in den vielen kleinen Bergbauen sowie eisen- und metallverarbeitenden Betrieben führend waren. Besondere Initiative entwickelten sie auf dem Sektor der Nahrungs- und Genußmittelindustrie, wo ihnen der Ausbau der jungen Zuckerindustrie ein weites Betätigungsfeld bot. Jedoch nur wenige Zuckerfabriken vermochten sich zu Großunternehmen zu entwickeln.

Gleiches gilt von den Brauereien und Branntweinerzeugnissen. Diese bestanden aus einer Vielzahl kleinster Unternehmen, die nur für den örtlichen Bereich produzierten. Erst am Ausgang der Epoche finden sich Ansätze zu Großbetrieben, die auch für den Export arbeiteten. Die in der Manufakturepoche führende Glasindustrie konnte trotz mannigfacher Krisen ihre Bedeutung bewahren, allerdings nur durch Erschließung neuer Produktionsstätten und die Umstellung auf Glasverarbeitung, wobei vor allem Kompositionswaren Weltbedeutung erlangten (Gablonz). Die böhmischen Steingutfabriken vermochten sich im Verlauf dieser Epoche infolge des Niederganges der Wiener Porzellanmanufaktur immer mehr auf Porzellanerzeugung umzustellen, was vielfach mit Hilfe deutscher Fachkräfte aus Meißen gelang. Förderlich für diese Entwicklung war auch der Bedarf an Gefäßen seitens der Mineralwässerabfüller und durch chemische Labors. In der Papiererzeugung besaß Böhmen als Land zahlreicher alter Papiermühlen einen sehr guten Ruf, jedoch gelang der Übergang zur Maschinenpapierfabrik erst am Ende der Epoche in wenigen Betrieben, wodurch es seine führende Stellung an Niederösterreich verlor. In der Holzverwertung kam es zur Ausbildung der ersten Möbelfabriken in Prag sowie von größeren Erzeugungszentren für Kinderspielzeug und Musikinstrumente. Die Lederindustrie begann sich erst allmählich aus gewerblicher Struktur zu Fabriken zu entwickeln.

Betrachtet man die Industrieräume Böhmens, so ist eine starke Entwicklung der Randgebiete gegen Sachsen und Schlesien, aber auch im Böhmerwald und an der mährischen Grenze hervorzuheben. Die älteren Industriezweige des Bergbaues wie auch der Textilindustrie (Leinen- und Schafwollwaren) griffen aus den benachbarten Räumen nach Böhmen über und konnten hier ihre alten Zentren behaupten. Eine Reihe jüngerer Industrien wies eine stärkere Konzentration im böhmischen Zentralraum auf (Kohle, Eisen und die damit zusammenhängenden chemischen und eisenverarbeitenden Industrien).

Streuung über das gesamte Land zeigen die jüngeren Lebensmittelindustrien, besonders Zuckerfabriken, die in den bisher industriell kaum genützten landwirtschaftlichen Kernräumen auftraten. Starke Streuung wies auch die Papierindustrie auf, besonders die alten Papiermühlen. Überlagerungen von oft nicht unmittelbar zusammengehörigen Industriezweigen fanden sich im Erzgebirge (Metallbergbau, Braunkohle, Metallwaren-, Maschinenerzeugung, chemische Industrie, Holz, Papiermühlen, Baumwoll- und Spitzenerzeugung), im Raum Rumburg-Böhmisch-Leipa (Glas-, bzw. Kompositionswaren, Stahlwaren, Leinen und gemischte Textilindustrie, Baumwolle), im Neißetal (Gablonzer Kompositionswarenindustrie, Maschinen- und Metallwaren, Papier, Tuchindustrie und Baumwolle) und im Böhmischen Zentralraum um Pilsen und Beraun abwärts (Steinkohlen- und Eisenbergbau, chemische Industrie, Eisen- und Stahlindustrie, Maschinenindustrie).

Hinsichtlich der Betriebsstruktur ist festzustellen, daß einer Vielzahl von Klein- und Mittelbetrieben erst wenige große Unternehmen gegenüberstanden. Eine Besonderheit Böhmens war es, daß die Unternehmer in der Regel aus den Adelskreisen (bis zum Hochadel), beziehungsweise aus jüdischen Händlerschichten stammten. Der bürgerliche deutsche Unternehmer war nur vereinzelt anzutreffen, das tschechische Großbürgertum noch kaum vertreten. In der Vielfalt der Ansatzmöglichkeiten, die in einer sich verdichtenden Kleinstruktur zum Ausdruck kamen, lagen aber die potentiellen Möglichkeiten zur Ausbildung Böhmens zum klassischen Industrieland der Monarchie in der zweiten Hälfte des 19. Jahrhunderts.

BERGBAU

Stellt man den Wert der Bergbauproduktion Böhmens ins Verhältnis desselben zum Gesamtwert in Österreich-Ungarn, tritt dessen Bedeutung klar hervor. Nach den „Tafeln von 1841" betrug die Bergbauproduktion Böhmens 3 995 341 Gulden, das waren 19,7 % des Gesamtwertes der Monarchie. Die aerarischen Gewerke waren daran etwa mit einem Drittel oder 932 121 Gulden beteiligt. Der Anteil der Privatgewerke war mit 76,6 % etwas höher als der durchschnittliche Anteil derselben in der übrigen Monarchie mit 73 %. Für die Jahrhundertmitte hat Hain[21] den Gesamtwert der Bergbauproduktion Böhmens mit 5 068 252 Gulden angegeben. Das entspricht 19,1 % des Gesamtwertes der Österreichisch-Ungarischen Monarchie. Von 1841 bis 1850 stieg die böhmische Produktion um 26,8 % und übertraf damit die Zuwachsrate der Monarchie um 2,4 %. Hain gibt für 1850 auch Beschäftigtenzahlen an, wonach in Böhmen ca. 22 500 Menschen vom Bergbau lebten, das waren etwa 18,9 % der Beschäftigten dieser Sparte in der Monarchie. Die Produktivitätsrate lag demgemäß etwas höher als im österreichischen Gesamtdurchschnitt. In diesem Gesamtwert sind Salz, Erde, Steine, Torf und Asphalt nicht inbegriffen. Unter Einbeziehung dieser verdoppelt sich der Gesamtwert um mehr als die Hälfte auf 53 194 942 Gulden.

Vom aerarischen Bergbau geben die „Tafeln von 1841" eine genaue Aufstellung seiner Erträge. Dieser war nur im Příbramer und Joachimsthaler Bezirk vertreten, wobei ersterer mit einem Gesamtwert von 923 543 Gulden führend war. Der Joachimsthaler Bezirk erreichte nur 8 578 Gulden. Im Příbramer Bezirk wurden

---

[21] Hain 222.

1841 20 102 Mark Silber, 1 304 q Bleierze, 1 306 q Reichblei, 12 715 q Glätte, 40 771 q Roheisen, 23 614 q Gußeisen und 29 149 q Kohle gefördert. Im Joachimsthaler Bezirk waren es 55 q Zinn, 766 q Bleierze und 39 q Kobalt.

a) Eisenbergbau

Der wenige Spateisenstein wurde nur dann abgebaut, wenn er mit anderen Eisenerzen vorkam. Tonige Sphärosiderite förderte man noch kaum. Stärker war der Abbau von Magneteisenstein. Die Hauptmasse des böhmischen Eisens wurde aus dichten und linsenförmigen Roteisensteinen, aus tonigen und ockerigen Brauneisensteinen und aus Ton- und Raseneisensteinen gewonnen[22].

Bei Balling[23] finden sich für die Mitte des Jahrhunderts auch einige Angaben zu den Sozialverhältnissen. Die Arbeitszeit der Bergarbeiter war in Schichten zu acht Stunden eingeteilt. Die Entlohnung richtete sich bei Eisensteingewinnung nach der geförderten Menge, bei Durchfahrung des tauben Gesteines und anderer „leeren Arbeiten" nach dem Gedinge und vollzog sich bei Zimmerarbeiten und Wasserziehen im Schichtlohn. Der Eisenbergbau zählte 1846 2 666 Beschäftigte. Weitere Angaben über Beschäftigte und Produktionszahlen liegen nicht vor, weil diese in der Regel bei der Eisenverhüttung und eisenverarbeitenden Industrie miteinbezogen wurden.

Im Jahre 1820 finden sich folgende Bergbaue verzeichnet, die später nicht mehr aufscheinen: A r n a u (Hostinné, 6); E r n s t t h a l (24); F r i e d l a n d (Fridland, 29), Besitzer Hoch- und Erzstift Olmütz; H o h e n e l b e (Vrchlabí, 27) und H o ř o w i t z (Hořovice, 49)[24].

Während der gesamten Berichtszeit werden erwähnt: F r a n z e n s t h a l (Františkov, 173), genannt seit 1794, 1846 Abbau von Sandeisensteinen, Giftberg bei K o m a r a u (Komárov, 32), 1820 *Graf Wrbna* gehörig, 1850 wurde dichter Roteisenstein mit eingesprengtem Eisenkies gewonnen; H o l o u b k a u (Holoubkov, 174), erwähnt 1819, gehörte 1851 zum Lager Nutschitz; H u d l i t z (Hudlice, 44), 1798 erwähnt Crusius, daß hier für die Karlshüttener und fürstlichen Eisenhämmer Erz gewonnen wurde, bestand noch 1871; K a l l i c h (Kalek, 176), genannt 1771, 1851 Abbau von Magneteisenstein; K l a b a w a (Klabava, 57), Erzlagerstätten 1670 entdeckt, 1820 im Besitz der Stadtgemeinde Rokycan, 1851 wurde hier linsenförmiger Roteisenstein gewonnen; K r u s c h n a h o r a (70), seit Jahrhunderten Abbau auf den dazugehörigen Bergbauen Zbirow (aerarisch), Pürglitz und Nischburg (*Fürstenberg*ische Werke), 1846 wurde hier 40 %iges eisenhältiges Erz in einer Mächtigkeit von sechs bis sieben Klafter, stellenweise bis zu dreizehn Klaftern gefördert, 1851 linsenkörniger Roteisenstein 40 % eisenhältig; N e u d e c k (Neydek, 99), genannt 1798, 1846 Abbau von Magneteisenstein; N e u m i t r o w i t z (Nové Mitrovice, 100), Crusius erwähnt 1798 einen Eisenofen und einen Eisenhammer, 1871 wurden die Eisenerze im Eisenwerk Neumitrowitz verarbeitet; P e l l e s (Polnička, 178), bereits 1480 urkundlich er-

---

[22] H a i n 189.
[23] B a l l i n g 15 f.
[24] K e e ß II, 550 f.

wähnt, 1851 Abbau von Magneteisenstein; O r p u s (107), ein sehr alter Bergbau, 1851 Abbau von Magneteisenstein; P l a t t e n (Blatno, 111), 1798 von Crusius erwähnt, 1851 Eisenbergbau im Irrgang; P ü r g l i t z (Křivoklát, 179), im 16. Jahrhundert genannt, 1851 zum Lager Kruschnahora gehörig; R a n s k o (180), 1812 bis 1814 Eisenwerk Ransko erwähnt, 1846 Eisenerzbergbau und Gewinnung von Eisenocker, 1851 Abbau von Magneteisenstein; R o s a h ü t t e (Růženina Huť, 181), um 1810 mit dem Eisenwerk Rosahütte erwähnt, 1846 Gewinnung von Raseneisenstein; R o k y c a n (Rokycany, 129), 1820 im Besitz der Freistadt Rokycan in Verbindung mit dem Hochofen- und Eisenwerk Klabava, 1851 Eisenbergbau; T h e r e s i e n t h a l (Terezín, 183), 1820 mit dem Eisenwerk Theresienthal genannt, später Eisenwerke wegen Holzverteuerung aufgelassen, 1851 Abbau von Magneteisenstein; W o s s e k (Osek, 161), sehr alter Bergbau, 1851 Abbau von linsenförmig körnigem Roteisenstein [25].

In den „Tafeln von 1841" werden genannt und später noch erwähnt: A d o l p h s t h a l (Adolfov, 172), erst 1841 in Betrieb gesetzt, 1846 Eisenbergbau und Eisenockergewinnung; B i e n e n t h a l (Včelnička, 8), in Verbindung mit dem Eisenwerk Bienenthal, belieferte unter anderem auch das Eisenwerk in Hermannsthal, 1851 Eisenerzbergbau und Magneteisengewinnung; H a m m e r s t a d t (Vlastějovice, 43), sehr alt, 1851 Abbau von Magneteisenstein; J o s e p h s t h a l (175), 1840 genannt mit den Eisenwerken Josephsthal und Chlumetz, 1846 Eisenbergbau auf Sandeisenstein; L i d i t z a u (177), genannt 1840 mit dem Eisenwerk Eleonorahütte, 1851 Abbau von Magneteisenstein; O t r o t s c h i n (Otročín, 108), Dampfgebläse 1832 aufgestellt, erwähnt 1871; S c h m i e d e b e r g (182), 1841 erwähnt mit dem Eisenwerk Schmiedeberg, 1851 Abbau von Magneteisenstein [26].

Zwischen 1841 und der Jahrhundertmitte scheinen auf: H ř e b e n bei Lischna, 1846 mächtige Lager, 1851 Abbau linsenförmig körnigen Roteisensteins; N u t s c h i t z (Nučic), vor 1849 erste Eisenerzgruben erschlossen und um 20 000 Gulden von der St. Salvator-Eisensteinzeche erworben, Besitzer Eisenindustrie-Gesellschaft, der auch die Adalberthütte in Kladno gehörte, das Nutschitzer Lager zählte noch folgende Eisenbergbaue: S t. C h r i s t i a n und S t. J a k o b bei Klabava sowie S t. S t e p h a n bei Holoubkau, die erst am Ende der Periode entdeckt wurden und über 50 %ig eisenhältiges Erz förderten, ferner M a l e s c h a u (Malešov), 1846 Abbau von Magneteisenstein [27].

Hinsichtlich der räumlichen Verteilung zeigt sich, daß die Eisenerzbergbaue, abgesehen von dem jüngst entdeckten und für die Zukunft äußerst wichtigen Raum Brdywald, sich in den Randgebirgen befanden, vor allem im Erz- und Riesengebirge sowie im Raum der Böhmisch-Mährischen Höhe.

---

[25] B a l l i n g 40 ff. — K e e ß II, 550 f. — H a i n 189 ff. — S c h m i d t v o n B e r g e n h o l d 264—314. — C r u s i u s I, 549; II, 63, 256. — Großindustrie Österreichs (1908) 210 f.

[26] H a i n 189 f. — B a l l i n g 6 f., 14. — S c h m i d t v o n B e r g e n h o l d 252—274.

[27] B a l l i n g 16 f. — H a i n 189 f. — S c h m i d t v o n B e r g e n h o l d 245 f., 274.

b) Goldbergbau

Die Goldgewinnung erfolgte in Böhmen an zwei Stellen, in Bergreichenstein und Eule. Die Jahresproduktion bewegte sich jedoch nur zwischen ein bis vier Mark und war somit, gemessen an der Gesamtproduktion der Monarchie, die in diesem Zeitraum bei 5 000—7 000 Mark jährlich lag, völlig unbedeutend. Kreutzberg gibt für 1835 eine Produktion von 1 Mark 15 Lot im Wert von 726 Gulden an [28]. 1842 wurde mit 4 Mark ein Maximum erreicht. Im Jahre 1843 brachte Siebenbürgen 53 % der Goldproduktion der Monarchie auf, während Böhmen gemeinsam mit Salzburg, Steiermark, Kärnten und Tirol nur 1,3 % stellten [29].

Goldbergbau B e r g r e i c h e n s t e i n (Kašperské Hory, 7), bereits 1584 urkundlich genannt, 1835 erwähnt, 1841 zur Hälfte aerarisch; E u l e (Jílové, 18), bereits im 8. Jahrhundert betrieben, 1835 erwähnt und auch noch in der zweiten Hälfte des 19. Jahrhunderts genannt [30].

c) Silberbergbau

Im Silberbergbau nahm Böhmen innerhalb der Monarchie gemeinsam mit Ungarn eine wichtige Funktion ein. Nach Friese ist die österreichische Silberproduktion in der ersten Hälfte des 19. Jahrhunderts ununterbrochen angewachsen [31]. Böhmen wies eine kontinuierliche Zunahme auf, die einer Steigerung im Zeitraum 1800 bis 1854 um 327 % entspricht, so daß sein Anteil an der Silbergewinnung der Gesamtmonarchie zuletzt 39,7 % betrug. In unserer Periode war der Anstieg weniger stark, aber dennoch bedeutsam.

Silbergewinnung Böhmens in Wiener Mark
(im jährlichen Durchschnitt)

	1823—27	1828—32	1833—37	1838—42	1843—47
Böhmen	16 346	20 137	22 593	22 950	29 804
Monarchie	76 895	89 499	94 167	97 561	108 405
Anteil in % der Monarchie	21	22,5	24	23,5	27,5
Anstieg in % in Böhmen	100	123	138	140	182
Anteil der aerarischen Produktion in % in Böhmen	?	94	97,5	97,5	94,5

Im Jahre 1850 wurde ein Maximum von 44 523 Wiener Mark erreicht. In den Jahren 1851 bis 1854 trat wegen Neubau der Silberhütte zu Joachimsthal ein ge-

---
[28] K r e u t z b e r g 32.
[29] F r i e s e 5, 22.
[30] S c h m i d t v o n B e r g e n h o l d 164 ff. — K r e u t z b e r g 32.
[31] F r i e s e 6, 23.

ringfügiger Rückgang ein[32]. Die Silbergewinnung in Böhmen konnte bedeutend mehr als in der übrigen Monarchie gesteigert werden. Im Vergleich der Durchschnittswerte 1823 bis 1827 und 1843 bis 1847 weitete sich die Silbergewinnung Böhmens um 82,3 % und jene der Gesamtmonarchie nur um 40,9 % aus. Dementsprechend konnte Böhmen seinen Anteil an der Silbergewinnung der Gesamtmonarchie von 21,2 bis auf 37 % im Jahre 1850 steigern. Der Anteil der Privatgewerke war relativ schwankend, weil es sich in der Regel um kleine Betriebe handelte. Dieser erreichte in Böhmen ähnliche Werte wie in der übrigen Monarchie und bewegte sich um fünf bis sieben Prozent. Kreutzberg erwähnt 1834, daß in Böhmen 23 684 Mark im Wert von 558 990 Gulden an Silber gefördert wurden, was einem Viertel der Ausbeute der Gesamtmonarchie entsprach, bzw. einem Drittel der Förderung des Russischen Reiches und zirka der gesamten Produktion von Preußen[33].

Am Beginn der Berichtszeit bestanden folgende Silberbergbaue, die 1790 und 1820 erwähnt werden und später nicht mehr aufscheinen: G o t t e s g a b (35); K a t h a r i n a b e r g (Hora Svaté Kateřiny, 56); S e b a s t i a n s b e r g (Bastianperk, 133) und Sonnenberg (Suniperk, 144).

Während der gesamten Berichtszeit wurde abgebaut in: A b e r t h a m (1), bereits im 16. Jahrhundert Bergbau auf Kobalt und Zinn; J o a c h i m s t h a l (Jáchymov, 53), aerarischer Bergbau 1790, 1820 und 1834 genannt, 1841 eigene Silberschmelzhütte, 1851 Rothgülden-Silbererze abgebaut, von 1851 bis 1854 wurde der Bergbau wegen Neubau der Hütte unterbrochen; privater Silberbergbau bereits im 16. Jahrhundert abgebaut, 1797 bis 1810 wurden hier 32 468 Mark, 1811 bis 1824 21 911 Mark und 1825 bis 1846 17 600 Mark gewonnen, daneben Gewinnung von Kobalterzen; J u n g w o s c h i t z (Mladá Vožice, 52), seit 1752 4 000 Mark Silber und mehrere Zentner Blei gefördert, Beteiligung des Aerars kam um die Mitte des 19. Jahrhunderts zum Erliegen, 1841 noch erwähnt; K u t t e n b e r g (Kutná Hora, 73), im 13. und 14. Jahrhundert berühmtestes und einträglichstes Silberbergwerk Böhmens, kam 1845 zum Erliegen, 1834 im Besitz des Aerars; L i s c h n i t z (Lišnice, 82), alter Bergbau, 1807 von einer Privatgewerkschaft wieder aufgenommen, noch in der zweiten Hälfte des 19. Jahrhunderts erwähnt; M i c h e l s b e r g (91), im 15. Jahrhundert urkundlich erwähnt, ursprünglich auch Gewinnung von Kobalt, Kupfer und Spießglanz neben Silberglanz, Glaserz und silberhältigem Blei, 1834 vier Zechen im Betrieb, die 3,5 Mark Silber produzierten, 1842 erwähnt und auch noch in der zweiten Hälfte des 19. Jahrhunderts genannt; M i e s (Stříbro, 95), im 12. Jahrhundert urkundlich erwähnt, erhielt von der Bezeichnung „Silber" (Stříbro) seinen Namen, 1790 genannt, 1820 zwei Silberbergbaue, noch in der zweiten Hälfte des 19. Jahrhunderts erwähnt; N e u d e c k (Neydek, 99), im 16. Jahrhundert bereits Abbau, noch in der zweiten Hälfte des 19. Jahrhunderts in Betrieb; N i k l a s b e r g (Mikulov, 102), im 16. Jahrhundert Abbau, im Dreißigjährigen Krieg beinahe zur Gänze verfallen, bis 1873 existent, 1834 im Besitz einer Privatgewerkschaft;

---

[32] H a i n 165.
[33] K r e u t z b e r g 32.

P l a t t e n (Blatno, 111), 1790 und 1820 genannt, bestand noch in der zweiten Hälfte des 19. Jahrhunderts; P ř i b r a m (Příbram, 116), wichtigster Silberbergbau Böhmens, bereits im 16. Jahrhundert Abbau, seit 1785 stieg die Produktion ununterbrochen bis auf mehr als 10 000 Mark im Jahre 1824 an; 1825 bis 1834 jährlich etwa 12 000 bis 22 000 Mark, 1835 bis 1844 Minimum 21 000, Maximum 27 871, 1847 bis 1854 nie unter 28 000 aber auch bis 46 000 Mark; von 1851 bis 1854 brachte Příbram beinahe zur Gänze das Silberaufkommen Böhmens zustande, 1820 und 1834 aerarisch, 1841 wurden 92 $^1/_{32}$ Kuxe als aerarisch bezeichnet; eigene Silberschmelzhütte, 1851 Produktionswert 40 289 Mark, Gewinnung silberhältiger Bleierze und Silbererze, mit Arsenik und Antimon. Ein Zentner Erz enthielt acht bis zwölf Lot Silber; P r e ß n i t z (Přísečnice, 115), 1820 erwähnt, 1841 vier Stollen; R a t i b o ř i t z (Ratibořice, 124), bereits im 16. Jahrhundert Abbau, Wiederaufnahme nach dem Dreißigjährigen Krieg, jedoch nur geringe Silberausbeute, 1834 erwähnt, 1841 im Besitz des *Fürsten Schwarzenberg*, 1021 Mark Silber Abbau, in der zweiten Hälfte des 19. Jahrhunderts in Betrieb; R u d o l f s t a d t (Rudolfov, 130), 1818 durch Privatgewerke Betrieb aufgenommen, 1841 Kuxenanteil 118/122 aerarisch; T a b o r (Tábor, 146), seit 16. Jahrhundert Abbau, im 17. Jahrhundert Rückgang der Produktion, in der zweiten Hälfte des 19. Jahrhunderts genannt [34].

Von Kreutzberg allein wurden 1834 folgende Silberbergbaue erwähnt: B i r k e n b e r g (Březové Hory, 10), aerarisch; N i k l a s b e r g (Mikulov, 102), aerarisch und R a t t a y (Rataje, 126), einer Privatgewerkschaft gehörig [35].

Gegen Ende der Periode wurde der Silberbergbau in D e u t s c h b r o d (Německý Brod, 18) neu aufgenommen, im 13. Jahrhundert reger Bergbau, verfallen infolge Verwüstung durch den Hussitenführer Žižka 1422, erst in neuester Zeit wieder in Betrieb [36].

d) Uran-Kobalt-Nickel

In J o a c h i m s t h a l (Jáchymov, 53) wurde als Nebenprodukt des Silbers auch Uran gewonnen. Nach Hain [37] betrug die Ausbeute 1844 23 q, 1845 18 q und 1846 fünf Zentner aus Kobalterzen. Nach Friese [38] erreichte der Abbau im Mittel der Jahre 1850 bis 1853 jährlich 36 q. Joachimsthal war die einzige Abbaustätte der Monarchie für uranhältige Kobalterze. Der Bergbau wurde vom Aerar betrieben.

Über den Kobaltbergbau schreibt Kreutzberg 1834, daß seine Produkte die Kosten eines eigenen Bergbaues nicht lohnen und nur als Nebenprodukte von anderen Bergbauen gewonnen werden können [39]. Friese gibt darüber ebenfalls keine genauen Angaben [40], da die Ausbeute von Kobalt und Nickel sich nicht mit

---

[34] K r e u t z b e r g 32. — H a i n 167. — F r i e s e 7 ff. — S c h m i d t v o n B e r g e n h o l d 172—234.
[35] K r e u t z b e r g 32.
[36] S c h m i d t v o n B e r g e n h o l d 172 f.
[37] H a i n 196 f.
[38] F r i e s e 20.
[39] K r e u t z b e r g 38.
[40] F r i e s e 33.

erwünschter Genauigkeit bestimmen läßt, zumal die Angaben der Privatgewerke, abgesehen von der Unvollständigkeit, sich ohne nähere Bezeichnung bald auf die gewonnenen Erze, bald auf die daraus hergestellten Hüttenprodukte (Lech und Speise) beziehen. Trotzdem stellt er fest, daß diese Industrie mit Beginn des 19. Jahrhunderts einen raschen Aufschwung erfahren hat. Ungarn lieferte mehr als 50 %, Böhmen im Verein mit Salzburg und der Steiermark den Rest. Bemerkenswert war, daß sich die Produktion hauptsächlich nach den Anfragen des Auslandes richtete. Der Bergbau war zu 98 % in Privatbesitz. Kobalt diente vor allem zur Schmalteerzeugung. Die gemeinsame Produktion von Kobalt und Nickel nahm im Berichtszeitraum einen großen Aufschwung. In der Periode 1823 bis 1827 erzeugte Böhmen 4 q bei einer Gesamterzeugung der Monarchie von 12 q; von 1843 bis 1847 förderte Böhmen 124 q und die Monarchie 2 471 q. Böhmen produzierte demnach ursprünglich $1/3$ und am Ende der Epoche 5 % aller Kobalt- und Nickelerze. Nach Kreutzberg betrug 1834 der Abbau 33 q im Wert von 165 Gulden. Die „Tafeln von 1841" erwähnen den Wert von 39 q im Bezirk Joachimsthal als aerarische Gewinnung. Während die Kobalterzeugung in der Monarchie großteils in Händen der Privatgewerke lag, war sie in Böhmen auf den aerarischen Kobalterzbergbau J o a c h i m s t h a l (Jáchymov, 53) konzentriert. Hier wurde Kobalt beim Silberabbau als Nebenprodukt gewonnen. Im Jahre 1760 betrug die Förderung 1 242 q und von 1825 bis 1846 durchschnittlich 72 q pro Jahr[41].

e) Kupfer

Die Kupferproduktion spielte in Böhmen eine völlig untergeordnete Rolle. Kreutzberg erwähnt, daß man 1834 Kupfer nur als Nebenprodukt gewann. Die Ausbeute betrug 26 q im Wert von 1 300 Gulden. Böhmen besaß überdies 7 Kupferhammerwerke[42]. Drei Viertel der Kupfererzeugung der Monarchie stammten aus Ungarn und dem Banat. Böhmen lieferte gemeinsam mit Salzburg, Steiermark und Kärnten von 1823 bis 1827 5,1 % und 1853 4,5 % der Gesamterzeugung. Die mittlere Jahresproduktion an Kupfer betrug in der Monarchie von 1833 bis 1837 45 143 q. Böhmen war daran nur mit 39 q beteiligt. In der Periode 1843 bis 1847 erreichte die Gesamtproduktion der Monarchie 51 786 q; der Anteil Böhmens fiel auf 16 q. Böhmen erzielte 1818 das Maximum seiner Produktion mit 98 q, seither trat ein ständiger Niedergang bis auf drei Zentner im Jahre 1844 ein. Der Kupferbergbau in Böhmen lag fast zur Gänze in Händen von Privatgewerken[43].

Keeß erwähnt 1820 folgende, später nicht mehr genannte Kupferbergbaue: B ö h m i s c h - N e u s t a d l (Český Neustadl, 12), K o f e l (62) und K u t t e n p l a n (Chodova Planá, 74).

Während der ganzen Epoche scheinen folgende Kupferbergbaue auf: G r a s l i t z (Kraslice, 37), seit dem 14. Jahrhundert reger Abbau, 1734 mit der gräflich *Nostitz*schen Schmelzhütte verbunden, zu Beginn des 19. Jahrhunderts wegen

---

[41] S c h m i d t v o n B e r g e n h o l d 190. — H a i n 196.
[42] K r e u t z b e r g 32.
[43] H a i n 170. — F r i e s e 8.

zu kostspieliger Wasserhaltung eingestellt, 1801 Schmelzhütte verkauft und in eine Baumwollspinnerei umgewandelt, 1820 erwähnt, Bergbaubetrieb in den 50er Jahren wieder aufgenommen; J o a c h i m s t h a l (Jáchymov, 53), bereits im 16. Jahrhundert bescheidener Abbau, 1790 und 1820 erwähnt, in der zweiten Hälfte des 19. Jahrhunderts in Betrieb; K u p f e r b e r g (Měděnec, 72), Abbau im 16. Jahrhundert, 1820 und in der zweiten Hälfte des 19. Jahrhunderts genannt; und K u t t e n b e r g (Kutná Hora, 73), aus den silberhältigen Kupferkiesen des Ganker Gebirgszuges wurden bedeutende Mengen Schwarzkupfers bei der Saigerung des geschmolzenen silberhaltigen Erzes gewonnen, wegen zu geringer metallurgischer Kenntnisse aber nicht weiter auf Gar- oder Rosettenkupfer raffiniert, sondern in rohem Zustand nach Nürnberg und Augsburg verkauft; mit dem Silberbergbau ging auch der Kupferbergbau 1845 ein und wurde erst 1871 wieder neu aufgenommen [44].

f) Zinn

Die österreichische Zinnproduktion war auf das böhmische Erzgebirge beschränkt und größtenteils in Händen von Privatgewerken. Kreutzberg klagt 1834, daß die Produktion vom Aerar gänzlich aufgelassen wurde und jetzt nur von Privatgewerkschaften betrieben wird [45]. Die Ausbeute könnte wesentlich höher sein, jedoch zeigten die Gewerkschaften nur wenig Mut. Der Abbau erreichte 1834 905 q im Wert von 41 225 Gulden. Kreutzberg vermutet, daß wegen Wassermangels der Durchschnitt von ca. 1 200 q in diesem Jahr nicht erreicht werden konnte. Die mittlere Jahresproduktion an Zinn betrug von 1823 bis 1827 706 q und stieg im Durchschnitt 1843 bis 1847 auf ein Maximum von 1 166 q an. Seit der Jahrhundertmitte trat ein deutlicher Rückgang ein. Die Steigerung in dieser Epoche betrug 65 %, fiel aber seit der Jahrhundertmitte wieder unter den Ausgangswert. Die Aerarialproduktion war 1841 nur mehr mit 4 % beteiligt [46].

Zinnbergbau in Böhmen
(im jährlichen Durchschnitt)

	1823—27	1828—32	1833—37	1838—42	1843—47
Böhmen (in q)	706	883	1 082	1 066	1 166
Anteil in % der Monarchie	100	100	100	100	100
Anstieg Böhmens in %	100	125	153	151	165
Anteil der Privatgewerken in Böhmen in %	90	88	92	94	96

[44] S c h m i d t v o n B e r g e n h o l d 176—228.
[45] K r e u t z b e r g 36 f.
[46] H a i n 173. — F r i e s e 12. — S i e b e r, Siegfried: Der böhmische Zinnbergbau in seiner Beziehung zum sächsischen Zinnbergbau. BohJb 5 (1964) 137—160.

Kreutzberg erwähnt 1834 einen Zinnbergbau in N e u s t a d t an der Tafelfichte (101), bereits von Crusius 1798 genannt, später nicht mehr erwähnt.

Die folgenden Zinnbergbaue waren während der gesamten Berichtszeit in Tätigkeit: G o t t e s g a b (35), Abbau bereits im 16. Jahrhundert, erwähnt 1820 und 1834, 1873 noch existent; G r a u p e n (Krupka, 39), im 16. Jahrhundert genannt, im Dreißigjährigen Krieg zerstört, 1834 erwähnt, 1841 Abbau von 562 q Zinn, Besitzer Privatgewerke, in der zweiten Hälfte des 19. Jahrhunderts in Betrieb; L a u t e r b a c h (Litrbachy, 76), Abbau seit dem 16. Jahrhundert, doch war die Ausbeute nie sehr bedeutend; N e u d e c k (Neydek, 99), im 16. Jahrhundert genannt, Gewinnung von Zinn teils durch Seifen, teils durch Grubenbau, jedoch nur schleppender Ertrag, in der zweiten Hälfte des 19. Jahrhunderts abgebaut; B ä r r i n g e n (Pernink, 109), im 16. Jahrhundert erwähnt und in der zweiten Hälfte des 19. Jahrhunderts in Betrieb; P l a t t e n (Blatno, 111), 1531 urkundlich erwähnt, um 1740 vier Gänge mit Silbergewinnung im Wert von 20 000 Gulden, von Crusius 1798 erwähnt, Ertrag später auf ein Vielfaches gesteigert, 1873 genannt; S c h l a g g e n w a l d (Horní Slavkoc, 139), seit dem 13. Jahrhundert Abbau, zweitälteste Stadt im Erzgebirge, 1790 wurden die Zinnwaren nach Silberart sauber gemacht, großer Absatz im In- und Ausland, 1820 von Keeß, 1834 von Kreutzberg erwähnt, wonach das Zinn dem besten Europas, z. B. jenem von Cornwall, gleichkam, 1841 war der Caspar-Pflügen-Stollen zu 95 $^5/_7$ Kuxe aerarisch; S c h ö n f e l d (140), Abbau vermutlich seit dem 13. Jahrhundert, 1841 war die Maria-Zeche zur Hälfte aerarisch, in der zweiten Hälfte des 19. Jahrhunderts bedeutender Abbau; Z i n n w a l d (Cinovec, 165), von Crusius 1798, 1820 und 1834 erwähnt, von einer Privatgewerkschaft betrieben, 1841 auch eine Zinnhütte genannt[47].

Kreutzberg allein erwähnt 1834 den Zinnbergbau J o a c h i m s t h a l (Jáchymov, 53), im Besitz einer Privatgewerkschaft[48].

Am Ende der Berichtszeit scheinen neu auf: H u b e r h a u p t w e r k (?), 1841 förderte *Christoph Unger* 357 q Zinn; und H e n g s t e r e r b e n, 1851 erwähnt, neben Zinn wird im Ganggestein Silber und Kobalt abgebaut, in der zweiten Hälfte des 19. Jahrhunderts existent[49].

g) Zink-Molybdän

Seit 1844 wurde in Böhmen Zinkblende abgebaut und teilweise zu Zink verarbeitet. Es handelte sich ausschließlich um eine aerarische Erzeugung. Die Produktion Böhmens im Jahre 1844 betrug 5 536 q, die der Gesamtmonarchie 9 569 q. Mit 55,5 % der Erzeugung stand Böhmen an erster Stelle der Monarchie. 1846 konnte die Gewinnung von Zinkblende bedeutend gesteigert werden. Böhmen produzierte damals 6 969 q von der Gesamtproduktion der Monarchie (10 719 q), das entspricht einem Anteil von 65 %. In den folgenden Jahren verfiel die Gewinnung von Zinkblende in Böhmen.

---

[47] C r u s i u s II, 150, 256. — K r e u t z b e r g 36. — S c h m i d t v o n B e r g e n h o l d 150 ff.
[48] K r e u t z b e r g 36.
[49] H a i n 173. — S c h m i d t v o n B e r g e n h o l d 217.

Keeß erwähnt 1820 in Böhmen zwei Molybdän-Bergbaue: S c h l a g g e n -
w a l d (Horní Slavkov, 139) und Z i n n w a l d (Cinovec, 165).

h) Bleibergbau

Die Gewinnung von Blei, Glätte und Bleierzen erfolgte zu drei Viertel in
Kärnten und Krain. Böhmen sowie Banat und Militärgrenze lieferten nur rund
ein Fünftel dieser Produkte. Die Bleiproduktion stand in der Regel in Verbindung mit der Silbergewinnung. Die auffallenden Unterschiede der jährlichen
Ausbeute erklären sich größtenteils aus der Verschiedenheit der jeweilig angewandten Methoden des Silberverhüttungsprozesses. Kreutzberg erwähnt 1834 die
Gewinnung von 26 573 q Blei im Werte von 184 805 Gulden[50]. Davon entfielen
8 831 q auf Bleierze im Werte von 58 723 Gulden, 3 891 q auf Bleischliche im
Werte von 9 938 Gulden, 3 256 q auf Reißblei und Verkaufsblei im Werte von
28 354 Gulden sowie 10 594 q auf Bleiglätte im Werte von 87 889 Gulden. Nach
Keeß wurden 1820 von den böhmischen Bleiprodukten 12 000 q exportiert.
Kreutzberg beklagte die Konkurrenz des besseren Kärntner Bleies. Weitere Schwierigkeiten bestanden darin, daß englische Kompanien in Spanien die verfallenen
Bleibergwerke pachteten und mit deren Ausbeute den europäischen Markt überschwemmten. Von Triest aus kam solch billiges Blei in die Länder der Monarchie.
Der Bleibedarf wurde besonders dadurch gesteigert, daß der Drucker *G. Haase* in
Prag die Verwendung von Blei in der Schriftgießerei einführte.

Nach den „Tafeln von 1841" wurden im Bezirk Příbram im aerarischen Bleibergbau 1 304 q Bleierze und 1 306 q Reichblei erzeugt, im Bezirk Joachimsthal
766 q Bleierze, wozu 179 q Reichblei aus Bergbauen von Privatgewerken kamen.
Insgesamt stellten 1841 die böhmischen Privatgewerke 18 054 q Bleierze her.

Der Abbau von Bleiglätte fand vorzüglich in Böhmen und Ungarn, größtenteils auf Aerarialwerken statt, so daß in der Periode 1826 bis 1827 70 % und
1853 96 % der Gesamtproduktion an Bleiglätte von diesen herrührten. Die Gewinnung von Bleiglätte stieg in diesem Zeitraum um 39 %. Am Beginn der
Periode 1826 bis 1827 stammte etwa die Hälfte der Bleiglätte aus Böhmen, am
Ende der Periode 1843 bis 1847 55 %. Bleierze zum Verkauf (Alquifoux) wurden
nur in Böhmen, zumeist von Privatgewerken, hergestellt. Deren Produktion stieg
im Berichtszeitraum um 25 %. Nach der Jahrhundertmitte nahm diese Erzeugung
bedeutend ab. Der Ausstoß an rohem Blei sank von 1826 bis 1847 bis auf 12 %
ab[51].

Bleierzeugung Böhmens (Produktion in q)
(im jährlichen Durchschnitt)

	1826–27	in % der Monarchie	1828–32	1833–37	1838–42	1843–47	in % der Monarchie
Bleiglätte	12 583	50 %	12 455	13 038	13 428	17 518	55 %
Bleierz	15 074	100 %	15 565	15 722	20 038	18 967	100 %
Rohes Blei	7 956	9 %	3 891	3 828	752	976	1 %

---

[50] K r e u t z b e r g 35
[51] K r e u t z b e r g 35 f. — H a i n 117. — F r i e s e 11 f.

Keeß erwähnt 1820 als einziger den Bleibergbau **Heinrichsgrün** (Jindřichovice, 45).

Die folgenden Bleibergbaue bestanden während der gesamten Periode: **Bleistadt** (11), im 15. Jahrhundert genannt, gehörte im 16. Jahrhundert dem *Grafen Schlick* und später der königlichen Kammer, daneben bestanden auch privatgewerkliche Betriebe, Bergbau verfiel im 17. Jahrhundert, infolgedessen Verkauf des Aerarbesitzes um 10 000 Gulden an die böhmisch-erzgebirgische Bergbaugesellschaft, 1820 und 1851 erwähnt; **Joachimsthal** (Jáchymov, 53), 1820 und 1851 von Hain genannt; **Mies** (Stříbro, 95), bereits im 16. Jahrhundert abgebaut, 1820 und 1834 sowie 1841 zuletzt mit 18 009 q Bleierze Ertrag genannt; **Příbram** (Příbram, 116), 1820 erwähnt, 1835 im Besitz des Aerars, hoher Silbergehalt der Bleierze, Silbergewinnung, 1851 Gewinnung silberhaltiger Bleierze; und **Michelsberg** (91), 1834 sieben Zentner Blei als Nebenprodukt bei Silberabbau, genannt 1842 und 1873 [52].

i) Braunstein (Mangan)

Braunstein bzw. Mangan wurde in Böhmen vor allem durch Privatgewerke gewonnen. Nach Kreutzberg förderten diese 1834 jährlich 842 q im Wert von 4 742 Gulden [53]. Die mittlere Jahresproduktion betrug in der Periode 1826 bis 1827 35 Wiener q, 1833 bis 1837 98 Wiener q. Angaben über die Produktion sind jedoch sehr lückenhaft. Im Jahre 1850 wurden 2 074 Wiener q gefördert. Dies entsprach gegenüber dem Beginn unserer Epoche einer Steigerung um 5 825 %. Böhmens Anteil an der Braunsteinproduktion der Monarchie schwankte zwischen 64 und 75 %.

Keeß erwähnt 1820 Manganbergbaue in **Preßnitz** (Přísečnice, 115) und **Platten** (Blatno, 111) [54].

j) Alaun

Alaungewinnung wurde vor allem auf den *Starck*schen Mineralwerken betrieben. Die Förderung stieg kontinuierlich an. In den 30er Jahren lieferte das Werk Altsattel etwa 80 000 bis 90 000 q jährlich. Im Jahre 1842 kam das Werk Haberspirk hinzu und die Produktion stieg auf 356 632 q. 1845 erreichte die Erzeugung mit 413 389 q ein Maximum, fiel aber in den folgenden Jahren wieder merklich ab.

Im einzelnen wurden an folgenden Starckschen Mineralwerken Alaunerze gewonnen: **Altsattel** (Staré Sedlo, 3); **Haberspirk** (42); **Münchhof** (184), 1840 186 000 Karren Alaunerz gefördert; **Falkenau** (Falknov, 25), 1840 210 000 Karren Alaunerz abgebaut. Über die Alaungewinnung wird ausführlich im Kapitel Chemie abgehandelt [55].

---

[52] Kreutzberg 35. — Sommer: Königreich Böhmen VI, 133; X, 291. — Hain 179. — Friese 7. — Schmidt von Bergenhold 232.
[53] Kreutzberg 38.
[54] Friese 38. — Hain 197.
[55] Kreutzberg 48. — Prochaska 141.

Alaunerzbergbau der Starckschen Werke (in q)

	1833	1841	1848
Altsattel	80 240	108 648	150 308
Münchhof	—	—	63 947
Haberspirk	—	248 400*	115 600
insgesamt	80 240	108 648	329 855
Anstieg in %	100	135	411

* 1842

k) Arsenik

Arsenik wurde in der Monarchie nur in Böhmen und Salzburg abgebaut, ausschließlich von Privatgewerken. Die Jahresproduktion schwankte stark. Im Durchschnitt der Jahre 1823 bis 1827 betrug die Gesamtproduktion der Monarchie nur 112 q, 1850 bis 1853 bereits 1 820 q. Dies entspricht einem Anstieg um das 16-fache. Nach Kreutzberg erreichte die Produktion Böhmens im Jahr 1834 1220 q im Werte von 12 823 Gulden. Bis zum Jahre 1841 war die Produktion auf 281 q gesunken. Seit 1833 wurde in Böhmen mit der Produktion von arsenhaltigen Säuren begonnen. Der Anteil Böhmens an der Arsengewinnung der Monarchie fiel von 1833 bis 1847 von 78 auf 73 %.

Keeß erwähnt 1820 einen Arsenbergbau in J o a c h i m s t h a l (Jáchymov, 53) [56].

Arsengewinnung in Böhmen
(im jährlichen Durchschnitt)

	1833—37	1838—42	1843—47
Böhmen (in q)	1 178	689	896
in % der Monarchie	78	75	73

l) Schwefelbergbau

Schwefelerzeugung wurde nach Kreutzberg 1834 zu zwei Dritteln auf den *Starck*schen Mineralwerken in Böhmen von ca. 4 000 Beschäftigten betrieben. Die Schwefelproduktion stieg kontinuierlich von etwa 2 300 q in den 20er Jahren bis zu 10 256 q im Jahre 1843 an. In den folgenden Jahren fiel sie wieder etwas ab. Insgesamt betrug der Anstieg von 1823 bis 1847 258 %. Böhmen konnte dabei seinen Anteil an der Gesamtproduktion der Monarchie von 21 auf 35 % erhöhen.

---

[56] K r e u t z b e r g 38. — H a i n 195. — F r i e s e 13.

Schwefelerzeugung in Böhmen
(im jährlichen Durchschnitt)

	1823—27	1828—32	1833—37	1838—42	1843—47
Böhmen (in q)	2 298	3 463	6 950	6 624	8 241
in % der Monarchie	21	23,5	33,5	34	35,5
Anstieg Böhmens in %	100	150	302	288	358

Im Jahre 1830 lag Böhmen hinter Ungarn und Galizien an dritter Stelle in der Schwefelerzeugung der Monarchie. 1841 stand es hinter Galizien an zweiter und 1844 konnte es bereits die erste Stelle vor Galizien und Ungarn einnehmen [57].

Schwefelförderung der Starckschen Werke (Schwefelkies und Schwefelblüte) (in q)

	1833	1841	1848
Littmitz *	22 169	43 994	23 749
Altsattel *	14 877	17 219	30 149
Davidsthal ¹	—	226	542
Starck insgesamt (Schwefelkies)	37 046	61 213	53 898
(Schwefelblüte)	—	226	542

* Schwefelkies
¹ Schwefelblüte

In den Starckschen Mineralwerken wurde Schwefelkies in L i t t m i t z (Litmice, 84); C h r i s t i n e n t h a l (?), 1846 von *Starck* käuflich erworben; A l t s a t t e l (Staré Sedlo, 3); Schwefelblüte allein in D a v i d s t h a l (17) gewonnen.

Keeß erwähnt 1820 in N a s s a b e r g (Nasevrky, 97) einen Schwefelerzbergbau des *Fürsten Auersperg*. Nach den „Tafeln von 1841" besaß ein Privatgewerke einen Schwefelbergbau in O b e r k r č (Horní Krč, 105), der jährlich 252 q förderte [58].

m) Graphit

Als Graphitproduzent nahm Böhmen in der Monarchie eine führende Stellung ein. Nach Kreutzberg wurden hier 1834 16 778 q im Werte von 37 936 Gulden gefördert [59]. Der größte Teil desselben wurde ausgeführt. Bis zum Ausgang der 20er Jahre war die Graphitproduktion mit etwa 500 q pro Jahr sehr bescheiden,

---

[57] K r e u t z b e r g 94. — H a i n 198. — F r i e s e 13. — S l o k a r 561.
[58] K r e u t z b e r g 48. — H a i n 199. — S l o k a r 561. — P r o c h a s k a 136 f.
[59] K r e u t z b e r g 13.

dann aber stieg der Jahresdurchschnitt von 7 076 q in der Periode 1828 bis 1833 auf jährlich 23 310 q zwischen 1833 bis 1837. Am Anfang der 40er Jahre ging die Produktion wieder stark zurück und erreichte erst wieder 1848 einen Höchstwert von 29 545 q. Der Anteil Böhmens an der Gesamtproduktion der Monarchie lag 1833 bis 1837 bei 89 %, sank jedoch bis zum Ausgang der Epoche auf 67 % ab.

Graphitbergbau in Böhmen
(im jährlichen Durchschnitt)

	1828—32	1833—37	1838—42	1843—47
Böhmen (in q)	7 076	23 310	22 881	15 529
in % der Monarchie	82	89	84	67
Anstieg Böhmens in %	100	343	323	219

Die wichtigsten Graphitbergbaue Böhmens besaß *Fürst Schwarzenberg*. Im Jahre 1812 errichtete dieser in S c h w a r z b a c h (169) ein großes Graphitwerk. Nach Slokar war dieses eines der ersten in Europa. Keeß erwähnt, daß das Graphitwerk 1820 die Bleistiftfabrik Goldenkron versorgte[60]. Im Jahre 1841 erzeugte das Graphitwerk Schwarzbach zusammen mit Stuben und Eggetschlag jährlich 45 909 q, davon wurden 29 533 q nach England zur Bleistifterzeugung exportiert, 1851 von Hain erwähnt, in der zweiten Hälfte des 19. Jahrhunderts von großer Bedeutung; ein zweites Graphitbergwerk besaß Fürst Schwarzenberg in S t u b e n (Hůrka, 170), 1841 und 1851 genannt; ein drittes Schwarzenbergisches Graphitwerk bestand in E g g e t s c h l a g (Blížná, 168), 1841 und 1851 erwähnt; 1846 errichteten *Eggert & Cie* in M u g r a u (Mokrá) nordöstlich von Schwarzbach einen Graphitbergbau[61].

n) Quecksilber

Quecksilber wurde in Österreich-Ungarn in erster Linie in Idria gewonnen. Die Ausbeute Böhmens war daneben sehr gering, nach Kreutzberg[62] 1834 25 q jährlich.

Ein Zinnoberbergbau befand sich nach Keeß 1820 in H o ř o w i t z (Hořovice, 49). Neben Schwefel, Kupferkies und Fahlerzen kam auch Schwerspat in den dortigen Gängen vor. Da jedoch der Eisengang größtenteils abgebaut war, wurde Zinnober mitausgefördert und von Zeit zu Zeit zu Quecksilber aufbereitet. Die Gewinnung erfolgte 1857 in einem eigens hiefür vorgerichteten Plattnerschen Ofen[63].

---

[60] S l o k a r 553.
[61] H a i n 201. — S c h m i d t v o n B e r g e n h o l d 239 f.
[62] K r e u t z b e r g 32.
[63] K r e u t z b e r g 40. — F r i e s e 7. — S c h m i d t v o n B e r g e n h o l d 243

o) Kohlenbergbau

Kein anderer Zweig der österreichischen Montanindustrie hat in der Berichtszeit eine so rasche Produktionszunahme erfahren wie der Stein- und Braunkohlenbergbau. Eine genaue Trennung zwischen Stein- und Braunkohle wurde damals in der Regel nicht vorgenommen. Die Steinkohlenvorkommen waren nach Schmidt von Bergenhold in Lagern bzw. Mulden oder Flözen zu finden, die Braunkohle in durch Zwischenmittel abgetrennten Ablagerungen[64]. Steinkohlenreviere lagen am nordwestlichen, nördlichen und nordnordöstlichen Rande Böhmens sowie in der Mitte des Landes in Form einer unregelmäßigen Elipse. Sie befanden sich in silurischen Ablagerungen, die teils weitläufige, teils beschränkte Becken bildeten. Solche Becken waren das Pilsner, Merkliner, Mireschauer, Weiwanower, Radnitzer, Buschtiehrader, Schlaner und Rakonitzer. Nach Kreutzberg waren 1834 die beiden wichtigsten Flöze[65]:

1) die Glanz- und Pechkohle im Pilsner Revier,
2) die Braunkohle im Saaz-Teplitzer Revier.

Die Verkokung der Steinkohle erfolgte entweder in Backöfen, wenn der Aschengehalt der Kohle sehr groß war, wie zum Beispiel der Kohle in den Revieren Rappitz und Kladno oder in Meilern, wenn ein geringerer Aschengehalt zu erwarten war, z. B. im Revier Schatzlar.

Die gesamte Kohlenproduktion der Monarchie belief sich im Jahre 1819 auf 1 698 408 q. Bis 1854 stieg diese auf das 20fache an. Den größten Anteil an dieser Ausbeute hatte Böhmen. Im Berichtszeitraum von 1823 bis 1847 erhöhte sich die Kohlenproduktion Böhmens um 305 %, die der Gesamtmonarchie jedoch um 346 %. Infolgedessen ging der Anteil Böhmens an der Gesamtproduktion der Monarchie von 54 % auf 49 % zurück.

Kreutzberg berichtet im Jahre 1834, daß auf 65 böhmischen Dominien von 342 Zechen, zumeist Privatgewerken, Kohlenbergbau mit 2 200 Arbeitern betrieben wurde[66]. Die Produktion betrug 2 568 825 q im Werte von 269 337 Gulden (ohne dem Selbstverbrauch der Erzeuger). Es entsprach dies etwa ein Prozent der damaligen Erzeugung Englands, die 15 Millionen Tonnen betrug und hiebei 45 000 Arbeiter beschäftigte. Erst die „Tafeln von 1841" unterscheiden zwischen Stein- und Braunkohlenförderung. Danach wurden in Böhmen 2 619 637 q Steinkohle und 2 136 275 q Braunkohle im Werte von 572 062 Gulden gefördert. Allein im Bezirk Příbram gab es einen aerarischen Kohlenbergbau, der nur etwa 0,6 % der Förderung Böhmens erzielte (Im Durchschnitt der Monarchie war der Anteil der aerarischen Kohlenwerke mit 0,7 % etwa gleich hoch). Die aerarische Kohlenproduktion vermochte im Verlaufe der 40 Jahre die privatgewerkschaftliche in relativer Zunahme zu überholen. Schuld daran war, daß die privaten Kohlenbe-

---

[64] Schmidt von Bergenhold 307 f. — Kárniková, Ludmila: Vývoj uhelného průmyslu v českých zemích do r. 1880 [Die Entwicklung der Kohlenindustrie in den böhmischen Ländern bis zum Jahre 1880]. Prag 1960 (Studie a prameny 20).
[65] Kreutzberg 46 f.
[66] Kreutzberg 47.

sitzer ihre geringen Aufschlüsse verhaut hatten und zum Angriff der Teufe nicht die erforderlichen Mittel aufbrachten, aber auch, weil die größeren Abnehmer sich immer mehr jenen Kohlenwerken zuwandten, die leistungsfähiger waren. Um die Jahrhundertmitte ging im Bezirk Komotau, wo vor allem zahllose Gewerke in einem planlosen Durchwühlen ihrer Kuxen ein ärmliches Dasein fristeten, der Kohlenbergbau stark zurück, während er im Příbramer Bezirk eine ständig steigende Tendenz aufwies.

Braun- und Steinkohlenbergbau Böhmens (in q)
(im jährlichen Durchschnitt)

	1823—27	1828—32	1833—37	1838—42	1843—47
Böhmen	1 547 732	1 949 138	2 562 866	4 274 418	6 272 383
Monarchie	2 832 860	3 476 079	4 431 871	8 197 905	12 660 249
Anteil Böhmens in % der Monarchie	54	56	57	52	49
Anstieg Böhmens in %	100	126	166	276	405
Anstieg der Monarchie in %	100	123	156	289	447

Der größte Kohlenproduzent Böhmens war *Johann David Edler von Starck*, dessen Anteil von 1833 bis 1848 von 10 % auf 7 % zurückging. Die Braunkohlenförderung, die sich von 1833 bis 1841 stärker auszudehnen vermochte als der Steinkohlenabbau, ging nach 1841 zurück. Hingegen konnte der Steinkohlenbergbau erst nach 1841 erheblich gesteigert werden. 1842 lieferten die Starckschen Betriebe 6 % der Steinkohle und 13,2 % der Braunkohle Böhmens.

Kohlenbergbau der Starckschen Betriebe (1833—1848)

	1833	1841	1848
Steinkohle (in q)	96 216	129 879	295 487
Anstieg in %	100	135	307
Braunkohle (in q)	124 260	283 696	259 643
Anstieg in %	100	228	209
insgesamt (in q)	220 476	413 575	555 130
Anstieg in %	100	187	252
Anteil in % Böhmens	10	8,6	7

1. Braunkohle. Die böhmischen Kohlenbergbaue wurden nahezu ausschließlich von adeligen Großgrundbesitzern betrieben. Ein 1740 von *Graf Westphal* in

Hottowitz (Hotovice, 50) eröffneter Bergbau wurde zuletzt 1820 genannt. Graf Westphal besaß einen zweiten Kohlenbergbau in Arbesau (Varvažov, 4), ebenfalls 1740 eröffnet, förderte dieser 1848 gemeinsam mit Karbitz (Chabařovice) 61 000 q Kohle, noch in der zweiten Hälfte des 19. Jahrhunderts betrieben [67].

Der bedeutende Chemieindustrielle *Johann David Edler von Starck* besaß eine Reihe von Kohlenbergbauen: Altsattel (Staré Sedlo, 3), bereits im 16. Jahrhundert begonnen, 1815 erwarb Starck sämtliche Kuxen der Gewerkschaft; Davidsthal (17), 1807 verkauften *Adam Wartus und Co.* aus Zwodau den Lignit- und Braunkohlenbergbau an Starck, 1840 wurden 100 000 q Braunkohle gefördert, 1841 erwähnt; Grasset (38), 1815 von Starck gekauft, zum eigenen Hüttenbetrieb ausgebaut, 1871 genannt; Littmitz (Litmice, 84), 1800 von einer Gewerkschaft gegründet, deren Mitglied auch Starck war, endgültig 1830 von Starck aufgekauft, Produktion 1840 150 000 q, 1841 erwähnt; Reichenau (Rychnov, 128) und Unter-Reichenau (Dolní Rychnov, 131), Kohlenflöze 1813 entdeckt und 1833 von Starck erworben, 1834 erste Dampfmaschine von 7 PS zur Wasserhaltung aufgestellt, später eine 24 PS und 1837 eine 60 PS Dampfmaschine, 1840 eine weitere Dampfmaschine von 120 PS, 150 000 bis 200 000 q Braunkohle gefördert, drei Dampfmaschinen mit 92 PS in Betrieb, 1841 63 601 q und 1848 101 000 q für die Glas- und Rußhütte abgebaut [68].

Die folgenden Bergbaue bestanden während der gesamten Berichtszeit: Aussig (Ústí nad Labem, 5), Abbau seit 1760 im Tagbau, 1820 erwähnt, auch in der zweiten Hälfte des 19. Jahrhunderts in Betrieb; *Fürst Schwarzenberg* gehörten die Bergbaue in Postelberg (Postoloprty, 113), 1820 erwähnt, förderten 1848 gemeinsam mit Ferbka und Ferbenz jährlich 79 000 q Kohle; Ferbenz (Rvenice, 26), produzierte 1841 12 539 q Kohle; und Ferbka (Vrbka, 20), Abbau 1841 25 838 q Kohle; 1820 bestand in Putschirn (Pučírna, 121) ein Braunkohlenbergbau, der für die Steingutfabrik Dallwitz arbeitete und in der zweiten Hälfte des 19. Jahrhunderts noch bestand; in Salesel (Zálezly, 132) wurde der Braunkohlenbergbau 1819 wegen zu geringer Flöze eingestellt, 1832 nahmen mehrere Gewerken den Abbau wieder auf, 1844 von einer Gewerkschaft in Proboscht (Proboštov) weitergeführt, in der zweiten Hälfte des 19. Jahrhunderts noch genannt; in Teplitz (Teplice, 147) bestanden 1820 zwei Kohlenbergbaue, 1841 waren diese im Besitz des *Freiherrn von Littschau*, der 12 000 q jährlich förderte, und einer Privatgewerkschaft, die 67 248 q abbaute, die Schächte Wenzel, Otto, Stephanie und Caroli wurden später vom Kohlenindustrieverein Wien betrieben, in der zweiten Hälfte des 19. Jahrhunderts genannt; in Klostergrab (Hrob, 60), 1820 und 1871 erwähnt; in Doglasgrün (21), 1820 im Besitz von *Franz Mießl*, arbeitete für Porzellanfabrik Unterchodau, 1871 im Besitz von *Starck;* in Türmitz (Trmice, 153) bestand 1820 der Kohlenberg-

---

[67] Hain 221. — Großindustrie Österreichs (1898) I, 263.
[68] Kreutzberg 47. — Hain 221. — Prochaska 94. — Schmidt von Bergenhold 291. — Slokar 560.

bau einer Privatgewerkschaft, die 1841 46 130 q Kohle förderte, 1848 erreichte die Förderung 165 000 q [69].

Im Verlaufe dieser Epoche wurden folgende Kohlenbergbaue neu gegründet oder erstmals erwähnt: T r e b e t i t s c h (Německé Třebčice, 19), gegründet 1821, genannt 1871; G ö r s d o r f (34), gegründet 1835, 1841 Besitzer *Graf von Clam-Gallas*, Produktion: 138 574 q, 1848 256 000 q; H a b e r s p i r k (42), 1830 von einer Gewerkschaft errichtet, 1840 von *Starck* gekauft, 1841 im Besitz von *Johann Hochberger*, Produktion 14 260 q Kohle; und P r o b o s c h t (Proboštov, 119), 1832 von mehreren Gewerken gegründet, erwähnt 1871 [70].

Die folgenden Kohlenbergbaue wurden erst 1841 genannt: B i l i n (Bílina, 9), zwei Kohlenbergbaue, 1841 *Fürst Lobkowitz* produzierte 214 639 q Kohle, eine Privatgewerkschaft förderte 40 551 q Kohle, 1848 wird nur mehr ein Kohlenbergbau erwähnt, der 213 000 q Kohle abbaute und später in die Brüxer-Kohlenbergbaugesellschaft überging; *Fürst Schwarzenberg* besaß in B o r u s s l a u (?) einen Kohlenbergbau, der 1841 16 656 q förderte; die Stadtgemeinde Brüx betrieb 1841 in F o h n s d o r f im Kreis Saaz (?) einen Kohlenbergbau, der 20 610 q jährlich produzierte; *Graf von Wolkenstein* führte 1841 zwei Kohlenbergbaue: F u m e r s d o r f (?); und L i e b i s c h (Libouš, 77), die zusammen 14 630 q Kohle förderten; in F ü n f - H u n d e n (Pětipsy, 22) besaß eine Privatgewerkschaft einen Kohlenbergbau, der 1841 12 000 q Kohle abbaute; in F a l k e n a u (Falknov, 25) förderte eine Privatgewerkschaft im Jahre 1841 24 982 q; in G r a n e s a u (36) eine Privatgewerkschaft 15 841 q; in G r a u p e n (Krupka, 39) eine Privatgewerkschaft 118 140 q; in G r ü n l a s (41) bestanden 1841 drei Kohlenbergbaue: *David Edler von Starck* förderte 21 239 q, eine Privatgewerkschaft 17 525 q und die Stadtgemeinde Elbogen 31 077 q; Johann David Edler von Starck betrieb einen weiteren Kohlenbergbau in L i t t o w i t z (Litovice, ?), der 1841 74 931 q Kohle abbaute, in H o l s c h i t z (Holešice, 48) und in P a h l e t (Pohlody, 114) besaß *Fürst Lobkowitz* je einen Kohlenbergbau, die zusammen 44 658 q Kohle förderten; in K l u m (Chlum, 71) bestanden 1841 zwei Kohlenbergbaue, wovon der eine der *Gräfin Westphalen* gehörte, die 75 978 q Kohle abbaute, und der andere im Besitz einer privaten Gewerkschaft war, die 24 136 q Kohle produzierte, 1848 wurde nur mehr ein einziger Bergbau mit einer Förderung von 82 000 q Kohle erwähnt; in L a u t e r b a c h (Litrbachy, 76) führten *Richter* und *Bernhard* 1841 einen Kohlenbergbau mit einer Jahresförderung von 81 479 q; in L i c h t k o w i t z (Litěchovice, 80) besaß 1841 *Freiherr von Littschau* einen Kohlenbergbau mit einer Jahresproduktion von 25 980 q; in L i e b e s c h i t z (Liběšice, 81) beutete eine Privatgewerkschaft einen Kohlenbergbau mit einer Jahresförderung von 20 906 q aus; in L o b s t h a l (86) betrieb *Caspar Kren* einen Kohlenbergbau, der 1841 10 235 q förderte; *Ritter von Schwarzenfeld*

---

[69] H a i n 221. — S c h m i d t v o n B e r g e n h o l d 276, 337, 352 f. — W e b e r 117. — Großindustrie Österreichs (1898) I, 249, 263.
[70] S o m m e r: Königreich Böhmen XIV, 230. — H a i n 221. — S c h m i d t v o n B e r g e n h o l d 293. — P r o c h a s k a 98. — H a l l w i c h, Hermann: Reichenberg und Umgebung. Eine Ortsgeschichte mit spezieller Rücksicht auf die gewerbliche Entwicklung. Reichenberg 1874, S. 524.

unterhielt zwei Kohlenbergbaue, je einen in S t e i n w a s s e r (Kamenná Voda, 145) und M i c h e l s d o r f (Veliká Ves, 93), ersterer produzierte 13 221 q, letzterer 9 100 q Kohle; *Ferdinand Trinks* besaß 1841 in O b e r g e o r g e n t h a l (Horní Jiřetín, 103) einen Kohlenbergbau mit einer Jahresförderung von 25 582 q; in T r a u s c h k o w i t z (Družkovice, 149) bestand 1841 ein privatgewerkschaftlicher Kohlenbergbau mit einer Produktion von 12 800 q; zu diesem Bergbau gehörten 1848 weitere in O b e r l e u t e n s d o r f (Horní Litvínov, 104) und in T s c h a u s c h (Čouš), alle drei Bergbaue lieferten gemeinsam 87 000 q Kohle; in O b e r l e u t e n s d o r f existierten 1841 drei Betriebe: *Graf Waldstein* produzierte 56 682 q, *Anton Hutter* 48 684 q und die Stadtgemeinde Dux 7 510 q; *Graf Waldstein* besaß überdies einen Kohlenbergbau in S o b r u s a n (Zabružany, 143), der 1841 39 209 q Kohle abbaute; in P r i e s t e n (Přestanov, 117) und S c h ö b e r i t z (Všebořice, 118) führte eine Privatgewerkschaft zwei Kohlenbergbaue, die zusammen 11 369 q Kohle förderten; in P r ö d l i t z (Předlice, 120) existierten 1841 zwei Kohlenbergbaue: einer wurde um 1840 von *Graf Nostitz-Rieneck* gegründet und erlangte erst durch den Eisenbahnbau eine gewisse Bedeutung, in der zweiten Hälfte des 19. Jahrhunderts noch genannt; der zweite in den Händen einer Privatgewerkschaft erbrachte 1841 48 510 q Kohle; in R a u d n i g (Roudníky, 127) förderte eine Privatgewerkschaft 1841 19 950 q; in S e r b i t z (Srbice, 134) eine Privatgewerkschaft 11 470 q; in S c h e n k e n s t e i n (?) eine Privatgewerkschaft 14 166 q; in S c h i m b e r g (Schimberk, 138) die Textilfirma *Tetzner* 24 960 q Kohle; in S c h ö n f e l d (?) eine Privatgewerkschaft 1841 59 660 q Kohle und 1848 80 000 q Kohle; in S c h ö s s l (Všetuly, 141) besaß 1841 eine Privatgewerkschaft einen Kohlenbergbau mit einer Jahresförderung von 9 210 q Kohle; in T a s c h w i t z (?) betrieb eine Privatgewerkschaft einen Bergbau, der jährlich 25 221 q Kohle abbaute; in T r i e b s c h i t z (Třebušice, 151) bauten *Johann Wagner* und *Franz Reichel* 1841 7 225 q Kohle ab; in T r u p s c h i t z (Strupčice, 152) *Fürst Lobkowitz* 1841 13 068 q und 1848 130 000 q Kohle; das *Fürstenhaus Clary und Aldringen* führte 1841 in T u r n bei Teplitz (Trovany, 154) Braunkohlenbergwerke, die bis 1840 im Handbetrieb arbeiteten; das Zisterzienserstift Ossegg beutete zwei Kohlenbergbaue in W e r n s d o r f (155) und in W t e l n (Vtelno, 167) aus, die 1841 insgesamt 15 099 q Kohle gewannen; in W e r n s t a d t (Verneřice, 156) besaß eine Privatgewerkschaft einen Kohlenbergbau mit einer Jahresförderung von 8 047 q Kohle; in W i e d e l i t z (Vidolice, 157) förderte 1841 eine Privatgewerkschaft 11 256 q Kohle; in Z w o d a u (Zwodava, 166) *Johann David Edler von Starck* 1841 40 372 q Kohle[71].

Nach 1841 wurden noch folgende Kohlenbergbaue erwähnt: B r ü x (Most), 1848 im Besitz von *Daubek & Hnievkovský,* bestand noch in der zweiten Hälfte des 19. Jahrhunderts; D u x (Duchcov), Produktion 1848 174 000 q Kohle; K u t t e r s c h i t z (Chudeřice), Produktion 1848 81 000 q Kohle; K u t t o w e n k a (Chotovinky), Produktion 1848 68 000 q; L a d u n g, Produktion 1848 82 000 q, T ü r m i t z (Trmice), zwei Kohlenbergbaue, Produktion 118 000 q und 75 000 q;

---

[71] H a i n 221. — S c h m i d t v o n B e r g e n h o l d 348 ff. — Großindustrie Österreichs (1898) I, 244—263; V, 231.

in letzterer Produktionssumme ist auch der Kohlenbergbau Tillisch (Dělouš) mitinbegriffen; Trupschitz (Strupčice), Produktion 1848 gemeinsam mit Oberpriesen (Vysoké Březno) und Kleinpriesen (Malé Březno) insgesamt 118 000 q Kohle[72].

2. *Steinkohle.* Nur am Beginn der Epoche werden genannt: Hořowitz (Hořovice, 49), 1820 erwähnt; Kroučow (Kroučová, 68), 1820 im Besitz des *Fürsten Schwarzenberg;* und Wobora (Obora, 159), erst 1809 erschlossen[73].

Während der ganzen Periode scheinen auf: die Steinkohlenbergbaue des *Johann David Edlen von Starck:* Oberstupno (Stupno, 106), bereits im 18. Jahrhundert abgebaut und in der zweiten Hälfte des 19. Jahrhunderts genannt: Wranowitz (Vranovice, 163), bereits im 18. Jahrhundert abgebaut, produzierte 1848 gemeinsam mit Wranow (Vranov) 79 000 q; Kasniau (Kaznau, 55), 1819 erschlossen, abgebaut erst 1821, 1822 von Starck angekauft, 1837 wurde eine zehn PS Dampfmaschine aufgestellt, 1841 Produktion 87 917 q, 1848 Produktion gemeinsam mit Hromitz 218 000 q; Hromitz (Hromice, 51), 1810 erstmals abgebaut, schlechte Lager, 1842 wurde im Walde Jalovčin ein ausgiebiger Flöz entdeckt, 1846 Produktion 143 274 q Kohle[74].

In Křisch (Kříše, 67) bestand 1798 „ein sehr guter Steinkohlenbruch", der 1871 zum Revier Břas gehörte. Bei Kladno (58) wurde zu Beginn des 19. Jahrhunderts durch den Bergmann *Johann Wania* Steinkohle gefunden, mangels Kapitals verkaufte dieser seine Rechte an *Wenzel Novotný* und zwei andere Gesellschafter. Der Bergbau versorgte das Eisenhüttenwerk Kladno und wurde auch noch in der zweiten Hälfte des 19. Jahrhunderts betrieben. Einen zweiten Bergbau eröffneten 1843 das k. k. Central-Bergbau-Direktorium und die Příbramer k. k. Schürfungsdirektion, 1855 vom Montan-Aerar an die k. k. privilegierte Österreichische Staatseisenbahngesellschaft Brandeisl-Kladno verkauft; ein am Beginn des 19. Jahrhunderts zum Erliegen gekommener Bergbau Mantau (Mantov, 85) wurde in den 30er Jahren von *Graf Schönborn* und *Graf Waldstein* neuerdings eröffnet, ging später an den Gewerken *Hufnagel* und 1853 an den Commerzienrat *von Lindheim* über[75].

Im Revier Radnitz (Radnice, 123) lagen mehrere Bergbaue: 1820 ein Bergbau des *Grafen Czernin* erwähnt; 1841 folgende Bergbaue: *Freiherr von Riese* mit einer Förderung von 68 768 q Kohle; *David Edler von Starck* mit 7 077 q; *Graf Wrbna* mit 25 081 q; eine Privatgewerkschaft mit 67 774 q; die *Lirwald* und *Starck*sche Gewerkschaft mit 36 276 q. Ein weiterer Kohlenbergbau versorgte 1846 das Puddelwerk Althütten mit Kohle und produzierte 1848 102 000 q[76].

---

[72] Hain 221. — Schmidt von Bergenhold 335. — Großindustrie Österreichs (1898) I, 244—255.
[73] Prochaska 79 ff.
[74] Hain 221. — Prochaska 30, 79 ff. — Schmidt von Bergenhold 295.
[75] Balling 32. — Schmidt von Bergenhold 295, 315 ff. — Großindustrie Österreichs (1898) II, 42.
[76] Sommer: Königreich Böhmen VI, 51 f. — Balling 83. — Hain 221. — Prochaska 30 f.

Im Revier R a p i t z (Rapice, 125) wurde erstmals 1765 bei Buschtiehrad Steinkohle gefunden, wegen Überfluß an Holz erst 1772 Abbau, Zehnjahresproduktion 1821 bis 1830 2,62 Millionen q, von 1831 bis 1840 5 Millionen q, 1841 bis 1850 6,9 Millionen q, in der Porzellanfabrik *Hübel*/Prag verwendet; ein weiterer Kohlenbergbau wurde hier in der zweiten Hälfte des 18. Jahrhunderts begonnen, gehörte 1800 *Wenzel Černý;* später an *Robert & Comp.* verkauft, 1841 Produktion 150 302 q; den größten Bergbau in Rapitz betrieb der *Großherzog von Toscana,* 1841 Produktion 423 500 q; 1846 wurde im Revier Rapitz mit der Verkokung der Steinkohle in Backöfen begonnen. Die Produktion des Reviers Rapitz erreichte 1848 961 000 q [77].

In T ř e m o s c h n a (Třemošná, 150) erschloß *August Königsdorf* 1817 einen Steinkohlenbergbau, den zwischen 1830 und 1842 *Starck* aufkaufte, Abbau wegen häufigen Zuflusses von Grubenwässern zeitweilig eingestellt; auf der Herrschaft Merklin in W i t t u n a (Vytuna, 158) betrieb *Friedrich Lampel* einen Bergbau, der bereits im 18. Jahrhundert bestand, bis 1842 nur geringer Abbau von Schmiedekohle, 1841 Produktion 30 940 q, 1848 Produktion 94 000 q, 1850 mächtiger Flöz entdeckt, der von mehreren Gewerken abgebaut wurde; der Bergbau W o t w o w i t z (Votvovice, 162), um 1790 von *Dr. Möser* und *Fröhlich* eröffnet, lieferte Kohle für die Glasfabrik in Eichthal, Produktion 1848 97 000 q; ein zweiter Bergbau lieferte 1848 148 000 q, in der zweiten Hälfte des 19. Jahrhunderts fortgeführt [78].

Während dieser Epoche wurde folgender Steinkohlenbergbau eröffnet: C h o t ě s c h a u (Chotěšov, 15), 1830 im Besitz von *Albrecht* und *Seifert,* noch 1871 erwähnt [79].

Erst gegen Ende der Epoche werden genannt: B ř a s (Břasy, 13), 1840/41 von *Johann David Edler von Starck* erworben, 1848 eine 12 PS Wasserhaltungsmaschine aufgestellt, zu dem Komplex gehörten auch noch Oberstupno, Křisch und Wranowitz; D a r o w a (Dárova, 16), Besitzer *Graf von Sternberg,* 1841 Produktion 138 384 q und 1848 Produktion 230 000 q; G r o ß l o h o w i t z (Velké Lohovice, 40), Privatgewerkschaft, 1841 Produktion 133 107 q und 1848 Produktion 100 000 q, noch 1871 genannt; K a m o n o w e t z (?), Privatgewerkschaft, 1841 Produktion 15 340 q; K l e i n - P ř i l e p (Malé Přílepy, 59), Privatgewerkschaft, 1841 Produktion 131 286 q; im gleichen Ort besaß das Prager Domkapitel einen Bergbau, 1841 Produktion 38 042 q; 1848 wurden in Klein-Přilep insgesamt 56 000 q Kohle gefördert, bestand noch 1871; *Graf Wrbna* versorgte seine Eisenwerke mit Kohle aus den Bergbauen G i n e t z (Jinec, 33) und K o m a r a u (Komárov, 64), die 1841 zusammen 8 513 q förderten; in K o r n h a u s (Mšec, 65) betrieb *Fürst Schwarzenberg* gemeinsam mit einer Privatgewerkschaft einen Kohlenbergbau, 1841 Produktion 8 755 q; bei A d l e r -

---

[77] B a l l i n g 32. — H a i n 221. — S c h m i d t v o n B e r g e n h o l d 249, 309. — W e b e r 119.
[78] B a l l i n g 32. — H a i n 221. — S c h m i d t v o n B e r g e n h o l d 298 f., 330. — L a h m e r, Robert: Glasgeschichtliches und Böhmens Glashütten. MNExKl 13 (1890) 179.
[79] S c h m i d t v o n B e r g e n h o l d 311.

k o s t e l e t z (Kostelec nad Orlící, 66) lagen zwei Bergbaue im Besitz von *Graf Kolowrat-Liebšteinský* und einer Privatgewerkschaft, ersterer förderte 1841 14 835 q, letzterer 8 155 q; in K r u s c h o w i t z (Krušovice, 69) betrieb 1841 *Fürst Fürstenberg* gemeinsam mit einer Privatgewerkschaft einen Bergbau mit 58 339 q Abbau, noch 1871 genannt; den Bergbau in L i b l i n (Liblín, 78) führte 1841 *Graf Wurmbrand* mit einer Förderung von 174 541 q; in J e m n i k (Jemniky, 30) eine Privatgewerkschaft, die gemeinsam mit L i b o w i t z (Libovice, 79) 184 794 q abbaute, 1848 erreichte die Produktion nur mehr 63 000 q; L i t t i t z (Litice, 83) besaß 1841 drei Kohlenbergbaue: *Fürst Thurn und Taxis* förderte 12 400 q, *Ludmilla Hanisch* 12 535 q und *Graf Waldstein* 29 972 q; in L o h o w a (Luhov, 87) führte 1841 *Freiherr von Berglas* einen Bergbau mit 10 889 q Produktion, der auch noch 1871 genannt wird; in L o m n i t z (Lomnice, 88) betrieb 1841 eine Privatgewerkschaft einen Bergbau mit 210 000 q Förderung; der Bergbau L o s s i n (Losina, 89) gehörte 1841 *Graf Schönborn* und förderte 20 119 q Kohle, noch 1871 genannt; M a r k a u s c h (Markouš, 90), im Besitz von *Graf von Lippe-Weisenfeld*, 1841 Produktion 148 316 q, noch 1871 genannt; bei M e r k l i n (Merklín, 92) förderte *Graf Johann C. Kolowrat-Krakowsky* 1841 38 576 q, 1848 90 000 q; (nach Hain[80] baute 1848 ein weiterer Bergbau 50 000 q ab, noch 1871 erwähnt); in N e k m i r (Nekmíř, 98) betrieb 1841 eine Privatgewerkschaft einen Bergbau mit 12 603 q Abbau; in P e t r o w i t z (Petrovice, 110) und K o l l e s c h o w i t z (Kolešovice, 63) besaß eine Privatgewerkschaft zwei Bergbaue, die 1841 insgesamt 8 480 q förderten; in S c h a t z l a r (Žacléř, 137) bestanden 1841 drei Bergbaue: *Franz und Veronika Erben*, Produktion 9 200 q, der Studien-Fonds als Grundherrschaft förderte 41 147 q, *Franz Gaberle*, Produktion 50 253 q, Hain[81] gibt für 1848 einen Produktionswert von 138 000 q an; in S c h l a n (Slaný, 136) baute *Freiherr von Puteany* 1841 39 588 q ab, 1848 100 000 q; in S c h w a r z w a s s e r (Černá Voda, 142) besaß 1841 *Anton Kühnel* einen Bergbau mit 20 317 q Produktion; in W o l o w i t z (Volovice, 160) förderte 1841 der *Großherzog von Toskana* 178 778 q Kohle[82].

1846 wurden erstmals erwähnt, aber in den Karten nicht mehr berücksichtigt: D n e s c h i t z (Dnešice); N a c h o d (Náchod) und W i l k i s c h e n (Vlkýš), letzteres förderte 1848 168 000 q und belieferte das Puddelwerk Josephihütte[83].

Im Jahre 1848 scheinen erstmals auf: G e d o m e l i t z (Jedomělice), 202 000 q Produktion; H e r r n d o r f (Kněževes), Produktion 86 000 q; S m e č n o, Produktion 65 000 q; Ž a l o w (Žalov), Produktion 81 000 q; T a s c h o w i t z (?), Produktion 55 000 q und T r a u t e n a u (Troutnov), Produktion 220 000 q[84].

Erst in der zweiten Hälfte des 19. Jahrhunderts wurden genannt, aber als sehr alt bezeichnet: H u d l i t z (Hudlice); R a d o w e n z (Radvanice) und Z w u g (Zbuch)[85].

---

[80] S o m m e r : Königreich Böhmen VII, 251. — H a i n 221.
[81] H a i n 221.
[82] B a l l i n g 37. — H a i n 221. — S c h m i d t v o n B e r g e n h o l d 313 ff. — P r o c h a s k a 30.
[83] B a l l i n g 32, 82. — H a i n 221.
[84] H a i n 221.
[85] S c h m i d t v o n B e r g e n h o l d 314, 331.

Bei drei weiteren Bergbauen ist deren Lage geographisch nicht festlegbar und daher zweifelhaft, ob es sich um Stein- oder Braunkohle handelt: Z w e t s c h o - w i t z , 1848 Produktion 623 000 q; P o d l e s c h i n , 1848 Produktion 216 000 q und K l e i n a u g e z d , 1848 Produktion 86 000 q.

p) Abbau von Ton, Quarz, Feldspat usw.

Der Abbau von Ton, Kaolin, Quarz und Feldspat spielte in Böhmen, insbesondere für die Steingut- und Porzellanindustrie, eine bedeutende Rolle.

1. Ton. Tonbergbau wird nur am Beginn der Periode erwähnt in: A i c h (Doubí, 2), 1820 für die Fabrik in Dallwitz; F l ö h a u (Blšany, 27), arbeitete 1820 für die Steingutfabriken in Klösterle, Dannowa (300 q Ton), Teinitz (334 Strich) und Prag; J e s s e n e y (Jesený, 46) gehörte *Franz Römisch,* versorgte die Steingutindustrie in Klein-Skal; K a a d e n (Kadaň, 54) belieferte 1820 die Steingutfabrik Klösterle; K l u m (Chlum, 61), versorgte 1820 die Steingutfabrik Klum; M e l n i k (Mělník, 94), bereits 1798 von Crusius genannt: „hier wird ein besonders schöner weißer, zu den Glasfabriken nötiger Leim, der stark ins Ausland verführt wird, gegraben", versorgte 1820 die Steingutfabrik Teinitz jährlich mit 1 000 Strich; P u t s c h i r n (Pučírna, 121) lieferte 1820 an die Porzellanfabrik Dallwitz; P ř e l i t z (Přelice, 122) baute für die Steingutfabrik Teinitz 1820 334 Strich ab; S m e t s c h n a (Smečno, 135); versorgte bis 1820 die Steingutfabrik in Prag; und T ü p p e l s g r ü n (Děpoltovice, 148) belieferte die Fabrik Dallwitz[86]. In Z e t t l i t z (Sedlec, 164) wurde 1820 ein Tonbergbau für die Fabrik in Dallwitz sowie die „Wiener Porzellanfabrik" in Elbogen, aber auch für die Fabriken in Gießhübl, Hammer, Schlaggenwald und Altrohlau genannt. Nach den „Tafeln von 1841" handelte es sich um einen Kaolinabbau, der Porzellanerde für die k. k. Porzellanfabrik in Wien lieferte[87].

2. Quarz. Quarzabbau erfolgte 1818/19 in F r i e d s t e i n (Frýdštejn, 28) für die Steingutfabrik in Klein-Skal, die *Franz Römisch* gehörte; 1820 in G i e ß - h ü b l (Kysibl, 31) für die Porzellanfabriken in Unterchodau und Altrohlau; K l u m (Chlum, 61) für die Steingutfabrik Klum und S c h l a g g e n w a l d (Horní Slavkov, 139) für die Porzellanfabrik in Elbogen[88].

3. Feldspat. Feldspat wurde 1820 in L a u t e r b a c h (Litrbachy, 76) für die Porzellanfabriken in Elbogen und Schlaggenwald gewonnen; weiters 1818/19 in M o r c h e n s t e r n (Smržovka, 96) für die Steingutfabrik in Klein-Skal, die *Franz Römisch* gehörte; und 1820 in T ü p p e l s g r ü n (Děpoltovice, 148) für die Porzellanfabriken Hammer, Gießhübl und Altrohlau[89].

Die „Tafeln von 1841" erwähnten Feldspatabbau in E n g e l h a u s (Andělská Hora, 23).

---

[86] W e b e r 116 ff. — C r u s i u s II, 31. — K e e ß II, 807 f.
[87] W e b e r 116.
[88] K e e ß II, 807 f. — W e b e r 116 f.
[89] K e e ß II, 807 f. — W e b e r 116.

4. Torf. Im Zusammenhang mit der Umstellung der Eisenwerke von Holzkohle auf andere Feuerungsmittel wurde die Gewinnung von Torf in Böhmen in Angriff genommen. Keeß erwähnte 1820 eine Torfkohlengewinnung in W e r n i - g e r o d e (?). Seit 1840 wurde Torfabbau für die Hochöfen Ransko und Pelles in R a d o s t i n (Radostín, 171) betrieben, 1846 waren hier 24 Stecher und 48 Handlanger beschäftigt [90].

5. Halbedelsteine. Die Gewinnung von Granatsteinen erfolgte aus dem Sand bergwerksartig. Dieser wurde durchreutert, gefegt und hierauf zur Schwemmung der erdigen Teile gewaschen. Eine solche Granatsteingewinnung erwähnte Kreutzberg 1835 in P o d s e d i t z (Podsedice, 112) [91].

Zur räumlichen Verteilung des Bergbaues ist zu bemerken: Der Eisenbergbau konzentrierte sich vor allem im Raum des Brdywaldes in dem Dreieck Pilsen, Beraun und Příbram, wo durch die Auffindung neuer Lagerstätten eine wesentliche Verdichtung eintrat, weiters im Bereich der Böhmisch-Mährischen Höhe, um Pelles und Chlumetz sowie am Südabhang des Riesengebirges. Vereinzelte Vorkommen lagen im Erzgebirge. Der sonstige Metallbergbau konzentrierte sich auf das Erzgebirge sowie den Raum Mies, Příbram und Tabor. Als wichtigste Bergbaustädte galten Platten, Joachimsthal, Schlaggenwald und Příbram. Die beiden großen Reviere des Braunkohlenbergbaues waren das Falkenau-Karlsbader und das Revier um Brüx, Dux, Aussig und Teplitz, wobei sich Ausläufer bis Komotau und Kaaden hinzogen. Die Steinkohlenreviere lagen im Raume Pilsen, insbesondere im Gebiet um Radnitz, und in der Umgebung von Schlan, vor allem im Raum Rapitz und Buschtiehrad. Ein weiteres Vorkommen befand sich im Riesengebirge bei Schatzlar. Die Kohlenbergbaue haben erst gegen Ende der Berichtszeit größere Bedeutung erlangt. Der Abbau von Tonen und Erden stand in enger Verbindung mit der Entfaltung der Steingut- und Porzellanindustrie.

EISEN- UND METALLVERARBEITENDE INDUSTRIE

a) Eisenwerke

Dank ihrer mächtigen Eisenerzlager und eines ausreichenden Waldbestandes hatte die böhmische Eisenproduktion eine recht günstige Ausgangsbasis. Dennoch lag Böhmen in der ersten Periode unserer Berichtszeit 1823 bis 1827 mit 16 % des Wertes der Gesamterzeugung der Donau-Monarchie hinter der Steiermark und Kärnten an dritter Stelle. Durch eine rasche Produktionszunahme in Ungarn und im Banat erreichte Böhmen 1855 jedoch nur mehr 12,3 % der Gesamtproduktion. Die Steiermark mußte ihren Anteil ebenfalls von einem Drittel auf ein Viertel reduzieren. Bis zum Ende unserer Epoche, der Periode 1843 bis 1847, war der Rückgang erst auf 15,7 % erfolgt. Das Zurückbleiben Böhmens läßt sich auch in der Produktionsstatistik deutlich nachweisen. Die Roheisenerzeugung der Gesamtmonarchie stieg um 110 %, diejenige Böhmens jedoch nur um 84 %. In der

---

[90] B a l l i n g 103.
[91] K r e u t z b e r g 29.

Gußeisenproduktion, in der Böhmen eine führende Stellung einnahm, konnte es diese etwa bis 1842 behaupten, verlor dann aber auch hier an der ursprünglichen Bedeutung. Im gesamten Berichtzeitraum steigerte sich die Gußeisenproduktion Böhmens um 275 %, jene der Monarchie aber um 350 %[92].

Roheisen (im jährlichen Durchschnitt)

		1823—27	1828—32	1833—37	1838—42	1843—47
Böhmen	in q	173 941	214 241	225 516	252 457	319 981
	in %	100	123,2	129,6	145,1	183,9
Monarchie	in q	1 272 594	1 469 876	1 741 025	2 086 176	2 676 983
	in %	100	115,5	136,8	163,9	210,3

Gußeisen (im jährlichen Durchschnitt)

		1823—27	1828—32	1833—37	1838—42	1843—47
Böhmen	in q	45 543	61 698	79 058	139 330	170 799
	in %	100	135,5	173,6	305,9	375
Monarchie	in q	100 359	147 915	206 944	325 875	451 296
	in %	100	147,4	206,2	324,7	449,7

Roh- und Gußeisen (im jährlichen Durchschnitt)

		1823—27	1828—32	1833—37	1838—42	1843—47
Böhmen	in q	219 484	275 939	304 574	391 787	490 780
	in %	100	125,7	138,8	178,5	223,6
Monarchie	in q	1 372 953	1 617 791	1 947 969	2 412 051	3 128 279
	in %	100	117,8	141,9	175,7	227,8

Anteil Böhmens an der Produktion der Monarchie in %

	Roheisen	Gußeisen	insgesamt
1823—27	13,7	45,4	16
1828—32	14,6	41,7	17
1833—37	12,9	38,2	15,6
1838—42	12,1	42,7	16,2
1843—47	11,9	37,8	15,7

[92] Friese 9.

Um die Mitte des Jahrhunderts klagt Balling über das Zurückbleiben der böhmischen Eisenproduktion: „Die Eisenerzeugung könnte bedeutend gesteigert werden, wenn die mächtigen Steinkohlenlager stärker abgebaut sowie die Kohle zur Verhüttung der Erze verwendet werden würde. Alle Hochöfen werden noch mit Holzkohle betrieben, mit Ausnahme von Ransko, Pelles und Josephsthal bei Chlumetz, die zeitweilig teilweise mit Torf beheizt werden. Zur Anwendung von Steinkohle und Koks wurden erst einige mehr oder minder erfolgreiche Vorversuche durchgeführt. Nur beim Verfrischen des Roheisens in Puddelöfen (Josephihütte bei Plan, Althütten bei Nischburg) und in Glühöfen (Schneidwerk Komarau und Drahtwalzwerk Prommenhof) sowie bei Streckfeuern wurde bereits eine dauernde Anwendung mineralischer Brennstoffe eingeführt [93]."

Die technische Einrichtung der böhmischen Hochöfen galt somit als rückständig. Trotz großer Fortschritte der Eisenindustrie zu Beginn des 19. Jahrhunderts war deren Betrieb immer mehr durch den ständigen Rückgang der Wälder bedroht. Im ersten Jahrzehnt des Jahrhunderts wurden zur Abhilfe Schmelzversuche unter Anwendung rohen Torfes gemeinsam mit Holzkohle in der St. Gabrielshütte bei Rothenhaus gemacht, die aber keine Erfolge zeigten. Um 1840 gelang die Anwendung von Fasertorf in Ransko, Eleonora und Josephsthal. Seit den 20er Jahren erfolgten Versuche mit Steinkohle, jedoch ebenfalls ohne Erfolg, weil die damaligen Hochöfen dafür ungeeignet waren. Die wenigen Vorversuche mit Kohle erfolgten beim Schmelzen sowie beim Verfrischen des Roheisens in Puddelöfen, bei Glühöfen und bei Streckfeuern. Ein von *Franz Ritter von Gerstner* entwickeltes Kastengebläse zu einer verbesserten Windführung wurde in Gabrielshütte, Komarau, Franzensthal, Neu-Joachimsthal, Neuhütten, Rozmithal usw. aufgestellt, vermochte sich aber nicht durchzusetzen. Um 1841 waren in den meisten Werken Zylindergebläse aus Gußeisen in Betrieb.

Als Antriebskraft diente in der Regel Wasser. Dampfantrieb für Gebläse war erst wenig verbreitet, so in Neu-Joachimsthal, Plaß, Pelles und Ransko. In Althütten bei Nischburg stand ein Dampfhammer als Patschhammer beim Puddelwerk in Verwendung. Puddelwerke wurden erst Ende der 30er Jahre errichtet. Bei Ausgang der Epoche existierten erst drei Puddelwerke: Josephihütte, Althütten bei Nischburg und Karolinenthal. In mehreren anderen Werken gab es Puddelöfen, allerdings nur zu Versuchszwecken.

Eisenwerke, die hauptsächlich Maschinenguß erzeugten, benötigten ein gleichartigeres, dichteres und festeres Roheisen. Sie schmolzen das Roheisen der Hochöfen daher in Cupol- und Flammöfen um. Letztere waren nur in Tätigkeit, wenn der Hochofen ausgeblasen war. Die Cupolöfen wurden meist mit heißem Wind betrieben. Gußwaren erzeugten vor allem die Eisenwerke des Pilsner Kreises, z. B. Klabawa, Horomislitz, Plaß, Sedletz und Darowa. Die Hauptmasse dieser Gußwaren war sogenannter Kommerzguß: Heizöfen, Ofentöpfe, Kochtöpfe, Reindeln, Talkbleche, Falzplatten, Ofenroste etc. Hingegen erzeugten die größeren Werke zumeist Maschinenguß. Unter anderem wurden auch Streckwalzen, Dampfmaschinen und Gebläsezylinder, deren Weiterverarbeitung in Dreh- und

---

[93] Balling 14. — Slokar 449.

Bohrwerken erfolgte, hergestellt. Um 1820 standen zur Blechproduktion bereits Blechwalzwerke zur Verfügung. Die Werkzeugerzeugung hoffte man durch Einfuhrverbote auszubauen.

In den etwa 200 Frischhütten wurden Schmiedeeisenspezialsorten hergestellt: Wagenradreifen aller Dimensionen, Hufstäbe, Pflugmesser, Pflugscharbleche, Zainprügel und Gittereisen, Hemmschuhe, Mühlpfandeln und Mühlspindeln, Flach-, Quadrat- und Rundstäbe aller Art, runde und eckige Scheiben usw. Die Streck- und Zainhämmer stellten verschiedene Stabeisensorten her: Nagel- oder Zaineisen, Faßreifen, Bandeisen, Gittereisen, dünne Rundeisenstäbe usw.

Die Stahlerzeugung war in Böhmen über Versuche des *Vinzenz und Johann Wietz* in den Jahren 1815 bis 1816 in Palmsgrün nicht hinausgekommen. An mechanischen Werkstätten bestanden Dreh- und Bohrwerke, die bereits mit Drehbänken und Bohrstraßen ausgestattet waren. Drehstühle wurden häufig für den eigenen Gebrauch hergestellt [94].

Statistische Angaben über Beschäftigte, Produktionsmengen sowie Produktionswerte sind nur sporadisch und in beschränkt vergleichbarem Zustand vorhanden. Kreutzberg berichtete für 1834 von 10 000 Beschäftigten im Eisenberg- und Hüttenwesen [95]. Hinsichtlich der Roheisenproduktion stellte er fest, daß Böhmen $1/5$ der Produktion von Preußen, $1/15$ jener Frankreichs und $1/65$ jener Englands hervorbringt. Für das Jahr 1846 gab Balling eine genaue Aufstellung der Arbeitskräfte in der Eisenindustrie [96]. Darnach waren insgesamt 8 194 Arbeiter tätig, davon 2 666 Bergknappen beim Eisensteinbergbau, 125 Steinbrecher in Kalkstein, 1 453 Köhler und 215 Erzpocher. Die 46 Hochöfen zählten 115 Aufgeber, 115 Hochofengesellen, 46 Hochofen- nud Gießermeister, 46 Kohlenmesser, 69 Schlakkenführer und 46 Nachtwächter, also insgesamt 437 Personen. In den Eisengießereien waren 800 Gießer und 230 Putzjungen beschäftigt. Die 198 Frischhütten, wobei jede Frischhütte durchschnittlich mit einem Feuer und einem Hammermeister, einem Kohlenmesser, zwei Frischern oder Vorschmieden, zwei Nachschmieden und zwei Ausgießern sowie ein bis zwei Lehrlingen besetzt war, kamen auf insgesamt 1 170 Hammerschmiede und Lehrlinge sowie 180 Kohlenmesser. 200 Puddelwerksarbeiter besorgten die Verfrischung. In den Streckhütten waren 61 Meister, 122 Gesellen und 61 Lehrlinge, also insgesamt 244 Streckschmiede tätig. In den Drahteisenwerken zählte man 36 Arbeiter, in den Schneidwerken sieben, bei den Zeugschmieden und in den Nagelhütten je 15. In den Blechwalzwerken waren 120 Arbeiter tätig, in den Weißblechwerken 20 Blechwischerinnen und 30 Verzinner. Die mechanischen Werkstätten wiesen 46 Tischler, 46 Schmiede, 46 Schlosser, 54 Dreher und Bohrer sowie 30 Dreher, insgesamt 222 Personen, auf. Um die Jahrhundertmitte nennt Hain 48 500 Personen in Böhmen, die von der Eisen- und Stahlindustrie (ohne die Bergarbeiter) lebten, demgegenüber 245 900 in der Gesamtmonarchie [97]. Demnach entfielen auf Böhmen 19,7 % aller zur Eisenindustrie zählenden Personen.

---

[94] Kreutzberg 44. — Balling 12—92. — Slokar 449 ff.
[95] Kreutzberg 40.
[96] Balling 53—93. — Slokar 450.
[97] Hain 271.

Der Gesamtwert der Eisenindustrie Böhmens wird in den „Tafeln von 1841" mit 4,5 Millionen Gulden angegeben, das sind 14 % der Eisenwarenerzeugnisse der Donaumonarchie.

Charakteristisch für die böhmische Eisenindustrie war die große Zahl von Mittelbetrieben. Im Berichtszeitraum nahm, abgesehen von den Walzwerken und mechanischen Werkstätten, deren Zahl allerdings ab, was auf eine gewisse Konzentration derselben hinweist.

Eisenverarbeitende Betriebe 1834 bis 1850

	1834	1841	1846	1850
Eisenwerke	68		48	
Hochöfen	86	43	52	
Cupolöfen		9		
Hammerwerke		68		63
Feuer		268		259
Schläge	340	240	259	240
Puddelwerke		2	5	5
Walzwerke		8	11	11
Mechanische Werkstätten		15	20	13

Balling gab für 1846 eine Aufstellung der Verteilung der 48 Eisenwerke auf die einzelnen Kreise Böhmens[98]. (Siehe Tabelle S. 86).

Erst für den Ausgang der Epoche liegen statistische Angaben über den Umfang der Finalproduktion vor.

Finalerzeugnisse der eisenverarbeitenden Industrie 1841 bis 1850 (in q)

	1841	in % der Monarchie	1850
Feineisen	49 202	86,9	32 000
Grob- und Streckeisen	153 432	13,5	210 000
Weißblech	7 629	69,0	15 000
Schwarzblech	4 796	4,7	23 000
Gußwaren aus Cupolöfen	—	—	42 000
	215 059	14,5	322 000

---

[98] Balling 10 f.

Räumliche Verteilung der Eisenwerke Böhmens im Jahre 1846

Kreis	Eisen-werke	Hochöfen	Frisch-feuer mit Streck-hämmern	Streck-feuer mit Zain- und Streck-hämmern	Walz-werke	Dreh- und Bohr-werke	Puddel-werke	Produktion (in Wiener Zentner) Roheisen	Gußwerk	Insgesamt
Beraun	9	9	44	13	3	3	1	76 459	39 569	116 028
Bidschow	1	1	2	—	—	—	—	—	—	—
Budweis	4	4	15	5	—	1	—	23 343	8 237	31 580
Bunzlau	1	1	3	1	—	1	—	4 536	3 284	7 820
Chrudim	—	—	—	—	—	—	—	—	—	—
Čáslau	4	5	22	4	—	1	—	44 201	31 002	75 203
Elbogen	5	5	10	3	1	2	1	23 132	8 916	32 048
Kaurzim	—	—	—	—	—	—	—	—	—	—
Klattau	2	2	3	1	—	—	—	9 527	2 107	11 634
Königgrätz	1	1	4	1	—	1	—	4 852	474	5 326
Leitmeritz	—	—	—	—	—	—	—	—	—	—
Pilsen	11	13	42	21	4	6	1	53 882	41 367	95 249
Pradin	2	2	7	2	—	—	—	12 115	2 417	14 532
Rakonitz	2	3	13	3	1	2	1	36 884	23 952	60 836
Saaz	3	3	14	2	2	1	1	8 685	3 996	12 681
Tabor	3	3	10	4	—	—	—	17 204	6 374	23 578
Zusammen	48	52	198	61	11	20	5	314 819	171 695	486 514

Demnach trat (unter Nichtberücksichtigung der Gußwaren) ein etwa 30 %iger Anstieg von 1841 bis 1850 ein. Böhmen war innerhab der Monarchie vor allem führend in Feineisen und Weißblechen. Weiters wurden 1846 333 334 q Roheisen in den Frischhütten zu 256 410 q Schmiedeeisen verarbeitet. Die Puddelwerke stellten 40 000 q gepuddeltes Walzeisen her. In den Streckhütten wurden aus 52 000 q Zainprügel, die in den Frischhütten erzeugt worden waren, 50 000 q Streckeisen hergestellt; aus 28 000 q Blechschirben produzierte man ca. 20 000 q Schwarzblech. 10 000 bis 12 000 q Schwarzblech wurden in Weißblech weiterverarbeitet.

Aus dem Jahre 1846 existiert eine Aufstellung der Produktion mit Wertangaben: Eisengußwaren 180 000 q à 5 Gulden 30 Kreuzer = 990 000 Gulden, Schmiedeeisen aller Art 150 000 q à 8 Gulden = 1 200 000 Gulden, gepuddeltes Walzeisen 40 000 q à 9 Gulden = 360 000 Gulden, Streckeisen aller Art 50 000 q à 9 Gulden = 450 000 Gulden, Drahteisen 1 400 q à 12 Gulden = 20 400 Gulden, Schwarzblech 8 000 q à 12 Gulden = 96 000 Gulden, Weißblech 12 000 q à 24 Gulden = 288 000 Gulden; insgesamt 3 404 400 Gulden. 30 % davon gingen auf Arbeitslöhne, 20 % auf Rohkosten und 20 % auf Holzkosten auf [99].

In der Blecherzeugung waren 1834 nach Kreutzberg 300 Arbeiter beschäftigt [100].

Etwa ein Viertel der Drahterzeugung der Monarchie erfolgte in Böhmen. Kreutzberg erwähnt 1834 18 Drahtmühlen, vorzüglich im Elbogner und Saazer Kreis, die 600 Drahtzieher beschäftigten. Obgleich die Anzahl der Drahtmühlen in dieser Epoche gleich blieb, konnte der Wert der Erzeugnisse bis 1850 um 50 % erhöht werden [101].

Drahterzeugung 1834 bis 1850

	1834	1841	in % der Monarchie	1850
Betriebe	18	18	24,6	—
Produktion (in q)	3 000	6 000	8,8	—
Wert (in fl)	100 000	100 000	11,0	150 000
Beschäftigte	600			

Auf einen Betrieb entfielen 1841:

	Böhmen	Monarchie
Produktion (in q)	333,3	935,5
Wert (in fl)	5 555,5	12 421,5

---

[99] Balling 107.
[100] Kreutzberg 41.
[101] Kreutzberg 42. — Hain 258.

Die Nägelerzeugung konzentrierte sich nach den „Tafeln von 1841" in der Nähe der *Wrbna*schen, Aerarial- und *Fürstenberg*ischen Eisenwerke. Hier befanden sich 46 Nagel- und 17 Zweckenschmiede. Weitere 24 Nagelschmiede arbeiteten in Hlubosch, 170 Nagelschmiede in Radnitz, die 120 000 q Nägel herstellten, und weitere in der Herrschaft Pürglitz. Hinzu kamen sieben größere Nägelerzeugungen, die 731 q Nägel im Werte von 11 500 Gulden produzierten. Nach Hain betrug um die Jahrhundertmitte der Wert der Nägelerzeugung 150 000 Gulden [102].

Nägelerzeugung

	1841	in % der Monarchie	1850	in % der Monarchie
Betriebe	7			
Produktion (in q)	731	1,6	—	—
Wert (in fl)	11 500	1,4	150 000	7,6

Die Herstellung von Sensen, Sicheln und Strohmessern war in Böhmen längst nicht so bedeutend wie in Oberösterreich und der Steiermark. Führend war Böhmen in der Strohmessererzeugung, verlor aber um die Jahrhundertmitte dieses Monopol. Hinsichtlich der Produktionsmenge und des Wertes der Erzeugung blieben die böhmischen Betriebe kleiner als im Durchschnitt der Monarchie. Der Wert ihrer Produktion konnte allerdings in der Berichtszeit etwa verdreifacht werden [103].

Sensen-, Sichel- und Strohmessererzeugung

	1834	1841	in % der Monarchie	1850	in % der Monarchie
Hämmer	10	10	5,7	—	—
Feuer	—	30	5,0	—	—
Schläge	—	30	5,8	—	—
Produktion:					
Sensen	—	150 000	3,8	160 000	2,9
Sicheln	—	60 000	5,2	65 000	3,7
Strohmesser	—	50 000	57,6	45 000	7,5
Wert (in fl)	40 000	98 000	5,2	123 000	4,0
Beschäftigte	120	—	—	—	—

---

[102] Hain 259.
[103] Kreutzberg 42. — Hain 257.

Auf einen Betrieb entfielen 1841

	in Böhmen	in der Monarchie
Feuer	3	3,4
Schläge	3	2,9
Sensen	15 000	22 655
Sicheln	6 000	6 620
Strohmesser	5 000	496
Wert (in fl)	9 800	10 828,8

An sonstigen Eisenverarbeitungsbetrieben erwähnte 1834 Kreutzberg[104] zwölf Erzeugungsstätten für Waffen, weiters werden in den „Tafeln von 1841" zwei Fabriken für emaillierte eiserne Kochgeschirre genannt, die Erzeugnisse im Werte von jährlich 100 000 Gulden herstellten. In den eisenverarbeitenden Gewerben waren 1841 9 418 Personen, darunter 7 731 Schmiede, 1 687 Schlosser und sonstige tätig.

Der Anteil der Aerarfabriken, der in der Gesamtmonarchie bei den Eisenwerken am Beginn der Epoche durchschnittlich 25 % und am Ende derselben 21,7 % betrug, war in Böhmen von Anfang an mit etwa 13 % wesentlich geringer, stieg aber gegen Ende der Epoche leicht an (15,8 %). Die Aerarfabriken vermochten ihren Anteil beim Roheisen zu vermehren, so daß dieser 1841 etwa ein Drittel der Gesamterzeugung der Monarchie ausmachte. Bei der Gußeisenproduktion trat hingegen ein Rückgang ein, dennoch stellte Böhmen 1841 ein Viertel der Erzeugnisse der Monarchie; ähnlich groß war der Anteil an der Gesamtproduktion bei Grobeisen.

Die zahlreichen Privatgewerke lagen in Böhmen großteils in Händen des Hochadels (Fürstenberg, Kolowrat, Colloredo-Mansfeld, Dietrichstein usw.).

Produktionsanteil der aerarischen Eisenwerke Böhmens 1833 bis 1847 (in %)

	1833—37	1838—42	1843—47
Roheisen	10,9	13,4	15,4
Gußeisen	18,8	18,6	16,6
insgesamt	13,0	15,2	15,8

Produktion der aerarischen Eisenwerke 1841 (in q)

	Böhmen	in % der Aerarwerke der Monarchie
Roheisen	40 771	32,0
Gußeisen	23 614	24,3
Fein- und Streckeisen	10 069	6,2
Grobeisen	19 275	24,6

---

[104] Kreutzberg 45 f.

Zu Beginn unserer Epoche werden folgende Werke genannt:

P i s k o č e l (Piskočil, 87), bei Crusius 1798 als „Eisenhammerwerk" erwähnt, 1820 als Eisengießerei genannt; P l e i l (92), 1820 aerarisches Eisenwerk, das Blech erzeugte; R o d e n a u (Radenov, 101), 1820 Eisengießerei und Eisenblecherzeugung, Bleche wegen ihrer Weiche und Dehnbarkeit berühmt; und S k u r o w (Skurow, ?), 1820 Eisengießerei [105].

Unter jenen Werken, die während der gesamten Berichtszeit bestanden, befanden sich die bedeutendsten: An erster Stelle sind die aerarischen Z b i r o w e r E i s e n w e r k e zu nennen, die 1819 aus den Werken Franzensthal, Holoubkau, Karlshütte und Straschitz bestanden; 1846 kamen noch die Hammerwerke Königshof und Miröschau hinzu. 1815 bestanden die Zbirower Eisenwerke aus acht Hochöfen, 22 Stabhütten und neun Streckhütten. Infolge gesteigerter Intensität mußten die entfernter gelegenen Betriebsanstalten in den nächsten Jahren aufgelassen und das Unternehmen konzentriert werden. 1819 existierten nur mehr vier Hochöfen, 16 Stab- und sieben Streckhütten. Dennoch wurde 1825 bis 1827 die alte Produktionsmenge wieder erreicht bzw. sogar überschritten. Die Eisenproduktion einer Stabhütte, die 1815 durchschnittlich ein Wert von 3 768 Wag erreichte, stieg bis 1827 auf 5 466 Wag. Die Verbesserung des Hammermechanismus, das heißt schnellere Schläge, führte zu einem schnelleren Ausschmieden und zu größeren Produktionsmengen. Durch eine Erhöhung der Hochöfen und durch eine günstigere Windversorgung stieg auch die Roheisengewinnung. Im Jahre 1825 wurde ein Viertel der Produktion als Gußwerk abgesetzt, drei Viertel wurden verfrischt und in verschiedene Sorten Schmiede- und Stabeisen umgewandelt. Seit den 40er Jahren zählten die Zbirower Werke zu den größten in Böhmen, 1846 produzierten sie fast doppelt so viel Roheisen als 1827. Wegen erhöhter Nachfrage nach Frisch-, Streck- und Schmiedeeisen waren damals 21 Stab- und acht Streckhütten in Betrieb. Die Produktion erreichte 81 083 q Roheisen, davon 21 653 q Gußwerk. Hain [106] erwähnt 1851, daß zu den Zbirower Eisenwerken der Eisenbergbau Kruschnahora gehörte.

Die einzelnen dazugehörigen Betriebe waren:

H o l o u b k a u (Holoubkov, 42), 1819 ein Hochofen, der 1831 neu erbaut wurde, 1841 aerarischer Hochofen und aerarische Eisenhämmer, ein aerarischer Cupolofen, ein Blechwalzwerk, zwischen 1841 und 1844 gegründet, und mechanische Werkstätten, Produktion 20 257 q Roheisen, davon 3 730 q Stab- und gewalztes Eisen und Eisenblech, eigene Maschinenfabrik, 1846 ein Hochofen, elf Stahlhämmer (teilweise im Kreis Pilsen), drei Zain- und Streckhämmer in Königshof und Miröschau, ein Dreh- und Bohrwerk, Roheisenproduktion 18 227 q, Gußwerk 8 043 q, bis 1867 aerarisch; F r a n z e n s t h a l (Františkovo Údolí, 32), 1800 gegründet, 1819 ein Hochofen, 1841 ein aerarischer Hochofen und aerarische Eisenhämmer, die 5 169 q Stab- und gewalztes Eisen sowie Eisenblech herstellten, 1846 ein Hochofen, drei Stahlhämmer, zwei Zain- und Streckhämmer

---

[105] C r u s i u s II, 249. — K e e ß II, 550 ff., 570 ff.
[106] H a i n 190.

(zumeist im Kreis Pilsen), die 22 033 q Roheisen und 5 967 q Gußwerk produzierten; K a r l s h ü t t e n (Karlova Hut, 53), 1819 ein Hochofen, 1841 erzeugte das aerarische Eisenwerk 3 437 q Stab- und gewalztes Eisen sowie Eisenblech, 1846 ein Hochofen, drei Stahlhämmer, ein Zain- und Streckhammer, die 10 422 q Roheisen und 1 988 q Gußwerk herstellten; S t r a s c h i t z (Strašice, 125), 1798 von Crusius als Eisenhammerwerk erwähnt, 1819 ein Hochofen, 1841 ein aerarischer Hochofen, ein aerarisches Hammerwerk, die 5 607 q Stab- und gewalztes Eisen sowie Eisenblech fertigten, 1846 ein Hochofen, drei Stahlhämmer, zwei Zain- und Streckhämmer, die 8 748 q Roheisen und 5 655 q Gußeisen produzierten, 1848 war das dem k. k. Montanaerar gehörige Werk außer Betrieb; größere, dem Zbirower Eisenwerk angeschlossene Hämmer waren: D o b ř i w (Dobřiv, 21), bereits von Crusius 1798 als Eisenhammerwerk erwähnt, 1841 gehörte der aerarische Stabhammer zum Werk Holoubkau und produzierte 11 737 q Grobeisen, woraus 11 650 q Stab- und gewalztes Eisen sowie Eisenblech hergestellt wurden; M i r ö s c h a u (Mirošov, 69), 1846 bei Slokar[107] erwähnt, noch in der zweiten Hälfte des 19. Jahrhunderts genannt; K ö n i g s h o f (Králův Dvůr), 1846 als dem k. k. Montanaerar gehörig; desgleichen die Eisenhämmer H r a d e k (Hrádek) und P a d e r t (Padrť)[108].

Die dem Grafen *Wrbna* gehörigen H o ř o w i t z e r E i s e n w e r k e (Hořovice, 44) bestanden aus den Werken Komarau und Ginetz. Nach Keeß[109] 1820 als Eisengießerei erwähnt, Erzeugung von Öfen in 30 Varianten, Geländern und Gittern, Turmuhren, Platten, Gewichten, Mörsern, Röhren, Kesseln, Baumpfählen, Stiegenstufen, Töpfen, emailliertem Geschirr, Rosten usw., weiters Galanteriewaren wie Damenkämme, Ohrgehänge, Colliers, Kreuze, Kettchen, Teller, Spieltaschen, Medaillons, Rosenkörbe, Vasen, elastische Zuckerzangen, Westenknöpfe usw., 1824 erstmals ein *Gerstner*sches Kastengebläse aufgestellt, 1830 anstelle der Blechhämmer Blechwalzwerke errichtet, Steinkohle als Brennmaterial für Blechglühöfen verwendet. Anfang der 30er Jahre bestanden die Hořowitzer Eisenwerke aus vier Hochöfen mit vier Pochwerken, 15 Frischfeuern, zwei Streckhämmern, zwei Blechwalzwerken und einer Blechverzinnerei, einer Löffelfabrik, einem Bohr- und Drehwerk. Der Antrieb erfolgte durch Wasserkraft. Die Werke beschäftigten 700 Arbeiter, 73 Köhler sowie 150 Bauern, die Holz-, Eisenstein- und Steinkohlentransporte besorgten. Die Produktion betrug infolge des vorzüglichen Gesteins 35 000 q Roheisen und 15 000 q Gußwerk sowie 25 000 q geschmiedetes Eisen. Der größte Teil des Stabeisens wurde zu verzinntem Blech weiterverarbeitet. Die Hořowitzer Eisenwerke führten als erste des Kontinents die Sandgießerei ein und verwendeten erstmals Steinkohle beim Eisenwalzen. Holzmangel nötigte nach 1835 zu Betriebseinschränkungen. 1841 bestanden nur mehr zwei Hochöfen, zwei Walzwerke und ein Dreh- und Polierwerk. Die Produktion war auf 12 111 q Roheisen und 7 723 q Gußeisen zurückgegangen. Weiters bestand hier eine Fabrik zur Erzeugung verzinnter Löffel und eine mechanische

---
[107] S l o k a r 451.
[108] C r u s i u s I, 283; II, 627. — S o m m e r : Königreich Böhmen VI, 73. — B a l l i n g 6. — H a i n 190. — S c h m i d t v o n B e r g e n h o l d 271. — S l o k a r 451—455.
[109] K e e ß II, 550 f.

Werkstätte. Im Gußwerk stellte man Kugeln, Bomben und Granaten her. Holzmangel führte 1846 zu weiteren Einschränkungen. Diese Verluste konnten durch Intensivierung mehr als ausgeglichen werden[110]. 1846 bestanden die Hořowitzer Eisenwerke aus zwei Hochöfen, 12 Frischfeuern mit Stahlhämmern, einem Streckhammer, zwei Walzwerken und einem Dreh- und Bohrwerk. Die Produktion erstreckte sich auf Maschinen-, Öfen-, Munitions-, Potterie- und Kunstguß; alle Sorten von Schmiedeeisen sowie Schwarz- und Weißblech.

Hořowitzer Eisenwerke

	1835	1841	1846
Produktion Roheisen (in q)	35 000	12 111	12 916
Produktion Gußeisen (in q)	15 000	7 723	10 227
Hochöfen	4	2	2
Frischfeuer	15	—	12
Streckhämmer	2	—	1
Walzwerke	2	2	2
Dreh- und Bohrwerke	1	1	1
Beschäftigte	700	—	—

Zu den Hořowitzer Eisenwerken gehörten folgende Betriebe:

K o m a r a u (Komárov, 60), 1820 von Keeß als Eisenbergbau und Eisenwerk des *Grafen Wrbna* genannt, 1841 ein Hochofen, Cupolofen, Eisenhämmer, Feinwalzwerk, das Blech (besonders Weißblech) herstellte, Produktion zusammen mit Ginetz 20 000 q Roheisen, davon 12 111 q Roh- und 7 723 q Gußeisen, angeschlossen war eine Maschinenfabrik, 1846 Eisengießerei für feinen Kunstguß (Trauergeschmeide)[111], erstes Dreh- und Bohrwerk Böhmens, das anstelle von Wasserhämmern Walzen zum Ausglühen der Bleche verwendete, aus Holzmangel nur mehr ein Hochofen in Betrieb, Wasserkräfte der anderen Öfen zum Antrieb der Bohr- und Drehwerke sowie des Schneidwalzwerkes herangezogen, 1852 ging das Werk vom Grafen Wrbna an den *Kurfürsten Friedrich Wilhelm I. von Hessen* über, später an die *fürstlich Hanausche Familie;* G i n e t z (Jinec, 35), von *Graf Wrbna* 1804 gekauft, 1820 Eisengießerei, 1815 erfolgte die Heizung der Blechglühöfen mit Steinkohle, das Werk lieferte hervorragende Gußware, 1841 ein Hochofen, ein Eisenhammer und ein Feinwalzwerk, seit 1740 Munitionsguß von Kanonenkugeln, Bomben und Granaten, 1851 in Verbindung mit dem Eisenwerk ein Eisenbergbau[112].

---

[110] B a l l i n g 98 f.
[111] B a l l i n g 71.
[112] K e e ß II, 550 f. — K r e u t z b e r g 40. — B a l l i n g 72, 98 f. — S c h m i d t v o n B e r g e n h o l d 265 ff. — S l o k a r 451 ff. — Großindustrie Österreichs (1898) II, 235. — Pět století železáren v Komárově. N. p. Buzuluk, Komárov u Hořovic [5 Jahrhunderte Eisenwerke in Komarau. Nationalunternehmen Buzuluk, Komarau bei Hořowitz]. Prag 1960.

Die Fürst Fürstenbergischen Eisenwerke auf den Herrschaften Pürglitz und Nischburg bestanden aus den Werken Althütten, Neuhütten, Neu-Joachimsthal und Rostok. Nach Keeß[113] bestanden 1820 Eisengießereien in Neuhütten und Neu-Joachimsthal, die vor allem Kunstguß (Büsten und Medaillons) herstellten. Anfang der 30er Jahre waren in den Pürglitzer Eisenwerken zehn Hüttenbeamte, 67 Arbeiter an den Hochöfen und in den Gießereien, neun Arbeiter in der Feingießerei und 434 Arbeiter in den Frisch- und Hammerwerken sowie 152 Kohlenbrenner beschäftigt, weiters 300 Fuhrleute und Hauer im Bergbau. Nach Kreutzberg[114] bestanden die Pürglitzer Eisenwerke 1834 aus drei Hochöfen, 15 Stabhämmern, einem Dreh- und Schleifwerk, einem Zeug- und Zainhammer. Es waren 500 Gruben- und Hüttenarbeiter, davon 50 Hochofenarbeiter, 60 Gießer und 140 Hammerschmiede tätig. Im Eisenwerk wurde das Erz teils auf Eisenbahnen, teils von den 400 Pferden befördert. Die Produktion betrug 43 000 q Roheisen. Der Rohstoffverbrauch war 122 000 Kubikfuß Erze, 10 000 Kubikfuß Kalk und 1 700 000 Kubikfuß Holzkohle, die aus 40 000 Klaftern Holz hergestellt wurden. Aus dem Roheisen erzeugte man 8 000 q Gußwaren, unter anderem Teile von Dampf- und Spinnmaschinen, Öfen, Gitter, Zylinder usw., sowie weitere 300 q feine Gußwaren und 28 000 q Schmiedeeisen (die Hälfte davon Radeisen), insgesamt 36 300 q Produkte aus Gußwaren. An das Werk war eine Zeug- und Hammerwarenfabrik angeschlossen. Zwei Dampfmaschinen mit 16 PS sollten dem Wassermangel abhelfen. Zwischen 1841 und 1846 versuchte man die Anwendung von Steinkohle und Koks aus Rappitz gemeinsam mit Holzkohle im Hochofenprozeß. 1844 betrug der Wert der Produktion 353 725 Gulden CM. 1846 bestanden die Werke aus drei Hochöfen, 13 Stahlhämmern, drei Zain- und Streckhämmern, einem Walzwerk mit einem Zeughammer, zwei Dreh- und Bohrwerken, einem Puddelwerk. Die Produktion erreichte 36 884 q Roheisen und 23 952 q Gußeisen, insgesamt 60 836 q. Das Werk beschäftigte 130 Bergleute, 160 Köhler, 52 Arbeiter beim Hochofen, 147 Gießer, 18 Dreher, Tischler und Schlosser, 60 Arbeiter im Puddelwerk, 20 Taglöhner und 250 Fuhrleute sowie 25 Gewerbsleute.

Fürst Fürstenbergische Eisenwerke

	1834	1846
Produktion (in q)		
Roheisen	36 300	36 884
Gußeisen	8 000	23 952
Hochöfen	3	3
Stabhämmer	15	13
Zeug- und Zainhämmer	2	3
Dreh- und Bohrwerke	1	2
Puddelwerke	—	1

---
[113] Keeß II, 550 f.
[114] Kreutzberg 40 f.

Zu den Fürstenbergischen Werken zählten folgende Einzelbetriebe: Althütten (Stará Huť, 4), 1512 gegründet, im 16. Jahrhundert bestanden Hämmer und Hochöfen unter dem Schlosse Nischburg, Crusius[115] erwähnte 1798 die Eisenhütte, zwei Hämmer und einen Hochofen, das Puddelwerk wurde 1836 gegründet, 1841 ein Hochofen, ein Eisenhammer und ein Streckeisenwalzwerk, letzteres in den Jahren 1841 bis 1844 errichtet, sowie eine Maschinenfabrik, 1842 Versuche mit Hochofengas-Puddeln, 1846 Puddelwerk mit sechs Puddelöfen, sieben Schweißöfen, einem Dampfhammer, einem Wasserhammer, einem Präparierwalzwerk, fünf Walzenpaaren für starke Kaliber, zwei Walzenpaaren für schwache Kaliber und zwei für ganz schwache, zwei Walzenpaaren für Polieren des Bandeisens und zwei Walzenpaaren für starke Bleche und Dampfkesselbleche sowie ein Schneidwalzwerk, Puddel- und Walzwerk mit Steinkohle geheizt, Produktion starker Dampfkesselbleche sowie Stangeneisen, beim Puddelwerk ein Dampfhammer als Patschhammer, Flammöfen zum Umschmelzen des Roheisens für den Guß von Streckwalzen für Stab- und Blechwalzwerke (Walzen aus dem Flammofen selbst gegossen und auf zwei Drehbänken abgedreht), Antrieb des Walzwerkes mit Wasserkraft, Produktion 20 000 bis 27 000 q gepuddeltes Walzeisen, Kapazität bis 40 000 q (als Brennstoff wurden 60 000 bis 80 000 q Steinkohle aus Radnitz verwendet, Brennstoffaufwand 50 bis 80 Pfund Steinkohle pro ein Zentner Roheisen), im Puddelwerk 116 Arbeiter beschäftigt (monatlicher Lohn 8 bis 28 Gulden CM), Drehstühle in der Maschinenfabrik, Hochofen schon einige Zeit außer Betrieb; Neu-Joachimsthal (Nový Jáchymov, 75), 1811 bis 1819 erbaut, 1817 bis 1819 zwei Eisenschmelzöfen errichtet, Keeß[116] erwähnte 1820 Eisengießerei, Mitte der 30er Jahre zwölf PS Dampfmaschine aufgestellt (die erste bei einem Hochofen in Böhmen), nach Kreutzberg[117] bestanden hier 1834 drei Gußstätten mit Putz- und Lackierkammern, 1841 zwei Hochöfen (Doppelhochofen), ein Cupolofen, ein Eisenhammer sowie eine mechanische Werkstätte, Produktion zusammen mit Neuhütten 50 000 q Roheisen, davon 29 386 q Roheisen und 20 569 q Gußeisen, Gebläseantrieb mittels einer Dampfmaschine, die Eisengießerei konnte infolge des Doppelhochofens größere Gußstücke (Büsten, Figuren usw.) herstellen, 1846 Produktion von 6 000 q sehr dünn gegossener Kochtöpfe, Bratpfannen, Kasserolen und dgl., die in der Firma *Bartelmus* emailliert wurden; Neuhütten (Nová Huť, 73), 1512 gegründet, 1798 von Crusius[118] als Eisenhütte erwähnt, Keeß[119] nennt 1820 eine Eisengießerei, 1841 ein Eisenhammer, 1846 ein Hochofen, sechs Frischfeuer mit Stahlhämmern, zwei Streckfeuer, ein Zeughammer und ein Bohr- und Drehwerk; Hammerwerk Rostok (Roztoky, 105), 1824 bis 1826 auf Antrag des Direktors der Eisenhütte Neujoachimsthal, *Anton Mayer*, erbaut, 1827 mit sechs Frischfeuern und sechs Schlaghämmern eingerichtet, 1841 ein Eisenhammerwerk, 1846 sieben

---

[115] Crusius I, 10.
[116] Keeß II, 550 f.
[117] Kreutzberg 41
[118] Crusius II, 142.
[119] Keeß II, 550 f.

Frischfeuer und ein Streckfeuer, an der Entwicklung des Unternehmens wirkten *Hofrat Nittinger* und *Franz Ritter von Gerstner* mit[120].

Graf Bouquoy besaß drei Eisenwerke in Gabrielshütte, Kallich und Schmiedeberg.

G a b r i e l s h ü t t e (Gabrielčina Hut', 34), 1778 von *Heinrich von Rottenhan* gegründet, Keeß[121] erwähnte das Werk 1820 als Eisengießerei, die kurz zuvor an den Grafen Bouquoy im Erbweg übergegangen war. 1836 wurde ein Blechwalzwerk gegründet, das starke Dampfkesselbleche herstellte, 1846 produzierte dieses Schwarz- sowie Weißbleche (verzinntes Eisenblech), in der zweiten Hälfte des 19. Jahrhunderts von Bedeutung; K a l l i c h (Kalek, 50), 1597 gegründet, später ebenfalls im Besitze von *Heinrich von Rottenhan,* 1820 als Eisengießerei erwähnt, nach Kreutzberg[122] gehörte 1834 das Werk dem *Grafen Bouquoy,* besaß ein großes Walzwerk, das ausgezeichnetes Schmiedeeisen und Blech in großem Umfang herstellte, 1841 ein Hochofen, Eisenhammer, ein Feinwalzwerk und eine mechanische Werkstätte, Produktion 11 482 q Roheisen und 1 558 q Gußeisen, eigene Maschinenfabrik, 1846 ein Hochofen, acht Frischfeuer mit Stahlhämmern, ein Zain- und Streckhammer, zwei Walzwerke, ein Dreh- und Bohrwerk, ein Puddelwerk zu Versuchszwecken, Produktion 5 185 q Roheisen und 3 096 q Gußwerk, Weißbleche unter Anwendung von Holzessig als Blechbeize hergestellt, im Puddelwerk Walzwerke mit Dampfkraft betrieben und die Dampfkessel mit der vom Puddelofen abgehenden Hitze beheizt; S c h m i e d e b e r g (119) besaß 1841 einen Hochofen und einen Eisenhammer, die 3 603 q Roheisen und 540 q Gußeisen herstellten, 1846 ein Hochofen, vier Frischfeuer mit Stahlhämmern, ein Zain- und Streckhammer, die 3 500 q Roheisen und 900 q Gußwerk, insgesamt 4 400 q erzeugten, 1851 war das Eisenwerk mit einem Eisenbergbau auf Magneteisenstein verbunden[123].

Gräflich Bouquoysche Eisenwerke in Schmiedeberg und Kallich

	(Produktion in q)	1841	1846
Kallich	Roheisen	11 482	5 185
	Gußeisen	1 558	3 096
Schmiedeberg	Roheisen	3 603	3 500
	Gußeisen	540	900

---

[120] C r u s i u s I, 10. — K e e ß II, 550 f. — K r e u t z b e r g 40 f. — B a l l i n g 8 f., 43, 70, 83 f. — S c h m i d t v o n B e r g e n h o l d 251 f. — S l o k a r 451, 455 f.
[121] K e e ß II, 550 ff.
[122] K r e u t z b e r g 41.
[123] S o m m e r : Königreich Böhmen XIV, 135. — K e e ß II, 550 ff. — B a l l i n g 8 f., 45. — H a i n 189. — S c h m i d t v o n B e r g e n h o l d 258. — S l o k a r 449—457. — H e n n r i c h, Ernst: Die Entwicklung der Industrie in Görkau. Erzgebirgszeitung 45 (1924) 104—106, 129 f.

Dem Prager Domkapitel gehörten die Eisenwerke Neumitrowitz und Brennporitschen.

Neumitrowitz (Nové Mitrovice, 18), 1798 von Crusius[124] als Eisenhammer und Eisenofen erwähnt, 1841 ein Hochofen und ein Eisenhammer, 1846 ein Hochofen, vier Stahlhämmer, drei Zain- und Streckhämmer, Produktion 8 242 q Roheisen; Brennporitschen (Spálené Poříčí, 13), 1798 zwei Eisenhämmer, 1841 Erzeugung von 5 040 q Roheisen und 185 q Gußeisen[125].

Clemens von Schmaus besaß zwei Eisenwerke in Ottengrün und Ernestgrün.

Ottengrün (83) erzeugte 1841 1 840 q Roheisen und 12 q Gußeisen, 1846 im Besitze von *Benedikt Glaß,* bestehend aus einem Hochofen und zwei Stahlhämmern; Ernestgrün (28), 1798 als Eisenhammer und Hochofen erwähnt, 1841 ein Hochofen und ein Eisenhammer[126].

Fürst Colloredo-Mansfeld gehörten die Dobrzischen Eisenwerke, die aus den Werken Obecnitz und Althütten bestanden. Nach den „Tafeln von 1841" gehörte zu diesen beiden auch eine mechanische Werkstätte, Produktion 12 000 q Roheisen und 8 650 q Gußwerk, insgesamt 20 650 q, 1846 zwei Hochöfen, acht Stahlhämmer, drei Zain- und Streckhämmer, ein Walzwerk, ein Dreh- und Bohrwerk und ein Puddelwerk, die 4 113 q Roheisen und 7 689 q Gußwerk, insgesamt 11 802 q herstellten.

Althütten (Stará Hut', 5), bereits um 1770 in Betrieb, bestand aus einem Hochofen mit Gichtgasbenützung und einem Zylindergebläse, Erze aus Baba, Minisek und Roudný verschmolzen, 1798 ein Eisenhammerwerk erwähnt, 1841 ein Hochofen, ein Eisenhammer und ein — 1841 bis 1844 erbautes — Blechwalzwerk, verarbeitete 5 000 q Roheisen und 8 000 q Gußeisen, angeschlossen eine Maschinenfabrik, 1846 ein Hochofen; Obecnitz (Obecnice, 82), 1798 als Eisenhütte und Hammerwerk erwähnt, 1841 ein Hochofen und ein Eisenhammer, Produktion zusammen mit Althütten 20 000 q Roheisen, woran Obecnitz allein mit 7 000 q Roheisen und 650 q Gußeisen beteiligt war, 1846 ein Hochofen, ein Walzwerk, ein Puddelofen in teilweisem Betrieb, ein Drahtwalzwerk und Drehstühle[127].

Fürst Dietrichstein betrieb Eisenwerke in Pelles und Ransko.

Pelles (Polnička, 84), um 1480 gegründet, Crusius[128] erwähnt 1798 ein Eisenhammerwerk, 1826 wurde das Werk umgebaut und erweitert, 1835 bestand es aus einem Hochofen, sechs Frischfeuern, einem Zainhammer und einer Kleinschmiede und Tischlerei, 1841 ein Hochofen, Cupolöfen, Eisenhämmer und Nägelerzeugung, Produktion 4 746 q Roheisen und 5 296 q Gußeisen, seit 1846 wurde zeitweise Torf zum Schmelzen verwendet, 1846 ein Hochofen, neun Frischfeuer mit Stahlhämmern, ein Zain- und Streckhammer, die 11 372 q Roheisen und 9 620 q Gußwerk, insgesamt 20 992 q herstellten, 1846 eine Dampfmaschine

---

[124] Crusius II, 62.
[125] Crusius I, 138. — Balling 6 f. — Slokar 452.
[126] Crusius I, 348. — Slokar 451. — Balling 6 f.
[127] Crusius I, 9; II, 178. — Balling 6, 73, 86, 92. — Schmidt von Bergenhold 250. — Slokar 451.
[128] Crusius II, 224.

zum Antrieb des Gebläses aufgestellt, 1851 gehörte ein Eisenbergbau auf Magneteisenstein zu den Werken; R a n s k o (98), um 1750 gegründet, anfänglich nur schwacher Betrieb, 1812 bis 1814 von *Fürst Franz von Dietrichstein-Proskau-Leslie* umgebaut, nach Kreuzberg[129] produzierte man 1834 großteils Gußeisen, beim Hochofen von Ransko wurde erstmals heißer Wind angewandt, seit den 30er Jahren großer Aufschwung. 1835 zwei Hochöfen, drei Frischfeuer und ein Zainhammer, ein Bohr- und Drehwerk, eine Nagelschmiede, eine Tischlerei und eine Schlosserei, beschäftigte gemeinsam mit Pelles 350 Arbeiter (außer den Taglöhnern und Fuhrleuten), um 1840 Torflager von Radostin erschlossen (eine Tonne Torf ersetzte eine halbe Tonne Holzkohle), erfolgreiche Schmelzversuche mit Fasertorf, 1841 ein Hochofen (Doppelhochofen), Cupolöfen, Eisenhämmer und eine mechanische Werkstätte, Produktion zusammen mit Pelles 58 000 q Roheisen, woran Ransko allein mit 14 940 q Roheisen und 33 031 q Gußeisen beteiligt war, eigene Maschinenfabrik, 1846 zwei Hochöfen, acht Frischfeuer mit Stahlhämmern, ein Zain- und Streckhammer, ein Dreh- und Bohrwerk, Nägelerzeugung, Produktion 29 270 q Roheisen und 17 448 q Gußwerk, insgesamt 46 718 q[130].

Fürst Dietrichsteinsche Eisenwerke in Ransko und Pelles

	(Produktion in q)	1841	1846
Ransko	Roheisen	11 940	29 270
	Gußeisen	33 031	17 448
Pelles	Roheisen	4 746	11 372
	Gußeisen	5 296	9 620

Graf Stadion führte das Eisenwerk J o s e p h s t h a l b e i C h l u m e t z (Chlumec, 14), 1820 als Eisengießerei erwähnt, 1841 ein Hochofen und Eisenhammer, die 9 904 q Roheisen und 1 521 q Gußeisen erzeugten, seit 1840 erfolgreiche Schmelzversuche mit Fasertorf, 1846 ein Hochofen, sechs Frischfeuer mit Stahlhämmern, zwei Zain- und Streckhämmer, ein Dreh- und Bohrwerk (lieferte das Eisen für die Prager, Podiebrader und Strakonitzer Kettenbrücke), Produktion 7 744 q Roheisen und 3 306 q Gußwerk, insgesamt 11 050 q[131].

Graf Harrach gehörte das Eisenwerk Ernstthal mit einem Stahlhammer in Niederhof. E r n s t t h a l (29), 1798 als Eisenhammer und Hüttenwerk genannt, 1820 als Eisenbergbau und Eisengießerei, 1841 war der Hochofen nicht in Betrieb, dafür wird ein Stahlhammer zu N i e d e r h o f (Dolní Dvůr, 78) erwähnt, 1846 ein Hochofen, zwei Stahlhämmer und ein Zain- und Streckhammer, alle nicht mehr in Betrieb[132].

---

[129] K r e u t z b e r g 41.
[130] B a l l i n g 6, 43, 86, 92. — H a i n 190. — S c h m i d t v o n B e r g e n h o l d 276 f. — S l o k a r 449, 456.
[131] K e e ß II, 550 ff. — B a l l i n g 6 f. — S l o k a r 449 f.
[132] C r u s i u s I, 349. — K e e ß II, 550 ff. — B a l l i n g 6 f. — S l o k a r 451.

Graf Sternberg führte das Eisenwerk D a r o w a (Darová, 17), Crusius[133] erwähnte 1798 hier vier Eisenhämmer und einen Hochofen, um 1816 Versuche von *Obersteiner* mit Koks, 1841 ein Hochofen und Eisenhammer, Produktion 2 247 q Roheisen und 2 418 q Gußeisen, 1846 ein Hochofen, drei Stahlhämmer, zwei Zain- und Streckhämmer, die 850 q Roheisen und 7 840 q Gußwerk, insgesamt 8 690 q erzeugten, hauptsächlich Potterieguß (Kochtöpfe, Ofentöpfe, Reindeln, Mörser, Falzplatten, Roste, Heizöfen, Talkbleche usw.)[134].

In F r a n z e n s t h a l (Františkov, 31) errichteten 1794 *Ignaz Swoboda* und *Augustin Seidel* einen Hochofen, nach mehrfachem Besitzerwechsel von *Taschek* erworben, Keeß[135] erwähnt 1820 eine Eisengießerei, 1841 ein Hochofen und Eisenhammer, die 10 535 q Roheisen und 888 q Gußeisen herstellten, 1846 ein Hochofen, drei Stahlhämmer, ein Zain- und Streckhammer, die 4 023 q Roheisen und 509 q Gußeisen, insgesamt 4 532 q produzierten[136].

In F r a u e n t h a l (33), 1798 von Crusius[137] ein Eisenwerk und ein Hochofen genannt, nach Kreutzberg[138] war 1834 *Graf Kolowrat* Besitzer, 1841 zwei Hochöfen und ein Eisenhammer, Produktion zusammen mit Rosahütte 25 000 q Roheisen, wobei Frauenthal allein 16 736 q Roheisen und 3 549 q Gußeisen erzeugte, 1846 zwei Hochöfen, sieben Stahlhämmer, zwei Zain- und Streckhämmer, ein Dreh- und Bohrwerk, Produktion 10 081 q Roheisen und 1 256 q Gußwerk, insgesamt 11 337 q, ein Blechhammer stellte auch Weißblech her; um 1810 gründete *Graf Kolowrat-Liebšteinský* ein zweites Eisenwerk R o s a h ü t t e (Růženina Hut', 104), 1841 ein Hochofen, Eisenhammer und eine mechanische Werkstätte, die 4 663 q Roheisen und 482 q Gußeisen erzeugten, dazu gehörte auch eine Maschinenfabrik, 1846 ein Hochofen, vier Stahlhämmer, ein Zain- und Streckhammer, ein Dreh- und Bohrwerk, die 4 852 q Roheisen und 474 q Gußwerk, insgesamt 5 326 q Eisen produzierten[139].

Die Stadtgemeinde Pilsen besaß in H o r o m i s l i t z (Horomyslice, 43) einen Hochofen und einen Eisenhammer, 1798 als Eisenwerk und Eisenhammer erwähnt, 1841 ein Hochofen und Eisenhammer, die Potterieguß, Kochtöpfe, Ofentöpfe, Reindeln, Mörser, Falzplatten, Roste, Heizöfen, Talkbleche usw. herstellten, Produktion 4 204 q Roheisen und 7 535 q Gußeisen, 1846 ein Hochofen, vier Stahlhämmer, zwei Zain- und Streckhämmer, die 3 090 q Roheisen und 8 972 q Gußwerk produzierten, insgesamt 12 062 q, das Unternehmen war verpachtet[140].

Die R o k y c a n e r E i s e n w e r k e in K l a b a w a (Klabava, 57), 1637 errichtet, nach Rückgang im Dreißigjährigen Krieg wurden 1670 die großen Erzlager von Klabawa entdeckt, 1820 Besitzer Stadt Rokycan, Eisenerzbergbau, Hochofen und Eisenwerk, 1841 ein Doppelhochofen, ein Eisenhammer und eine

---

[133] C r u s i u s I, 255.
[134] S o m m e r : Königreich Böhmen VII, 77. — B a l l i n g 8, 71. — S l o k a r 452.
[135] K e e ß II, 550 ff.
[136] B a l l i n g 6 f. — S c h m i d t v o n B e r g e n h o l d 258. — S l o k a r 451.
[137] C r u s i u s I, 363.
[138] K r e u t z b e r g 41.
[139] B a l l i n g 6 f. — S c h m i d t v o n B e r g e n h o l d 258. — S l o k a r 452.
[140] C r u s i u s I, 516. — Balling 8 f., 71. — S c h m i d t v o n B e r g e n h o l d 262. — S l o k a r 452.

mechanische Werkstätte, Produktion 8 673 q Roheisen und 4 203 q Gußeisen, angeschlossen eine Maschinenfabrik, 1846 zwei Hochöfen, vier Stahlhämmer, drei Zain- und Streckhämmer, ein Dreh- und Bohrwerk, die 7 156 q Roheisen und 6 755 q Gußwerk, insgesamt 13 911 q herstellten (von den beiden Hochöfen war immer nur einer in Betrieb). Erzeugung von Potterieguß (Kochtöpfe, Ofentöpfe, Reindeln, Mörser, Falzplatten, Roste, Heizöfen, Talkbleche)[141].

Baron Kleist betrieb in N e u d e c k (Neydeck, 71) ein Eisenwerk, 1798 von Crusius[142] als Blechhammer, Hochofen „in der Bure" mit drei Eisenhämmern und fünf Drahtmühlen erwähnt. 1841 ein Hochofen („Sauersack"), Cupolofen, Eisenhammer, Feinwalzwerk, das besonders Weißblech herstellte, sowie eine mechanische Werkstätte, Produktion 7 822 q Roheisen und 1 383 q Gußeisen, seit 1839 große Fortschritte, 1846 ein Hochofen, vier Frischfeuer mit Stahlhämmern, ein Walzwerk, ein Dreh- und Bohrwerk, die 11 316 q Roheisen und 4 536 q Gußwerk, insgesamt 15 852 q herstellten, das Blechwalzwerk erzeugte Schwarz- und Weißblech (verzinnt), Verfrischung mit erwärmtem Wind und Vorwärmherden, Flammöfen zum Umschmelzen des Roheisens für den Guß von Streckwalzen für Stab- und Blechwalzwerke[143].

Edler von Starck führte einen Hochofen und Eisenhammer in P e r l e s b e r g (85), 1798 zwei Hochöfen und zwei Eisenhämmer erwähnt, 1841 ein Hochofen und ein Eisenhammer, 1846 ein Hochofen, zwei Stabhämmer, ein Zain- und Streckhammer, die 83 q Roheisen herstellten[144].

Der *Graf Thun*sche Hochofen in P ü r s t e i n (Perštein, 97), 1798 als Eisenwerk, Eisenhammer und Eisenhochofen erwähnt, 1841 nicht mehr in Betrieb, 1846 ebenfalls ein Hochofen, zwei Stahlhämmer außer Betrieb[145].

Das *Graf Nostitz*sche Eisenwerk R o t h a u (Rothava, 106) ging auf einen kleinen Holzkohlenhochofen zurück, der in Verbindung mit mehreren Hammerwerken stand, die das Roheisen verarbeiteten, ursprünglich verschiedenen Besitzern gehörend, seit dem 17. Jahrhundert im Besitz der *Grafen von Nostitz-Rieneck*, Mitte des 18. Jahrhunderts Einführung der Weißblechfabrikation, 1798 fünf Eisenhämmer, ein Hochofen, drei Blechhämmer und „ein Blechverzinnhaus", 1820 Eisensteinbergbau in Verbindung mit einem Eisenwerk, Schwarz- und Weißblecherzeugung, 1846 ein Hochofen, neun Stahlhämmer, ein Zain- und Streckhammer und ein Walzwerk, die 9 143 q Roheisen und 494 q Gußwerk, insgesamt 9 637 q herstellten; ein 1839 erbautes Blechwalzwerk in S c h i n d l w a l d (111) verarbeitete sowohl Schwarz- als Weißbleche (verzinnt), 1820 ein Hochofen, sieben Eisenhämmer und Verzinnereigebäude, vor 1839 größerer Hochofen errichtet, der erst 1873 ausgeblasen wurde[146].

---

[141] B a l l i n g 8 f. — S c h m i d t v o n B e r g e n h o l d 264. — H a i n 190. — S l o k a r 254. — Großindustrie Österreichs (1898) II, 210 f., 266 f.
[142] C r u s i u s II, 119 f.
[143] B a l l i n g 6, 70. — H a i n 189. — S l o k a r 457.
[144] C r u s i u s II, 226. — B a l l i n g 6. — S l o k a r 459.
[145] C r u s i u s II, 342. — B a l l i n g 8 f. — S c h m i d t v o n B e r g e n h o l d 276. — S l o k a r 452.
[146] C r u s i u s II, 419 f. — B a l l i n g 6 f., 92. — S c h m i d t v o n B e r g e n h o l d

Um die Mitte des 18. Jahrhunderts gründete *Graf Manderscheid* in R o z m i ‑ t a l (Rožmital, 108) ein Eisenwerk, 1841 gehörte dieses dem Prager Erzbistum und bestand aus einem Hochofen und einem Eisenhammer, Produktion 7 133 q Roheisen und 636 q Gußeisen, 1846 ein Hochofen, vier Stahlhämmer, ein Zain- und Streckhammer, die 7 570 q Roheisen und 1 468 q Gußwerk, insgesamt 9 038 q herstellten[147].

Um 1818 errichtete *Graf Waldstein* in S e d l e t z (Sedlec, 113) ein Eisenwerk, 1841 ein Hochofen und ein Eisenhammer, die 6 897 q Roheisen und 5 648 q Guß‑ eisen herstellten, Gußwarenproduktion (Gitter, Grabkreuze, Sparherde und Öfen sowie deren Bestandteile), 1846 ein Hochofen, fünf Stahlhämmer, drei Zain- und Streckhämmer und ein Dreh- und Bohrwerk, die 7 013 q Roheisen und 8 226 q Gußwerk, insgesamt 15 239 q produzierten, seit 1846 Cupol- oder Flammofen mit Koks geheizt, Mitte der zweiten Hälfte des 19. Jahrhunderts Roheisenerzeugung aufgelassen[148].

Im Jahre 1811 ließ *Gräfin Trauttmansdorff* in T h e r e s i e n t h a l (Terezín, 129) einen Hochofen mit drei Frischhämmern erbauen, der teils mährische, teils böhmische Erze verarbeitete, 1820 eine Eisengießerei, 1841 ein Hochofen und Eisenhammer sowie ein Blechwalzwerk, das in den Jahren 1841 bis 1844 errichtet worden war, im Besitz des *Freiherrn von Riese*, Produktion 2 100 q Roheisen und 1 100 q Gußeisen, 1846 ein Hochofen, drei Stahlhämmer, ein Zain- und Streckhammer, Erzeugung 4 590 q Roheisen sowie 677 q Gußwerk, insgesamt 5 267 q[149].

In R a u s c h e n g r u n d (100) erwähnte Crusius 1798 eine Hammerschmiede, die 1841 als Eisenhammer aufscheint[150].

Die folgenden Betriebe werden erstmals im Verlaufe der Epoche genannt, es dürfte sich demnach um spätere Gründungen handeln: A d o l p h s t h a l (Adol‑ fov, 1) von *Lanna, Klawik* und *Prochaska* in den Jahren 1841 bis 1843 errichtet, ein Hochofen, ein Cupolofen und mehrere kleine Werkstätten, 1846 ein Hochofen, drei Frischfeuer mit Stahlhämmern, ein Zain- und Streckhammer, ein Dreh- und Bohrwerk, die 9 221 q Roheisen und 3 590 q Gußwerk, insgesamt 12 811 q er‑ zeugten[151].

In B i e n e n t h a l (Včelnička, 10) besaß *Fürst Schönburg* 1841 einen Hoch‑ ofen, einen Eisenhammer und ein Blechwalzwerk, letzteres in den Jahren 1841 bis 1844 errichtet, 1841 Produktion 5 778 q Roheisen und 1 776 q Gußeisen, in großem Umfang auch Nägelherstellung, 1846 ein Hochofen, drei Stahlhämmer, ein Zain- und Streckhammer, die 4 250 q Roheisen und 2 741 q Gußwerk, ins‑

---

278. — S l o k a r 456. — Großindustrie Österreichs (1898) II, 249 ff. — Großin‑ dustrie Österreichs (1908) II, 35 ff.
[147] B a l l i n g 8 f. — S c h m i d t v o n B e r g e n h o l d 278. — S l o k a r 452.
[148] B a l l i n g 8 f., 71. — S l o k a r 452. — Großindustrie Österreichs (1898) II, 275 ff. — Großindustrie Österreichs (1908) II, 64.
[149] K e e ß II, 550 ff. — B a l l i n g 8 f. — H a i n 190. — S c h m i d t v o n B e r g e n ‑ h o l d 283. — S l o k a r 452.
[150] C r u s i u s II, 381 f.
[151] B a l l i n g 6 f., 72. — S c h m i d t v o n B e r g e n h o l d 250. — S l o k a r 451.

gesamt 6 991 q erzeugten, das Unternehmen war damals verpachtet, es stand mit einem Magneteisensteinbergbau in Verbindung[152].

In B r a d k o w i t z (Bradkovice, 12) war 1841 und 1846 sowohl der Hochofen als auch der Stahlhammer des *Grafen Pourtales* nicht in Betrieb, 1846 vier Stahlhämmer und ein Zain- und Streckhammer, alle eingestellt[153].

Graf Colloredo-Mansfeld betrieb in E i s e n h ü t t e b e i G r ü n b e r g (Železná Huť, 24) ein Eisenwerk, 1841 ein Eisenhammer und ein Hochofen, Produktion 3 520 q Roheisen, 1846 ein Hochofen, drei Stahlhämmer, ein Zain- und Streckhammer, die 8 790 q Roheisen und 1 940 q Gußwerk, insgesamt 10 730 q produzierten[154].

Dr. Anton Schmidt führte in L i d i t z a u (26) die Eleonorahütte, 1840 erfolgreiche Schmelzversuche mit Fasertorf, 1841 ein Hochofen, Cupolofen, Eisenhammer sowie ein Puddelwerk und eine mechanische Werkstätte, Produktion 2 566 q Roheisen und 2 686 q Gußeisen, eigene Maschinenfabrik, 1843 Versuche, um unmittelbar aus den Erzen Stabeisen herzustellen, 1846 ein Hochofen, zwei Stahlhämmer, ein Zain- und Streckhammer, ein Dreh- und Bohrwerk und ein Puddelwerk zu Versuchszwecken, Produktion 2 590 q Roheisen und 3 886 q Gußwerk, insgesamt 6 476 q[155].

Fürst Rohan gehörten in Jesseney und Engenthal Eisenwerke. Das Werk J e s s e n e y (Jesený, 45), 1834 nach französischer Art eingerichtet, erzeugte sehr gute Drähte und Zementstahl für Feilen (solche Feilen wurden 1829 und 1836 bei Ausstellungen in Prag gezeigt); in E n g e n t h a l (auch Eugenthal, 27) errichtete *Fürstin Rohan* 1841 einen Hochofen und Eisenhammer sowie eine mechanische Werkstätte, die 2 913 q Roheisen und 2 173 q Gußeisen erzeugten, eigene Maschinenfabrik, 1846 ein Hochofen, drei Frischfeuer mit Stahlhämmern, ein Zain- und Streckhammer, ein Dreh- und Bohrwerk, die 4 536 q Roheisen und 3 284 q Gußwerk, insgesamt 7 820 q produzierten[156].

Im Jahre 1838 gründete *Fürst Trauttmansdorff* in F e r d i n a n d s t h a l b e i B i s c h o f t e i n i t z (30) einen Hochofen und Eisenhammer, 1841 Produktion 5 186 q Roheisen und 403 q Gußeisen, 1846 ein Hochofen, der 737 q Roheisen und 167 q Gußwerk, insgesamt 904 q erzeugte, 1864 Betrieb wegen Erzmangels in eine Brettersäge umgewandelt[157].

In H a m m e r s t a d t (Vlastějovice, 37) besaß *Joseph Bergner* 1841 einen Hochofen und Eisenhammer sowie eine Nägelerzeugung, Produktion 1 676 q Roheisen und 415 q Gußeisen, 1846 ein Hochofen, zwei Stahlhämmer, ein Zain- und Streckhammer im Besitz von *Fürst Palm*, Produktion 3 026 q Roheisen und 479 q Gußwerk, insgesamt 3 505 q[158].

---

[152] S o m m e r : Königreich Böhmen X, 199. — B a l l i n g 8 f., 86. — H a i n 190. — S c h m i d t v o n B e r g e n h o l d 254. — S l o k a r 452.
[153] S l o k a r 451.
[154] B a l l i n g 6 f. — S l o k a r 452.
[155] B a l l i n g 6 f. — H a i n 190. — S l o k a r 449 ff.
[156] K r e u t z b e r g 41 f. — B a l l i n g 6 f., 91. — S c h m i d t v o n B e r g e n h o l d 257. — S l o k a r 451—458.
[157] B a l l i n g 6 f. — S c h m i d t v o n B e r g e n h o l d 257. — S l o k a r 452.
[158] B a l l i n g 6 f., 86. — H a i n 190. — S l o k a r 451.

In Hedwigsthal in der Herrschaft Ronow (Ronov, 38) betrieb *Wenzel Swoboda* einen Hochofen, einen Eisenhammer und eine Nägelerzeugung, Produktion 2116 q Roheisen und 2088 q Gußeisen, 1846 ein Hochofen, drei Stahlhämmer, ein Zain- und Streckhammer, Produktion 533 q Roheisen und 3455 q Gußwerk, insgesamt 3988 q, an Stiftungsfonds verpachtet, noch in der zweiten Hälfte des 19. Jahrhunderts erwähnt[159].

In Hermannsthal (Heřmaneč, 39) führte *Freiherr von Geymüller* 1841 einen Hochofen und Eisenhammer mit Nägelerzeugung, Produktion 6139 q Roheisen, 1846 ein Hochofen, vier Stahlhämmer, zwei Zain- und Streckhämmer, die 8364 q Roheisen und 2956 q Gußwerk, insgesamt 11320 q produzierten, Werk war verpachtet, noch 1871 genannt[160].

Graf Nostitz besaß in Karolinengrund (55) 1841 einen Cupolofen und einen Stabhammer, der Hochofen war nicht in Betrieb, 1841 bis 1844 wurde ein Blechwalzwerk erbaut, eine mechanische Werkstätte, ein Puddelwerk und eine Maschinenfabrik, 1846 Besitzer *Herr von Lindheim,* dem auch die Josephihütte gehörte, ein Hochofen, zwei Stahlhämmer, zwei Walzwerke, ein Dreh- und Bohrwerk und ein Puddelwerk, Produktion 2400 q Roheisen und 3690 q Gußwerk, insgesamt 6090 q, Streckwalzen für den Stab- und Blechwerksbetrieb wurden direkt aus dem Hochofen gegossen[161].

Die Josephihütte (48), 1840/41 gegründet, besaß ein Blechwalzwerk, das starke Dampfkesselbleche, 1845 Eisenbahnschienen für die Prag-Dresdner Bahn erzeugte, Dampfkesselbleche in der Prager Maschinenfabrik *Frenzel* weiterverarbeitet, 1846 besonders günstige Geschäftslage, Roheisen lieferten die Hochöfen zu Karolinengrund und Ferdinandsthal, vier Puddelöfen, drei Schweißöfen, zwei Glühöfen, ein Patschenhammer, zwei Rohschienenwalzenpaare, zwei Schienenwalzenpaare, eine Zeugschmiede mit fünf Feuern, fünf Drehstühle, Antrieb mit Wasserkraft, Steinkohle aus Wilkischen zum Heizen verwendet[162].

In Prommenhof (Broumov, 96) gehörte *Graf Berchem-Haimhausen* ein Eisenwerk, das 1834 ausgezeichnetes Schmiedeeisen erzeugte, 1841 ein Hochofen, Eisenhammer und Streckeisenwalzwerk, letzteres wurde 1841 bis 1844 errichtet, eine mechanische Werkstätte, ein Drahtwerk und eine eigene Maschinenfabrik, Produktion 7384 q Roheisen, 1846 ein Hochofen, vier Stahlhämmer, zwei Zain- und Streckhämmer, ein Dreh- und Bohrwerk und ein Drahtwalzwerk, die 7137 q Roheisen produzierten, vorzügliches Drahteisen und ausgezeichneten Eisendraht, Glühöfen im Drahtwalzwerk mit Braunkohle geheizt, im Drahtwalzwerk 36 Arbeiter an vier Drahteisenwalzenpaaren tätig (aus 1800 q Stabeisen wurden 1700 q Drahteisen erzeugt, das entweder selbst weiter zu Draht gezogen oder an Drahtziehereien verkauft wurde)[163].

---

[159] Sommer: Königreich Böhmen XI, 302. — Balling 6 f. — Schmidt von Bergenhold 260. — Slokar 451.
[160] Balling 8 f., 86. — Schmidt von Bergenhold 260. — Slokar 452.
[161] Balling 70. — Schmidt von Bergenhold 264. — Slokar 452.
[162] Balling 21, 82 f. — Slokar 449, 457 f.
[163] Kreutzberg 41. — Balling 8 f., 21, 86. — Schmidt von Bergenhold 270. — Slokar 449—452.

Fürst Metternich betrieb in P l a ß (Plasy, 88) ein Eisenwerk, 1834 erwähnt, 1841 ein Hochofen, Cupolofen und Eisenhammer, Produktion 6 878 q Roheisen und 6 593 q Gußeisen, 1846 ein Puddelofen zu Versuchszwecken und eine Dampfmaschine zum Antrieb des Gebläses angeschafft, 1846 ein Hochofen, vier Stahlhämmer, ein Zain- und Streckhammer, ein Dreh- und Bohrwerk, die 7 390 q Roheisen und 4 466 q Gußwerk, insgesamt 11 856 q erzeugten[164].

Eduard Thomas besaß die St. G a b r i e l a h ü t t e (109), 1841 ein Hochofen und ein Eisenhammer, Produktion 3 979 q Roheisen und 955 q Gußeisen, 1846 ein Hochofen, drei Stahlhämmer, ein Zain- und Streckhammer, die 2 364 q Roheisen und 832 q Gußwerk, insgesamt 3 196 q herstellten, Drehstühle zur Maschinenerzeugung[165].

Fürst Windischgrätz führte zwei Hochöfen in Sorghof und Wierau sowie einen Eisenhammer in Tachau. Der Hochofen S o r g h o f (118) wurde 1841 gleichzeitig mit einer Maschinenfabrik erwähnt, 1846 ein Hochofen, vier Stahlhämmer, zwei Zain- und Streckhämmer, ein Dreh- und Bohrwerk, die 7 536 q Roheisen und 162 q Gußwerk, insgesamt 7 698 q produzierten; in T a c h a u (Tachov, 127) bestand 1834 eine bedeutende Blecherzeugung, 1841 ein Eisenhammer, zwei Feinwalzwerke, eine mechanische Werkstätte, die 8 100 q Roheisen und 120 q Gußeisen erzeugte, 1846 zwei Walzwerke, die Schwarz- sowie Weißbleche (verzinnt) herstellten; der Hochofen in W i e r a u (Výrov, 133) war 1841 nicht mehr in Betrieb, 1846 ein Hochofen und ein Stahlhammer außer Betrieb, trotzdem noch 1871 genannt[166].

Graf Hartmann betrieb in Z a w i e r s c h i n (Závišín, 136) 1841 einen Hochofen und einen Eisenhammer, die 4 247 q Roheisen und 109 q Gußeisen erzeugten, 1846 ein Hochofen, drei Stahlhämmer, ein Zain- und Streckhammer, die 4 545 q Roheisen und 949 q Gußwerk, insgesamt 5 494 q herstellten, noch 1871 genannt[167].

In D o b r n i t z (Dobrnice, 20) wurde in den Jahren 1841 bis 1844 ein Blechwalzwerk erbaut.

Im Jahre 1841 werden folgende weitere Eisenhämmer erstmals genannt: N e u r e i c h e n a u (Nový Rychnov, 76), ein Zainhammer, zwei Eisenhämmer; je ein Zainhammer befand sich in D o b r a k e n (Doubrova, 19), E l b o g e n (Loket, 25), N e u h ü t t e n (Nová Huť, 74), O b e r l e u t e n s d o r f (Horní Litvínov, 80), P ř i b r a m (Příbram, 95), aerarischer Zainhammer, S a a z (Žatec, 107) und T e p l i t z (Teplice, 128). Je ein Eisenhammer war in K l e i n a m e r s c h l a g (?), M a r s c h e n d o r f (Maršov, 66), N i e d e r g e o r g e n t h a l (Dolní Jiřetín, 77), O b e r w e k e l s d o r f (Horní Teplice, 81) und R o n s b e r g (Ronšperk, 103).

Nach 1841 wurden noch zwei Eisenwerke gegründet: C e r h o v i c (Cerhovice), 1842 von *Ignaz Hirsch* ein Eisenwerk errichtet, das zuerst geschmiedete Nägel

---

[164] K r e u t z b e r g 41. — B a l l i n g 8 f., 43. — S l o k a r 452, 458.
[165] B a l l i n g 6 f., 92. — S l o k a r 451.
[166] K r e u t z b e r g 41. — B a l l i n g 6 ff. — S c h m i d t v o n B e r g e n h o l d 286. — S l o k a r 452, 457.
[167] B a l l i n g 8 f. — S c h m i d t v o n B e r g e n h o l d 287. — S l o k a r 452.

herstellte, später Maschinenerzeugung. Im Steinkohlenzentrum K l a d n o erbaute *Wenzel Novotný* mit einigen Gewerken vor 1849 die A d a l b e r t h ü t t e, wo später auch ein zweiter Hochofen in Betrieb gesetzt wurde, sie verwertete die Eisensteinablagerungen von Nutschitz [168].

Soweit die Spezialerzeugungen nicht bereits bei den großen Eisenwerken Erwähnung fanden, werden sie im folgenden aufgezählt:

b) Drahterzeugung

Drahtzüge und Drahtfabriken befanden sich 1820 laut Keeß [169] in C h r i s t o p h h a m m e r (Chrištofory Hamry, 15), Drahtwerk des *Johann Elster*, J o h a n n i s t h a l (?), Drahtzug *Josef Speikner* und *Josef Günther*, P l a t z (?), Drahtfabrik *Franz Elster* und W o l f s b e r g (?), Drahtzieherei *Johann Rösler*.

Die folgenden Drahtwerke waren während der ganzen Epoche in Betrieb: Crusius [170] erwähnte 1798 zwei Hämmer in G r ü n b e i A s c h (23), Keeß [171] nennt 1820 einen Drahtzug, später in eine Sägemühle umgewandelt; P ü r s t e i n (Perštein, 97), Eisendrahtmühle, die ursprünglich ein Hammerwerk war, 1777 von *Bernhard Grund* erworben, 1819 eine Schmiede, ein Blasbalg, ein Wasserrad, ein Drahthammer, 1820 erwähnt, 1825 verkauft an Wundarzt *Wenzel Plach*, 1840 ein Meister, fünf Gesellen und drei Lehrknaben, bald darauf in eine Schuhleistenfabrik umgewandelt, später in eine Rohrfabrik; S e e b e r g in der Grafschaft Asch (114), 1798 drei Drahtmühlen, 1820 ein Drahtzug, 1841 ein Drahtwerk; W i e s e n t h a l bei Karlsbad (135), 1798 eine Drahtmühle, noch 1841 genannt [172].

Überdies erwähnt Paudler in seiner „Geschichte der heimischen Industrie" 1833 in K h a a (Kyjov, 56) fünf Drahtziehereien [173].

Die „Tafeln von 1841" nennen erstmals folgende Drahtwerke: E l b o g e n (Loket, 25); H o c h o f e n (41); K l ö s t e r l e (Klášterec, 58); N e u h a m m e r (Nové Hamry, 72); O b e r b r a n d (Horní Brand, 91); S a a z (Žatec, 107) und Z e c h (Cecha, 137).

c) Nägelerzeugung

Nägelerzeugung betrieb im größten Umfang die Maschinennägel- und Schlosserwarenfabrik *Seidenköhl* in S a a z (Žatec, 107), 1827 bis 1830 von *Anton Seidenköhl* und *Johann Bernard Schlick* erbaut, erhielt ein 10jähriges Privileg zur Erzeugung von Nägeln mittels Maschinen, 1834 erwähnt als Nägelfabrik Seidenköhl und Schlick, die gepreßte Nägel herstellte, 1840 zu einer Nägel- und

---

[168] S c h m i d t v o n B e r g e n h o l d 245 f. — Großindustrie Österreichs (1908) IV, 138.
[169] K e e ß II, 570 f.
[170] C r u s i u s I, 419.
[171] K e e ß II, 570.
[172] C r u s i u s II, 816 f. — K e e ß II, 570. — P a u d l e r, A.: Zur Geschichte der heimischen Industrie. MNExKl 7 (1884) 201—206. — T i t t m a n n, I.: Heimatkunde des Ascher Bezirkes. Asch 1893, S. 110.
[173] P a u d l e r: Heimische Industrie 201.

Schlosserwarenfabrik erweitert, erhielt eine Dampfmaschine mit 20 PS; 1841 produzierte die Maschinen-Nägelfabrik 391 q, daneben bestand eine Schlosserwarenfabrik (aus 10 000 q Eisen wurden hier Nägel, Fensterbeschläge, Türbänder, Schubriegel, Ofen- und Sparherdtüren, Brettsägen und Striegeln hergestellt), 130 Beschäftigte, ein Streck- und Zahneisenschneidwerk, zwei Nägeldruckwerke, 42 Bekopfungs-, zehn Spitz- und Kopfhackelmaschinen, zwei Windöfen, acht Schlosserfeuer, Streck- und Walzwerke, eine Schleifmaschine und sechs Scheuertrommeln, 1845 90 Arbeiter; in H l u b o s c h (Hluboš, 40), 1841 24 Nagelschmiede; in R a d n i t z (Radnice, 99), 1841 170 Nagelschmiede, die 12 000 q Nägel jährlich herstellten; in M e y e r h ö f e n (67), 1841 Nägelerzeugung[174].

d) Sensen-, Sichel- und Strohmesserhämmer

Sensenschmieden und Sensenhämmer wurden 1820 in K a p l i t z (Kaplice, 52); S o r g h o f (118); S t o c k a u (Pivoň, 124), 1798 als Waffenschmiede erwähnt; und Z e t t w i n g (Cetvina, 138) genannt[175].

Während der gesamten Periode bestanden Sensen- und Sichelhämmer in J o h a n n e s h a m m e r (46), 1820 erwähnt, 1834 Besitzer *Moser,* der auch in St. Theresia aufscheint[176], 1841 genannt; S t. T h e r e s i a - T h e r e s i e n h a m m e r (Terezín, 110), 1820 erwähnt, 1834 Besitzer *Moser;* beide Hämmer zählten 60 Arbeiter und produzierten 60 000 Sensen und 50 000 Strohmesser, Rohstoffverbrauch 3 000 q Mock- und steirischer Stahl, in ihrer Qualität standen seine Sensen den steirischen Sensen um nichts nach, 1841 als Sensen- und Sichelhammer genannt[177].

e) Waffenerzeugung

Waffenerzeugungen bzw. die Produktion von Gewehren sowie Rohrschmieden wurden 1820 in P l e i l (92) und S c h m i e d e b e r g (119) erwähnt, weiters eine Waffenerzeugung in P r e ß n i t z (Přísečnice, 94), die auch 1834 bestand. Ferner nennt Kreutzberg[178] 1834 Waffenfabriken in B ö h m i s c h - L e i p a (Česká Lípa, 11), im Besitz von *Rutte,* und in L e i t m e r i t z (Litoměřice, 64), im Besitz von *Nowotny.* 1834 und 1841 scheinen folgende Waffenerzeugungen auf: in P r a g (Praha, 93), *Nowak, Kellner* und *Lebeda,* letzterer erzeugte Stutzen, Doppelgewehre, Pistolen usw., insgesamt 1 000 Gewehre im Werte von 50 000 Gulden; eine weitere Waffenfabrik in Prag wird nur 1841 genannt; überdies bestanden 1834 und 1841 eine Waffenerzeugung mit Rohrhammer zu W e i p e r t (Vejprty, 134), 1830 durch *Fükert* als Gewehrfabrik gegründet; in P ü r s t e i n (Perštein, 97) wurde nach 1840 anstelle einer Schuhleistenfabrik von *Lebeda* eine Rohrfabrik gegründet, die 1848 abbrannte, 1854 aufgelassen; ein zweiter Waffenhammer entstand hier aus einer Drahtmühle während der zweiten

---

[174] K r e u t z b e r g 41 f. — S l o k a r 460.
[175] C r u s i u s II, 621.
[176] Vergleiche die Familie Moser als Sensenschmiede in Oberösterreich bei: F i s c h e r , Franz: Die blauen Sensen. Linz 1966 (Forschungen zur Geschichte Oberösterreichs 9).
[177] K r e u t z b e r g 42.
[178] K r e u t z b e r g 46.

Hälfte des 19. Jahrhunderts, 1848 aufgelassen und in eine Mahlmühle umgewandelt[179].

f) Blech-, Werkzeug- und Schlosserwarenfabriken

Blechwarenfabriken wurden 1841 in P r a g (Praha, 93) und S c h ö n f e l d (120) genannt.

Eine Werkzeugfabrik bestand 1820 in S c h m i e d e b e r g b e i P ř e ß n i t z (119), die *Johann Berkert* gehörte, 1834 scheint eine solche in S c h l a n (Slaný, 121) auf, die *Johann Joachim* betrieb. In L a i m g r u b (62) wurde 1834 eine Tuchscherenerzeugung des *Josef Milucker* erwähnt, die 400 Stück Scheren á 15 Gulden jährlich erzeugte; die Tuchscheren erlangten für die Tuchfabriken von Neugedein große Bedeutung[180].

Messer- und Scherenfabriken existierten 1820 in B u d w e i s (Budějovice, 7), Besitzer *Veit*, und in B e r a u n (Beroun, 9), Besitzer *Josef Jarosch,* der auch Waagen- und Gewichte erzeugte[181].

Eine Waagen- und Gewichtserzeugung nennt Keeß 1820 in Z w i c k a u (?), die *Wenzel Hantschel* betrieb[182].

Eine Schlosserwarenfabrik gab es 1834 in S c h ö n l i n d e (Krásná Lípa, 122), die *G. Preißger* gehörte, der Brückenwaagen, landwirtschaftliche Maschinen usw. erzeugte, die im Inland, aber auch in Polen, Italien und der Türkei abgesetzt wurden. 17 Schlosserwaren- und Messerfabriken befanden sich 1841 in P r a g (Praha, 93)[183].

Grobzeug- und Schneidschmiedeerzeugung befand sich 1820 in B r e n n p o r i t s c h e n (Spálené Poříči, 13) im Besitz von *Wolfgang Moser* und in K o m o t a u (Chomůtov, 61) im Besitz von *Katharina Judex*[184].

Zwei Sägeblätterfabriken scheinen 1820 in S c h ö n l i n d e (Krásná Lípa, 122) im Besitz von *Josef Phillipp* und *Gottfried Fritsche* sowie von *Josef* und *Gottlob Münzel* auf[185].

Fabriken für Ambosse und Schraubstöcke wurden 1834 in B ö h m i s c h - L e i p a (Česká Lípa, 11) im Besitz von *J. Reischel* sowie 1841 genannt. Nur in den „Tafeln von 1841" wurden die Fabriken in N e u s t a d t a n d e r T a f e l f i c h t e (89), S c h ö n b a c h (112) und Zech (Cecha, 137) erwähnt[186].

g) Stahlwarenindustrie

Stahlwarenerzeugungen gab es 1820 in K l ö s t e r l e (Klášterec, 58), im Besitz von *Franz J. Palm* und *Josef Kroyer,* 1834 kam die Stahlwarenfabrik *Tobisch* hinzu, deren Haupterzeugnis Stahlperlen waren; weiters nennt Kreutz-

---

[179] K e e ß II, 646. — K r e u t z b e r g 46. — P a u d l e r : Heimische Industrie 202. — Großindustrie Österreichs (1908) IV, 148.
[180] K r e u t z b e r g 42.
[181] K e e ß II, 608 ff.
[182] K e e ß II, 681.
[183] K r e u t z b e r g 45.
[184] K e e ß II, 608 ff.
[185] K e e ß II, 608 ff.
[186] K r e u t z b e r g 42.

berg in Klösterle die Stahlwarenfabrik *Mallik,* 1782 von *Graf Franz Josef Thun* gegründet, 1824 an *J. H. Blaeß* verkauft, späterer Besitzer *Karl Cäsar Mallik,* 1841 erwähnt [187].

Ein bedeutendes Unternehmen war die Stahl- und Nürnbergerwarenfabrik des *Ignaz Rösler* in N i x d o r f (Mikulášovice, 90), 1802 gegründet, 1811 Landesfabriksbefugnis, 5 Fabrikgebäude, 92 Arbeiter, 1819 neues Fabrikgebäude erbaut, eine große Schmiede mit vier Feuern und vier Ambossen, einem Härteofen, einem Glühofen, einem Drahtzug, einer Bohrmaschine, 192 Arbeiter, Niederlage in Wien, Direktor der Fabrik war der Neffe von Ignaz Rösler, *Josef Emanuel Fischer,* 1819 wurden Rösler und Fischer in den Adelsstand mit dem Prädikat „von Ehrenstahl" erhoben, 1834 250 Arbeiter, davon 200 innerhalb der Fabrik, Rohstoff war Gußstahl aus England, Eisen, Stahl, Blech, Messing, Tombak etc. kamen aus der Monarchie, Produktion 4 000 Dutzend Rasiermesser, 1 500 Dutzend Feder- und Taschenmesser, 2 600 Dutzend Schnürleibefedern, 2 500 Gros Fingerhüte und Näbringe sowie 35 000 Beschläge für Pfeifenköpfe, die von den Porzellanfabriken Schlaggenwald und Pirkenhammer übernommen wurden, Antriebskraft zwei große Wasserräder, 1835 über 300 Arbeiter beschäftigt, Produktion Messer, Scheren und Nürnberger Waren (Quincaillerie), 1841 über 300 Arbeiter, Produktion 48 000 Rasiermesser, 24 000 Feder- und Taschenmesser, 30 000 Brustfedern, 432 000 Fingerhüte, 24 000 Scheren, 360 000 Pfeifenbeschläge, Stahlschnallen, Werkzeuge usw., seit 1819 bestanden zwei Filialen in K u n e r s d o r f (Kunratice, 16) und W ö l m s d o r f (132) [188].

h) *Nadelerzeugung*

Nadelfabriken bestanden 1820 in P r e ß n i t z (Přísečnice, 94), im Besitz von *Johann Kreitl.*

Während der Berichtszeit durchgehend genannt wurden eine Nadel- und Stahlwarenfabrik in K a r l s b a d (Karlovy Vary, 49), 1820 als Stahlwarenerzeugung *Michael* und *Phillipp Polz* sowie *Gebrüder Voigt* bezeichnet, 1841 26 Messerschmiede und 27 Nadler beschäftigt; in P r a g (Praha, 93) scheint die Nadelfabrik *Jacob Ullmann* 1820 und 1841 auf; in L a n d s k r o n (Lanškroun, 63) existierten 1834 zwei Nadelfabriken, die Näh-, Strick- und Stecknadelfabrik *Lindenberg,* die 1834 5 300 000 Nähnadeln, 500 000 Stricknadeln, 2 000 000 Näh- und Stecknadeln sowie 400 000 Strick- und Haarnadeln aus 50 q Eisendraht produzierte und 25 Arbeiter beschäftigte, 1841 Produktion 2 000 000 Näh- und Stecknadeln jährlich; die zweite Fabrik wurde 1834 als Näh-, Strick- und Stecknadelfabrik *Seidel* erwähnt [189].

---

[187] K e e ß II, 708. — K r e u t z b e r g 43. — S l o k a r 460.
[188] K r e u t z b e r g 43 f. — S l o k a r 458 f. — R ö s l e r, Adolf: Die Ignaz Rösler'sche Stahlwarenfabrik in Nixdorf. MNExKl 5 (1882) 286—293, 7 (1884) 143—148, 8 (1885) 111—115. — H a l l w i c h : Industrie und Handel 655.
[189] K e e ß II, 660, 708 f. — K r e u t z b e r g 45.

i) Sonstige

In Hořowitz (Hořovice, 44) betrieb *Graf Wrbna* eine Löffelfabrik, die verzinnte Löffel herstellte, 1820, 1834 und 1841 genannt[190].

Im Jahre 1830 gründete *E. Bartelmus & Co.* in Brünn eine Erzeugung emaillierter eiserner Kochgeschirre, die drei Jahre später nach Neu-Joachimsthal (Nový Jáchymov, 75) verlegt wurde, 1845 Produktion 6 000 q Geschirr, 50 Beschäftigte verarbeiteten die vom Hochofen gegossenen Kochtöpfe, Bratpfannen, Kasserolen und dergleichen, Ende der 40er Jahre nach Pilsen (Plzeň) verlegt, in der zweiten Hälfte des 19. Jahrhunderts große Entfaltung[191].

j) Maschinenindustrie und Instrumentenerzeugung

Bei der Maschinenindustrie sind Betriebe, die Dampfmaschinen herstellten, zu unterscheiden von solchen, die sonstige maschinelle Einrichtungen für Fabriken produzierten. Die ersten Dampfmaschinen waren sehr kostspielig, da sie aus England eingeführt werden mußten. Frühzeitig begann man in Böhmen mit dem Versuch eines Nachbaues solcher Maschinen. Die ersten Dampfmaschinen kamen in Böhmen 1823 auf. Sie waren lange Zeit nur wenig verbreitet, weil die böhmische Industrie in den Randgebirgen saß und dort mit wesentlich billigerer Wasserkraft reichlich versorgt war. Einige Fabriken, vor allem der Textilindustrie, besaßen mechanische Werkstätten, welche die aufgestellten Maschinen nicht nur betreuten, sondern oft auch selbst konstruierten und bauten. Aus solchen angeschlossenen Werkstätten entstanden sehr bald selbständige Unternehmen der Maschinenindustrie. Die Maschinenproduktion wurde aber auch von den Eisenwerken aufgenommen. Die große Wirtschaftskrise nach Aufhebung der Kontinentalsperre betraf vor allem Industriezweige, die auf den Einsatz von Maschinen angewiesen waren (z. B. Baumwollfabriken). Infolgedessen bestand lange Zeit kein Bedarf an neuen Maschinen. Erst Mitte der 20er Jahre, mit Überwindung der Krise, konnte sich eine selbständige Maschinenindustrie entwickeln. Nach Kreutzberg waren 1834 ca. 800 Arbeiter im Maschinenbau tätig. Der Produktionswert ihrer Erzeugnisse betrug über eine Million Gulden jährlich[192].

Dampfmaschinen in Böhmen

	1834	1841			1850			
	insgesamt	insgesamt	davon aus dem		insgesamt	davon aus dem		unbekannt
			Inland	Ausland		Inland	Ausland	
Anzahl	25	79	55	24	252	193	55	4
PS-Zahl	302	1 050	595	455	3 750	2 564	1 125	61
Wert in fl	—	—	—	—	1 807 879	1 247 733	534 646	25 500

---

[190] Keeß II, 608 ff. — Kreutzberg 40.
[191] Balling 13. — Slokar 460. — Großindustrie Österreichs (1898) II, 279, 291 f.
[192] Kreutzberg 118. — Slokar 610 f.

Aus obiger Tabelle geht hervor, daß die Verbreitung der Dampfmaschinen erst im Jahrzehnt 1840 bis 1850 einsetzte. 1835 gab es in Böhmen erst 25 Dampfmaschinen mit 302 PS; davon waren neun mit 116 PS von der Firma *Thomas* in Reichenberg-Altharzdorf-Karolinenthal hergestellt. Die Dampfkessel aber stammten noch aus England. Nach den „Tafeln von 1841" standen in Böhmen 55 inländische mit 555 PS und 24 importierte ausländische Dampfmaschinen mit 455 PS in Verwendung. Um die Jahrhundertmitte war das Verhältnis der inländischen zu den ausländischen Dampfmaschinen 193 zu 55. Durchschnittlich waren die im Inland erzeugten Dampfmaschinen mit einer Leistung von 13,2 PS und einem Wert von 6 664 Gulden kleiner als die vom Ausland bezogenen, die eine Leistung von durchschnittlich 20,4 PS, dafür aber auch einen Preis von 9 902 Gulden erzielten. Nach den „Tafeln von 1841" läßt sich die Verteilung der Dampfmaschinen auf die einzelnen Produktionszweige im Verhältnis zu den bereits in der Österreichischen Reichshälfte in Verwendung stehenden Dampfmaschinen aufzeigen.

Anteil Böhmens an Dampfmaschinen der Österreichischen Reichshälfte 1841

	Anzahl			Leistung (in PS)		
	Österreichische Reichshälfte	Böhmen	Böhmens Anteil in %	Österreichische Reichshälfte	Böhmen	Böhmens Anteil in %
Textilindustrie	113	43	38	1 450	633	43
Bergbau und Hüttenwerke	42	21	50	595	257	43
Maschinen und Metallwaren	16	2	12	187	28	15
Mühlen	7	2	28	184	18	9
Sonstige	53	11	20	423	94	22
Insgesamt	231	79	34	2 939	1 050	35

Im Jahre 1841 befanden sich 34 % der in der österreichischen Reichshälfte verwendeten Dampfmaschinen in Böhmen, in erster Linie in der Bergbau- und Hüttenindustrie sowie in der Textilindustrie. In der Textilindustrie waren, verglichen mit den in den übrigen Industrien der Österreichischen Reichshälfte verwendeten, relativ große Dampfmaschinen aufgestellt, während im Bergbau und in der Hüttenindustrie auch kleinere standen. Verhältnismäßig wenig Dampfmaschinen wurden in der Eisenverarbeitung, bei Maschinen- und Metallwarenfabriken sowie in der Mühlenindustrie verwendet. Von den sonstigen Industriezweigen besaßen die Zuckerfabriken fünf, die Papierindustrie zwei, die Buchdruckerei, die Porzellan- und Emailfabriken sowie Ölpressen und Steinmetzen je eine Dampfmaschine.

Anteil Böhmens an Dampfmaschinen der Österreichisch-Ungarischen Monarchie
1850

	Anzahl			Leistung (in PS)		
	Monarchie	Böhmen	in % der Monarchie	Monarchie	Böhmen	in % der Monarchie
Textilindustrie	227	46	20	3 450	927	26
Bergbau und Hüttenwerke	167	59	35	3 207	985	30
Maschinen und Metallwaren	75	11	14	765	92	12
Mühlen	44	13	29	980	204	20
Sonstige	390	123	31	3 712	1 542	41
Insgesamt	903	252	27	12 114	3 750	30

Erst für die Jahrhundertmitte ist ein Vergleich der Monarchie mit Böhmen hinsichtlich der aufgestellten Dampfmaschinen möglich. Insgesamt waren von allen Dampfmaschinen der Monarchie 27 % in Böhmen mit einer Kapazität von 30 % der PS aufgestellt. Überdurchschnittlich mit Dampfmaschinen ausgestattet waren noch immer die Berg- und Hüttenwerke, an zweiter Stelle kamen bereits die sonstigen Industrien, die im vergangenen Jahrzehnt die Zahl ihrer Dampfmaschinen bedeutend vermehrten. Relativ gut war auch die Mühlenindustrie mit Dampfkraft versehen, während die Textilindustrie stark zurückblieb, dafür aber weiterhin über relativ große Maschinen verfügte. Unter den sonstigen Industriezweigen stand an erster Stelle die Zuckerindustrie mit 63 Dampfmaschinen von 537 PS. Je zwei Dampfmaschinen waren in der Lederindustrie, den Spiritusfabriken, der Chemischen Industrie, in den Ölpressen sowie in Schokolade-, Gummi- und Sirupwerken in Betrieb. Je eine Dampfmaschine fand im Buchdruck, der Porzellanindustrie, bei der Steingut- und Bleistifterzeugung, in einer Zichorienkaffeefabrik, in der Holzverarbeitung, beim Bau von Stein- und Marmorrohren Verwendung.

Dampfmaschinen in Böhmen nach ihrem Verwendungszweck

	Anzahl		Anstieg	Leistung (in PS)		Anstieg
	1841	1850	in %	1841	1850	in %
Textilindustrie	43	46	6	633	927	46
Bergbau und Hüttenwerke	21	59	180	257	985	283
Eisen- und Metallwaren, Maschinenfabriken	2	11	450	28	92	228
Zuckerindustrie	5	63	1 160	48	537	1 018
Mahl- und Brettermühlen	2	13	550	18	204	1 033
Sonstige	6	60	900	66	1 005	1 422
Insgesamt	79	252	219	1 050	3 750	257

Aus obiger Tabelle geht hervor, daß in den ursprünglich am stärksten ausgestatteten Sparten, wie der Textilindustrie, dem Bergbau und den Hüttenwerken, der Anstieg relativ gering blieb, hingegen in der Zuckerindustrie, bei den Mahl- und Brettermühlen und in den übrigen Industriezweigen eine mehr als 1 000 %ige Vermehrung in diesem Jahrzehnt eintrat[193].

Bei der nun folgenden Aufzählung der Maschinenfabriken Böhmens bleiben jene, die bereits in Verbindung mit den Eisenwerken genannt wurden, unberücksichtigt. Keeß[194] erwähnte im Jahre 1820 in A l t h a b e n d o r f (Starý Habendorf, 2) eine Spinnmaschinenfabrik für Flachsspinnerei, die von dem Mechaniker *Johann Reiff* errichtet wurde. Kreutzberg[195] zählte für 1834 folgende Maschinenfabriken auf: G r a s l i t z (Kraslice, 54), Besitzer *Leopold Thomas*, erzeugte auch physikalische und mathematische Instrumente; R e i c h e n b e r g (Liberec, 102), Werkzeugerzeugung des *Friedrich Weikelt*, der Maschinen zum Rundfeilen von Gegenständen konstruierte, besonders zur Anfertigung von Maschinenspindeln; weiters die Maschinenfabrik *Völkelt & Williams*, die Maschinen und Apparate für die Papierfabrikation sowie Einrichtungen für Eisen-, Walz- und Hammerwerke erzeugte; und in T r a u t e n a u (Trutnov, 131) die Maschinenfabrik *J. Faltis*, die Flachsspinnmaschinen herstellte[196].

Während der Berichtszeit gegründet und am Ende der Periode noch genannt wurden folgende Betriebe:

In R e i c h e n b e r g (Liberec, 102) gründeten *Edward und James Thomas* 1822 eine Maschinenfabrik, die als erste Fabrik Böhmens Dampfmaschinen herstellte (1823 lieferte sie die erste Dampfmaschine Böhmens an die Baumwollspinnerei *Josef Kittel* zu Markersdorf), Hilfsmaschinen bezog man noch aus England, vor allem Dreh-, Bohr- und Schneidemaschinen; zur günstigeren Verkehrsverbindung wurde die Fabrik 1830 nach A l t h a r z d o r f (Starý Harzdorf, 3) übersiedelt, die Verlegung erfolgte unter Mitwirkung des Engländers *Bracegirdle;* man erzeugte Spinn-, Webe- und Appreturmaschinen für Baumwollspinnereien, Baumwollwebereien, Schafwollspinnereien, Tuchappreturen, Kammgarnspinnereien und Florettseidengarnspinnereien (Preis einer Dampfmaschine um 1835 500 Gulden CM, Kunden: *Josef Herzig* in Grünwald und Neuwald, *Josef Pfeiffer & Co* in Gablonz, *Römheld & Co* in Oberleutensdorf), 1834 in Altharzdorf Alleinbesitzer Bracegirdle, der Power- und Dandylooms für Baumwollwebereien erzeugte; *Edward Thomas*, Besitzer einer Fabrik in Karolinenthal, die er erst vor kurzem hierher verlegte, 1836 kaufte Bracegirdle eine Baumwollspinnerei in Gablonz (ursprünglich Pfeiffer) und baute sie zu einer Maschinenfabrik um, die „Tafeln von 1841" erwähnten ihn zwar noch in Altharzdorf, jedoch unter dem Hinweis, daß die Fabrik nach Gablonz übersiedelt sei, in Altharzdorf scheint ab 1852 als Besitzer *Selma Völkelt* auf, die Maschinenfabrik Bracegirdle in

---

[193] Hain 264 ff. — Slokar 614, 622. — Fuchs, H./Günther, A.: Die ersten betriebsfähigen Dampfmaschinen in Böhmen. Berlin 1913 (Beiträge zur Geschichte der Technik und Industrie 5).
[194] Keeß II, 119.
[195] Kreutzberg 116 ff.
[196] Kreutzberg 44. — Slokar 615.

Gablonz (Jablonec nad Nisou, 22) erzeugte 1841 3 600 q Maschinen für die Textilindustrie, 1844 wurde diese neuerdings nach Brünn übersiedelt und das Gebäude in Gablonz in eine Tuchfabrik umgebaut; die Maschinenbauanstalt Edward Thomas in K a r o l i n e n t h a l (Karlín, 117) hatte nach Kreutzberg von den bis 1834 aufgestellten 25 Dampfmaschinen in Böhmen zu 302 PS insgesamt neun zu 116 PS erbaut, die Dampfkessel hiezu wurden noch aus England bezogen, von 1822 bis 1841 produzierte Thomas insgesamt 35 Dampfmaschinen mit 434 PS, 1846 gehörte zu dem Werk ein Puddelwerk, das altes aufgekauftes Roheisen verarbeitete und einen sehr guten Geschäftsgang aufwies, außer Dampfmaschinen erzeugte die Maschinenbauanstalt Edward Thomas auch Dampfapparate, Dampfheizungen, Dampftrockenapparate, eiserne Wasserräder, englische Mangeln, eiserne Pumpwerke und hydraulische Pressen [197].

Erst in der zweiten Hälfte der Berichtszeit wurden erwähnt: die Maschinenfabrik *Lorenz & Sohn* in A r n a u (Hostinné, 6), die 1835 bis 1841 Papiermaschinen herstellte; die Maschinenfabrik *Gottschald, Breitfeld & Co* in P r a g (Praha, 93), 1832 gegründet, produzierte vor allem Dampfmaschinen, 1871 im Besitz der Maschinenbau AG; die Maschinenfabrik *Evans*, 1834 im Besitze von *David Evans & Josef Lee*, besaß die einfache Fabriksbefugnis, produzierte Bobbinetstühle, Kraftwebemaschinen, Drehmaschinen und Dampfmaschinen, 1841 stellte sie vier Dampfmaschinen mit 40 PS her; weiters die Maschinenfabrik *Franz Frenzel* fertigte 1834 Pressen für die Buchdruckerei, Apparate für die Schriftgießerei, Schraubenpressen für Öl-, Runkelrüben- und Zuckerfabriken sowie Dampfkessel und landwirtschaftliche Maschinen an, 1841 erwähnt, 1846 bezog sie die Dampfkesselbleche von der Josephihütte; 1832 gründeten *Ruston & Co* in Prag eine Maschinenfabrik, die als erste auch Schiffsmaschinen herstellte und später in die Prager Maschinenbau AG überging [198].

In den „Tafeln von 1841" wurde eine Reihe weiterer Maschinenfabriken genannt: B e r a u n (Beroun, 9), Besitzer *James Park;* N e u d e c k (Neydek, 71), Besitzer *R. Holmes;* N e u h ü t t e n (?), Besitzer *Muider;* P r a g (Praha, 93), Besitzer *Maubach;* R e i c h e n b e r g (Liberec, 102), Besitzer *B. Kohl;* G ö r k a u (Jirkov, 36) und S a a z (Žatec, 107), die beiden letzten Fabriken gehörten zusammen und erzeugten 1841 gemeinsam drei Dampfmaschinen mit 52 PS; und S t i a h l a u (Šťáhlavy, 123) [199].

Die Uhrenerzeugung Böhmens war in der ersten Hälfte des 19. Jahrhunderts fast durchwegs handwerklich. Fabrikmäßig wurden nur Pendeluhren in Prag hergestellt [200]. Im Jahre 1813 gründeten *Willenbacher* und *Řžebitschek* in dem

---

[197] K r e u t z b e r g 117 f. — S o m m e r, Johann Gottfried: Die Gewerbsmaschinen-Fabrik zu Harzdorf bei Reichenberg. Jahrbücher des Böhmischen Museums für Natur- und Länderkunde, Geschichte, Kunst und Literatur 1 (1830). — B a l l i n g 73. — H a l l w i c h: Reichenberg 518 f. — B e n d a, Adolf: Geschichte der Stadt Gablonz und ihrer Umgebung. Gablonz an der Neisse 1877, S. 222. — S l o k a r 458, 614.

[198] K r e u t z b e r g 45, 118. — B a l l i n g 87. — S l o k a r 615. — Großindustrie Österreichs (1908) II, 214 f., 245.

[199] S l o k a r 615, 621.

[200] S l o k a r 625.

Prager Stadtteil J o s e f s t a d t (Josefov, 93) eine Kunst- und Spieluhrenerzeugung, die 1828 in die Prager Innenstadt verlegt wurde, 1834 stellten sie astronomische Pendel- und sonstige Kunstuhren her, vorzüglich Musikspielwerke nach Schweizer Art, 47 Beschäftigte stellten jährlich etwa 1 600 Spielwerke für zwei bis sechs Musikstücke her; ein zweiter Kunstuhrmacher war *Josef Kossek,* der die Uhren der Prager Sternwarte betreute, 1829 bis 1836 genannt; 1820 gründete *Karl Suchy* eine Penduluhrenerzeugung, die 1840 35 Beschäftigte zählte, 1841 wurden jährlich 1 000 Stück Pendeluhren hergestellt [201].

Physikalische und mathematische Instrumente erzeugten 1834 in P r a g (Praha, 93) *Spitra* und in N e u d e c k (Neydek, 71) *Ullmann* [202].

Berühmtheit erlangten die böhmischen Musikinstrumente, vor allem die Blasinstrumente. Zentrum dieser Erzeugung war G r a s l i t z (Kraslice, 54), wo 1840 *Vincenz Kohlert* eine k. k. privilegierte Musikinstrumentenfabrik gründete, die in der zweiten Hälfte des 19. Jahrhunderts seine Söhne fortführten; weiters bestand hier 1841 die Fabrik *Bohland;* die Musikinstrumentenfabrik *Hoyer* in S c h ö n b a c h (112) zählte 1841 150 Arbeiter [203].

Im Jahre 1830 gründete *Wenzel Heinrich* in A u s s i g (Ústí nad Labem, 8) eine Schiffswerft, die ursprünglich hölzerne Fahrzeuge bis zu 400 t Tragfähigkeit herstellte, in der zweiten Hälfte des 19. Jahrhunderts von Bedeutung [204].

Für die in R e i c h e n b e r g (Liberec, 102) weitverbreitete Textilindustrie entstanden drei Weberkämme- und Kartätschenfabriken, die auch Maschinen für die Textilindustrie herstellten. Kreutzberg erwähnte 1834 die Fabriken von *W. Seidel* sowie *Andreas Herkner.* Letzterer beschäftigte 200 Arbeiter, zumeist Kinder, und erzeugte vorzügliche Krempeln für Schaf- und Baumwolle, 3 000 Blätter und 20 000 Fußbänder mit zum Teil ganz feinen Belegen, die als Maschinenbelege bezeichnet wurden. Die Fabrik verarbeitete 350 Kuhhäute und 30 q Eisendraht, 1841 erwähnt als Maschinen- oder auch Kratzenbelegfabrik; weiters erzeugten Maschinen- und Kratzenbelege 1841 *Franz Blumenstock* und *Handschke;* Woll- und Weberkämme stellte *Bearzi* her [205].

k) Sonstige Metallwarenindustrien

Der Produktionswert sämtlicher sonstiger Metallwarenindustrien betrug nach den „Tafeln von 1841" in Böhmen fast 3 000 000 Gulden, was etwa einem Neuntel des Wertes dieser Erzeugungssparte in der Gesamtmonarchie entsprach. Daraus wird erkennbar, daß die sonstigen Metallwarenindustrien in Böhmen im Vergleich zur Eisenindustrie unbedeutend waren. Zentren für Gürtlerwaren sowie zur Erzeugung von Knöpfen, Schnallen, Schmuck usw. aus Metallen bestanden in Gablonz, Peterswalde und Prag.

Ungenügend beschäftigte Goldschmiede unternahmen erste Versuche zur Erzeugung von unechten Schmucksachen, deren Vertrieb die Hohlglashändler be-

---

[201] K r e u t z b e r g 115. — S l o k a r 625.
[202] K r e u t z b e r g 116.
[203] S l o k a r 627. — Großindustrie Österreichs (1908) III, 361.
[204] Großindustrie Österreichs (1908) IV, 100.
[205] K r e u t z b e r g 45. — H a l l w i c h : Reichenberg 522. — S l o k a r 615.

sorgten. Wegen des großen Bedarfes befaßten sich später auch die Gürtler mit der Erzeugung von Ohr- und Fingerringen usw. *Philipp Pfeiffer* war der erste, der mehrere Obersteiner Gürtler *(Peter Sarder, Karl Fuchs, Franz Klaar)* nach Gablonz berief. Gablonzer Gürtlerwaren konnten in Leipzig und Frankfurt mit großem Erfolg abgesetzt werden. Bis 1830 arbeiteten die Gürtler noch handwerksmäßig. Seit 1832 verbreitete sich die Erzeugung gepreßter Gürtlerwaren. Die Gürtlerei konzentrierte sich zunächst auf Gablonz und Umgebung, wie Kukan und Grünwald. Ursprünglich waren die Gürtlerwaren nur gebeizt, später wurden sie auch vergoldet und versilbert. Gürtlerwerkstätten zählten kaum mehr als 10 Beschäftigte [206].

Im Jahre 1810 gründeten *Vinzenz und Felix Heidrich* in G a b l o n z (Jablonec nad Nisou, 22) eine Erzeugungsstätte für Pfeifenbeschläge, die als Rohstoff Kupfer und Messing verwendete, bis 1850 sehr günstige Geschäftslage, dann jedoch Rückschläge; der bedeutendste Gürtlereibetrieb war *Philipp Pfeiffer,* der 1820 eine große Werkstätte errichtete, dieser besuchte selbst die Leipziger und Frankfurter Messen und besorgte für sich sowie für die von ihm nach Gablonz berufenen Obersteiner Gürtler Aufträge; 1827 gründete *J. Kiesewetter* eine Metallwarenfabrik, die 1834 Galanterie- oder falsche Schmuckwaren (Busennadeln, Halsschließen usw.) herstellte; um 1830 Gürtlerei *Anton Rößler* genannt, die sich als eine der ersten von Hand- auf Maschinenarbeit umstellte, was einen Aufschwung bei der Herstellung von Beschlägen mit sich brachte [207].

In P e t e r s w a l d e (Petrovice, 86) gab es eine Reihe von Erzeugungsstätten für Knöpfe, Schnallen, Ringe usw. aus verschiedenen Metallen. Nach Keeß [208] waren 1820 die bedeutendsten Erzeuger: *Franz Ruprecht, Florian Klaus, Franz und Josef Sattmacher* sowie *Franz Kücherl,* Erzeugungswert 1834 850 000 Gulden jährlich, 1 500 Beschäftigte, 1841 Wert der Erzeugung 1 000 000 Gulden, Beschäftigtenzahl war gegenüber 1834 gleich geblieben; 1820 betrieb *Anton Schönbach* eine Messing- und Zinnknöpfefabrik, die 1841 50 Arbeiter beschäftigte; 1834 Metallwarenerzeugung *Pürschner & Söhne,* die Knöpfe, Schnallen und Ringe herstellte [209].

In P r a g (Praha, 93) erwähnte Kreutzberg 1834 zwei Erzeugungsanstalten für das Lackieren von Metallwaren, Besitzer *Menschel* und *Routschek* [210], letzterer stellte auch Lampen und Spenglerwaren her. 1841 bestanden in Prag drei Metallwarenfabriken; in R e i c h e n b e r g (Liberec, 102) gründete *Leopold Salomon* im Jahre 1837 eine Kupfer-, Eisen- und Metallwarenfabrik, die in der zweiten Hälfte des 19. Jahrhunderts von seinem Sohn weitergeführt wurde; in T i s s a (Tisá, 130) bestand 1833 eine Metallknöpfe- und Schnallenfabrik, die 1834 einem gewissen *Krauspenhaar* gehörte, der Knöpfe, Schnallen und Ringe herstellte, 1841 waren die Besitzer *Püschner und Weigand,* die 400 Personen beschäftigten; in T e p l i t z (Teplice, 128) gründete 1844 *Balduin Heller* mit seinem Bruder *Josef*

---

[206] B e n d a 251—258.
[207] K r e u t z b e r g 38. — B e n d a 253 ff.
[208] K e e ß II, 352.
[209] K e e ß II, 352. — K r e u t z b e r g 37. — S l o k a r 508.
[210] K r e u t z b e r g 38.

eine landesbefugte Metall- und Galanteriewarenfabrik, die anfänglich feine Metallknöpfe herstellte, in der zweiten Hälfte des 19. Jahrhunderts von großer Bedeutung [211].

Nach Keeß [212] führte 1820 *Wenzel Batka* in P r a g (Praha, 93) sowie in A l t l i e b e n je einen Kupferhammer, 1835 betrieben *Herrl & Batka* Maschinen- und Apparatebau, zu dem Kupferhammer in Altlieben war ein Schmelz- und zweifaches Walzwerk für Kupfer, Messing, Zink, Neusilber usw., ein Stampfwerk und ein chemisch-metallurgisches Laboratorium gekommen, Produktion 1 000 q geschmiedetes Kupfer und 1 000 q gewalztes Kupferblech, 1841 zwei Kupferhämmer sowie in Altlieben ein Hammer- und Walzwerk, das Kupfer, Messing, Zink und Packfong walzte und Nickel ausschied, die Metallerzeugung erfolgte unter Zusatz von Kalium, Natrium, Wolfram, Uran, Chrom, Cadmium und Titan; 1819 gründete Batka im Anschluß an seine Kupferhämmer eine Fabrik für chemisch-physikalische Instrumente, deren Produktionswert 1834 28 000 bis 30 000 Gulden jährlich betrug, 1845 zählte diese Fabrik 75 Beschäftigte [213].

In K o m o t a u (Chomůtov, 61) gründete 1829 *Josef Pietschmann* eine Glockengießerei und Metallwarenfabrik, die in der zweiten Hälfte des 19. Jahrhunderts größere Bedeutung erlangte [214].

In S i l b e r b a c h (115) wurde 1798 ein dem *Grafen Nostitz* gehöriges Messingwerk erwähnt, das 1820 als Messingfabrik aufscheint, 1841 im Besitz von *Johann David Edler von Starck;* 1841 bestand in C h r i s t o p h h a m m e r (Chrištofory Hamry, 15) eine Packfongerzeugung [215].

1841 arbeiteten zwei Silberschmelzhütten in J o a c h i m s t h a l (Jáchymov, 47) und P ř i b r a m (Příbram, 95).

Keeß [216] erwähnte 1820 einen Kupferhammer in P r a g (Praha, 93), der auch 1841 genannt wurde. Der bedeutendste kupferverarbeitende Betrieb war die Kupfer- und Kesselschmiede *Franz Ringhoffer* in P r a g - S m i c h o w (Smíchov, 93). Das 1771 gegründete Unternehmen ging 1827, nach dem Tode Franz Ringhoffers, an dessen Sohn *Josef* über, dem 1847 dessen Sohn *Franz* folgte, nach 1827 Ausbau der Fabrik, die Betriebseinrichtungen für Zuckerfabriken und Spiritusbrennereien herstellte, 1843 Landesfabriksbefugnis, die 1848 auf Maschinenerzeugung erweitert wurde, 1847 durch Ankauf eines Hauses Betriebsareal in Prag stark erweitert, 1852 in S m i c h o v Eisenbahnwaggonerzeugung eingerichtet; 1820 gründete *Josef Ringhoffer* in K a m e n i t z (Kamenice, 51) ein Kupferhammerwerk, das vor allem maschinelle Einrichtungen für Zuckerfabriken und Spiritusbrennereien herstellte [217].

---

[211] K r e u t z b e r g 37 f. — S l o k a r 508. — Großindustrie Österreichs (1898) II, 358 f. — Großindustrie Österreichs (1908) II, 378.
[212] K e e ß II, 497.
[213] K r e u t z b e r g 33, 116. — S l o k a r 625.
[214] Großindustrie Österreichs (1908) IV, 147.
[215] C r u s i u s II, 541. — K e e ß II, 497.
[216] K e e ß II, 497.
[217] K e e ß II, 497. — K r e u t z b e r g 33. — S l o k a r 615. — Großindustrie Österreichs (1898) III, 103—110.

Der Pariser Fabrikant *N. Bellot* gründete 1825 gemeinsam mit *Louis Sellier* in P a r u k a r z k a b e i P r a g (Praha, 93) eine Kupferzündhütchenfabrik, die 1829 bereits 45 Arbeiter zählte, 1835 66 Beschäftigte, täglich wurden 300 000 Zündhütchen hergestellt, Sellier und Bellot besaßen eine weitere Fabrik in Magdeburg, die täglich 200 000 Zündhütchen produzierte, dadurch erzeugten sie etwa die Hälfte aller Zündhütchen auf dem europäischen Kontinent; Produktion 1830 250 000 Zündhütchen, 1837 750 000, 1841 60 000 000 Stück, die Beschäftigtenzahl stieg 1845 auf 118, ursprünglich hatte das Unternehmen 1828 nur eine Konzession für eine Maximalmenge von 12 Lot Wiener Gewicht, ca. 200 g Knallsatz pro Tag, 1841 wurde diese Beschränkung aufgehoben [218].

Während der gesamten Periode bestand Zinnerzeugung in folgenden Orten: eine Zinnhütte in Z i n n w a l d (Cinovec, 139) wurde von Crusius [219] 1798 in Zusammenhang mit dem dortigen Zinnbergbau genannt, 1824 von einer Privatgewerkschaft betrieben, 1834 und 1841 erwähnt. In P r a g (Praha, 93) bestand 1820 die Zinnfabrik *Fleißig*, die Zinnkompositionswaren, insbesondere Kinderspielzeug (Soldaten in bunten Uniformen usw.) herstellte und diese Waren großteils exportierte, 1841 genannt; in S c h ö n f e l d (120), das von Crusius 1798 als alte „freie Zinnbergstadt" bezeichnet wird [220], bestand 1834 eine Lackierfabrik für Zinngegenstände, deren Besitzer *Lochner* war, 1841 erwähnt [221].

K r e u t z b e r g nannte drei Folien- und Stanniolfabriken 1834 in: L i n d e n a u (Lindava, 65), die *Graf Kinsky* gehörte; S t r ö b l (126), deren Besitzer *Schramm* war; und in T e p l i t z (Teplice, 128) einen Folienhammer im Besitze von *Meißner,* der Folien aus Zinn herstellte [222].

Im Jahre 1841 bestand in M ü g l i t z (Mohelnice, 70) eine Zinnhütte; in K a r l s b a d (Karlovy Vary, 49) eine Zinnfabrik, die auch Stecknadeln herstellte; und in M e r k l i n (Merklín, 68) eine Zinkhütte.

In N i k l a s b e r g (Mikulov, 79) bestand 1841 eine Bleischmelzhütte. In K ö n i g s a a l (Zbraslav, 59) betrieb der Zuckerfabrikant *Anton Richter* 1834 eine Schrottgießerei, die 20 Sorten Schrott nach Englischer Art herstellte, 1841 als Blei- und Schrottgießerei erwähnt [223].

Zur räumlichen Verteilung dieses Industriezweiges ist zu sagen, daß das Zentrum der Eisenindustrie in den Kreisen Pilsen und Rakonitz lag, aber auch im gesamten Bereich des Erzgebirges und im Böhmerwald sowie um Kuttenplan und Tachau. Ansätze hiezu fanden sich an der Grenze gegen Mähren im Bereich der Böhmisch-Mährischen Höhe. Die Drahtverarbeitung konzentrierte sich vor allem auf das Erzgebirge um Kaaden, Klösterle und Görkau. Maschinenindustrie war in der Regel auch bei den meisten Eisenwerken anzutreffen, besonders stark war sie in Prag und Reichenberg verbreitet. Die Metallwarenerzeugung hatte ihre

---

[218] K r e u t z b e r g 33 f. — S l o k a r 509, 573. — Großindustrie Österreichs (1908) II, 169 f.
[219] C r u s i u s II, 955.
[220] C r u s i u s II, 498.
[221] K e e ß II, 724. — K r e u t z b e r g 36 f.
[222] K r e u t z b e r g 37.
[223] K r e u t z b e r g 35. — S l o k a r 510.

Schwerpunkte in Prag, Teplitz, Peterswalde und Gablonz. Maschinenfabrikation und Kupferwarenerzeugung erlebten ihre Blüte erst am Ausgang der Epoche.

Betriebsgrößen der Eisenwerke sind selten überliefert, außerdem schließen sie zumeist die angeschlossenen Bergbaubetriebe, Köhler und Fuhrleute ein. Am Beginn der Epoche zählten die größten Betriebe nicht über 500, am Ende derselben um 1 000 Beschäftigte. Drahtwalzwerke hielten sich unter 50, Maschinennägelfabriken um 100 und Nadelfabriken zwischen 25 und 50 Arbeitern. Relativ groß war die Stahlwarenfabrik Nixdorf, die 1846 über 300 Beschäftigte zählte. In der sonstigen Metallwarenerzeugung hatten die größten Betriebe zwischen 50 und 100 Arbeiter.

STEIN-, ERDE- UND TONINDUSTRIE

a) Steinverarbeitung

Die geologischen Voraussetzungen Böhmens ermöglichten den Aufbau verschiedenartiger Steinindustrien, die Granit, Schiefer, Sandstein, aber auch Edelsteine verwerteten.

Keeß erwähnt 1820 drei Granitsteinbrüche, die Wetz- und Schleifsteine für den Export herstellten, und zwar in L a c h o w i t z (Lachovice, 75), G r o ß - J e ř i t z (Velké Jeřice, 46) und C h e y n o w (Chejnov, 21).

A. Paudler[224] hebt drei Sandsteinbrüche im Bereich des Elbsandsteins hervor, die bereits 1833 zur Verarbeitung von Stufen und Platten Verwendung fanden: in W e b r u t z (Vrutice, 158), S c h w a r ž e n i t z (Svařenice, 125) und R u s c h o w a n (Hrušovany, 120). Weiters bestand in G a s t o r f (Hošt'ka, 39) zur gleichen Zeit eine Steinindustrie, die den Plänerkalk abbaute und zu Platten verarbeitete, welche sogar nach Petersburg exportiert wurden.

Die „Tafeln von 1841" wiesen Gewinnung von Schieferplatten in L e i t o m i s c h l (Litomyšl, 77), R o d d a (?), S l a p p (Slapy, 170) und T e t t i n (Tětín, 151) aus. Ferner wurden in P r a g (Praha, 113) Marmorröhren erzeugt. In E i n s i e d l (?) gab es 1841 Serpentinwarenproduktion.

Die Edelstein- und Schmuckwarenindustrie, insbesondere die Granatschleiferei sowie der Schliff von Glasflüssen, war in vielen Teilen Böhmens verbreitet. Es handelte sich hier jedoch großteils nur um Hausindustrie. Keeß[225] berichtete über eine größere Granatschleiferei 1820 in T ř i b l i t z (Třebivlice, 152), die dem *Grafen Klebelsberg* gehörte. Kreutzberg[226] erwähnte 1835 in P o d s e t i t z (Podsedice, 110) eine gräflich-*Schönborn*sche Schleiferei für Granaten, die 30 Arbeiter beschäftigte. Hier erfolgte das Bohren, Schleifen, Facettieren, Brillantieren und Rosettieren von Granaten, die teilweise aus Tirol stammten. 1841 verarbeitete man hier auch Pyrope.

In T u r n a u (Turnov, 146) und P r a g (Praha, 113) bestanden 1841 ebenfalls solche Granatschleifereien. 1843 gründete *Franz Kraus* in Turnau eine

---

[224] P a u d l e r : Heimische Industrie 203 f.
[225] K e e ß II, 932.
[226] K r e u t z b e r g 29.

Diamant- und Edelsteindampfschleiferei, die sich später zu einem Großbetrieb entwickelte und vor allem nach Rußland, Frankreich und anderen Ländern lieferte [227].

Da sich die Edelsteinschleiferei meistens auch mit Glasschliff beschäftigte, lag ihre Verbreitung am Rande der glaserzeugenden Industrien.

b) Graphit

Die Graphitverarbeitung stand zumeist im Zusammenhang mit den Graphitbergbauen. *A. Hawlin*, der einen Graphitbergbau zu S w o j a n o w (Svojanov, 169) besaß, ließ zwischen 1813 und 1835 hier auch Heizöfen, Kochgeschirre, Schmelztiegel etc. herstellen [228]. *Fürst Schwarzenberg* betrieb in G o l d e n k r o n (Zlatá Koruna, 168) eine Bleistiftfabrik, die den Graphit von Schwarzbach verwertete, von 1818 bis 1820 mehrfach erwähnt [229].

In dem von *Carl Hardtmuth* 1846 wegen Teuerung der Brennstoffe und hoher Arbeitslöhne von Wien nach B u d w e i s (Budějovice) verlegten Betrieb wurden ebenfalls Bleistifte hergestellt [230].

c) Steingut — Porzellan — Tonwaren

Bis zum Ausgang des 18. Jahrhunderts stand die böhmische Steinguterzeugung im Schatten der staatlichen Wiener Porzellanmanufaktur und konnte sich daher auch infolge mangelhafter staatlicher Unterstützung nicht auf eine höherwertige Erzeugung umstellen. Erst im Verlaufe der ersten Hälfte des 19. Jahrhunderts vermochte die Steingutindustrie Böhmens teilweise auch zur Porzellanerzeugung überzugehen, beziehungsweise es entstanden neben den alten völlig neue Fabriken, die sich ausschließlich nur mehr mit Porzellanfabrikation befaßten. Gegenüber der englischen und französischen Porzellanherstellung fehlte der böhmischen weitgehende Arbeitsteilung sowie der Einsatz von Dampfmaschinen. Mangels Mechanisierung blieben die böhmischen Erzeugnisse in der Regel bei schlechterer Qualität relativ teuer. In England konnte ein Arbeiter auf einer mit Wasser- oder Dampfkraft angetriebenen Drehscheibe ein Vielfaches von dem leisten, was ein böhmischer Arbeiter mit Handarbeit herzustellen vermochte. In England produzierte ein Arbeiter mit zwei Lehrlingen in zehn Stunden 3 600 Teller; in Böhmen hingegen ein Arbeiter mit einem Lehrling in gleicher Zeit nur 600 Teller [231].

Die böhmische Tonwaren- und Steingutindustrie war in der günstigen Lage, zumeist an Ort und Stelle über die Ausgangsprodukte zu verfügen. Als Brennmaterial verwendete sie bereits in großem Umfang Steinkohle, zum Teil aus eigenen Bergwerken. Die nahe der sächsischen Grenze gelegenen Industriezentren, insbesondere Karlsbad, bildeten auch für Porzellanfabrikanten aus Meißen eine gewisse Anziehungskraft. Diese brachten auch sächsische Arbeiter mit, um hier neue Betriebe zu gründen. Die Absatzverhältnisse waren durch die in nächster

---

[227] Großindustrie Österreichs (1908) IV, 178.
[228] K r e u t z b e r g 13. — S l o k a r 553.
[229] K e e ß II, 939. — S l o k a r 553.
[230] W e b e r 93. — S l o k a r 553. — Vergleiche Seite 123.
[231] K r e u t z b e r g 17. — W e b e r 93.

Umgebung befindlichen Heilbäder, wo Trinkgefäße in großer Anzahl gebraucht wurden, aber auch durch die wachsenden Erfordernisse der chemischen Industrie sehr günstig. Böhmische Tonwaren gingen auf Jahrmärkte innerhalb der gesamten Monarchie oder wurden von „Hausierern" vertrieben, besonders in Ungarn und Galizien.

Nach Kreutzberg [232] betrug der Produktionswert der Steingeschirrerzeugung Böhmens im Jahre 1834 300 000 Gulden, der Terralith-, Siderolith- und Wedgwooderzeugung [233] 150 000 Gulden und der Porzellanerzeugung 400 000 Gulden, insgesamt 850 000 Gulden. Die Steingeschirrerzeugung beschäftigte 1 500 Personen, eine relativ hohe Zahl, was zur Folge hatte, daß etwa die Hälfte der Einnahmen auf Löhne aufging. Wesentlich günstiger war die Lage in den acht Porzellanfabriken, von denen sechs in der Umgebung von Karlsbad lagen, wo sie über die notwendigen Kaolin-, Quarz- und Feldspatlager verfügten. Die Produktion betrug 9 000 q Porzellan im Wert von 400 000 Gulden, wobei die hier beschäftigten 600 Arbeiter Löhne in Höhe von 120 000 Gulden erhielten. Der Brennstoffverbrauch erreichte jährlich 6 000 Klafter Holz. Der Porzellanabsatz ging zu etwa 15 % ins Ausland, vorzüglich nach Deutschland, in die Lombardei, den Orient usw. Die neun Wedgwood-, Terralith- und Siderolithfabriken beschäftigten 300 Arbeiter; der Wert ihrer Produktion betrug ca. 150 000 Gulden (50 000 Gulden stammten allein von den Fabriken Alt-Rohlau und Teinitz). Von 850 000 Gulden im Jahre 1834 stieg der Gesamtwert der Steingut- und Porzellanerzeugnisse bis 1841 auf 3 Millionen Gulden an, davon allein 500 000 Gulden aus Steingut- und Majolika. Die Steingut- und Majolikaerzeugung Böhmens war damals etwa mit einem Viertel an der Gesamterzeugung der Donaumonarchie beteiligt [234].

1. *Steingut.* Unter den zumeist noch aus dem 18. Jahrhundert stammenden Steingutfabriken war T e j n i t z (Týnice nad Sázavou, 143), von *Franz Josef Graf von Wrtby* 1793 im Schloß und Brauhaus eingerichtet, in der ersten Hälfte des 19. Jahrhunderts die bedeutendste, 1801 Wert der Produktion rund 30 000 Gulden, Beschäftigte: 16 Fabrikanten (darunter neun Ausländer), 16 Lehrjungen, 16 Taglöhner und drei Fuhrknechte (Fabrikanten verdienten 15 bis 16 Gulden in der Woche), der Ton stammte von Flöhau und Přelitsch, 1820 wurden hier alle Geschirrgattungen, weiß, bemalt und vergoldet, hergestellt, 1830 erbte *Fürst Lobkowitz* die Fabrik, 1807 Landesfabriksbefugnis, die 1839 erneuert wurde, Realwert der Fabrik 1839 192 000 Gulden, Vorräte und Materialien 50 000 Gulden, ausständige Forderungen 12 000 fl, jährlicher Erzeugungswert 46 000 Gulden, 1845 47 Beschäftigte, 1866 eingegangen, da Umstellung auf Porzellanproduktion versäumt wurde [235].

Im Jahre 1819 stellte die Steingutfabrik in K l e i n - S k a l (Mála Skála, 67), die *Josef Römisch* gehörte, den Betrieb ein. Sie bezog Ton von Jesseney, Quarz

---

[232] K r e u t z b e r g 13.
[233] Siderolith = unglasiertes Steingut; Wedgwood = lackierte Tonwaren.
[234] K r e u t z b e r g 13 ff. — W e b e r 93. — S l o k a r 552.
[235] K e e ß II, 807 ff. — K r e u t z b e r g 14 f. — W e b e r 69, 118 ff. — S l o k a r 547 f. — Großindustrie Österreichs (1898) II, 87.

von Friedstein und Feldspat von Morchenstern; 1824 wurde in B e j e r e c k (8) durch *Martin Schellhorn* eine Steingutfabrik gegründet, die 1841 erwähnt und um 1870 eingegangen ist; 1831 errichtete *Graf Josef Nostitz-Rieneck* auf seinem Allodgut in St. Johann bei G o t t s c h a u (Kocov, 47) eine Stein- und Flittergutfabrik, die später *H. Ferdinand Kriegelstein* erwarb, das Unternehmen ging um die Jahrhundertmitte ein; 1835 gründete *Josef Mayer* in K l e n t s c h (Kleneč, 69) eine Steingutfabrik, der 1847 die förmliche Fabriksbefugnis verweigert und nur eine Niederlage in Prag gestattet wurde, noch in der zweiten Hälfte des 19. Jahrhunderts genannt; 1835 gründete *Friedrich Knötgen* in B i l i n (Bílina, 11) eine Steingutfabrik, der die einfache Fabriksbefugnis verliehen wurde, seit 1838 leiteten diese *Anton Knötgen* und *Raphael Haberditzl* (letzterer war ein Nachkomme jenes Mannes, der in Rabensgrün 1790 die erste Steingutfabrik Böhmens errichtet hatte), 1851 ging das Unternehmen ein; 1835 bestand in S m í c h o w (Smíchov, 115) eine Tongeschirrerzeugung aus Steinton, deren Besitzer *Johann Bayerl* war, der auch die Landesfabriksbefugnis erwarb, 1841 letztmals genannt (Josef Bayerl war zu diesem Zeitpunkt bereits Direktor einer im gleichen Ort errichteten Porzellanfabrik)[236].

In den „Tafeln von 1841" finden sich noch folgende Steingut- und Fayencefabriken verzeichnet: N e u r o h l a u (Nová Rolava, 98); P e t s c h k a u (Červené Pečky, 108), Tonpfeifenköpfeerzeugung; und P r z e d n a r s t i (?), Tongeschirrfabrik.

Im Jahre 1842 gründete *Thomas Fuchs* in P l a c h t i n (Plachtín) eine Steingutfabrik, die um die Mitte des Jahrhunderts eingegangen ist[237].

Eine Reihe von Sauer-, Bitterwasser- und Steinkrügefabriken arbeitete 1841 für den Bedarf der böhmischen Heilbäder: B r ü x (Most, 17); K i e s s h o f (?) und U g e s t (Újezd, 148).

Der bedeutende Chemiefabrikant *Johann David Edler von Starck* besaß drei Steingutgeschirrfabriken, die großteils für den Bedarf seiner chemischen Betriebe (Laboreinrichtungen, Retorten, Kolben, Flaschen etc.) herstellten. 1841 waren dies folgende Betriebe: ein 1833 gemeinsam mit der Oleumfabrik errichtetes Unternehmen in K a z n a u (Kazňov, 66) sowie D a v i d s t h a l (24) und W r a n o w i t z (Vranovice, 167), die gemeinsam 272 000 Stück Kolben, Retorten und Vorlagen sowie 53 000 Stück Flaschen erzeugten. Kreutzberg erwähnte 1835 in K a r l s b a d (Karlovy Vary, 65) die Erzeugung tönerner Wasserleitungsröhren durch *I. Glaser,* die zylinderartig aus einem Stoff, der beim Brennen in Schmelzung überging, gepreßt wurden[238].

2. Steingut und Porzellan. Die meisten Steingutfabriken Böhmens erzeugten auch einfaches Porzellan, beziehungsweise mußten sich schrittweise von der Steingut- auf die Porzellanerzeugung umstellen. Die bedeutendste unter diesen Fabriken war die 1792 von *Johann Georg Paulus* aus Schlaggenwald und *Georg Paulus Reumann* aus Hildburghausen gegründete Fabrik S c h l a g g e n w a l d (Horní

---

[236] K e e ß II, 807 ff. — W e b e r 91 ff., 118—121. — S l o k a r 552.
[237] W e b e r 93, 120 f. — Großindustrie Österreichs (1898) II, 87.
[238] K r e u t z b e r g 12. — P r o c h a s k a 90.

Slavkov, 124), deren eigentlicher Standort Zechgrunde war, 1812 Landesfabriksbefugnis, Besitzer *Georg Lippert* und *Wenzel Haas*, Keeß[239] bezeichnete dieses als das vorzüglichste Unternehmen Böhmens, das Tafelgeschirr, Kaffeegeschirr und Pfeifenköpfe produzierte, an Rohstoffen wurde Ton von Sedlitz und Feldspat von Lauterbach verwendet, das Brennmaterial stammte aus den Elbogener und Schlaggenwalder Wäldern, der Absatz ging vorzüglich nach Prag, Mähren, Ungarn und ins Ausland, 1840 trat *Johann Möhling* an die Stelle Lipperts, 1841 200 Beschäftigte, 1847 erwarb Haas den Anteil Möhlings und war somit Alleinbesitzer, die Fabrik bestand aus zehn Gebäuden, drei Brennöfen, 43 Drehscheiben und beschäftigte 206 Arbeiter, Warenvorräte im Wert von 200 000 Gulden, Lagervorräte in Prag und Wien im Wert von 72 000 Gulden[240].

Ein zweites bedeutendes Unternehmen war die Porzellan- und Steingutfabrik K l ö s t e r l e (Klášterec, 70), 1793 von Oberforstmeister *Johann Nicolaus Weber* auf den Gütern des *Grafen Josef von Thun* gegründet, 1814 im Besitze des letzteren; 1820 Besitzer *Graf Josef Mathias Thun*, 1822 Landesfabriksbefugnis, Direktor *Rafael Haberditzl*, der später die Steingutfabrik in Bilin gründete, zeitweiser Rückgang, seit 1834 neuerlicher Aufschwung unter der Direktion *Hillardt*, 70 Beschäftigte, Ton wurde von Kaaden und Flöhau bezogen, 1845 stieg die Beschäftigtenzahl auf 100[241].

Die in P r a g (Praha, 113) bereits 1795 gegründete Steingutfabrik von *Hübel*, *Kunerle* und *Lange* ging seit 1835 zur Porzellanerzeugung über, häufiger Besitzerwechsel ließ das Unternehmen 1820 unter dem Sohn des Gründers *Josef Hübel* bis auf 10 Arbeiter herunterkommen, Erde von Flöhau und Smetschna, Steinkohle aus Buschtiehrad und Holz aus der fürstlich Schwarzenbergischen Schwemme, der Absatz ging nach Wien, Linz, Brünn, Pest und Lemberg, Ende der 20er Jahre erfolgte wieder ein Aufschwung des Unternehmens, das 1830 *Josef Orel* pachtete, 1831 *Martin Saumer*, *Karl Wolf* und *Carl Ludwig Kriegel*, 1835 100 Beschäftigte, ausschließlich Porzellanerzeugung, 1839 trat als stiller Gesellschafter der Wiener Großhändler *Emanuel Hofmann Edler von Hofmannsthal*, der Vater des bekannten Dichters, in das Unternehmen ein, der 1842 öffentlicher Teilhaber wurde, 1841 übersiedelte die Fabrik nach S m i c h o w (Smíchov, 115), wo sie etwa 100 Arbeiter beschäftigte, nach dem Austritt von *Karl Wolf* wurde C. L. *Kriegel* Alleinbesitzer, 1842 führten *Kriegel & Co.* unter der Direktion von *Josef Bayerl* die Produktion von Terralithwaren ein, 1852 erfolgte die Umwandlung in eine Aktiengesellschaft[242].

Die 1804 von *Johann Ritter von Schönau* gegründete Steingutfabrik D a l l w i t z (Dalvice, 23) ging 1830 auf Porzellanerzeugung über, 1806 beschäftigte sie 64 Arbeiter und verwendete bereits Steinkohle als Brennmaterial, 1807 Lan-

---

[239] K e e ß II, 833.
[240] Kreutzberg 16. — W e b e r 34 ff., 116 f. — S l o k a r 545. — Großindustrie Österreichs (1898) II, 87.
[241] K e e ß II, 833 f. — W e b e r 39, 118. — S l o k a r 546. — Großindustrie Österreichs (1898) II, 87, 97 f. — Großindustrie Österreichs (1908) II, 121 f.
[242] K e e ß II, 807 f. — W e b e r 56, 120 f. — S l o k a r 546 f. — Großindustrie Österreichs (1898) II, 87.

desfabriksbefugnis, in den 20er Jahren waren die Betriebsverhältnisse nur mittelmäßig (10 Beschäftigte), den Ton bezog man von Aich, Zedlitz, Tüppelsgrün und Putschirn, Holz aus dem obrigkeitlichen Revier von Aich, großteils aber Steinkohle von Putschirn, erzeugt wurden Tafel- und Kaffeeservice sowie verschiedene andere Artikel von guter Qualität, Absatz hauptsächlich nach Prag und Budapest, 1832 Besitzer *Wilhelm Wenzel Lorenz*, 1835 70 Arbeiter, 1841 100 Beschäftigte, 1844 10 Gebäude, vier Brennöfen und 32 Drehscheiben, 96 Beschäftigte[243].

In Unter-Chodau (Chodov, 150) gründete 1810 *Franz Miessl* eine Steingutfabrik, die seit 1835 auf Porzellanerzeugung überging, 1820 mittelmäßiger Geschäftsgang, Ton wurde von der Herrschaft Elbogen, Quarz aus der Gegend von Gießhübl bezogen, Brennstoff war ausschließlich Steinkohle aus dem eigenen Bergwerk bei Doglasgrün, Erzeugnisse Tafel-, Kaffee- und verschiedene Arten anderer Steingutgeschirre, Absatz in Prag, Mähren und Ungarn, 1834 Besitzer *Johann Hüttner*, *Johann Dietl* und *Johann Scheyer* (letzterer trat jedoch bald wieder aus), 1835 Landesfabriksbefugnis, 42 Arbeiter, 1841 100 Beschäftigte, 1845 Besitzer *Geitner und Stierba*[244].

In Alt-Rohlau (Stará Role, 3) errichtete *Benedikt Hasslacher*, der Direktor einer Porzellanfabrik in Dallwitz war, 1813 eine Steingutfabrik, die seit 1838 auf Porzellan überging, 1820 als unbedeutend bezeichnet, verwertete Ton von Zedlitz, Feldspat von Tüppelsgrün, Quarz aus Gießhübl, Steinkohle aus dem Elbogener Kreis, Erzeugnisse: verschiedene Gattungen weißes, bemaltes, glattes und gerändertes Geschirr, Absatz vorzüglich nach Prag und Mähren, 1823 kaufte die Fabrik *August Novotny*, der 40 000 Gulden investierte, wodurch ein rascher Aufstieg eintrat, 1824 Landesfabriksbefugnis, 1835 100 Beschäftigte, 1845 bereits 300, 1842 wurde eine Kupferdruckpresse installiert, noch in der zweiten Hälfte des 19. Jahrhunderts bedeutsam[245].

In Tannowa (Zdanov, 139) erbaute *Franz Josef Mayer* 1813 eine Steingutfabrik, die seit 1832 Porzellan erzeugte, 1814 Landesfabriksbefugnis, Ton wurde von Flöhau und Teinitz, Brennmaterial aus den Wäldern der Herrschaft Kauth bezogen, Erzeugnisse aller Arten von Tafelgeschirr von vorzüglicher Güte, Absatz nach Böhmen, Österreich und Ungarn, in der zweiten Hälfte des 19. Jahrhunderts noch genannt[246].

In Klum (Chlum, 71) bestand 1819 eine Porzellan- und Steingutfabrik, von *A. Burgemeister* gegründet, 1821 vom ehemaligen Direktor der Dallwitzer Fabrik *Adalbert Lauda* und dem Oberdreher *Josef Köcher* gepachtet, 1825 Landesfabriksbefugnis, 1831 von *Anton Wölz* aus Leipzig gepachtet, der sie bald darauf käuflich erwarb. 1835 in Konkurs, im Exekutionswege vom Werkführer *Johann Fersch* erworben, um die Mitte des Jahrhunderts ging der Betrieb ein[247].

---

[243] Keeß II, 883. — Weber 82, 116 ff. — Slokar 549. — Großindustrie Österreichs (1898) II, 87.
[244] Weber 116 ff. — Slokar 549. — Großindustrie Österreichs (1898) II, 87.
[245] Kreutzberg 15. — Weber 87, 118 ff. — Slokar 549. — Großindustrie Österreichs (1898) II, 87. — Großindustrie Österreichs (1908) II, 123.
[246] Keeß II, 807 f. — Weber 118 ff. — Großindustrie Österreichs (1898) II, 87.
[247] Weber 118 ff. — Slokar 550. — Großindustrie Österreichs (1898) II, 87.

Johann Reichenbach führte 1820 in H a m m e r (Hamry, 50) eine Steingut- und Porzellanfabrik, die Ton von Zedlitz, Feldspat von Tüppelsgrün und Holz aus der Herrschaft Petschau bezog, Erzeugnisse: Geschirr aller Art in guter Qualität, das nach Prag und in die inländischen Provinzialstädte abgesetzt wurde [248].

Im Jahre 1825 gründete *Franz Lang* in B u d a u (Budov, 18) eine Steingutfabrik, die 1831 auf die Porzellanerzeugung überging, 1825 erhielt dieser Familienbetrieb die einfache Fabriksbefugnis, 1831 die Landesfabriksbefugnis, 1841 100 Beschäftigte [249].

In S c h e l t e n bei Böhmisch Kamnitz (123) errichtete 1829 *Josef Palme* eine Steingut- und Porzellanfabrik, die 1830 die einfache Landesfabriksbefugnis erhielt, wegen der Konkurrenz mit Dallwitz verweigerte man die Erneuerung seines Privilegs für Kupfer- und Steindruckpressen, 1851 Besitzer *Ignaz Balle*, noch in der zweiten Hälfte des 19. Jahrhunderts genannt [250].

In N e u m a r k (Všeruby, 97) wurde 1832 von *Anton Fischer* eine Steingutfabrik erbaut, die seit 1842 auch auf die Erzeugung von Porzellan überging, 1842 Landesfabriksbefugnis für Porzellan, Steingut, Fayence und Wedgwood [251].

Im Jahre 1846 verlegte *Carl Hardtmuth* seine 1798 in Wien gegründete Porzellan- und Steingutfabrik nach B u d w e i s (Budějovice). Ursache dafür waren die hohen Arbeitslöhne und die Teuerung der Brennstoffe in Wien. In Budweis beschäftigte er 60 Arbeiter an 25 Drehscheiben und vier Brennöfen, als Antriebskraft diente eine Dampfmaschine [252].

3. Porzellan. Ausschließliche Porzellanfabriken entstanden erst unter geänderten Voraussetzungen, und zwar während der Zeit der Napoleonischen Kriege, als die Wiener Porzellanfabrik ihre Rohstoffbasis Engelhartszell an Bayern verloren hatte, und dann erst wieder nach 1841.

Im Jahre 1802 gründeten *Friedrich und Gottlieb List* aus Rudsteck in Sachsen in P i r k e n h a m m e r bei Karlsbad (109) eine Porzellanfabrik, 1810 Besitzer *Martin Fischer* und *Christof Reichenbach* aus Erfurt; gleichzeitig bestand in Pirkenhammer seit 1803 eine von *Friedrich Höcke* (aus Sachsen-Weimar) gegründete Steingutfabrik, die aber nur mit zwei Öfen arbeitete und sehr schlecht ging, Martin Fischer und Christof Reichenbach vereinigten beide Betriebe und erwarben 1822 eine förmliche Fabriksbefugnis, zuerst beschäftigten sie nur 20 bis 30 Arbeiter im Handbetrieb, 1828 erwarben sie als erste Fabrik ein fünfjähriges Privileg zur Aufstellung einer Kupferdruckpresse, 1828 125 Beschäftigte (36 Dreher, 27 Maler, 16 Polierer und 36 Hilfsarbeiter), 1835 200, 1845 230 Beschäftigte, 1846 war Martin Fischers Sohn *Christian* Alleineigentümer, noch in der zweiten Hälfte des 19. Jahrhunderts erwähnt [253].

---

[248] W e b e r 116—119.
[249] W e b e r 90, 120 f. — S l o k a r 550. — Großindustrie Österreichs (1898) II, 87.
[250] W e b e r 91. — Großindustrie Österreichs (1898) II, 87.
[251] W e b e r 92, 120 f. — S l o k a r 550. — Großindustrie Österreichs (1898) II, 87.
[252] W e b e r 93, 120 f. — S l o k a r 553. — Großindustrie Österreichs (1898) II, 49 f., 87.
[253] K r e u t z b e r g 16. — W e b e r 79 f., 120 f. — S l o k a r 548. — Großindustrie Österreichs (1898) II, 87—91.

Im Jahre 1803 errichtete *Christian Nonne* in G i e ß h ü b l (46) eine Porzellanfabrik (Nonne war vorher Pächter der Steingutfabrik in Klösterle), 1813 stand Nonnes Unternehmen ein Jahr still, weil sich kein Pächter fand, 1814 wurde es von *Anton Hladik* (Besitzer der Herrschaft Gießhübl) in Eigenregie betrieben, und ein Jahr später an *Benedikt Knaute* verpachtet, wegen Stockung des Absatzes unbedeutend, verwendete Ton von Zedlitz, Feldspat von Tüppelsgrün, Quarz vom eigenen Grund, Holz aus den eigenen und benachbarten Wäldern, Erzeugnisse aller Art von Tafel- und Kaffeegeschirr, von etwas minderer Qualität, Absatz nach Prag und Budapest, 1825 Werkführer *Franz Lehnert* führte eine höherwertige Porzellanerzeugung ein, 1833 Landesfabriksbefugnis, Lehnert seit 1835 Kompagnon, seit 1840 alleiniger Pächter, 55 Beschäftigte, 1846 führte *Wilhelm Ritter von Neuberg* (Besitzer der Herrschaft Gießhübl) das Unternehmen wieder in Eigenregie [254].

In E l b o g e n (Loket, 27) erbauten die *Gebrüder Haidinger* 1815 eine Porzellanfabrik, *Rudolf und Eugen Haidinger* hatten nach einer dreijährigen Lehrzeit an der Wiener Porzellanmanufaktur 1814/15 eine Studienreise nach Frankreich, Deutschland und England unternommen, um die neuesten Fabrikseinrichtungen der Porzellanerzeugung zu studieren, ihr ursprünglicher Plan war die Errichtung einer neuen Fabrik in Verbindung mit der Wiener Porzellanmanufaktur, der aber nicht gelang, sie verwendeten ausschließlich Steinkohle und führten die Dreherei auf englische Art ein, was eine Produktionssteigerung auf das Dreifache ermöglichte, ihr Anfangskapital betrug 50 000 Gulden, 1818 Landesfabriksbefugnis, 1820 Ton aus Zedlitz, Feldspat aus der Gegend von Lauterbach, Quarz von den Schlaggenwalder Berghalden, Erzeugnisse: Tafel-, Kaffee- und alle Gattungen Geschirr, weiß und bemalt, von sehr guter Qualität, Absatz nach Prag, Mähren, Österreich und Ungarn, 1822 200 Beschäftigte, ein weiterer Ofen für Holzfeuerung wurde aufgestellt, 1829 Privileg auf Erzeugung von gegossenem Porzellan, 1835 160, 1845 175 Beschäftigte, 1844 wurden 1 600 bis 1 800 q Ware erzeugt [255].

Im Jahre 1841 wurde in der Stadt B i l i n (Bílina, 11) von *Franz Walter* eine Porzellanfabrik gegründet, die auch noch in der zweiten Hälfte des 19. Jahrhunderts bestand [256].

Nach 1841 wurden folgende neue Porzellanfabriken genannt: 1845 errichtete *Ferdinand Posselt* in G i s t r y bei Klein-Skal eine Porzellanfabrik, die wenige Jahre später einging; 1846 entstand A m H i r s c h e n b e i L u b e n z (Jeleny) eine Porzellanfabrik, die *Franz Lehnert* erbaute, das Unternehmen ging 1873 ein; in P ř i c h o w i t z b e i S e m i l (Příchovice) wurde 1847 durch *Friedrich Nietsche* eine Porzellanfabrik gegründet, die um die Jahrhundertmitte aufgelöst wurde; im gleichen Jahr erfolgte die Gründung einer Fabrik in B r e i t e n b a c h bei Platten durch *Simon Kolb*, die 1864 den Betrieb einstellte; 1848 errichtete

---

[254] W e b e r 77, 116 ff. — S l o k a r 548. — Großindustrie Österreichs (1898) II, 87.
[255] K e e ß II, 833. — K r e u t z b e r g 16. — W e b e r 95—116. — Großindustrie Österreichs (1898) II, 87.
[256] W e b e r 92. — Großindustrie Österreichs (1898) II, 87.

Carl Knoll, ehemaliger Kaolinschlämmereibesitzer in F i s c h e r n bei Karlsbad, eine Porzellanfabrik, die noch im gleichen Jahr die Landesfabriksbefugnis erhielt und sich in der zweiten Hälfte des 19. Jahrhunderts zu einem Großbetrieb ausweitete[257].

4. Terralith, Siderolith und Wedgwood. Aus England wurde eine Reihe spezieller Erzeugungsverfahren nach Böhmen verpflanzt, z. B. Wedgwood (schwarz lackiertes Geschirr). Ähnliche Erzeugnisse waren Terralith und Siderolith, die durch Schlämmung und Vermischung verschiedener Erdarten entstanden. Die erste Fabrik dieser Art wurde in H o h e n s t e i n bei Mariaschein (Unčín, 54) 1822 von *Karl Huffsky* im ehemaligen herrschaftlichen Gasthaus eingerichtet. Der Fabriksgründer erzeugte mit seinem Vetter mit einem im Arbeitszimmer aufgestellten Brennofen Vasen, Teetische, Blumentöpfe, Fruchtkörbe usw. 1829/30 erfanden die beiden eine Maschine zur Dachziegelerzeugung, seit 1830 Vetter *Vincenz Huffsky* Alleinbesitzer. Eine zweite Terralith- und Siderolithfabrik gründete *Huffsky* 1824 in T e p l i t z (Teplice, 144), die auch noch 1841 erwähnt wird[258].

Im Jahre 1829 gründeten *Schiller & Gerbing* in B o d e n b a c h bei Tetschen (Podmokly, 13) eine Tongeschirr- und Tonpfeifenköpfeerzeugung aus Siderolith, ursprünglich sechs, 1835 40 Beschäftigte, Erzeugnisse: Vasen, Tabakspfeifen etc., deren Verzierung die Röslersche Fabrik in Nixdorf übernahm, 1848 30 bis 40 Beschäftigte. In A u s s i g wird 1845 eine Terralith- und Siderolithfabrik genannt, deren Besitzer *Josef Bähr* war[259].

5. Sonstige. Die „Tafeln von 1841" vermerken überdies die Erzeugung von Backsteinen im Werte von 3 Millionen Gulden sowie die Erzeugung gepreßter Ziegel in R e i c h e n b e r g (Liberec, 118).

Die Ton- und Porzellanwaren erzeugenden Betriebe konzentrierten sich von Anfang an in einem Kernraum um Karlsbad. Später entstanden dann in Zusammenhang mit den chemischen Betrieben der Familie Starck solche Fabriken im Raume Radnitz sowie die Terralith- und Siderolithfabriken um Teplitz und Tetschen. Erwähnenswert ist noch die Erzeugung von Steinkrügen und Bitterwasserbehältern in der Umgebung von Brüx. Relativ spät entstanden Steingutfabriken im Böhmerwald. Die Steingut- und Porzellanbetriebe wiesen in der Regel ein starkes Schwanken ihrer Beschäftigtenstände auf, wobei nach Überwindung eines Tiefpunktes um 1820 sich ein rasches Ansteigen zeigte. 1834 war der größte Betrieb Pirkenhammer mit 200 Beschäftigten, 1845 Alt-Rohlau mit 300. Nach den „Tafeln von 1841" zählten fast alle bedeutenderen Betriebe zwischen 100 und 200 Beschäftigte. Die Terralith- und Siderolithfabriken waren in der Regel kleiner und lagen zwischen 30 und 40 Personen.

---

[257] W e b e r 78—121. — Großindustrie Österreichs (1898) II, 87, 93 f.
[258] K r e u t z b e r g 13. — G i e r s c h i c k, Julius: Zur Geschichte der Tonwarenindustrie in Böhmen. MNExKl 24 (1901) 170 ff. — S l o k a r 552. — H a l l w i c h : Industrie und Handel 658.
[259] K r e u t z b e r g 14. — G i e r s c h i c k 171. — S l o k a r 552.

GLASINDUSTRIE

Die Glasindustrie gehört zu den ältesten und bedeutsamsten Industriezweigen Böhmens. Gegen Ausgang des 14. Jahrhunderts stand sie bereits in Blüte; einzelne Glashütten existierten bis ins 19. Jahrhundert, z. B. die 1443 gegründete Hütte in Falkenau bei Steinschönau, die von Kreutzberg noch 1835 genannt wird [260].

Am Beginn dieser Epoche befand sich dieser Industriezweig in einer schweren Krise, eine Folge der Nachwirkungen der Kontinentalsperre, aber auch des 1810 in England erfundenen Preßglases. Die Konkurrenz englischen Glases vermochte das böhmische Glas aus Frankreich, Rußland und Nordamerika zu verdrängen. Nachwirkungen dieser Absatzstockung waren bis 1825 spürbar. Als Gegenmaßnahme führte man Qualitätsverbesserungen und Produktionseinsparungen durch. Einen neuen Aufschwung brachte die Erfindung *Friedrich Egermanns* aus Haida, der 1817 das Blattschleifen des Kristallglases und ein Überfangen der fertigen Kristallmasse mit beliebigen durchsichtigen Farben entwickelte. Die englische Glaserzeugung blieb der böhmischen dadurch überlegen, daß sie fast ausschließlich mit Kohle arbeitete, während in Böhmen erst Versuche zum Übergang auf Kohlenheizung gemacht wurden. Kohlenfeuerung ergab zunächst nur unreines Glas von geringer Härte, das auch bald seine Politur verlor. Daher konnte diese Feuerung nur bei ordinärem Glas (farbigem Glas) angewandt werden. Kristallglas wurde noch längere Zeit mit Holzfeuerung hergestellt. Die erste Glasfabrik Böhmens mit Steinkohlenfeuerung war Eichthal bei Wotwowitz. Eine brauchbare Lösung des Heizproblems brachte erst der Gasregenerativofen, der nach 1856 aufkam [261].

Man kann die damalige Glaserzeugung Böhmens in vier große Gruppen einteilen [262]:

1. *Spiegelfabrikation*, die gegossene oder geblasene Spiegel produzierte, aber auch Gußsorten, wie Leuchtturmgläser etc.

2. *Tafelglasfertigung*, die ordinäres, feines oder farbiges, aber nur geblasenes und ungeschliffenes Glas, zumeist Fensterglas erzeugte.

3. *Hohlglasherstellung*, ein sehr umfangreicher Zweig, der in der Produktion eine starke Spezialisierung aufwies. Manche Betriebe erzeugten grüne oder braune Weinbouteillen, Mineralwasserflaschen, manche Halbkristallglas sowie gepreßte und geschliffene Artikel.

4. *Preßglaserzeugung*, deren Hauptsitz im Gablonzer Bezirk war, stellte Glas zu Lustersteinen, Flakons usw. her. Die kleinen Druckhütten, auch „Quetschen" genannt, hatten zumeist nur einen Ofen mit offenem Feuer. An diesem wurden die weißen und farbigen Stangen erhitzt und dann zu Perlen, Knöpfen etc. gepreßt. Der Aufschwung der chemischen Industrie führte auch zu Fortschritten in der Glaserzeugung, insbesondere durch die Einführung neuer Flußmittel, wie Soda, Glaubersalz, Kochsalz und anderer Silikate.

---

[260] B e n d a 263 ff.
[261] K r e u t z b e r g 21. — S l o k a r 524 ff. — L a h m e r : Glasgeschichtliches 179 ff.
[262] B e n d a 293. — L a h m e r : Glasgeschichtliches 179 ff.

Der Gesamtwert der böhmischen Glasindustrie schwankte in der ersten Hälfte des 19. Jahrhunderts infolge der Krise beträchtlich. Schebek[263] bezeichnete für 1803 den Wert der von den 66 böhmischen Glashütten erzeugten Waren mit 7 920 000 Gulden. Kreutzberg[264] gibt für 1835 den Gesamtwert der böhmischen Glaserzeugnisse mit 6 Millionen Gulden an, wobei ca. 25 000 q Glaswaren in die Levante, Mittel- und Südamerika, Italien, Spanien, Deutschland usw. exportiert wurden. In den „Tafeln von 1841" wird die Gesamtproduktion mit 190 000 q und der Gesamtwert mit 10 Millionen Gulden angeführt. Demnach stellte Böhmen wertmäßig 57 % der Gesamterzeugung der Donaumonarchie an Glaswaren her, im Gewichtsverhältnis jedoch nur 47,5 %. Daraus geht hervor, daß die böhmische Glasindustrie in erster Linie hochwertige Erzeugnisse lieferte.

Glashütten

	Anzahl der Glashütten	Produktionswert (in fl)	Ausfuhr
1792	70	1 702 962	1 208 400
1799	64	2 500 000	1 500 000
1803	66	1 980 000	
1818	63		
1835	75		
1841	85		

In der Produktion trat eine verstärkte Spezialisierung sowie Verschiebung zur Finalerzeugung ein. Aus der folgenden Tabelle geht weiters hervor, daß zwischen 1834 und 1841 ein Trend besonders zum Hohl- und Tafelglas, aber auch zu raffinierter Ware und zur Spiegelglaserzeugung bestand.

Einteilung der Glashütten nach der Produktion

	1834	1841
Rohes Hohlglas	14	13
Rohes Tafelglas	11	14
Hohl- und Tafelglas	13	17
Hohl- und Tafelglas, das auch raffiniert wurde	13	16
Tafel- und Spiegelglas	12	14
Spiegelglas	8	12
Spiegelschleiferei u. a.	6	6
insgesamt	75	92

---

[263] Schebek 53, 390 f.
[264] Kreutzberg 19. — Slokar 526.

Von den 92 Glashütten des Jahres 1841 waren 21 landesbefugt, darunter sieben Spiegelfabriken, 71 besaßen nur eine einfache Fabrikserlaubnis, darunter 68 Glashütten und drei Spiegelschleifereien.

Die Gesamtzahl der von der Glasfabrikation lebenden Personen wird in der Literatur recht ungenau angegeben. Im Jahre 1798 waren in Böhmen 1 423 Glasmacher und 2 843 Glasschleifer und -vergolder tätig, insgesamt 4 286 Personen. Schebek gibt für das Jahr 1803 ca. 39 600 Menschen an, die durch Glasfabrikation und -raffinierung Beschäftigung und Nahrung fanden. Kreutzberg spricht für 1834 von 3 500 in der Glasfabrikation tätigen Familien, wozu noch 4 000 Arbeiter in der Spiegel- und Tafelglaserzeugung kam [265].

a) Hohl-, Tafel- und Spiegelglas

Eine Reihe von Glashütten wird nur am Beginn dieser Epoche genannt; sie dürften der noch anhaltenden Krise zum Opfer gefallen sein: 1818 in Althütten (Staré Hutě, 2), Kreidenglasfabrik, Besitzer *Johann Mosbauer*, Erzeugnisse aller Arten von Gläsern, Flaschen, Lampen; Amonsgrün (4), Glasfabrik *Holzer & Paulus*, mangels Absatz Betrieb eingestellt; Chlumetz (Chlumec, 22), Glashütte *Fr. Jos. Kreidel*, Produktion Kreiden-, Hohl- und Tafelglas, 37 Beschäftigte (ein Meister, 18 Gesellen und 18 Gehilfen), 1820 Herstellung von Farbengläsern; Erdreichsthal (Hutě u Příbraze, 29), Glashütte *Anton Hoffmann*, produzierte Kreiden-, Hohl- und Tafelglas, 1818 13 Beschäftigte (ein Meister, neun Gesellen und drei Gehilfen); Gablonz (Jablonec nad Nisou, 38), landesbefugte Glaswarenfabrik *J. Dresler sel. Eidam & Co.*, Erzeugnisse: Trinkgläser, Flaschen, Spiegel usw.; Inselthal (57), Glashütte *Fürst Windischgrätz*; Johannesthal (Janovské Údolí, 60), *Graf Bouquoy*, Hohl- und Spiegelglasfabrik, 1838 wegen Holzmangel aufgelassen; Marienheimer (Újezd, 84), Glasfabrik *Johann von Dobisch*, 1796 gegründet, bezog die Steinkohle vom nahegelegenen Wotwowitz, 1804 in das der Steinkohlenquelle näher gelegene Eichthal verlegt, 1818 außer Betrieb; Schatzlar (Žacléř, 131), Glashütte; Tichobus (Těchobuz, 145), Glasfabrik *Josef Hoffmann*, acht Hafen, produzierte alle Arten von Hohlgläsern, 1811 verbesserte Holzdörrmethode, 1812 Landesfabriksbefugnis [266].

Die folgenden Glasfabriken wurden nur von Keeß 1820 angeführt: Joachimsthal (Jáchymov, 58), Besitzer *Josef Zich*, erzeugte Hohlglas; Morchenstern (Smržkova, 90), zwei Glashütten des *Grafen Desfours*; Hosslau (Blaty, 55), Spiegelfabrik *von Mosburg*; Klenau (Klenová, 68), Spiegelfabrik für Judenmaßspiegel; Kotzisch-Strasshütte (72), Spiegelfabrik des Freiherrn *Kotzisch*, stellte Spiegel bis zu 60 Zoll Höhe her; Silberbach (121), Spiegelfabrik *Keilwerth*, die auch größere Tafeln belegte, eigenes Zinnfolienwerk; und Taus (Domažlice, 141), Spiegelfabrik *Praschill*, Spiegelschleif- und Polierwerk [267].

---

[265] Kreutzberg 19. — Schebek 53, 390 f. — Slokar 525—531.
[266] Keeß II, 895. — Sommer: Königreich Böhmen X, 122. — Slokar 524 f. — Lahmer: Glasgeschichtliches 179.
[267] Keeß II, 870—884. — Slokar 524.

Die bedeutendsten Unternehmungen der Glasfabrikation bestanden während der gesamten Epoche: Glasfabrik A n n a t h a l (Anninov, 5), zur Zeit Maria Theresias gelang hier erstmals, das Rubin-Gold der venezianischen Glashütten nachzumachen, 1865 auf Dampf- und Wasserkraft umgestellt; Glashütte S u c h e n t h a l (Suchdol, 129), Besitzer *Fürst Schwarzenberg*, 1793 gegründet, erzeugte Kristallglas, Farben- und Tafelglas, in der zweiten Hälfte des 19. Jahrhunderts von großer Bedeutung [268].

Tafelglas erzeugten: H e r a l e t z (Herálec, 52), 1792 gegründet, 1841 noch erwähnt; Glashütte W o g n o m i e s t i t z (Vojnův Městec, 163), stellte 1820 Farbengläser und Judenmaßspiegel her, 1835 Besitzer *J. Haffenbrödl*, 1841 Produktion von Tafel(Solin-)gläsern; Glasfabrik L e o p o l d s h a m m e r (Leopoldovy Hamry, 78), 1818 außer Betrieb, 1841 als Tafelglasfabrik genannt; Tafelglasfabrik K a l t e n b a c h (Nové Hutě, 63), 1820 Besitzer *Johann Mayer*, 1841 erwähnt (Mayer war auch Besitzer der Glasfabriken Adolphhütte und Leonorenhain [269].

Reines Hohlglas produzierten die Glasfabriken: C z e y k o w (Čejkov, 92), 1818 Besitzer *Josef Nachtmann*, 53 Beschäftigte (zehn Glasmacher, 30 Gehilfen, ein Schmelzer, vier Schürer und acht Taglöhner); E i c h t h a l (85), 1818 Besitzer *Fr. Alberti*, Erzeugnisse: ordinäres grünes Glas sowie Flaschen, 1804 Marienhain hierher verlegt; V o r s i c h t G o t t e s (154), Besitzer *Dornheif & Fritsch*, Produktion: ordinäre grüne Gläser, Flaschen etc., 1841 erwähnt; N e u h ü t t e bei Röhrsdorf (94), sowohl 1820 als auch 1841 genannt [270].

Sowohl Hohl- als auch Tafelglas erzeugten die Glashütten: L a u k a u (Loukov, 178), stellte 1820 Beingläser mit Vergoldungen und Schmelzglas verziert her; O b e r k r e i b i t z (Horní Chřibská, 102), bereits am Ausgang des 15. Jahrhunderts genannt, bestand auch noch in der zweiten Hälfte des 19. Jahrhunderts [271].

Tafel- und Spiegelglas lieferten drei Glashütten des *Fürsten Windischgrätz:* G o l d b a c h (42), 1818 erwähnt, noch im zweiten Teil des 19. Jahrhunderts bestehend; N e u l o s ý m t h a l h ü t t e (96), 1818 als Glashütte und 1841 als Tafel- und Spiegelglasfabrik genannt, und N e u w i n d i s c h g r ä t z (101), 1818 sowie 1841 erwähnt [272].

Graf Bouquoy besaß in der Herrschaft Gratzen im Kreis Budweis vier, später sogar fünf bedeutende Glasfabriken, die auf Hohl- und Spiegelglas spezialisiert waren: Georgenthal, Johannesthal, Paulina, Silberberg und Bonaventura. 1815 erhielt er für seine Unternehmungen die Landesfabriksbefugnis, er beschäftigte bereits 800 Arbeiter in Eigenregie. 1818 infolge der Krise nur mehr 101 Beschäftigte (vier Meister, 35 Gesellen, ein Lehrling und 61 Gehilfen). 1835 be-

---

[268] S l o k a r 524. — L a h m e r : Glasgeschichtliches 189. — Großindustrie Österreichs (1898) II, 192.
[269] K e e ß II, 861 f. — K r e u t z b e r g 27. — S l o k a r 525. — L a h m e r : Glasgeschichtliches 185.
[270] K e e ß II, 870. — S o m m e r : Königreich Böhmen X, 165. — S l o k a r 525. — L a h m e r : Glasgeschichtliches 179.
[271] K e e ß II, 895. — L a h m e r : Glasgeschichtliches 188.
[272] S l o k a r 525. — L a h m e r : Glasgeschichtliches 185.

richtete Kreutzberg, daß Graf Bouquoy mehrere Schleif- und Raffinierwerke mit Wasserkraft antrieb und ca. 350 Arbeiter beschäftigte, die Waren im Werte von über 200 000 Gulden herstellten. An Rohstoffen verarbeitete er 1 800 q Pottasche, 6 000 q Kies, 600 q Kalk und 4 000 Klafter Brennholz. Seine Erzeugnisse waren geschliffene Kristalle und feine farbige Hohlgläser, ca. 20 000 Stück jährlich, 25 000 Schock grünes und ordinäres Kreideglas, 5 000 bis 6 000 Stück Hyalithware, die meist vergoldet wurde, 22 000 Schock ordinäre und farbige Tafelgläser, 65 000 Dutzend Stock- und Zylindergläser. Nach den „Tafeln von 1841" zählten die Bouquoyschen Glasfabriken, einschließlich einer fünften in Bonaventura, 350 Arbeiter[273].

Silberberg (Stříbrné Hutě, 122), 1771 gegründet, 1818 und 1820 erwähnt, 1835 Erzeugnisse: Hyalithware sowie Kristall-, feine und farbige Hohlgläser, 1841 Hohl- und Spiegelglasfabrik mit Wasserschleifmühlen; Bonaventura (Sklenené Hutě, 15), 1795 gegründet, 1820 Produktion geschliffener Gläser, 1835 65 000 Dutzend Stock- und Zylindergläser, 1841 Hohl- und Spiegelglaserzeugung, insbesondere Uhrgläser auf Fußschleifmühlen; Georgenthal (Jiříkové Údolí, 40), 1818 erstmals genannt, 1820 Erzeugnisse von Hyalithglas in höchster Vollkommenheit (Hyalithglaserzeugung wurde hier erfunden), 1835 5 000 bis 6 000 Stück Hyalithgeschirre, häufig vergoldet, 1841 Produktion von Hohl- und Spiegelglas, Hyalithglas (jährlich 5 000 bis 6 000 Gläser), noch in der zweiten Hälfte des 19. Jahrhunderts in Betrieb; Paulina (107), 1818 erstmals genannt, erzeugte 1841 Hohl- und Spiegelglas[274].

Eine der bedeutendsten Hohl- und Spiegelglasfabriken war die gräflich *Harrach*sche in Neuwelt (Nový Svět, 99). Die erste Glashütte hatten die Reichsgrafen Harrach bereits 1610 im Dorf Witkowitz errichtet, die wegen Holzmangel dreimal, zunächst nach Sahlenbach, später nach Seifenbach und zuletzt in der zweiten Hälfte des 18. Jahrhunderts nach Neuwelt, verlegt werden mußte. Als der Graf 1795 keinen Pächter fand, führte er seither das Unternehmen in Eigenregie, 1818 ein Glasofen, elf Hafen, vier Schleifmühlen und zwölf Glasschneidewerkstätten, 1841 700 Beschäftigte (Bewohner der Dörfer Neuwelt, Harrachsdorf und Seifenbach), Einrichtung; zwei Glasöfen, je sechs Hafen, drei Brat- und drei Tamperöfen, ein Streckofen, 150 Glasschleifer und 50 Glasmaler, Vergolder und -schneider, sechs Schleifwerke gehörten Harrach selbst, vier waren in privatem Besitz, eigene Pensionskasse für Arbeitsunfähige, Unterstützungsfonds für Bedürftige und Zeichenschule, Produktion Kristall- und Kreidenglas, Beinglas, himmelblaues, durchsichtiges grünes, dunkelblaues, violettes, gelbes, rotes und schwarzes (Hyalith)Glas, Lythialin, Tafel- und Hohlglas, plattierte und doppelfarbige (rubin, glau, grün, violett, gelb) Gläser, Flint- und Crownglas, Verarbeitung von Rubinen, Amethysten, Topasen, Chrysoprasen (Kompositionswaren), 1842 gelang erstmals, Rubinglas auf offenem Hafen mit Goldpurpur zu färben, ab 1828 Herstellung von rubinplattiertem Glas, zwischen 1829 und 1839

---

[273] Kreutzberg 22. — Slokar 524—527.
[274] Keeß II, 861—895. — Kreutzberg 22. — Slokar 524—527. — Lahmer: Glasgeschichtliches 185.

von gelbem, undurchsichtigem „Isabellglas" und ab 1845 von „Eisglas", in der zweiten Hälfte des 19. Jahrhunderts von großer Bedeutung [275].

Fürst Schwarzenberg betrieb zwei große Hohl- und Spiegelglasfabriken; Adolphhütte in Winterberg (Vimperk, 1), 1772 gegründet, 1820 *Johann Meyer* Pächter, Hohlglaserzeugung 1834 mit den Glashütten Eleonorenhain und Kaltenbach, Einrichtung: sechs Öfen, 173 Beschäftigte (31 Glasbläser, 182 Glasschleifer und 60 sonstige Arbeiter), Kreutzberg rühmte das hervorragende Kristallglas, 1839 fünf Glasöfen, 316 Beschäftigte (42 Glasmacher, 87 Gehilfen in den 16 Glasschleifwerken, 187 Arbeiter), 1841, nach dem Tode von *Johann Meyer*, folgten dessen Neffen *Wilhelm Kralik* und *Josef Taschek*, Produktion jährlich 10 000 Dutzend Zylinder- und Uhrgläser sowie eine Million Stück Hohlgläser, 600 Beschäftigte (davon 129 Glasmacher und 187 Glasschleifer in den 16 Schleifwerken), 1845 Produktionswert 180 000 Gulden, 400 Beschäftigte, Einrichtung: vier Öfen für Hohlglas, zwei Öfen für Tafelglas, zehn Tamperöfen, acht Holzdörröfen, drei Kiesbrennöfen und zwei Tafelstrecköfen [276]. Weiters besaß *Fürst Schwarzenberg* eine Glasfabrik in Ernestbrunn (30), 1818 Besitzer *Blechinger*, Produktion: ordinäre Tafel-, Kreide- sowie geschliffene Hohl- und Uhrgläser, 22 Beschäftigte (ein Meister, zwölf Gesellen und neun Gehilfen), 1841 Hohl- und Spiegelglasfabrik [277].

An der Spitze der Spiegelglasfabrikation stand *Abele*, der in Hurkenthal (Hůrka, 56), Oberneuhurkenthal (Nová Hůrka, 95) und Deffernik (Debrník, 25) große Betriebe besaß. Hurkenthal wurde 1820 als Spiegelfabrik sowie in der zweiten Hälfte des 19. Jahrhunderts als Glasfabrik mehrfach erwähnt; Neuhurkenthal, 1818 gegründet, nahm seit den 20er Jahren einen großen Aufschwung, 1835 einschließlich Wald- und Hüttenarbeiter ca. 1 800 Beschäftigte (die Arbeiter erhielten monatlich bei freier Wohnung 18 bis 56 Gulden Lohn), Einrichtung: eigene Schmelzöfen, sechs Streck- und Kühlöfen, weitere 16 Kühlöfen, Pottaschenraffinerie, Brennhütte, die das Material für die Schmelzhütte präparierte, eigene Gebäude zum Formen und für Tonarbeiten, 24 Schleifstände, ein eigenes Poliergebäude mit 24 Poliertischen, mit Wasserkraft angetrieben, eigene Maschinerien zum Facettenschliff, Doucierstuben zum Abreiben mit Schmirgel und Polieren sowie eine Tafelhütte zur Produktion von Solin- und Halbsolingläsern; 1835 Rohstoffverbrauch 2 000 q Pottasche und Soda, 5 000 q Kalkstein, 2 000 Strich Sand aus der Gegend von Pilsen, 60 q Quecksilber, 80 q Salpeter, 60 q Arsenik, 6 000 Klafter Holz, die an drei Brettsägen verarbeitet wurden, Produktionswert jährlich 120 000 Gulden, 1841 1026 Beschäftigte (26 Arbeiter im Gußspiegelwerk, 91 bei den geblasenen Spiegeln, 13 in der Schleiferei, neun in den Doucierstuben, 18 in den Polierwerken, sieben in der Beleganstalt und 27 in der Glastafelfabrik), Neuhurkenthal gehörte in der zweiten Hälfte des 19. Jahrhunderts dem *Fürsten Hohenzollern* und nahm einen bedeutenden Aufschwung; das Gut Deffernik mit 6 000 Joch Wald wurde zur Sicherung des

---

[275] Kreutzberg 22 f. — Slokar 525 ff. — Lahmer: Glasgeschichtliches 181. — Großindustrie Österreichs (1898) II, 170 f.
[276] Keeß II, 870. — Kreutzberg 21. — Slokar 524 ff. — Lahmer: Glasgeschichtliches 183.
[277] Slokar 524 f.

Holzbedarfes von Neuhurkenthal angekauft, 1818 Tafel- und Spiegelglaserzeugung genannt, 1835 führte diese als zweite Fabrik der Monarchie (nach Neuhaus) die Spiegelgußerzeugung ein, 1841 und noch in der zweiten Hälfte des 19. Jahrhunderts erwähnt[278].

Spiegelglaserzeugung wurde weiters in folgenden Fabriken 1820 und 1841 betrieben: F r i e d r i c h s h ü t t e n (Nový Huť, 37); H o c h o f e n (Pec, 53); K r e u z h ü t t e (74); B i s t r i t z (Bystřice nad Úhlavě, 12), Judenmaßspiegel und Spiegelglasschleifanstalt; in C a r l s b a c h in der Herrschaft Heiligenkreuz (20), *Freiherr von Kotzisch,* Spiegelglashütte mit Schleiferei und Polierwerk, Spiegelglasschleifanstalt 1841 in H e i l i g e n k r e u z (Újezd Svatého Kříže, 20) erwähnt; S t r ö b l (138), Spiegelschleif- und Polierwerk mit fünf Teilbetrieben, die Judenmaßspiegel herstellten; W a l d h e i m (155), Spiegelschleif- und Polierwerk; *Wolfgang Ziegler* besaß im Kreis Klattau zwei Spiegelglasfabriken: J o h a n n e s h ü t t e (59) und S c h ü t t w a (Šitboř, 135), Johanneshütte 1818 als Spiegelglasfabrik im Besitz von Wolfgang Ziegler, damals außer Betrieb; Spiegelschleiferei Schüttwa produzierte 1818 vor allem Judenmaßspiegel, vier Beschäftigte, 1820 Spiegelschleif- und Polierwerk, 1841 Spiegelglasfabrik; H a s e l b e r g (51), 1818 Spiegelglas- und Glasfabrik, Besitzer *Freiherr von Voithenberg,* Hohlglaserzeugung, fünf Beschäftigte, 1820 Spiegelglashütte, 1841 Spiegelglasfabrik; F r a n z e n s b r u n n h ü t t e (35), 1818 Spiegelglasfabrik *Penel & Ascherl,* sechs Glasmacher, stellte rohe Spiegelgläser her[279].

Die älteste Fabrik der Monarchie für geblasene Spiegel wurde von *Graf Kinsky* 1760 in B ü r g s t e i n (Sloup, 19) errichtet, 1818 genannt, Spiegel- und Folienfabrik, als das vorzüglichste Unternehmen dieser Art in Böhmen bezeichnet, Erzeugnisse: alle Gattungen von Spiegeln aus weißem Glas von sechs bis 72 Zoll Höhe und 36 Zoll Breite, mit und ohne Rahmen, türkische Spiegel mit bemaltem Glasrahmen, zu dieser Fabrik gehörten zwei Spiegelglashütten in der Herrschaft S t u b e n b a c h (im Kreis Prachin) nebst einem Schleifwerk und eine Schleiferei in W e l l n i t z bei Bürgstein; die Glashütte F i c h t e n b a c h (33) erwarb Graf Kinsky im Jahre 1826, 1818 im Besitz von *Benedikt Fuchs,* Produktion: grüne Tafel- und Spiegelgläser, sechs Glasmachergesellen, 1820 als Spiegelglashütte erwähnt, 1821 zählten sämtliche Kinskyschen Glasfabriken etwa 200 Arbeiter, das Haus Kinsky war bis 1872 Besitzer der sich gut entwickelnden Betriebe; W e l l n i t z (Velenice, 159), 1820 Spiegelglasschleiferei, die die Spiegel aus Fichtenbach weiterverarbeitete, 1841 erwähnt[280].

Die folgenden Glasfabriken wurden während der Berichtszeit gegründet: 1822 J o s e p h s t h a l bei Oberplan (61), Hohl- und Spiegelglasfabrik, 1841 erwähnt; S t a n k a u (Staňkov, 175), gegründet 1824; U l l r i c h s t h a l (149), von den *Brüdern Görner* 1830 erbaut, 1841 Besitzer *Franz Pelikan;* G l ö c k e l b e r g

---

[278] K e e ß II, 883 f. — K r e u t z b e r g 28. — S l o k a r 524—530. — L a h m e r : Glasgeschichtliches 187. — Großindustrie Österreichs (1898) II, 178.
[279] K e e ß II, 883 ff. — S o m m e r : Königreich Böhmen VII, 138, 157. — S l o k a r 525.
[280] K e e ß II, 883 f. — S l o k a r 524—530. — L a h m e r : Glasgeschichtliches 185. — H o f m a n n, Albert: Die Bürgsteiner Spiegelmanufactur. Kunstgewerbeblatt 1889.

(41), um 1750 vom Stift Schlägl als Glashütte errichtet und 1831 wieder in Betrieb gesetzt; A n t o n i e t h a l (171), 1832 gegründet; E l e o n o r e n h a i n, auch Leonorenthal (Leonora, 28), 1834 errichtete Glasfabrikant *J. Meyer* ein Fabriksgebäude mit 14 Schleifmühlen, 1841 als Hohl- und Spiegelglasfabrik genannt; D u x (Duchcov, 172), 1834 als Adamsthaler Glashütte von *Hermann Adam* erbaut; G o l d b r u n n (43), 1835 Hohl- und Spiegelglasfabrik *Lötz und Schmidt,* 1841 erwähnt; G u t t e n b r u n n (Dobrá Voda, 48), 1835 Besitzer *Wels,* 1841 wurde reines Hohlglas erzeugt; B e r g r e i c h e n s t e i n (Kašperské Hory, 9), 1835 Besitzer *Eisner;* T a s s i t z (Tasic, 140), 1835 Besitzer *Hoffmann,* 1841 Hohl- und Spiegelglasfabrik sowie Glasschleiferei; S a z a u (Sázava, 174), gegründet 1837, noch in der zweiten Hälfte des 19. Jahrhunderts von Bedeutung; S c h w a r z t h a l (Černodol, 136), gegründet 1837, 1841 Hohl- und Spiegelglasfabrik im Besitz von *Graf Bouquoy;* K l o s t e r m ü h l e (Klášterský Mlýn, 173), nach 1830 von *Eisner* zur Erzeugung von Glasperlen gegründet, *Haffenbrödl* ließ Tafelglas herstellen, 1840 erwähnt, 1850 von *Johann Lötz* (dem ehemaligen Besitzer der Glasfabriken Deffernik, Hurkenthal, Annathal und Vogelsang) gekauft, noch in der zweiten Hälfte des 19. Jahrhunderts in Betrieb[281].

In den „Tafeln von 1841" scheinen eine Reihe von Tafelglasfabriken erstmals auf: G r a f e n g r ü n (44); M a r i e n t h a l (?); N e u h o f im Kreis Elbogen (?); O s s e r h ü t t e (Pod Ostrým, 104); P a m p e r h ü t t e, auch Pamferhütte, bei Eisenstein im Kreis Prachin (105); P r e i t e n s t e i n (Nečtiny, 116); S p i e g e l h ü t t e bei Krumau (128); S c h ö f l e r e y im Kreis Elbogen (?); S c h ö n w a l d (134); T y s s (Tis, 147); W a l t s c h (Valeč, 156); und W o s t r z e d e k (Ostředek, 166)[282].

Reines Hohlglas erzeugten 1841: B r t n i t z (Brtnice, 16); K a t z e k im Kreis Kaurzim (?); L u b n a (Lubná, 82); M i l a u (Milov, 88); P r a l m a im Kreis Czaslau (?); R o s a l i e n t h a l bei Zbraslavice (119); T h e r e s i e n t h a l (Terezov, 142) und W a t i e l i t z (Vatětice, 157).

Hohl- und Tafelglas produzierten 1841: S c h l ö s s l e s e r G l a s h ü t t e (Sklárna na Hrádku, 133); B i e r t ö p f e r h ü t t e (10); C h r a m b o r z (Chrambož, 23); F r a u e n t h a l (Pohled, 36); G i l l e m im Kreis Czaslau (?); G r o ß l u c k a w i t z (Velký Lukov, 45); K a t z o w (Kácov, 65); K e y s c h l i t z (Kejžlice, 66); K r u k a n i t z (Krukanice, 74); M a r i e n w a l d im Kreis Chrudim (?); M a r k a u s c h (Markouš, 86); M i r ö s c h a u (Mirošov, 89); P o l t s c h ü t z (Polžice, 112); P r t i n a (Brtná, 117) und W o s t r o w (Vostrov, 164)[283].

Tafel- und Spiegelglashütten wurden 1841 genannt: F e r d i n a n d s t h a l h ü t t e (32), Besitzer war der Neuhurkenthaler Glasfabrikant *Abele,* und N e u f ü r s t e n h ü t t e (Nová Knížecí Hut, 93).

---

[281] K r e u t z b e r g 22 f. — S o m m e r : Königreich Böhmen XI, 228; XII, 30. — L a h m e r : Glasgeschichtliches 181—189. — L a h m e r, Robert: Industrielle Briefe aus Nordböhmen. MNExKl 7 (1884) 117—120. — S l o k a r 527. — Großindustrie Österreichs (1898) II, 178. — Großindustrie Österreichs (1908) II, 131 ff. — H o f f m a n n, Alfred: Wirtschaftsgeschichte des Landes Oberösterreich. Bd. 1. Salzburg 1952, S. 397.
[282] S o m m e r : Königreich Böhmen XII, 106. — L a h m e r : Glasgeschichtliches 188.
[283] S o m m e r : Königreich Böhmen XI, 362. — L a h m e r : Glasgeschichtliches 188.

Hohl- und Spiegelglas stellten 1841 her: P o l l e r s k i r c h e n (Ousobí, 11); S l a w i e t i n (Slavětín, 126); S c h e r a u (Šerava, 132) und V o g e l s a n g - h ü t t e zu Lindlhöfen (153).

Spiegelerzeugungen bestanden 1841 in: L i n d e n a u (Lindava, 80), übernahm Spiegelglas aus Fichtenbach, Besitzer *Kinsky;* E i s e n d o r f (Železná, 26), Spiegelglasschleifanstalt und drei Spiegelglasfabriken, und zwar in M ü n c h s d o r f (91), N e u b r u n s t (92), letztere mit Landesfabriksbefugnis, und S o p h i e n - t h a l (Černá Řeka, 127), die ebenfalls Landesfabriksbefugnis besaß.

Nach 1841 bis 1848 wurden noch folgende Betriebe genannt: T a s s i t z (Tasice), gegründet 1842; G l a s h o f in Simmersdorf (Smrčná), erbaut 1842; F r a n z - b r u n n h ü t t e, errichtet 1846; im gleichen Jahr entstanden D u n k e l t h a l bei Marschendorf (Temný Důl); D e u t s c h h ü t t e sowie A n n a t h a l h ü t t e (Anninov) [284].

b) *Kompositionswaren*

Zentrum der Kompositionsbrennerei sowie der Herstellung von gesprengten wie auch von Druckperlen war der Raum Gablonz. Die Kompositionsbrennerei, wobei die Kompositionen zuerst gebrannt und dann die Steine eingepreßt wurden, führte ein gewisser *Ender* in G a b l o n z (Jablonec nad Nisou, 38) ein. Nach dessen Tod kam der Zweig zeitweilig zum Stillstand und erst zwischen 1817 und 1820 begann *Anton Mai* neuerdings mit dieser Produktion. Mai verlor dabei sein ganzes Vermögen, da ihm die ersten Brände mißlangen und zweimal sein Unternehmen abbrannte. Ihm gelang erstmals die Herstellung rubin- und granatfarbiger Kompositionen, aus denen Perlen gedruckt wurden. Nach seinem Tode führten seine Söhne *Franz* und *Anton* das Unternehmen weiter. Früher noch als geblasene Perlen stellte man gesprengte, sogenannte Hackebissel, im Raum von Gablonz her. Zentrum dafür waren bereits Ende des 18. Jahrhunderts M o r c h e n s t e r n (Smržovka, 90) und N e u d o r f [285]. Die Ware ging zumeist nach Versilbern der Innenwände nach Rußland, in die Türkei, Serbien, Ungarn und Rumänien. Die massiveren, schweren Druckperlen wurden in Schleifmühlen hergestellt. Bereits Anfang des 19. Jahrhunderts war Malerei in der Gablonzer Glaskurzwarenindustrie beliebt und vorzüglich bei Hohlglas verbreitet, um 1820 folgten die ersten bemalten Hohlperlen. Die meisten Glasmaler befanden sich in Gablonz und W i e s e n t h a l (160). Ein bedeutender Exportartikel wurden Glasknöpfe, sogenannte Lampenknöpfe, die zuerst *Josef Scheibler* produzierte. Damit begründete dieser in den 30er Jahren die Glasspinnerei. 1836 erzeugte *Anton Scheibler* Kompositionen in mehreren Farben. Neben ihm arbeitete als Kompositionsbrenner *Johann Säckel*. Trotz der Mannigfaltigkeit der Gablonzer Erzeugnisse mußten manche Spezialartikel noch immer von Venedig eingeführt werden. 1847 gründeten *Josef Pfeiffer & Co.*, die ursprünglich ein Handelshaus führten, eine eigene Erzeugung zur Herstellung von „venetianischem Fluß". Eine bisher von ihnen betriebene Baumwollspinnerei wurde 1845 aufgelassen. Zu diesem Zweck brachten

---

[284] L a h m e r : Glasgeschichtliches 184—189.
[285] B e n d a 263—295.

sie Italiener nach Gablonz, um die Einheimischen in dieser Kunst anzulernen. Ihr Unternehmen produzierte auch Perlen, Schmelzperlen und Briefbeschwerer[286].

Nach Tayenthal[287] waren 1829 in Gablonz und Morchenstern über 6 000 Menschen in der Kompositionsglasindustrie beschäftigt, davon 1 865 in den 152 Schleifmühlen, 1 071 in den Hand- und Trämpelzeugen, weiters 121 Glasperlenbläser, 38 Glasvergolder, 48 Glasmacher in den Glashütten und über 600 Glasdrucker, Sprenger, Polierer und Anreiher, darunter auch häufig Kinder. Der Wert der geschliffenen Glasperlen wird mit 1 000 000 Gulden angegeben. Nach Kreutzberg[288] war 1835 Gablonz das Zentrum sowohl der Kompositionsbrennerei als auch der Kompositionsglasdrucker, aber auch der Glasschleifer und Schleifmühlenbesitzer. Erstere schmolzen die Glasmasse und gossen Stangen und Röhrchen daraus, die Drucker formten die weiche Masse zu Luster- und Schmucksteinen, die Schleifmühlenbesitzer, die ihre Werkstätten häufig den Arbeitern gegen eine freie Zinsvereinbarung verpachteten, besorgten den Schliff.

Die größten Unternehmungen in Gablonz 1834 waren *Pfeiffer, Unger* und *Gäble*. 1841 bestanden hier 53 Betriebe, die Kompositionen zu Schmuck verarbeiteten, hinzu kam die Kompositionsperlenfabrikation, die Erzeugung von Kronleuchterbehängen und Lustersteinen. Insgesamt waren 7 000 bis 8 000 Menschen beschäftigt (davon in 160 Schleifmühlen etwa 2 000 Arbeiter, 100 Hand- und Trämpelzeugschleifer, 150 Glasperlenbläser, 48 Glasmacher und 50 Glasvergolder, 1 000 Glasdrucker, Sprenger, Polierer und Anreiher); Produktion: 5 000 q Glaswaren (3 000 q Glas- und Kompositionsperlen, 2 000 q Lustersteine, Hohlgläser usw.) und 3 000 q Quincaillerie (größtenteils Kompositionssteine). Unter Einbeziehung der Umgebung von Gablonz bezeichnen die „Tafeln von 1841" den Wert der Glasraffineriewaren (Lustersteine, Glas- und Kompositionsperlen) mit insgesamt zwei Millionen Gulden, das entspricht etwa einem Viertel der Gesamtglasproduktion Böhmens. Die Beschäftigtenzahl betrug 10 000, davon 7 000 bis 8 000 Arbeiter in der Nähe von Gablonz (davon 2 000 in den 160 Schleifmühlen, 1 000 Schleifer, 150 Glasperlenbläser, 48 Glasmacher, 50 Glasvergolder und 1 000 Glasdrucker, Sprenger, Polierer und Anreiher). Rohstoffverbrauch: 1 000 q Pottasche, 500 q Mennige, 100 q Schmalte, 100 q Braunstein und 100 q Soda. Weiters erzeugte man 1841 in Gablonz 3 000 q Busennadeln, Fingerringe usw.

Im Jahre 1841 bestanden im Gablonzer Raum sechs Glasraffinerien. Insgesamt gab es in Böhmen 1834 22 und 1841 69 Glasraffinerien[289].

Nördlich und nordöstlich von Gablonz erlangten die *Riedel*schen Glashütten zunächst als Hohlglaserzeuger, später aber vor allem als Hersteller von Kompositionswaren eine führende Stellung. Aus der „Geschichte der Großindustrie Österreichs"[290] besitzen wir genaue statistische Angaben über die Ausweitung dieser Betriebe im Zeitraum 1776 bis 1850:

---

[286] Benda 263—295. — Lahmer: Industrielle Briefe 182.
[287] Tayenthal, Max von: Die Gablonzer Industrie. Wiener staatswissenschaftliche Studien 2/2 (1900) 3 f.
[288] Kreutzberg 26.
[289] Kreutzberg 19. — Slokar 531. — Benda 263—295. — Großindustrie Österreichs (1898) II, 166 f.
[290] Großindustrie Österreichs (1898) II, 191.

Riedelsche Glashütten 1776—1850

Betriebsjahr	Glashütte	Produktionsmenge					Glasmacher		Löhne der Glasmacher		Währung
		Hohlglas	Flakons	Druckglas	Stängel	Stangen	einzeln	zusammen	einzeln	zusammen	
1776	Christiansthal	7627 3/4c*	86 170 Stück Stöpsel								
1786	Neuwiese	7818 1/2									
1800	Neuwiese	9406 1/4									
1809	Neuwiese	8714 1/4					8		2113,13	2113,13	Banco
1820	Antoniewald	4945 lb	Steinel & 11968c				8		3370,01	3370,01	Wr. Währ. fl
1830	Antoniewald	374c	1252 1/2c	1037c	8552 3/4c	471c	6	13	1800,26	3404,58	Preuß. Courant
1830	Wilhelmshöhe	1687 3/4c		4226c			7		1604,32		
1840	Antoniewald	1343 1/4c	1087 1/4c	1016 1/2c	2980 1/2c		7	15	2316,05	5392,12	In 10 und 20 kr. Stücken
1840	Wilhelmshöhe	1046 3/4c	3715 3/4c	2391 3/4c	10139 1/2c		8		2977,07		
1850	Antoniewald	1896 1/2c	4103 1/2c	12357 1/2c	1091c		15	24	4023,07	7087,32	Conventionsmünze
1850	Wilhelmshöhe	1019c	—	—	14450 1/4c	6822c	9		3064,24		

* c = Zentner

Diese Unternehmen entwickelten sich auch noch in der zweiten Hälfte des 19. Jahrhunderts sehr günstig.

Die Geschichte der Familie Riegel (Riedel) beginnt 1752 mit *Johann Leopold Riegel*, der die Glashütte Antoniewald auf der Domäne Morchenstern pachtete. 1761 kam die Carlshütte hinzu und 1766 Neuwiese. Letztere hatte er drei Jahre später käuflich für seinen Bruder *Franz Anton* erworben. Infolge Holzstreitigkeiten kündigte 1755 das Forstamt die Pacht von Carlshütte und Antoniewald, worauf Riegel 1776 die „Christienthaler" Hütte in Betrieb nahm. 1800 starb Johann Leopold Riegel und hinterließ zwei Söhne, *Anton* und *Carl Josef*, die zu den Stammvätern der beiden Linien der Familie wurden. Carl Josef Riedel war in Reinowitz-Josefsthal ansäßig, Anton in Polaun. Letzterer führte nach dem Tode seines Vaters die Glashütten in Neuwiese und Antoniewald. Nach Antons Tod übernahm sein älterer Sohn Franz die beiden Hütten. Franz, der kinderlos blieb, übergab seinem Neffen *Josef*, dem Sohn des gleichnamigen Bruders, die Leitung der Glashütte in Wilhelmshöhe. Josef vermählte sich mit *Anna*, der Tochter seines Oheims. Als Franz 1844 starb, trat Anna sein Erbe an, das nach ihrem Tode 1855 an ihren überlebenden Ehegatten *Josef* überging [291]. Anton Riedel hatte bereits 1808 Versuche mit der Glasraffinerie unternommen. Franz Riedel erneuerte diese Versuche 1820, scheiterte aber gleichfalls. Erst durch den Erwerb des altbewährten Raffineriebetriebes Harrachsdorf 1866 errang er auf diesem Gebiet die ersten Erfolge. 1824 nahm er die Erzeugung von Kopfprismen nach englischem Muster auf.

Der älteste *Riedel*sche Familienbetrieb war die Glashütte A n t o n i e w a l d (Antoninov, 6), 1701 gegründet, Besitzer *Daniel Förster, Elias Zenker*, seit 1752 an *Johann Leopold Riegel* verpachtet, drei Jahre später Pachtvertrag aufgelöst, nach dem Tode seines Vaters erweiterte Anton Riegel sein Unternehmen (Glashütte Neuwiese) durch neuerliche Pachtung von Antoniewald, 1821 folgte sein Sohn Franz. Erzeugung von Stangenglas, Prismen, Druckglas und Flakons, 1841 Produktion: Lustersteine, Perlen, Glasstangen [292]; N e u w i e s e (100), 1766 an Johann Leopold Riedel von seinem Vetter *Johann Josef Kittel*, der auch eine Glashütte in Falkenau besaß, verpachtet, 1818 erzeugte Anton Riedel Trinkgläser und Flaschen. 1825 wegen Erschöpfung der Holzbestände aufgelassen, 1829 Neubau in Wilhelmshöhe, 1841 Erzeugung von Lustersteinen, Perlen und Glasstangen; C h r i s t i a n s t h a l (24), 1756 von Johann Leopold Riedel erbaut, 1776 in Betrieb genommen, Produktion: Hohlglas, Schleifglas, Bouteillen, Becher, Stöpsel und Druckglas, seit 1838 Besitzer Carl Josef Riedel; W i l h e l m s h ö h e (161), durch Franz Riedel 1829 von Neuwiese hierher verlegt. Erzeugnisse: Hohlglas, Flakons, Druckglas, Stängel und Stangen, 1841 stellte man Lustersteine, Perlen und Glasstangen her.

Zwischen 1809 und 1850 verdreifachte sich der Beschäftigtenstand der Riedelschen Glashütten von acht auf 24 Personen, während die Produktion sich immer mehr von Hohlglas auf Kompositionswaren, Druckglas, Stängel und Stangen umstellte [293].

---

[291] L a h m e r : Glasgeschichtliches 188. — Großindustrie Österreichs (1898) II, 185—191.
[292] K r e u t z b e r g 24. — L a h m e r : Glasgeschichtliches 183. — Großindustrie Österreichs (1898) II, 185 ff.

Weiters wurden am Beginn unserer Epoche folgende Erzeugungsstätten von Kompositionswaren erwähnt: F a l k e n a u (Falkenov, 31), 1766 von *Johann Josef Kittel*, einem Vetter Riedels, an *Johann Leopold Riedel* verpachtet, drei Jahre später von diesem gemeinsam mit dem Gut Friedrichswald käuflich erworben, später an seinen Bruder *Franz Anton* übergeben, nach dessen Tod 1780 wieder retour genommen, 1820 Produktion: Beingläser mit Vergoldungen und Schmelzglas verziert [294]; L a b a u (Hutí, 177), nach 1812 gegründet, Besitzer *Urban* heiratete 1812 die Witwe des bekannten Sprengperlenerzeugers *Anton Posinke* aus Morchenstern, der Niedergang der Glashütte führte zur Verlegung der Sprengperlenerzeugung hierher, um das Angebot an qualifizierten Arbeitskräften auszunützen [295].

Zentrum der Glasschleiferei war H a i d a (N. Bor, 49), nach Slokar bestanden hier 1818 die Glasschleifereien *Hieke, Rautenstrauch, Zinke & Co*, dann *Georg Anton Janke & Co.* und *Ignaz Gotscher & Co.* sowie *Franz Anton Kreibich & Co.*, 1835 werden Hieke, Rautenstrauch, Zinke & Co. sowie Kreibich genannt [296]; in O k r a u h l i k (Okroulík, 103) bestand 1820 ein Spiegelschleif- und Polierwerk [297]; weiters Glaskugelerzeugung in: S c h a i b a (Okrouhlá, 176), Besitzer *Fabian Heller;* M a n i s c h (Manušice, 83), Besitzer *Franz Kreibich;* und A r n s d o r f (Arnultovice, 7), Besitzer *Josef Werner* sowie Glaskugelpolierer *Franz Klimt* [298].

Während der gesamten Periode existierten folgende Betriebe: B l o t t e n d o r f (14), *F. Egermann*, der das agabierte Hohlglas erfand und erstmals Lythalin oder Edelsteinglas herstellte, 1820 Erzeuger von bemalten Gläsern, 1825 und 1841 auch als Glasindustrieller in H a i d a (N. Bor, 49) erwähnt [299].

In F a l k e n a u nächst Haida (Falkenov, 31) bestanden Glasraffinerien und Glasraffineurs: 1820 *Endler,* der bemalte Gläser herstellte, 1835 und 1841: *Klimt* [300].

In K r e i b i t z (Chřibská, 73) wurden bunte, bemalte, vergoldete Kreiden-, Kristall- und Beingläser hergestellt, 1820 erwähnt, 1835 Besitzer *Kittls Erben*, 1841 genannt; in O b e r k r e i b i t z (Horní Chřibská, 102) gründete *Josef Kittel* um 1750 eine Glashütte und Glasraffinerie, die 1785 sein Sohn *Anton* übernahm, 1819 vorübergehend eingestellt, so daß die Arbeiter nach Preußen in die Louisenhütte abwanderten, nach dem Tode des Vaters 1820 führten sein Sohn *Nikolaus* und *Friedrich Egermann* den Betrieb, später deren Schwiegersöhne; weiters bestand in K r e i b i t z 1818 die Glasraffinerie *Zahn & Co.*, 1841 als Verleger erwähnt [301].

---

[293] S l o k a r 525 f. — L a h m e r : Glasgeschichtliches 184—190. — Großindustrie Österreichs (1898) II, 185.
[294] K e e ß II, 895. — Großindustrie Österreichs (1898) II, 185.
[295] B e n d a 284.
[296] K r e u t z b e r g 24. — S l o k a r 525.
[297] K e e ß II, 883 ff.
[298] K e e ß II, 870 ff.
[299] K e e ß II, 895 ff. — K r e u t z b e r g 24 f.
[300] K e e ß II, 895 ff. — K r e u t z b e r g 24. — S l o k a r 529.
[301] K e e ß II, 870. — K r e u t z b e r g 24. — S c h e b e k 7, 131. — S l o k a r 525.

Die Glashütte Meistersdorf (87) produzierte 1820 Beingläser mit Vergoldungen und Schmelzglas verziert, 1841 13 Glasraffinerien und Glasraffineurs; in Parchen (Parchen, 106) arbeitete 1820 die Glaskugelerzeugung *Wenzel Scholze* sowie die Glaskugelpoliererei *Benedict Scholze*, 1835 die Glasraffinerie *Palme & Co.*, 1841 drei Glasraffinerien und Glasraffineurs; in Přichowitz (Přichovice, 114) gründete *Josef Riedel* 1690 eine Glasspinnerei, die auch Stangen- und Stängelglas herstellte, 1841 als Glasspinnerei erwähnt[302]; aus Steinschönau (Kamenický Šenov, 137) exportierte *Josef Zahn* um 1800 Glas nach der Schweiz und Frankreich und bezog im Gegenwert französische Handels- und Industrieerzeugnisse, 1835 genannt, 1841 Erzeugung bunter, bemalter, vergoldeter Kristall-, Kreiden- und Beingläser[303].

Zentrum der Erzeugung von Kompositionsglas, falschen Edelsteinen und geblasenem Glas war Turnau (Turnov, 146), 1820 Farbengläser produziert, 1835 Glashütte, 1841 drei Glasraffinerien bzw. Glas- und Steinschleifereien[304].

Während der Berichtszeit gegründet oder erwähnt, am Ende derselben nicht mehr genannt, wurden folgende Betriebe: Glashütte Falkenau (Falkenov, 31), 1835 erhielt *Paul Schierer* die Konzession, urkundlich bereits 1443 erwähnt; in Bürgstein (Sloup, 19), 1835 Glasraffinerie und der Glasverleger *Knöspe*; in Haida (N. Bor, 49) Glasraffinerie und Glasschleiferei *Steigerwald*[305].

Nur am Ende der Epoche scheinen folgende Unternehmen erstmals auf: 1835 in Blottendorf (14), zwei Glasraffinerien und Glasverleger, *Janke* und *Görner*, sowie die Glaswarenerzeugung *Schürer*, 1841 sechs Glasraffineurs und Verleger; in Josefsthal (Josefův Dul, 62), 1835 Glasraffinerie *Zenker*, 1841 Erzeugung von Lustersteinen, Perlen und Glasstangen; in Liebenau (Hodkovice, 79) Glasraffinerie *Blaschka*, 1841 Produktion von Kompositionsglas, falschen Edelsteinen und geblasenem Glas; in Morchenstern (Smržovka, 90) waren 1835 300 Personen (meist Kinder) mit dem Blasen, Schleifen, Vergolden und Anreihen von Perlen beschäftigt, 1841 Erzeugung von Kompositionsglas, falschen Edelsteinen, geblasenem Glas, Kronleuchterbehängen und Lustersteinen; in Prag (Praha, 113) betrieben 1835 zwei Glasraffinerien, Besitzer *Jerak* und *Kotzaurek*, Glasspinnerei und Glasbläserei, 1841 zwei Glasraffinerien, Glasgraveurs und Glasschneider; in Steinschönau (Kamenický Šenov, 137), 1835 Glasraffinerie *Vogel*, 1841 zwei Glasraffinerien und Verleger[306].

Die „Tafeln von 1841" führen noch folgende Glasraffinerien und Glasraffineurs an: Franzenshütte (34); Haida (N. Bor, 49), neun Betriebe; Kamnitz (Kamenice, 64); Langenau (Skalice, 76); Liebenau (Hodkovice, 79); Přichowitz (Přichovice, 114), Glasraffinerie und Glasspinnerei; Swietla (Světlá, 130); Steinschönau (Kamenický Šenov, 137), zwölf Betriebe; Wognomiestitz (Vojnův Městec, 163); Wolfersdorf (Vol-

---
[302] Keeß II, 870—895. — Kreutzberg 24. — Lahmer: Glasgeschichtliches 188.
[303] Kreutzberg 24. — Schebek 58.
[304] Keeß II, 870 ff. — Kreutzberg 26.
[305] Kreutzberg 24. — Schebek 131. — Benda 264.
[306] Kreutzberg 23—26. — Benda 314. — Großindustrie Österreichs (1898) II, 190.

fartice, 165); U l l r i c h s t h a l (149), Glasraffinerie, Glasgraveurs und Glasschneider; und H o c h h ä u s e l n (?), Glasraffinerie und Glasknöpfefabrik.

Kompositionswaren stellten 1841 her: K l e i n s k a l (Malá Skála, 67), Kompositionsglas, falsche Edelsteine, geblasenes Glas; L o c h h ä u s e l n (81), Kronleuchter und Lustersteine; P r a g (Praha, 113), Glasschneiderei, Glasgraveur *Biemann* und W i e s e n t h a l (160), Lustersteine, Perlen und Glasstangen.

Bezüglich der räumlichen Verteilung der böhmischen Glasindustrie zeigt sich, daß die Glashütten aufgrund des schwindenden Holzreichtums immer mehr in die Waldgebiete eindrangen, wobei sie sich im Böhmerwald verdichteten und ein neues Zentrum an der böhmisch-mährischen Grenze im Raume Sazawa entstand. Kompositionswaren wurden hauptsächlich in den Räumen Gablonz, Morchenstern und Turnau hergestellt. Mittelpunkte der Glasraffinerien und Verleger lagen um Haida, Steinschönau, Blottendorf und Falkenau. Infolge zahlreicher Erfindungen, besonders im Bereich der Kompositionswarenerzeugung, weitete sich die Glaserzeugung um Gablonz, Haida und Steinschönau stark aus, während die Bedeutung von Turnau zurückging.

Die durchschnittliche Betriebsgröße bei den Glashütten lag bei 10 bis 40 Beschäftigten, die großen Hohl- und Spiegelglashüttenkombinate des Hochadels (Bouquoy, Harrach) zählten bereits am Beginn der Periode bis 800 Beschäftigte, die in der Krise dann bis auf ein Achtel reduziert wurden und gegen Ende der Epoche etwa die Hälfte der Ausgangslage erreichten. Am größten waren die Spiegelglasfabriken, besonders Abele, der 1835 1 800 Arbeiter beschäftigte. Die Kompositionswarenerzeuger besaßen Kleinbetriebe mit zehn bis 30 Arbeitern.

CHEMISCHE INDUSTRIE

Die chemische Industrie in Böhmen konzentrierte sich auf die beiden großen Kohlenreviere. Im Steinkohlenrevier des Pilsener Kreises erzeugte man vor allem Vitriolöl, im Braunkohlenrevier des Elbogener Kreises Schwefel, Alaun und Eisenvitriol. Der große Aufschwung dieser Industriesparte war vor allem durch den steigenden Bedarf der Textildruckfabriken bedingt, was sich besonders in einer starken Verbreitung der Schmalte- und Farbenfabriken auswirkte[307].

Die chemische Industrie Böhmens erreichte im Vormärz eine dominierende Stellung innerhalb der Donaumonarchie. Ihr Anteil an der Kupfervitriolgewinnung schwankte zwischen 69 und 86 %, wobei das Maximum in den Jahren 1835/36 und das Minimum 1844 erreicht wurde; bei Eisenvitriol lag dieser zwischen 66 und 80 % mit einem Minimum 1830 und einem Maximum 1844; bei Alaun zwischen neun und 68 % mit einem Minimum 1835 und einem Maximum 1845; bei Arsen zwischen 73 und 78 % mit einem Minimum 1840 und einem Maximum 1843; bei Schwefel zwischen 21 und 36 % mit einem Minimum 1830 und einem Maximum 1843.

---

[307] S l o k a r 559.

Kupfervitriolerzeugung (in q)
(im jährlichen Durchschnitt)

	1828—1832	1833—1837	1838—1842	1843—1847
Böhmen	642	3 710	3 676	4 732
Monarchie	933	4 319	4 538	6 149
Anteil in % der Monarchie	68,8	85,9	81	77
Anstieg Böhmens in %	100	577,9	572,6	737,1

Eisenvitriolerzeugung (in q)
(im jährlichen Durchschnitt)

	1823—1827	1828—1832	1833—1837	1838—1842	1843—1847
Böhmen	27 215	23 159	29 343	43 967	38 072
Monarchie	34 901	34 954	40 883	55 070	50 481
Anteil in % der Monarchie	78	66,2	71,8	79,8	75,4
Anstieg Böhmens in %	100	85,1	107,8	161,5	139,8

Alaunerzeugung (in q)

Böhmen	2 154	3 734	2 702	9 228	22 784
Monarchie	24 426	27 041	23 452	28 397	33 507
Anteil in % der Monarchie	8,8	13,8	11,5	32,5	68
Anstieg Böhmens in %	100	173,3	125,4	428,4	1 057,7

Arsen- und Schwefelgewinnung siehe Bergbau, Seite 69 f.

Trotz starker Schwankungen läßt sich im allgemeinen ein Trend zu erhöhter Produktion feststellen, der allerdings von 1846 bis zum Revolutionsjahr 1848 eine absteigende Tendenz zeigt. Für 1848 sind uns nur vereinzelt Produktionsdaten erhalten, die einen Zusammenbruch der Erzeugung vermuten lassen. Konjunkturen und Krisen trafen in den einzelnen Erzeugungssparten keinesfalls zusammen. So bestand in der Alaunerzeugung eine Krise von 1833 bis 1836, hingegen in der Arsenproduktion von 1840 bis 1844. Bei Eisenvitriol erfolgte bis 1842 eine nahezu kontinuierliche Aufwärtsentwicklung.

Die chemische Industrie in Böhmen befand sich großteils in der Hand eines einzigen Mannes, von *Johann David Edlen von Starck*, der die Alaun- und Schwefelerzeugung zu mehr als 90 % beherrschte, während er an Vitriol etwa 50 bis 60 % der Gesamterzeugung Böhmens lieferte. Letztere entwickelte sich kontinuierlich und erzielte von 1816 bis 1832 eine Steigerung von 438 %, von 1816 bis 1841 sogar von 840 %[308].

Vitriolerzeugung in Böhmen (1816—1841)

Jahr	1816	1833	1841
Produktion in q	5 000	26 910	47 000
Anstieg (in %) (1816 = 100)	100	538	940

Johann David Edler von Starck wurde 1770 zu Graslitz geboren und starb 1841 in Prag, er liegt in Altsattl begraben. Sein Vater besaß eine Branntweinbrennerei, betrieb einen Krämerhandel und errichtete 1792 als ersten chemischen Betrieb im Messingwerk zu Silberbach eine Oleumhütte, die das früheste Unternehmen dieser Art in der Monarchie war. Die Oleumhütte S i l b e r b a c h (Stříbrná, 151) war bei ihrer Gründung mit zehn Öfen ausgestattet, später mit 20 und um die Jahrhundertwende mit 35, bis 1809 war Starck nur Pächter, ab diesem Zeitpunkt Eigentümer, 1834 Produktion 572 q Schmalte (vermindert wegen Wassermangels, normalerweise jährlich ca. 2 000 q), 40 Arbeiter in sieben Poch- und Farbmühlen, 1841 Erzeugung von 2 000 q Schmalte und Streusand[309]; 1800 wurde unter Beteiligung von Starck das Mineralwerk U n t e r - L i t t m i t z (Litmice, 91) gegründet, hiezu gehörte auch ein Braunkohlen- und Schwefelkiesbergbau, den Starck erst 1815 kaufte, wodurch er die Schwefel- und Vitriolerzeugung verbessern und vergrößern konnte; 1830 kaufte er zusätzlich das Mineralwerk O b e r - L i t t m i t z (Litmice, 91), das außer dem Mineralwerk ebenfalls aus einem Braunkohlen- und Schwefelkiesbergbau bestand; 1836 ließ Starck hier eine Schule errichten[310].

Unter-Littmitz

	1833	1841	1848
Schwefelerzeugung in q	3 606	4 454	4 769
Eisenvitriolerzeugung in q	6 053	9 373	14 155

Ober-Littmitz

	1833	1841	1848
Schwefelerzeugung in q	—	4 335	—
Eisenvitriolerzeugung in q	—	8 741	—
Alaunerzeugung in q	—	1 157	—
Vitriolsteinerzeugung in q	8 045	12 427	12 450

---

[308] K r e u t z b e r g 48. — H a i n 204—208. — F r i e s e 17, 38 ff. — S l o k a r 561.
[309] K r e u t z b e r g 39. — S l o k a r 560.
[310] H a i n 199. — P r o c h a s k a 34, 98. — S l o k a r 560.

1802 erwarb Starck das St. Jacob-Mineralwerk in H r o m i t z (Hromice, 57) um 7 500 Gulden CM von einem gewissen *Brosch*, bereits 1578 urkundlich genannt, bestand aus einer Oleumfabrik in Bykov mit einer Töpferei und Ziegelhütte sowie einem Steinkohlenbergbau und einer Dampfbrettsäge in Jalovčin, Hromitz sollte für die Oleumerzeugung den Vitriolstein sichern, der ursprünglich von hier nach Davidsthal versandt und dort verarbeitet wurde, 1807 eigene Oleumhütte errichtet, 1809 Steinkohlenbergbau in Wobora erworben, der aber nur qualitativ schlechte Kohle lieferte, seit 1819 Steinkohle in Kaznau geschürft, 1824 Oleumerzeugung nach Břas verlegt, die Vitriolschiefergewinnung stieg von 100 000 q im Jahre 1828 auf 506 000 q 1840, die Vitriolsteinerzeugung erhöhte sich von 27 917 q 1833 auf 33 772 q 1841, fiel dann 1848 wieder auf 14 090 q[311]. Ein seit 1804 bestehender Braunkohlenbergbau der *Dörflerschen* Gewerkschaft in D a v i d s t h a l (31) wurde 1807 von *Starck* gekauft, 1808 Schwefel auf zwei Öfen gesotten, Bau einer Oleumfabrik, seit 1810 nur mehr Oleumerzeugung. Zu Davidsthal, das seinen Namen nach Starcks Vornamen trägt, gehörten zwei Braunkohlenbergbaue in Haselbach und Lauterbach, eine Oleum-, chemische Produkten- und Tonwarenfabrik, eine Glashütte und Ziegelwerke, seit 1836 auch Schwefelblüte erzeugt, 1848 wurde eine Phosphorfabrik und 1851 eine Schwefelsäurefabrik errichtet. Die Oleumerzeugung konnte von 1833 bis 1841 von 3 226 q auf 3 387 q gesteigert werden, bis 1848 sogar auf 4 768 q. Von 1835 bis 1844 bestand eine Caput mortuum-Erzeugung (1841, 96 q), die Produktion von Schwefelblüte erreichte 1841 226 q und 1848 542 q[312].

Davidsthal

	1833	1841	1848
Oleumerzeugung in q	3 226	3 387	1 848
Caput mortuum-erzeugung in q	—	96	4 768
Schwefelblüteerzeugung in q	—	226	542

Im Jahre 1816 erhielten die Starckschen Betriebe die Landesfabriksbefugnis zur Erzeugung von Vitriol, Vitriolöl, Scheidewasser, Alaun und Schmalte, sie zählten 543 Beschäftigte. Im gleichen Jahr kaufte Starck das Mineralwerk A l t s a t t e l (Staré Sedlo, 2), das bereits im 17. Jahrhundert bestand, mit der Allerheiligen-Braunkohlen-, Alaun-, Mineral- und Schwefelkieszeche sowie der David- und Carl-Braunkohlenzeche bei Grasseth, Umstellung von Holz- auf Braunkohlenfeuerung, 1826 an der Eger ein Alaunwerk erbaut, 1828 eine Dampfmaschine zur Wasserhaltung aufgestellt (es soll dies die erste Dampfmaschine Böhmens gewesen sein), 1829 Kupfer- und gemischte Vitriolerzeugung aufgenommen, 1834 Alaun-

---

[311] P r o c h a s k a 79—83, 135. — S l o k a r 560.
[312] P r o c h a s k a 33—135. — S l o k a r 561.

werk an der Eger aufgelöst, 1838 gemauerte Pfannen für die Vitriollaugen im Mineralwerk errichtet [313].

Altsattel

	1833	1841	1848
Vitriolsteinerzeugung in q	3 764	3 741	693
Schwefelerzeugung in q	1 958	1 073	1 940
Eisenvitriolerzeugung in q	9 769	10 966	712
Alaunerzeugung in q	646	7 240	—
Kupfervitriolerzeugung in q	—	1 002	—

Im Jahre 1826 erwarb Starck von *Wenzel Metschiř* eine kleine Oleumhütte mit sechs Öfen in B ř a s (Břasy, 14) mit der St. Georgi- und Josefi-Steinkohlenzeche in Břas sowie den vereinigten Oleum- und Tonwarenfabriken in den Gemeinden Oberstupno, Wranow und Wranowitz; 1844 kam eine Caput mortuumfabrik in Oberstupno hinzu, die Schwefelsäureerzeugung in Břas wurde bereits 1820 erwähnt, dann aber wieder erst 1858 begonnen, bis 1828 Vitriolstein an die Oleumshüttenbesitzer *Buresch* und *Wieweg* geliefert und Oleum gegen Ersatz der Erzeugungskosten übernommen, 1854 Ankauf dieser beiden Oleumhütten, 1840/41 Erwerb eines Steinkohlenbergbaues in der Radnitzer Mulde, 1844 Salz- und Salpetererzeugung aufgenommen, während die Oleumerzeugung gleich blieb oder sogar zurückging, konnte die Erzeugung von Caput mortuum, Salzsäure, Salpetersäure und Glaubersalz stark gesteigert werden [314].

Břas

	1833	1841	1848
Oleumerzeugung in q	12 617	14 862	10 155
Caput mortuumerzeugung in q	—	—	2 859
Salzsäureerzeugung in q	412	1 822	2 811
Salpetersäureerzeugung in q	181	296	751
Glaubersalzerzeugung in q	556	1 875	3 146

In W r a n o w i t z (Vranovice, 183) bestand eine Vitriolerzeugung von Baron *Riese-Stallburg*, die Starck 1832 bis 1834 pachtete, die Oleumhütten erzeugten 1840 13 168 q Vitriolöl und 3 000 q Caput mortuum; 1833 errichtete Starck in K a z n a u (Kažnov, 68) eine Oleumfabrik mit 52 Galeerenöfen sowie eine Töpferei mit zwei Brennöfen, außerdem eine Salz- und Salpetersäurefabrik

---

[313] H a i n 199. — P r o c h a s k a 94—137. — S l o k a r 560.
[314] K e e ß II, 1003. — S o m m e r : Königreich Böhmen VI, 52. — P r o c h a s k a 83—134. — S l o k a r 560 f.

(letztere wurde 1844 nach Břas verlegt), 1844 wurde zum Absatz von Kohle die Phosphorerzeugung aufgenommen, 1850 eine Schwefelsäurefabrik erbaut; der Komplex Kaznau bestand aus einer Steinkohlenzeche, einer chemischen Produkten-, einer Oleum-, einer Tonwarenfabrik und einer Ziegelhütte, Starck ließ Arbeiter- und Angestelltenwohnungen bauen, durchlaufende Erzeugung von Oleumerz und Caput mortuum, seit 1840 auch von Salzsäure (2 490 q), Salpetersäure (1 060 q) und Glaubersalz (3 010 q)[315].

Kaznau

	1835	1841	1848
Oleumerzeugung in q	4 991	6 515	4 033
Caput mortuumerzeugung in q	1 290	764	949

Kreutzberg[316] gab für 1834 folgende Aufstellung über die zehn Mineralwerke von Johann David von Starck, die insgesamt 1 471 Arbeiter und 21 Beamte beschäftigten. An Fabrikseinrichtungen führt er sieben Farb- und Mahlmühlen, zwei Dampfmaschinen, ein Göpel mit sechs Pferden und 155 Oleumöfen an. Folgende chemische Produkte wurden erzeugt: 6 148 q Rohschwefel, 15 805 q Eisenvitriol, 3 000 q Alaun, 1 422 q Kupfervitriol, 1 521 q Salzburger Vitriol, 18 075 q Vitriolöl, 2 877 q Caput mortuum, 572 q Schmalte und Streusande.

Im Besitz der Familie Starck nennt Kreutzberg noch das St. Galli-Mineralwerk in R o b s c h i t z (Robčice, Hrobčice, 140), das 1840 3 600 q Vitriolstein erzeugte, sowie das Mineralwerk in R e i c h e n a u (Rychnov, 138), zu dem ein Kohlenbergbau gehörte, eine Rußhütte erzeugte 3 000 q Ruß für Druckerschwärze.

1837 wurde Starck geadelt; zwei Jahre später beschäftigten seine Betriebe bereits 1 800 Arbeiter, 1838 kaufte er das Mineralwerk M ü n c h h o f (106), 1800 als Alaunwerk gegründet, verarbeitete 1841 186 000 Karren Alaunerz zu 4 000 q Alaun, 1848 nur mehr 2 000 q, zu Münchhof gehörte auch eine Braunkohlenzeche; 1839 erwarb Starck die Eisenvitriol-, Vitriolstein- und Oleumerzeugung in L i t t a u (Lité, 90), Produktion 1841 10 600 q, 1848 9 876 q Vitriolstein, 1846 1 940 q Eisenvitriol, mit der Übernahme durch Starck wurde die Oleumerzeugung aufgelassen und auf Steinkohle umgestellt, Bleipfannen durch gemauerte Pfannen ersetzt, 1848 Vitriolsteinerzeugung aufgelassen, Vitriolerzeugung eingestellt, nach Boschkov verlegt[317]. Im Jahre 1840 ging das Mineralwerk H a b e r s b i r k (50), das 1830 von einer Gewerkschaft gegründet worden war, in Starcks Besitz über, anstelle des kleinen Alaunwerkes, das jährlich nur etwa 500 q erzeugte, errichtete er ein großes, neues Werk; 1841 Produktion 1 602 q Alaun, 1 215 q Eisenvitriol,

---

[315] S l o k a r 561. — P r o c h a s k a 90—134. — 125 let Chemického Závodu v Kaznějově (1833—1958) [125 Jahre chemischer Betrieb in Kaznau (1833—1958)]. Kaznau 1958.
[316] K r e u t z b e r g 47 f.
[317] P r o c h a s k a 93—99.

47 q Schwefel, 1848 2 450 q Alaun[318]; die „Tafeln von 1841" bezeichnen Starck auch als Besitzer des Peter- und Paul-Alaunwerkes in F a l k e n a u (Falknov, 40), das 1840 210 000 Karren Alaunerze verarbeitete; Starck besaß weiters das Mineralwerk E l i s a b e t h e n t h a l bei Manetin (37), das bereits von Keeß 1820 als Schwefelsäureproduzent genannt wurde, 1840 Produktion 9 000 q Vitriolstein[319].

Chemische Produktion der Starckschen Betriebe (in q)
(1833—1848)

	1833	1841	1848
Oleum	15 844	24 765	18 957
Ruß	—	1 750	2 684
Caput mortuum	—	860	3 808
Vitriolstein	39 726	59 828	36 416
Schwefel	5 564	5 534	6 709
Eisenvitriol	15 822	20 797	14 867
Kupfervitriol	1 145	683	772
gemischte Vitriole	1 700	83	1 123
Alaun	646	7 880	4 450
Salzsäure	412	1 822	2 811
Salpetersäure	181	296	751
Glaubersalz	556	1 875	3 146
Phosphor	—	—	226
Kunstdünger	—	—	393
Gips	—	—	4 100
INSGESAMT:	81 596	126 173	101 213
Anstieg in %	100	154,6	124

Aus dem Jahre 1840 besitzen wir neuerdings eine Zusammenstellung der Erzeugnisse der Starckschen Betriebe: 23 000 q rauchendes Vitriolöl, 20 000 q grünes und schwarzes Eisenvitriol, 2 000 q Kupfer- und Eisenvitriol gemischt, 1 500 q Kupfervitriol, 6 000 q Schwefel, 1 500 q sublimierte Schwefelblüte, 9 000 q eisenfreien Alaun, 2 500 q Salzsäure, 1 000 q Salpetersäure, 3 000 q Glaubersalz, 8 000 q Caput mortuum (Engelrot), 2 000 q Schmalte und Streusand. Nach dem Tode Johann Davids von Starck 1841 folgte dessen Sohn *Johann Anton Edler von Starck*, der 1808 in Graslitz geboren wurde und sein Studium an der Technik in Prag absolvierte. Seit 1828 führte ihn sein Vater in die Geschäfte ein, ab 1829 war er dessen Kompagnon. 1846 kaufte er C h r i s t i n e n t h a l bei Pilsen, wo er die Schwefelerzeugung aufnahm[320].

---

[318] H a i n 135 ff., 205. — P r o c h a s k a 98—142.
[319] K e e ß II, 1003. — H a i n 207.
[320] S l o k a r 560.

Charakteristisch für Böhmen ist das Fehlen der sonst stark verbreiteten Aerarfabriken. Die übrigen privaten Gewerke konnten sich allerdings unter der Konkurrenz der Starckschen Großbetriebe nur sehr bescheiden entfalten. Die meisten Unternehmen blieben unbedeutend und nur wenige konnten sich zu Mittelbetrieben emporarbeiten. An Schwefelsäurefabriken nennt Keeß 1820 noch A n n a t h a l (3); H u d l i t z (Hudlice, 58); J a n e s s e n (59); S p o n s l (190); T a n n a w e g (168); U n t e r - C h o d a u (Chodov, 172); W o t s c h (Voč, 181) und Z w o d a u (Zvodava, 188). Schwefel- und Salpetersäurefabriken bestanden 1820 in P l e i l (124); W e i p e r t (Vejprty, 174) sowie eine Alaunerzeugung — der einzige aerarische Betrieb — in K o m o t a u (Chomůtov, 75)[321].

Während der ganzen Periode bestanden folgende chemische Fabriken: das bedeutende Mineralwerk L u k a w i t z (Lukavice, 97), Besitzer *Fürst Auersperg,* bereits 1630 urkundlich erwähnt, 1808 Erzeugung englischer Schwefelsäure eingeführt, 1820 Produktion von Alaun, Vitriol, Schwefel und Farben, sehr gute braune und weiße Schwefelsäure, künstlicher Alaun und Duplikat- sowie Glaubersalz, 1834 Erzeugung von Eisen- und Kupfervitriol, englischer Schwefelsäure, Selen und -verbindungen, 120 Beschäftigte, 1841 Produktion 2 450 q Kupfervitriol, 10 400 q Eisenvitriol und 396 q Schwefel[322]; 1835 kaufte *Wilhelm von Wurmbrand-Stuppach* das von *Freiherrn von Ledebur* 1778 gegründete Vitriolerzeugungswerk W e i ß g r ü n (Kamenec, 175), 1820 erwähnt, 1841 Produktion 5 000 q Vitriolöl, 1843 Erzeugung englischer Schwefelsäure aufgenommen, 1845 132 Beschäftigte; *Graf Wurmbrand* führte 1820 das Alaunwerk L i b l i n (Liblín, 84), 1841 Produktion 500 q Alaun und 800 q Eisenvitriol[323]; in K a p a l i t z (Kapalice, 65) bestand 1786 ein „Laboratorium arcani duplicati", das 1841 als Fabrik für chemische Produkte neuerdings aufscheint; in P r a g (Praha, 127) gründete *Franz Xaver Brosche* 1817 eine chemische Fabrik, 1833 bedeutend erweitert, 1835 Landesfabriksbefugnis, 1834 unter Leitung des Chemikers *J. Popp,* 30 bis 40 Beschäftigte, Erzeugung von 8 000 q verschiedener Produkte unter Verwendung von 100 Klafter Brennholz und 6 000 q Steinkohle, hier wurde die erste Presse zur Erzeugung von Rüböl mit einem Druck von 1 200 q aufgestellt, 1841 Produktion 400 q Zinnsalz, 300 q salpetersaures Blei, 200 q arsensaures Kali, 150 q Weinsteinsäure, 500 q kristallisiertes Soda, 100 q salpetersaures Kupfer, 80 q Quecksilberpräparate, 100 q chromsaures Kali, 200 q Chromgelb, 30 q Kupfer-, Zinn-, Zink-, Uran-, Antimon-, Wolfram- und andere Metalloxyde für Glasfabriken, 500 q flüssige Zinn-, Zink-, Kupfer-, Chrom- und Bleipräparate für die Kattundruckereien, 150 q Salmiakgeist, 150 q Essigsäure, 30 q Essig- und Schwefeläther, 7 000 bis 8 000 q englische Schwefelsäure, 3 500 q Salzsäure, 2 500 q Salpetersäure, 6 000 q Glaubersalz, 1 500 q Chlorkalk im Gesamtwert von 200 000 bis 230 000 Gulden[324]; 1820 wurde in K r z i c (80) Schwefelsäure und 1841

---

[321] K e e ß II, 1003 ff.
[322] K e e ß I, 656 f.; II, 951. — K r e u t z b e r g 48 f. — H a i n 199. — S l o k a r 560.
[323] K e e ß II, 951. — H a i n 205. — S l o k a r 561.
[324] K r e u t z b e r g 50, 98. — S l o k a r 562.

Vitriol erzeugt; desgleichen in Döllnitz (Odolenovice, 34), 1820 Schwefel- und Salpetersäure und 1841 1 400 q Vitriol, Besitzer *Liewald* [325].

Die folgenden Fabriken wurden nur von Kreutzberg 1833/34 genannt: eine Rußfabrik in Binsdorf (9), Besitzer der Sachse *Theißig,* erzeugte 1833 200 Fässer à 50 Pfund; die chemische Fabrik *D. Hirsch* in Prag (Praha, 127) produzierte Salz- und Salpetersäure, Königswasser, Zinn-, Eisen-, Blei-, Kupfer-, Wismuth- und Zinksalze sowie Präparate für die Kattunindustrie; in Rožmithal (Rožmitál, 144) wurden Holzessig und Bleizucker hergestellt, Besitzer *Anton Richter,* der in Königsaal eine weitere große chemische Produktenfabrik besaß, jährlich 80 Klafter Holz zu 200 000 q Holzessig verarbeitet; eine Fabrik für chemische Produkte in Königsaal (Zbraslav, 72) entstand 1818 als erste Bleizuckerfabrik der Monarchie, die Werkstätten lagen in den Räumen der Kolonialzuckerfabrik, Erzeugung von englischer Schwefelsäure, Salz-, Salpeter- und Essigsäure, Alaun, Salmiak, Soda, künstlichem Kitt sowie von Bleizucker, sogenannter Marseiller und Harzseife für die Kattundruckerei und zu Färbezwecken, weiters auch von Talg-, Öl- und feiner Waschseife, 1834 wurde englische Schwefelsäure im Ausmaß von ca. 2 000 q produziert (das entsprach zwei Fünftel der Produktion Böhmens), 1837/38 mußte der Betrieb stark eingeschränkt werden, um die Rübenzuckerfabrik auszubauen, 1841 erzeugte der chemische Betrieb nur mehr Seife [326]. In Prag (Praha, 127) bestand 1834 eine kleine Holzessigfabrik, Besitzer *M. Prohaska,* die Reduktionen des künstlichen schwefelsauren Bleies herstellte, 1841 Produktion 7 808 Eimer Holzessig, 619 q Salzsäure, 392 q Glaubersalz und anderes im Werte von 28 000 Gulden; weiters die chemische Fabrik *J. A. Brem,* der als erster Schwefelsäure aus Eisenkies gewann, 1836 18 Beschäftigte; Brem besaß eine zweite Fabrik in Jemnik (Jemníky, 42), 1834 als chemische und Bergproduktenanstalt bei Schlan genannt, produzierte unmittelbar aus Schwefelkies Schwefelsäure, weiters Selen und Selenverbindungen, 1841 erzeugten beide Betriebe 1 000 q englische Schwefelsäure, 400 q Salpetersäure, 600 q Salzsäure, 800 q Glaubersalz, 600 q Eisen- und Salzburgervitriol, 50 q Zinnsalz, 250 q andere chemische Produkte im Werte von 30 000 Gulden; 1834 führte *A. Becher* in Münchengrätz (Mnichovo Hradiště, 104) eine chemische Fabrik, die Weizenstärke, Stärkeleim, Biskuit- oder Kraftmehl usw. produzierte, 1841 als chemische Fabrik genannt [327].

In den „Tafeln von 1841" scheinen unter der Bezeichnung „chemische Fabriken" erstmals auf: Bezdiekau (Bezděkov, 15); Chotiborz (Chotěboř, 21); Dobrnitz (Dobrnice, 32); Eger (Cheb, 36); Großlochowitz (Velké Lohovice, 47); Hrobschitz (Robčice, 143); Lubna (Lubná, 96); Owozar (?); Wraschkow (Vražkov, 184); Prag (Praha, 127), Besitzer *J. Braun,* Produktion 450 q Zinnsalz, 400 q Chlorozinn, 400 q Seegrün, 400 q Salpetersäure und anderes mehr, im Werte von 90 000 Gulden; und Halbemeil (52),

---

[325] Keeß II, 1003.
[326] Kreutzberg 49—52. — Slokar 563. — Paudler: Heimische Industrie 205 f. — Diviš 54 ff.
[327] Kreutzberg 35, 51 ff. — Slokar 562.

zwei Betriebe. Unter der Bezeichnung „Fabrik für chemische Produkte" wurden 1841 genannt: Großkostomlat (Kostomlaty, 46); Komarau (Komárov, 74); Podol (?); Schönlinde (Krásná Lípa, 155); und Goltsch-Jenikau (Golčův Jeníkov, 45). Als Mineralwerk wurden 1841 angeführt: Wituna (?) und Boschetitz (Boštice, 12). Als „Säure-, Salze-, und Alkaliwerke" nannten die „Tafeln von 1841": Auschau (Ouštěk, 4); Přibram (Příbram, 131); und Wegwanow (Vejvanov, 173). „Vitriolerzeugungen" bestanden 1841 in: Rzecholan (?); Kozoged (Kozojedy, ?), Besitzer eine Gewerkschaft, Produktion 3 500 q Vitriol; Radnitz (Radnice, 133), Besitzer *J. A. Clemens,* Erzeugung 2 500 q, dazugehörig ein Alaunwerk; Slabetz (Slabce, 152), Besitzer *Baron Hildebrandt,* Produktion 1 600 q; Lohowa (?), Eisenvitriolwerk *Freiherr Perglas,* Produktion 426 q Eisenvitriol und 194 q Schwefel.

Schwefelhütten, die auch Vitriol erzeugten, gab es in Lobes (Lobeč, 93) und Daudlowetz (Doudlevce, 29); ein Alaunwerk bestand in Darowa (Darová, 28); ein Arsenikwerk in Riesenheim (?), Besitzer *Friedrich Ruffer,* Produktion 281 q Arsenik.

Zwei Pulverfabriken befanden sich 1841 in Stěchowitz (Stěchovice, 162). Von den 15 600 q Salpeter, die 1841 in der Donau-Monarchie erzeugt wurden, stammten 1 000 q aus den Starckschen Werken.

Kreutzberg[328] nennt 1834 fünf Bleizucker- und Holzessigfabriken, die rund 6 000 q im Werte von 160 000 Gulden erzeugten. Am bedeutendsten war *L. A. Roose & Co.* in Karolinenthal (Karlín, 153), Produktion von eisenblausaurem Kali, 1841 erwähnt; weiters nennen die „Tafeln von 1841" zwei Bleizuckerfabriken: *Kinzelberger* in Smichow (Smíchov, 154), 1819 als Farbenfabrik von *Karl Kinzelberger* und *Wilhelm Sattler* gegründet, und Wobořischt (Obořiště, 179)[329].

Chemisches Knochenmehl für Düngezwecke erzeugte 1835 eine Knochenmühle in Mies (Stříbro, 101), im Besitz einer Gesellschaft, 1841 erwähnt; eine Spodiumfabrik bestand 1841 in Rumburg (Rumburk, 145); in Wittingau (Třeboň, 178) eine Eichenholz-Extrakterzeugung[330].

Kreutzberg führt 1834 13 Gipserzeugungsanstalten an, die jährlich 16 000 q produzierten. Davon erzeugte die Gipshütte von *Fürst Fürstenberg* in Schwarzthal (?) im Kreis Rakonitz 3 000 q unter Verwendung von ⁵/₃ Kalk und ⁴/₃ Steinkohle, 1834 20 Arbeiter, zusammen mit Polanetz (?), 1841 erwähnt[331].

Bernhard Fürth errichtete 1838 in Schüttenhofen (Sušice, 156) eine Zündwarenfabrik, Anfang der 40er Jahre wurden hier und in Goldenkron (Zlatá Koruna, 44) Phosphor- und Zündprodukte hergestellt, seit 1845 „Schwedische Sicherheitszünder", ein weiterer, Bernhard Fürth gehörender Betrieb war in Bergreichenstein (Kašperské Hory, 6), 1845 beschäftigten Schüttenhofen und Goldenkron gemeinsam 400 Arbeiter, zwei Dampfkessel und zwei

---

[328] Kreutzberg 51.
[329] Kreutzberg 51. — Slokar 563 nennt L. A. Rossa & Co als Besitzer.
[330] Slokar 572.
[331] Kreutzberg 49.

Dampfmaschinen zu 160 PS in Verwendung, 1841 Landesfabriksbefugnis; weitere Zündrequisitenfabriken bestanden 1841 in Karolinenthal (Karlín, 153) und in Smichow (Smíchov, 154)[332].

Die böhmische Textilindustrie, vor allem die Kattundruckereien, benötigten in großem Umfang Farben. In Preßnitz (Přísečnice, 129) befand sich 1834 eine Schmaltefabrik, die jährlich rund 3 000 q im Werte von 90 000 Gulden erzeugte; in Liboch (Liběchov, 87) wurde 1818 eine Waidballenfabrik gegründet, die 1833 blauen Waidfarbstoff im Werte von 1 200 Gulden CM herstellte; eine bereits unter Maria Theresia bestehende Farbenfabrik in Breitenbach (18) erhielt 1830 die Landesfabriksbefugnis, sie erzeugte unter *Johann Anton Breiner* 1841 Berlinerblau; Kreutzberg spricht 1834 von einem „bedeutenden Unternehmen zur Erzeugung von Bleiweiß und Mennige" in Joachimsthal (Jáchymov, 61), Besitzer *von Zeileisen,* 1841 Produktion von Berlinerblau; Berlinerblau wurde 1841 weiters in Jungenhengst (63), Berlinerblau und Blutlaugensalz 1845 in Neuhaus (Jindřichův Hradec), Besitzer *Johann Staniek,* 100 Beschäftigte, hergestellt[333]. Schmelz- und Porzellanfarben produzierte eine Schmaltefabrik in Platten (Blatno, 123), die bereits im 18. Jahrhundert bestand, sowie eine Farbenfabrik in Christophhammer (Chrištofory Hamry, 23), die 1841 auch Berlinerblau herstellte, und 1820 eine Fabrik in Johannesthal (?); 1822 gründete *Josef Eichler* in Wysotschan (Vysočany, 177) eine Lack- und Firnisfabrik, die in der zweiten Hälfte des 19. Jahrhunderts größere Bedeutung erlangte[334].

In Prag (Praha, 127) bestanden drei Parfümeriewarenfabriken. Keeß erwähnte bereits 1820 die Betriebe von *Daniel Korda* und *Sebastian Ramagnola,* 1821 erhielt Daniel Korda die Landesfabriksbefugnis, 1834 arbeitete er mit dem Papierfabrikanten *Mitscherlich* zusammen, 1834 kam die Parfümeriewarenfabrik *A. Brichta* hinzu, 1841 wurde nur mehr das Unternehmen von *Daniel Korda* erwähnt[335].

Im Jahre 1820 gründeten die *Brüder Lewy* in Prag (Praha, 127) eine Siegellackfabrik, die auch Federkiele und Schuhwichse herstellte, 1828 Landesfabriksbefugnis, 1830 bedeutend erweitert, nach Kreutzberg produzierte man Schuhwichse nach „englischer Art", wobei 500 q Runkelrübensirup und ca. 500 q Knochenkohle verwendet wurden, Jahreserzeugung zwei Millionen Schachteln an Wichse und 200 q Siegellack, 14 verschiedene Sorten von See-, Raben- und gewöhnlichen Federkielen nach Hamburger Art exportierte man vor allem nach Deutschland, Belgien und Italien, 80 Beschäftigte, 1841 Produktion 580 000 Dutzend Schachteln Schuhwichse sowie 300 bis 400 q Siegellack, 100 Beschäftigte[336]; eine weitere Glanzwichsfabrik bestand 1841 in Neuschloß (?).

Eine fabrikmäßige Wachsziehereibetrieb *Josef Wießner* 1820 in Kaplitz

---

[332] Slokar 573. — Großindustrie Österreichs (1898) V, 402 f. — Farták, J.: 120 let sirkárny Solo Sušice [120 Jahre Zündhölzerfabrik Solo, Schüttenhofen]. Pilsen 1959.
[333] Kreutzberg 35, 39. — Paudler: Heimische Industrie 205. — Slokar 563.
[334] Keeß II, 1003. — Slokar 563. — Großindustrie Österreichs (1908) II, 252.
[335] Keeß II, 380, 568. — Kreutzberg 52. — Slokar 569.
[336] Kreutzberg 54. — Slokar 572.

(Kaplice, 66); Masken und Larven aus Wachs stellte eine Fabrik in K l ö s t e r l e (Klášterec, ?) her; nach Kreutzberg existierte 1834 in N i x d o r f (Mikulášovice, 115) eine Kunstblumenfabrik, Besitzer *Anton Pietschmann;* in den „Tafeln von 1841" scheint in P r a g (Praha, 127) eine Fabrik *F. A. Müller & Söhne* für gebleichtes Wachs auf, die 1845 auch Seifen und Stearinkerzen erzeugte, 50 Arbeiter[337].

Bis in die 30er Jahre erzeugte man Kerzen nur aus Unschlitt und Wachs. Die Unternehmen hatten meist nur lokalen Charakter. Die Anwendung fester Stearinsäure zur Kerzenherstellung seit den 30er Jahren ermöglichte eine Massenfabrikation, die durch bessere Qualität bei bedeutend billigeren Preisen gekennzeichnet war. Stearinkerzen kamen um 1837 auf.

Die Seifenfabrikation war bis in die erste Hälfte des 19. Jahrhunderts ebenfalls kleingewerblich strukturiert. Bis 1812 bestand eine Bezirkseinteilung für die Einsammlung des Unschlitts sowie eine Satzung für die Herstellung von Seifensiederwaren, die der Entwicklung von Großbetrieben sehr hinderlich war. Zentralraum der Öl- und Talgseifenerzeugung war P r a g (Praha, 127). Kreutzberg erwähnte 1834 die Fabrik *G. Schlesinger,* die mit ihrer flüssigen Seife vor allem die Textilindustrie belieferte, 1835 einfache und 1836 Landesfabriksbefugnis, 50 Beschäftigte, 1841 genannt; weiters existierte in Prag 1841 eine Talgschmelze; der später so bedeutende Seifenfabrikant *Georg Schicht* erwarb am 6. Juli 1848 in R i n g e l s h a i n (Rynoltice) seine erste Gewerbeerlaubnis[338].

Im Jahre 1841 bestanden in P r a g (Praha, 127) eine Fabrik für Kautschukauflösung und in K r i t z (Chřič, 80) eine Pottascheerzeugung.

Die chemischen Kleinbetriebe, die ursprünglich sehr stark zerstreut waren, traten in der Berichtszeit erstmals konzentriert auf. Ihre Zentren lagen jeweils am Rande der von ihnen belieferten Textil- und Porzellanindustrie sowie im engsten Zusammenhang zu den beiden großen Kohlenrevieren als Rohstoffbasis. Hauptzentren im letzteren Bereich bildeten die Starckschen Werke um Radnitz, Karlsbad und Falkenau. Für die Parfümeriewaren-, Kerzen- und Seifenerzeugung war Prag der Mittelpunkt. Über Beschäftigtenzahlen sind uns mit Ausnahme der Starckschen Werke nur wenig Angaben erhalten, doch dürften die meisten Betriebe kaum mehr als 20 bis 50 Arbeiter gezählt haben. Eine Ausnahme bildete der Großbetrieb des Fürsten Auersperg in Lukawitz mit 120 Beschäftigten.

NAHRUNGS- UND GENUSSMITTELINDUSTRIE

Die Lebensmittelindustrie hat relativ spät fabrikmäßige Betriebe hervorgebracht. Besondere Impulse erhielt sie aus dem Mangel an Kolonialwaren während der Kontinentalsperre. Infolge des Ausfalles von Zuckerrohr erfolgten erste Versuche mit Rübenzucker, an die Stelle von Olivenöl traten Rübsamen-, Lein- und

---

[337] K e e ß II, 393—396. — K r e u t z b e r g 104. — S l o k a r 572.
[338] K r e u t z b e r g 52. — S l o k a r 570 f. — Großindustrie Österreichs (1908) III, 258 f.

Nußöl. Bohnenkaffee wurde durch Surrogate ersetzt. In der Mühlenindustrie brachte der Einsatz der Dampfkraft den Übergang zum Großbetrieb, der aber erst in der zweiten Hälfte des 19. Jahrhunderts erfolgte.

a) Kaffeesurrogate

In Böhmen bestanden 1834 13 Zichorienkaffeefabriken, die jährlich 36 000 q im Werte von 100 000 Gulden produzierten. Die Durchschnittsgröße einer Fabrik lag bei 20 Beschäftigten. 1841 erhöhte sich der Wert dieser Fabrikation auf 150 000 Gulden, wobei die Zahl der Fabriken gleich blieb. Dieser Wert entsprach 37 % des Gesamtwertes dieser Erzeugungssparte in der Donaumonarchie [339].

Mehrere dieser Fabriken wurden von Keeß[340] bereits 1820 ausdrücklich als Zichorienkaffeefabriken bezeichnet, zum Beispiel L e i t m e r i t z (Litoměřice, 83); M o c h t i n (Mochtín, 102), erwähnt 1841; in P r a g (Praha, 127), wo allein sieben solcher Fabriken existierten, 1841 nur mehr vier Betriebe.

Weiters zählten die „Tafeln von 1841" eine Reihe von Kaffeesurrogatfabriken auf: B ö h m i s c h - L e i p a (Česká Lípa, 17); C h i e s c h (Chýše, 20); H o c h w e s s e l i (Vysoké Veselí, 53); K ö n i g g r ä t z (Králové Hradec, 71); K u k l e n a (Kukleny, 81); N e u h a r z d o r f (Nový Harzdorf, 108); S c h ö n a u (?) und S m i c h o w (Smíchov, 154).

b) Pflanzenöle

Rübsamenöl verarbeiteten nach Kreutzberg[341] 1834 in Böhmen neun Fabriken, deren Kampagne jeweils vom September bis März lief. Sie produzierten 24 000 q Öl im Werte von 750 000 Gulden. Nach den „Tafeln von 1841" machte die Rübsamenölproduktion der österreichischen Reichshälfte 88 933 q aus, das war etwa ein Viertel der gesamten Pflanzenölproduktion. Ein Viertel davon entfiel auf Böhmen.

David Gabriel Fischel gründete 1822 in P r a g (Praha, 127) eine Rübsamenölfabrik, 1825 einfache, 1827 Landesfabriksbefugnis, 60 Beschäftigte, infolge eines Brandes nach S m í c h o w (Smíchov, 154) verlegt und von dort 1830 neuerdings nach K a r o l i n e n t h a l (Karlín, 153), 1841 Produktion 6 000 q geläutertes Öl; 1829 errichtete *Salomon Tedesco,* der bis 1828 Kompagnon von Fischel war, in Prag eine zweite Ölraffinerie, die 1829 die einfache und 1833 die Landesfabriksbefugnis für Rübölerzeugung erhielt, 30 Beschäftigte, 1841 erwähnt[342]; *Michael B. Teller* erbaute 1836 in B e s t w i n (Bestvina, 16) eine Ölfabrik[343]; 1841 wurden überdies folgende zwei Ölraffinerien erwähnt: C h w a t ě r u b (Chvatěruby, 24) und L i b i g i t z (Libějice, 85).

---

[339] K r e u t z b e r g 54.
[340] K e e ß II, 314. — S o m m e r : Königreich Böhmen VII, 77.
[341] K r e u t z b e r g 98.
[342] S l o k a r 573.
[343] S o m m e r : Königreich Böhmen XII, 292. — Großindustrie Österreichs (1898) V, 169 ff.

c) Essig

Keeß nennt 1820 zwei Essigsiedereien: H o h e n b r u c k (Třebechovice, 54), die *Franz Nedoma* gehörte; und H o s t a u n (Hostouň, 56), Besitzer *Rudolph Fürstl*[344]. Die „Tafeln von 1841" verzeichneten folgende Essigfabriken: B e n e - s c h a u (Benešov, 5), zwei Betriebe; K a r o l i n e n t h a l (Karlín, 153); K ö - n i g g r ä t z (Králové Hradec, 71); N e u s t a d t a n d e r M e t t a u (Nové Město nad Metují, 112) und P r a g (Praha, 127).

d) Mühlen

Die Mühlenindustrie bestand in der Berichtszeit großteils noch aus handwerklichen Betrieben, Paudler[345] berichtet für 1833 von zwölf Mühlenbetrieben im Raume S c h ü t t e n i t z (Žitenice, 157). In den „Tafeln von 1841" erscheinen bereits drei Dampfmühlen in S a a z (Žatec, 146), zwei im Besitze des Nägelfabrikanten *Seidenköhl;* die Dampfmühle *Zimmermann* verarbeitete jährlich 9 000 bis 10 000 Metzen Getreide; eine weitere Dampfmühle in K h a n (Chanov, 189) gehörte *Park* und *Ludovici,* sie wurde auch als „Mahl-, Graupen- und Brettmühle" bezeichnet. In J u n g b u n z l a u (Mladá Boleslav, 62) existierte 1841 eine Fabrik für Weizenstärkemehl, Gummi und so weiter, die jährlich 150 q erzeugte, Besitzer *J. Ruziczka.*

e) Tabak

1812 wurden die Tabakfabriken von G o l t s c h - J e n i k a u und P r a g vereinigt und nach S e d l e t z (Sedlec, ?) verlegt, 1841 zählte Sedletz 25 Beamte, 413 Arbeiter, 78 Pensionisten, 269 Provisionisten und verarbeitete 56 622 q geschnittenen sowie 3 238 q gesponnenen Tabak, daraus erzeugte man 58 500 q geschnittenen Tabak als Halbfabrikate und unter Verwendung von 6 017 q Mehl und 58 602 q geschnittenem Tabak 10 125 q Schnupftabak, 57 928 q geschnittenen und 3 149 q gesponnenen Rauchtabak als Ganzfabrikate[346].

f) Getränke

1. Bier. Böhmen stand bereits in der ersten Hälfte des 19. Jahrhunderts an der Spitze jener Länder der Donaumonarchie, deren Bierbrauereien weltbekannt waren, obgleich erst Ansätze zu Großbetrieben bestanden. Da die Biererzeugung den städtischen und obrigkeitlichen Regalien unterstand, kam es hier zu keinen Fabriksprivilegien. Nach den „Tafeln von 1841" existierten in Böhmen 1 052 Brauereien, die 3 378 119 Eimer (Wiener Maß) im Werte von 12 Millionen Gulden herstellten. Verglichen mit der Gesamtmonarchie beherbergte Böhmen rund ein Drittel aller Brauereien, die 43,2 % des gesamten Bierausstoßes erzeugten. Bis 1850 hatten sich die böhmischen Brauereien nur um fünf vermehrt, die Erzeugung stieg aber von 3 378 119 auf 4 045 465 Eimer. 1818 bestand der Plan zur Gründung einer öffentlich-theoretisch-praktischen Braulehranstalt in Prag, um die Bierqualität zu verbessern, die nach Keeß infolge mangelhafter technischer Vor-

---

[344] K e e ß II, 356.
[345] P a u d l e r : Heimische Industrie 204 f.
[346] (B e n e s c h , Friedrich): 150 Jahre Österreichische Tabakregie (1784—1934). Wien (1934), S. 25.

bildung der Braumeister und des häufigen Wechsels der Pächter stark zu wünschen übrig ließ. Die Vielzahl von Brauereien läßt sich in unserer Karte unmöglich berücksichtigen, weil fast in jedem Orte solche aufscheinen. In P r a g gab es 1834 allein 60 Brauhäuser[347].

Wenn im folgenden einige wichtige Brauereien Berücksichtigung finden, so deshalb, weil diese in den Quellen als größere Betriebe bezeichnet sind, beziehungsweise später größere Bedeutung erlangten; in B i n s d o r f bei Tetschen (9) betrieb das Fürstenhaus *Clary und Aldringen* seit dem Ausgang des 16. Jahrhunderts eine Brauerei, die später auch verpachtet wurde[348]; in B r a n n a (Branná, 13) besaß *Graf Harrach* eine Brauerei, die seit 1841 verpachtet war; in K l o s t e r an der Iser (Klášter, 70) bestand seit 1611 eine Brauerei, 1848 erwähnt[349]. In K ö n i g s a a l (Zbraslav, 72) wurde 1834 die Bierbrauerei vom fürstlich Oettingenschen Oberförster *Rietsch* neu eingerichtet, 1835 in eine Rübenzuckerfabrik umgewandelt[350]; 1841 war in O b e r - R o c h l i t z (Horní-Roketnice, 116) die Bierbrauerei des *Grafen Harrach* verpachtet, sie produzierte auf einen Guß 60 hl[351]; 1842 wurde im neuen bürgerlichen Brauhaus zu P i l s e n (Plzeň, 119) eine Brauerei eingerichtet, die im Unterschied zu dem von Privat- und Klosterbrauereien hergestellten „Oberzeugbier" ein „Unterhefenbier" in den Handel brachte, 1842/43 Produktion 3 657 hl, 1849/50 bereits 10 865 hl, „Pilsner" als internationaler Begriff errang allerdings erst seine Weltgeltung nach dem Bau der Westbahn (1862), die Bierexporte über größere Räume (bis Wien) ermöglichte[352]; in P r a g (Praha, 127) errichtete 1805 *Franz L. Wanka* eine k. k. Hofbierbrauerei, die 1846 die Dampfkochung einführte, noch in der zweiten Hälfte des 19. Jahrhunderts im Besitz dieser Familie[353]; die Brauerei P r o t i w i n (Protivín, 130) geht vermutlich bis ins 15. Jahrhundert zurück, erlangte aber erst nach 1874 mit dem Neubau der Brauerei größere Bedeutung; 1841 wird eine Bierbrauerei in R e i c h e n b e r g (Liberec, 139) erwähnt; in S a a z (Žatec, 146) bestand seit 1801 ein bürgerliches Bräuhaus; in S t a r k e n b a c h (Jilemnice, 161) war 1841 die *Graf Harrach*sche Brauerei verpachtet[354]; in T u r n (Trnovany, 169) besaß das Fürstenhaus *Clary und Aldringen* seit dem Ende des 16. Jahrhunderts eine Bierbrauerei, die seit der Mitte des 19. Jahrhunderts mit zwei Dampfmaschinen ausgestattet war; in W i t t i n g a u (Třeboň, 178) betrieb *Fürst Schwarzenberg* eine Brauerei, erstmals 1329 genannt, seit 1711 im neuen Brauhaus[355].

---

[347] K r e u t z b e r g 52 f. — H a i n 350. — K e e ß II, 327.
[348] Großindustrie Österreichs (1898) V, 231.
[349] Großindustrie Österreichs (1898) V, 247. — Großindustrie Österreichs (1908) II, 62 f.
[350] K r e u t z b e r g 53. — Vergleiche D i v i š 27.
[351] Großindustrie Österreichs (1898) V, 247.
[352] S l o k a r 637. — Großindustrie Österreichs (1898) V, 228 ff. — Großindustrie Österreichs (1908) III, 198 ff.
[353] Großindustrie Österreichs (1898) V, 276 f.
[354] Großindustrie Österreichs (1898) V, 247—268. — Großindustrie Österreichs (1908) III, 211.
[355] H a l l w i c h : Industrie und Handel 662. — Großindustrie Österreichs (1898) V, 231, 268.

Eine weitere große Zahl von Brauereien findet sich im „Historischen Atlas" der tschechischen Akademie der Wissenschaften[356] verzeichnet, ohne daß dabei hervorginge, wann diese Brauereien gegründet wurden, beziehungsweise wie groß sie waren.

2. *Branntwein, Spiritus, Weingeist usw.* Weit verbreitet war in Böhmen auch die Branntweinerzeugung. Kreutzberg nennt 1834 16 solcher Fabriken, davon allein zwölf in Prag sowie 18 kleinere Erzeugungsstätten[357]. Die „Tafeln von 1841" zählten 28 solcher Fabriken auf. Der Gesamtwert ihrer Erzeugnisse wird mit zwei Millionen Gulden angegeben. Nach Hain produzierten 1841 34 Fabriken, 765 Gewerbe und 429 Nebenbei-Erzeugungsstätten (insgesamt 1228 Betriebe) 325 574 Eimer Branntwein[358]. Verglichen mit der Gesamtmonarchie lagen 55,7 % der Fabriken, 25 % der gewerblichen Betriebe, aber nur 3 % der nebengewerblichen in Böhmen, wobei deren Produktionsanteil mit 11,4 % gering blieb. Böhmen war somit ein Land sowohl der großen als auch der kleinen Erzeugungsstätten mit einer unterdurchschnittlichen Erzeugungskapazität. Bis 1850 vermehrten sich die Fabriken von 34 auf 84, während die gewerblichen und Nebenerwerbsbetriebe beträchtlich zurückgingen, die Produktion sank von 325 574 Eimer auf 222 104 Eimer. Dieser Rückgang dürfte auf eine schlechte Rohstofflage zurückzuführen sein, die aber in Böhmen immer noch besser als in den übrigen Teilen der Monarchie war. Bis zur Jahrhundertmitte konnte Böhmen seinen Anteil an den fabrikmäßigen Betrieben auf 73 % vermehren, wobei sein Beitrag zur Gesamtproduktion auf 17 % stieg.

Branntweinfabriken scheinen in den „Tafeln von 1841" in A u g e z d (?); B i l i n (Bílina, 8), zwei Betriebe; und W e s e r i t z (Bezdružice, 176) auf.

In K ö n i g s a a l (Zbraslav, 72) ließ 1836 *Anton Richter* auf Vorschlag *Ballings* seine Melasse zu Spiritus brennen[359].

Weingeistfabriken existierten 1841 in D o x a n (Doksany, 35); K o n o p i s c h t (Konopiště, 76); L o b o s i t z (Lovosice, 94); N e b e l a u (Nebilov, 107); N e u h o f (Nové Dvory, 111) und R a b i n (Rabyné, 132).

Eine Liquörfabrik errichtete 1807 in K a r l s b a d (Karlovy Vary, 67) *Johann Becher,* die das berühmte „Karlsbader Englisch-Bitter" erzeugte[360]; Kreutzberg erwähnt in P r a g (Praha, 127) 1834 eine Rosoglio- und Likörfabrik von *Födisch* und *Hanke,* die 43 Sorten Liköre, Punschessenzen und Cognac erzeugte[361]; 1841 zehn Rosoglio- und Likörfabriken genannt. Weiters verzeichnen die „Tafeln von 1841" je zwei Rosoglio- und Likörfabriken in A d l e r - K o s t e l e t z (Kostelec nad Orlicí, 77) und in R e i c h e n a u a n d e r K n ě ž n a (Rychnov nad Kněžnou, 137); je eine in C h o t z e n (Chozeň, 22); G r o ß - S k a l i t z (Velká Skalice, 48); G o l t s c h - J e n i k a u (Golčův Jeníkov, 45); H a b e r n (Habry,

---

[356] Atlas Československých Dějin (1965) Karte 17 a. Die große Zahl der Brauereien stammt aus dem Buch von S o m m e r : Königreich Böhmen.
[357] K r e u t z b e r g 53.
[358] H a i n 355.
[359] D i v i š 55.
[360] Großindustrie Österreichs (1898) V, 291.
[361] K r e u t z b e r g 53. — S o m m e r : Königreich Böhmen XI, 228.

51); J a r o m ě ř (60); K ö n i g g r ä t z (Králové Hradec, 71); K o l l e s c h o w i t z (Kolešovice, 73); K o t l a r k a (Kotlářka, 78); K a r d a n t s c h i t z (?); N i e m e s (Mimoň, 114); P a t z a u (Pacov, 118); R a u d n i t z (Roudnice, 136); R o s e n b e r g (Rožmberk, 141); S e n f t e n b e r g (Žamberk, 149); S m i r z i t z (Smiřice, 159); S t e c k e n (Štoky, 163); U d r i t s c h (Oudrč, 170) und W o t t i t z (Votice, 182).

In P r a g (Praha, 127) wurde 1841 überdies eine Fabrik für aromatische geistige Getränke genannt.

Mineralwasserabfüllung wird von Kreutzberg bereits 1834 erwähnt, und zwar in F r a n z e n s b a d (Františkovy Lázně, 41), wo ein gewisser *Hecht* eine Abfüllanlage betrieb; in B i l i n - S a u e r b r u n n (Bílina, 8) wurde die Mineralquelle durch *Fürst Moritz von Lobkowitz* gewerbsmäßig abgefüllt[362].

Die räumliche Verteilung der Nahrungs- und Genußmittelindustrien konzentrierte sich aufgrund ihrer natürlichen Rohstoffbasis auf die landwirtschaftlich nutzbaren Räume unter Berücksichtigung der Absatzorientierung auf die Städte. Die stark industrialisierten Randgebiete wurden im großen und ganzen gemieden, so daß im Inneren des Landes eine ziemlich gleichmäßige Verteilung eintrat. Besondere Dichte weist das Gebiet um Senftenberg, Königgrätz und Saaz auf. Bei den Bierbrauereien zeigte sich erst gegen Ende der Epoche ein Ansatz zu Konzentration und zur Bildung von Großbetrieben. Die übrigen landwirtschaftlichen Industrien waren noch meist Zwergbetriebe, bis zuletzt auch die Mühlenindustrie. Mit Ausnahme der staatlichen Tabakfabrik, die an 800 Beschäftigte zählte, erreichten größere Betriebe dieser Sparte nicht mehr als 50. Jedoch sind die statistischen Angaben hiezu sehr dürftig.

g) *Zucker*

Die Kolonialzuckerraffinerien erlitten seit der Jahrhundertwende einen erheblichen Rückgang, seitdem das Verbot Kaiser Josefs II. von 1789 auf die Einfuhr ausländischer Raffinade nach seinem Tod wieder aufgehoben worden war. Die Kontinentalsperre verhinderte neuerdings die Einfuhr des Zuckerrohres, weshalb die meisten Betriebe stillgelegt werden mußten. Ein Aufschwung trat erst wieder nach 1817 durch den Umstand ein, daß die Verleihung von kleineren Zuckersiedereibefugnissen jetzt unterblieb. Raffinerien durften nur mehr nach Erlangung einer Landesfabriksbefugnis errichtet werden. Zur Begünstigung der inländischen Raffinerien erfolgte 1818 eine Minderung der Einfuhrzölle. Weiters erhielten diese Zollkredite für aus dem Ausland bezogenes Zuckermehl[363].

Während der Kontinentalsperre begannen die ersten Versuche mit Ersatzstoffen. Die patriotisch-ökonomische Gesellschaft unterstützte den Anbau von Runkelrüben und deren Verwertung zur Zuckergewinnung. Versuche mit Ahornsaft, die *Fürst Auersperg, Fürst Colloredo-Mansfeld, Fürst Windischgrätz* und andere um 1810/11 anstellten, führten ebenfalls zu keinem brauchbaren Ergebnis. Alle diese Versuche, Zucker aus inländischen Rohstoffen zu gewinnen, erfreuten

---

[362] K r e u t z b e r g 49. — Großindustrie Österreichs (1898) V, 335 f.
[363] S l o k a r 575 ff.

sich reger Unterstützung der Hofkanzlei und seitens der Hofkammer. Da ihnen aber ein endgültiger Erfolg versagt blieb, zogen sich die Regierungsstellen ab 1816 zurück und erklärten, daß dieser Industriezweig aufgehört habe, für den Staat ein Gegenstand besonderer Aufmerksamkeit zu sein. Nach Aufhebung der Kontinentalsperre gingen alle diese Unternehmen wieder ein, da sie sich gegenüber dem Kolonialzucker nicht als konkurrenzfähig erwiesen [364].

Erst 1828 begann *Freiherr von Dalberg* auf seinem Gute Datschitz in Mähren neuerdings Experimente mit Rübenzucker. Ein Hofdekret von 1831 gewährte allen Unternehmen, die Zucker aus inländischen Produkten herstellten, eine zehnjährige Befreiung von der Erwerbsteuer. 1830 berief *Fürst Thurn und Taxis* den Chemiker *Karl Weinrich* auf seine Güter nach Böhmen, damit er aufgrund seiner Erfahrungen, die er 1829/30 auf einer Studienreise in die französischen Rübenzuckerfabriken gesammelt hatte, die erste Rübenzuckerfabrik in Böhmen einrichte. Gemeinsam mit *Kodweiß* entwickelte er ein eigenes Verfahren, den „Weinrich-Kodweißschen Läuterungsprozeß". 1834 wurde ihm ein Privileg auf die Erzeugung und Raffinierung von Rübenzucker und 1837 auf seine Erfindung eines Schnellgradierungsapparates verliehen [365].

Der Fortschritt der Rübenzuckerindustrie geriet 1831 bis 1835 mangels Rüben in Schwierigkeiten. Die Qualität der Rüben war ebenfalls häufig sehr schlecht. Kleinere Fabriken erzeugten fast ausschließlich Sirup, der in den größeren weiter verarbeitet wurde, wobei sich oft größere Fabriken ein halbes Jahr nur der Verarbeitung des Sirups widmeten. Um den Rübenanbau auszuweiten, schrieb Weinrich eine Anleitung hiezu, die der von der patriotisch-ökonomischen Gesellschaft herausgegebene Kalender des Jahres 1832/33 veröffentlichte [366].

Im Jahre 1836 sollte auf Anregung von *Friedrich Fürst von Öttingen-Wallerstein* ein „Verein zur Beförderung der Zuckererzeugung aus einheimischen Stoffen, vorzüglich aus Runkelrüben" in Böhmen konstituiert werden. Als Gründer zeichneten die Fabrikanten *Fürst Öttingen, Fürst Karl von Thurn und Taxis, Wilhelm Graf Wurmbrand, Baron Henninger, Ritter von Riese, Martin Wagner* und *Oppelt*. Dem Verein wurde die staatliche Bewilligung versagt, weil Freiherr von Kübeck sich dagegen aussprach. Daraufhin blieb das Ansuchen unerledigt, trotz Befürwortung der Hofkanzlei, der Hofkammer sowie des böhmischen Landesguberniums und der Obersten Polizeihofstelle [367].

Im Jahre 1842 mußte infolge einer sehr schlechten Rübenernte der Betrieb einiger Fabriken eingestellt werden. Die Entwicklung der Rübenproduktion in den 40er und 50er Jahren ist durch eine Konzentration der Betriebe gekennzeichnet. Nur die größeren blieben bestehen und wurden ausgebaut. Kleinere Fabriken gingen entweder durch Rübenmangel oder infolge ungenügender Einrichtung zugrunde [368].

---

[364] Slokar 579—586.
[365] Slokar 592—605. — Diviš 61. — Baxa, Jakob: Studien zur Geschichte der Zuckerindustrie in den Ländern des ehemaligen Österreich. Wien 1950, S. 25—29.
[366] Slokar 605 f. — Diviš 52, 61.
[367] Baxa 57—76.
[368] Diviš 81, 113.

In den Jahren 1830 bis 1832 wurden jährlich zwei neue Rübenzuckerfabriken gegründet, 1833 nur eine und 1834 waren es drei. Kreutzberg gibt für 1834 neun Rübenzuckerfabriken in Böhmen an, die über 200 000 q Rüben verarbeiteten. Sirup und Rohrzucker wurden in der *Richter*schen Fabrik in Königsaal raffiniert. Im Jahre 1835 kamen acht neue Fabriken mit einem Rohstoffverbrauch von 260 000 bis 280 000 q Rüben hinzu, woraus jährlich 15 000 q Rübenzucker in einem Wert von 600 000 Gulden gewonnen wurden. Die Kampagne dauerte jährlich nur etwa sechs bis sieben Monate, wobei in zwei Schichten von etwa 1 200 Menschen gearbeitet wurde. Der Eigenzuckerbedarf Böhmens betrug allein 40 000 q jährlich. Bis zum Jahre 1840 wurden in Böhmen insgesamt 52 Rübenzuckerfabriken gegründet. Davon gingen sechs wieder ein. 46 derselben erzeugten Rohzucker, acht auch Raffinaden. Sieben Betriebe verfügten über Dampfmaschinen. 1840 wurden 600 000 bis 700 000 q Rüben zu etwa 30 000 bis 35 000 q Zucker verarbeitet. 1841 standen insgesamt 37 Rübenzuckerfabriken in Betrieb, die 796 485 q Rüben zu 39 824 q Zucker weiter verarbeiteten. 17 dieser Fabriken erzeugten nur Sirup aus 402 355 q Rüben. Sieben Fabriken stellten aus dem von ihnen erzeugten Sirup selbst Rohzucker her, wobei sie 93 760 q Rüben verarbeiteten. Zwölf Fabriken produzierten Sirup sowie Rohzucker und raffinierten auch letzteren, fünf davon raffinierten nur Rohzucker oder übernahmen den Sirup anderer Fabriken zur Fertigstellung (Königsaal, Dobřisch, Girna, Wysočan und Altlieben). 1841 betrug der Gesamtwert der Zuckerproduktion Böhmens (Rohzucker und Kolonialzucker) 1 500 000 Gulden, dies entsprach 10 % der Gesamterzeugung der Zuckerindustrie der Monarchie. Wenn man nur die Rübenzuckerindustrie betrachtet, lieferte Böhmen 38 % der Produktion der Monarchie. Erst 1846 vermochte Mähren Böhmen aus seiner führenden Rolle zu verdrängen. Im Jahre 1844 waren bereits 2 333 (niederösterreichische) Joch Ackerland für den Rübenanbau reserviert. Aus 700 000 q geernteten Runkelrüben wurden 35 000 q Zucker gewonnen. 1846 verarbeiteten 31 Rübenzuckerfabriken 693 600 q Rüben, 15 davon erzeugten nur Sirup aus 392 700 q Rüben, neun nur Rohzucker aus 15 300 q Rüben und sechs reinen Zucker aus 185 600 q Rüben, 1851 existierten in Böhmen 63 Rübenzuckerfabriken, die 1 067 551 q Rüben verarbeiteten. Demnach erfolgte in den Jahren 1834 bis 1851 ein 600%iger Anstieg der Zahl der Fabriken bei einem nur 434 %igen der verarbeiteten Rübenmenge, was sich aus einer Vielzahl kleinster Betriebe erklärt[369].

Rübenzuckerfabriken in Böhmen 1834 bis 1851

	1834	1841	1844	1851
Fabriken	9	37	32	63
Rohstoff (Rüben in q)	200 000	796 485	552 250	1 067 551
Produktion von Zucker (in q)	15 000	39 824	27 612	—
Wert (in fl)	600 000	—	—	—

---

[369] Kreutzberg 55 ff. — Hain 361. — Diviš 79—87. — Slokar 607 f.

Verteilung der Rübenzuckerfabriken nach Art der Produktion

	1841	1842	1843	1844	1846
Sirup	17	12	15	16	15
Rohzucker	7	7	6	8	9
Produktion von der Zuckerrübe bis zum fertigen Zucker	12	7	9	7	6

Prozentueller Anstieg der Zuckerfabrikation

	1834	1841	1844	1851
Fabriken	100	411	355	700
Rübenverbrauch	100	398	276	534
Zuckerproduktion	100	265	184	?

1. *Kolonialzucker.* Unter den Kolonialzuckerraffinerien war die bedeutendste K ö n i g s a a l (Zbraslav, 72), 1785 durch *Herrn von Sauvaigne* in einem aufgelösten Klostergebäude errichtet, infolge Aufhebung des Zuckereinfuhrverbotes 1802 stillgelegt, 1812 von *Anton Richter* erworben, bis 1819 büßte Richter durch schwierige Verhältnisse fast sein ganzes Vermögen ein, die Fabrik wurde stillgelegt, 1819 neuer Gesellschafter bis 1823 *H. E. Herz,* aufgrund der Zollbegünstigungen 1818 neuerlicher Aufschwung, 1820 wurden 30 000 q Rohzucker in zwölf Sorten Zucker und eine Sorte Sirup in drei Küchen verarbeitet, 1823 trat an die Stelle von H. E. Herz der Prager Geschäftsmann *F. F. Kolb,* 45 Beschäftigte, die im Fabriksgebäude wohnten, außerhalb der Fabrik fünf Arbeiter (je ein Töpfer, Seiler, Kupferschmied, Tischler und Papiermacher), 8 000 q Rohzucker zu Zucker verarbeitet, 1828 Dampfmaschine mit 14 PS aufgestellt, Rohstoffverbrauch 14 000 q und 1834 30 000 q Rohzucker, eine Dampfmaschine und Raffinerieapparat „Hovard" erzeugten 12 000 q raffinierten Zucker (das entsprach über einem Viertel des Landesverbrauches von Böhmen), 1834 Fabrikation von Rübenzucker eingeführt, modernste Produktionsmaschinen aufgestellt, 1841 jährlich 1 300 q Zucker verarbeitet (darunter sogenannter „Osterzucker für Juden"), im Todesjahr Richters 1846 betrug die Produktion nur mehr 6 000 q Kolonialzucker (Anton Richter, 1782 in Böhmisch-Leipa geboren, arbeitete ursprünglich in der bekannten chemischen Fabrik A. Brosche in Prag, heiratete später *Jenny Leitenberger,* die Tochter des Textilfabrikanten)[370]; in P r a g (Praha, 127) errichtete 1823 *H. E. Herz,* der seit vier Jahren Gesellschafter von Richter in Königsaal war, eine eigene Kolonialzuckerraffinerie, die auch die Landesfabriksbefugnis erhielt, 1841 Erzeugung von 1 300 q Raffinade (darunter auch „Osterzucker"), zumeist übernahm Herz den von anderen Fabriken erzeugten Sirup zur Weiter-

---

[370] K e e ß II, 293. — K r e u t z b e r g 55. — D i v i š 80. — N e u m a n n, K. C.: Entwurf einer Geschichte der Zuckerindustrie in Böhmen (1787—1830). Prag 1891, S. 100 ff. — S l o k a r 574 ff., 605.

verarbeitung, die Rübenzuckerverarbeitung blieb unbedeutend, 1843 bis 1846 etwa 3 000 q jährlich[371]; in Prag-Smichow (Smíchov, 154) besaß 1841 *Bärenreuther* eine Kolonialzuckerraffinerie, die jährlich 2 000 q produzierte, bis 1846 auf 13 000 q angestiegen; in Prag-Karolinenthal (Karlín, 153) führten *Bense und Petermann* 1841 eine Kolonialzuckerraffinerie, die jährlich 6 700 q Zucker verarbeitete, 1843 im Besitze von *Lerch & Petermann*, Produktion 11 000 q, 1846 nur 10 000 q, in den folgenden Jahren nicht in Betrieb[372].

2. *Rübenzucker.* Von den während der Kontinentalsperre gegründeten Rübenzuckerfabriken erhielt sich nur eine einzige bis in unsere Berichtszeit. In Liboch (Liběchov, 87) gründete *Jakob Veith* 1811 eine Rübenzuckerfabrik, die erst 1821 ihren Betrieb einstellte[373].

Folgende Betriebe wurden während dieser Epoche gegründet, finden sich dann später nicht mehr erwähnt und dürften daher eingegangen sein: in Bezdiekau (Bezděkov, 7) gründete *Ritter von Strohlendorf* 1830 eine Rübenzuckerfabrik, 1832 Landesfabriksbefugnis für Runkelrüben- und Rohzuckerraffinerie, Produktion 1830 15 000 q, bis 1835 auf 20 000 q gestiegen, 1835 50 Beschäftigte; in Chudenitz (Chudĕnice, 26), von *Graf Eugen Czernin* im Schloßgebäude nach dem Muster der Fabrik in Datschitz eingerichtet, verarbeitete 100 q, 1832 12 000 q und 1835 20 000 q Rüben; in Swinarz (Svinaře, 167) errichtete *A. J. Oppelt* 1832 eine Rübenzuckerfabrik, Kapazität von 14 000 q bis 1834 auf 15 000 q gestiegen (bei einer Kampagne von nur 120 bis 140 Tagen im Jahr), 1835 Produktion 20 000 q, daneben auch Erdäpfelstärke und Erdäpfelsirup nach der verbesserten Methode von *Weinrich* hergestellt; 1832 betrieb *Freiherr von Dalberg* in Maleschau (Malešov, 98) eine Rübenzuckerfabrik; 1832 gründete das Prager Handelshaus *Krug & Bärenreuther* in Oberstromka bei Prag (Praha, 127) eine Rübenzuckerfabrik und Kartoffelsiruperzeugung, 1834 30 000 bis 40 000 q, 1835 20 000 q Rüben verarbeitet, 98 Beschäftigte; der Rohzucker wurde in Karolinenthal (Karlín, 153) weiter verarbeitet, 1835 wurde das gesamte Unternehmen dorthin verlegt; 1834 gründete *Graf Wurmbrand* in Zwingau (Svinná, 88) eine Rübenzuckerfabrik, die 1835 20 000 q Rüben verarbeitete; 1834 erbaute *Johann Freiherr von Henninger* in Ertischowitz (Rtišovice, 39) eine Fabrik, verwertete jährlich 12 000 q Rüben nach dem Muster von Königsaal, Landesfabriksbefugnis, 1835 20 000 q Rüben verarbeitet, 32 Beschäftigte; *Ritter von Riese* gründete 1835 in Jungferbřežan (Pannenské Břežany, 64) einen Betrieb, der jährlich 20 000 q Rüben verwertete; *Ritter von Neupauer* errichtete 1835 in Stranow (Stránov, 164) eine Fabrik, die jährlich 30 000 q Rüben zu Sirup verarbeitete; weitere Fabriken erbauten: *Graf Clam-Martinic* 1835 in Studnowes (Studňoves, 165); *Fürst Metternich* 1836 in Plaß (Plasy, 122); und *Vincenz Fürst von Auersperg* 1836 in Žak (Žáky, 186); gemeinsam mit dem Mühlenbesitzer *Karl Bitzan* gründete *Josef Reuter* 1837 in Böhmisch-Fellern (Česká Vrbny, 11) eine Rübenzuckerfabrik, die infolge Rübenmangels

---

[371] Kreutzberg 55. — Slokar 576. — Diviš 80 ff.
[372] Diviš 83—105.
[373] Slokar 580.

1838 einging und in eine Papierfabrik umgewandelt wurde; *Gabriela Gräfin von Wratislaw* errichtete 1837 in G r o ß - W o s o w (Velký Vosov, 49) einen Betrieb; *Johann Graf von Nostitz-Rieneck* 1837 in P l a n (Planá, 121); *Ronald Božek & Vincenz Kraus* 1837 in Popowitz (Popovice, 125), letzterer ging bald wieder ein; *Anton Richter & Co.* gründeten 1837 in R a d o m i l i t z (Radomilice, 135); *Wenzel Seifert* und zwei weitere Gesellschafter 1837 in S t a a b (Stodo, 160) eine Rübenzuckerfabrik, 1839 wegen Rübenmangels eingestellt und in eine Brennerei umgewandelt, später in eine Nägelfabrik; 1838 erbaute *Martin Wagner* in A l t - B i d s c h o w (Starý Bydžov, 1) und 1838 *Josef Schiller* in K ř i m i t z (Křimice, 79) eine Rübenzuckerfabrik[374].

Die folgenden Betriebe existierten auch noch am Ausgang der Periode und waren demnach von größerer Beständigkeit: die älteste und eine der bedeutendsten Fabriken war D a u b r a w i t z (Doubravice, 30), 1831 durch *Fürst Karl Anselm von Thurn & Taxis* unter Mitwirkung des Chemikers *Karl Weinrich* gegründet, verarbeitete 11 000 q Rüben, 1832 60 bis 80 Beschäftigte, Landesfabriksbefugnis, 1834 leitete das Unternehmen *Zdeborsky,* 200 Beschäftigte (zwei Beamte), Kampagne 183 Tage (Jahreslohnsumme 5 600 Gulden), 1834 aus 40 200 q Rüben 1 726 q verschiedene Zucker- und 980 q verschiedene Sirupgattungen sowie 3 738 q 30grädiger Zuckersirup erzeugt, der in der Richterschen Fabrik zu Königsaal weiterverarbeitet wurde, 1835 Höhepunkt der Produktion mit 76 500 q Rüben, 10 000 q Rübensaft à 30 Grad gewonnen, 1841 jährlich 70 000 q Rüben verwertet, 1851 nur mehr 44 477 q, das Unternehmen bestand auch noch in der zweiten Hälfte des 19. Jahrhunderts[375]; im Auftrag von *Fürst Öttingen* errichtete 1831 *Karl Weinrich* in K l e i n k u c h e l (Malá Chuchle, 69) eine weitere Rübenzuckerfabrik, die mit der Landesfabriksbefugnis ausgestattet war, 1832 übernahm *Dr. Friedrich Kodweiß* deren Leitung, 1834 teilweise nach Königsaal verlegt, 1841 wurde hier nur Sirup aus 40 000 q Rüben hergestellt; die Rübenzuckerfabrik K ö n i g s a a l (Zbraslav, 72) verarbeitete 1835 30 000 q Rüben zu Sirup und Zucker; sie war im Königsaaler Brauhaus eingerichtet, der Sirup wurde von der Raffinerie Richter weiterverarbeitet, 1843 und in den folgenden Jahren jährlich 40 000 q Rüben verwertet[376]; 1832 verlegte man die Fabrik Datschitz in Mähren nach S u k d o l l (Suchdol, 166), um dem Mangel an Rüben abzuhelfen, Sukdoll gehörte *Baron Dalberg* und verarbeitete 1832 8 000 bis 10 000 q, 1835 20 000 q, 1844 9 600 q und 1846 6 000 q Rüben, gegen die Jahrhundertmitte ging man teilweise auf Kohlenfeuerung über, die Produktion stieg wieder an[377]; die Rübenzuckerfabrik *Richter* in K ö n i g s a a l (Zbraslav, 72), 1834 gegründet, verarbeitete nach Kreutzberg[378] jährlich 30 000 bis 40 000 q Rüben, 1835 Produktion

---

[374] K r e u t z b e r g 56. — D i v i š 45—51, 75—78, 113. — S l o k a r 601—604. — B a x a 64.
[375] K r e u t z b e r g 56 ff. — D i v i š 13—18, 81—116. — S l o k a r 600—608. — Großindustrie Österreichs (1898) V, 174.
[376] K r e u t z b e r g 56. — D i v i š 24—27, 81—88. — S l o k a r 601—608. — B a x a 63.
[377] D i v i š 75—116. — S l o k a r 601—608.
[378] K r e u t z b e r g 56.

20 000 q Zucker, zwei Dampfmaschinen mit 26 PS und drei Dampfkessel, in der Raffinerie ebenfalls eigene Dampfmaschine, 1841 etwa 35 000 q Rüben verwertet, vollständige Produktion von der Rübe bis zum Zucker, auch Sirup und Rohzucker anderer Fabriken weiterverarbeitet, Rübenmenge erreichte 1843 35 000 q und um die Jahrhundertmitte 91 000 q[379]; *Graf von Chotek* erbaute 1835 in N e u h o f (Nové Dvory, 111) eine Fabrik, die später *Fürst Öttingen* pachtete, der 1834 zum Leiter *Dr. Friedrich Kodweiß* bestellte, 1846 Pächter *Bachofen*, 1841 23 200 q, 1846 29 000 q Rüben zu Sirup gepreßt; in B i l i n (Bílina, 8) ließ *Fürst von Lobkowitz* 1835 eine Fabrik errichten, die jährlich 40 000 q Rüben verarbeitete, 1841 waren es nur mehr 22 350 q, um die Jahrhundertmitte wieder 41 000 q; in M a r t i n o w e s (Martiněves, 99) gründete *Fürst Kinsky* 1835 eine Fabrik mit einer Kapazität von 40 000 q Rüben, 1841 verarbeitete Rübenmenge 21 400 q, die Produktion reichte von der Rübe bis zum fertigen Zucker, 1846 27 300 q Rüben verwertet; 1835 nahm *V. Mascha* in N e u b i d s c h o w (Nový Bydžov, 108) eine Rübenzuckerfabrik in Betrieb, die 1841 22 200 q Rüben verarbeitete, 1844 Besitzer *Johann H. W. Lendeke,* der aus 10 000 q Rüben nur Zuckersaft herstellen ließ, um 1850 24 495 q Rüben verarbeitet; in P h i l i p p s d o r f (Filipov, 120) errichtete 1835 *Ritter von Eisenstein* eine Fabrik, die jährlich 30 000 q Rüben zu Sirup preßte und 50 Arbeiter beschäftigte, 1841 verarbeitete Rübenmenge 26 400 q, 1843 mit 27 000 q Höchststand der Produktion, um die Jahrhundertmitte nur mehr 22 500 q Rüben verwertet[380]; in S c h l a n (Slaný, 148) gründeten *Oppelt und Weinrich* im Jahre 1835 eine Rohzuckerfabrik, die aus 60 000 q Rüben Sirup herstellte, 1844 im Alleinbesitz von *Anton Oppelt*, 1846 dem *Freiherrn von Riese-Stallburg* gehörig, 1846 wurden nur mehr 4 000 q Rüben verarbeitet, um die Jahrhundertmitte allerdings wieder 72 597 q (einschließlich der Fabrik in Dux); 1835 erbaute *Martin Wagner* in S m i d a r (Smidary, 158) eine Rübenzuckerfabrik, die 80 000 q Rüben zu Sirup preßte, 1842 wurden nur mehr 45 600 q Rüben verwertet, 1843 die Höchstmenge von 56 000 q; in W i s s o t s c h a n (Vysočany, 177) unternahm 1832 der Prager Apotheker *Friedrich Frey* Versuche mit Rübenzuckerfabrikation, er hatte sich seine Kenntnisse auf Studienreisen 1826 bis 1830 in Frankreich erworben, 1841 stellte er aus 24 000 q Rüben Sirup und fertigen Zucker her, verwertete aber auch Sirup und Rohzucker anderer Fabriken, bis zur Jahrhundertmitte stieg die Rübenmenge auf 63 700 q; in W o d e l k a (Vodolka, 180) ließ *Freiherr von Riese-Stallburg* seit 1835 Sirup pressen; 1841 wurden 27 000 q, 1844 40 000 q und um die Jahrhundertmitte 74 000 q Rüben verarbeitet; in Z a s m u k (Zásmuky, 187) gründeten *Satzger, Krug* und *Bärenreuther* 1835 eine Sirupfabrik, die 1844 in den Besitz von *Schuller & Co.* überging, 1843 27 500 q, 1846 36 400 q Rüben verwertet[381]; 1836 nahm eine Aktiengesellschaft in B u d w e i s (Budějovice, 19) eine Rohzuckerfabrik in Betrieb, die bereits im folgenden Jahr wegen Rübenmangels eingestellt

---

[379] D i v i š 51 ff., 81—116. — S l o k a r 604.
[380] S o m m e r : Königreich Böhmen XIII, 107. — D i v i š 76—117. — S l o k a r 601—609.
[381] D i v i š 57 ff., 76—117. — S l o k a r 604—609. — B a x a 64.

und an *Fürst Schwarzenberg* verkauft werden mußte, 1842 neuerdings im Besitze einer Aktiengesellschaft, verarbeitete jährlich 11 000 q Rüben, in den 40er Jahren eingegangen; 1836 gründete *Martin Wagner* in G i r n a (Jirny, 43) unter Oberaufsicht von *Karl Weinrich* eine Rübenzuckerfabrik und Raffinerie, 1841 Produktion von der Rübe bis zum fertigen Zucker, daneben auch Sirup und Rohzucker anderer Fabriken verwertet, 1842 12 000 q Rüben, 1846 22 300 q, um die Jahrhundertwende 35 000 q Rüben verarbeitet; *Fürst Johann von Lobkowitz* erbaute 1836 in K r z i m i t z (Křimice, 79) eine Raffinerie, die nur Rohzucker erzeugte, sie benötigte 1843 22 000 q, um die Jahrhundertmitte 29 000 q Rüben; *Fürst Colloredo-Mansfeld* errichtete 1836 in L e d e t z (Ledec, 82) eine Fabrik, die 1841 aus 22 350 q, 1846 aus nur mehr 8 000 q, um die Jahrhundertmitte aus 5 400 q Rüben Rohzucker erzeugte; *Fürst Anselm von Thurn und Taxis* sowie *Baron Zessner* ließen 1836 unter bescheidensten Verhältnissen im Schlosse zu L i t s c h a u (Ličkov, 92) Sirup pressen, 1841 wurden 24 000 q, 1846 nur mehr 4 200 q Rüben verarbeitet, um die Jahrhundertmitte ging das Unternehmen völlig ein[382]; *Bertha Fürstin von Rohan* gründete 1836 in L o u k o w e t z (Loukovec, 105) eine Raffinerie, 1841 erwähnt; *Johann Heinrich Lendeke* errichtete 1836 in A l t l i e b e n (Starý Lokot, einem Stadtteil von Prag, 127) eine Fabrik, die von der Rübe bis zum fertigen Zucker produzierte, aber auch Sirup und Rohzucker von anderen Firmen übernahm, 1842 13 300 q, 1844 20 000 q, um die Jahrhundertmitte 24 500 q verwertet; in M i r a n k a bei Prag (Praha, 127) erbaute *Karl Weinrich* 1836 eine Fabrik, die auch noch 1841 bestand; in R a d i t s c h (Radič, 134) betrieb 1836 *Dr. jur. Franz Pistel* eine Fabrik, die nur Rohzucker erzeugte, 1846 verarbeitete Rübenmenge 2 000 q, noch in den 40er Jahren eingegangen[383]; 1837 nahm *Rudolf Fürst Colloredo-Mansfeld* in D o b ř i s c h (Dobříš, 33) die Rübenzuckererzeugung von der Rübe bis zum fertigen Zucker auf, daneben verwertete er aber auch Sirup und Rohzucker anderer Fabriken, 1842 16 000 q Rüben verarbeitet, 1846 Betrieb eingestellt; 1837 errichtete *Ludwig Graf von Taaffe* in E l l i s c h a u (Nalžovy, 38) eine Rohzuckerfabrik, die 1842 aufgelassen wurde; 1836 eröffnete *Johann Kostka* in K u k l e n a (Kukleny, 81) eine Sirupfabrik, die in den 40er Jahren einging; 1837 gründete *Heinrich Eduard Herz* in L i b n o w e s (Libňoves, 86) eine Fabrik, die 1841 57 500 q Rüben verarbeitete, ihre Produktion reichte von der Rübe bis zum fertigen Zucker, 1843 wurde aus 38 000 und 1844 aus 20 000 q Rüben Zuckersaft gewonnen, um die Jahrhundertmitte stieg die verwertete Rübenmenge auf 33 700 q[384]; 1837 nahm *Friedrich Graf von Schönborn* in L u s c h a n (Lužany, 95) eine Sirupfabrik in Betrieb, 1844 Mitbesitzer *Fürst Thurn und Taxis,* 1843 Erzeugung von Sirup aus 8 000 q Rüben, in den 40er Jahren eingegangen; 1837 begann das Prämonstratenserstift Strahow in M ü h l h a u s e n (Nelahozeves, 103) mit der Siruperzeugung, 1846 12 700 q Rüben verarbeitet, in den 50er Jahren eingegangen; 1837 gründete *Rudolf Fürst von Colloredo-Mansfeld* in seinem Schloßgebäude in

---

[382] D i v i š 76—116. — S l o k a r 608 f.
[383] S l o k a r 608. — D i v i š 76—116.
[384] D i v i š 77—116. — S l o k a r 609.

Pradlo (Prádlo, 126) eine Sirupfabrik, die 1846 aus 7 000 q Rüben sehr schlechten Sirup herstellte, in den 40er Jahren eingestellt[385]; 1838 erfolgte in Sadska (Sadská, 147) die Gründung einer Sirupfabrik, deren Besitzer 1844 *Karl Weinrich* war, 1846 aus 9 600 q Rüben Rohzucker gewonnen, ab 1849 Weinrich Alleinbesitzer, um die Jahrhundertmitte jährlich etwa 8 800 q Rüben verarbeitet; *Fürst Ferdinand von Lobkowitz* betrieb seit 1837 in Ulbersdorf (Albrechtice, 171) eine Sirupfabrik, die 1846 12 700 q Rüben verwertete, dann zeitweise außer Betrieb gestellt, um die Jahrhundertmitte etwa 18 500 q Rüben verarbeitet, in den 50er Jahren aufgelassen; 1837 errichtete *Christoph Graf von Waldstein* in Zajezd (Zájezdy, 185) eine Fabrik, die 1841 aus 25 000 q Rüben fertigen Zucker produzierte, 1842 eingestellt[386], 1838 gründete *Fürst von Liechtenstein* in Liblitz (Liblice, 89) eine Fabrik, 1841 im Besitz von *Krug* und *Bärenreuther*, verarbeitete 23 500 q Rüben bis zum fertigen Zucker, 1844 Besitzer *M. H. Satzger*, jährlich 43 000 q Rüben, um die Jahrhundertmitte 26 500 q Rüben benötigt; 1838 begann *Baron von Pourtalés* in Rusin (Ruzyně, 142) mit Rübenzuckererzeugung, 1841 im Besitz von *Hoffmann*, der jährlich 46 000 q Rüben verarbeitete, 1843 nicht mehr in Betrieb[387]; seit 1840 führte *Graf Oktavius Kinsky* in Chlumetz (Chlumec, 27) eine Rübenzuckerfabrik, deren Leitung *Dr. Friedrich Kodweiß* übernahm, 1841 wurde aus 26 800 q Rüben Sirup hergestellt, infolge der Mißernte von 1849 und Krankheit geriet Kodweiß in Schwierigkeiten, 1853 an *A. J. Tauchau* verkauft, 1844 15 000 q, 1846 30 000 q, um die Jahrhundertmitte 36 000 q Rüben verwertet, in den 50er Jahren eingestellt; *Fürst Lobkowitz* ließ 1840 in Seltschan (Selčany, 150) Kartoffelzucker und Rübensirup herstellen, zeitweise außer Betrieb, um die Jahrhundertmitte Rübenverbrauch jährlich 6 115 q, in den 50er Jahren Betrieb stillgelegt[388].

In den „Tafeln von 1841" oder später wurden folgende Zuckerfabriken genannt: Blattna (Blatná, 10), Besitzer *Baron Hildebrand*, 1841 aus 31 300 q, 1844 aus 16 000 q und um 1850 aus 13 000 q Rüben Sirup gepreßt; Prtschitz (Prčice, 128), Erdäpfelsirupfabrik, die auch Zuckerrüben verarbeitete, Besitzer *Ritter von Eisenstein*, zeitweise außer Betrieb; Wanczurow im Kreis Bunzlau (?), Rübensirupfabrik des *Ritter von Neupauer*, verarbeitete 1843 20 000 q und 1846 23 800 q Rüben[389].

Nach 1841 wurden noch erwähnt: Časlau (Čáslav, 25), 1841 Kartoffelsirup- und Zuckerfabrik im Besitz von *Adalbert Patzelt*, produzierte 1843 nur Rohzucker, verarbeitete 1846 6 000 q und um die Jahrhundertmitte 26 500 q Rüben; Hostaczow (Hostačov), als Rübenzuckerfabrik von *Ritter von Neupauer* 1846 in Betrieb genommen, verarbeitete um 1850 ca. 10 000 q Rüben; Libeznitz (Líbeznice), als Rübenzuckerfabrik durch *Bachofen-Echt* 1846 eröffnet;

---

[385] Diviš 77—113. — Slokar 608 f.
[386] Diviš 76—116. — Slokar 608 f.
[387] Sommer: Königreich Böhmen XII, 292; XIII, 202. — Diviš 76—116. — Slokar 609.
[388] Diviš 26, 78—116. — Slokar 608.
[389] Diviš 81—116. — Slokar 608 f.

P ř i b r a m (Příbram, 131), Rübenzuckerfabrik 1844 im Besitz von *Johann Gedliczka*[390].

3. *Kartoffelzucker.* Die „Tafeln von 1841" zählten in Böhmen neun Kartoffelsirup- und Kartoffelzuckerfabriken auf, die 109 465 q Kartoffel verarbeiteten. Diese lagen in A u g e z d (?), Sirupfabrik; B u d w e i s (Budějovice, 19), Sirup- und Rohzuckerfabrik im Besitz von *Frankenberg,* verwertete 20 000 q Kartoffel; H o c h w e s s e l y (Vysoké Veselí, 53), Sirupfabrik; H r o b y (55), Sirupfabrik; M ě t s c h i n (Měčin, 100), Sirupfabrik, Besitzer *Fürst Lobkowitz;* N e u h a u s (Jindřichův Hradec, 110), Sirupfabrik; N e u s t u p n o (Neustupov, 113), Sirup- und Zuckerfabrik im Besitz von *Pistorius,* verarbeitete 28 350 q Kartoffel, 1843 außer Betrieb; R a d i t s c h (Radič, 134), Sirup- und Rohzuckerfabrik, verarbeitete (zusammen mit Sukdoll) 1841 2 461 q Kartoffel; und S u k d o l l (Suchdol, 166), Sirup- und Rohzuckerfabrik.

Drei weitere Rübenzuckerfabriken beschäftigten sich auch mit der Herstellung von Kartoffelsirup: Č a s l a u (Čáslav, 25), im Besitz von *Patzelt,* 1841 20 000 q Kartoffel verwertet; P r t s c h i t z (Prčice, 128), 1841 Besitzer *Ritter von Eisenstein;* S e l t s c h a n (Selčany, 150), Kartoffelzucker, und Sirupfabrik im Besitz des *Fürsten Lobkowitz,* 1841 erwähnt[391].

Räumlich verteilten sich die Zuckerfabriken auf die landwirtschaftlich für den Zuckerrübenanbau besonders günstigen inneren Beckenlandschaften und auf den Süden des Landes. Zuckerrübenanbau wurde vorzüglich von den Großgrundbesitzern des böhmischen Hochadels gepflegt. Ballungsräume befanden sich vor allem um Časlau, südlich von Pilsen und Klattau. Über die Betriebsgröße liegen nur wenige Angaben vor. Die größte Zuckerfabrik beschäftigte während der Kampagne 200 Personen, im Durchschnitt die meisten jedoch unter 50 Arbeiter.

HOLZVERARBEITENDE INDUSTRIE

Der Holzreichtum Böhmens ermöglichte den Aufbau einer Reihe spezieller Verarbeitungsindustrien. Außer den Tischlereien verwendeten Holz vor allem die Musikinstrumentenerzeuger und die Schnitzer von Spielwaren. Große Bedeutung hatte auch die Herstellung von diversen für die Industrie wichtigen Werkzeugen, z. B. Weberkämmen, Schuhleistenkeilen usw. Am Beginn der Epoche existierten noch kaum größere Betriebe, am Ende derselben bestanden bereits Möbelfabriken und Spielwarenerzeuger. Zentrum der Möbelfabrikation war Prag, wo 1834 89 — mitunter größere — Werkstätten bestanden, 1841 21 Fabriken für Tischlerwaren und Möbel, darunter die landesbefugte Möbelfabrik von Röhrs im benachbarten Bubentsch, sowie zwei Parkett- und Fußbödenfabriken und eine Drechslerwarenfabrik. Hölzernes Kinderspielzeug erzeugten 1834 acht Fabriken mit 700 Arbeitern, die einen Produktionswert von 450 000 Gulden erzielten[392].

---

[390] D i v i š 85—116. — S l o k a r 608.
[391] D i v i š 84, 105.
[392] K r e u t z b e r g 62 f., 89.

Die älteste Tischlerwarenfabrik Böhmens wurde 1800 von *Franz Feigel* in P r a g (Praha, 97) gegründet, 1835 Einrichtung Drechslerei, Tapeziererei und Strohsesselflechterei, 1835 200 Beschäftigte [393]; Prag besaß 1834 eine zweite Tischlerwarenfabrik von *Abt;* 1816 erbaute *Friedrich Röhrs* in B u b e n t s c h (Bubenč, 15) eine Kunsttischlerei, die später in eine Fabrik für Möbel und Dekorationsarbeiten ausgebaut wurde, 1834 100 Beschäftigte, verarbeiteten 700 Schock Mahagoni-Bretter auf 70 Bänken, Produktionswert 5 000 Gulden, 1840 Landesfabriksbefugnis, größtes Unternehmen dieser Art in Böhmen [394].

Aus einer Hausindustrie entwickelte sich um die Mitte dieser Periode eine Reihe bedeutender Kinderspielzeugfabriken. Kreutzberg erwähnt 1834 in T r h o w - K a m e n i t z (Trhová Kamenice, 46) eine Kinderspielwarenfabrik *Johann Kötzing;* in K a t h a r i n e n b e r g (Hora Svaté Kateřiny, 50) eine Kinderspielzeugfabrik *A. Zenker;* in O b e r g e o r g e n t h a l (Horní Jiřetín, 86) eine Kinderspielzeugfabrik *G. F. Kaden,* alle drei Fabriken auch 1841 genannt; 1841 wird in F r e i h a m m e r (Svobodné Hamry, 29) und in W e i ß b a c h (141) je eine Holzschnitzerei erwähnt [395]. Die bedeutendste Kinderspielwarenfabrik Böhmens im Vormärz war *C. A. Müller & Co.* in O b e r l e u t e n s d o r f (Horní Litvínov, 88), 1834 480 Beschäftigte, erzeugte 1 200 verschiedene Artikel (Dreh-, Blech- und Papiermachéwaren) im Gewicht von 1 200 bis 1 500 q, 1841 500 Arbeiter [396].

Die Erzeugung von Holzkämmen führten die Gebrüder *Herlt* aus Sachsen in N i x d o r f (Mikulášovice, 85) ein, 1834 wöchentlich 25 Dutzend Kämme hergestellt [397].

In P ü r s t e i n (Perštein, ?) entstand nach 1840 aus einer Drahtmühle eine Schuhleistenfabrik, die jedoch danach in eine Rohrfabrik umgewandelt wurde und 1848 abbrannte [398].

Aus den Sattlereien entwickelten sich die ersten Wagenfabriken. Kreutzberg nennt zwei solcher Produktionsstätten in P r a g (Praha, 97): *Drahokaupil,* zwischen 1830 bis 1835 gegründet, und *Johann Zellinger,* ehemaliger Hofsattlermeister [399]; 1841 sechs Wagenfabriken. In P i l s e n (Plzeň) gründete *Wenzel Brožík* 1845 eine Wagenfabrik, die unter seinem Sohn, der in Berlin und Paris einschlägig praktizierte, einen großen Aufschwung nahm [400].

Im folgenden wird eine Reihe von Fabriken genannt, bei denen Holz einen wichtigen Bestandteil der Produktion bildete. Hierher gehören die Hersteller von Musikinstrumenten, soweit diese nicht reine Blasinstrumente aus Blech waren. 1820 erwähnte A. Paudler in seiner „Geschichte der heimischen Industrie" [401] in

---

[393] K r e u t z b e r g 61. — S l o k a r 631.
[394] K r e u t z b e r g 61. — S l o k a r 630 f. — Großindustrie Österreichs (1898) VI, 233.
[395] K r e u t z b e r g 63.
[396] K r e u t z b e r g 63. — S l o k a r 631.
[397] K r e u t z b e r g 62.
[398] P a u d l e r : Heimische Industrie 202.
[399] K r e u t z b e r g 114.
[400] Großindustrie Österreichs (1898) III, 155. — Großindustrie Österreichs (1908) II, 277.
[401] P a u d l e r : Heimische Industrie 201.

Schönbühel (151) eine Siebbödenfabrik, die Holz-, Haar-, Eisen- und Messingdrahtböden erzeugte, Besitzer *Gottfried Grohmann* hatte von Joseph II. sein Fabriksprivileg erhalten; in M o d e r h ä u s e r (74) gründeten 1826 *Daniel Bienert & Sohn* eine Resonanzboden- und Instrumentenhölzerfabrik, die 1834 allein nach Hamburg 3 500 Blätter lieferte, 1841 erwähnt; in P r a g (Praha, 97) existierte von 1829 bis 1836 eine Hoforgel- und Fortepianofabrik *Josef Garbner;* in K a m n i t z (Kamenice, 47) 1834 eine Sieb- und Resonanzbodenblätterfabrik; in N e u e h r e n b e r g (Nový Ehrenberg, 81) eine Siebmacherei, die 300 Arbeiter beschäftigte, 1841 genannt; in S c h l u c k e n a u (Šluknov, 118) 1834 eine Sieb- und Resonanzbodenblättererzeugung [402].

Am Ende der Berichtszeit taucht als neuer Industriezweig die Parquetten- und Fußbodenerzeugung auf. Die „Tafeln von 1841" nannten solche Fabriken in B r u c k (Nebřežin, 12); B u d w e i s (Budějovice, 16); D o b r z i s c h (Dobříš, 22); L e i t m e r i t z (Litoměřice, 65) und P l a ß (Plasy, 92).

Erzeugnisse aus Fischbein wurden vor allem in P r a g (Praha, 97) hergestellt, 1820 zwei Fischbeinreißereien, *Z. W. Tuscani* und *Z. Dessauer* genannt [403].

In Böhmen existierten 1834 vier Fischbeinfabriken, darunter das Unternehmen von *D. Hirsch* in A u s c h a (Ouštěk, 98), wo „gerissenes" Fischbein erzeugt wurde; und die Fabrik von *Bloch & Sohn* in P r a g (Praha, 97), die Schnittfischbein produzierte [404]; 1841 wurde eine Fischbeinwarenfabrik in Prag erwähnt.

Die Holzerzeugung ist über das gesamte Gebiet zerstreut und weist nur gegen Ende der Epoche eine stärkere Konzentration in Prag auf, wo der Durchbruch zur industriellen Massenproduktion (Möbelfabrik) erfolgte. Von großer Bedeutung waren die Musikinstrumentenerzeugung in Schönbühel sowie die Herstellung technischer Produkte für die Textilindustrie im Raume Schönlinde und Reichenberg. In der Mitte der Epoche erreichten bereits einige Betriebe Beschäftigtenstände bis zu 200 Arbeitern, wobei die Kinderspielwarenfabrik in Oberleutensdorf mit 500 Beschäftigten das größte Unternehmen auf diesem Sektor in Böhmen war. Die Prager Möbelindustrie erreichte im größten Betrieb 100 Beschäftigte. Für die weitverbreiteten Hausindustrien (z. B. Spielzeugherstellung, Siebmacher, usw.) liegen keine Zahlen vor, doch dürfte es sich hier nur um kleine Betriebe gehandelt haben.

PAPIERINDUSTRIE

Im Jahre 1820 stand die Papierfabrikation Böhmens sowohl qualitativ als auch quantitativ an erster Stelle in der Donaumonarchie. Keeß erwähnt 1820 107 Papiermühlen mit 627 Papiermachern [405]. Thiel spricht von 120 Papierwerkstätten [406]. Kreutzberg nennt 1834 126 Papiermanufakturen mit 230 Bütten, die

---

[402] K r e u t z b e r g 60 f., 116. — S l o k a r 627.
[403] K e e ß II, 135.
[404] K r e u t z b e r g 103.
[405] K e e ß II, 584 ff. — S l o k a r 427 f.
[406] T h i e l, Viktor: Geschichte der Papiererzeugung im Donauraum. Biberach an der Riß 1940, S. 160.

2 200 Arbeiter beschäftigten und Waren im Werte von 1,6 Millionen Gulden erzeugten. 25 dieser Manufakturen bezeichnete er als größere [407]. Durch die Gründung des Deutschen Zollvereins 1833 entstand für die Papierfabriken eine schwierige Situation, eine Anzahl kleinerer Betriebe wurde in Getreidemühlen umgewandelt. Charakteristisch für die böhmische Papierindustrie war, daß häufig die Papiermühlen durch mehrere Generationen im Besitze einer Familie blieben, z. B. der *Ettel* in Hohenelbe oder der *Kiesling* in Niederhohenelbe. Papiermaschinen wurden erst im dritten und vierten Jahrzehnt des 19. Jahrhunderts angeschafft und bildeten die Grundlage für den Übergang zur Papierfabrik. Als erste industrielle Großbetriebe entwickelten sich seit 1826 die „Kaisermühle" bei Prag, seit 1838 Wran bei Königsaal und Arnau sowie seit 1840 Tetschen. Die „Tafeln von 1841" unterschieden erstmals Fabriken mit Maschinenausstattung von jenen ohne eine solche, die weiterhin als Papiermühlen aufscheinen. Demnach gab es 15 Fabriken, von denen fünf eine Maschinenausstattung besaßen (eine mit zwei Maschinen), und 108 Papiermühlen. Antriebskraft war in 123 Betrieben Wasser und nur in zwei Dampf. Insgesamt besaßen damals in der Österreichischen Reichshälfte erst drei Papierfabriken eine Dampfmaschine.

Verglichen mit den Verhältnissen in der Österreichischen Reichshälfte besaß Böhmen einen Anteil von 15 Fabriken an 113 und von 108 Papiermühlen an 334, was auf eine Rückständigkeit in der Betriebsform schließen läßt. Der Gesamtwert der böhmischen Papierindustrie betrug 1841 1,2 Millionen Gulden, dem ein Gesamtwert der Papierindustrie in der Österreichischen Reichshälfte von 8,2 Millionen Gulden gegenüberstand. Wertmäßig entfielen auf Böhmen 17,8 %, während sein Produktionsanteil nur 15,5 % ausmachte. Daraus geht hervor, daß die böhmischen Papierfabriken hochwertigeres Papier erzeugten. Insgesamt betrug der Anteil der in der böhmischen Papierindustrie Beschäftigten etwa 20,3 % von den in der Papierindustrie der Gesamtmonarchie Tätigen, was sich wiederum aus der unterentwickelten Betriebsform in Böhmen erklären läßt. Die Maschinenpapierfabriken arbeiteten hier viel mehr mit billiger Frauen- und Kinderarbeitskraft.

Beschäftigte der Papiererzeugung 1841

Beschäftigte	Fabriken (ohne Maschinen) und Papiermühlen			Maschinenpapierfabriken		
	Beschäftigte Böhmens	Anteil in % Böhmens	Anteil in % der Monarchie	Beschäftigte Böhmens	Anteil in % Böhmens	Anteil in % der Monarchie
Männer	1 057	64,6	51,0	175	27,0	31,8
Frauen	412	25,2	36,7	350	54,1	56,4
Kinder	166	10,2	12,3	122	18,9	9,8
Zusammen:	1 635	100,0	100,0	647	100,0	100,0

---

[407] Kreutzberg 76—79.

Genauer besehen geht aus der Tabelle hervor, daß die Fabriken und Papiermühlen Böhmens, verglichen mit der Gesamtmonarchie, wesentlich mehr Männer, aber weniger Frauen und Kinder beschäftigten, umgekehrt aber in den Maschinenpapierfabriken, wo der Anteil der Männer- und Kinderarbeit relativ gering blieb, die Frauenarbeit ungefähr gleich verbreitet war. Vergleicht man die Beschäftigtenstände der Fabriken und Papiermühlen mit jenen der Maschinenpapierfabriken in Zusammenhang mit dem Wert der Produktion bzw. den Produktionsmengen in Böhmen, so zeigt sich, daß in den fünf böhmischen Maschinenpapierfabriken von 28,4 % der Beschäftigten 32,1 % der Produktionsmenge mit einem Wertanteil von 45,7 % erzeugt wurden. Daraus ergibt sich eindeutig eine gesteigerte Produktivität der Maschinenpapierfabriken. Im einzelnen wurde 1841 produziert: 259 831 Ries Schreibpapier, 43 230 Ries Luxus-, 88 840 Ries Druckpapier sowie 44 217 Ries und 700 q Packpapier, 96 120 Ries Papier für technische Zwecke, 861 q Pappendeckel, 751 q Preßspäne. Die Maschinenpapierfabriken erzeugten 178 030 Ries zu 21 813 q im Werte von 548 499 Gulden. Im Büttenbetrieb wurden noch immer 354 208 Ries zu 46 072 q im Werte von 652 934 Gulden hergestellt[408].

a) Papiermühlen

Am Beginn der Epoche erwähnten Keeß und Thiel eine Reihe von Papiermühlen, deren Liste keineswegs vollständig ist. Von diesen wurden später die folgenden nicht mehr genannt: 1820 gab es nach Keeß[409] Pappendeckelerzeugungen in: E b e r s d o r f (24); G a s t o r f (Host'ka, 31); G ö r k a u (Jirkov, 32); H a m m e r g r u n d (Hamr, 38), um 1800 von *Rosalia Schlegel* gegründet; J u n g b u c h (Mladé Buky, 45); K o l e n e t z (Kolenec, 54); M i l t i g a u (Miltikov, 71), 1756 vom Jesuitenkollegium in Eger erworben, 1796 arbeitete hier *Johann Kiesewetter* als Geselle; T a b o r (Tábor, 132); W a t ě t i e (Vatětice, 140), 1796 gegründet; und W o l l e n a u (Volenov, 146).

Braunen Pappendeckel aus Torf erzeugte die Papiermühle in S c h m i e d e b e r g (124), Besitzer k. k. Cameral-Schichtmeister *Nennel;* je eine Papiermühle in S c h ö n w a l d (126) und in S o s a u (Zsáda, 128), 1820 Besitzer *Wenzel Rabenstein*[410].

Preßspäne für Tuchmacher und -scherer erzeugten neben Pappendeckel: die Papiermühle in R a d l (Radlo, 106), seit dem 18. Jahrhundert im Besitz der Familie *Schütz;* und die Papiermühle K r o s l a u (56). Nur Preßspäne für Tuchmacher und Tuchscherer stellten her: die Papierfabrik L a n g e n a u (Lanov, 61), 1823 von *Franz Kiesling* übernommen; die Papiermühlen in N i e d e r l e u t e n s d o r f (Dolní Litvínov, 84) und S t e i n g r u b (130), 1796 gegründet; die Papierfabrik T r a u t e n a u (Trutnov, 137), die 1818 *Paul Margolt* besaß; weiters nennt Keeß 1820 die Papierfabrik *Ferdinand von Schönfeld* in K a r o l i n e n t h a l (Karlín, 122) und die Papiermühle *Friedrich Mitscherlich* in P r a g (Praha, 97), die Papierfärberei und Papierdruck einführte, und englisch mar-

---

[408] S l o k a r 431.
[409] K e e ß II, 568 ff., 586 ff. — T h i e l 139.
[410] K e e ß II, 586 ff.

morierte sowie Taffetpapiere gemeinsam mit der Parfümerie *Corda,* weiters auch gepreßte Papiere und Bordüren produzierte[411].

Thiel[412] erwähnt eine Reihe älterer Papiermühlen, die noch zum Ausgangspunkt dieser Epoche bestanden: Mies Stříbro, 70), 1762 von *Bayer* gegründet; N i e d e r h a n i c h e n (Dolní Hanichen, 82), gegründet 1800; H a u e n s t e i n b e i S c h ö n w a l d (125), um 1800 gegründet, Besitzer *Raimund Schielhabel,* suchte 1812 um das Recht fabrikmäßiger Erzeugung an, im 19. Jahrhundert im Besitz der Familie *Purkert;* drei Neugründungen von Papiermühlen erfolgten 1802: in K a m b e r g (Kamberk, 49); L h o t k a (66) und P l a t t e n (Blatno, 93). Weitere Unternehmen entstanden: 1803 in L i e b i t z (Libice, 67), Papiermühle *Rotschek;* 1804 in R o t h f l o ß (Červený Potok, 114), Papierfabrik *Rochus Knobloch;* 1805 eine Papiermühle in N e u d e c k (Neydek, 80); 1806 eine Papiermühle in R o s e n b e r g (Rožmberk, 112); 1808 in T ě s c h o w i t z (Těšovice, 134), Papiermühle *Wolfgang Wurscher;* ca. 1809 in K l o k o t (Klokoty, 53), Papiermühle *Florian Lux,* die 1831 in den Besitz von *Franz Geißler* kam; 1813 eine Papiermühle in K l i f t a u (Chlistov, 51), Besitzer *Wenzel Altnöder;* 1818 je eine Papiermühle in K r o n s t a d t (Kunštat, 55) und B ö s c h a u (Bezděčin, 10) sowie je eine Papierfabrik in S e n f t e n b e r g (Žamberk, 121), *Martin Schefczik* gehörend; in S c h a t z l a r (Žacléř, 123) im Besitz von *Josef Politzer* und in S c h ü t t w a (Sitboř, 127) von *Josef Bock;* 1819 je eine Papiermühle in R a d o w e n z (Radvanice, 107); in W e r n s d o r f (143) und in W e t z d o r f (Verneřovice, 144).

Eine Reihe von Papiermühlen wurde von Thiel ohne genaue Nennung der Gründungsdaten aufgezählt, wobei er nur bemerkte, daß diese Betriebe in der ersten Hälfte des 19. Jahrhunderts bereits bestanden: die Papiermühle in O b e r - s e d l i t z (Novosedlice, 89), Ende des 18. Jahrhunderts von *Josef Emanuel Purkert* gegründet und bis in die erste Hälfte des 19. Jahrhunderts im Besitz dieser Familie; in P ü r s t e i n (Perštein, 105) ging die dort befindliche Papiermühle um 1850 an *Anton und Barbara Purkert* über. In N e u b e r g b e i A s c h (78) bestanden zwei Papiermühlen, eine dritte wurde 1850 gegründet; 1843 pachtete *Ignaz Spiro* die Papierfabrik in N e u b i s t r i t z (Nová Bystřice, 79) sowie die Papierfabrik von *Jacob Klussaček* in R o t h - R e č i c (Červená Řečice), erstere warf jedoch keinen Ertrag ab, während er letztere gemeinsam mit seinem Bruder später käuflich erwarb[413]. Um die Jahrhundertmitte führten zwei böhmische Papierfabriken das ungarische Wappen als Wasserzeichen ihrer Erzeugnisse ein, um den Absatz ihrer Produkte in Ungarn sicherzustellen: die Papiermühle in N e d o s c h i n (Nedošín, 76), die dennoch 1854 einging und auf eine Getreidemühle umgestellt werden mußte, und die Papiermühle W e i ß w a s s e r (Bělá, 142). In E i c h w a l d (Dubí, 26) betrieb die *Familie Purkert* im 19. Jahrhundert eine Papiermühle; eine um 1790 errichtete Mühle in H a i d e d ö r f l (36) erzeugte Papier für die Herrschaft Reichstadt; ein zu Beginn des 19. Jahrhunderts

---

[411] K e e ß II, 292, 568, 584 ff. — S l o k a r 428. — T h i e l 140, 159.
[412] S o m m e r : Königreich Böhmen X, 94. — S l o k a r 428. — T h i e l 156—160.
[413] Großindustrie Österreichs (1898) V, 47 f. — T h i e l 158 f.

gegründeter Betrieb in K u n d r a t i t z (Kundratice, 58) gehörte durch Jahrzehnte der Familie *Winkler;* in der ersten Hälfte des 19. Jahrhunderts führte die Familie *Netsch* in M i c h e l s b e r g (?) eine Papiermühle; desgleichen die Familie *Fürth* in P o s s i g k a u (Pestřekov, 95); bis in die zweite Hälfte des 19. Jahrhunderts existierte in L a d u n g (60) eine der Familie *Böhm* gehörige Papiermühle [414].

Die wirklich bedeutsamen Unternehmen scheinen während der gesamten Berichtszeit auf: in A l t e n b e r g (Staré Hory, 1) bestand 1820 eine Papiermühle im Besitze von *Heller,* der mit zwei Bütten die Preßspäne für Tuchmacher und Tuchscherer herstellte [415], 1841 als Papierfabrik erwähnt; die Papiermühle in A u s s i g (Ústí nad Labem, 153), 1559 gegründet, in der ersten Hälfte des 19. Jahrhunderts im Besitze der Familie *Platt,* in den 40er Jahren an *Adalbert Wenzel Thern* verkauft [416]; die Papierfabrik in B e n s e n (Benešov, 7), 1569 urkundlich erwähnt, bis 1790 im Besitze von *Anton Ossendorf,* dessen Witwe *Franz Ritschel* heiratete, Papier auf einer Form mit kreuzförmigem Netz hergestellt (Veliner Form), nach dem Tode des jungen Anton Ossendorf 1812 ging das Unternehmen in den Besitz von *Karoline Ritschel* über, die mit *Johann Horn* verheiratet war, 1849 kaufte *Eduard Bertel* um 35 000 Gulden das Unternehmen, in den folgenden Jahren große finanzielle Schwierigkeiten, zuletzt in eine Textilfabrik umgewandelt [417]; 1808 gründete *Franz Diebel* in B r ü n l i t z (Brněnec, 141) eine Papierfabrik, 1810 Landesfabriksbefugnis, 195 Beschäftigte, 1814 im Besitz von *Mathias Schön & Co.,* 1841 erwähnt; 1801 entstand in C i k a n k a (Cikánka, 20) eine Papiermühle, bis 1844 Eigentümer Familie *Fischer,* später im Besitz der Familie *Nemec;* die Papiermühle in E g e r (Cheb, 25) führte seit 1690 die Familie *Schmelzer,* nach dem Tode von *Nikolaus Schmelzer* 1801 ging diese in den Besitz seiner Tochter *Sabine* über, die mit *Johann Ehrenfried Schütz* († 1827) verheiratet war; eine 1819 in F r e i h e i t im Riesengebirge (30) erbaute Papiermühle stand während der gesamten Epoche in Betrieb; in G r ü n b e i A s c h (33) existierten 1836 drei Papiermühlen, wovon die eine erst 1836, die Postmühle bei Grün aber bereits 1756 gegründet worden war, Besitzer der Postmühle war *Johann Adam Schindler* [418]; eine der wichtigsten Familien unter den Papierindustriellen war die Familie *Ettel,* die um 1800 die Papierfabrik H o h e n e l b e (Vrchlabí, 40) erwarb, 1820 Besitzer *Gabriel Ettel,* der das Unternehmen bis 1851 führte, dieser war 1834 auch Besitzer der Papierfabrik P e l s d o r f (Kunčice, 90), noch 1841 genannt, 1834 besaßen die Fabriken Hohenelbe und Pelsdorf vier Haupt- und 12 Nebengebäude und beschäftigten 155 Arbeiter in der Fabrik und 200 Strazzensammler, Rohstoffverbrauch 4 500 q Strazzen,

---

[414] T h i e l 155—160.
[415] K e e ß II, 584 f.
[416] M a r i a n, A.: Die Papiermühle in Aussig. MVGDB 34 (1896) 400 ff.
[417] K e e ß II, 584 f. — W i l l o m i t z e r, Joh. N.: Die Bensener Papiermühle. MNExKl 8 (1885) 281—284. — N e d e r, Emil: Die Papiermühle in Bensen (1569—1884). MVGDB 44 (1905) 220—234. — Großindustrie Österreichs (1908) III, 53. — T h i e l 158.
[418] T h i e l 156—159. — S l o k a r 427 f. — Großindustrie Österreichs (1898) V, 43.

700 q Chemikalien und 270 Klafter Brennholz, Produktion 13 000 Ries in rund 210 Sorten, Antriebskraft zwei Dampfmaschinen, Absatz in die gesamte Monarchie und ins Ausland[419]; seit 1808 besaß die Familie *Pleninger* in H o r a ž d o v i t z (Horažďovice, 41) eine Papiermühle, die noch vor 1834 einging und in eine Getreidemühle umgewandelt werden mußte; in der ersten Hälfte des 18. Jahrhunderts entstand in J i s t e t z (Jistec, 44) eine Papiermühle, die seit 1844 *Conrad Eggerth* (Mitglied jener Familie Eggerth, welche die Haranthermühle bei Klenow besaß) betrieb; *Johann Georg Pachner, Edler von Eggenstorf*, gründete 1780 in K r u m a u (Krumlov, 57) eine Papierfabrik, in der er auf mechanischem Weg Papier herzustellen versuchte, 1820 38 Beschäftigte an fünf Bütten, nach 1850 zu einer großen Maschinenpapierfabrik ausgebaut[420].

Vielleicht am bedeutendsten als Papierfabrikanten in Böhmen waren die Gebrüder *Kiesling*, die in N i e d e r h o h e n e l b e (Dolní Vrchlabí, 83); L a u t e r w a s s e r (63); O b e r l a n g e n a u (Horní Lanov 62); M i t t e l l a n g e n a u (Prostřední Lanov, 61) und H e r m a n n s e i f e n (Heřmanovy Sejfy, 39) Papierfabriken betrieben. 1804 gründete *Anton Kiesling* in Niederhohenelbe eine Papierfabrik, 1812 Landesfabriksbefugnis, 1818 schied Anton Kiesling aus und übernahm die Papiermühle in Lauterwasser, während Niederhohenelbe seine beiden Brüder *Gustav* und *Wilhelm* weiterführten, 1820 besaß Niederhohenelbe fünf Bütten und erzeugte alle Gattungen von Papier, besonders Zeichenpapier nach englischer und holländischer Art; die im Jahr 1810 von der Familie Kiesling erworbene Papierfabrik Lauterwasser ging 1818 in den Alleinbesitz von Anton Kiesling über, der die Landesfabriksbefugnis von Niederhohenelbe hierher übertrug; 1832 übernahm er zusätzlich die Papiermühle in Mittellangenau; 1835 zählte Lauterwasser ca. 200 Arbeiter; die Papiermühle Mittellangenau gehörte seit dem Ende des 18. Jahrhunderts der Familie Kiesling und zählte 1835 ungefähr 140 Arbeiter; die Papierfabrik Oberlangenau, 1822 von Gustav und Wilhelm Kiesling gegründet, 1823 Landesfabriksbefugnis, 1830 Privileg zur Verbesserung der Holländer, 1835 gemeinsam mit Hermannseifen 200 Beschäftigte und 200 Strazzensammler; die Papierfabrik Hermannseifen, 1825 von *Josef Freiherr von Silberstein* gegründet, 1832 von Gustav und Wilhelm Kiesling gepachtet[421].

Johann Anton Heller erwarb 1808 die Papierfabrik L e d e t s c h (Ledeč, 64), 1819 Landesfabriksbefugnis, 1830 160 Beschäftigte; in R o k i t n i t z (Rokytnice, 111) bestand 1818 eine Papierfabrik des *Franz Zeiske*, die während der gesamten Epoche in den ungarischen Raum exportierte (deshalb führte sie das ungarische Wappen als Wasserzeichen); in S t u b e n b a c h (Prášil, 131) existierten 1820 zwei kleinere Papiermühlen, die eine war erst 1819 gegründet worden, Besitzer *Johann Kaspar Eggerth* (dessen Familie „Haranthermühle bei Klenow" besaß), um 1850 wurde die eine der beiden Mühlen aufgelassen, die zweite größere aber ausgebaut; in der P r a g e r A l t s t a d t (Praha, 97) gab es seit dem 16. Jahr-

---
[419] K r e u t z b e r g 77—80. — K e e ß II, 564 f. — S l o k a r 429. — T h i e l 156.
[420] K e e ß II, 584 f. — K r e u t z b e r g 77. — S l o k a r 429 f. — Großindustrie Österreichs (1898) V, 47 f. — T h i e l 155—159.
[421] K e e ß II, 584 f. — S l o k a r 428. — T h i e l 157 ff.

hundert eine Papiermühle, die 1784 vom Buchdrucker *Johann Ferdinand Anton von Schönfeld* zum Kaufpreis von 3 220 Gulden und 220 Gulden Jahreszins erworben wurde, Neu- und Umbau 1788, 1813 90 Beschäftigte, Produktion 1 200 Ballen im Werte von 96 000 Gulden CM, Export vor allem in die Türkei und nach Sachsen, sechs Holländer im Betrieb, 1821 Besitzerwechsel auf den Sohn *Jakob,* 1835 schlechter Geschäftsgang, Arbeiterschaft auf 60 bis 70 reduziert, Einrichtung mit englischen Maschinen brachte keine Besserung der wirtschaftlichen Lage, 1860 mußte die Papiermühle in eine Mahlmühle umgewandelt werden [422].

Die folgenden Betriebe wurden im Berichtszeitraum neu gegründet: 1822 P ř i b r a m (Příbram, 104); 1825 L o c h o w i t z (Lochovice, 68); H r o n o w (Hronov, 43); 1828 D e u t s c h b r o d (Německý Brod, 21), 1851 Besitzer *Thomas Halik;* 1830 C h o t i n a (Chotiena, 19); 1831 K u n z e n d o r f (Kunčinoves, 59); 1834 N e k o ř D o l n í (77); P o h o ř b e i K l e n o w (94), genannt „Haranthermühle", im Besitz der Familie *Eggerth;* 1835 A n n a t h a l (3), im Besitz von *Emanuel Müller;* H a i d l (Zhuři, 37), 1844 Besitzer *Josef Plechinger;* 1836 B u b e n t s c h (Bubenč, 15); 1837 R o b i t z (Robeč, 110); U n t e r s t a d t (Dolní Město, 139); W l a s e n i t z (Vlásenice, 145); B a r a u (Bavorov, 5), von *Johann Angelis* gegründet; 1838 M o r c h e n s t e r n (Smržovka, 75); L o m n i t z (Lomnice, 69); B ö h m i s c h - F e l l e r n (České Vrbny, 8), durch Umwandlung der Zuckerfabrik in eine Papiermühle entstanden, 1841 erwähnt; 1840 B ö h m i s c h - K a m n i t z (Česká Kamenice, 9) und C h i e s c h (Chýše, 18) [423].

Erst in den „Tafeln von 1841" schienen auf, beziehungsweise von Thiel wurden noch genannt: B r a u m (Broumy, 11); B i r k i g t (Březiny, 17) (nach Thiel erst 1844 gegründet) [424]; K o z o w (Kácov, 48), nach 1844 teilweise Umstellung auf Getreidemühle; M l y n (Mlýny, 73), 1841 gegründet; P o d o l (?); R o n a u (Ronov, ?); T i n i s c h t (Týniště nad Orlicí, 136), 1841 gegründet; T r n t s c h (Trnčí, 138); H o s c h t i t z (Hoštice, 42), nach einem Brand im Jahre 1844 teilweise auf Getreidemühle umgestellt; Z e b a u (Čebiv, 149) vor 1844 erbaut [425].

Nach 1841 waren kaum mehr Neugründungen zu verzeichnen, mit Ausnahme einer Papiermühle in B ü r g s t e i n (Sloup), 1845 gegründet; und in N e u p a k a (Nová Paka), 1846 errichtet [426].

b) *Maschinenpapierfabriken*

In der Folge gewannen die Maschinenpapierfabriken immer mehr an Bedeutung, von denen 1841 bereits fünf in Böhmen existierten. Die wichtigste und älteste unter diesen war die „Kaisermühle" in B u b e n t s c h b e i P r a g (Bubenč, 15), die bis 1395 zurückverfolgt werden kann, ursprünglich im Besitz des dortigen Nonnenklosters, später kam der Betrieb in das Eigentum der böhmischen Krone, unter

---

[422] K r e u t z b e r g 77—80. — S l o k a r 428 ff. — T h i e l 141, 155—159.
[423] D i v i š 77. — T h i e l 157 f. — M e i x n e r, Erich Maria: Wirtschaftsgeschichte des Landes Oberösterreich. Bd. 2. Salzburg 1952, S. 294.
[424] T h i e l 158.
[425] T h i e l 155—158.
[426] T h i e l 158.

Josef II. reprivatisiert; 1820 errichteten hier *Schallowetz, Milde & Co.* eine Kottonfabrik, 1826 in eine Maschinenpapierfabrik umgestaltet, 1829 wurde die Papiererzeugung „ohne Ende" aufgenommen (Bryan-Donkin-Maschine), 1841 107 Beschäftigte (27 Männer und 80 Frauen), Produktion 26 450 Ries zu 3 125 q in einem Werte von 68 525 Gulden, fallweise Antrieb mit Dampfkraft, 1845 kaufte *Karl Bellmann* die „Kaisermühle"[427]; 1838 errichteten *Gottlieb Haases Söhne* in W r a n (Vrané, 147) eine mit den modernsten Maschinen ausgestattete Papierfabrik mit mechanischer Werkstätte, 1841 350 Beschäftigte (100 Männer, 200 Frauen und 50 Kinder), Produktion 100 000 Ries zu 11 300 q im Werte von 350 000 Gulden, fallweise Dampfantrieb zweier Maschinen (1845 Dampfmaschine von 40 PS), weiters 20 Holländer in Verwendung[428]; die Papierfabrik T e t - s c h e n (Děčín, 135) stellte 1840 eine Maschine zur Papiererzeugung auf, 1842 eine zweite, 1841 beschäftigte die Papierfabrik *Jordan und Barber* 105 Personen (25 Männer, 40 Frauen und 40 Kinder), Produktion 30 000 Ries zu 4 840 q im Werte von 87 500 Gulden; *Franz Lorenz und Julius Eichmann,* die aus Sachsen stammten und in der „Kaisermühle" bei Bubentsch gearbeitet hatten, gründeten 1834 eine eigene Papierfabrik in A r n a u (Hostinné, 4), 1834 100 Beschäftigte, 1836 Umbau zu einer Fabrik, 1838 Maschine zur Papiererzeugung aufgestellt, 1839 120 Arbeiter, Landesfabriksbefugnis, 1841 Besitzer *Lorenz & Sohn,* eine Papiermaschine, 66 Beschäftigte (16 Männer, 30 Frauen und 20 Kinder), Produktion 13 000 Ries zu 1 540 q im Werte von 25 667 Gulden, 1842 erweiterte man mit einem Aufwand von 90 000 Gulden das Unternehmen, 1845 245 Beschäftigte[429]; in O b e r k a m n i t z (Horní Kamenice, 87) bestand 1841 in der Papierfabrik *Asten* eine Papiermaschine, 1841 19 Beschäftigte (sieben Männer und zwölf Kinder), Produktion 8 580 Ries zu 1 008 q im Werte von 16 657 Gulden.

c) Papierwaren- und Tapetenfabriken

In der weiterverarbeitenden Papierproduktion erlangten eine gewisse Bedeutung die Papier- und Tapetenfabriken, die das Rohpapier aus dem Ausland einführen mußten, weil die Qualität der österreichischen Papiere zu schlecht war. 1819 wurde ihnen deshalb eine Herabsetzung der Einfuhrzölle gewährt. Tapetenherstellung erfolgte damals noch großteils im gewerblichen Rahmen. Fabrikmäßiges Ausmaß nahm bereits die Verarbeitung von Papiermachés zu Dosen an[430].

Im Jahre 1778 gründete *Johann Schöffel* in R e i c h e n a u (Rychnov, 109) eine Fabrik zur Erzeugung von Dosen, die er von Künstlern mit Bildern verzieren ließ, 1820 stellte er 40 Sorten solcher Dosen her, nach Schöffels Tod 1830 folgte sein Schwiegersohn *Karl Hofrichter,* 1839 160 Beschäftigte, 1841 Landes-

---

[427] S o m m e r : Königreich Böhmen XIII, 202. — K r e u t z b e r g 76. — H a l l w i c h : Industrie und Handel 658. — S l o k a r 430. — Großindustrie Österreichs (1898) V, 35—43. — Großindustrie Österreichs (1908) III, 341. — T h i e l 163.
[428] Großindustrie Österreichs (1898) VI, 146 f. — S l o k a r 430. — T h i e l 157.
[429] Großindustrie Österreichs (1898) V, 25. — Großindustrie Österreichs (1908) III, 178. — S l o k a r 430. — T h i e l 158, 163.
[430] S l o k a r 424 f.

fabriksbefugnis[431]; 1820 bestand in P r a g (Praha, 97) die Papiermachéwarenfabrik *Dr. med. Hawerlick;* 1829 existierten in G a b l o n z (Jablonec und Nisou, 154) zwei Papierdosenfabriken, Besitzer *Peter Sarder* und *Josef Kiesewetter,* infolge Konkurrenzdruckes kurze Zeit später eingegangen. Kreutzberg nannte in S a n d a u (Horní Žadnov, 115) eine Papiermachéfabrik *Johann Geiger* zur Herstellung von Dosen[432].

Charakteristisch für die Papierfabriken und -mühlen war deren Lage an Flüssen und in volkreichen Gebieten, die eine entsprechende Möglichkeit der Strazzensammlung boten. Ausgenommen blieb Prag, wo erst später in dessen Umgebung größere Maschinenpapierfabriken entstanden. Das älteste und auch bedeutendste Zentrum der Papiererzeugung lag im Raum Hohenelbe, wo die alten Papiermacherfamilien Ettel und Kiesling ihre Betriebe hatten. Hier entstand auch die Maschinenpapierfabrik Arnau. Im Sudetengebiet an der Grenze gegen Sachsen nahm die Dichte der alten Papiermühlen nach Gründung des Deutschen Zollvereines infolge der Marktabschließung rasch ab, während im Raume der Böhmisch-Mährischen Höhe gerade zu dieser Zeit eine Reihe neuer Papierfabriken entstand. Kleinere Zentren lagen um Senftenberg, Reichenberg sowie Prachatitz und Schüttenhofen. Größere Betriebe erreichten in der Mitte der Berichtszeit 150 bis 200 Beschäftigte, kleinere lagen bei 50. Bei den Maschinenpapierfabriken zählten die größten bis 350, die meisten nur bei 100 Arbeiter.

d) *Buchdruckereien*

Nach den „Tafeln von 1841" gab es in P r a g (Praha, 97) neun Buchdruckereien, unter denen *Gottlieb Haase's Söhne* die bedeutendste war, 1834 200 Beschäftigte, 1835 im früheren Annakloster Buchdruckerei samt Zeitungsgeschäft und Papierniederlage eingerichtet, von 1836 bis 1844 redigierte *Rudolf Haase,* der jüngste Sohn des Gründers, hier die „Prager Zeitung", die „Bohemia" und die Zeitung „Panorama", 1841 128 Arbeiter (darunter 60 Setzer und 36 Drucker) sowie 36 Mädchen, in der Schriftgießerei 34 Arbeiter (drei Graveure, Schneider und 24 Gießer) sowie zwölf Mädchen, doppelte Schnellpresse und drei einfache Schnellpressen[433]; weitere Buchdruckereien existierten 1841 in B e r a u n (Beroun, 99); C h r u d i m (100), zwei Betriebe; G i t s c h i n (Jičín, 101), zwei Betriebe; K ö n i g g r ä t z (Králové Hradec, 102); L e i t m e r i t z (Litoměřice, 65); S a a z (Žatec, 117); S c h l a n (Slaný, 119); T a b o r (Tábor, 132), zwei Betriebe; und T e p l i t z (Teplice, 133), letztere wurde 1848 in eine Kartonagenfabrik und pharmazeutisch-lithographische Anstalt durch *Karl Opitz* umgewandelt[434].

Neben der Schriftgießerei Haase's Söhne in P r a g (Praha, 97) gab es eine weitere sowie fünf lithographische Anstalten. 1834 beschäftigte die lithographische

---

[431] K e e ß II, 624. — K r e u t z b e r g 81. — S l o k a r 431. — B e n d a 241. — T h i e l 142.
[432] K e e ß II, 624. — K r e u t z b e r g 81. — B e n d a 246. — T h i e l 142.
[433] K r e u t z b e r g 82. — Großindustrie Österreichs (1898) VI, 146 f.
[434] Großindustrie Österreichs (1898) V, 73.

Anstalt *C. Hennig* 50 Arbeiter an 15 Pressen. In L e i t m e r i t z (Litoměřice, 65) bestand 1841 eine Schriftgießerei [435].

LEDERINDUSTRIE

Zur Lederindustrie gehörten sowohl die Erzeugung (Gerberei) wie auch eine Reihe von Finalbetrieben. Der Übergang zum Fabrikbetrieb vollzog sich bei den Gerbereien nur sehr langsam. Noch um die Mitte des 19. Jahrhunderts herrschte hier das Kleingewerbe vor [436]. In der Finalindustrie spielte vor allem in Prag die feine Handschuherzeugung eine große Rolle, während zum Beispiel Schuhfabriken noch völlig unbekannt waren. Bestimmte Spezialverfahren, wie die Juchtenledererzeugung oder die Lederlackiererei, waren in Böhmen besonders hoch entwickelt.

a) Weiß- und Rotgerber

Mit dem Ende der Napoleonischen Kriege, nach Aufhebung der Kontinentalsperre, geriet auch die Ledererzeugung in eine schwere Krise, deren Tiefpunkt 1818 bis 1819 war. Ein Verzeichnis der Prager Fabrikeninspektion über die nach Oberitalien exportfähigen Betriebe führte 1818 nur die *Rudolf Graf Taaff*sche Lederfabrik zu D r a s c h i t z (Dražice, 23) an, die nur elf Arbeiter beschäftigte (ein Zusatz erklärte den geringen Beschäftigungsstand mit Mangel an Absatz) [437]; weiters wurden 1818 noch genannt: E g e r (Cheb, 25), die Fabriken von *Johann Büttrich* und *Heinrich Angerstein;* K l ö s t e r l e (Klášterec, 52), die Ledererzeugung *Wenzel Steiner;* Z e b u s (Chceburz, 150), Gerberei *Jakob Veit; Josef Pstroß* in P r a g (Praha, 97) erzeugte lackiertes Leder; 1822 erhielten die Gebrüder *Lederer* in P i l s e n (Plzeň, 91) ein Privileg auf ihre Erfindung, brauchbares Maroquin (Saffian)-leder aus den Fellen gefallener oder geschlagener Schafe zu erzeugen, 1829 Landesfabriksbefugnis als Maroquinfabrik, 1835 Glanz-, Preß- und Druckmaschinen zur Saffianfabrikation aufgestellt, 40 Beschäftigte, die 20 000 Schaf- und Ziegenfelle im Wert von 30 000 bis 32 000 Gulden jährlich verarbeiteten, der Absatz ging großteils nach Italien; 1827 wurde *Moises Epstein* und *Rachel Pollak* die einfache Fabriksbefugnis für ihre Fabrik in R a u d n i t z (Roudnice, 108) erteilt, 1834 folgte die Landesfabriksbefugnis auf Lohgerberei, 20 Beschäftigte; die Landesfabriksbefugnis zum Färben aller Ledergattungen erwarb 1829 *Jakob Goldschmid* für seine Fabrik in P r a g (Praha, 97), die 18 Arbeiter beschäftigte, 1834 Besitzer *Goldstein* [438].

Diese Neugründungen sind ein Zeugnis dafür, daß sich mit Ausgang der 20er Jahre die Lage der Lederindustrie wesentlich besserte, woran besonders die technischen Erfindungen beteiligt waren. Kreutzberg erwähnte 1834 18 Fabriken und 3 200 Werkstätten, darunter 2 300 Betriebe der Rotgerberei und 900 der Weißgerberei. Als Zentren der Rotgerberei bezeichnete er Chrudim, Leitmeritz, Böh-

---

[435] K r e u t z b e r g 83.
[436] S l o k a r 414 f.
[437] S l o k a r 415.
[438] K r e u t z b e r g 99. — S l o k a r 415 f.

misch Leipa und Prag. In Prag befanden sich allein 26 Betriebe. Die Rotgerber verarbeiteten jährlich 140 000 Stück Rinder- und Pferdehäute sowie 860 000 Stück Kalb- und Schaffelle. Zentrum der Weißgerberei war Asch. Mit der Alaunledererzeugung beschäftigten sich 22 Betriebe, darunter drei Fabriken in Prag[439].

Im Jahre 1831 erwarb die Landesfabriksbefugnis der Lederfabrikant *Johann Lemberger* in Horažďowitz (Horažďovice, 41), der 40 Arbeiter beschäftigte; ein Jahr später wurde die einfache Fabriksbefugnis an die Lederfabrik *Dobrowsky* in E l b e t e i n i t z (Labská Týnice, 27) verliehen, 1835 Landesfabriksbefugnis, 20 Beschäftigte, 1841 Verarbeitung von 1 200 Stück Ochsenhäuten, 1 560 Kuhhäuten, 1 500 Kalbfellen zu 360 q Pfundleder, 105 q Kuhleder, 50 q Kalbleder im Werte von 47 000 Gulden; 1833 erwarb die Lederfabrik *Lazer-Lazarsfeld* in P o s t e l b e r g (Postoloprty, 96) die Landesfabriksbefugnis, 13 Beschäftigte; 1834 gründete *Johann Adam Geipel* in F l e i s s e n (28) eine Lederfabrik[440]; die Lederfabrik *D. L. Lewitt* in P i l s e n (Plzeň, 91), 1827 gegründet, zählte 1834 45 Arbeiter, die 26 000 Schaf- und Ziegenfelle, 400 Kalbfelle und 750 Rindshäute zu verschiedenen Ledergattungen, Saffian-, Sämisch- und Handschuhleder, verarbeiteten; eigene Lederlackiererei, 1841 etwa 30 bis 40 Beschäftigte, drei Maschinen, Verarbeitung von 1 500 Rindshäuten, 7 500 Kalbfellen und 25 000 Schaffellen im Werte von 62 000 Gulden[441]; 1834 errichtete *Josef Pollak* eine Lederfabrik in P r a g (Praha, 97), 1837 Landesfabriksbefugnis, 1841 40 Beschäftigte, Verarbeitung von 10 000 Stück Rindshäuten und 40 000 Stück Kalbfellen, großteils für Armeeaufträge, 1845 Einrichtung: zehn Weichbassins, 40 Äscher- und Beizgefäße sowie 200 Trübwässer, 100 Beschäftigte; die Lederfabrik *Franz Pstroß* in Prag verbrauchte 1835 2 500 Stück Pfund- und Sohlenleder, 500 Stück Terzenhäute und 2 000 Stück Kuhhäute als Oberleder sowie 60 000 Kalbfelle im Gesamtwert von 173 000 Gulden, 40 Beschäftigte, der Betrieb zählte zu den größten dieser Sparte in Böhmen, 1841 wurden 50 000 Stück Häute verarbeitet[442].

Im Jahre 1841 wurde die Gesamtledererzeugung Böhmens mit 91 190 q im Werte von 7 330 000 Gulden angegeben. Dies entsprach etwa 16 % der damaligen Gesamterzeugung der Monarchie, wobei Böhmen nur noch von Ungarn übertroffen wurde. Insgesamt zählte man in Böhmen elf landesbefugte und sechs einfache Fabriken, die sich besonders im Kreis Chrudim konzentrierten, wo allein 15 Gerbereien etwa 30 000 Rindshäute benötigten, die einen Wert von 46 000 Gulden darstellten[443].

Im Jahre 1841 bestanden weitere Lederfabriken in A m s c h e l b e r g (Kosová Hora, 2); B e n e s c h a u (Benešov, 6); B u d w e i s (Budějovice, 16); G o l t s c h - J e n i k a u (Golčův Jeníkov, 34); H a b e r s p i r k (35); L e i t m e r i t z (Litoměřice, 65); M i l t s c h i t z (Milčice, 72); P r a s k o l e c z (Praskolesy, 103); S c h ü t t e n h o f e n (Sušiče, 120); S c h w i c h a u (Švihov, ?) und S t e c k e n

---

[439] K r e u t z b e r g 99 ff.
[440] S l o k a r 415. — Großindustrie Österreichs (1908) II, 353.
[441] K r e u t z b e r g 100. — S l o k a r 416. — Großindustrie Österreichs (1908) III, 342.
[442] K r e u t z b e r g 99 f. — S l o k a r 415 f.
[443] S l o k a r 416 f.

(Štocky, 129). Weiters wurden die bereits erwähnten Fabriken in R a u d n i t z, E l b e t e i n i t z, P i l s e n und zwei Betriebe in P r a g 1841 wieder genannt.

Im Jahre 1822 erhielt der Rotgerber *Franz Sorger* ein Privileg auf seine Erfindung „eines die russischen Juchten übertreffenden Leders", das er in S t. K a t h a r i n a (Svatá Katěrina, 116) herstellte, 1834 erwähnt[444]; eine zweite Juchtenlederfabrik bestand seit 1820 in P r ö l l a s (Brody, 13)[445].

Große Bedeutung erlangte die Lederlackiererei. 1841 existierten fünf größere Anstalten, die jährlich 150 000 Stück verarbeiteten. 1818 bestanden in P r a g (Praha, 97) die Betriebe *Josef Pstroß* und *Franz Walz;* 1834 taucht eine Lederlackiererei *M. Auer* in W s c h e r a u (Všeruby, 148) auf; Lederlackiererei betrieb auch die bereits erwähnte Lederfabrik *D. L. Lewitt* in P i l s e n (Plzeň, 91); 1841 scheint eine Lederlackiererei in H r a c h e l u s k (Hracholusky, ?) auf[446].

b) Tapezierer

In P r a g (Praha, 97) existierte 1834 eine Tapezieranstalt *Ferdinand Leigeb,* die außer Leder auch 100 q Roßhaar jährlich verarbeitete. In den „Tafeln von 1841" werden in Prag vier Sattler, drei Riemer- und zwei Kürschnerwarenfabriken genannt[447].

c) Handschuherzeugung

Wichtigster Zweig in der Finalindustrie des Leders war die Handschuherzeugung, die ihr Zentrum in Prag hatte. Dieser Industriezweig, der in erster Linie von französischen Emigranten ausgebildet worden war, gewann im Vormärz größere Bedeutung. 1820 zählte man in Böhmen erst einen Meister, der jährlich etwa 2 000 Dutzend Handschuhe im Werte von 20 000 fl erzeugte. 1835 bestanden bereits sechs Fabriken mit 22 Meistern und 140 Arbeitern sowie 1 000 Näherinnen. Die Produktion war auf 20 000 Dutzend Handschuhe im Wert von 160 000 fl angewachsen. 1841 gab es zwölf Fabriken und 30 Handschuhmacher; die Anzahl letzterer stieg bis 1845 auf 32, wobei diese 78 Gehilfen beschäftigten. Die Erzeugung betrug 25 000 Dutzend Handschuhe im Werte von 250 000 Gulden[448].

Die älteste Prager Handschuhfabrik wurde 1784 durch den Franzosen *Etienne Boulogne* gegründet und ging 1790 an dessen Neffen *Peter* über, der das Unternehmen auch noch 1835 führte. 1800 produzierten 15 Arbeiter 16 000 Paar Handschuhe, 1835 erzeugten 118 Arbeiter 300 000 Paar Handschuhe aus 50 000 Stück Ziegenfellen und 8 900 Lammfellen. 1845 145 Beschäftigte[449]; eine zweite bedeutende Fabrik errichtete 1788 *Jean Lunet* in Prag, die ebenfalls die Landesfabriksbefugnis besaß, 1836 Besitzer *Johann Lunet und Sohn;* 1822 eröffnete *Prokop Swoboda* eine dritte Handschuhfabrik in Prag, die 1826 ein fünfjähriges, ausschließliches Privileg auf die Erfindung eines schnelleren Verfahrens zur Er-

---

[444] K r e u t z b e r g 100. — S l o k a r 416.
[445] K e e ß II, 20.
[446] K r e u t z b e r g 100. — S l o k a r 415 f.
[447] K r e u t z b e r g 62.
[448] K r e u t z b e r g 101. — S l o k a r 422 f. — Großindustrie Österreichs (1898) IV, 424.
[449] K r e u t z b e r g 101. — S l o k a r 420 f.

zeugung von dänischem Handschuhleder erhielt, 1830 30 Beschäftigte; 1832 gründete *J. M. Stifter* eine vierte Handschuhfabrik in Prag, die zwei Jahre später als einzige innerhalb der Monarchie gleichzeitig die Handschuhfabrikation mit der Gerberei und Schönfärberei betrieb, Verarbeitung von 18 000 Stück Ziegenfellen und 4 000 Stück Groblammfellen zu 3 000 Dutzend Handschuhen im Werte von 26 000 Gulden, 110 Beschäftigte (20 Arbeiter, 10 Strickerinnen und 80 Handnäherinnen, Jahreslohnsumme von 8 000 Gulden)[450].

Die durchschnittliche Beschäftigtenzahl lag in den Lederfabriken 1835 bei etwa 20 bis 40 Arbeitern, am Ende der Berichtszeit zählte die größte Lederfabrik in Prag über 100 Arbeiter. Bei der Handschuherzeugung erreichten die Beschäftigtenzahlen bereits in den 30er Jahren über 100 und stiegen bis 1841 auf etwa 150.

Für die Standortwahl dieses Industriezweiges ist der Zugang zu Flüssen und Bächen maßgeblich. Am Beginn der Epoche lagen die Betriebe insbesondere um Asch, Eger, Chrudim und Schüttenhofen, was vermutlich auch mit dem Gewinn der Gerberlohe aus den dortigen Waldgebieten zusammenhing. Später orientierte sich der Standort mehr nach der Absatzmöglichkeit der Finalindustrie und konzentrierte sich auf Prag und Pilsen.

TEXTILINDUSTRIE

a) Leinen und Hanf

Die Leinenherstellung, der älteste bedeutende Fabrikationszweig Böhmens im Bereiche der Textilindustrie, verlor im Berichtszeitraum gegenüber der Baumwolle und Tucherzeugung weiter an Bedeutung. Die Ursache dafür lag zunächst darin, daß infolge der Kontinentalsperre die Leinenindustrie wohl vor der Konkurrenz englischer Baumwollwaren geschützt blieb, dafür aber den Export nach Westeuropa verlor. Dadurch wurde sie von den in Preußisch-Schlesien seßhaften Verlegern und Händlern immer mehr abhängig, da ihr deren Zwischenhandel die einzige Exportmöglichkeit bot. Erst nach der Erschließung neuer Märkte in der Türkei und Italien trat eine gewisse Besserung ein, besonders seit 1817 durch die Ausdehnung des Prohibitivsystems auf die wiedergewonnenen oberitalienischen Provinzen. Ein Ausbau der Elbeschiffahrt verbesserte dann jedoch wiederum die Chancen der preußisch-schlesischen Leinenhändler[451].

Entscheidend für die weitere Verbreitung der Leinenindustrie wurde die Ausweitung des böhmischen Flachsanbaues. Kreutzberg berichtete 1834, daß die Patriotisch-Ökonomische Gesellschaft in verschiedenen seit 1821 verlegten Schriften und Belehrungen den Flachsanbau propagierte. Größte Verbreitung erreichte dieser im Riesengebirge und erzielte auch eine qualitativ sehr hohe Stufe. Böhmens Flachsanbau betrug 1841 mehr als ein Viertel des Gesamtanbaues der Monarchie. Bei Hanf war der Anteil Böhmens jedoch nur 1,1 %. Von 1834 bis 1841 konnte die Flachsernte in Böhmen um 176 % gesteigert werden[452].

---

[450] K r e u t z b e r g 101. — S l o k a r 421 f.
[451] K r e u t z b e r g 66 ff. — S l o k a r 372.
[452] K r e u t z b e r g 64 ff.

Flachs- und Hanfernte 1841 (in q)

	Flachs	Hanf
Böhmen	231 261	7 708
Monarchie	876 510	757 643
Anteil in %	26,3	1,1

Flachsernte in Böhmen

1834	1841
120 000 q	231 261 q
100 %	276 %

Eine bedeutende Besserstellung der böhmischen Leinenindustrie hätte aber eine Änderung deren Grundlagen erfordert, vor allem in den Produktionsverhältnissen. Die Umstellung auf Maschinen und eine Ausbildung von Großunternehmen ging in der Leinenindustrie jedoch nur sehr langsam vor sich und befand sich um die Mitte des 19. Jahrhunderts erst im Entstehen. Ende der 20er Jahre kamen die ersten größeren Leinenwarenfabriken auf, die auch für den Export produzierten. Diesen Betrieben waren zumeist nur Bleichen und Appreturen angeschlossen. Die Einführung der mechanischen Flachsspinnerei erfolgte in Böhmen sehr spät und setzte sich nur langsam durch. Kreutzberg bemerkte 1835 noch keine Ansätze hiezu. Die ersten Spinnmaschinen mußten aus England eingeführt werden. *Hermann Leitenberger* aus Wernstadt erfand 1816/17 Spinnmaschinen, die im Lande selbst hergestellt werden konnten. Die Maschinenfabrik *Reiff* in Reichenberg baute die ersten „Althabendorfer Spinnmaschinen". Die Einführung des englischen mechanischen Flachsspinnsystems „Girard" erfolgte erst nach 1835 durch den Nachbau von Spinnmaschinen mit Hilfe von in England angeworbenen Ingenieuren. Kreutzberg klagte, daß für die Flachsspinnerei bisher keine geeigneten Maschinen entwickelt worden seien. Qualitätsverbesserungen konnten durch die Einführung der Wordsworthschen Hechelmaschine und durch das Verspinnen des Flachses aus einem Heißwasserbad erzielt werden [453].

Die Leinenweberei war am stärksten um Rumburg verbreitet, wo treffliche Leinwand und beliebter Creas (Doppelleinwand) hergestellt wurden; weiters um Schluckenau, Arnau, Trautenau, Hohenelbe, Starkenbach, Neupaka, Chlumetz und im Kreis Königgrätz. In den südlichen Landesteilen Böhmens, die an der Grenze zu Bayern, Oberösterreich und Mähren lagen, war noch immer die Landweberei stark verbreitet. Billige Hausleinwand erzeugte die Hausindustrie. Die Produktion erfolgte in der Regel auf den Bauernhöfen im Winter, wenn man Zeit fand, den selbst angebauten Flachs mit Spinnrad und Webstuhl händisch zu

---

[453] Kreutzberg 68 f. — Slokar 373 ff.

verarbeiten. Ganz selten wurden Garne hinzugekauft. Im Frühjahr konnte die während der Wintermonate erzeugte Leinwand gebleicht werden. Der Vorteil dieser Hausleinwandproduktion bestand darin, daß hiezu nur ein geringes Betriebskapital nötig war. Die Kommerzialweber standen sich deshalb in der Regel viel schlechter als die selbständigen Landweber. Erstere mußten ihr Garn auf dem Markt einkaufen und trugen dabei das Risiko des Verkaufes ihrer Fertigprodukte. Viele zogen es deshalb vor, im Verlag von Leinwandhändlern zu arbeiten, obgleich die Bedingungen oft recht ungünstig waren (Im Riesengebirge betrug 1823 der Taglohn etwa drei Kreuzer.)[454].

Aus statistischen Angaben über die Zahl der Beschäftigten, Produktionsmengen bzw. Produktionswerte lassen sich die Grundlinien der Entwicklung dieser Industriesparte erkennen. Lahmer[455] erwähnte in seiner „Geschichte der nordböhmischen Leinenindustrie", daß 1790 in Böhmen 37 303 Leinenwebstühle jährlich 870 340 Stück Leinwand erzeugten, die einem Wert von 11 314 420 Gulden (pro Stück etwa 13 Gulden) entsprachen. Der Export ging 1781 bis 1791 hauptsächlich nach Preußisch-Schlesien (1 646 540 Stück rohe Leinwand). 1823 zählte Böhmen noch 451 031 Flachsspinner (einschließlich der Nebenbeschäftigten). Hauptbeschäftigte gab es nur in den Gebirgsgegenden. 1819 existierten nur mehr 40 000 hauptberufliche Flachsspinner. Kreutzberg führte 1834 an, daß etwa 280 000 Beschäftigte (einschließlich der Spinner, Weber, Hilfsarbeiter und Zurichter) tätig waren, die 1 028 000 Stück Leinwand im Werte von 8 995 000 Gulden (zuzüglich Bleiche-, Druck- und Appreturaufwendungen von 752 000 Gulden) herstellten. Die Ausfuhr betrug jährlich 522 000 Stück im Wert von 5 485 000 Gulden. In Böhmen bestanden 280 Bleichanstalten, die 5 000 Personen beschäftigten (die jährlich 1,5 Millionen Gulden Lohn erhielten)[456].

Das Zentrum der Flachsspinnerei und Weberei lag 1834 weiterhin im Riesengebirge, wo ein Viertel der Bevölkerung (etwa 100 000 Menschen) hauptberuflich tätig war. Diese produzierten jährlich 6 500 000 Stück Garn (Der Spinnlohn allein betrug ca. 2 500 000 Gulden.). In der Leinenweberei arbeiteten an 20 000 Stühlen etwa 30 000 Menschen[457].

Das Flachsaufkommen Böhmens betrug 1834 120 000 Zentner, zusätzlich wurden 100 000 Zentner aus Ungarn und Mähren eingeführt. Die „Tafeln von 1841" geben den Gesamtwert der böhmischen Leinenwarenindustrie mit 17,33 Millionen Gulden an; dies entsprach etwa 23 % der Leinenerzeugung der Gesamtmonarchie. Die in dieser Sparte tätigen 90 000 Flachsspinner erscheinen jedoch zu hoch gegriffen und beziehen vermutlich auch die Nebenbeschäftigten mit ein. Hauptbeschäftigte wurden noch auf den Herrschaften Hohenelbe (7 000) und Nachod (8 000) genannt, deren Lohn täglich nur etwa zwei bis drei Kreuzer betrug. Die böhmische Leinenerzeugung belief sich jährlich auf 1,5 Millionen Stück (à 30 Ellen) im Werte von 10 500 000 Gulden (das entsprach nur mehr einem Wert von

---

[454] Keeß II, 155 ff. — Kreutzberg 66 f.
[455] Lahmer, Robert: Zur Geschichte der nordböhmischen Leinenindustrie. MNExKl 12 (1889) 101 ff.
[456] Kreutzberg 70, 75. — Slokar 373.
[457] Kreutzberg 68 f.

7 Gulden pro Stück; verglichen mit einem Durchschnittswert von 13 Gulden im Jahre 1790 wird daraus der Preisverfall bei Leinwand deutlich!) [458].

Leinenerzeugung in Böhmen (1790 bis 1841)

	1790	1834	1841
Stück	870 340	1 028 000	1 500 000
Wert in Gulden	11 314 420	8 995 000	10 500 000
Anstieg der Produktion (in %)	100	118	172
Wert pro Stück (in Gulden)	13	8	7

Leinenerzeugung 1841

	Stück (in Millionen)	Wert in Gulden
Böhmen	1,5	10 500 000
Monarchie	4,6	27 000 000
Anteil Böhmens in % der Monarchie	32,6	40,0

Hinsichtlich der Stückzahl produzierte Böhmen 1841 etwa ein Drittel der Leinenwaren in der Gesamtmonarchie; wertmäßig entsprach dies sogar 40 %, woraus hervorgeht, daß in Böhmen bessere Waren hergestellt wurden. Während der ersten Hälfte des 19. Jahrhunderts vermehrte sich die Produktionsmenge etwa um 72 %, wobei der Wert eines Einzelstückes nahezu auf die Hälfte fiel. Man sieht daraus, daß sich die Leinenfabrikation zunächst zwar noch neben der Baumwollindustrie behaupten, ja sogar noch auszuweiten vermochte, daß sie sich aber im Preis dieser angleichen mußte.

1. *Flachsspinnereien.* Flachsspinnereien wurden 1834 von Kreutzberg zwei erwähnt: H o h e n e l b e (Vrchlabí, 23), 1841 über 7 000 Beschäftigte, Lothgarnerzeugung, Hausindustrie auf der Herrschaft stellte Schleier, Weben, Roane und Tücher her; S e m i l (Semily, 52), 1834 Lothgarnherstellung, 1841 Produktion Webergarne [459].

Die „Tafeln von 1841" führten folgende Flachsspinnereien an: W a r n s d o r f (Varnsdorf, 1), Produktion Webergarne, Gradl, Damaste und Tischzeug; B r a n n a (Branná, 10), Flachsspinnerei mit Heimarbeit, erzeugte Lothgarne; B r a u n a u (Broumov, 11), Flachsspinnerei, Produktion Webergarne, Weben

---

[458] K r e u t z b e r g 65, 70. — L a h m e r: Leinenindustrie 101—105. — L a n g e r, Eduard: Firma Schrolls Sohn. Prag 1895, S. 61 (Beiträge zur Geschichte der Deutschen Industrie in Böhmen 4). — Slokar 376.
[459] K r e u t z b e r g 68.

und Roane; F r i e d l a n d (Fridland, 16), Flachsspinnerei für Webergarne; N a c h o d (Náchod, 37), Flachsspinnerei, Produktion Webergarne, Weben und Roane; Flachsspinnerei in Heimarbeit auf der Herrschaft beschäftigte 8 000 Spinner; P o l i t s c h k a (Polička, 42), Flachsspinnerei, erzeugte Webergarne, Gradl, Damaste und Tischzeug; P o l i t z (Police, 43), Flachsspinnerei, Produktion Webergarne, Weben und Roane; R u m b u r g (Rumburk, 51), Flachsspinnerei, Produktion Webergarne und Tücher; S c h l u c k e n a u (Šluknov, 56), Flachsspinnerei, Erzeugung von Webergarnen in Verbindung mit einer Leinwandfabrik; S t a r k e n b a c h (Jilemnice, 61), Flachsspinnerei, Produktion Lothgarne in Heimarbeit, Leinenerzeugung für Batiste, Weben, Roane und Tücher.

Die erste mechanische Flachsspinnerei der Monarchie errichtete 1835 *Johann Faltis* in J u n g b u c h bei Trautenau (Mladé Buky, 25), Antrieb Wasserkraft von 30 bis 40 PS, Flachsspinnmaschinen in Pottendorf (N. Ö.) nach englischem Vorbild (System Girard) gebaut, noch aus Holz und für den Handbetrieb eingerichtet, 1837 verbesserte Maschinen eingesetzt, 1841 229 Beschäftigte, 2 000 Spindeln, 1842 weitere 2 000 Spindeln direkt aus England bezogen, 1843 insgesamt 3 000 Spindeln, 1845 weitere 2 400 Spindeln aufgestellt, *Ritter von Neupauer* trat als stiller Gesellschafter in das Unternehmen ein, 1845 bis 1848 wurde eine neue Fabrik mit 3 000 Spindeln erbaut[460].

Im Jahre 1841 wurden noch zwei weitere mechanische Flachsspinnereien genannt: S k u r o w (Skuhrov, ?), Besitzer *Exner und Teuber*, 1 000 Spindeln; K r u m a u (Krumlov, 30), im Eigentum von *Schindler*, mit über 1 000 Spindeln.

2. *Leinenerzeugung.* Während der gesamten Periode bestanden folgende Leinenerzeugungen: A r n a u (Hostinné, 2), 1820 Besitzer *Gebrüder Lorenz*, später von *Franz Lorenz Sohn* weitergeführt, 1841 Produktion: Schleier, Weben und Roane sowie Wachsleinwand; auf dem Klostergrunde in B r a u n a u (Broumov, 11) errichtete 1800 *Anton Dauscha* die „Klosterbleiche", 1808 Bau einer Leinwandmangel, 1841 von *Benedikt Schroll* gekauft; in H e r m a n n s e i f e n (Heřmanovy Sejfy, 22) und O b e r a l t s t a d t (Hořejší Staré Město, 41) gründete 1797 *Johann Adam Kluge* eine Leinenerzeugung, die 1841 Schleier und Wachsleinwand produzierte, in der zweiten Hälfte des 19. Jahrhunderts sehr bedeutend[461]; in S t a r k e n b a c h (Jilemnice, 61) und H r a b a č o w (Hrabačov, 24) betrieb *Graf Harrach* seit dem 18. Jahrhundert Leinenerzeugung, 1798 (zwei Leinwandbleichen) und 1820 erwähnt, 1831 waren hier (und in Janowitz/Mähren) 130 bis 150 Webstühle und 1 000 Heimarbeiter (eigene Arbeiter- und Witwenpensionsanstalt) beschäftigt, 1832 *Johann Faltis* Direktor, 1834 allein auf der Herrschaft Starkenbach 150 Webstühle, 1 000 Beschäftigte, eigene Batistweberei erzeugte jährlich 15 000 Stück Batiste, Tücheln und feinere Leinwandgattungen, 1841 besaß *Graf Harrach* neben der Flachsspinnerei eine landesbefugte Leinwandfabrik in Starkenbach; in Hrabačow beschäftigte er auf 150 Webstühlen etwa

---

[460] L a h m e r : Leinenindustrie 103. — L a n g e r 62. — H a l l w i c h : Industrie und Handel 662. — S l o k a r 375 f. — Großindustrie Österreichs (1898) IV, 296.
[461] K e e ß II, 155 ff. — L a n g e r 35 ff. — S l o k a r 375. — Großindustrie Österreichs (1898) IV, 296. — Großindustrie Österreichs (1908) III, 68 ff.

1 000 Personen, eigene Leinenstoffabrik, 1845 etwa 2 000 Beschäftigte (einschließlich Janowitz und der mit Heimarbeit beschäftigten Spinner)[462]; 1818 betrieben *A. V. Przibram* und sein Kompagnon *Jerusalem* eine Leinenwarenfabrik in K a - r o l i n e n t h a l (Karlín, 53) und eine Kottonfabrik bei Smichov, 1827 beschäftigten beide Fabriken etwa 800 Arbeiter (ohne Berücksichtigung der Spinner und Weber), 1836 trennten sich Przibram und Jerusalem, wobei die Leinwandfabrik in Karolinenthal an Jerusalem überging und sehr bald an Bedeutung verlor; in K r u h bei Hohenelbe (29) gründete *Anton Klazar* 1809 eine Leinwandfabrik, 1829 bis 1845 mehrfach genannt, in der zweiten Hälfte des 19. Jahrhunderts von seinen Söhnen fortgeführt, Produktion von glatten Geweben, Taschentüchern, Jacquardwaren, Damasten, Handtüchern und Kleiderleinen; in L i n d e n a u (Lindava, 35) bestand bereits 1756 eine Leinwandweberei und Bleiche, später von *Graf Joseph Kinsky* erworben, 1846 im Besitz *C. Grohmann*, 1848 zusätzlich Bleiche und Färberei erbaut; in L o m n i t z (Lomnice, 36) errichtete 1808 *Peter August Schlechta* eine Leinwandfabrik, die nach 1819 einen größeren Aufschwung nahm, 1834 produzierten *Schlechta und Sohn* jährlich 25 000 bis 30 000 Stück im Werte von 200 000 Gulden, 1841 genannt[463]; zwischen 1804 und 1807 eröffnete *Franz Stolle* in W a r n s d o r f (Varnsdorf, 1) eine Leinenstoffabrik, die 1820 nach Teilung der Firma an *Joseph Stolle und Söhne* fiel, 1834 von Kreutzberg als „Stolles Erben" erwähnt, 1836 38 Webstühle, 380 Arbeiter (einschließlich der Spinner), bedeutende Damastfabrikation, 1841 Erzeugung von Damasten, Maschinentischzeug und Leinenwaren[464].

Nur bei Kreutzberg scheint 1834 die Leinwanderzeugung *F. Melzer* in W e l l - n i t z (Velenice, 67) auf, die vor allem Kaffeetücher erzeugte[465].

In dieser Periode gegründet oder erstmals genannt wurden folgende Betriebe: A r n a u (Hostinné, 2), in den 20er Jahren Leinenerzeugung *Gebrüder Steffan*, 1841 Besitzer *Fr. Steffan;* B ö h m i s c h - K a m n i t z (Česká Kamenice, 8), 1828 von *Franz Hübel* als Leinenerzeugung begonnen, in der zweiten Hälfte des 19. Jahrhunderts als Leinen- und Baumwollweberei großer Aufschwung; G e o r g s w a l d e (17), *Kaleb Rößler* nahm 1820 die Leinenerzeugung auf, 1835 550 Webstühle, 1841 im Besitz von *R. Rösler;* H o h e n e l b e (Vrchlabí, 23), zwischen 1829 und 1845 zwei Leinwandfabriken: *Karl Ther* und *Johann Finger*[466].

Erst 1841 fanden Erwähnung: B ö h m i s c h - K a m n i t z (Česká Kamenice, 8), drei Leinenerzeugungen, die auch Zwirne herstellten, Besitzer *Florian Forster, Franz Bühne* und *R. F. Schwab;* G e o r g s w a l d e (17), eine Leinenerzeugung; G r u l i c h (Králiky, 19), Leinenerzeugung *Alois Veith Sohn;* K a r o l i n e n - t h a l (Karlín, 53), eine Leinenwaren- und Damastfabrik; L a n d s k r o n (Lanš-

---

[462] K e e ß II, 115 ff. — K r e u t z b e r g 68—72. — S l o k a r 373 ff.
[463] S l o k a r 295 ff., 301 ff., 374 f. — K r e u t z b e r g 71 f. — Großindustrie Österreichs (1898) IV, 211 ff. — Großindustrie Österreichs (1908) III, 79.
[464] K r e u t z b e r g 72. — L a h m e r, Robert: Einiges von der nordböhmischen Kattunindustrie. MNExKl 12 (1889) 301. — S l o k a r 374.
[465] K r e u t z b e r g 72.
[466] S l o k a r 301, 373 ff. — Großindustrie Österreichs (1908) IV, 174.

kroun, 32), Leinenwarendruckerei *Brüder Schärte*, weiters eine Damast-, Gradl-, und Tischzeugfabrik; L e i t o m i s c h l (Litomyšl, 34), eine Gradl-, Damast- und Tischzeugfabrik; L o m n i t z (Lomnice, 36), eine Leinenerzeugung, die Tücher herstellte; und in R e i c h e n b e r g (Liberec, 48) eine Leinenerzeugung, die Damaste, Gradl und Tischzeug produzierte [467].

3. Bleich- und Appreturanstalten. Von den Bleich- und Appreturanstalten ist nur eine durchgehend nachweisbar. In T r ü b e n w a s s e r (Kalná Voda, 65) gründeten die Brüder *Franz und Augustin Hanke* 1811 eine Natur-Rasenbleiche, die 1842 an *Augustin Hanke* und 1846 an dessen Sohn *Josef* überging, 1811 sechs bis acht Beschäftigte im Handbetrieb, 1824 Walke und Mangel errichtet, Bäuchkessel aufgestellt, bis 1846 dienten Holzasche und Milch als Bleichmittel, später Soda, Chlorgas und Schwefelsäure, 1811 Produktion 50 Schock handgesponnener Garne und 2 000 Stück Handleinen, seit der zweiten Hälfte des 19. Jahrhunderts Großbetrieb [468].

Erst 1841 tauchten folgende Leinenbleichen und Appreturen auf: H o h e n - e l b e (Vrchlabí, 23), drei Betriebe, Besitzer *Anton Kühnel, Rudolph Liebler* und *Alois Mai;* N i e d e r g r u n d (39), *Josef Ulbrich,* Produktion von 50 000 Stück Leinwand- und Baumwollzeug im Jahr, Einrichtung: Zylinder-Waschmaschine und zwei holländische Mangen; P ř i l e p (Přílepy, 46), *Franz Fischer;* R o t h e n - h a u s (Červeny Hrádek, 50), *Graf Bouquoy;* und U n t e r w e k e l s d o r f (Dolní Teplice, 66), *Brüder Walzel* [469].

4. Leinenbandwebereien. Von den Leinenbandwebereien wurde eine einzige während der ganzen Periode erwähnt: T a u s (Domažlice, 64), 1820 stellte die Firma *Praschill'sche Erben* Rundschnüre und sogenannte Nestelschnüre aus Hanf auf Drehmaschinen her, später wurden auch wollene Bänder erzeugt, 1841 Leinenbandweberei. Leinenbandwebereien bestanden 1841 weiters in E g e r (Cheb, 15); K a m n i t z (Kamenice, 27); S c h l a c k e n w e r t h (Ostrov, 55) und W i l d - s t e i n (Vildštein, 69) [470].

5. Zwirn und Zwirnwaren. Zentrum der Zwirn- und Zwirnwarenerzeugung war S c h ö n l i n d e (Krásná Lípa, 58), wo bereits 1792 18 Firmen bestanden, wozu noch sieben im benachbarten Schönbühel kamen. Wöchentlich wurde in Schönlinde ein Garnmarkt abgehalten. 1834 zählte der Ort 280 Zwirnmaschinen, die jährlich Waren im Werte von 450 000 Gulden produzierten. Weiters gab es hier 81 Bleichanstalten, 1841 verarbeitete man 16 000 bis 17 000 q Garn und erzielte einen Produktionswert von 2 000 000 Gulden. Eines der größten Unternehmen in Schönlinde war die Zwirnerzeugung *Adalbert Wünsche*, bereits 1792 erwähnt, 1830 Landesfabriksbefugnis für Baumwoll- und Leinenwirkwaren, Besitzer *Johann Wünsche*, 300 Beschäftigte, 1841 erwähnt, 1844 Wirkwarenfabrik *Wünsche & Co.* mit eigener Niederlage in Linz; Zwirnfabrik *Josef Mai*, bereits 1792 erwähnt, 1836 40 Familien beschäftigt; weitere Zwirnfabriken waren:

---
[467] S l o k a r 375 f.
[468] Großindustrie Österreichs (1908) III, 132 f.
[469] S o m m e r : Königreich Böhmen XIV, 135. — S l o k a r 377.
[470] K e e ß II, 513. — S l o k a r 346.

Elias Hiellen und Söhne, 1748 von *Elias Hiellen* gegründet, 1835 80 Familien beschäftigt; *Josef Zweigelt,* 1792 erwähnt, 1841 Besitzer *Franz Zweigelt; Gottfried Palme,* 1792 erwähnt, 1841 Besitzer *Palmes Söhne,* Produktion von jährlich 40 000 Stück Zwirn aus Flachs. In S c h ö n b ü h e l (57) betrieb *Gottfried Grohmann* 1792 eine Garn- und Zwirnerzeugung, die später seine Erben weiterführten, Erzeugung von Spitzen-, Näh- und Strickzwirnen; 1839 begann *Johann Klinger* in Z e i d l e r bei Hainsbach (71) mit einer Zwirnerzeugung als Hausindustrie, unter den Söhnen *Anton* und *Franz* wurde ein eigenes Fabrikgebäude erbaut und eine Schafwollweberei eingerichtet, 1841 erzeugten *Johann Klinger & Co.* 12 000 Dutzend Wirkwaren; in N i x d o r f (Mikulášovice, 40) existierte 1841 eine Fabrik für Zwirne aus Flachs und Hanf [471].

6. *Wachsleinwand.* Die Wachsleinwandfabrik S c h w o j k a (Svojkov, 59) wurde als Manufaktur in den 80er Jahren des 18. Jahrhunderts erwähnt und 1820 letztmals im Besitz des *Grafen Kinsky* genannt. In den Jahren 1834 und 1841 scheinen folgende Wachsleinwandfabriken auf: W s c h e r a u (Všeruby, 70), Besitzer *M. Auer;* und B r e n n (Brenná, 12), 1834 im Besitz von *Philipp Ludwig Bacheibel,* 1841 Besitzer *Schneider* [472]. Eine Reihe weiterer Wachsleinwandfabriken kommt erst in den „Tafeln von 1841" vor: C z e r t o w e s (?), K ř i t z (Chříč, 31), P r a g (Praha, 45) und S t u d e n a (Studená, ?).

7. *Hanf.* Die Hanferzeugung Böhmens, die nur 1,1 % der Rohstoffbasis der Monarchie ausmachte, verfügte am Beginn der Berichtszeit über eine einzige größere Erzeugungsstätte in E g e r (Cheb, 15). *Christoph de Valle* fertigte hier Wassereimer und Spritzenschläuche aus Hanf [473].

Die Verbreitung der Leinenindustrie konzentrierte sich — aufgrund ihrer historischen Entwicklung von Schlesien her — im Grenzraum von Trautenau bis Braunau mit Schwerpunkten um Hohenelbe und Starkenbach. Im letztgenannten Raum gelang allein dem Fabrikanten Faltis am Ausgang der Epoche der Durchbruch zum Großbetrieb mit der mechanischen Flachsspinnerei. Weitere Verbreitungsräume waren für die Zwirnerzeugung um Schönlinde und Schönbühel, bei Krulich, Leitomischl und Senftenberg.

Über die Betriebsgröße ist bei der Leinenerzeugung schwer eine Aussage zu treffen, weil die großen Betriebe, wie zum Beispiel Harrach, von ihren mehr als tausend Betriebsangehörigen die Mehrzahl im Verlag beschäftigten. Relativ groß waren die Maschinenspinnereien mit 200 bis 300 Arbeitern, Bleichen und Appreturanstalten kamen über zehn bis zwanzig Personen kaum hinaus. Die Zwirnfabrikanten von Schönlinde verlegten oft bis zu hundert Familien oder bis zu 300 Menschen.

b) Seide

Die Verarbeitung von Seide spielte in Böhmen eine völlig untergeordnete Rolle und läßt sich nur in Prag und Nixdorf nachweisen. Die Seidenerzeugung Böhmens

---

[471] K r e u t z b e r g 70, 75. — P a u d l e r : Heimische Industrie 202 f. — S l o k a r 300, 373—376. — Großindustrie Österreichs (1908) III, 84.
[472] K e e ß II, 257. — K r e u t z b e r g 73. — S l o k a r 630.
[473] K e e ß II, 499.

erbrachte nach Kreutzberg 1834 einen Gesamtwert von 210 000 Gulden. Nach den „Tafeln von 1841" wurden 12 q Seide verarbeitet; das entspricht ungefähr dem Wert von 1 %/o der Gesamtseidenverarbeitung der Monarchie[474].

In N i x d o r f (Mikulášovice, 40) produzierte die Seidenfabrik *F. J. Paul* 1835 aus 10 bis 12 q Rohstoff 1 200 Schock schwere Bänder und 600 Stück Modebänder à 24 Ellen sowie 52 000 Dutzend seidene Knöpfe. Weiters bestand hier eine Maschinenknopffabrik *J. C. Rätzler,* 1835 40 Arbeiter, die auf sieben Webstühlen 45 000 Ellen Knopfbänder, meist von Seide oder auch mit Wolle gemischt, herstellten, Absatz großteils nach Deutschland, seit Gründung des Deutschen Zollvereins im Rückgang; in P r a g (Praha, 45) wurde 1819 von *Josef Tschubert* eine Seidenfabrik gegründet, die 1841 45 Stühle und 14 Jacquardstühle besaß, 60 Arbeiter beschäftigte und auch Seidenfärberei betrieb[475].

Im folgenden wird die Verwendung von Seide auch bei der gemischten Textilindustrie noch behandelt werden.

c) Sonstige Textilwaren

Eine Fabrik zur Erzeugung von Geflechten aus Schilf bestand 1834 in B a c k - o f e n (Bakov, 5). *Josef Mischowsky* erzeugte hier Männerhüte, Schuhe und Pantoffeln aus Schilf. Geflechte für Tischdecken und Frauenhüte aus Schilf (sogenannte Spadrille) wurden 1834 von *J. F. Lumpe* in N e u - E h r e n b e r g (Nový Ehrenberg, 38) hergestellt, 1841 als Unternehmen zur Herstellung von Spadrillen und Schilfgeflechten für Backöfen genannt, 1 500 Beschäftigte[476]. 1820 fertigte die Strohwarenfabrik *Josef Fiedler & Co.* in L e i t m e r i t z (Litoměřice, 33) Schweizer Strohhütte, Geflechte und Bordüren der verschiedensten Art, Bouquets, Girlanden, Tischtapeten, Teller, Strickkörbchen, Ridiküls und Patentzeuge an[477].

Die Strohhüteerzeugung war in Böhmen stark verbreitet. Kreutzberg spricht von 14 Betrieben, die 400 Arbeiter beschäftigten. Der Produktionswert der Erzeugnisse betrug 160 000 Gulden.

Zentrum für die Herstellung von Strohhüten war P r a g (Praha, 45), wo 1834 acht solcher Fabriken bestanden. 1841 waren es nur mehr vier. Kreutzberg nennt 1834 die Strohhutfabriken *Anna Kuhlmann,* die als erste einheimisches Roggenstroh verwendete und 40 Arbeiter beschäftigte, auf acht Flechtmaschinen wurden jährlich etwa 4 000 Stück Hüte hergestellt[478].

Im Jahre 1834 verarbeitete in P r a g (Praha, 45) die einzige böhmische Roßhaarzubereitungsfabrik *S. Weisel* 300 q Roßhaar, 1841 erwähnt[479].

d) Gemischte Waren

Erzeugnisse aus Leinen und Baumwolle produzierten am Beginn der Berichtszeit folgende Unternehmen, die später nicht mehr genannt werden: 1818 in G e o r g s - w a l d e (17) eine k. k. privilegierte Zitz-, Kotton- und Leinwandfabrik *Row-*

---

[474] K r e u t z b e r g 104.
[475] K r e u t z b e r g 103. — S l o k a r 404.
[476] K r e u t z b e r g 63.
[477] K e e ß I, 527.
[478] K r e u t z b e r g 63.
[479] K r e u t z b e r g 103.

land & Osborne, die eine Niederlage in Wien besaß; in P r a g (Praha, 45) die Baumwollwarenfabrik *Steyrer & Sohn,* die baumwollene und leinene Tücher sowie alle Arten von Kottonen herstellte, zwölf Drucktische, 40 Beschäftigte, Niederlagen in Prag und Pest; in S c h l u c k e n a u (Šluknov, 56) die Leinen- und Baumwollwarenfabrik *Josef Hanke & Sohn,* 60 Stühle, 50 Familien beschäftigt, 1820 und 1828 erwähnt[480].

Die in der zweiten Hälfte des 19. Jahrhunderts bedeutsame Baumwollwarenfabrik *Benedikt Schroll* in B r a u n a u (Broumov, 11) ging aus einer Hausweberei in Ruppersdorf hervor und erhielt 1830 als königlich-preußisch-schlesische Bleiche eine Paßzuteilung, Leinen kaufte Schroll auf den Politzer Wochenmärkten, später errichtete er auch eine Baumwollmanufaktur (laut Erlaß des Landesguberniums vom November 1841 auf 30 Stühlen), eigene Fabrik in Hauptmannsdorf gegründet, 1844 Produktion 20 000 Stück Kattune, 400 Weber, 1846 40 000 Stück Kattune, in der Baumwollerzeugung waren 800 Weber sowie 1 600 Spuler und 120 Leute an den Bleichen, 15 bei der Mangel und 12 in der Appretur, insgesamt 2 547 Personen (Lohn 88 200 Gulden CM) tätig, in der Leinwanderzeugung 1 920 Spinner, 240 Weber, 240 Spuler usw., insgesamt 2 459 Personen (Lohn 76 000 Gulden CM), insgesamt wurden 1846 50 000 Stück Kattun- und Leinenwaren von über 5 000 Menschen produziert; seit 1853 von Benedikt Schroll und seinen beiden Söhnen *August* und *Josef* gemeinschaftlich geführt[481].

Im Jahre 1802 gründeten die Brüder *Erxleben* in L a n d s k r o n (Lanškroun, 32) eine Leinenerzeugung, 1818 als Zitz-, Kotton- und Leinwandfabrik erwähnt, *Christian Erxleben* stand 1805 und 1817 an der Spitze des aerarischen Leinwandeinkaufes, als k. k. Kommerzienrat ausgezeichnet, er besaß 1820 eine der größten Leinwandbleichen Europas mit zwölf Bleichhütten, 41 Tischen und Stühlen, zwölf Meister, 32 Gesellen, zwölf Lehrjungen und 71 Gehilfen stellten rohe, gebleichte, weißgarnige, gefärbte und gedruckte Leinwand sowie weiße und gedruckte Baumwollwaren her, 1834 jährlich über 62 000 Stück Leinwand gepantscht, gebleicht und appretiert, mit Walzen-, Druck- und Punziermaschinen, einer Mange und drei Walken ausgestattet, Antriebskraft Wasser, in der Bleichanstalt 150 Beschäftigte, eigene Druckerei und Färberei, 1842 Zahlungsschwierigkeiten, Aerarialvorschuß von 7 000 Gulden erlassen, 1845 in Konkurs[482].

Im Jahre 1811 erhielt die Baumwoll- und Leinenfabrik *Anton Runge* in N e u - F r a n z e n s t h a l (?) die einfache Fabriksbefugnis, 1818 zur Landesfabriksbefugnis erweitert, 130 Weber, 6 Bleicher, 4 Färber und zwölf Drucker sowie acht Streichkinder, insgesamt 165 Beschäftigte, 1841 als Leinenwaren- und Damastfabrik erwähnt; 1818 bestand in S c h ö n l i n d e (Krásná Lípa, 58) die Druckfabrik *Anton Herbst,* sechs Drucktische, 20 Beschäftigte, erzeugte Kaliko und Pique, 1820 als Kattunfabrik und 1841 als Leinen- und Baumwollwarenfabrik genannt[483].

---

[480] L a h m e r : Kattunindustrie 301 f. — S l o k a r 293—297.
[481] L a n g e r. — S l o k a r 302, 375.
[482] K e e ß II, 155 ff. — K r e u t z b e r g 71. — H a l l w i c h : Industrie und Handel 656. — S l o k a r 294—297, 374.
[483] L a h m e r : Kattunindustrie 301. — S l o k a r 293—296.

Während der Epoche wurden erwähnt, aber am Ende derselben scheinen nicht mehr auf: 1824 in P r a g (Praha, 45) die Leinwand- und Kattunfabrik *Johann Wambersky,* Landesfabriksbefugnis, 78 Beschäftigte, 1836 genannt; 1830 die Leinen- und Baumwollwarenweberei *Simon Wahle,* Landesfabriksbefugnis, 610 Webstühle; 1837 tauchte die Leinen- und Baumwollwarenerzeugung *Israel Mautner* auf, Landesfabriksbefugnis [484].

In der Berichtszeit gegründet und am Ende derselben waren noch existent: um 1821 errichtete *Norbert Langer* in S t e r n b e r g (Šternberk, 62) eine k. k. privilegierte Leinen- und Baumwollwarenfabrik mit Zweigbetrieben in Oskau, Deutsch-Liebau und Nieder-Dřewitsch, 1821 Landesfabriksbefugnis, gleichzeitig traten die Söhne des Gründers *August, Johann* und *Norbert* als Gesellschafter in das Unternehmen ein, 1836 Bleiche in Oskau/Mähren erbaut; in T r a u t e n a u (Trutnov, 63) gründete 1823 *Johann Faltis* eine Leinenmanufaktur und Kottonweberei, 1841 als Leinenerzeugung bezeichnet (vgl. Leinenerzeugung Trautenau und Jungbunzlau); 1829 bestand in W i e s e n t h a l (68) die Baumwollwarenfabrik *Pohl's Erben,* 1841 Erzeugung von Leinen- und Baumwollwaren, Niederlage in Linz; 1829 existierte in S o p h i e n h a i n (60) eine Leinen- und Baumwollwarenfabrik, 1841 genannt; 1833 gründete *Filipp Michel* in G ä r t e n bei Schönlinde (18) eine landesbefugte Wirkwarenfabrik, die weiße Socken und Strümpfe aus Leinengarn sowie farbige Strümpfe und Handschuhe aus Baumwolle herstellte, Absatz nach Wien, Budapest und Mailand; 1836 erzeugte in H o h e n - e l b e (Vrchlabí, 23) die Leinenfabrik *Josef Tobisch* auch Baumwollstoffe, 1841 erwähnt [485].

In den „Tafeln von 1841" scheinen folgende Betriebe erstmals auf: H o h e n - e l b e (Vrchlabí, 23); P r a g (Praha, 45) und R u m b u r g (Rumburk, 51).

Mit dem Druck von Leinen- und Baumwollwaren beschäftigten sich am Beginn der Epoche folgende Unternehmen: in P r a g (Praha, 45) 1818 eine Zitz-, Kotton- und Leinwanddruckfabrik *Michael Wenzel Wiener,* zwölf Drucktische, 22 Beschäftigte, 1820 Landesfabriksbefugnis, acht Druckzimmer mit 67 Drucktischen, drei Färbereien mit vier Kesseln und 14 Küpen, 183 Arbeiter, 1835 *Wiener & Söhne,* 160 Drucktische, zwei Druckmaschinen, 500 Arbeiter, Niederlagen in Wien, Mailand, Pest und Prag, nach 1839 stillgelegt [486].

Während der gesamten Berichtszeit wurden genannt: K a r o l i n e n t h a l (Karlín, 53), *Beer Porges,* 1811 Zitz- und Kottonfabrik mit 80 Drucktischen, Niederlagen in Wien, Prag und Brünn, 1817 nur mehr neun Drucktische, 1819 wieder 84 Drucktische, 150 Arbeiter, seit 1816 auch als Kattundruckerei geführt, 1841 Produktion 60 000 Stück im Werte von 540 000 Gulden, eine Walzendruckmaschine und eine Perotine, *Beer Porges Erben* besorgten auch Leinwanddruck; B ö h m i s c h - A i c h a (Český Dub, 7), 1818 Kotton- und Leinwanddruckfabrik *Franz Sluka,* sechs Drucktische, stellte Leinwand- und Kottontücher her, 1830 Kottondruckerei mit Bleiche, 1840 Betrieb eingestellt, 1843 an *F. Schmitt*

---
[484] S l o k a r 296—301. — Großindustrie Österreichs (1898) IV, 250 f.
[485] S l o k a r 298, 375. — Großindustrie Österreichs (1898) IV, 296, 322 f. — Großindustrie Österreichs (1908) I, 192; III, 81 ff.
[486] S l o k a r 294—300.

verkauft; S c h l u c k e n a u (Šluknov, 56), 1818 Tücheldruckerei *Franz Kindermann*, 1841 als Baumwoll- und Leinwanddruckerei erwähnt; P r a g (Praha, 45), 1818 Kotton-, Leinwand- und Tücheldruckerei *Salomon Brandeis & Sohn*, 30 Drucktische, 30 Drucker sowie 20 Arbeiter beschäftigt, Niederlage in Wien, 1841 Baumwolldruckerei, Erzeugung 40 000 Stück im Werte von 360 000 Gulden, eine Walzen- und eine weitere Druckmaschine; 1818 Kotton- und Leinwanddruckfabrik *Israel Epstein*, zwölf Drucktische, Produktion von Kottonen, Croisé und blauer Leinwand, Niederlagen in Wien und Prag, 1835 Besitzer *Leopold Epstein*, 180 Drucktische, drei Walzendruckmaschinen, 863 Arbeiter, 1841 Produktion 116 000 Stück im Werte von 950 000 Gulden, drei Walzendruckmaschinen, eine Perotine und eine weitere Druckmaschine, 200 Drucktische[487].

In der Berichtszeit gegründet, am Ende derselben nicht mehr erwähnt: P r a g (Praha, 45), 1823 Leinwand- und Kattundruckfabrik *Salomon Bunzel & Söhne*, Landesfabriksbefugnis, 64 Drucktische, 211 Beschäftigte; J u n g b u n z l a u (Mladá Boleslav, 26) 1835 Leinen- und Kottondruckerei *Philipp Neustadtl*, einfache Fabriksbefugnis, 1840 Landesfabriksbefugnis, 120 Arbeiter[488].

In der Epoche gegründet und am Ende derselben noch erwähnt: Baumwolldruckerei *Gebrüder Schwertasek* in P r a g (Praha, 45), 1828 einfache Arbeitsbefugnis, 1831 einfache Fabriksbefugnis und 1839 Landesfabriksbefugnis als Leinwand- und Kottondruckerei, 136 Arbeiter, 1841 Produktion 12 500 Stück im Werte von 112 000 Gulden, eine Druckmaschine[489].

Erstmals in den „Tafeln von 1841" wurden folgende Betriebe genannt: S m i c h o w (Smíchov, 54) und P r a g (Praha, 45). In Prag waren vier Baumwolldruckereien auch mit Leinwanddruck beschäftigt.

In P o s t u p i t z (Postupice, 44) bestand 1818 die k. k. privilegierte Baumwollspinn-, -web- und -druckfabrik nebst einer Leinwandbleiche, *Georg Graf Bouquoy*, Niederlagen in Prag, Wien und Graz, in der Spinnerei zehn Mules-, zwei Waterframes, 60 Beschäftigte, in der Weberei 50 Arbeiter, in der Druckerei 50 Arbeiter, in der Leinwandbleiche 23 Arbeiter, insgesamt 183 Beschäftigte, 1829 Besitzer *Gräfin Bouquoy-Rottenhan*[490].

Nach den „Tafeln von 1841" bestanden in Böhmen 224 Kommerzialbleichen für Garn, Zwirn-, Leinen- und Baumwollwaren, außer jenen, die mit Leinen- und Baumwollfabriken verbunden waren[491].

Mit der gemischten Erzeugung von Baumwoll- und Schafwollwaren beschäftigte sich während der gesamten Periode nur ein einziges Unternehmen: 1806 gründeten *Clam-Gallas* und *Franke & Co.* in J o s e p h i n e n t h a l bei Reichenberg (48) eine Schafwollwarenfabrik, 1808 an *Ballabene* verkauft, später in eine Baumwoll- und Schafwollspinnerei umgewandelt, 1828 erwarb *Johann Liebig* aus Reichenberg die Fabrik um 18 500 Gulden CM, 1832 neues Preßgebäude er-

---

[487] L a h m e r : Kattunindustrie 301. — S l o k a r 292—302. — Großindustrie Österreichs (1898) IV, 176—183.
[488] S l o k a r 296, 302.
[489] S l o k a r 302.
[490] S l o k a r 294, 297.
[491] S l o k a r 377.

richtet, 1833 300 Beschäftigte in der Fabrik und 2 000 außerhalb derselben, 1835 Färberei und Weberei errichtet (auf 200 Power-Looms Kraftweberei), 1838 Dampfmaschine aufgestellt, 1842 Sozialeinrichtungen: in Krankheits- und Unglücksfällen genossen Arbeiter, die mindestens ein Jahr beschäftigt waren, kostenlose ärztliche Behandlung, weiters Beerdigungsbeiträge, eigene Arbeiterhäuser in Reichenberg, Eisenbrod, Swarow und Haratitz, Fabriksschule und Kindergärten, 1848 mechanische Weberei mit 800 Stühlen, 1850 neues Druckereigebäude[492].

Am Ausgang der Epoche kamen folgende Betriebe hinzu: 1839 B ü n a u b u r g (Bynov, 13), Baumwoll- und Schafwollwarenerzeugung *W. F. Seele*, Landesfabriksbefugnis, 857 Webstühle; 1841 Baumwoll- und Schafwollweberei, 900 Beschäftigte, Produktion letzterer 15 000 Stück. Erstmals in den „Tafeln von 1841" wurden genannt: die Baumwoll- und Schafwollweberei *Füger und Steinbach* in B ü n a u b u r g (Bynov, 13), 250 Beschäftigte, eine angeschlossene Schafwollwarenfabrik stellte jährlich 5 000 Stück her; B o d e n b a c h (Podmokly, 6), Baumwollweberei und Schafwollwarenfabrik *Friedrich Hertsch,* 900 Beschäftigte, letztere stellte jährlich 14 000 Stück her, 1845 200 Jacquardstühle, eigene Färberei; weitere Baumwoll- und Schafwollwarenfabriken bestanden 1841 in K a r b i t z (Chabařovice, 28); P ř i b i s l a u (Přibyslav, 47); S c h l u c k e n a u (Šluknov, 56), drei Betriebe; A l t w a r n s d o r f (Varnsdorf, 1); P r a g (Praha, 45), zwei Betriebe und ein weiterer mit einer Färberei; in R u m b u r g (Rumburk, 51) zwei Betriebe mit je 50 bis 300 Beschäftigten[493].

Leinen, Schafwolle und Baumwolle verarbeiteten folgende Betriebe: W a r n s - d o r f (Varnsdorf, 1), 1807 von *J. G. Fröhlichs Söhne* als Leinenwarenerzeugung gegründet, Versuche mit Handdruckerei seit 1795, 1811 bis 1834 Besitzer *Anton und Franz Fröhlich,* später trat der Schwiegersohn *Johann Reinhold* an die Stelle des letztgenannten, 1835 privilegierte Leinen- und Baumwollwarenfabrik, 50 Arbeiter in der Fabrik und 250 im Verlag, 1841 *J. G. Fröhlichs Erben,* Leinenstofferzeugung und Schafwollwarenfabrik, Produktion: Damaste, Atlasse und Wallise; *Josef Stolle,* um 1809 Leinenerzeugung, Landesfabriksbefugnis, führte das Unternehmen gemeinsam mit seinen Söhnen *Josef* und *Franz,* 1820 Firma geteilt in *Josef Stolle & Söhne* und in *Franz Stolle's Erben,* ausgezeichnete Damaste, 1835 Nachfolger von *Josef Stolle & Söhne* waren *Eduard und Gustav Richter,* Leinendamast- und Baumwollwarendruck, 1841 Leinenerzeugung *Johann Richters Söhne,* auch als Leinwand-, Baumwoll- und Schafwolldruckerei genannt[494].

Die „Tafeln von 1841" zählten in W a r n s d o r f (Varnsdorf, 1) sechs Baumwoll-, Leinen- und Schafwollwarenfabriken auf und in N i e d e r g r u n d (39) eine Fabrik für Leinen-, Baumwoll- und Schafwollwaren.

Im Jahre 1794 gründete *Anton Wenzel* in S c h ö n l i n d e (Krásná Lípa, 58) eine Wirkwarenerzeugung, die 1838 an seine Söhne *Franz* und *Anton* überging,

---

[492] H a l l w i c h : Reichenberg 502—529. — S l o k a r 344. — Großindustrie Österreichs (1898) IV, 73, 168—174.
[493] S l o k a r 302, 375.
[494] K e e ß II, 155 ff. — K r e u t z b e r g 72. — L a h m e r : Kattunindustrie 301. — S l o k a r 300, 374.

ursprünglich 20 bis 30 alte Walzenstühle, in der zweiten Hälfte des 19. Jahrhunderts von größerer Bedeutung[495].

Erzeugnisse aus Baumwolle und Seide produzierten: in A s c h (Aš, 3) 1818 die Baumwollwarenfabrik *Christoph Hollstein*, Niederlagen in Wien und Prag, 40 Stühle, 56 Arbeiter, Erzeugung von baumwollenen, seidenen und halbseidenen Tücheln, Wallis, Piqué und allerlei sonstigen Kottonwaren; in P ř i b i s l a u (Přibyslav, 47) 1838 eine Baumwoll- und Halbseidenstoffabrik *Michael Bübel*, der als bürgerlicher Weber begonnen hatte und später die Landesfabriksbefugnis erwarb, 100 Arbeiter, 1841 als Baumwoll- und Halbseidenfabrik bezeichnet; in A u s s i g (Ústí nad Labem, 4) 1841 eine Baumwoll- und Halbseidenwarenfabrik[496].

Erzeugnisse aus Schafwolle und Seide stellten her: in A s c h (Aš, 3) *Nicolaus Geipel*, 1820 als Fabrik für wollene und halbseidene Stoffe gegründet, 1849 im Besitz von *Heinrich Jäger;* in A u s s i g (Ústí nad Labem, 4), 1841 eine Schafwollwarenfabrik und Streichgarnspinnerei, Produktion 8 000 Stück Stoffe aus Wolle, Baumwolle und Seide; im Jahre 1843 gründeten *Carl Georg Wolfrum* und *Heinrich Günther* eine Schafwollwarenfabrik, die bis 1849 unter dem Firmennamen *Wolfrum & Günther* und seither von *Wolfrum* allein geführt wurde, eigene Färberei und Appretur, Produktion reinwollener und halbseidener Damenstoffe; 1844 errichtete hier *Hermann Kroitzsch* eine Schafwoll-, Halbwoll- und Halbseidenweberei; in A s c h (Aš) erbauten 1844 *Gottfried Adler* und *Christian Klaubert* eine mechanische Wollwarenweberei und Appretur, die wollene, halbseidene, halbwollene Kleider- und Futterstoffe erzeugte, in der zweiten Hälfte des 19. Jahrhunderts von größerer Bedeutung[497].

In P r a g - L i e b e n (Praha, 45) gründete 1836 *Moritz Grab* eine k. k. privilegierte Ledertuch-, Wachstuch- und Fußtapetenfabrik, der eine Gummistoffabrik, Baumwollwarenweberei sowie die Erzeugung von Grabiol (sogenannter Lederimitation) angeschlossen war; bis 1860 war das Unternehmen als Hausindustrie nicht ganzjährig in Betrieb, weil die Ware im Freien getrocknet werden mußte, in der zweiten Hälfte des 19. Jahrhunderts von größerer Bedeutung[498].

Färbereien und Bleichereien für gemischte Stoffe bestanden in folgenden Orten: Z w i c k a u (Cvikov, 73), 1834 Garnfärberei *Ignaz Martin*, Produktion 60 000 Pfund gefärbte Garne, darunter echte Rosagarne aus heimischem Krapp, 1841 als Garnfärberei erwähnt; 1842 errichtete *Josef Barton* in Ž d a r e k (Žďarka) eine Bleicherei und Färberei[499].

Weiters erwähnten die „Tafeln von 1841" folgende Rotgarnfärbereien: B ö h m i s c h - L e i p a (Česká Lípa, 9); B ü r g s t e i n (Sloup, 14); R ö h r s d o r f (?); R o ß b a c h (49) und Z w i c k a u (Zvikov, 73).

Die räumliche Verteilung der Betriebe zur Herstellung von gemischten Textil-

---

[495] Großindustrie Österreichs (1908) IV, 155.
[496] S l o k a r 293, 302.
[497] Großindustrie Österreichs (1898) IV, 186 f. — Großindustrie Österreichs (1908) III, 18; IV, 70.
[498] Großindustrie Österreichs (1908) III, 121 f.
[499] K r e u t z b e r g 96. — Großindustrie Österreichs (1908) IV, 207.

waren konzentrierte sich vor allem auf die Räume Warnsdorf, Schluckenau sowie Prag und Umgebung. Die Betriebsgröße gemischter Leinen- und Baumwollwarenfabriken war am Beginn der Epoche zwischen 50 bis 100 Beschäftigten und erreichte 1846 (unter Einbeziehung der Verlagsweber) bei der Firma Schroll 5 000. Die ursprünglich recht kleinen Druckereien mit 50 und weniger Arbeitern zählten am Ausgang der Epoche 500 (Wiener), ja sogar 863 (Epstein). Die bedeutendsten Druckereien betrieben jüdische Händler in Prag. In der Baum- und Schafwollwarenindustrie waren oft bis 1 000 Personen im Verlag tätig, bei Liebig kamen 1833 auf 300 Arbeiter in der Fabrik 2 000 Verlegte. Bei der Verarbeitung von Leinen, Schaf- und Baumwolle beschäftigte Fröhlich 50 Arbeiter in der Fabrik und 250 im Verlag. Betriebe, die auch Seide verarbeiteten, blieben unter 100 Arbeitern.

e) Schafwollwarenindustrie

Die Schafwollwarenindustrie erlebte in der Berichtszeit vielfach erst den Übergang vom zunftmäßig organisierten gewerblichen Betrieb mit Handarbeit zur maschinell eingerichteten Fabrik. In diesem Umstellungsprozeß vermochte Reichenberg weitgehend den Vorsprung Brünns aufzuholen. Am Beginn der Epoche zeigten sich noch Nachwirkungen der großen Depression als Folge der Kontinentalsperre beziehungsweise deren Aufhebung. Den Verlust der westeuropäischen Märkte versuchte man jetzt durch eine Intensivierung des Rußlandgeschäftes auszugleichen, das in den Jahren 1808 bis 1810 einen großen Aufschwung erlebte. Nach 1811 folgten jedoch wieder schwere Rückschläge. In den 20er Jahren wurde die Schafwollindustrie großteils noch im Verlagsystem betrieben, nur die Spinnereien begannen sich bereits auf das Fabrikssystem umzustellen. Die Weberei verharrte noch lange im Verlagsystem, bei den Tuchmachern bestand noch der Zunftkauf. Nach Einbeziehung der oberitalienischen Provinzen in das österreichische Zoll- und Prohibitivsystem 1817 erfolgte ein Aufschwung auch in diesem Industriezweig. Seit 1825 gestattete ein Hofdekret die Abhaltung von Hauptwollmärkten in Prag und in Pilsen. Besondere Schwierigkeiten entstanden bei der Einführung der Kammgarnspinnerei. Maschinen- und Arbeitskräfte mußten aus dem Ausland geholt werden, um heimische Kräfte allmählich anzulernen. 1827 gab es in Böhmen noch keine Kammgarnspinnerei, obwohl diese damals in Preußen und Sachsen schon in größerer Anzahl vorhanden war [500].

Besonders ungünstig für Reichenbergs Textilindustrie wirkte sich das Bayrische Zollgesetz vom 28. Dezember 1826 aus, dem der Anschluß Bayerns an den Deutschen Zollverein folgte. Der Pilsner Markt, bisher das Tor für Reichenbergs Tuchhandel nach Süddeutschland, verlor stark an Bedeutung. Die Reichenberger Tuchfabrikanten versuchten jetzt von Wien aus, wo die meisten Niederlagen besaßen, neue Handelsbeziehungen nach Italien, zu den Donaufürstentümern und nach dem Orient anzuknüpfen. Dadurch vermochte sich Reichenberg zu behaupten, obwohl die Tuchmacherei Böhmens im allgemeinen, wie Keeß 1826 klagte, rückläufig war [501]. Die Wollausfuhr fiel von 8 257 q im Jahre 1815 auf 1 957 q

---

[500] K r e u t z b e r g 106 f. — H a l l w i c h : Reichenberg 505—522. — S l o k a r 319 ff., 342.
[501] H a l l w i c h : Reichenberg 513—548.

im Jahre 1825 ab. In der Fabrikation feiner Tücher behauptete sich Brünn noch vor Reichenberg, die Fabrikation von Wollstoffen hatte in Mähren stark abgenommen. In Böhmen hingegen konnte sich die Tuchfabrikation sowohl in der Quantität als auch Qualität bedeutend verbessern, so daß Reichenberg der wichtigste Platz nicht nur in Böhmen sondern nach der Menge der Erzeugnisse in der ganzen Monarchie wurde. Gründe für diese Entwicklung waren, daß in Reichenberg bereits Ende der 20er Jahre durch *Ignaz Posselt* Jacquardstühle aufgestellt wurden, während Brünn erst zehn Jahre später dazu überging. In Reichenberg nahm *Tschörner* erstmals die Erzeugung von Modestoffen auf. Die Erzeugnisse Reichenbergs waren zwar von geringwertiger Wolle, dafür aber gefälliger und billiger als die Brünner Tücher. Die weltweite Ausdehnung des Reichenberger Wollgeschäftes erfolgte erst durch die Firma *Johann Liebig*[502].

Im Jahre 1834 gab es in den Städten Komotau, Pilsen, Rokyczan, Neuhaus, Pilgram, Tabor, Humpoletz, Reichenau, Braunau u. a. noch Tuchmacherzünfte, die jeweils etwa 80 bis 100 Meister zählten. Ein 1833 konstituierter „Verein zur Ermunterung des Gewerbsgeistes in Böhmen" setzte sich vor allem für eine Modernisierung der Tuchindustrie ein. Ein Jahr später erfolgte die erste Gründung einer Kammgarnspinnerei in Katharinberg durch *Anton Thum*. Erst am Ausgang der 30er Jahre trat beim Wollgewerbe eine deutliche Verminderung der kleingewerblichen Struktur ein, insbesondere in Städten wie Böhmisch-Leipa, Jung-Bunzlau, Aussig, Pilsen und Neuhaus. In Sobotka, Türmitz, Komotau, Teplitz und Görkau hatten sich die einst mächtigen Tuchmacherzünfte aufgelöst. Die Reichenberger Zunft existierte zwar noch, aber die Zahl ihrer selbständigen Meister ging ständig zurück, obgleich durch Betriebskonzentrationen und Umstellung auf maschinelle Erzeugung die Produktion an Tüchern zunahm. Erst 1845 bis 1846 geriet der Geschäftsgang allgemein ins Stocken, insbesondere durch Mißernten, Teuerungen sowie Ruhr- und Typhusepidemien. Die Hauptmärkte in Ungarn und Italien blieben für den Export gesperrt. Die schwere Notlage führte am 3. Juli 1844 zu einer Arbeiterrevolte in den Tuchfabriken des Katharinberger Tales. Maschinenstürme in Althabendorf, Machendorf, Hammerstein und Rosenthal wurden durch Militär niedergeworfen[503].

Statistische Angaben zur Schafwoll- und Tuchproduktion liegen leider nur sehr sporadisch vor. Anfang des 19. Jahrhunderts zählte man in Böhmen 70 000 Wollspinner im Verlag, die allmählich der Maschinenspinnerei weichen mußten. Anfang der 20er Jahre gab es in Böhmen in den Kreisen Leitmeritz und Elbogen eine Vielzahl kleiner Meister zur Schafwollerzeugung. Um 1835 waren bereits zahlreiche Unternehmen für maschinelle Schafwollspinnerei eingerichtet. Von den zünftigen Meistern wurden damals noch 3 000 Stühle betrieben und 4 000 Arbeiter beschäftigt. Es existierten zwölf größere Betriebe mit 2 800 Meistern und 5 200 Stühlen, die jährlich 120 000 Stück von 20 bis 30 Ellen herstellten (1801 wurden insgesamt ca. 150 000 Stück Tuche produziert!). 53 Garnspinnereien arbeiteten mit Maschinen, die meisten von diesen waren an Tuchfabriken ange-

---

[502] Hallwich: Reichenberg 508.
[503] Benda 238. — Hallwich: Reichenberg 513—548.

schlossen. Von den 150 000 Spindeln Böhmens befanden sich 93 000 in Reichenberg. Auch die fünf Kammgarnspinnereien waren maschinell eingerichtet[504]. Die Gesamtzahl der Tuchmacher Böhmens soll im Vormärz nach Slokar 3 220 betragen haben. Weitere 1 116 Beschäftigte waren 1834 als Strumpfwirker und Stricker tätig. Mit der Herstellung türkischer Kappen beschäftigten sich vier Fabriken in Strakonitz, die 5 000 Arbeiter zählten und jährlich 60 000 Dutzend Kappen im Werte von 400 000 Gulden herstellten[505].

Nach den „Tafeln von 1841" betrug der Gesamtwert der böhmischen Schafwollwaren- und Tuchproduktion 20 000 000 Gulden; das entspricht 27 % der Gesamtproduktion dieser Industriesparte in der Habsburger-Monarchie. Davon entfielen 11 000 000 Gulden auf die Tuchproduktion und 6 000 000 Gulden auf die Wollwarenerzeugung. Letztere erreichte 270 000 Stück jährlich. Der Rohstoffverbrauch der Wollwarenfabriken betrug 9 000 bis 11 000 q Kammgarn und 15 000 bis 17 000 q Streich- und Baumwollgarn. Einschließlich der Handweber und privaten Erzeuger betrug der Rohstoffverbrauch 125 000 q Wolle jährlich. Insgesamt produzierte die böhmische Wollindustrie 456 000 Stück im Werte von 16 820 000 Gulden. Rechnet man die Kappen- und Strumpferzeugung hinzu, steigt der Erzeugungswert auf 20 120 000 Gulden.

68 % der Kammgarnspinnereien der Gesamtmonarchie befanden sich in Böhmen, die über 48 % der Spindeln verfügten und deren Produktionsquantum 42 % der Gesamterzeugung der Monarchie ausmachte.

Kammgarnspinnereien 1841

	Böhmen	Monarchie	% Anteil Böhmens
Spinnereien	9	14	64
Spindeln	12 200	25 400	48
Produktion in q	3 420	8 040	42

Die Strumpfwirkerei und Strickerei zählte 1841 1 116 Beschäftigte. Die Erzeugung türkischer Kappen erzielte einen Gesamtwert von 734 200 Gulden für 216 300 Dutzend Kappen bei einem Rohstoffverbrauch von 4 700 q Wolle.

1. Streichgarnspinnereien. Die Streichgarnspinnereien waren in der Regel mit den Tuchfabriken verbunden, wurden aber in den „Tafeln von 1841" besonders hervorgehoben: N e u h a b e n d o r f (Nový Habendorf, 1); A l t h a b e n d o r f (Starý Habendorf, 1), drei Betriebe; A l t h a r z d o r f (Staré Harzdorf, 2); A u s s i g (Ústí nad Labem, 3); B ö h m i s c h - A i c h a (Český Dub, 5); B ö h m i s c h - L e i p a (Česká Lípa, 6); B o h u m i l i t z (Bohumileč, 8); B u d w e i s (Budějovice, 11); D ö r f e l (Víska, 13), drei Betriebe; E i n s i e d l (15); G a b l o n z (Jablonec nad Nisou, 18), vier Betriebe; H e i n r i c h s c h l a g (Jindřiší,

---
[504] K r e u t z b e r g 106 ff. — S l o k a r 348 f.
[505] K r e u t z b e r g 113 ff. — Slokar 348.

23); Johannesthal (?), zwei Betriebe; Kamnitz (Kamnice, 32); Katharinberg (33), drei Betriebe; Komotau (Chomůtov, 35), zwei Betriebe; Kratzau (Chrastava, 36), zwei Betriebe; Machendorf (40); Maffersdorf (41), gegründet 1818 von *Franz Elstner*, 1841 drei Betriebe; Münkendorf (44); Neudeck (Neydek, 48); Neugedein (Nová Kdyn, 49), bis 1834 händische Streichgarnspinnerei, 1834 bis 1838 mechanisiert, 1838 14 Feinspinnmaschinen und 27 Vorbereitungsmaschinen, Produktion 800 q Garn, 1841 Produktion 160 000 Pfund Streichgarn, 1845 2 800 Streichgarnspindeln; Neundorf (51), zwei Betriebe; Neuötting (Nový Etink, 52); Pisek (Písek, 58), zwei Betriebe; Podol (?); Niederhanichen (Dolní Hanichen, 54), zwei Betriebe; Postupitz (Postupice, 59); Proschwitz (Prošovice, 61), zwei Betriebe, 1818 durch *Franz Elstner* und 1833 durch *Josef Trenkler* gegründet; Pryhof (?); Reichenberg (Liberec, 63), fünf Betriebe; Reinowitz (Rynovice, 64); Röchlitz (Rochlice, 65), Zweigbetriebe der Firma *Demuth* sowie der Firma *Siegmund Wilhelm* aus Reichenberg; Ruppersdorf (69), fünf Betriebe; Tabor (Tábor, 77), sechs Betriebe; und Weißkirchen (83)[506].

2. *Kammgarnspinnereien.* Die erste Kammgarnspinnerei Böhmens gründete 1834 in Katharinberg (33) *Anton Thum*, 1 200 Feinspindeln, Produktion 300 Pfund Garn pro Woche, 1835 90 Arbeiter, Erzeugung von 1 200 q Garn jährlich, 1841 1 700 Spindeln, Produktion 500 q Garn, angeschlossen eine Tuchfabrik; die Kammgarnspinnerei Hirschberg (Doksy, 30), 1834 Besitzer *Wünsche & Co.*, 1841 1 200 Spindeln, Produktion 360 q Garn; in Neugedein (Nová Kdyn, 49) mechanische Kammgarnspinnerei, 1834 bis 1838 erbaut, 1841 Kammgarnspinnerei *Schmidt's Erben*, 2 000 Spindeln, Produktion 144 000 Pfund Kammgarn, angeschlossen Wollzeugfabrik, nach 1841 Zahl der Spindeln um 1 200 vermehrt, 1845 2 100 Kammgarnspindeln (woraus ersichtlich ist, daß die älteren Spindeln außer Betrieb gesetzt wurden); in Karolinenthal (Karlín, 71), 1833 Landesfabriksbefugnis, 1834 im Besitz der *Gebrüder Torsch*, 1841 Kammgarnspinnerei *L. Forchheimers Söhne*, 2 500 Spindeln, jährlich 800 q Garn produziert; in Eulau (Jilové, 16) 1841 Kammgarnspinnerei *A. Münzberg*, 1 000 Spindeln, Produktion 260 q Garn; in Graslitz (Kraslice, 26) 1841 Kammgarnspinnerei *Leopold Thomas*, 1 800 Spindeln, Produktion 480 q Garn, angeschlossen eine Schafwollwarenfabrik; in Heřmanměstitz (Heřmanův Městec, 27) 1834 8 000 Arbeiter im Verlag, 1841 Kammgarnspinnerei *Ignaz Sedlaček*, eines ehemaligen Faktors der Linzer Wollenzeugfabrik, der sich während der Franzosenkriege selbständig gemacht hatte; in Prag (Praha, 60) 1841 Kammgarnspinnerei *L. v. Lämel*, 2 000 Spindeln, Produktion 500 q Garn; in Rosenthal (66) 1841 Kammgarnspinnerei *C. Horn*, 1 000 Spindeln, Produktion 260 q Garn; in Schlaggenwald (Horní Slavkov, 73) 1841 Kamm-

---

[506] Hallwich: Reichenberg 511, 521. — Großindustrie Österreichs (1898) IV, 73. — Grunzel, Josef: Die Reichenberger Tuchindustrie in ihrer Entwicklung vom zünftigen Handwerk zur modernen Großindustrie. Prag 1898, S. 163 (Beiträge zur Geschichte der deutschen Industrie in Böhmen 5).

garnspinnerei *Sandner & Schmieger*, 1 000 Spindeln, Produktion 260 q Garn; 1845 wurde in S w a r o w (Svarov) eine Kammgarnspinnerei mit 36 000 Spindeln von *Johann Liebig* errichtet; 1844 gründete *Ignaz Schmieger* in Z w o d a u (Zvodava) eine Kammgarnspinnerei, die in der zweiten Hälfte des 19. Jahrhunderts große Bedeutung erlangte[507].

3. *Wollenzeugfabriken.* Nur am Beginn der Epoche wird erwähnt: A s c h (Aš, 4), 1818 im Besitz des *Wolfgang Seyler*, 10 Stühle, 13 Arbeiter[508].

Die bedeutendste Wollenzeugfabrik während der gesamten Berichtszeit war N e u g e d e i n (Nová Kdyn, 49), 1769 von dem Kaufmann *Jakob Matthias Schmidt* gegründet, 1818 *Jakob Matthias Schmidts Erben & Co.*, 260 Stühle, von denen jedoch nur 140 in Betrieb, Erzeugung wollener, kamelhaarener und halbseidener Zeuge, 1834 Einrichtung: eine Dampfmaschine mit 45 PS und zwei Kesseln, eine Wollwaschmaschine, eine Kämmmaschine, drei Wollvorbereitungsmaschinen sowie mehrere Vorspinn- und Zwirnmaschinen, zwei Kammgarnspinnereien, eine Streichgarnspinnerei, eine mechanische Weberei mit mehreren Appreturmaschinen, Gasbeleuchtung, über 500 Zwirn- und Webstühle, mehrere 1 000 Beschäftigte (großteils im Verlag), eigene Werkstätte zur Erbauung der benötigten Maschinen, Sozialeinrichtungen: eine Unterstützungskasse für (38) erwerbsunfähige Beamte und Arbeiter, Witwenpension, unentgeltlicher Unterricht für Kinder, Produktion von Damasten, Merions, Tibets und Tischdecken, 1834 bis 1838 mechanische Kammgarn- und Streichgarnspinnerei errichtet, Powerlooms aufgestellt, kleine Tuchmanufaktur modernst eingerichtet, Dampfmaschine aus Lüttich bestellt, 1838 22 Gebäude, Verarbeitung von 1 500 q Kamm- und Streichwolle (60 bis 70 Wollsortierer), 14 Feinspinnmaschinen und 27 Vorbereitungsmaschinen, Produktion 800 q Garne, vielfach bestanden auch Handspinnereien in Dörfern des Klattauer, Pilsener und Egerer Kreises, unter Leitung eines Oberwerkmeisters sowie von 16 Werkmeistern wurde Hausweberei betrieben: C h o d e n s c h l o ß (Trhanov, 12), von 1820 bis 1850; G l o s a u (Dláždov, 19), 1834 und 1838 erwähnt; H l u b o k e n (Hluboké, 28); K a u t h (Kouty, 34), von 1820 bis 1850; L a u t s c h i m (Loučim, 38), 1838 genannt; und S m r̆ o w i t z (Smržovice, 72), zwischen 1834 und 1838 nachweisbar, 1838 390 Hand-, Jacquard- und mechanische Webstühle in 29 Meisterschaften, zwei Färbereien mit einer von zwei Dampfkesseln betriebenen Appreturanstalt, Hauptabsatz über die Niederlage Wien, weitere Faktorei in Eger, Beschäftigtenstand 1838: 15 Arbeiter, zehn Aufseher und Praktikanten, 20 Mechaniker, Tischler und Schlosser sowie 7 500 Arbeiter (davon nur 540 in der Fabrik), Brennmaterialbedarf: 1 000 Klafter Holz und 12 000 Strich Steinkohlen jährlich, 1841 Kammgarn- und Streichgarnspinnerei sowie Schafwollwarenfabrik, in letzterer Tag- und Nachtbetrieb mit Hilfe einer 40 PS-Dampfmaschine (die jährlich 30 000 q Steinkohle benötigte), Produktion: gewalkte und ungewalkte Schafwollstoffe (Roh-

---

[507] K r e u t z b e r g 106 f. — H a l l w i c h : Reichenberg 521—526. — Großindustrie Österreichs (1898) IV, 72, 91 ff. — Großindustrie Österreichs (1908) III, 4 f. — S l o k a r 345—350.
[508] S l o k a r 343.

stoffverbrauch 3500 q im Wert von 275 000 Gulden), Streichgarnspinnerei mit 1800 Spindeln, 700 Arbeiter in der Fabrik, 2000 Weber in der Umgebung beschäftigt, Erzeugung von 160 000 Pfund Streichgarn und 144 000 Pfund Kammgarn sowie 12 500 Stück Wollstoffen im Werte von 500 000 Gulden, 1845 2100 Kammgarn- und 2800 Streichgarnspindeln, 600 Webstühle (davon 120 Jacquards), über 2000 Arbeiter (davon 700 in der Fabrik), die *J. M. Schmidt sel. Erben & Co.* Schafwollzeugfabrik zählte 29 Gesellschafter, das Geschäftsvermögen betrug nach der Bilanz von 1843/44 620 093 Gulden [509].

Die alte Schafwollwarenfabrik für Priesterkleidung in O s s e g g (Osek, 56), 1818 genannt, 1835 200 Arbeiter, Produktion 1841 164 Stück; in W e i p e r t (Vejprty, 82) ging aus einem Spitzenhandel, der bereits 1760 erwähnt wurde, eine Schafwollwarenfabrik hervor, 1839 Landesfabriksbefugnis, 1843 auf Web- und Posamentierwaren aus Seide und Schafwolle ausgedehnt, 1841 *W. Schmiedl u. Söhne,* Produktion 2000 Stück [510].

In der Berichtszeit gegründet bzw. genannt, jedoch später nicht mehr erwähnt wurden: F r i e d l a n d (Fridland, 17), 1834 im Besitze von *Josef Peuker,* 1839 genannt; G r o t t a u (Hrádek, 21), 1835 Wollwarenfabrik *Ignaz Seidel & Söhne,* 60 Lastings-, vier Maschinen- und 140 Merinostühle (im Verlag), eine Färberei mit sechs Kesseln, eine Appreturmaschine mit Dampfapparaten, ein Schnelltrockenapparat, eine hydraulische Presse, 1836 316 Stühle, über 400 Beschäftigte, 1839 500 Arbeiter, 1835 Aushilfsfabrik in Mödling bei Wien erbaut; H e g e w a l d (Bez. Friedland), Schafwollwarenfabrik *Karl Tersch,* 1835 errichtet, 1838 36 Webstühle, 80 Arbeiter (Kammgarne aus der Spinnerei Vöslau bezogen); R u m b u r g (Rumburk, 68), 1834 Wollenzeugfabrik *Anton Pfeifers Söhne,* 1839 genannt [511].

In dieser Epoche gegründet und noch 1841 genannt: L i e b e n a u (Hodkovice, 39), Schafwollwarenfabrik *Blaschka & Co.,* 1836 von *Conrad Blaschka, Franz Hiller* und *Anton May* gegründet, 1843/44 Färberei- und Appreturhaus sowie Druckerei erbaut [512].

Zur größten Schafwollwarenfabrik der Monarchie wurde die von *Franz Liebig* in R e i c h e n b e r g (Liberec, 63), 1826 von *Franz und Johann Liebig* gegründet; seit 1831 Johann Liebig Alleinbesitzer, 1828 wurde die Fabrik *Ballabene & Co.* in Reichenberg und die Fabrik in Josephinenthal hinzu erworben, 1831 in Josephinenthal 61 Webstühle, 100 Arbeiter, 1834 157 Webstühle in der Fabrik und 452 im Verlag, 1834 eine Dampfmaschine aufgestellt, Erzeugung von Wollgeweben zum Teil auch mit Baumwolle und Seide gemengt, 850 Arbeiter, Einrichtung: eine Druckerei mit 16 Tischen, eine Modellschneiderei, eine Färberei mit sieben Kesseln, fünf Maschinen zum Waschen, Bleichen und Trocknen, 1835 mechanische Weberei gegründet, 1841 Besitzer *Franz Liebig,* größtes Unternehmen der Monarchie, 2000 bis 3000 Webstühle (700 Jacquardstühle), 7000 bis 8000

---

[509] K r e u t z b e r g 112. — S l o k a r 343. — L e d e r e r, Paul: Zur Geschichte der Wollenzeugfabrik in Neugedein. MVGDB 44 (1906) 124—133.
[510] S l o k a r 343 ff. — Großindustrie Österreichs (1898) IV, 384 f.
[511] K r e u t z b e r g 112. — S l o k a r 344 ff.
[512] Großindustrie Österreichs (1898) IV, 146—150.

Arbeiter, Dampfmaschine von 20 PS, 30 mechanische Webstühle, 200 Handwebstühle, Produktion 50 000 bis 60 000 Stück Schafwollzeuge im Wert von 1 500 000 bis 2 000 000 Gulden, 1844 *Johann Liebig & Co.*, Niederlage in Linz, 1845 Einrichtung: eine mechanische Werkstätte, 37 Drucktische, 126 Powerlooms und 53 Handstühle im Hause sowie 1 900 Stühle im Verlag, Färberei und Appretur in Mödling bei Wien, insgesamt 5 000 Arbeiter[513].

Weiters bestand in R e i c h e n b e r g (Liberec, 63) 1839 die Schafwollwaren- und Spinnfabrik *Anton Thum* (der in Katharinberg eine eigene Kammgarnspinnerei besaß), 80 männliche und 50 weibliche Arbeiter, 1841 Produktion 1 000 Stück Tuche, Landesfabriksbefugnis, 1845 750 Beschäftigte (davon 190 Kammgarnspinner und 94 Streichgarnspinner), 70 Stühle in der Fabrik, 60 im Verlag; S c h ö n f e l d bei Petschau (74), Schafwollwarenfabrik *Floth*, 1830 Landesfabriksbefugnis, 1835 36 Stühle in der Fabrik und 70 Stühle im Verlag, 1839 50 Arbeiter, 1841 Produktion 1 000 Stück Tuche; 1834 arbeitete in W a r n s d o r f (Varnsdorf, 80) die Wollenzeugfabrik *Hanisch & Söhne*, 1841 genannt; weiters arbeiteten hier die Schafwollwarenfabriken *Richter, I. G. Fröhlichs Söhne & Co.* und *Liebisch*, Erzeugung 1841 3 000 Stück Tuche; in W e i p e r t (Vejprty, 82) wurde 1839 die Schafwollwarenfabrik *W. Schmiedl* genannt, Produktion 1841 1 000 Stück Tuche[514].

Erst 1841 tauchten folgende Schafwollwarenfabriken auf: B ö h m i s c h - A i c h a (Český Dub, 5), Streichgarnspinnerei; B u d w e i s (Budějovice, 11); G r a s l i t z (Kraslice, 26), Besitzer *Leopold Thomas,* Produktion 3 000 Stück Tuche und 1 000 Stück Mousseline de laine; K r a t z a u (Chrastava, 36), *Karl Cosmas Seidl* gehörig; L i e b e n a u (Hodkovice, 39), im Besitze von *Spietschka & Co.;* M ü n c h e n g r ä t z (Mnichovo Hradiště, 43); P r a g (Praha, 60); R e i c e n b e r g (Liberec, 63), Inhaber *W. Triebel;* S c h l a g g e n w a l d (Horní Slavkov, 73), Besitzer *Schmieger,* Produktion 1 800 Stück Tuche; S c h u m b u r g (Šumburk nad Desnou, 75); S o r g h o f (?), Schafwollwarenfabrik für Beuteltücher, Jahresproduktion 200 Stück im Werte von 12 000 Gulden.

Nach 1841 wurden gegründet: in D ö r f e l (Víska, 13) errichtete 1843 *Franz Liebig* eine Wollzeugfabrik, 1845 erwähnt; im gleichen Jahr gründete *Franz Schmitt* in B ö h m i s c h - A i c h a (Český Dub, 5) eine Halb- und Ganzwollwarenfabrik, die er in den Räumlichkeiten einer von 1830 bis 1840 durch S l u k a betriebenen Kattundruckerei und Bleiche einrichtete[515].

4. *Tuchfabriken.* Das Zentrum der Tuchindustrie Böhmens war R e i c h e n b e r g (Liberec, 63). Von flandrischen Kolonisten bereits unter den Přemysliden eingeführt, besaßen die Tuchmacher hier seit 1599 eine eigene Zunft. Keeß[516] erwähnte hier 1813/14 975 Tuchmachermeister (einschließlich der Tuchscherer und Tuchbereiter), die auf 700 Stühlen arbeiteten und jährlich 40 000 Stück Tuch herstellten. Daneben gab es vier Fabriken. Der Absatz ging durch Ver-

---

[513] Hallwich: Industrie und Handel 660 f. — Kreutzberg 112. — Langer 58. — Slokar 344. — Großindustrie Österreichs (1898) IV, 83 ff., 165 f.
[514] Kreutzberg 112. — Großindustrie Österreichs (1898) IV, 58. — Slokar 345.
[515] Slokar 345—348. — Großindustrie Österreichs (1898) IV, 73, 84, 166, 176—183.
[516] Keeß II, 276.

mittlung Schweizer Handlungshäuser zur Hälfte ins Ausland. Die Reichenberger Tuchindustrie hatte unter den Folgen der Napoleonischen Kriege schwer zu leiden. Die Zahl der selbständigen Meister ging von 910 im Jahre 1811 auf 434 im Jahre 1819 zurück. 1820 wurden aber bereits wieder 1 017 Tuchmachermeister auf 445 Webstühlen erwähnt, die Waren im Werte von 2 828 600 Gulden erzeugten. Bis 1826 stieg deren Zahl auf 1 150, die auf 585 Webstühlen Waren im Werte von 3 545 705 Gulden herstellten. Die Erzeugnisse der Tuchfabriken erreichten erst einen Wert von 381 710 Gulden. Hallwich[517] erwähnte 1832 1 175 Tuchmachermeister auf 15 000 Stühlen und 51 000 Spindeln, die jährlich 58 000 Tuche im Werte von 4 710 000 Gulden CM produzierten. Insgesamt waren kontinuierlich 8 985 Personen in der Tuchindustrie beschäftigt (Die Zahl war im Vergleich zu 1796 gering, damals stellten 30 000 Menschen nur 35 534 Tuche her.). Die Steigerung der Produktion war allein auf den Maschineneinsatz zurückzuführen. 1826 stellte *Ignaz Posselt* hier die erste Jacquard-Maschine auf. Für 1832 gab Hallwich eine Zusammenstellung der verwendeten Maschinen: in den Spinnereien 70 Reinigungs- und Auflockerungsmaschinen, 93 Krempel, 130 Vorspinnmaschinen mit 5 200 Spindeln und 850 Feinspinnmaschinen mit 51 000 Spindeln, in der Weberei 1 500 Stühle, in der Walkerei 90 Stampfen und 40 Zylinderwaschmaschinen, in der Färberei 40 Küpen, in der Appretur 20 Decatur- und 20 Preßanstalten, 25 Rauhmaschinen, 400 Wannen, 30 große und 150 kleinere Tondeusen und 900 Schertische. Der Wert der in der Tuchindustrie ausgezahlten Löhne erreichte 816 000 Gulden CM jährlich. Kreutzberg[518] erwähnte 1834 hier drei große Fabriken und 1 170 Tuchmachermeister, die in einer Zunft zusammengeschlossen waren. Die Hälfte derselben arbeitete auf eigene Rechnung, die übrigen waren im Verlag. Hinzu kamen 940 Gesellen und 200 Lehrlinge. Zur Zunft gehörten 1 500 Webstühle, 500 Sortierer, 800 Spuler und Schweifer, 1 400 Nopper, 80 Walker, 60 Arbeiter in der Färberei, 25 Appreturmaschinen mit 50 Arbeitern, an 400 Wannen weitere 800 Arbeiter, 150 Kardenputzer und -setzer, 450 Scherer und 120 Presser; insgesamt 4 410 Personen bzw. mit Gesellen und Lehrlingen 5 550. An Rohstoffen wurden jährlich 25 300 q Wolle verarbeitet und daraus 58 000 Stück Tuche à 30 Ellen hergestellt. An Farbstoffen verbrauchte man 14 150 q im Werte von 378 250 Gulden, an Baumöl 3 500 q im Werte von 105 000 Gulden, an Rauchdisteln 25 Millionen im Werte von 75 000 Gulden. 44 Betriebe wurden mit Wasserkraft (260 PS) und acht von Pferdekraft angetrieben. Weiters gab es eine Reihe von Schafwollspinnereien mit 93 000 Spindeln, 640 Krempelmaschinen und 210 Vorspinnmaschinen à 40 Spindeln sowie 1 420 Feinspinnmaschinen à 60 Spindeln, die zusammen 2 600 Arbeiter beschäftigten.

Ab 1837 verringerte sich die Zahl der selbständigen Tuchmacher als Folge einer allgemeinen Konzentration und der Bildung größerer Betriebe, wobei bis 1845 keine Produktionseinbuße eintrat. Nach den „Tafeln von 1841" gab es in Reichenberg 1 300 Tuchmachermeister, von denen aber nur mehr 700 selbständig waren, sowie drei landesbefugte Tuchfabriken. Auf 1 400 Webstühlen wurden

---

[517] H a l l w i c h : Reichenberg 520.
[518] K r e u t z b e r g 10, 109 f. — G r u n z e l 139 f.

jährlich 70 000 bis 80 000 Stück Tuch im Werte von 7 000 000 Gulden produziert. Sieben Achtel der Erzeugung entfielen noch auf die Mitglieder der Zunft. Der Rohstoffverbrauch erreichte 40 000 q Wolle. Zwei Dampfmaschinen von 30 und von 10 PS standen im Einsatz. In der Tuchmacherzunft waren außer den Meistern 950 Gesellen und 250 Lehrlinge inkorporiert, die auf 1 200 Webstühlen arbeiteten. Hinzu kamen 600 Wollsortierer, 900 Spuler, 1 400 Stopper, 70 Färber, 850 Appretierer, 125 Kardenputzer, 500 Tuchscherer und weitere 130 Hilfsarbeiter.

Die gesamte Textilindustrie Reichenbergs wird in den „Tafeln von 1841" insgesamt mit 50 000 Beschäftigten angegeben. Der Wert ihrer Tuch- und Schafwollwarenerzeugung betrug 10 000 000 Gulden. Hinzu kommen 15 Baumwollspinnereien mit 79 000 Spindeln, die 15 000 q Baumwolle jährlich verbrauchten, eine Baumwollgarnfärberei, 20 000 Stühle für Kattunweberei, die Waren im Werte von 5 000 000 Gulden herstellten, zwei Kammgarnspinnereien mit einem Erzeugungswert von 180 000 bis 200 000 Gulden und eine Maschinenfabrik in Gablonz. Insgesamt waren vier Dampfmaschinen mit 75 PS in Verwendung[519].

Die Reichenberger Tuchmacherzunft ließ 1843 bis 1845 mit einem Aufwand von 70 000 Gulden eine neue, siebente Walkmühle in W e i ß k i r c h e n (83), die sogenannte „Kronauer Walke", erbauen[520].

Reichenbergs Tucherzeugung 1820—1841

	1820	1826	1834	1841
Tuchmachermeister	1 017	1 150	1 170	1 300
Webstühle	445	585	1 500	1 400
Produktion in Stück Tuch	56 572	42 454	58 000	—
Wert in fl	2 828 000	3 545 705	—	—
Fabriken	—	4	3	—
Wert der Produktion (in fl)	—	381 710	—	—

Die älteste k. k. privilegierte Feintuchfabrik in Reichenberg war die Tuchfabrik *Berger & Co.* Der Prager Kaufmann *Johann Georg Berger* hatte 1798 gemeinsam mit seinem Kompagnon *Ferdinand Römheld* als erster ein Privileg für das Färben und Walken von Tuchen erhalten, obgleich er nicht der Zunft angehörte. Um die Jahrhundertwende errichtete er in A l t h a b e n d o r f (Starý Habendorf, 1), wo seit 1786 eine Walke bestand, eine Fabrik, in der Römheld seit 1808 moderne Maschinen aufstellen ließ, 1810 32 Stühle, infolge der Depression 1817 nur 11 Stühle, eigene Färberei, Walke und Appretur, 70 bis 80 Arbeiter, 1818 traten an die Stelle von Römheld *Georg und Ferdinand Berger*, zwölf Stühle, acht

---

[519] H a l l w i c h : Reichenberg 505—545. — G r u n z e l 135—140. — S l o k a r 508. — Großindustrie Österreichs (1898) IV, 51—76.
[520] H a l l w i c h : Reichenberg 528. — Großindustrie Österreichs (1898) IV, 72.

Spinnmaschinen und vier Handscheren, Bleichgebäude und Leinwandbleiche, Walke und Bleichplan befanden sich in N e u h a b e n d o r f (Nový Habendorf), 1829 zeitweise eingestellt, 1839 Fabrik in Althabendorf und die Anlagen in Neuhabendorf um 27 000 Gulden an *Stefan König* verkauft [521].

Im Jahre 1802 errichtete der Tuchmachermeister *Franz Ulbrich* eine zweite Tuchfabrik in Reichenberg. Leiter der Appreturanstalt war der ehemalige Zunftvorsteher *Gottfried Müller;* 1806 erwarb Ulbrich die „Bergmühle" in K a t h a r i n b e r g (33), die er in eine Tuchfabrik umwandelte, 1819 mechanische Spinnmaschinen aufgestellt, zehn Jahre später im Konkurs, 1830 exekutiv feilgeboten, die Feintuchfabrik Katharinberg kaufte bereits 1829 *Franz Siegmund,* der diese 1845 an *Anton Trenkler & Söhne* weiterveräußerte, in der zweiten Hälfte des 19. Jahrhunderts bedeutend [522]; 1809 gründeten *Franz Florian Siegmund* und *Josef Neuhäuser* eine Handelsfirma für Tuche unter der Bezeichnung *Siegmund, Neuhäuser & Co.,* 1818 acht eigene Stühle und mehrere Tuchmacher im Verlag, 1821 eigene Fabrik mit 65 Webstühlen errichtet, Ausstattung: 15 Schrobel- und 30 Spinnmaschinen, 25 Rauhmaschinen, 60 Schermaschinen und zehn Handschertische, 1826 assoziierte sich Neuhäuser mit *Josef Salomon,* wodurch der Neubau einer Fabrik in M a c h e n d o r f (40) möglich wurde, 1831 92 Webstühle, 445 Arbeiter, weitere 137 Arbeiter im Verlag, 1834 acht große Gebäude, 100 Webstühle, 600 Arbeiter, eigene Werkstätte für Maschinenbau, Rohstoffverbrauch jährlich 1 500 q Wolle, Produktion von 3 000 Stück Tüchern im Werte von 360 000 Gulden, wobei 2 500 Stück Tücher die Reichenberger Zunft lieferte; insgesamt betrug der Wert der Erzeugnisse 560 000 Gulden, Absatz vor allem nach Italien und in die Levante, Sozialeinrichtung: eigene Humanitätsanstalt für erkrankte Arbeiter, 1836 600 Beschäftigte, Produktion 5 000 Stück Tuche im Werte von 510 000 Gulden CM, 1839 750 Arbeiter, 150 Maschinen, 1841 betrieben Siegmund, Neuhäuser & Co. eine weitere Fabrik in H a m m e r s t e i n (Hamerštejn, 22), beide Unternehmen beschäftigten zusammen 750 Arbeiter auf 100 Webstühlen, eine Dampfmaschine, Produktion 5 000 Stück Feintuch und Kaschmir im Wert von 500 000 Gulden, in der zweiten Hälfte des 19. Jahrhunderts von Bedeutung [523]; 1817 gründeten *Franz Schmidt & Söhne* in Reichenberg eine Tuchfabrik, 1834 erwarben sie zusätzlich in P r o s c h w i t z (Prošovice, 61) die Fabrik des *Gottfried Hartig* und 1846 eine zweite Fabrik von *Ferdinand Elger,* die dieser 1823 gegründet hatte, 1846 Landesfabrikprivileg [524].

Im Jahre 1801 übernahm *Wilhelm Siegmund* von seinem Vater Geschäft, Haus und Färberei in Reichenberg, 1821 übersiedelte er aus der „Bergmühle" in Katharinberg in die Kattunfabrik von *J. Lorenz* in Grünwald, die „Bergmühle"

---

[521] K e e ß II, 116, 276. — H a l l w i c h : Reichenberg 509—526. — G r u n z e l 134. — S l o k a r 342—348. — Großindustrie Österreichs (1898) IV, 55, 71, 141 f., 156.
[522] K e e ß II, 116. — H a l l w i c h : Reichenberg 504—527. — G r u n z e l 135, 150. — S l o k a r 348. — Großindustrie Österreichs (1898) IV, 72.
[523] K e e ß I, 431. — K r e u t z b e r g 109 f. — H a l l w i c h : Reichenberg 510. — G r u n z e l 139—149, 162. — S l o k a r 342—346. — Großindustrie Österreichs (1898) IV, 57, 73, 260 f.
[524] K r e u t z b e r g 163. — H a l l w i c h : Reichenberg 511. — G r u n z e l 150, 163. — Großindustrie Österreichs (1898) IV, 73.

wurde 1814 und 1821 genannt, 1822 eröffnete er eine Färberei in Reichenberg, 1825 erbaute er eine neue Fabrik in R ö c h l i t z (Rochlice, 65), 1831 30 Webstühle, zwölf Spinnmaschinen, 200 Arbeiter, 1833 bis 1835 erbaute er eine weitere Fabrik in F r i e d l a n d (Fridland, 17), 1834 erzeugte er auch Kaschmir und andere Wollstoffe, 1836 beschäftigte allein seine Fabrik in Reichenberg 197 Arbeiter, Produktion 1 300 Stück Tuch im Wert von 140 000 Gulden CM, 1839/40 beteiligte er neben seinen Söhnen *Wilhelm* und *Franz* auch seine Schwiegersöhne *Josef Ehrlich* und *Philipp Watznauer* als Gesellschafter, 1841 beschäftigten Reichenberg und Friedland 270 Arbeiter, die jährlich 2 000 Stück Tuch herstellten, 1845 waren in Friedland allein 260 Arbeiter tätig, Einrichtung: zwei Wasserräder, fünf mechanische Spinnmaschinen mit 980 Spindeln und acht Handspinnmaschinen mit 480 Spindeln sowie elf Maschinenwebstühle, erst in der zweiten Hälfte des 19. Jahrhunderts auf Dampfkraft umgestellt[525]; die Tuchfabrik *Brüder Demuth* in Reichenberg ging aus einem handwerklichen Betrieb hervor, 1835 einfache und 1846 Landesfabriksbefugnis, *Anton Demuth,* der die Tochter des Tucherzeugers *Gottfried Müller* geheiratet hatte, übernahm dessen Kundenstock, 1835 erwarb er die alte Mühle in R ö c h l i t z (Rochlice, 65), die er in eine Tuchfabrik umbaute, 1841 Tuchfabrik Brüder Demuth, Produktion ca. 2 000 Stück Tuche, 1842 eigene Spinnerei, Weberei und Färberei, nach dem Tode von Anton Demuth übernahmen seine Söhne *Josef, Adolf* und *Anton* das Unternehmen, das sich in der zweiten Hälfte des 19. Jahrhunderts weiterentfaltete[526]; 1835 gründete *Friedrich Siegmund* eine Feintuchfabrik in Reichenberg, 1834 erwähnt, 1836 97 Maschinen, 147 Arbeiter; weiters existierten in Reichenberg nach Kreutzberg[527] 1834 die Tuchfabrik *Müller;* 1835 errichtete *Josef Johann Karrer* eine Tuchfabrik mit 54 Arbeitern, die zunächst nur die einfache Fabriksbefugnis erhielt, 1838 Landesfabriksbefugnis; 1834 die Tuchfabrik *Josef Philipp Schmidt,* 1845 140 Arbeiter; 1836 erwähnte Grunzel[528] die Tuchfabrik *Gottfried Hartig,* 1841 Produktion 600 Stück, und die Tuchfabrik *Joseph Hartig;* die Tuchfabrik *Josef Tschörner* produzierte als erste sogenannte „Tüffel" und „Modestoffe", ohne viel Erfolg; die „Tafeln von 1841" erwähnen erstmals die Tuchfabrik *A. Trenkler & Söhne,* Produktion ca. 2 000 Stück Tuche, 1845 160 Arbeiter, später auch Landesfabriksbefugnis; und die Tuchfabrik *Leopold Seidel,* Produktion 450 Stück Tuche; 1845 erbaute *Josef D. Salomon* eine Feintuchfabrik, die in der zweiten Hälfte des 19. Jahrhunderts große Bedeutung erlangte[529].

Zu Beginn der Epoche wurden folgende Tuchfabriken außerhalb von Reichenberg genannt, die später nicht mehr aufscheinen: B ö h m i s c h - L e i p a (Česká Lípa, 6), von *Franz und Karl Kühnel & Co.* 1797 gegründet, 1817 vier Stühle,

---

[525] K r e u t z b e r g 109 f. — H a l l w i c h : Reichenberg 511. — G r u n z e l 139—163. — S l o k a r 347. — Großindustrie Österreichs (1898) IV, 134—154.
[526] K r e u t z b e r g 109. — H a l l w i c h : Reichenberg 522. — G r u n z e l 150. — S l o k a r 348. — Großindustrie Österreichs (1898) IV, 99 f.
[527] K r e u t z b e r g 109.
[528] G r u n z e l 150. — S l o k a r 347 f. — Großindustrie Österreichs (1898) IV, 58, 132 f.
[529] K r e u t z b e r g 109. — H a l l w i c h : Reichenberg 514. — G r u n z e l 149 f. — Großindustrie Österreichs (1908) III, 4 f.

1818 nur mehr ein Stuhl; B r a u n a u (Broumov, 9), Besitzer *Wagner, Walzel & Co.*, später *Stumpf & Co.*, 1818 wegen Mangels an Arbeit eingestellt; 1818 Tuchfabrik *Franz Winter;* H e r a l i t z (Herálec, 25), im Besitz von *Bernard Salm*, 1814 bis 1818 genannt; M a n e t i n (Manětín, 42), k. k. privilegierte Feintuchfabrik *Graf Lažansky*, 1792 gegründet, 1818 Direktor *F. M. Daler*, 80 Webstühle; und P i l s e n (Plzeň, 57), Tuch- und Kaschmirfabrik *Philipp Tuschner & Sohn*, 1817 wegen Stockung der Geschäfte nur mit sechs Stühlen betrieben [530].

Während der gesamten Berichtszeit existierten nachweisbar folgende Tuchfabriken: G o l d e n k r o n (Zlatá Koruna, 20), 1818 Tuch- und Kaschmirfabrik *Gebrüder Jungbauer*, vier Stühle, acht Arbeiter, Landesfabriksbefugnis, 1839 200 Arbeiter, 1841 als Tuchfabrik genannt; N e u h o f (?), k. k. privilegierte Feintuch-, Kaschmir- und Schafwollgespinstfabrik *Ferdinand Scheerer*, gegründet 1817, 1818 17 Tuch- und Kaschmirstühle, 1819 mechanische Spinnmaschinen aufgestellt, 1834 Wollwarenmanufaktur *J. A. Lederer*, eigene Maschinenspinnerei, Erzeugung von Kaschmir, Flanell, Kotzen, Pferdedecken und 1 000 Stück Mitteltüchern, Rohstoffverbrauch 1 800 q Wolle, 300 Arbeiter [531]; die Tuchfabrik *Römheld & Co.* in O b e r l e u t e n s d o r f (Horní Litvínov, 55), 1714 gegründet, ursprünglich im Besitz von *Graf Waldstein* [532], der 1818 mit *Ferdinand Römheld*, Vater und Sohn, sowie *Josef Hauptig* einen Gesellschaftsvertrag schloß, 1819 übernahm Römheld die Leitung der Fabrik und gestaltete diese vollkommen neu: das alte Gebäude wurde abgetragen und neugebaut, die Wasserkraft verstärkt, neue Maschinen, insbesondere Webstühle, Krempeln, Spinn- und Schermaschinen angeschafft, 1821 22 neue Webstühle, 1827 zwei kleine Dampfmaschinen (eine für die Walke mit sechs PS und eine für das Rauhhaus mit vier PS) aufgestellt, nach dem Tode Römhelds 1830 übernahm sein Schwiegersohn Josef Hauptig die Direktion, weitere Neubauten (obere Fabrik), 1835 38 Webstühle, 260 Arbeiter, eine Dampfmaschine mit 24 PS und zwei eiserne Wasserräder als Antriebskräfte, 1836 eine weitere Dampfmaschine mit 36 PS aufgestellt, 55 Webstühle, 1839 53 Webstühle, 370 Beschäftigte, 1841 eine Dampfmaschine mit 30 PS und ein Wasserwerk mit 20 PS, 13 Handspinnmaschinen und vier mechanische Maschinen, 1 440 Spindeln, 56 Webstühle, 330 Arbeiter, Rohstoffverbrauch jährlich 630 q Wolle, Produktion 2 100 Stück Tuche im Werte von 160 000 Gulden, in den 40er Jahren noch etwa 400 Arbeiter, infolge der Krise von 1848 eingestellt [533]; in R e i c h e n a u (Rychnov nad Kněžnov, 62) arbeitete 1818 eine Tuchfabrik, die auch die „Tafeln von 1841" erwähnen.

Während der Berichtszeit erstmals erwähnt, später jedoch nicht mehr genannt: T e p l i t z (Teplice, 79), 1829 Tuchfabrik, 1834 Besitzer *A. Fischer & Sohn*, Ab-

---

[530] G r u n z e l 133 f. — S c h l e s i n g e r, Ludwig: Zur Geschichte der Industrie von Oberleutensdorf. MVGDB 3 (1865) 87—92, 133—150. — S l o k a r 342 f.
[531] K e e ß II, 116. — K r e u t z b e r g 111.
[532] L o o s, Josef Anton: Geschichte und Beschreibung der gräflich Waldsteinischen Tuchfabrik in Oberleutensdorf. Libussa 1 (1802) 114—120. — F r e u d e n b e r g e r, Herman: The Waldstein Woolen Mill. Boston 1963.
[533] G r u n z e l 126, 133. — S c h l e s i n g e r 144 f. — K r e u t z b e r g 109. — S l o k a r 343, 346.

satz nach Italien, 1836 erwähnt; N e u w a l d (53), 1822 von *Franz Elstner* errichtet[534].

Während der Berichtszeit gegründet bzw. erwähnt und 1841 noch in Betrieb: G a b l o n z (Jablonec nad Nisou, 18), zwei Tuchfabriken, die von Reichenberg hierher verpflanzte Tuchmacherzunft erhielt 1808 eine eigene Ordnung und beschäftigte 1826 112 Meister, *Anton Ferdinand und Josef Preißler* gründeten 1836 eine Tuchfabrik, die ursprünglich nur zwei Handwebstühle besaß, Erzeugung von schwarzen Peruvienne und Doskine für Männerkleidung, Garn aus Lohnspinnereien, Veredeln der Gewebe in Lohnappreturen, später eigenes Gebäude erworben, 20 bis 30 Beschäftigte, Mitte der 40er Jahre wurde ein größeres Fabrikgebäude gemietet, eigene Spinnerei und Appretur errichtet, zusammen mit der Tuchfabrik *Hildebrand* 1841 200 Webstühle, Waren im Werte von 600 000 Gulden erzeugt, Rohstoffverbrauch 5 000 q Wolle, 100 Tuchmachermeister. Weiters gab es in Gablonz 1841 fünf Schafwollspinnereien mit 7 000 Spindeln[535]; in H i l b e t h e n (Hilváty, 29) gründete 1835 *Vonwiller & Co.* eine Tuchfabrik, die 1841 erwähnt wurde; in K a t h a r i n b e r g (33) erbaute 1825 *Ferdinand Seidel* eine Tuchfabrik, die er 1833 bis 1838 an *Ignaz Salomon* verpachtete, 1843 verkauft; hier besaß der bereits erwähnte Kammgarnspinnereibesitzer *Anton Thum* eine weitere Tuchfabrik, die 1841 1 000 Stück Tuch herstellte; in K r u m a u (Krumlov, 37) erwarb der Tuchfabrikant *Vinzenz Jungbauer* 1831 die einfache Fabriksbefugnis und 1840 die Landesfabriksbefugnis, 1840 92 Beschäftigte in der Fabrik und 20 im Verlag, 1841 erwähnt, 1844 eigene Niederlage in Linz; die Tuchfabrik *Gebrüder Johann und Josef Ehrenhöfer* in N e u b i s t r i t z (Nová Bystřice, 47) erhielt 1831 die Landesfabriksbefugnis, 336 Arbeiter, 1841 genannt; die Tuchfabrik *Ignaz Bobelle* in N e u h a u s (Jindřichův Hradec, 50), 1832 Landesfabriksbefugnis, beschäftigte 100 Personen und 110 Tuchmachermeister im Verlag, 1841 erwähnt; *Johann Niclaus Vonwiller* gründete 1837 in S e n f t e n b e r g (Žamberk, 70) eine Tuchfabrik. 1841 Produktion 3 000 Stück Tuche im Werte von 180 000 Gulden, Vonwiller besaß auch eine große Fabrik in Haslach in Oberösterreich[536].

Erst in den „Tafeln von 1841" fanden folgende Tuchfabriken Erwähnung: B ö h m i s c h - W i e s e n (Dlouhá, 7); B r ü n l i t z (Brnénec, 10); E g e r (Cheb, 14); H e l k o w i t z (Helkovice, 24); J a r e s c h a u (Jarošov, 31); K o m o t a u (Chomútov, 35); Kreuzthal (?); N e d o s c h i n (Nedošin, 46); R o s k o s c h (Rozkoš, 67); S t r a l h o s c h i t z (?); und W č e l n i t z (Včelnice, 81).

5. Sonstige Schafwollfabriken. Eine Teppich- und Deckenfabrik bestand in M a f f e r s d o r f (41), 1843 Handweberei *Ignaz Ginzkey,* der im gleichen Jahr den ersten Teppichstuhl mit einer Jacquardmaschine aufstellte, 1845 folgte der

---

[534] K r e u t z b e r g 109. — H a l l w i c h : Reichenberg 511. — S l o k a r 347.
[535] Großindustrie Österreichs (1898) IV, 71. — Großindustrie Österreichs (1908) III, 126 f.
[536] K r e u t z b e r g 107. — S o m m e r : Königreich Böhmen XIV, 149. — H a l l w i c h : Reichenberg 511. — S l o k a r 345 ff. — Großindustrie Österreichs (1898) IV, 72. — Großindustrie Österreichs (1908) III, 4 f. — M e i x n e r, Erich Maria: Wirtschaftsgeschichte des Landes Oberösterreich. Bd. 2. Salzburg 1952, S. 246.

erste Stuhl zur Deckenerzeugung, 1847 sechs Teppichstühle, eigene Färberei, um die Mitte des Jahrhunderts Vergrößerung des Unternehmens [537].

Eine Posamentierwarenfabrik und mechanische Bandweberei errichtete 1834 *Carl Bienert* in R e i c h e n b e r g (Liberec, 63), die in der zweiten Hälfte des 19. Jahrhunderts große Bedeutung erlangte [538]; nach den „Tafeln von 1841" bestanden in T a u s (Domažlice, 78) vier Schafwoll- und Bandwebereien, die insgesamt an 500 Arbeiter beschäftigten und jährlich Waren im Wert von 110 000 Gulden herstellten.

Die in O b e r l e u t e n s d o r f (Horní Litvínov, 55) ursprünglich weit verbreitete Strumpfwirkerei erlebte in den 30er Jahren infolge der ungünstigen Auswirkungen nach Gründung des Deutschen Zollvereins einen starken Rückgang. 1830 waren mit Strumpfwirkerei hier noch 50 Meister, 200 Gesellen und Lehrlinge sowie 1 000 Hilfsarbeiter beschäftigt, die 1 500 q Schafwolle zu 24 000 Dutzend Strümpfen im Werte von 18 000 Gulden CM verarbeiteten [539].

Die zu Beginn des 19. Jahrhunderts von einem französischen Deserteur eingeführte Fezfabrikation in S t r a k o n i t z (Strakonice, 76) war weitgehend im Verlagssystem aufgebaut. Erst ab 1816 wurden Strumpfwirkstühle als mechanische Hilfsmittel verwendet. Nach Kreutzberg [540] bestanden hier 1834 vier Fabriken, die 5 000 Personen beschäftigten. Der Absatz ging vor allem nach Linz und Wien. Die Fabrik *Moyses und Wolf Weil* reichte in ihren Anfängen bereits in das Jahr 1816 zurück, 1828 einfache und 1836 Landesfabriksbefugnis, 1834 300 Arbeiter in der Fabrik und 1100 Stricker und Hilfsarbeiter im Verlag, angeschlossen eine Maschinenspinnerei, 1836 1 500 Beschäftigte; 1818 gründete *Wolf Fürth* eine Fabrik für türkische Kappen, 1828 Landesfabriksbefugnis, 900 Arbeiter, 1834 Maschinenspinnerei angeschlossen, Export ging direkt nach dem Orient; 1828 errichteten *Stein & Co.* in M u t e n i c (Mutěnice, 45) eine Fezfabrik, der 1832 eine weitere Fabrik in Strakonitz folgte; *Johann Wlach* betrieb in P i s e k (Písek, 58) 1834 eine Fabrik für türkische Kappen, die nach den „Tafeln von 1841" gemeinsam mit einer zweiten Fabrik 150 Arbeiter zählte, Produktion 8 000 Dutzend Kappen [541].

Die Filzhuterzeugung konzentrierte sich auf Prag und dessen Vorstädte. Nach Kreutzberg [542] arbeiteten 1834 680 Meister an der Erzeugung von Filzhüten in Böhmen, die jährlich 74 000 Stück herstellten, 40 Werkstätten mit 200 Gesellen befanden sich auf dem Lande, 28 Meister und 14 Fabriken in Prag. Insgesamt waren damit 1 500 Arbeiter beschäftigt, die jährlich 250 000 Filzhüte im Werte von 680 000 Gulden produzierten; 1830 gründete *Josef Muck* in P r a g (Praha, 60) eine Filzhutfabrik, 1834 erwähnt, 1838 Landesfabriksbefugnis, 1845 50 bis

---

[537] Großindustrie Österreichs (1898) IV, 73, 352—355.
[538] Großindustrie Österreichs (1908) IV, 331.
[539] K r e u t z b e r g 113.
[540] K r e u t z b e r g 113 f.
[541] K r e u t z b e r g 113 f. — H a l l w i c h : Industrie und Handel 658. — Großindustrie Österreichs (1898) IV, 396. — S l o k a r 632. — D r a b e c, Frant. a kol.: 150 let textilní výroby fezko Strakonice [150 Jahre textile Fezerzeugung in Strakonitz]. Strakonitz 1962.
[542] K r e u t z b e r g 102 f.

60 Arbeiter; weiters nannte Kreutzberg[543] als Filzhutfabrikanten *Josef Wanig* und *W. Stuckly,* beide auch 1841 erwähnt; weiters bestand 1834 hier die Filzhutfabrik *Karl Kriese,* Landesfabriksbefugnis, sechs Kessel, 100 Arbeiter, Produktion 21 000 Hüte (darunter 2 000 Militärkappen) im Werte von 60 000 Gulden, Rohstoffverbrauch 60 000 Hasenfelle und 80 Dutzend Schaffelle, 1845 200 Arbeiter, Absatz vor allem nach New York, England und Deutschland (Spezialität Cowboyhütte)[544].

Die Schafwollindustrie hatte ihren Schwerpunkt im Raume Reichenberg und Umgebung, der sich Neiße aufwärts und Neiße abwärts hin erstreckte. Weitere Zentren bildeten sich während der Berichtsperiode um Neuhaus, Tabor und Neugedein. Hauptsitz der Fezfabrikation blieb Strakonitz, der Filzhuterzeugung Prag. Hinsichtlich der Betriebsgröße ist zu sagen, daß die größten Betriebe oft mehrere tausend Beschäftigte zählten, wobei allerdings zu beachten ist, daß noch immer ein Großteil derselben im Verlag arbeitete.

Bei den Kammgarnspinnereien erreichte die größte 1834 über 8 000 Arbeiter im Verlag, während die mechanischen Betriebe kaum mehr als 100 zählten, 7 000 bis 8 000 Beschäftigte waren in den großen Wollenzeugfabriken tätig, davon höchstens 400 bis 500 Arbeiter in den Fabriken selbst. Der Beschäftigtenstand der Tuchfabriken bewegte sich zwischen 100 und 700, wobei sich durch Einschränkung des Verlages gegen Ende der Epoche eine Verringerung ergab. Bei den Fez-Fabriken wurden Betriebsgrößen von 1 000 bis 1 500 erreicht, davon in den Fabriken selbst nur 150 bis 300 Arbeiter. Die Filzhuterzeuger waren zumeist kleinere Betriebe mit 50 bis 200 Beschäftigten.

f) Baumwollindustrie

Die Baumwollindustrie, die während der Kontinentalsperre einen großen Aufschwung genommen hatte, erlitt nach den Napoleonischen Kriegen einen umso ärgeren Rückschlag, der sich in Arbeitseinschränkungen, Rückgang der Beschäftigtenzahlen, mangelnder Maschinenausnützung und teilweisen Betriebsstillegungen auswirkte. Erst um 1820 besserte sich wieder die Lage. Die Regierung bemühte sich, durch strenge Handhabung der Einfuhrverbote der Textilindustrie aufzuhelfen, was allerdings zum Teil auf Kosten der Baumwollfabrikanten ging. 1823 sperrten die Niederösterreichische und die Prager Bankadministration mehreren großen Baumwollfabrikanten (Jerusalem, Brandeis, Porges, Epstein, Bunzel & Söhne, Wiener und Schallowetz) wegen Verdachtes der Schwärzung von Garnen ihre Fabriken und Niederlagen[545].

Verglichen mit den großen niederösterreichischen Betrieben blieben die Baumwollspinnereien in Böhmen durchwegs Klein- und Mittelbetriebe. Die Spinnereien waren in Böhmen zumeist an Baumwollwaren- und Druckfabriken angeschlossen. Baumwollwebereien arbeiteten in den 40er Jahren noch großteils mit Hauswebern. Mechanisierte Betriebe in planvoll angelegten Fabrikgebäuden fanden sich nur selten. Maschinenweberei vermochte sich infolge geringer Spinnlöhne der

---

[543] Kreutzberg 103.
[544] Kreutzberg 103. — Slokar 633.
[545] Slokar 296 ff.

Hausindustrie sowie der großen Anschaffungskosten einer mechanischen Fabrikeinrichtung nur schwer durchzusetzen. Die Hausweber arbeiteten zumeist im Verlag der Spinnereibesitzer, die ihnen das Garn zur Verfügung stellten, sowie von Textilhändlern und Druckereifabrikanten. Die Großbetriebe der Webereien blieben auch noch in dieser Epoche durchwegs verlagsmäßig organisiert. Ihr Zentrum war Reichenberg. Nach 1820 begann die Einführung der Jacquard-Stühle in der Weberei, besonders bei gemischten Stoffen [546].

Der Gesamtwert der Baumwollwarenfabrikation wird 1834 von Kreutzberg[547] mit 24 000 000 Gulden angegeben, der Beschäftigungsstand mit 140 000 Arbeitern. Die Baumwollwarenproduktion war somit der wichtigste Industriezweig Böhmens. Hinzu kam noch die Herstellung gestrickter und gewirkter Baumwollwaren, von 2 208 Werkstätten betrieben.

Nach den „Tafeln von 1841" wurde nur ein Gesamtwert von 17 000 000 Gulden erreicht (vermutlich ohne Berücksichtigung der gemischten Baumwollwaren). Der Wert von 1841 entspricht im Verhältnis zum Gesamtwert der Monarchie etwa 37,8 %.

Baumwollspinnereien Böhmens 1834—1850

	1834	1841	1843	1850
Spinnereien	88	81	79	77
Spinnmaschinen	—	1 695	1 680	1 982
Spindeln	350 000	356 546	354 210	473 141
Spinner	—	7 524	7 769	8 984
Produktion in q	80 000—85 000	55 155	64 556	94 916

Anteil der Baumwollspinnereien Böhmens an der Gesamtmonarchie

	1841		1850	
	Böhmen	in % der Monarchie	Böhmen	in % der Monarchie
Spinnereien	81	47,0	77	37,5
Spinnmaschinen	1 695	33,0	1 982	31,5
Spindeln	356 546	37,0	473 141	32,5
Arbeiter	7 524	35,0	8 984	31,0
Produktion in q	55 255	25,5	94 916	23,0

---

[546] Slokar 274, 298 ff.
[547] Kreutzberg 85, 97.

Auf einen Betrieb entfielen:

	1841		1850	
	Böhmen	Monarchie	Böhmen	Monarchie
Spinnmaschinen	21	30	26	30
Spindeln	4 402	5 746	6 145	7 057
Spinner	93	124	117	141
Produktion in Wiener Pfund	68 093	124 940	123 268	197 650

Der Verminderung der Zahl der Spinnereien entsprach ein Konzentrationsprozeß, wobei die Zahl der Maschinen und Spindeln rasch anstieg. Der Produktionswert der Baumwollspinnereien war allerdings 1834 noch wesentlich höher als im Jahre 1843, und erst ab diesem Zeitpunkt kann von einem neuerlichen Aufschwung dieses Industriezweiges gesprochen werden. Obgleich sich 1841 fast die Hälfte aller Baumwollspinnereien in Böhmen befand, produzierten diese nur etwa ein Viertel aller Garne der Gesamtmonarchie mit dem Aufwand von einem Drittel an Spinnmaschinen und Arbeitern. Bis zur Jahrhundertmitte konnte infolge des Rückganges der Betriebe und dank einer besseren Ausstattung mit Spinnereimaschinen das Produktionsverhältnis etwas gebessert werden[548].

Im Jahre 1834 bestanden nach Kreutzberg[549] in Böhmen 60 Baumwollwebereien, die über 100 000 Menschen beschäftigten. Ihre 75 000 Webstühle konzentrierten sich auf den Bezirk Reichenberg mit 25 000, Friedland mit 20 000 sowie den Leitmeritzer, Elbogener und Taborer Kreis mit 30 000 Stühlen. Der Rohstoffverbrauch betrug jährlich 80 000 q Garne einheimischer Produktion und 50 000 q Garne an Einfuhrproduktion, woraus 3 250 000 Stück Baumwollgewebe hergestellt wurden. Hinzu kam die Manchestererzeugung mit ihrem Hauptsitz in Rumburg und Umgebung, die an 1 200 Stühlen 2 000 Arbeiter beschäftigte. Diese produzierten 90 000 Stück im Werte von 750 000 Gulden. Nach den „Tafeln von 1841" war die Zahl der Unternehmen seit 1834 etwa um ein Drittel gestiegen. Die 91 Baumwollfabriken hatten mit 120 000 q Garn einen etwas geringeren Rohstoffverbrauch als 1834. Sie produzierten auf 75 000 bis 100 000 Webstühlen jährlich etwa 1 000 000 Stück Rohkattune und 3 000 000 Stück Baumwollgewebe in einem Gesamtwert von 10 000 000 Gulden. Demnach produzierte Böhmen 69 % der Baumwollstücke bei nur 52 % des Quantums und sogar nur 48 % des Wertes der Baumwollproduktion der Gesamtmonarchie, woraus deutlich wird, daß die böhmischen Gewebe leichter und auch billiger waren. Im Gegensatz zu den Spinnfabriken zeigte sich bei den Baumwollwebereien eine starke Vermehrung der Betriebe, wobei die Stückzahl der Produktion entsprechend anstieg, der Rohstoffverbrauch hingegen absank[550].

---

[548] Kreutzberg 85. — Hain 303 ff. — Slokar 306. — Großindustrie Österreichs (1898) IV, 199 ff.
[549] Kreutzberg 89 ff.
[550] Slokar 304.

Baumwollwebereien Böhmens 1834—1841

	1834	1841
Betriebe	60	91
Produktion in Stück	3 250 000	4 000 000
Rohstoffverbrauch in q	130 000	120 000

Anteil der Baumwollwebereien an der Gesamtmonarchie 1841

	Böhmen	in % der Monarchie
Produktion in Stück	4 000 000	69
Produktion in q	120 000	52
Wert in Gulden	10 000 000	48

Infolge der hier hochentwickelten chemischen Industrie spielten die Druckfabriken in Böhmen von Anfang an eine führende Rolle. Die Baumwolldruckereien litten stark an dem Stagnieren dieses Industriezweiges und erlebten zwischen 1834 und 1841 einen starken Rückgang, obgleich die technische Ausstattung mit Drucktischen und Druckmaschinen entsprechend erweitert wurde. Dennoch sanken Produktion, Wert und Zahl der Beschäftigten.

Baumwolldruckereien Böhmens 1834—1841

	1834	1841
Betriebe	117	74
Drucktische	3 400	3 458
Druckmaschinen	44	86
Produktion in Stück	1 400 000	1 262 000
Wert in Gulden	14 000 000	12 870 000
Beschäftigte	22 000	20 000

Anteil der Baumwolldruckereien Böhmens an der Gesamtmonarchie 1841

	in Böhmen	in % der Monarchie
Produktion in Stück	1 262 000	70,8
Wert in Gulden	12 870 000	71,4
Beschäftigte	20 000	52,6

Trotz des Rückganges war 1841 der Anteil der Baumwolldruckereien im Gesamtverhältnis zur Donaumonarchie ein sehr bedeutender, Kreutzberg[551] erwähnte 1834 117 Baumwolldruckereien, darunter 15 Großbetriebe allein in Prag und viele kleinere im Kreis Leitmeritz. Diese zählten 3 400 Drucktische und besaßen 38 Maschinen für den einfachen und sechs Maschinen für den mehrfarbigen Walzendruck. Sie produzierten jährlich 1 400 000 Stück à 30 bis 50 Ellen, davon allein 800 000 Stück in Prag. Der Gesamtwert der Produktion betrug 14 000 000 Gulden, wovon ein Viertel auf Löhne entfiel. Der Industriezweig beschäftigte 22 000 Menschen. Nach den „Tafeln von 1841" war die Zahl der Druckereien auf 74 gesunken (29 landesbefugte besaßen eine eigene Bleicherei, von 45 kleineren Betrieben verfügten nur 14 über eigene Bleichereien). Die technische Einrichtung bestand aus 3 458 Drucktischen, 44 Walzendruckmaschinen, 25 Model-, zwei Relief-, fünf Plattendruckmaschinen und zehn Perotinen. Die Beschäftigtenzahl betrug 20 000, die jährlich 1 065 300 gewöhnliche Stück, 70 000 feine Stück und 232 500 Dutzend Tücher, also insgesamt 1 262 000 Stück oder 50 000 q im Werte von 12 870 000 Gulden erzeugten. Im Jahre 1843 bestand folgende räumliche Verteilung der 74 Druckereien: 14 in Prag und Umgebung, 29 im Kreis Leitmeritz, 19 im Kreis Bunzlau, vier im Kreis Elbogen, drei im Kreis Čáslau, zwei im Kreis Bydschow und je eine in den Kreisen Königgrätz, Chrudim und Saaz[552].

1. Baumwollspinnereien. Am Anfang der Periode waren letztmalig folgende Baumwollspinnereien genannt: W e r n s t a d t (Verneřice, 142), 1817 wegen schlechten Geschäftsganges von 24 Maschinen nur sieben bis neun in Betrieb, 1818 Besitzer *Hermann Leitenberger;* Z w i c k a u (Cvikov, 150), 1818 im Besitz von *Anton Schicht & Wieden;* G r ü n b e r g bei Graslitz (40), 1818 Besitzer *Landrock,* 22 Sätze zu 80 bis 160 Spindeln, 100 Arbeiter, 1820 erwähnt; und A s c h (Aš, 7), 1818 im Besitz von *Christian Bär,* 20 Beschäftigte, vier Handspinnmaschinen[553].

Die folgenden Baumwollspinnereien scheinen am Anfang und in der Mitte der Epoche auf: R o ß b a c h (113), zwei Baumwollspinnereien, 1811 gegründet, 1828 Besitzer *Friedrich Baer,* fünf Spinnmaschinen mit 938 Spindeln, Produktion 1 200 q, zweite Fabrik im Besitz von *Sebastian Hoendl,* acht Spinnmaschinen mit 1 440 Spindeln, Produktion 2 100 q; seit 1820 eine weitere Baumwollspinnerei, 1828 Besitzer *Johann Kinzl,* elf Spinnmaschinen mit 2 150 Spindeln, Produktion 3 600 q; R e i c h e n b e r g (Liberec, 112), 1818 Baumwollspinnerei *Ballabene & Co.,* 1828 Produktion 16 000 q, später im Besitz von *Johann Liebig;* hier bestanden 1828 noch weitere sechs Baumwollspinnereien mit 80 Feinspinnmaschinen; G a b e l (Německé Jablonné, 26), 1818 Baumwollspinnerei *Josef Hamman,* 1828 drei Mules-Spinnmaschinen mit 356 Spindeln, Produktion 2 136 q; S c h ö n - b a c h (127), 1816 von *Siebenhüner & Hannabach* gegründet, 1818 und 1820 erwähnt, 1824 Landesfabriksbefugnis, 677 Arbeiter, 1828 zusammen mit S t e i n -

---

[551] K r e u t z b e r g 92.
[552] S l o k a r 303.
[553] K e e ß II, 81. — S l o k a r 296.

grub (131) 22 Spinnmaschinen mit 4 308 Spindeln, Produktion 9 600 q; Steingrub wurde ebenfalls 1816 gegründet, 1841 in Schönbach eine Baumwollweberei genannt; S c h ö n l i n d e (Krásná Lípa, 129), 1818 erfand hier der Baumwollspinner *Gottfried Preußger* einen Strumpfwirkerstuhl (Petinetstuhl), 1828 sechs Mules-Spinnmaschinen mit 540 Spindeln, Produktion 3 240 q; A s c h (Aš, 7), 1820 von *F. H. Kirchhof* gegründet, 1828 28 Spinnmaschinen mit 5 292 Spindeln, Erzeugung 9 600 q [554].

Während der gesamten Berichtszeit wurden erwähnt: K u t t e n b e r g (Kutná Hora, 68), 1795 Kattunfabrik *Christoph Breuer*, 1818 k. k. privilegierte Kattunfabrik *C. G. Breuer & Söhne*, 1828 Baumwollspinnerei, die jährlich 8 000 q produzierte, 1829 Baumwollwarenfabrik *Johann August & Matthias Breuer*, 1841 Baumwollspinnerei *Breuers Söhne*, neun Spinnmaschinen mit 2 952 Spindeln, Produktion 36 369 Wiener Pfund Garne, 68 Spinner, eigene Druckerei, 1843 zehn Maschinen mit 3 288 Spindeln, Erzeugung von 46 752 Wiener Pfund, 73 Spinner; W e r n s t a d t (Verneřice, 142), 1796 von *F. A. Pilz* errichtet, 1828 Besitzer *Friedrich Pilz*, 32 Mules-Spinnmaschinen mit 5 102 Spindeln, Produktion 24 000 q, 1834 genannt, 1841 41 Spinnmaschinen mit 6 600 Spindeln, Erzeugung 75 218 Wiener Pfund Garn, 110 Spinner, 1843 40 Spinnmaschinen mit 6 440 Spindeln, Produktion 72 164 Wiener Pfund, 112 Spinner; T e t s c h e n (Děčín, 133), 1801 von *Josef Richter* gegründet, 1828 12 Mules-Spinnmaschinen mit 1 600 Spindeln, Erzeugung 8 000 q, 1841 Besitzer *Johann Bachhaibel*, 15 Spinnmaschinen mit 3 136 Spindeln, 76 Spinner, Produktion 87 201 Wiener Pfund Garn, 1843 82 Spinner, Produktion 106 932 Wiener Pfund; nach 1803 errichteten *Franz Karl Mattausch* und sein Schwager *Josef Richter* auf der „Walke Flur" eine Spinnerei, die auch in der zweiten Hälfte des 19. Jahrhunderts bestand; 1816 gründeten *Bachmayer & Co.* in S c h l o p p e n h o f (Šlapany, 126) eine Baumwollspinnerei, 1828 60 Spinnmaschinen mit 11 520 Spindeln, Produktion 24 000 q Garn, 1841 272 Spinner, 71 Spinnmaschinen mit 13 824 Spindeln, Erzeugung 154 504 Wiener Pfund Garn, eigene Druckerei, 1843 252 Spinner, Produktion 165 416 Wiener Pfund, um 1850 14 592 Spindeln [555]; 1837 erwähnte Slokar [556] am gleichen Ort eine Kottondruckerei und Baumwollspinnerei im Besitz von *Wilhelm Diehl, Gottlieb Bayer* und *Johann Jakob Röder;* in Z w i c k a u (Cvikov, 150) besaß 1818 *Friedrich Ulbrich & Co.* eine Baumwollspinnerei, 1828 im Besitz von *Ignaz Ulbrich*, fünf Mules-Spinnmaschinen und 672 Spindeln, Produktion 2 688 q, 1841 sieben Spinnmaschinen mit 880 Spindeln, 17 Spinner, 1843 eingegangen; in R o ß b a c h (113) betrieb 1818 *Michael Wettengel* eine Baumwollspinnerei, drei Maschinen, zwölf Arbeiter, 1841 im Besitz von *Bredschneider*, acht Spinnmaschinen mit 1 536 Spindeln, 30 Spinner, Produktion 19 321 Wiener Pfund Garn, 1843 zehn Maschinen mit 1 910 Spindeln, Produktion nur mehr 839 Pfund Garn; in M a r k e r s d o r f (Markvartice, 78) wurden 1820 nach Keeß [557] baumwollene Strümpfe her-

---

[554] K e e ß II, 81, 439. — S l o k a r 296—300.
[555] K r e u t z b e r g 85. — H a i n 304. — L a h m e r : Kattunindustrie 301. — S l o k a r 295—306. — Großindustrie Österreichs (1908) III, 52.
[556] S l o k a r 302.
[557] K e e ß II, 444.

gestellt, 1818 Baumwollspinnerei *Josef Kittel*, 1828 14 Mules-Spinnmaschinen mit 3 000 Spindeln, Produktion 18 000 q, 1841 im Besitz von *Trenklers Söhnen*, zwölf Spinnmaschinen mit 2 244 Spindeln, Produktion 29 852 Wiener Pfund Garn, 58 Spinner, 1843 14 Spinnmaschinen mit 2 244 Spindeln, Erzeugung von 26 576 Wiener Pfund Garn, 50 Spinner; in L o d e n i t z (Loděnice, 76) betrieben *Durazin & Dormitzer* 1818 eine Baumwollspinnfabrik mit einer dazugehörigen Weberei in W l a s c h i n, 1828 Inhaber *Sigmund Golstein*, 16 Spinnmaschinen mit 3 074 Spindeln, Produktion 7 500 q Garn, 1841 31 Spinnmaschinen mit 6 072 Spindeln, Produktion 77 821 Wiener Pfund Garn, 128 Spinner, 1843 31 Spinnmaschinen mit 6 850 Spindeln, 126 Spinner, Produktion 74 068 Wiener Pfund Garn; in A s c h (Aš, 7) arbeitete 1818 *Christian Kirchhof* mit 12 Personen auf drei Handspinnmaschinen, 1821 zu einer Fabrik ausgebaut, 1828 acht Spinnmaschinen mit 1 632 Spindeln, Erzeugung von 2 400 q Garn, 1841 acht Spinnmaschinen mit 1 608 Spindeln, Produktion 9 130 Wiener Pfund Garn, 32 Spinner, eigene Weberei, 1843 zehn Spinnmaschinen mit 2 016 Spindeln, 37 Spinner, Erzeugung 10 256 Wiener Pfund Garn; 1817 wandelte *Johannes Schindler* in G r ü n bei Asch (39) eine Mühle in eine Baumwollspinnerei um, 1828 19 Spinnmaschinen mit 3 828 Spindeln, Produktion 7 500 q Garn, auf Schindler folgte als Besitzer *Ch. Schmidt*, 1841 Besitzer *Gustav Seeburg*, 20 Spinnmaschinen mit 4 008 Spindeln, Erzeugung 29 416 Wiener Pfund Garn, 70 Spinner, 1843 14 Spinnmaschinen mit 2 796 Spindeln, Produktion 16 869 Wiener Pfund Garn, 61 Beschäftigte, später im Besitz von *E. Geipel*[558]; in W a r t e n b e r g (Sedmihorky, 138) bestand nach Keeß[559] 1820 Baumwollindustrie, 1841 Baumwollspinnerei *S. Bachmann*, zwei Spinnmaschinen mit 576 Spindeln, Erzeugung 4 826 Wiener Pfund Garn, zehn Spinner, 1843 drei Spinnmaschinen mit 576 Spindeln, Produktion 5 378 Wiener Pfund Garn, 12 Spinner; in S t. J o h a n n (Svatý Jan Podskálou, 117) wurde 1820 eine Baumwollspinnerei erwähnt, 1841 Besitzer *E. F. Meißner*, 25 Spinnmaschinen mit 5 004 Spindeln, 101 Spinner, Produktion 62 822 Wiener Pfund Garn, 1843 25 Spinnmaschinen mit 5 004 Spindeln, Produktion 79 568 Wiener Pfund Garn, 120 Spinner; in J o a c h i m s t h a l (Jáchymov, 51) arbeitete 1820 eine Baumwollspinnerei, 1841 im Besitz der *Gebrüder Vogel*, vier Spinnmaschinen mit 816 Spindeln, Produktion 15 952 Wiener Pfund Garn, 25 Spinner, 1843 vier Spinnmaschinen mit 816 Spindeln, 23 Spinner, Erzeugung von 16 595 Wiener Pfund Garn; in G r o s s e n t e i c h b e i E g e r (36) gründete *Ferdinand Kriegelstein von Sternfeld* 1820 eine Baumwollspinnerei, 1828 sieben Spinnmaschinen mit 1 560 Spindeln, Produktion 2 600 q Garn, 1841 Besitzer *Ludwig Seeburg*, 21 Spinnmaschinen mit 4 044 Spindeln, 80 Spinner, Erzeugung 57 934 Wiener Pfund, 1843 82 Spinner stellten 59 702 Wiener Pfund Garn her; in G r ü n b e r g (40) errichtete 1820 *Josef Keilwerth* eine Baumwollspinnerei, 1828 49 Spinnmaschinen mit 9 912 Spindeln, Produktion 15 000 q Garn, 1841 Besitzer *Keilwerth's Erben*, 64 Spinnmaschinen mit 12 972 Spindeln, stellte 113 980 Wiener Pfund Garn her, 226 Spinner, 1843 64 Spinnmaschinen mit 12 972 Spin-

---

[558] S l o k a r 295—306. — T i t t m a n n, I.: Heimatkunde des Ascher Bezirkes. Asch 1893, S. 110.
[559] K e e ß II, 188.

deln, Produktion 132 520 Wiener Pfund Garn, 222 Spinner; in Niklasberg bei Asch (7) gründete 1820 *Christian Holstein* eine Baumwollspinnerei, 1828 fünf Spinnmaschinen mit 984 Spindeln, Erzeugung von 1 800 q Garn, 1841 im Besitz von *J. Christ. Holstein,* fünf Spinnmaschinen mit 1 008 Spindeln, Produktion 9 282 Wiener Pfund Garn, 23 Spinner, 1843 sechs Spinnmaschinen mit 1 200 Spindeln, Erzeugung 7 843 Wiener Pfund Garn, 24 Spinner[560].

Im Verlauf der Berichtsepoche erwähnt, am Schluß jedoch nicht mehr genannt: Graslitz (Kraslice, 35), 1821 gegründet, 1828 *Wenzel Köhler,* fünf Spinnmaschinen mit 960 Spindeln, Produktion 1 800 q Garn; 1822 erbaute *Josef Fischer* in Unter-Wildstein (Vildštein, 146) eine Baumwollspinnerei, 1828 17 Spinnmaschinen mit 3 192 Spindeln, Erzeugung von 5 400 q Garn; in Silberbach (119) errichteten *Wenzel Köhler & Landrock* 1824 eine Baumwollspinnerei, 1828 acht Spinnmaschinen mit 1 632 Spindeln, Produktion 3 000 q Garn; in Algersdorf (Valkeřice, 2) 1828 Baumwollspinnerei *F. Kreibich,* vier Mules-Spinnmaschinen mit 464 Spindeln, stellte 2 784 q Garn her; die folgenden Baumwollspinnereien wurden nur 1828 erwähnt: Warnsdorf (Varnsdorf, 5), Besitzer *J. G. Fröhlichs Söhne,* vier Mules-Spinnmaschinen mit 528 Spindeln, Produktion 2 112 q Garne; im Besitz von *Josef Franz,* sieben Mules-Spinnmaschinen mit 969 Spindeln, Produktion 3 876 q Garn; Baumwollspinnerei *Josef Groß,* zehn Mules-Spinnmaschinen mit 1 508 Spindeln, Produktion 6 032 q Garn; Arnau (Hostiné, 6), ein Betrieb; Bürgstein (Sloup, 17), Besitzer *Gebrüder Werner,* vier Mules-Spinnmaschinen mit 576 Spindeln, Produktion 3 256 q Garn; Drüssowitz (Drosovice, 20), Baumwollspinnerei *Jakob Lang,* 60 Spinnmaschinen; Gabel (Německé Jablonné, 26), Betrieb *F. Richter,* vier Mules-Spinnmaschinen mit 576 Spindeln, Produktion 3 456 q Garne; Georgenthal (Jiřetín, 28), Inhaber *Mauerbach & Co.,* 60 Spinnmaschinen mit 10 000 Spindeln, Produktion 37 500 q Garn; Grabern (Kravaře, 34), Baumwollspinnerei *F. Lehnhard,* drei Mules-Spinnmaschinen mit 316 Spindeln, Produktion 2 370 q Garn; Groß-Engenthal (?), Baumwollspinnerei *Schicht & Wiesener,* acht Mules-Spinnmaschinen mit 1 152 Spindeln, Produktion 5 760 q Garn; Hayde (46), Besitzer *Elis Günther,* zwei Mules-Spinnmaschinen mit 100 Spindeln, Produktion 600 q Garne; im Besitz von *Josef Helzel* drei Mules-Spinnmaschinen mit 264 Spindeln, Produktion 1 584 q Garn; Baumwollspinnerei *Dionis Heysler,* vier Mules-Spinnmaschinen mit 576 Spindeln, Produktion 3 456 q Garn, Johnsdorf (?), Besitzer *F. Heller,* zwei Mules-Spinnmaschinen mit 202 Spindeln, Produktion 1 212 q Garn; Kreibitz (Chřibská, 67), Inhaber *Karl Petzold,* vier Mules-Spinnmaschinen mit 184 Spindeln, Produktion 1 120 q Garn; Lindenau (Lindava, 74), Baumwollspinnerei *A. Renger,* vier Mules-Spinnmaschinen mit 278 Spindeln, Produktion 1 668 q Garn; Morgenthau (83), Besitzer *W. Hantschel,* fünf Mules-Spinnmaschinen mit 720 Spindeln, Produktion 4 320 q Garn; Nieder-Kreibitz (Dolní Chřibská, 99), Baumwollspinnerei *A. Marschner,* zwei Mules-Spinnmaschinen mit 160 Spindeln, Produktion 960 q Garn; Nie-

---

[560] Keeß II, 81. — Hain 304. — Slokar 299, 305 f. — Großindustrie Österreichs (1898) IV, 185.

m e s (Mimoň, 100), Baumwollspinnerei B. Woitin, zwei Mules-Spinnmaschinen mit 100 Spindeln, Produktion 600 q Garn; Besitzer *G. Reismüller,* vier Mules-Spinnmaschinen mit 200 Spindeln, Produktion 1 200 q Garn; P r a g (Praha, 108), Baumwollspinnerei *Rosaglia Dormitzer,* 17 Spinnmaschinen mit 3 206 Spindeln, Produktion 10 000 q Garn; R e i c h s t a d t (Zákupy, 93), Besitzer *G. Spiegel,* zwei Mules-Spinnmaschinen mit 260 Spindeln, Produktion 1 560 q Garn; R o ß b a c h (113); Baumwollspinnerei *W. A. Kinzel & Götz,* vier Spinnmaschinen mit 732 Spindeln, Produktion 900 q Garn; R u m b u r g (Rumburk, 115), Inhaber *A. Pfeifer,* zwei Mules-Spinnmaschinen mit 200 Spindeln, Produktion 1 200 q Garn; W e g s t ä d t l (Štětí, 140), 28 Baumwollspinner mit 28 Mules-Spinnmaschinen und 840 Spindeln, Produktion 5 040 q Garn; Z w i c k a u (Cvikov, 150), Eigentümer *Ignaz Wieden,* fünf Spinnmaschinen mit 636 Spindeln, Produktion 2 544 q Garn; Baumwollspinnerei *Johann Ulbricht,* vier Mules-Spinnmaschinen mit 720 Spindeln, Produktion 2 880 q Garn; Besitzer *Ignaz Rückziegel,* eine Mules-Spinnmaschine mit 144 Spindeln, Produktion 864 q Garn; Baumwollspinnerei *Anton Riegert,* drei Spinnmaschinen mit 528 Spindeln, Produktion 2 112 q Garn; O b e r g e o r g e n t h a l (Horní Jiřetín, 101), 1829 Baumwollspinnerei, Färberei und Kattundruckerei *August Wilhelm Mauerbach & Co.,* Fabriksbefugnis, gemeinsam mit Marienthal 120 Arbeiter; T a n n w a l d (132), 1834 bis 1842 von *Johann Priebsch* Baumwollspinnerei erbaut, zu der 1853 bis 1856 eine zweite „untere Fabrik" kam [561].

Während der Berichtszeit gegründet oder erstmals genannt und auch noch am Ausgang der Periode in Betrieb: in G r a s l i t z (Kraslice, 35) errichteten *F. K. Stark* und sein Stiefsohn *C. Dotzauer* 1818 bis 1821 eine Baumwollspinnerei, um die Mitte des 18. Jahrhunderts Färberei, Bleicherei und Druckerei, 1822 Landesfabriksbefugnis, 1827 starben beide Besitzer, unter *Josef Karl Stark* Krise im Geschäft und erst dessen Schwiegersohn *Theodor Pilz* erreichte Aufschwung nach 1839, 1828 Baumwollspinnerei *Friedrich Karl Stark,* 30 Spinnmaschinen mit 6 044 Spindeln, die jährlich 10 500 q Garn produzierten, 1841 43 Spinnmaschinen mit 8 820 Spindeln, stellte 121 353 Wiener Pfund Garn her, 152 Spinner, eigene Weberei, 1843 45 Spinnmaschinen mit 9 204 Spindeln, Produktion 144 554 Wiener Pfund Garn, 160 Spinner, 1844 Schwiegersohn *Theodor Pilz* Eigentümer, in der zweiten Hälfte des 19. Jahrhunderts von großer Bedeutung [562]; 1824 gründeten *Biedermann & Sohn* in S t e i n g r ü n b e i H a s l a u (44) eine Baumwollspinnerei, 1828 16 Spinnmaschinen mit 3 072 Spindeln, Erzeugung von 8 000 q Garn, 1841 Baumwollspinnerei *T. Biedermann,* 32 Spinnmaschinen mit 6 144 Spindeln, 117 Spinner, Produktion 140 534 Wiener Pfund Garn, 1843 Produktion 99 808 Wiener Pfund [563]; *Johann August Tetzner* und *Karl August Kühne* errichteten 1824 in R o t h e n h a u s (Červený Hrádek, 114) eine Baumwollspinnerei, 1828 48 Spinnmaschinen mit 9 216 Spindeln, Erzeugung von 34 560 q Garn, 1834 Landesfabriksbefugnis, im gleichen Jahr schied Kühne aus dem Unternehmen und errichtete in Görkau eine eigene Fabrik, das Unternehmen Rothenhaus er-

---

[561] B e n d a 222. — S l o k a r 297 ff.
[562] S l o k a r 299. — Großindustrie Österreichs (1898) IV, 227 f.
[563] T i t t m a n n 111. — S l o k a r 299, 306.

warben *Tetzner & Söhne (Otto, Gustav* und *Franz)*, 1841 95 Spinnmaschinen mit 17 880 Spindeln, Produktion 377 073 Wiener Pfund, 426 Spinner, 1843 102 Spinnmaschinen mit 18 212 Spindeln, 450 Spinner, Erzeugung von 400 253 Wiener Pfund Garn, 1849 schied *Gustav Tetzner* aus und zog sich auf seine Fabriken in Marienthal und Görkau zurück[564]; 1825 entstand in B e n s e n (Benešov, 9) eine Baumwollspinnerei mit 144 Spindeln, 1833 20 Beschäftigte, 1836 Aufstockung der Fabrik, drei neue Spinnmaschinen mit je 312 Spindeln, insgesamt 1 800 Spindeln aufgestellt, 1840 eigenes Wirtschaftsgebäude errichtet, 1841 Baumwollspinnerei *Fr. Matausch,* elf Spinnmaschinen mit 2 376 Spindeln, 54 Spinner, Produktion 72 338 Wiener Pfund Garn, in der zweiten Hälfte des 19. Jahrhunderts von großer Bedeutung; 1825 gründete *Johann Friedrich* in W i l d s t e i n (Vildštein, 146) eine Baumwollspinnerei, 1828 19 Spinnmaschinen mit 3 648 Spindeln, stellte 1 900 q Garn her, 1841 Besitzer *Johann Lots,* 23 Spinnmaschinen mit 4 380 Spindeln, Erzeugung von 11 542 Wiener Pfund Garn, 100 Spinner, 1843 *C. A. Lots,* 17 Spinnmaschinen mit 3 188 Spindeln, Produktion 31 850 Wiener Pfund, 57 Beschäftigte[565]; 1828 erbaute *Josef Herzig* in Grünwald (41) eine Baumwollspinnerei, 1834 Landesfabriksbefugnis, 1841 19 Spinnmaschinen mit 5 196 Spindeln, Produktion 78 536 Wiener Pfund Garn, eigene Garnfärberei, die 900 q englisch und türkisch rotgefärbtes Garn im Werte von 135 000 Gulden sowie 1 000 q verschiedener Garne im Werte von 75 000 Gulden herstellte, 1843 17 Spinnmaschinen mit 5 016 Spindeln, Produktion 76 692 Wiener Pfund, 112 Spinner, der Fabrikant starb 1849 bei dem Brand seines Betriebes[566]; 1826 gründete *Johann Josef Schmidt* in F l e i s s e n (22) eine Baumwollspinnerei, 1828 acht Spinnmaschinen mit 1 632 Spindeln, Erzeugung 1 800 q Garn, 1841 Baumwollspinnerei *F. G. Schmidt,* zehn Maschinen mit 2 040 Spindeln, Produktion 9 368 Wiener Pfund Garn, 40 Spinner, 1843 37 Beschäftigte, Produktion 14 180 Wiener Pfund; 1827 erbauten die *Brüder Lenk* in K ö n i g s b e r g (Kinšperk, 63) eine Baumwollspinnerei, 1841 50 Spinnmaschinen mit 10 860 Spindeln, Produktion 158 016 Wiener Pfund Garn, 208 Spinner, 1843 nur mehr 164 Spinner, Produktion 196 944 Wiener Pfund; 1828 besaß *Conrad Kraus* in G a b e l (Německé Jablonné, 26) eine Baumwollspinnerei mit vier Mules-Spinnmaschinen und 516 Spindeln, Erzeugung von 3 096 q Garn, 1841 vier Spinnmaschinen mit 708 Spindeln, 26 Spinner, Produktion 11 024 Wiener Pfund Garn; 1828 bestand in Z w i c k a u (Cvikov, 150) die Baumwollspinnerei *Ignaz Vogel* mit drei Mules-Spinnmaschinen und 488 Spindeln, die jährlich 1 952 q Garn produzierte, 1841 sechs Spinnmaschinen mit 832 Spindeln, 17 Spinner, Produktion 10 664 Wiener Pfund Garn, 1843 Produktion 8 852 Wiener Pfund Garn; weiters arbeitete hier 1828 der Betrieb *Rosina Riegert* mit vier Spinnmaschinen und 420 Spindeln, Produktion 1 146 q Garn, 1841 vier Spinnmaschinen mit 468 Spindeln, 14 Spinner, stellte 6 368 Wiener Pfund Garn her; 1828 bestand in W e i p e r t (Vejprty, 141) die

---

[564] K r e u t z b e r g 85. — H a i n 304. — S o m m e r : Königreich Böhmen XIV, 135. — S l o k a r 299, 304 ff. — H e n n r i c h 129 f. — Großindustrie Österreichs (1898) IV, 221 ff.
[565] S l o k a r 299, 306. — Großindustrie Österreichs (1908) III, 52 f.
[566] H a l l w i c h : Reichenberg 536. — B e n d a 222. — S l o k a r 305.

Baumwollspinnerei *Pohl* und *Seidl,* drei Spinnmaschinen mit 510 Spindeln, Produktion 682 q Garn, 1841 zehn Spinnmaschinen mit 1 756 Spindeln, Produktion 18 538 Wiener Pfund Garn, 27 Spinner, 1843 32 Spinner, Produktion 24 893 Wiener Pfund Garn[567]; M e r t e n d o r f (Merboltice, 80), 1828 Baumwollspinnerei *F. Lenhart* mit vier Mules-Spinnmaschinen und 416 Spindeln, Erzeugung von 2 496 q Garn, 1841 fünf Spinnmaschinen mit 528 Spindeln, produzierte 16 116 Wiener Pfund Garn, 21 Spinner, 1843 sechs Spinnmaschinen mit 672 Spindeln, 23 Spinner, Produktion 21 776 Wiener Pfund Garn; Betrieb *Josef Lenhart,* 1828 drei Mules-Spinnmaschinen mit 304 Spindeln, stellte 1 824 Pfund Garn her, 1841 vier Spinnmaschinen mit 384 Spindeln, Produktion 13 239 Wiener Pfund Garn, 15 Spinner, 1843 Erzeugung von 14 840 Wiener Pfund Garn; Baumwollspinnerei *Josefa Heller,* 1828 drei Mules-Spinnmaschinen mit 324 Spindeln, die 1 944 q Garn produzierten, 1841 Erzeugung von 5 836 Wiener Pfund Garn, 1843 Produktion 7 800 Wiener Pfund Garn; 1828 besaß *A. Vogel* in G a b e l (Německé Jablonné, 26) eine Baumwollspinnerei, vier Mules-Spinnmaschinen mit 540 Spindeln, Erzeugung von 3 240 q Garn, 1841 Produktion 11 020 Wiener Pfund Garn, 1843 20 Spinner, Produktion 7 992 Wiener Pfund Garn; in B ü r g s t e i n (Sloup, 17), 1828 *Gebrüder Henke,* vier Mules-Spinnmaschinen mit 278 Spindeln, stellten 1 668 q Garn her, 1841 drei Spinnmaschinen mit 576 Spindeln, produzierten 5 444 Wiener Pfund Garn, zehn Spinner, 1843 zwei Spinnmaschinen mit 288 Spindeln, neun Spinner, Produktion 3 761 Wiener Pfund; B ö h m i s c h - L e i p a (Česká Lípa, 12), 1828 *F. Wolzel,* sechs Mules-Spinnmaschinen mit 700 Spindeln, Erzeugung 4 200 q Garn, 1841 sechs Spinnmaschinen mit 752 Spindeln, Produktion 268 Wiener Pfund Garn, 13 Spinner, eigene Druckerei und Weberei, 1843 eingestellt[568]; 1828 gründeten *Redlhammer* und *Rieger* in T a n n w a l d (132) eine Baumwollspinnerei, 1832 vom Wiener Großhandlungshaus *J. H. Stametz & Co.* erworben, 1841 62 Spinnmaschinen mit 14 364 Spindeln, Produktion 254 536 Wiener Pfund Garn, 281 Spinner, 1843 64 Spinnmaschinen mit 14 908 Spindeln, Produktion 313 556 Wiener Pfund Garn, 393 Spinner, um 1850 18 286 Spindeln, in der zweiten Hälfte des 19. Jahrhunderts weiterhin bedeutsam[569]; 1829 erbaute *Christian Müller* in G ö r k a u (Jirkov, 30) eine Baumwollspinnerei, 1835 vollständig eingerichtet, 13 Spinnmaschinen mit 3 972 Spindeln, stellte 64 866 Wiener Pfund Garn her, 71 Spinner, 1843 15 Spinnmaschinen mit 4 572 Spindeln, Produktion 80 287 Wiener Pfund Garn, 85 Spinner, in der zweiten Hälfte des 19. Jahrhunderts bedeutsam[570]; *August Wilhelm Mauerbach,* der in Obergeorgenthal eine Baumwollspinnerei besaß, betrieb 1829 eine weitere in M a r i e n t h a l (77), 1841 im Besitz von *Hirth's Witwe,* 52 Spinnmaschinen mit 11 712 Spindeln, stellte 86 190 Wiener Pfund Garn her, 190 Spinner, 1843 243 Beschäftigte, Produktion 144 270 Wiener Pfund Garn, 1850 12 184 Spindeln, 1847 von *Gustav Tetzner* gekauft, der auch noch Fabriken in Rothenhaus und Görkau betrieb[571]; 1830 gründete *Josef Pfeiffer* in

---

[567] S l o k a r 298 f., 305 f.
[568] S l o k a r 298, 306.
[569] H a i n 304. — B e n d a 316. — S l o k a r 305.
[570] H e n n r i c h 130. — S l o k a r 306.
[571] H a i n 304. — H e n n r i c h 129 f. — S l o k a r 297, 306.

Gablonz (Jablonec nad Nisou, 27) eine Baumwollspinnerei, 1834 Bau einer großen Spinnfabrik, 1841 20 Spinnmaschinen mit 6 576 Spindeln, Erzeugung von 87 532 Wiener Pfund Garn, 1843 6 018 Spindeln, 119 Spinner, Produktion 97 300 Wiener Pfund Garn, seit 1847 betrieb die Firma *Pfeiffer & Co.* auch Glaserzeugung, später von *Bracegirdle* als Maschinenfabrik umgebaut; *C. E. Schneider* führte 1830 in O b e r k r a t z a u (Horní Chrastava, 102) eine Baumwollspinnerei, die die Landesfabriksbefugnis erhielt, 1841 31 Spinnmaschinen mit 7 440 Spindeln, Erzeugung von 144 208 Wiener Pfund Garn, 158 Spinner, 1843 145 Spinner, Produktion 140 942 Wiener Pfund Garn[572]; 1831 bis 1833 erbaute *Josef Herzig* in N e u w a l d (96) eine Maschinenfabrik, 1836 ein Selfactor aufgestellt, 1841 32 Spinnmaschinen mit 8 580 Spindeln, Produktion 144 736 Wiener Pfund Garn, 184 Spinner, eigene Powerloom-Weberei mit vier Schlichtmaschinen, 25 Power-looms, 56 Dandy-looms, Erzeugung von 12 000 bis 15 000 Stück Shirtings im Werte von 120 000 Gulden, 1843 24 Spinnmaschinen mit 7 352 Spindeln, 180 Spinner, gesteigerte Produktion von 191 864 Wiener Pfund Garn, um 1850 10 100 Spindeln[573]; 1830 erwarb *Elias Pfeifer* in G ö r k a u (Jirkov, 30) ein Mühlengrundstück, auf dem er 1832 eine Baumwollspinnerei erbaute, 1833 24 Handspinnmaschinen mit 7 632 Spindeln, Antriebskraft Dampfmaschine mit 24 PS, 1834 zweite, gleich große Dampfmaschine aufgestellt, 1835 12 Handspinnmaschinen neu aufgestellt, insgesamt 11 520 Feinspindeln und eine Abfallspinnmaschine mit 216 Spindeln, 1837 Tod von *C. August Kühne*, bis 1837 verwendete Maschinen in eigener Werkstätte hergestellt, später nur mehr Reparaturwerkstätte, 1841 Baumwollspinnerei *Kühne's Söhne*, 37 Spinnmaschinen mit 11 844 Spindeln, Erzeugung von 236 256 Wiener Pfund Garn, 231 Spinner, 1843 38 Spinnmaschinen mit 11 648 Spindeln, 240 Spinner, Produktion 238 234 Wiener Pfund Garn, seit 1844 *Gustav Kühne* technischer Leiter, seit 1850 auch Gesellschafter, 1850 11 992 Spindeln[574]; 1833 errichteten *Hankes Söhne* in L o c h o w i t z (Lochovice, 75) eine Baumwollspinnerei, 1834 erwähnt, 1841 im Besitz des Bankhauses *Arnstein & Eskeles*, 42 Spinnmaschinen mit 13 500 Spindeln, Produktion 161 656 Wiener Pfund Garn, 269 Spinner, 1843 Produktion 148 752 Wiener Pfund Garn, 252 Spinner, 1850 12 840 Spindeln; die Baumwollspinnerei *Otto & Linke* in H e i n r i c h s t h a l bei P o s t u p i t z (Postupice, 47) erwarb 1834 die Landesfabriksbefugnis, 1841 42 Spinnmaschinen mit 8 478 Spindeln, stellte 127 083 Wiener Pfund Garn her, 156 Spinner, 1843 41 Spinnmaschinen mit 8 364 Spindeln, 165 Spinner, Produktion 129 245 Wiener Pfund Garn; 1834 führte *Ludwig Lang* in R o s k o s c h (Rozkoš, 20) eine Baumwollspinnerei, 1841 64 Spinnmaschinen mit 12 120 Spindeln, Produktion 130 836 Wiener Pfund Garn, 281 Spinner, eigene Druckerei und Weberei, 1843 66 Spinnmaschinen mit 12 840 Spindeln, 294 Spinner, Produktion 293 980 Wiener Pfund Garn[575]; 1834 arbeitete

---

[572] B e n d a 221, 288. — S l o k a r 304 f.
[573] H a i n 304. — B e n d a 222. — S l o k a r 305.
[574] K r e u t z b e r g 85. — H a i n 304. — H e n n r i c h 105 f. — S l o k a r 306. — Großindustrie Österreichs (1898) IV, 221 ff.
[575] S o m m e r : Königreich Böhmen X, 217. — S l o k a r 305. — K r e u t z b e r g 85. — H a i n 304.

in L e i b i t s c h g r u n d (71) die Baumwollspinnerei *Kastner & Richter,* Antrieb Wasserkraft wechselnd mit zwei Dampfmaschinen von 16 PS, technische Einrichtung, ein Willow, ein Wollflügel mit zwei Schlägen, zwei Battuir Aoleur, 76 Krämpeln, zwei Doupliermaschinen, vier Spulmaschinen, neun Vorspinnmaschinen mit 1 020 Spindeln sowie 85 Feinspinnmaschinen mit 19 340 Spindeln, Produktion 7 000 q Garn, 400 Arbeiter, ab 1838 *Franz Richter* Alleinbesitzer, 1841 88 Spinnmaschinen mit 19 308 Spindeln, Erzeugung von 301 164 q Garn, 1843 33 Spinnmaschinen mit 7 524 Spindeln, Produktion 296 221 q Garn, 177 Beschäftigte[576]; R a u s c h e n g r u n d (111), 1834 Baumwollspinnerei *Marbach & Co.,* 1841 *A. W. Marbach,* 65 Spinnmaschinen mit 12 696 Spindeln, Produktion 187 816 Wiener Pfund Garn, 251 Spinner, Produktion 194 440 Wiener Pfund Garn; T h e r e s i e n a u bei Tetschen, 1834 Baumwollspinnerei *Johann Münzberg,* 1841 53 Spinnmaschinen mit 12 480 Spindeln, Produktion 239 524 Wiener Pfund Garn, 251 Spinner, 1843 268 Spinner, 317 104 Wiener Pfund Garn, um 1850 15 696 Spindeln[577]; 1836 gründete *Johann Priebsch* in M o r c h e n s t e r n (Smržovka, 82) eine Baumwollspinnerei, 1841 24 Spinnmaschinen mit 8 640 Spindeln, Erzeugung von 129 136 Wiener Pfund Garn, 160 Spinner, 1843 168 Spinner, Produktion 190 132 Wiener Pfund Garn; 1839 erbaute *Reichenbach* in S c h l a g g e n w a l d (Horní Slavkov, 125) eine Baumwollspinnerei, 1841 20 Spinnmaschinen mit 5 136 Spindeln, Produktion 61 119 Wiener Pfund Garn, 105 Spinner; 1839 errichteten *Löbbecke & Lindheim* in K l e i n - S k a l i t z (Malá Skalice, 120) eine Baumwollspinnerei, 1841 30 Spinnmaschinen mit 6 836 Spindeln, erzeugten 285 840 Wiener Pfund Garn, 396 Spinner; 1843 37 Spinnmaschinen mit 7 656 Spindeln, 502 Spinner, Produktion 425 600 Wiener Pfund Garn, um 1850 10 696 Spindeln[578]; 1839 gründete *Franz Hanisch* in W a r n s d o r f (Varnsdorf, 5) eine kleine Baumwoll- und Baumwollabfallspinnerei, mit primitiver Handzwirnmaschine und kleiner Färberei ausgestattet, erzeugte Hosenstoffe, erst in der zweiten Hälfte des 19. Jahrhunderts mechanische Einrichtung; 1839 erbauten *Wahle & Sohn* in B r o d e t z (Brodce, 15) eine Baumwollspinnerei, 1843 47 Spinnmaschinen mit 10 200 Spindeln, Produktion 73 680 Wiener Pfund Garn, 157 Spinner, um 1850 12 310 Spindeln[579].

Erstmals 1841 wurden genannt: B e r a u n (Beroun, 10), Besitzer *Ritter von Eisenstein,* 29 Spinnmaschinen mit 5 916 Spindeln, 120 Spinner, Produktion 56 257 Wiener Pfund Garn, 1843 Produktion 85 716 Wiener Pfund Garn, 76 Spinner; G a b l o n z (Jablonec nad Nisou, 27), *Hermann Müller,* 12 Spinnmaschinen mit 2 880 Spindeln, 57 Spinner, Erzeugung von 49 302 Wiener Pfund Garn, 1843 13 Spinnmaschinen mit 3 120 Spindeln, 58 Spinner, stellte 62 048 Wiener Pfund Garn her; G r a s l i t z (Kraslice, 35), *Ignaz Dotzauer,* 15 Spinnmaschinen mit 3 120 Spindeln, 54 Spinner, produzierte 41 072 Wiener Pfund Garn, eigene Weberei, 1843 18 Spinnmaschinen, 3 732 Spindeln, 66 Spinner, Produktion 56 882 Wiener Pfund Garn; G r o ß - M e r g e n t h a l (Velký Mergenthal,

---

[576] K r e u t z b e r g 85. — S l o k a r 306.
[577] K r e u t z b e r g 85. — H a i n 304. — S l o k a r 306.
[578] H a i n 304. — S l o k a r 305 f. — Großindustrie Österreichs (1908) III, 302 f.
[579] H a i n 304. — S l o k a r 305. — Großindustrie Österreichs (1908) III, 26 f.

37), *Schicht & Wißner,* 20 Spinnmaschinen mit 2 796 Spindeln, 104 Spinner, Erzeugung 76 854 Wiener Pfund Garn, 1843 95 Spinner, Produktion 71 106 Wiener Pfund Garn; H a r t h a (43), *Ritter von Beust,* 27 Spinnmaschinen mit 5 184 Spindeln, 106 Spinner, produzierte 71 966 Wiener Pfund Garn, 1843 sechs Spinnmaschinen mit 720 Spindeln, 88 Spinner, Erzeugung von 67 729 Wiener Pfund Garn[580]; J o h a n n e s t h a l (52), *Franz Hermann,* 13 Spinnmaschinen mit 2 300 Spindeln, 48 Spinner, produzierte 20 652 Wiener Pfund Garn, 1843 49 Beschäftigte, Produktion 27 840 Wiener Pfund Garn; K a r o l i n e n t h a l (Karlín, 121), *J. A. Meisel,* 24 Spinnmaschinen mit 5 040 Spindeln, 105 Spinner, Erzeugung von 68 780 Wiener Pfund Garn, 1843 23 Spinnmaschinen mit 4 824 Spindeln, 106 Spinner, stellten 79 322 Wiener Pfund Garn her, um 1850 15 984 Spindeln[581]; K a t h r i n b e r g (Katharin, 56), *Anton Kittel,* 15 Spinnereimaschinen mit 2 408 Spindeln, 56 Spinner, Produktion 59 632 Wiener Pfund Garn, 1843 64 Spinner, Produktion 64 480 Wiener Pfund Garn; K ö n i g i n h o f (Králové dvůr nad Labem, 61), *Anton Lorenz,* fünf Spinnmaschinen mit 384 Spindeln, 20 Spinner, Erzeugung von 13 120 Wiener Pfund Garn, 1843 372 Spindeln, Produktion 9 140 Wiener Pfund Garn; K r a t z a u (Chrastava, 66), *Wilhelm Kittel,* zehn Spinnmaschinen mit 1 848 Spindeln, 39 Spinner, stellte 20 272 Wiener Pfund Garn her, 1843 Besitzer *Anton Andersch,* sechs Spinnmaschinen mit 1 224 Spindeln, 23 Spinner, produzierte 8 766 Wiener Pfund Garn; L a u t s c h n y (70), *Gebrüder Priebsch,* fünf Spinnmaschinen mit 1 080 Spindeln, 32 Spinner, erzeugte 20 096 Wiener Pfund Garn, 1843 *J. Priebsch,* 30 Spinner, Produktion 24 633 Wiener Pfund Garn; M e r t e n d o r f (Merboltice, 80), *Florian Flegel,* zwei Spinnmaschinen mit 204 Spindeln, acht Spinner, erzeugte 4 040 Wiener Pfund Garn 1843 neun Spinner, Produktion 3 032 Wiener Pfund; Besitzer *Florian Röllig,* zwei Spinnmaschinen mit 264 Spindeln, zehn Spinner, erzeugte 8 322 Wiener Pfund Garn, 1843 Erzeugung 9 678 Wiener Pfund Garn; M i l d e n e i c h e n (81), *Conrad Welkens,* 15 Spinnmaschinen mit 2 526 Spindeln, 36 Spinner, produzierte 31 488 Wiener Pfund Garn, 1843 2 544 Spindeln, 28 Spinner, Produktion 42 539 Wiener Pfund Garn; N e u - F a l k e n b u r g (Nový Falkenburg, 88), *F. Richter's Witwe,* sieben Spinnmaschinen mit 924 Spindeln, 30 Spinner, erzeugte 21 756 Wiener Pfund Garn, 1843 sechs Spinnmaschinen mit 800 Spindeln, 29 Spinner, Erzeugung von 22 754 Wiener Pfund Garn; N e u h o f s t h a l (Nový Dvůr, 90), *Anton Pilz,* 13 Spinnmaschinen mit 1 300 Spindeln, 41 Spinner, Produktion 51 776 Wiener Pfund Garn, 1843 15 Spinnmaschinen bei gleicher Spindelzahl, 39 Spinner, Produktion 84 582 Wiener Pfund Garn; N o m y (?), *Constantin Thomas,* neun Spinnmaschinen mit 1 932 Spindeln, 34 Spinner, erzeugte 22 101 Wiener Pfund Garn, 1843 stellte 26 935 Wiener Pfund Garn her; P r a g (Praha, 108), *Gabriel Rausch,* vier Spinnmaschinen mit 384 Spindeln, 17 Spinner, erzeugte 13 087 Wiener Pfund Garn, 1843 Produktion 21 890 Wiener Pfund Garn; R u p p e r s d o r f (116), *Franz Rehwald,* zehn Spinnmaschinen mit 1 408 Spindeln, 38 Spinner, Produktion 26 140 Wiener Pfund Garn, 1843 39 Spinner,

---

[580] S l o k a r 305.
[581] H a i n 304. — L a h m e r : Kattunindustrie 302. — S l o k a r 305.

Produktion 25 296 Wiener Pfund Garn; Besitzer *Rosalia Seidl*, 13 Spinnmaschinen mit 2 536 Spindeln, 80 Spinner, erzeugte 53 158 Wiener Pfund Garn, 1843 56 Spinner, Produktion 9 008 Wiener Pfund Garn; S o p o t n i t z (Sopotnice, 123), *Cziczek & Benesch*, vier Spinnmaschinen mit 768 Spindeln, 14 Spinner, produzierte 400 Wiener Pfund Garn, 1843 außer Betrieb; S c h e b i ř o w (Šebířov, 124), *Friedrich Komarek*, acht Spinnmaschinen mit 1 276 Spindeln, 52 Spinner, erzeugte 9 377 Wiener Pfund Garn; 1843 42 Spinner, Produktion 15 576 Wiener Pfund; T h o n b r u n n (134), *J. Künzel*, 36 Spinnmaschinen mit 7 272 Spindeln, 137 Spinner, erzeugte 145 152 Wiener Pfund Garn, 1843 38 Spinnmaschinen, 7 668 Spindeln, 163 Spinner, Produktion 114 688 Wiener Pfund Garn; W a l t e r s d o r f (137), *Florian Lenhart*, 21 Spinnmaschinen mit 2 914 Spindeln, 24 Spinner, stellte 25 269 Wiener Pfund Garn her, 1843 sechs Spinnmaschinen mit 832 Spindeln, Produktion 31 294 Wiener Pfund Garn; W e z e l n i t z (Včelnice, 139), *Wenzel Swoboda*, sechs Spinnmaschinen mit 1 080 Spindeln, 22 Spinner, erzeugte 11 904 Wiener Pfund Garn, 1843 26 Spinner, Produktion 10 233 Wiener Pfund Garn; W e r n s t a d t (Verneřice, 142), *Josef Fidler*, eine Spinnmaschine mit 144 Spindeln, vier Spinner, erzeugte 512 Wiener Pfund Garn; ab April 1841 außer Betrieb, 1843 ebenfalls; W i n d i s c h - K a m n i t z (Srbská Kamenice, 147), *Franz Heinrich*, eine Spinnmaschine mit 144 Spindeln, ein Spinner, erzeugte 50 Wiener Pfund Garn, 1841 eingestellt, 1843 außer Betrieb; Z w i c k a u (Cvikov, 150), *Josef Knoblauch*, fünf Spinnmaschinen mit 1 072 Spindeln, 29 Spinner, Produktion 34 696 Wiener Pfund Garn, 1843 Produktion 49 470 Wiener Pfund Garn; Besitzer *Franz Bradler*, acht Spinnmaschinen mit 1 152 Spindeln, 35 Spinner, erzeugte 49 528 Wiener Pfund Garn, 1843 34 Spinner, Erzeugung von 44 438 Wiener Pfund Garn; Besitzer *Josef Topsch*, vier Spinnmaschinen mit 576 Spindeln, 19 Spinner, Produktion 15 152 Wiener Pfund Garn; 1843 16 Spinner, Produktion 9 332 Wiener Pfund Garn; Besitzer *Josef Hoffmann*, eine Spinnmaschine mit 200 Spindeln, sechs Spinner, erzeugte 1 224 Wiener Pfund Garn, 1843 fünf Spinner, Produktion 628 Wiener Pfund Garn[582].

Erst nach 1841 gegründet oder erwähnt: A s c h (Aš), 1843 gegründet, 29 Spinnmaschinen mit 5 700 Spindeln, 115 Spinner, die 26 754 Wiener Pfund Garn erzeugten, um 1850 im Besitz von *Georg Huscher*, 11 000 Spindeln[583]; G ö r k a u (Jirkov), Baumwollspinnerei „Neusorge", 1842 erbaut von *Tetzner & Söhne*, in der zweiten Hälfte des 19. Jahrhunderts von großer Bedeutung[584]; S t e i n g r u b, 1843 Besitzer *Ernst Will*, neun Spinnmaschinen mit 1 836 Spindeln, 43 Spinner, produzierte 26 101 Wiener Pfund Garn; S w a r o w (Svarov), 1845 von *Johann Liebig* gegründet, 1850 15 984 Spindeln[585].

2. *Baumwollwebereien*. Im Jahre 1818 wurden folgende Unternehmen genannt, die später nicht mehr aufscheinen: K ö n i g s a a l (Zbraslav, 62), Baumwoll-

---

[582] S o m m e r : Königreich Böhmen X, 94. — S l o k a r 305 f.
[583] H a i n 304. — S l o k a r 305.
[584] H e n n r i c h 129.
[585] H a i n 304. — B e n d a 222. — S l o k a r 306. — Großindustrie Österreichs (1898) IV, 169.

maschinenweberei *Anton Richter;* L i n d e n a u (Lindava, 74), Baumwollweberei und Rotfärberei *Josef Ernst Schimpke;* R e i c h e n b e r g (Liberec, 112), Baumwollweberei *C. J. Spietschkas Erben & Co.,* 150 Stühle; und W l a s c h i m (Wlašim, 148), Baumwollweberei *Durazin & Dormitzer,* 62 Webstühle (zur Spinnerei Lodenitz gehörig)[586].

Während der gesamten Berichtszeit sind nachweisbar: 1809 gründete *Franz Nowotny* in B r a u n a u (Broumov, 11) eine Indigo-Blaufärberei und Druckerei für Blau-Leinen und Schürzen, 1834 zusätzlich eine Handweberei errichtet, 1852 Tod von Franz Nowotny, Sohn *Franz* als Erbe, 1841 Baumwollweberei mit 50 Webern; H a u p t m a n n s d o r f (Hejtmánkovice, 45), 1810 von *Johann Benedikt Schroll* erworben, 1841 400 Weber, laut Erlaß des Landesguberniums durfte Schroll auf 30 Stühlen Kattune im Verlag von Lohnwebern verfertigen lassen, Ausgabestellen waren Braunau, Schönau und Wiesen; 1820 N c u p a k a (Nová Paka, 91), Baumwollindustrie, 1841 Baumwollweberei, in der zweiten Hälfte des 19. Jahrhunderts von großer Bedeutung[587]; O p o t s c h n a (Opočno, 104), 1795 von Kaufmann *Hoffmann* als Baumwollweberei für Weißware gegründet, später Kattunfabrik, 1841 als solche genannt; T u p a d l (Tupadly, 135), 1795 eine Baumwollweberei, 1818 Niederlagen in Wien und Prag, besaß bei gutem Betrieb 100 Stühle, produzierte Piqués, Barchent, Perkals usw., 1841 erwähnt[588].

Während der Epoche gegründet und am Ende derselben in Betrieb: K a r b i t z (Chabořovice, 55), 1829 Baumwollweberei und Druckerei *Hirschl, Kantor & Co.,* 1841 erwähnt; W a r n s d o r f (Varnsdorf, 5), 1834 Manchestererzeugung *Hollfeldt,* die sogenanntes Englisch-Leder sowie glatte und geschnittene Baumwollsamte herstellte, 1841 Baumwollweberei, die Musseline und Damaste erzeugte; L o c h o w i t z (Lochovice, 75), 1834 von *Lorenz Hanke & Söhne* als Baumwollwarenfabrik gegründet, 1835 100 Power-looms und 70 Dandy-looms, 300 Arbeiter, 1836 120 Power-looms und 80 Dandy-looms, 1841 Baumwollweberei mit Maschinenwebstühlen; R e i c h e n b e r g (Liberec, 112), 1834 Baumwollweberei *Josef Herzig,* Maschinenwebstühle, eigene Baumwollspinnerei und Rotfärberei für Englischrot, Produktion etwa 60 000 Pfund gefärbte Garne, 1841 Erzeugung von 25 000 Stück bunten Baumwollgeweben im Werte von 200 000 Gulden, 1 200 Webstühle[589]; 1834 gründete *Adam Bareuther* in H a s l a u (Hazlov, 21) eine Baumwollweberei und Appretur, die 1836 die fabrikmäßige Erzeugung aufnahm, ein Jahr später Landesfabriksbefugnis, in der zweiten Hälfte des 19. Jahrhunderts von Bedeutung[590].

Erst die „Tafeln von 1841" erwähnten: A d a m s f r e i h e i t (Hůrky, 1); B ö h m i s c h - K a m n i t z (Česká Kamenice, 13); B r a u n a u (Broumov, 14), Besitzer *Carl Pollak,* 50 Weber; C h o t i b o r z (Chotěboř, 18); E g e r (Cheb, 21), drei Betriebe; F r i e d l a n d (Fridland, 25), Baumwollweberei auf der Herr-

---

[586] S l o k a r 295.
[587] K e e ß II, 188. — L a n g e r 87. — Großindustrie Österreichs (1898) IV, 257 f., 407 f.
[588] L a h m e r : Kattunindustrie 301. — S l o k a r 293.
[589] K r e u t z b e r g 85—96. — S l o k a r 297, 301.
[590] T i t t m a n n 112. — Großindustrie Österreichs (1898) IV, 190.

schaft mit 10 000 Webstühlen; G r a f e n s t e i n (33), Baumwollweberei auf der Herrschaft mit 4 000 Webstühlen; G r u l i c h (Králíky, 38), drei Betriebe; K a t z e n d o r f (Kočín, 57), Besitzer *Anton Schuller* und *Johann Ascher*, 120 Weber; K l e i n s c h o k a u (Malý Šachov, 59), angeschlossen eine Druckerei; K l e i n s k a l (Malá Skála, 60), Baumwollweberei auf der Herrschaft mit 2 000 Webstühlen; K r a t z a u (Chrastava, 66), drei Betriebe; L i e b e n a u (Libná, 73), Besitzer *Hermann Klaus*, 60 Weber; M e r k e l s g r ü n (79); M o r c h e n - s t e r n (Smržovka, 82), Baumwollweberei auf der Herrschaft mit 6 000 Webstühlen; N e u b i s t r i t z (Nová Bystřice, 86), erzeugte zusammen mit N e u - h a u s (Jindřichův Hradec, 89) 30 000 Stück; N e u r e t t e n d o r f (Nová Kočbeř, 94); N i e d e r a d e r s b a c h (Dolní Adrsbach, 97), Besitzer *Leopold Abeles*, 200 Weber; O b e r w e k e l s d o r f (Horní Skřince, 103); P r a g (Praha, 108), zwei Betriebe, einer davon auch mit Appretur; R e i c h e n b e r g (Liberec, 112), Baumwollweberei auf der Herrschaft mit 5 000 Webstühlen; in der Umgebung Reichenbergs arbeiteten 27 000 Webstühle; R u m b u r g (Rumburk, 115), 16 Betriebe; S e t s c h (Seč, 118), Weberei für weiße Ware; S i l b e r b a c h (119), mit eigener Baumwolldruckerei; S c h l u c k e n a u (Šluknov, 128), zwei Betriebe; S c h ö n f e l d (?); S t e i n g r u b (131); W i e s e n Višeňov, 143), Besitzer *Georg Walzl*, 600 Weber; W i l d e n s c h w e r t (Ústí nad Orlicí, 145), erzeugte 35 000 Stück Barchent und Baumwollstoffe; W i l d s t e i n (Vildštein, 146), vier Betriebe; und W o j n o m i e s t e t z (Vojnův Městec, 149), Produktion 10 000 Stück weiße Ware[591]. Eine weitere Zahl von Webereien bestand auch bei Spinnereien und Druckereien und sie wurden dort als angeschlossene Betriebe angeführt.

3. *Sonstige Baumwollwaren.* Im Jahre 1818 wurden genannt und später nicht mehr erwähnt: B ö h m i s c h - L e i p a (Česká Lípa, 12), Kattunfabrik *Franz Josef Michel & Co.;* G o l d e n k r o n (Zlatá Koruna, 32), Zitz- und Kottonfabrik *Gebrüder Joß & Co.*, mit einer Niederlage in Wien, 10 Arbeiter; G r a s - l i t z (Kraslice, 35), die Musselin- und Kottonfabrik *Friedrich Stark*, wegen Stockung des Handels außer Betrieb; Musselinfabrik *Wenzel Köhler*, die ebenfalls stillstand; J a k o b s t h a l (?), Baumwollwarenfabrik *R. von Edelmuthsche Erben*, mit einer Niederlage in Prag, 28 Arbeiter, stellte Frauen- und Männerkleider sowie Strümpfe her; P o t t e n s t e i n (Potštýn, 109), Baumwollwarenfabrik, erzeugte baumwollene, gefärbte Tücheln, Kammertuch, Gradel und Barchent; R u m b u r g (Rumburk, 115), Kottonfabrik *Seraphin Thitschel*, letztmals 1820 genannt; Baumwollwarenfabrik *Müller, Bellieni & Siber*, mit einer Niederlage in Wien; Baumwollwarenfabrik *Gebrüder Liebisch*, mit einer Niederlage in Wien; Baumwollwarenfabrik *Anton Salomon & Sohn;* S c h w a d e r b a c h (130), Musselin- und Kottonfabrik *Josef Langhammer*, 25 Stühle, Erzeugung von Musselin- und Kammertuch; T u r n a u (Turnov, 136), Zitz- und Kottonfabrik *Jakob Goldberg*[592]; die früher sehr bedeutende Kottonfabrik *Josef Leitenberger* in

---

[591] S l o k a r 304.
[592] L a h m e r : Kattunindustrie 302. — S l o k a r 293 ff.

Wernstadt (Verneřice, 142) wird 1818 als seit Oktober 1817 stillgelegt bezeichnet[593].

Nur 1820 scheint Kattunfabrikation in St. Georgenthal (Jiřetín, 28), Unternehmen *Josef Eiselt* und *Anton Ulbrich*, und in Grund (?), Besitzer *Adalbert Hampel*, auf[594].

Am Beginn der Epoche und kurz danach wurden noch erwähnt: Alt-Ehrenberg (Starý Ehrenberg, 3), Produktion baumwollener Strümpfe, 1829 zwei Baumwollwarenfabriken[595]; Rothenhaus (Červeny Hrádek, 114), 1780 gegründet, 1818 im Besitz von *Graf Bouquoy*, Baumwollwarenfabrik mit einer Niederlage in Wien, 40 Webstühle, 120 Arbeiter, stellte Piqué, Wallis, Barchent, Perkal und Kammertücher her, eigene Druckerei und Weberei, 1824 wurde als letzter Betrieb die Weberei stillgelegt[596]; Grünwald (41), 1818 Kottonfabrik *Johann Georg Lorenz*, 1821 pachtete *Siegmund Wilhelm* den Betrieb, kehrte aber ein Jahr später wieder nach Reichenberg zurück[597].

In Verlaufe der Periode genannt, am Ende derselben aber nicht mehr erwähnt: Roßbach (113), Baumwollfabrik *Johann Schlegel*, 1825 Landesfabriksbefugnis verweigert; 1827 Baumwollwarenfabrik *Johann Künzel*, 210 Stühle, 630 Arbeiter, Landesfabriksbefugnis. 1829 wurden folgende Baumwollwarenfabriken erwähnt: Altfranzensthal (4), zwei Betriebe; Neufranzensthal (4), vier Betriebe; Altwarnsdorf (Varnsdorf, 5), acht Betriebe; Biela (Bělá, 11); Floriansdorf (23), vier Betriebe; Ober-Georgenthal (Horní Jiřetín, 31); Karlsdorf (?), fünf Betriebe; Neustadt an der Mettau (Nové Město nad Metují, 95); Niedergrund (Dolní Grund, 98)[598]; Kreutzberg[599] nannte 1834 Kattunfabriken in Mordants (?) und Klein-Aicha (58), Besitzer *Nowak & Schreiber*, im gleichen Jahre an *Josef Richter* verkauft, bis 1834 außer Betrieb. 1836 scheinen auf: Reichstadt (Zákupy, 93), Baumwollwarenfabrik *Josef Sauermann*, 50 Webstühle; und Georgswalde (29), Baumwollwarenfabrik *Josef Münzberg*[600].

Während der Epoche wurden gegründet und am Ende derselben waren in Betrieb: Schokau bei Bensen (?), von *Elias Glogau* 1830 als Kattunfabrik gegründet, ab 1857 im Besitz von *W. W. Rohn;* Eger (Cheb, 21), 1839 von *Johann Heinrich Rahn* als Baumwollwarenfabrik erbaut, 1845 215 Stühle[601].

Im Jahre 1848 gründete in Wekelsdorf (Skřince) *Franz Suida* eine Baum-

---

[593] Hallwich: Leitenberger 51. — Lahmer: Kattunindustrie 300. — Slokar 293. — Großindustrie Österreichs (1898) IV, 163 f. — Großindustrie Österreichs (1908) III, 51.
[594] Lahmer: Kattunindustrie 301 f.
[595] Keeß II, 444. — Slokar 298.
[596] Lahmer: Kattunindustrie 301. — Hennrich 104. — Slokar 293.
[597] Hallwich: Reichenberg 511. — Slokar 295. — Großindustrie Österreichs (1898) IV, 135.
[598] Slokar 297 f.
[599] Kreutzberg 36. — Lahmer: Kattunindustrie 302.
[600] Slokar 301.
[601] Lahmer: Kattunindustrie 302. — Slokar 302.

wollwarenfabrik, die noch im gleichen Jahr aufgelassen wurde, die angeschlossene Weberei kaufte *Benedikt Schroll*[602].

Manchesterfabriken bestanden: 1818 L i n d e n a u (Lindava, 74), Besitzer *Lorenz Langer;* 1834 W a r n s d o r f (Varnsdorf, 5), im Besitz von *Hanisch,* zwischen 1804 und 1807 gegründet, erzeugte sogenanntes Englisch-Leder sowie glatte und geschnittene Baumwollsamte; R u m b u r g (Rumburk, 115), 1835 arbeiteten hier für die Manchestererzeugung 1 200 Webstühle mit 2 000 Webern, die jährlich 90 000 Stück im Werte von 750 000 Gulden herstellten[603].

Im Jahre 1816 gründete *Ignaz Richter* in N i e d e r g r u n d (Dolní Grund, 98) eine sogenannte Velvet- und Velveteen-Fabrik, die Baumwollsamte herstellte, in der zweiten Hälfte des 19. Jahrhunderts von größerer Bedeutung[604].

Gestrickte und gewirkte Baumwollwaren stellten her: A s c h (Aš, 7), 1820 erwähnt, 1834 *Wunderlich & Petzold,* 150 Webstühle, eigene Bleiche, Appreturanstalt und Färberei, 450 Arbeiter, Produktion 8 000 Dutzend Strümpfe und andere Wirkwaren in 300 verschiedenen Gattungen, 1841 450 Personen auf 150 Webstühlen, erzeugten jährlich 8 000 Dutzend Strümpfe[605]; B ü r g s t e i n (Sloup, 17), 1761 erbaut, 1818 Kattunfabrik *Graf Philipp Kinsky,* 1841 Fabrik für gestrickte und gewirkte Baumwollwaren; L i c h t e n s t a d t (Hroznětín, 72), 1818 *Jonas Bondi,* Fabrik für gestrickte und gewirkte Baumwollwaren, Niederlage in Prag, stellte auf 20 Stühlen Piqué und Kammertuch her, 1820 Strümpfe aus englischen Baumwollgespinsten bis zur Feinheitsnummer 140, 1828 und 1841 genannt[606]; zwei weitere Fabriken für gestrickte und gewirkte Baumwollwaren bestanden 1841 in H a i n s p a c h (Haňšpach, 42) und K a m n i t z (Kamenice, 54). Gewirkte Strumpfwaren stellten 1841 zwei Fabriken in E g e r (Cheb, 21) und N i k l a s b e r g bei Asch (7) her; in R a d n i t z (Radnice, 110) existierte 1841 eine Watteerzeugung und in P r a g (Praha, 108) eine Regenschirmfabrik.

4. Baumwolldruckereien. Im Jahre 1818 wurden genannt und später nicht mehr erwähnt: B ö h m i s c h - L e i p a (Česká Lípa, 12), k. k. privilegierte Zitz- und Kottonfabrik *Franz Graff & Co.,* die auf vier Drucktischen zwölf Druck- und Formstecher beschäftigte, Niederlage in Wien; Besitzer *Ziegler & Weber,* 1817 23 Drucktische, 47 Beschäftigte, 1818 nur mehr neun Drucktische; Besitzer *Josef Bartel* mit drei Drucktischen; Besitzer *Elbel & Gürtel,* Niederlagen in Wien, Prag und Brünn, 1817 24 Drucktische, 72 Beschäftigte, 1818 nur mehr vier Drucktische mit zwölf Arbeitern; L i c h t e n s t a d t (Hroznětín, 72), *Franz Benedikt* gehörig, zwölf Drucktische, erzeugte Kattune und Halbtücher; und L i n d e n a u (Lindava, 74), *Gebrüder Wieden,* acht Drucktische[607].

Am Anfang der Periode und kurze Zeit später schienen auf: B u b e n t s c h (Bubenc, 16), 1820 als Kottondruckerei gegründet, Besitzer *Schallowetz, Milde &*

---

[602] L a n g e r 93.
[603] K r e u t z b e r g 91. — L a h m e r : Kattunindustrie 301. — S l o k a r 295—298.
[604] Großindustrie Österreichs (1908) III, 28 f.
[605] K e e ß II, 444 f. — K r e u t z b e r g 97.
[606] K r e u t z b e r g 97. — K e e ß II, 444. — L a h m e r : Kattunindustrie 299 f. — S l o k a r 293—297.
[607] S l o k a r 293 ff.

Co., um 1829 aufgelassen und in eine Maschinenpapierfabrik umgewandelt[608]; K ö n i g i n h o f (Králové Dvůr nad Labem, 61), 1818 Kottonweberei *Weckerle & Tinus*, Niederlagen in Wien und Brünn, wegen Mangel an Absatz ins Stocken geraten; 1837 Tüchel- und Kottondruckerei *Bernhard Mautner*, Landesfabriksbefugnis, 88 Arbeiter; H i r s c h b e r g (Doksy, 48), 1803 von *Franz Wünsche* als Kattunfabrik gegründet, 1813 Landesfabriksbefugnis, 1818 eine Walzendruckerei aufgestellt, 1829 90 Drucktische, eine Walzendruckerei mit 60 Metalldruckwalzen und mehreren Maschinen, insgesamt 350 Arbeiter (darunter sechs Graveure und 20 bis 26 Formstecher), eigene Bleiche und Rotfärberei, 1831 90 bis 100 Drucktische, eigene Färberei, ca. 400 Beschäftigte, um 1840 eingegangen[609].

Während der gesamten Periode bestanden oder wurden erwähnt: B ö h m i s c h - L e i p a (Česká Lípa, 12), 1817 privilegierte Zitz- und Kottondruckfabrik *Kirchberg & Hampel*, 40 Tische, 1818 nur mehr drei in Betrieb; 1841 Besitzer *Adalbert Kirchberg*, Produktion 10 000 Stück im Werte von 120 000 Gulden, Ausstattung: eine Walzendruckmaschine, eine weitere Druckmaschine und 100 Drucktische, eigene Weberei, 1844 Niederlage in Linz, noch 1855 erwähnt; 1818 Zitz- und Kattunfabrik *Gebrüder Müller*, 1841 Erzeugung von 16 000 Stück im Werte von 170 000 Gulden, eigene Weberei, 1855 genannt; 1818 Kottonfabrik *Wederich & Langer*, sechs Drucktische, 1830 Landesfabriksbefugnis, 200 Arbeiter, 1841 Baumwolldruckerei *Franz Wederich*, erzeugte 14 000 Stück im Wert von 158 000 Gulden eigene Weberei, 1855 erwähnt[610]; E g e r (Cheb, 21), 1818 Zitz- und Kottonfabrik *Bachmayer & Co.*, Niederlagen in Wien und Prag, 20 Drucktische, 1820 und 1834 wird Bachmayer & Co. auch als Besitzer einer Baumwollspinnerei erwähnt, 1841 Produktion von 16 000 Stück im Werte von 168 000 Gulden; G a b e l (Německé Jablonné, 26), 1818 *Franz Ergert*, Kotton- und Dicksettfabrik, Niederlage in Wien, vier Drucktische, zwölf Beschäftigte (je ein Kolorist, Färber, Buchhalter, Modellstecher, Bleicher, drei Maler und vier Gehilfen), 1829 und 1841 erwähnt, zuletzt auch als Baumwollweberei[611]; S t. G e o r g e n t h a l (Jiřetín, 28), 1818 k. k. privilegierte Baumwollwarenfabrik *A. Münzberg & Söhne*, Niederlage in Wien, stellte verschiedene gefärbte und gedruckte Baumwollwaren her, 1841 Produktion 13 500 Stück im Werte von 144 000 Gulden, Ausstattung: eine Walzendruckmaschine, eine Perotine, eigene Weberei, 1844 Baumwoll- und Leinenwarenfabrik *Anton Münzberg*, Niederlage in Linz; 1818 *Franz Ulbricht & Söhne*, k. k. privilegierte Baumwollwarenfabrik, Niederlage in Wien, sieben Drucktische, zwei Weber, stellte Piqué, Wallis und Manchester her, 1841 Produktion 8 500 Stück im Werte von 100 000 Gulden, Einrichtung: eine Walzendruckmaschine, eigene Weberei, 1844 Niederlage in Linz; k. k. privilegierte Baumwollwarenfabrik *Gebrüder A. & J. Stolle*, 1816 Landesfabriksbefugnis, 173 Arbeiter, 1818 Niederlage in Wien, 1841 erwähnt[612]; G r u l i c h (Králíky, 38), 1818 *Johann Poßert*, Kotton- und Tücheldruckerei, 1829 und 1841 erwähnt;

---

[608] Großindustrie Österreichs (1898) V, 35 f.
[609] K r e u t z b e r g 94. — S l o k a r 293—302.
[610] L a h m e r : Kattunindustrie 302. — S l o k a r 293—300.
[611] K e e ß II, 81. — K r e u t z b e r g 85. — S l o k a r 293—297.
[612] L a h m e r : Kattunindustrie 302. — S l o k a r 293.

Hohenelbe (Vrchlabí, 50), 1820 Baumwolldruckerei, 1841 zwei Baumwolldruckereien erwähnt; Johannesthal (52), Baumwolldruckerei *Franz Hermann*, 1796 erbaut, 1802 einfache und 1821 Landesfabriksbefugnis, 1818 sieben Drucktische, 20 Arbeiter, 1829 erwähnt, 1836 privilegierte Kotton-, Tüchel-, Druck- und Baumwollspinnfabrik, 600 Arbeiter, 1841 wieder genannt[613]; 1819 gründeten *Karl Köchlin*, früher Kolorist bei Franz Leitenberger, und *Jeremias Singer*, Zeichner, eine Baumwolldruckerei in Jungbunzlau (Mladá Boleslav, 53), 1829 Landesfabriksbefugnis, 513 Arbeiter (ohne die in der Weberei Beschäftigten), 1834 Baumwolldruckerei *Köchlin & Singer*, eigene Baumwollweberei mit Maschinenwebstühlen, in der Färberei gelang dem Unternehmen die Einführung des Adrianopelrots, 1841 Produktion 12 500 Stück im Werte von 150 000 Gulden, Ausstattung drei Walzendruckmaschinen und eine Perotine, eigene Färberei, 1843 *Karl Köchlins Söhne*, 1845 150 Arbeiter, 1855 von *Franz Hiller* erworben und in eine Schafwollwarenfabrik umgewandelt[614]; um 1790 betrieb in Karolinenthal (Karlín, 121) *Koppelmann Porges* eine Kottondruckerei, in den 30er Jahren des 19. Jahrhunderts nur mehr schwache Produktion, 1841 außer Betrieb, später von *Falkeles* gepachtet; Kleinaicha (Malý Dub, 58), 1817 k. k. privilegierte Zitz- und Kottonfabrik *Michel & Co.*, 50 Drucktische, 1818 von *Josef Schreiner* gekauft, 20 Drucktische, etwa 150 bis 200 Beschäftigte, Niederlagen in Wien und Prag, 1841 Produktion 10 000 Stück im Werte von 100 000 Gulden, 1855 genannt; Komotau (Chomútov, 64), 1818 *Johann Silberer*, Zitz- und Kottondruckfabrik, 16 Drucktische, 31 Beschäftigte (zehn Gesellen, acht Lehrjungen, drei Formstecher und zehn Gehilfen), 1829 und 1841, zuletzt in Verbindung mit einer Baumwollweberei, genannt[615].

Die Baumwolldruckereifabrik *Franz Leitenberger* in Kosmanos (Kosmanosy, 65) war das bedeutendste Unternehmen dieser Art, 1763 von *Josef von Bolza* gegründet, ging 1793 an *Josef Leitenberger* über, 1810 Landesfabriksbefugnis, 50 Drucktische, darunter zehn englische Spinnmaschinen, 234 Arbeiter, eine beträchtliche Anzahl von Kattunwebern des Bydschower, Leitmeritzer und Bunzlauer Kreises standen im Verlag des Unternehmens, das bis in die Türkei, nach Polen und Rußland exportierte (Firmenvermögen 315 517 Gulden), 1815 englischer Walzendruck eingeführt, Bleicherei und Färberei neu ausgestattet, die Druckerei von Josefsthal hierher verlegt, 150 Drucktische, ein Rouleau- und Gravierstuhl aufgestellt, 1818 privilegierte Kattunfabrik *Franz Leitenberger*, Niederlagen in Wien, Mailand, Leipzig, Lemberg, Bozen und Düsseldorf, 100 Drucktische und eine Walzendruckerei, beschäftigte 38 Formstecher sowie 112 Gehilfen und Taglöhner, seit 1825 von *Friedrich Leitenberger* und seiner Schwester *Johanna von Orlando* geleitet, 1829 Kosmanos und Josefsthal zusammen 100 Tische, 400 Beschäftigte (ohne die im Verlag arbeitenden Weber), Produktion 20 000 Stück gedruckter Ware im Werte von 300 000 Gulden, 1834 Einführung des Adrian-

---
[613] Keeß II, 188. — Slokar 293—301.
[614] Keeß II, 188. — Kreutzberg 91. — Lahmer: Kattunindustrie 302. — Slokar 296—302.
[615] Sommer: Königreich Böhmen XIV, 149. — Lahmer: Kattunindustrie 302. — Slokar 293—302.

opelrots, 1835 160 Drucktische, 657 Arbeiter, Sozialeinrichtungen: zwei auf Fabrikskosten errichtete Abendschulen für Kinder, 1834 Absatz von 35 587 Stück Kattunen und Musselinen etc. sowie 7 071 Dutzend Tüchern, 1841 Produktion 65 000 Stück im Werte von 975 000 Gulden, Ausstattung mit zwei Walzendruckmaschinen und zwei Perotinen sowie vier weiteren Druckmaschinen, 200 Drucktische, eigene Färberei, 1845 200 Drucktische, drei Druckmaschinen, 800 Arbeiter, Niederlagen in Prag, Wien, Mailand, Venedig, Verona, Linz und Graz, 1846 eine Jouva'sche Turbine mit 81 PS sowie eine dreifärbige Druckmaschine sowie 1852 eine Dampfmaschine und eine vierfärbige Tücherdruckmaschine aufgestellt, in der Tüchelerzeugung nahm vor allem die bedruckte Leinenware zu (1830 400 000, 1840 1 400 000 und 1850 5 500 000 Meter), 1788 gründete *Johann Josef Leitenberger* eine Textilfabrik in N e u - R e i c h s t a d t (Nové Zákupy, 92), später unter der Firmenbezeichnung *Josef Leitenberger's Söhne*, dann *Ignaz Leitenberger*, nach 1811 in Schwierigkeiten, jedoch erfand Ignaz Leitenberger eine Plattendruckmaschine für Leinen-, Seiden- und Baumwollzeuge, auf die er 1818 ein ausschließliches zweijähriges Privileg erhielt, 1829 463 Arbeiter in der Fabrik (darunter 140 Drucker, 140 Kinder zum Streichen, 30 Malerinnen und Fransennäherinnen und 25 Modellstecher) sowie 2 000 Weber im Verlag, Sozialeinrichtungen: für arbeitsunfähig gewordene Beschäftigte eigene Witwen-, Pensions- und Unterstützungskasse, die auch die Begräbniskosten trug, 1835 607 Arbeiter und weitere 2 000 Beschäftigte im Verlag, 1837 übernahm Leitenbergers Sohn *Eduard* das Unternehmen, 1841 Produktion 54 000 Stück im Werte von 810 000 Gulden, Ausstattung: drei Walzendruckmaschinen und zehn weitere Druckmaschinen sowie 200 Drucktische, 1844 Niederlage in Linz; eine 1802 von *August Starke* in N i e m e s (Mimoň, 100) gegründete Baumwolldruckerei ging 1818 an Ignaz Leitenberger über, Erzeugung von Kattunen in englischer Art, wie Nan Quinette groß für den Export, 1830 übernahm Leitenbergers Sohn *Karl* das Unternehmen, 1835 350 Arbeiter, 1842 100 Drucktische, 1843 Betrieb eingestellt[616].

In L i n d e n a u (Lindava, 74) bestand 1818 die Zitz- und Kattunfabrik *Josef Schlegel*, zwölf Drucktische, eigene Niederlage in Wien, 1841 auch als Manchesterfabrik und Druckerei sowie Weberei erwähnt, Ausstattung: eine Walzendruckmaschine; in M e r k e l s g r ü n bei Lichtenstädt (79) gründete 1814 *Leopold Löwenfeld* eine Baumwolldruckerei, 1841 Produktion 45 000 Stück im Werte von 405 000 Gulden, zwei Walzendruckmaschinen, 1845 400 Arbeiter, Niederlage in Linz[617]; das zweite Großunternehmen für Kattundruck waren die *Gebrüder Porges* in P r a g (Praha, 108), 1818 gegründet, 1822 300 Arbeiter, 1830 große Fabrik in S m i c h o w (Smíchov, 122) erbaut, 1834 insgesamt 150 Drucktische, eine Dampfmaschine mit 12 PS sowie zwei einfache Walzendruckmaschinen und ein dreifarbige Walzendruckmaschine, 569 Beschäftigte, eigene Dampfbleichanstalt mit Dampftrockenmaschine, Produktion etwa 100 000 Stück (für Arbeitslöhne allein 64 000 Gulden aufgewendet), eigene Baumwollweberei mit 1 962 Maschinenwebstühlen, 4 000 Weber (Arbeitslöhne 46 000 Gulden), Produktion der

---

[616] K e e ß II, 167. — K r e u t z b e r g 94 ff. — L a h m e r : Kattunindustrie 300 f. — H a l l w i c h : Leitenberger. — L a n g e r 58. — S l o k a r 295—303.
[617] S l o k a r 295—303.

Weberei 52 000 Stück à 50 Ellen, Rohstoffverbrauch: 9 150 Strich Steinkohlen, 1 150 Klafter Brennholz, 122 546 Pfund Pottasche und Soda, 15 396 Pfund Bleizucker, 2 942 Pfund Chromkali, 91 600 Pfund Vitriole, 87 494 Pfund Schwefel-, Salz- und Weinsteinsäure, 7 320 Pfund Indigo, 65 015 Pfund Krapp und 4 050 Pfund Seifen, eigene Schlosser- und Tischlerwerkstätte für die Herstellung der Maschinen, 1841 wurde Porges in den Adelsstand als Edler von Portheim erhoben, 1841 Produktion 100 000 Stück im Werte von 880 000 Gulden, Einrichtung: fünf Walzendruckmaschinen, eine Perotine, eine weitere Druckmaschine und 180 Drucktische, 1845 700 Beschäftigte, Ausstattung zwei Dampfmaschinen mit 28 PS, 1844 Niederlage in Linz[618]; in S m i c h o w (Smíchov, 122) Baumwolldruckfabrik, die ursprünglich dem Leinenfabrikanten *Durazin* gehörte, 1814 von *Přibram & Jerusalem* übernommen, 1836 trennten sich die beiden, Přibram übernahm die Fabrik in Smichow, 1841 Erzeugung von 80 000 Stück im Werte von 840 000 Gulden, Ausstattung: zwei Walzendruckmaschinen, zwei Perotinen und 150 Drucktische, 1845 600 Arbeiter, 180 Drucktische, mehrere Walzendruckmaschinen sowie eine Dampfmaschine von zwölf PS, Niederlage in Linz[619]; in W a r n s d o r f (Varnsdorf, 5), 1777 von *Anton Fröhlich* Baumwolldruckerei gegründet, 1841 Einrichtung: eine Walzendruckmaschine und zwei weitere Druckmaschinen, seit 1842 führte das Unternehmen dessen Sohn *Karl Georg*, 300 Arbeiter und ebenso viele Heimarbeiter im Verlag, in der zweiten Hälfte des 19. Jahrhunderts von großer Bedeutung; zwischen 1804 und 1807 wurde hier eine weitere Baumwolldruckerei gegründet, 1841 Besitzer *Liebisch's Söhne*, Erzeugung von 10 000 Stück im Werte von 180 000 Gulden, Ausstattung eine Walzendruckmaschine[620].

Ein einziger innerhalb der Periode gegründeter Betrieb existierte am Ende derselben nicht mehr: 1837 errichtete *Ignaz Thume* in K l e i n - A i c h a (58) anstelle der *Severin Langer*'schen Färberei eine Kattundruckerei, Einrichtung: eine dreifarbige Peripherietücherdruckmaschine, eine einfarbige Druckmaschine, vier Perotinen, eine Mange, eine Waschmaschine, 10 Küpen und eine Dampfmaschine mit 18 PS[621].

Von den in der Berichtszeit gegründeten Betrieben bestanden 1841 noch folgende Unternehmen: P r a g (Praha, 108), 1822 errichtete *Leopold Dormitzer* eine Baumwolldruckerei, 1834 erwähnt, 1841 Produktion 60 000 Stück im Werte von 600 000 Gulden, ausgestattet mit zwei Walzendruckmaschinen, einer Perotine und 100 Drucktischen, 1844 Niederlage in Linz; 1829 gründete *Esther Schick & Co.* eine Baumwolldruckerei, 1830 Landesfabriksbefugnis, 1841 erzeugten *Schick, Lederer und Lippmann* 60 000 Stück im Werte von 540 000 Gulden, Einrichtung drei Walzendruckmaschinen[622]; W e r n s t a d t (Verneřice, 142), 1829 Baumwolldruckerei *Johann Friedrich Fock*, 1841 Produktion 15 000 Stück im Werte von 150 000 Gulden, eigene Weberei, 1844 Niederlage in Linz; L i e b e n

---

[618] K r e u t z b e r g 91, 95. — S l o k a r 297—303.
[619] S l o k a r 297—303.
[620] L a h m e r : Kattunindustrie 301. — Großindustrie Österreichs (1908) IV, 232.
[621] L a h m e r : Kattunindustrie 301.
[622] K r e u t z b e r g 94. — S l o k a r 300—303.

(Praha, 108), 1829 Baumwolldruckerei *Kubesch*, 1841 Erzeugung von 30 000 Stück im Werte von 270 000 Gulden, eigene Weberei; W e r n s t a d t, 1831 *Josef Richter*, förmliche Fabriksbefugnis für Baumwolldruckerei, 1841 Produktion 20 500 Stück im Werte von 207 500 Gulden, eigene Weberei angeschlossen; P r a g (Praha, 108), 1834 Baumwolldruckerei *L. Jerusalem*, 1841 Besitzer *Schick*, Produktion 55 000 Stück im Werte von 467 000 Gulden, zwei Walzendruckmaschinen[623]; B ö h m i s c h - L e i p a (Česká Lípa, 12), 1837 gründete *Ignaz Thume* eine Baumwolldruckerei, 1841 Erzeugung von 20 000 Stück im Werte von 207 000 Gulden, eigene Weberei, 1855 genannt[624].

Erstmals 1841 tauchten auf: A l t w a r n s d o r f (Varnsdorf, 5), Besitzer *Jungmichl*, produzierte 18 000 Stück im Werte von 180 000 Gulden, ausgestattet mit einer Walzendruckmaschine und zwei weiteren Druckmaschinen; Besitzer *Runge & Co.*, Erzeugung von 20 000 Stück im Werte von 185 000 Gulden, eingerichtet mit einer Walzendruckmaschine und einer weiteren Druckmaschine; B ö h m i s c h - L e i p a (Česká Lípa, 12), Besitzer *Hampel*, Produktion 11 500 Stück im Wert von 115 000 Gulden, angeschlossen eine Weberei; Besitzer *Richter*, erzeugte 19 000 Stück im Werte von 186 000 Gulden, ausgestattet mit einer Walzendruckmaschine und 100 Drucktischen, auch Weberei, 1855 genannt[625]; B u b e n t s c h (Bubenč, 16), Besitzer *Gebrüder Taußig*, Produktion 50 000 Stück im Werte von 450 000 Gulden, Einrichtung einer Walzendruckmaschine[626]; C h r u d i m (Chrudim, 19); G e o r g e n t h a l (Jiřetín, 28), eigene Weberei; J u n g b u n z l a u (Mladá Boleslav, 53), drei Betriebe; K l e i n b u b n a (108); M ü n c h e n g r ä t z (Mnichovo Hradiště, 84), zwei Betriebe; N e u s c h l o ß (?), zwei Betriebe; N i e d e r g r u n d (Dolní Grund, 98), Besitzer *Zabel*, ausgestattet mit einer Walzendruckmaschine und einer weiteren Druckmaschine; Besitzer *Hampels Söhne*, besaß eine Walzendruckmaschine und eine weitere Druckmaschine; O b e r g r u n d (?); P i c h l (Pihelsko, 105); P i c h l e r b a u s t e l l e, auch Piehl, (?), Besitzer *Wrba*, erzeugte 19 500 Stück im Werte von 180 000 Gulden, ausgestattet mit einer Walzendruckmaschine, eigene Weberei; P r a g - H o l l e s c h o w i t z (Praha, 108), Besitzer *Zinsmeister und Schimmer*, Produktion 12 500 Stück im Werte von 112 000 Gulden; R u m b u r g (Rumburk, 115), Besitzer *Bräuer*, ausgestattet mit einer Walzendruckmaschine; S m i c h o w (Smíchov, 122) und T u r n a u (Turnov, 136), sieben Betriebe verbunden mit Baumwollwebereien[627].

5. *Baumwollfärbereien*. In P o l i t z (Police, 107) besaß 1818 *Ferdinand Theer* eine Kottondruckfärberei, Ausstattung vier Kessel, sechs Doppelkumpen und elf Drucktische, 1829 genannt; in P i l s e n (Plzeň, 106) bestand 1834 die Baumwollgarnfärberei *Lautensack;* weiters erwähnt Kreutzberg[628] in L a n d s k r o n (Lanškroun, 69) die Baumwollgarnfärberei *Schartler*, die noch 1841 aufscheint[629].

---

[623] K r e u t z b e r g 94. — S l o k a r 295—300.
[624] L a h m e r : Kattunindustrie 302. — Großindustrie Österreichs (1898) IV, 264, 296.
[625] L a h m e r : Kattunindustrie 302.
[626] S l o k a r 302.
[627] S l o k a r 297 f.
[628] K r e u t z b e r g 96.
[629] K r e u t z b e r g 96. — S l o k a r 293, 297.

Die räumliche Verteilung der Baumwollindustrie erstreckte sich auf folgende Hauptzentren: 1. im Raume Böhmisch-Leipa, Aussig, Rumburg, 2. im Neissetal von Gablonz bis zur Grenze, 3. um Asch, Eger, Graslitz, 4. an der Iser abwärts bis Jungbunzlau und 5. in Prag und Umgebung. Das Gebiet der älteren Baumwollspinnerei lag im Westen um Asch und Graslitz, das der jüngeren im Raume Reichenberg. Selbständige Webereien befanden sich vor allem um Braunau und Rumburg, die Baumwolldruckereien lagen häufig in Prag und Umgebung, im Isertal, um Aussig, Böhmisch-Leipa und Rumburg. Die Spitzenindustrie hatte ihre Zentren im Erzgebirge von Neudeck bis Weipert. Die durchschnittliche Betriebsgröße einer Baumwollspinnerei lag am Beginn der Epoche bei unter 100 Beschäftigten und am Ende derselben bei 200 bis 300 (größter Betrieb 502). Die selbständigen Webereien hatten 1841 eine durchschnittliche Größe von 50 bis 400 Beschäftigten in den Fabriken, zusätzlich 2 000 bis 6 000 Verlegte.

Die Druckereien erreichten am Beginn der Epoche ein Beschäftigtentief von 12 bis 150 und erzielten 1836 Werte zwischen 100 bis 600 sowie 1845 zwischen 150 und 800, wobei die größte Häufigkeit zwischen 400 bis 600 lag.

g) Spitzenerzeugung

Die Erzeugung von Spitzen, vorzüglich aus Baumwolle (sogenannte Bobbinettspitzen), war nach dem Verlust der Niederlande in Böhmen eingeführt worden, zeigte aber in der ersten Hälfte des 19. Jahrhunderts eine rückläufige Entwicklung. Anfang des Jahrhunderts sollen nach Kreutzberg[630] noch etwa 40 000 Menschen davon gelebt haben, größtenteils im böhmischen Erzgebirge. 1819 existierten im Kreis Elbogen 12 000 Klöpplerinnen, im Kreis Saaz 2 000 bis 3 000 und im Kreis Klattau 1 000 bis 2 000, im Raume des böhmischen Erzgebirges waren es insgesamt etwa 17 000. Die „Tafeln von 1841" gaben die Zahl der in der Spitzenklöppelei Beschäftigten nur mehr mit 10 000 an.

Im Jahre 1818 schaffte der Spitzenerzeuger *Johann Hinkelmann* aus H o h e n - e l b e (Vrchlabí, 50) eine Zwirnmaschine aus den Niederlanden an. In H i r - s c h e n s t a n d (49) bestand bereits 1718 Spitzenklöppelei aus Flachs und Hanf, später wurde hier die Erzeugung aus Baumwolle eingeführt. Die Firma *Gottschald & Co.* beschäftigte 1820 8 561 Personen im Verlag, später nach Neudeck übersiedelt, 1834 Bobbinettfabrik, 1841 Spitzenfabrik in N e u d e c k (Neydek, 87); 1834 in J o a c h i m s t h a l (Jáchymov, 51) Bobbinettfabrik *Franz Kühn* genannt; in P r a g (Praha, 108) errichteten 1832 *Nottrot & Breitfeld* eine Bobbinettmanufaktur, der die Einführung der Spitzenerzeugung aus Baumwolle in Böhmen zugeschrieben wird, später *E. Breitfeld, A. Gottschald & Co.*, 1833 Landesfabriksbefugnis, Maschinen und erste Arbeiter stammten aus England, 1834 Besitzer *E. Breitfeld,* modernste technische Einrichtung, 70 bis 80 Arbeiter, eine Verlegung des Unternehmens in die Nähe von Hirschenstand war geplant. Die „Tafeln von 1841" erwähnten in Prag ebenfalls Spitzenindustrie. In B ö h m i s c h - W i e s e n t h a l (144) existierte 1834 die Bobbinettfabrik *Gustav Kuhlmann*, 1841

---

[630] K r e u t z b e r g 97.

erwähnt, Produktion stark von England und Frankreich beeinflußt[631]; in B ä r - r i n g e n (Pernink, 8) gab es 1841 zehn Fabriken, die sich mit Spitzenerzeugung beschäftigten, darunter auch eine Stickerei. Als weitere Zentren der Spitzenerzeugung zählten die „Tafeln von 1841" auf: F r ü h b u ß (24), M u t t e r s d o r f (Muténin, 85) und W e i p e r t (Vejprty, 141), zwei Betriebe.

[631] K r e u t z b e r g 98. — S l o k a r 304, 377. — C r o n b a c h , Else: Die österreichische Spitzenindustrie. Wien 1908, S. 24 ff. (Wiener Staatswissenschaftliche Studien 7).

ZISLEITHANISCHE GESELLSCHAFTSENTWICKLUNG UND DEUTSCHBÖHMISCHE FRAGE. STAATLICHE UND STAATSFREIE SPHÄRE IM HINBLICK AUF DIE NATIONALE UND SOZIALE IDEOLOGIE

Von Harald Bachmann

Die Geschichtsschreibung über die Donaumonarchie war bisher in vielen Aspekten staats- und volksgeschichtlicher Art sowie in ihrer Selbstinterpretation von der Ideologie des Verwaltungsstaates und seiner liberalen Bürokratie beherrscht. Es ist daher verständlich, daß diese Ideologie des „Überbaus" die Koordinaten im historischen Denken selbst der Geschichtswissenschaft vor der Jahrhundertwende bestimmte: Das „ideologiefreie" Erfassen und Analysieren der sozialen Wirklichkeit, namentlich der Unterschichten, war hermeneutisch bisher noch nicht in Betracht gezogen worden. Überall hatten sich im heterogenen Sozialkörper der Monarchie nach 1848 deutlich Nationalismen entwickelt, als deren Träger das gehobene Bürgertum hervortrat. Ihre enge Verbundenheit mit dem bürokratischen System des monarchischen Staates wäre an dem immer stärkeren Anwachsen der vertikalen Mobilität zu messen, durch das die neuen Unterschichten im Kontakt mit der bürgerlich-nationalen Ideologie auch in das „statische" System des bürokratischen Verwaltungsstaates, der „Verwaltungsbourgeoisie", hineinwuchsen. Die Seinsbezogenheit des „Denkens", wie es Karl Mannheim formuliert hat, wurde in besonderem Maße dort wirksam, wo die gesellschaftliche Umschichtung in horizontaler und vertikaler Mobilität eine völlig neue Sozialstruktur schuf — in den böhmischen Ländern. Diese Gebiete zwischen Ost und West waren geradezu das Musterbeispiel für den inneren Wandel der Gesellschafts- und Wirtschaftsstrukturen, der fremden und autochthonen Schichtung der Bevölkerung, wie sie das kapitalistische System in die Gebiete Zisleithaniens getragen hat[1]. Dies alles ba-

---

[1] K a r n í k o v á, Ludmila: K vývoji naši dělnické třídy v období kapitalismu a nástupu imperialismu [Zur Entwicklung unserer Arbeiterklasse im Zeitalter des Kapitalismus und zu Beginn des Imperialismus]. ČSČH 10 (1962) 496—519, hier S. 501 Anm. 7. Die Statistiken der Österr. Statistischen Zentralkommission geben ein Bild der Bevölkerungsentwicklung im Rahmen der Kronländer und der Bezirke als Institutionen der politischen Verwaltung. L. Karníková erkannte, daß das Material nicht ausreicht, da neben diesen Statistiken auch die Berichte der Handels- und Gewerbekammern, sofern sie durchgehend erschienen sind, eine wichtige Quelle darstellen. Die tschechische Sozialhistorikerin hält es aber nicht für möglich, das Material der Handels- und Gewerbekammern nach natürlichen Wirtschaftsgebieten zu klassifizieren („roztříditi podle přírozených ekonomických oblastí"). Gerade diese Schwierigkeit kennzeichnet das „oktroimäßige" Verhältnis der staatlichen Sphäre des zisleithanischen Verwaltungsorganismus zu einem Spezialkörper, dessen Struktur sich — eigenen Gesetzen folgend — gewissermaßen „subkutan" in staatsfreier Sphäre in neuen wirtschaftlich-gesellschaftlichen Zentren entwickelte.

siert auf der gesellschaftlichen Struktur einer Epoche, die von tschechischer Seite wegen ihrer ideologischen Problematik in ihrer Frühzeit als „Temno", später als „Ära der Wiedergeburt" bezeichnet wird. Etwas überspitzt könnte man behaupten, daß bisher bei der Erforschung der zisleithanischen Epoche die Herausarbeitung nationaler Phänomene und politischer Machtdemonstrationen vorherrschte. Die „soziale Wirklichkeit" der Unterschichten wurde nur vom ideologischen Standpunkt der Verwaltungsbourgeoisie betrachtet, so daß in zahlreichen Arbeiten der bürgerlich-liberalen Zeit der klassengebundene Standpunkt im „epischen Referat" wie in der hermeneutischen Interpretation offenkundig wird. Im vorliegenden Falle gilt es, die ideologischen und machtpolitischen Voraussetzungen, unter denen das Staatswesen Zisleithaniens entstand, stets im Auge zu behalten und das Weiterwirken, gewissermaßen die „staatsideologische Konservierung", der dominierenden Vorstellungen in der Mentalität der staatstragenden Schichten der „Verwaltungsbourgeoisie" zu berücksichtigen. Konkreter gesagt: Die Staatsstruktur Zisleithaniens war von der Ideologie und dem Selbstverständnis ihrer tragenden Schicht, der liberalen Verwaltungsbourgeoisie, geprägt, von den „Verfassungstreuen". Schon in den siebziger Jahren war ihr staatlich-halbstaatlicher Einflußbereich so klar umrissen, daß er unvoreingenommenen, kritischen Beobachtern aus dem Ausland auffiel: Das Aktionszentrum der Verwaltungsbourgeoisie, die unter staatlicher Patronanz wirkenden Handels- und Gewerbekammern, charakterisiert Richard von Kaufmann als „genre mixte politischer und wirtschaftlicher Aufgaben, bei denen die parteipolitischen überwiegen". Es wäre daher angebracht, über die idealtypisch faßbaren Vorstellungen von Staatsgewalt und Regierungssystem, die in der Verwaltungsbourgeoisie vorherrschten, einiges zu sagen[2].

Die führende Schicht des deutschösterreichischen Liberalismus, gleichermaßen in staatlich-politischen wie kulturell bedeutsamen Funktionen vertreten, war ihrer Erziehung und ihrem Denken nach von zwei (idealtypischen) Vorbildern abhängig, wenn man Mannheims Typen des „seinsgebundenen Denkens" heranzieht: dem bürokratischen Konservatismus und — in gewissem Gegensatz dazu — dem demokratischen Liberalismus[3]. Die charakteristischen Eigenschaften der bürgerlichen Konservativen kennzeichnen das gesamte bürokratische System der zisleithanischen Verwaltung und seiner Funktionäre: Überall herrschte die Absicht, politische Entscheidungen und Verfassungsprobleme durch Aktionen der Verwaltung zu ersetzen[4]. Andererseits erfaßten, bildungsgeschichtlich gesehen, die typischen Denkprinzipien des liberal-demokratischen Bürgertums auch die geistige

---

[2] K a u f m a n n , Richard von: Die Vertretung der wirtschaftlichen Interessen in den Staaten Europas, die Reorganisation der Handels- und Gewerbekammern und die Bildung eines volkswirtschaftlichen Centralorgans in Deutschland. Berlin 1879, 536 S., hier S. 145—153.

[3] M a n n h e i m , Karl: Ideologie und Utopie. Frankfurt/Main 1952, 294 S., hier S. 102.

[4] P r i n z , Friedrich: Der österreichische Ausgleich von 1867 als historiographisches Problem. BohJb 9 (1968) 340—351, hier S. 344. Hinweis auf eine Feststellung Walter Goldingers: „In dem Dreitakt von Gesetzgebung, Administration und Gerichtsbarkeit hat die Verwaltung, hinter der die Autorität des Monarchen stand, stets die Oberhand behalten."

Sphäre der Verfassungsbourgeoisie: Intellektualismus und Fortschrittsoptimismus waren die Hauptkomponenten dieser noologischen Struktur. Da „Staat" und „Nation" in diesem „vernunftbezogenen" Denken gleichgesetzt wurden, verdrängte das seinsbezogene Selbstverständnis der Verwaltungsbourgeoisie völlig die a priori gegebene nationale Einstellung. Trotzdem wurde die zisleithanische liberale Bourgeoisie als „anational" bezeichnet [5]. Dies beruht auf einer Verkennung der „psychologisch" faßbaren Situation, die zu einem Verdrängen des Nationalen aus dem Selbstverständnis und der Selbsteinschätzung der Liberalen geführt hatte: Die Identifizierung von „Staat" und „Nation" hatte das Bewußtsein der nationalen Ideologisierung des eigenen Denkens völlig absorbiert. Erst Distanzbewußtsein und „Feindperspektive" trugen dazu bei, die (im Selbstverständnis verdrängte) nationalideologische Komponente im Denken der Verwaltungsbourgeoisie zu erfassen und zu werten [6]. Die tschechische Sozialdemokratie erkannte und kritisierte gegen Ende des 19. Jahrhunderts, geschult in den Denkkategorien der Internationale, die nationalideologische Komponente in der Aspektstruktur der Verwal-

---

[5] Fuchs, Albert: Geistige Strömungen in Österreich 1867—1918. Wien 1949, 317 S., hier S. 12: „Was die Liberalen meinten, wenn sie sich gute Österreicher nannten, war, daß sie die Erhaltung und Festigung der Habsburgermonarchie wünschten (hierdurch unterschieden sie sich von den ‚Alldeutschen', die auf die Zerschlagung der Monarchie hinarbeiteten) und daß sie bereit waren, um des Zusammenlebens mit den übrigen Nationen willen nationale Toleranz zu üben, das heißt — nach ihrer Auffassung — weitgehend a-national zu denken."

[6] Vgl. Modráček, František: Otázka národní v sociální demokracii Rakouska [Die nationale Frage in der Sozialdemokratie Österreichs]. Prag 1908, 115 S., hier S. 6. In einer Polemik machte Modráček Otto Bauer einen ähnlichen Vorwurf ideologischer „Verdrängung": „Soudruh Bauer v knize ‚Die Nationalitätenfrage und die Sozialdemokratie' nazývá vylíčený postup nacionalním revisionismen a tvrdí, že popud zavdaly k němu sociální demokracie národností bez dějin, t. j. národnosti slovanské, hlavně česká, načež jako reakce proti nacionalismu těchto národností ujal pry se teprve nacionální revisionism v sociální demokracii německé. Soudruh Bauer dívá se na věc — dovolím si to srovnání — asi jako němečtí liberálové let šedesátých na hnutí národů slovanských neb Maďaři podnes na hnutí národů nemaďarských národností v Uhrách. Němečtí liberálové přes to, že napáchali se horrentních křivd — jejích volební řády dosud jsou toho živým svědectvím, stále o sobě říkali, že nejsou nacionální, nýbrž stranou ústavní, která má na zřeteli jen blaho státu: a když y letech osmdesatých počali se nazývat ‚národnostními', tvrdili také, že naučili se nacionalismu od národů slovenských." [Genosse Bauer bezeichnet in dem Buch „Die Nationalitätenfrage und die Sozialdemokratie" den dargestellten Verlauf als nationalen Revisionismus und behauptet, daß die Sozialdemokratien der geschichtslosen Völker dazu die Anregung gegeben hätten, das sind die slawischen Völker, besonders das tschechische. Erst danach griff angeblich in der deutschen Sozialdemokratie wie eine Reaktion gegen den Nationalismus der Völker der nationale Revisionismus um sich. Genosse Bauer betrachtet die Sache — ich erlaube mir den Vergleich — so ungefähr wie die deutschen Liberalen der sechziger Jahre die nationale Bewegung der slawischen Völker oder die Magyaren bis heute die nationale Bewegung der nichtmagyarischen Völker in Ungarn. Die deutschen Liberalen sagten — darüber hinaus, daß sie unglaubliches Unrecht verübten (ihre Wahlordnungen sind bis jetzt dafür ein lebendes Zeugnis) — ständig über sich, sie seien nicht national, sondern eine Verfassungspartei, die nur auf das Wohl des Staates Rücksicht nehme. Als sie sich in den achtziger Jahren „national" zu nennen begannen, behaupteten sie auch, daß sie den Nationalismus von den slawischen Völkern gelernt hätten.]

tungsbourgeoisie. Schon früher war die Entwicklung der tschechischen Arbeiterschaft im „politischen" Bereich anders verlaufen, als die proletarische Solidarität es erwarten ließ. In viel stärkerem Maß als bei der deutschen Arbeiterschaft hatte sie — konkurrierend mit der jungtschechischen Partei — Anschluß an das Kleinbürgertum gefunden, so daß eine gewisse nationalideologische Komponente die tschechische Bewußtseinsbildung in allen gesellschaftlichen Strukturen durchdrang[7]. Die Ausbildung der mittelböhmischen Industrielandschaft, die prononciert nationalbewußte Überzeugung der tschechischen Bergarbeiter, schließlich der Aufbau der tschechisch-bürgerlichen Position in den Handels- und Gewerbekammern, boten — in engem Kontakt zur tschechischen Landwirtschaft und landwirtschaftlichen Industrie — eine feste Basis für die nationale Expansion gegen die historischen Grenzen Böhmens hin[8]. Diese Umschichtung wurde im Zusammenhang mit der industriellen Revolution von einer gewaltigen Welle horizontaler und vertikaler Mobilität getragen, deren soziologische Auswirkungen — auf der horizontalen Basis der Fluktuation — in maßgebenden Werken zur Demographie Böhmens erforscht wurden[9].

Es soll in knappen Strichen versucht werden, die entscheidenden Epochen der Mobilisierung und „Umschichtung" des böhmischen Sozialkörpers zu charakterisieren. Nach dem Ende der neoabsolutistischen Ära sahen sich die verfassungsliberale „bürgerliche" Oberschicht und ihre Verwaltungsbourgeoisie einer völlig neuen Situation gegenüber: Der Zusammenbruch des Systems (1859) zwang zu Konzessionen: Im Rahmen der nunmehr folgenden scheinkonstitutionellen Verfassungsexperimente werden die sogenannten Interessenvertretungen zur Basis der klassenideologischen Herrschaft in den Privilegienlandtagen umgeformt. Die in jeder Hinsicht bahnbrechenden Forderungen der sozialen Unterschichten waren inzwischen in allen Dimensionen gewachsen: Ein Blick in die Statistik beweist, wie stark sich die Industrialisierung und damit der Arbeiterstand entwickelt hatten, so daß der Ruf nach Koalitionsfreiheit und Wahlrecht in den sechziger Jahren nicht mehr zu überhören war. Die Statistiken der Jahre nach 1860 bekunden zunächst, welch geringen Wert die Verwaltungsbourgeoisie auf die Ermittlung der Nationalität (nach dem Prinzip der Umgangssprache) legte, wohl ausgehend von der (subjektiven) Überlegung, daß statistisch das Sprachenproblem unerheblich sei[10]. Falls man diese Auffassung vertrat, so wirkte dabei der „Verdrängungsmechanismus" mit, der die nationaldeutsche (ideologische) Funktion der Verwaltungsbourgeoisie völlig beiseiteschob und ignorierte. Erst später, in den

---

[7] Mommsen, Hans: Die Sozialdemokratie und die Nationalitätenfrage im habsburgischen Vielvölkerstaat. Bd. 1. Wien 1963, 467 S., hier S. 322—325.

[8] Über die Entwicklung der bürgerlichen tschechischen Politik vgl. den Aufsatz von Horská-Vrbová, Pavla: K otázce vzniku české průmyslové buržoazie [Zur Frage der Entwicklung der tschechischen Industriebourgeoisie]. ČSČH 10 (1962) 257—283.

[9] Vgl. das grundlegende Buch von Kárníková, Ludmila: Vývoj obyvatelstva v českých zemích 1754—1914 [Die Entwicklung der Bevölkerung in den böhmischen Ländern 1754—1914]. Prag 1965, 401 S.

[10] Vgl. Österreichische Statistik. Bd. 1. Wien 1882. Erst bei der Volkszählung 1880 wurde die Umgangssprache behördlich ermittelt.

neunziger Jahren, als die nationale Ideologisierung auch die mittleren Ränge der Verwaltungsbourgeoisie ergriffen hatte, bot die Erhebung nach der Umgangssprache dem deutschen Element manchen Vorteil aus gesellschaftsbezogenen Gründen: Soziale Schichtung und soziales Abhängigkeitsverhältnis begünstigten nun das Festhalten an der Ermittlung der Umgangssprache, obwohl die Nationalität bereits vielfach anderswo nach dem Bekenntnisprinzip ermittelt wurde. Es war ohnehin die Zeit, in der das freie Spiel der Kräfte im Ausbau der Industrialisierung mit völliger Gleichgültigkeit gegenüber dem deklassierten Proletarier einherging. Als die Bewußtseinsbildung der Arbeiterklasse begann, war die materielle Ausbeutung der Arbeitskraft nur von den Gesetzen des kapitalistischen Marktes diktiert. Die Existenzfragen des Arbeiterstandes wurden dem staatlichen Einfluß nur insofern zugänglich gemacht, als sie der Machterweiterung der industriefördernden Unternehmerklasse dienten. Genauer gesagt: Noch immer kam der Arbeiterklasse vor der „staatssozialistischen" Ära Graf Taaffes (1879—1893) lediglich der Rang einer „materiellen Kraft" zu [11].

Die Innenpolitik Zisleithaniens hatte inzwischen gewaltige Erschütterungen erlitten, da dem liberalen „System" 1879 ein bitteres Ende bereitet worden war, dessen ideologische Konsequenzen einer genaueren Untersuchung bedürfen. Schon vor der Wahlreform 1882 war die Herrschaft der klassengebundenen privilegierten Schichten des Zensusparlaments gebrochen, die Vormachtstellung der Liberalen, namentlich der deutschböhmischen und deutschmährischen „verfassungstreuen" Großösterreicher, als Relikt anachronistisch anmutender Klassenpolitik, beseitigt. Die neue Sozialstruktur beschleunigte den Trend zur Fundamentaldemokratisierung derart stark, daß der Kampf um das allgemeine gleiche Wahlrecht durch die Ideologisierung der Unterschichten in der bisher „staatsfreien" Sphäre entbrannte. „Staatsfreie Sphäre" — als hermeneutischer Hilfsbegriff zur Interpretation der Sozialstruktur — soll zunächst den „sozialen Raum" charakterisieren, der ideologisch von der Verwaltungsbourgeoisie nicht erfaßt worden war. In diesem „sozialen Raum" hatten sich die Unterschichten der zisleithanischen Industrie entwickelt und erst allmählich ihre ideologische Fixierung gefunden. Der Prozeß der Bewußtseinsbildung des zisleithanischen Proletariats führte diese Unterschichten zum Internationalismus. Die Integrationsversuche auf internationalistischer Basis bildeten das Korrelat zu den nationalideologischen Implikationen, die Teile der Unterschichten in die Nähe eines stark modifizierten „Modells" zisleithanischer Staatlichkeit rückten. Die reformistische Tendenz der austromarxistischen Doktrin bot die Folie zu der entscheidenden Kontroverse um die ideologische „Konstruktion" des Sozialkörpers, in den die Unterschichten integriert werden sollten. Unter den Grundmodellen einer neuen gesellschaftlichen Ordnung setzte sich schließlich — im 20. Jahrhundert — das national und sozial begründete Konzept des unabhängigen tschechischen Staates durch — gegen alle Versuche und Projekte einer kulturautonomistischen Lösung auf dem Boden Zisleithaniens in Form eines föderalistischen Staatsumbaus. An sich war der tsche-

---

[11] Vgl. die Definition Christoph S t ö l z l s in seiner Dissertation: Die Ära Bach in Böhmen. Sozialgeschichtliche Studien zum Neoabsolutismus 1849—1859. München-Wien 1971. Dem Verfasser sei für die freundliche Überlassung des Manuskriptes an dieser Stelle gedankt.

chische Sozialkörper vor 1914 schon ein geschlossenes, fertiges Gebilde, „ein ausgereifter, quasi kompletter Staat im Staate"[12].

Bereits während der ersten Regierungsjahre des Kabinetts Graf Taaffe, dessen „Eiserner Ring" dem politischen Verfassungsliberalismus ein Ende setzte, wurde daher eine völlig neue Konstellation in den böhmischen Ländern sichtbar: Es entwickelte sich in der feudal-bürgerlichen Schicht das Grundkonzept eines geschlossenen Sozialkörpers, dessen gesellschaftliche „Wirkung" interdependent auf die „staatliche Sphäre" der Verwaltungsbourgeoisie sowie auf die nationale Ideologisierung der tschechischen Unterschichten gerichtet war. Die verfassungsliberale (deutsche) Verwaltungsbourgeoisie stand diesen komplementär wirkenden ideologischen Tendenzen völlig defensiv gegenüber. Ihre staatsideologischen Grundtendenzen dürften nach alledem leicht festzustellen sein. Am deutlichsten werden sie in der gegnerischen Perspektive, durch das Distanzbewußtsein, sichtbar. Die augenfälligen Manipulationen des Wahlrechts für den böhmischen Landtag boten das typische Bild konsequenter Klassenpolitik der sogenannten „Interessenvertretung". Die Konservierung der bürgerlichen Manchesterliberalen (durch das Machtinstrument der staatlichen Sphäre) verschob die Tendenzen der nationalen Blockbildung innerhalb des gesamtböhmischen Sozialkörpers zuungunsten der „staatsfrei" organisierten tschechischen Mittel- und Unterschichten[13]. Da die tschechische Bourgeoisie, namentlich das Kleinbürgertum, in viel engeren wirtschaftlichen Beziehungen zur mittelböhmischen Arbeiterschaft stand, war der Trend zu einer Verbreiterung der Wahlrechtsbasis viel stärker, dies nicht nur infolge nationalideologischer Tendenzen, sondern auch aus wirtschaftlichen Gründen[14]. Schon in den sechziger Jahren hatte sich aus der Zusammensetzung der Handelskammern, namentlich der innerböhmischen, ein heftiger Konflikt zwischen der dort stark vertretenen deutschen Großbourgeoisie und den tschechischen Kleinkaufleuten entwickelt, dessen Auswirkungen nicht mit dem Mäntelchen liberaler Zusammenarbeit beider Nationen (nach dem Wunsche der Verwaltungsbourgeoisie) bedeckt werden konnten[15]. Die Entwicklung der tschechischen Wirtschaftsbourgeoisie im

---

[12] P r i n z , Friedrich: Die böhmischen Länder von 1848 bis 1914. In: Handbuch der Geschichte der böhmischen Länder. Bd. 3. Stuttgart 1968, S. 3—235, hier S. 220.

[13] Vgl. Bericht der Minorität der vom kgl. böhm. Landtag bestellten Kommission zur Vorbereitung des Gesetzentwurfs betr. die Landtagswahlordnung des Kgrs. Böhmen. Berichterstatter der Minorität: Dr. Karel Sladkovský. In: Nachlaß Plener, Haus-, Hof- und Staatsarchiv Wien. Karton 27. Faszikel Wahlreform S. 164—168. Über Sladkovský vgl. unten Anm. 17.

[14] Vgl. H o r s k á - V r b o v á 275 f. Nationalideologische und wirtschaftliche Gründe führten zu einer „transideologischen Zusammenarbeit", die den Klassencharakter der tschechischen Industriellenpolitik überdeckte. So heißt es bei Horská-Vrbová: „Je pochopitelné že intenzita českého národního hnutí let šedesátých za podmínek dotváření české buržoazie byla do značné míry nesena jejími politickými a hospodářskými požadavky, jejichž třídní charakter si příslušníci lidových vrstev ještě zdaleka neuvědomovali. [Es ist begreiflich, daß die Intensität der tschechischen Nationalbewegung der sechziger Jahre unter den Bedingungen der Gestaltung der tschechischen Bourgeoisie in bedeutendem Maße von deren politischen und wirtschaftlichen Ansprüchen geprägt war. Den Angehörigen der Volksschichten wurde deren Klassencharakter noch nicht im entferntesten bewußt.]

[15] H o r s k á - V r b o v á 265.

innerböhmischen Raum vollzog sich in den sechziger und siebziger Jahren durch den Ausbau der landwirtschaftlichen Industrie, durch eigene Kreditinstitute und durch die Ausweitung des Geld- und Effektenmarktes sehr vehement. Die steigende Wirtschafts- und Steuerkraft prägte sich daher im Umbau der sozialen Pyramide selbst im Bereich der Industriebourgeoisie aus, deren enge Verklammerung mit der staatlichen Sphäre auch für die tschechische Bourgeoisie Geltung gewann und mit einer Polarisierung in nationalideologischer Hinsicht verbunden war. Ein bedeutsamer Wandel vollzog sich ohnedies in Innerböhmen: Die mittelböhmischen Handels- und Gewerbekammern (Prag, Pilsen), bisher Stützen des manchesterliberalen (deutschen) Verwaltungs- und Wirtschaftsbürgertums, wurden tschechisch, damit lockerte sich das Gefüge des zisleithanischen Staates, das von der Verwaltungsbürokratie und der deutschliberalen Bourgeoisie zusammengehalten wurde.

Der Strukturwandel, dessen sozialer und nationalpolitischer Aspekt in der Ausbildung einer eigenen tschechischen Industriebourgeoisie seinen Ausdruck fand, gab dem gesellschaftlichen Aufbau der tschechischen Nation eine eigene bürgerliche Oberschicht, die — in staatlicher und staatsfreier Sphäre — gleichermaßen verankert war. Die staatsfreien Organisationen der tschechischen Bourgeoisie (nationale Vereine und Wirtschaftsverbände, Gesellschaften und Genossenschaften) wirkten durch die ideologische Anziehungskraft ihrer Träger selbst auf zisleithanische Institutionen, die das Fundament der österreichischen „synthetischen" Verwaltungsbürokratie waren und Stützen des bürgerlich-kapitalistischen Systems [16]. Die enormen Errungenschaften dieser sozialen Umschichtung innerhalb der unteren und mittleren Klassen haben dem deutschen Bürgertum bald die Gefahren der weiteren Entwicklung vor Augen geführt. Es ist in Anbetracht dieser Tatsache sehr eigenartig zu beobachten, wie lange die privilegienmäßig organisierte Bourgeoisie ihre Positionen halten konnte — in einem Zeitalter, das ein solch antiquiertes, auf Zensusklassen aufgebautes Wahlrecht nur noch in wenigen konstitutionell regierten Ländern Mitteleuropas kannte, wo jedoch die Dynamik des sozialen und nationalen Strukturwandels nicht so vehement war. Die Jungtschechen unternahmen bereits in den siebziger Jahren einen sehr scharfen Vorstoß gegen die Landtagswahlordnung des Königreiches Böhmen, der gegen die Zensusvorrechte der Interessenvertretung gerichtet war. Im „Bericht der Minorität der vom kgl. Landtage bestellten Kommission zur Vorberatung des Gesetzentwurfes betr. die Landtagswahlordnung des Königreiches Böhmen" (1876) argumentiert der Abgeordnete Karel Sladkovský folgendermaßen: „Die Hauptursache dieses schreienden Mißverhältnisses ist nun freilich das der Landeswahlordnung zu Grunde liegende Prinzip sogenannter ‚Interessenvertretung', wonach sich die Gesamtvertretung des Landes, abgesehen von 5 Virilstimmen, aus 70 Vertretern des Großgrundbesitzes, weiter aus 72 Vertretern der Handels- und Gewerbekammern und aus 79 Vertretern des Kleingrundbesitzes zusammenstellt [17]." Slad-

---

[16] Horská-Vrbová 263—268. — Die Handels- und Gewerbekammer in Prag 1850 — 1900 — 1925. Prag 1925, 132 S., hier Schlußwort.
[17] HHSTA Wien. Nachlaß Plener, Karton 27. — Karel Sladkovský war Landtagsabgeordneter und stand mit dem slawophilen Historiker Ernest Denis (Paris) in Verbin-

kovský führte noch erläuternd aus, daß in allen konstitutionellen Staaten Europas sowie in den ungarischen Ländern „zur Wahl der Reichs- und Landesvertretungen seit Jahren schon alle eigenberechtigten Staatsbürger im allgemeinen und ohne Unterschied des Standes berechtigt sind, wobei ihr Wahlrecht meist nur durch einen sehr mäßigen Steuersatz beschränkt ist". Karel Sladkovský übersieht die Tatsache, daß im preußischen Landtag noch bis 1918 das Dreiklassenwahlrecht geltend war, überdies der Zensus auch in anderen deutschen Landesparlamenten eine Rolle spielte. Die politischen und wahltheoretischen Vorstellungen der liberalen Generation Zisleithaniens waren von den Denkmodellen des bürgerlichen deutschen Liberalismus geprägt, konnten aber auf die demographisch so heterogenen Gebiete der böhmischen Länder nicht unter den gleichen Aspekten Anwendung finden wie im national einheitlichen Gebiet.

Bereits kurz nach dem Ende der Ära Bach traten die Repräsentanten der nationalideologisch oppositionellen (tschechischen) Bourgeoisie gegen das Kurienwahlrecht in den Landtagen auf, dessen Nachteile für die gesellschaftliche Entwicklung der Tschechen offenkundig waren [18]. Es entsprach dem machtpolitischen Fundament des Neoabsolutismus, daß Verwaltungsbourgeoisie und liberales Wirtschaftsbürgertum erneut ein Bündnis eingingen. Die Oktrois der Landesordnungen und Wahlordnungen vom Februar 1861 „konservierten", erwachsen aus gleichem gesellschaftlichem Interesse, die staatliche Sphäre auch zu Beginn der konstitutionellen Ära. Doch die Ära Bach hatte ihre „innere" Entwicklung, die weithin fühlbar wurde. Der um sich greifende Industrialisierungsprozeß jener Ära hatte große bevölkerungspolitische Konsequenzen, die nunmehr in der nationalen und sozialen Ideologisierung der Unterschichten ihren Niederschlag fanden. Die Grundlagen des staatlichen verwaltungstechnischen Apparats, auf dem die zisleithanische Bürokratie ruhte, wurden dadurch namentlich in ihrer sozialen Funktion beeinträchtigt. Die gesellschaftliche Funktion dieser Behörden, welche die Ära Bach während des Neoabsolutismus unter dem Aspekt des Manchesterliberalismus geschaffen hatte, war auf einen Wirtschafts- und Sozialkörper zugeschnitten, der technisch-industrielle Fortschritte machte, aber das Übergreifen von sozialen und nationalen Ideologien auf die Unterschichten (die Arbeiter als „materielle Kraft") völlig ignorierte. Die Handels- und Gewerbekammern als Organisationen halbstaatlichen Charakters erwiesen sich gerade in den sechziger und siebziger Jahren als hervorragende Exponenten der liberalen Vulgärideologie und sahen im engen Zusammenwirken mit der Verwaltungsbürokratie das Instrument, durch dessen Handhabung die Unterschichten bei ihrem Kampf um bessere Arbeitsbedingungen in Schach gehalten werden konnten [19]. Idealtypisch gesehen waren die Vorstellungen der Verwaltungsbourgeoisie über das Aufstiegs-

---

dung. Vgl. auch T o b o l k a, Zdeněk: Politické dějiny československého národa od r. 1848 až do dnešní doby [Politische Geschichte des tschechoslowakischen Volkes vom Jahre 1848 bis zur heutigen Zeit]. Teil 2: 1860—1879. Prag 1933, 395 S., hier S. 352—353. — Über Sladkovský vgl. Ottův slovník naučný 23 (1905), S. 328—330.

[18] P r i n z 75.

[19] Vgl. den 6. Bericht der allgemeinen ordentlichen Sitzung der Handels- und Gewerbekammer in Prag (6.—12. 11. 1874).

problem der Unterschichten auf folgende Grundauffassungen reduziert: Einerseits stand die Karriere im Rahmen der Bürokratie im Vordergrund, andererseits dominierte im wirtschaftlichen Bereich der Manchesterliberalismus mit seinen sozialdarwinistischen Ausleseprinzipien, durch die unterschiedliche gesellschaftliche Herkunft ausgeglichen werden sollte. Die behördenmäßige Wirtschaftsorganisation, die für den böhmischen Raum geschaffen worden war, nahm überdies weder auf die wirtschaftlichen Ballungsräume noch auf die soziale Fluktuation der Bevölkerung Rücksicht. So zerschnitt z. B. die Grenze zwischen den Handelskammerbezirken Reichenberg und Eger das nordwestböhmische Braunkohlenrevier, ohne auf die wirtschaftlichen Entwicklungsmöglichkeiten dieses Gebietes Bedacht zu nehmen. Die bürokratische Organisation hat bis zum Ende der Monarchie am Konzept der neoabsolutistischen Ära festgehalten und die soziale Wirklichkeit der Unterschichten in den sechziger und siebziger Jahren nur rein verwaltungsmäßig registriert. Auch später beherrschten Verwaltung und Statistik im überwiegenden Maße das Feld.

Ein Beispiel aus der letzten Phase böhmischer „Verwaltungsreform" bringt die alten Bezugspunkte im Koordinatensystem der zisleithanischen Staatsstruktur erneut und wohl verhängnisvoll zur Geltung. Noch 1900 konnten sich die berufensten Kenner aus den Reihen der bürgerlichen Verwaltungspolitik nicht vom Behördenschema, wie es durch die Handels- und Gewerbekammern geschaffen worden war, lösen. Die nationale Ideologisierung des Beamtenapparates hatte inzwischen die staatliche Sphäre ergriffen und die Spannungen im Sozialgefüge verschärft. Der Versuch (im Rahmen der geplanten nationalen Abgrenzung), einen administrativen Schnitt durch den bürokratischen Verwaltungskörper Böhmens zu legen, deckte die offensichtlich kapitalistisch orientierten Interessen der deutschen Unternehmer auf, deren Fabriken im tschechischen Gebiet lagen, das aber zur Handels- und Gewerbekammer Reichenberg gehörte[20].

Die staatliche Verwaltung Böhmens hatte seit der Einführung der neuen politischen Organisation der Bezirkshauptmannschaften (1868) das festgefügte System gefunden, dessen administrative Existenz selbst über das Jahr 1918 hinausreichte[21]. Dieses System hemmte infolge seiner klassengebundenen Personalstruktur die parallele Entwicklung der tschechischen Bourgeoisie, zu der bereits — gesellschaftlich gesehen — die Voraussetzungen durch die wachsende horizontale und

---

[20] Vgl. das Schreiben des Präsidenten der Reichenberger Handels- und Gewerbekammer, Alois Neumann, an Baernreither betr. die Neugliederung der Handelskammerbezirke im Rahmen der geplanten Abgrenzung (Reichenberg, 26. 5. 1900): „Ist die Errichtung einer neuen čechischen Kammer unerläßlich, könnten einzelne, rein čechische Bezirke, die heute der Reichenberger Kammer angehören, jener zugeteilt werden. Dagegen würde die Kammer auf der Belassung jener Bezirke bestehen, in welchen die Bevölkerung nur čechisch, die Industrie aber durchaus deutsch ist, z. B. Jungbunzlau, Königinhof, Hořitz, Semil, Eisenbrod, Aicha. Der neuen Kammer hätte auch die Prager Kammer einige Bezirke abzugeben, wie überhaupt nach Kräften zu verhindern wäre, daß die Prager Kammer sich auf Kosten der Reichenberger mästet."
[21] Vgl. K o ř a l k a , Jiří: Vznik socialistického dělnického hnutí na Liberecku [Die Entstehung der sozialistischen Arbeiterbewegung im Reichenberger Gebiet]. Reichenberg 1956, 317 S., hier S. 42.

vertikale Mobilität der böhmischen Bevölkerung gegeben waren[22]. Das bürokratische Verwaltungssystem bot ferner die Anhaltspunkte zu den Versuchen des deutschen Bürgertums, im Konkurrenzkampf mit der tschechischen Bourgeoisie, die Abgrenzung in nationale Interessensphären durchzuführen. Die Abgrenzungsideologen von Eduard Herbst bis Franz Schmeykal gingen von den verwaltungstechnischen Voraussetzungen aus, die der liberalen „Interessenvertretung" als bürgerlicher Oberschicht mit allen Privilegien der Zensuspolitik auf den Leib geschrieben waren: Die Abgrenzung war als Politikum der Zensiten gedacht, also in ihrer sozialen Funktion dem Einfluß der Unterschichten völlig entzogen. Das Scheitern der Abgrenzungsversuche und des gesamten „Ausgleichs" war die Konsequenz aus dem Konkurrenzkampf der national ideologisierten Bourgeoisie um die Vorherrschaft im Lande. Die sozialen Unterschichten in staatsfreier Sphäre stellten hingegen die Fundamentaldemokratisierung als gesellschaftliches Postulat in den Vordergrund.

Im Zusammenhang mit diesem Tatbestand nahmen sich die Versuche von bürgerlichen Politikern, die staatliche Sphäre der böhmischen Länder ohne Berücksichtigung der Unterschichten neu zu organisieren, als sehr problematisch aus. Selbst Joseph Maria Baernreither (1845—1925), der über die konservativen Vorstellungen des österreichischen Bürokraten hinaus Weitblick und auch gründliche Kenntnis der Arbeiterfragen bewiesen hatte, hielt — aus klassengebundener Fehlinterpretation — an einer „bürgerlichen" Landesreform fest, deren Grundmodell immer noch eine nationalideologische Verwaltungsabgrenzung darstellte, bei der die mächtigen wirtschaftlichen und sozialen Faktoren der böhmischen Industrialisierung nicht weitgehend genug berücksichtigt wurden[23].

Die Aktionen der staatstragenden Bourgeoisie konzentrierten sich schließlich darauf, die Einheit des Landes Böhmen mit allen Mitteln der Verwaltungsorganisation auf der Basis des Kurienwahlsystems zu schützen. Damit war aber die politische Sphäre der Unterschichten durch die Beibehaltung des Privilegienwahlrechts auf der Landtagsebene eingeschränkt. Diese ideologisch fixierten Reformversuche der zisleithanischen Oberschicht sollten die wirtschaftliche Einheit Böhmens vor der Zerstückelung bewahren, wie sie bereits durch eine Sektionierung der Landesverwaltung, noch stärker aber durch die Angrenzung eingetreten wäre. Auch der Entwicklung der Unterschichten — in sozialer Hinsicht — entsprach die Forderung nach einer Landesteilung in keiner Weise, da die politische Organisation der Unterschichten, die Sozialdemokratie, die nationale Ideologisierung überwinden wollte. Sie trat trotz mancher nationaler Reaktionen für die internationale Solidarität der Arbeiterschaft ein.

Der völlige Wandel der Sozialstruktur Böhmens in den letzten hundert Jahren wird letztlich nur wissenschaftlich erklärt werden können, wenn man auf die soziale Wirklichkeit der Bevölkerungsschichten zurückgreift und den Umschichtungsprozeß verfolgt, der von verschiedenartigen Ideologien beeinflußt wurde.

---

[22] Mannheim 8.
[23] Ich beziehe mich auf die Programmatik in Baernreithers Schrift: Zur böhmischen Frage. Wien 1910, 75 S.

HAUPTPROBLEME EINER MONOGRAPHIE IGNAZ VON PLENERS

Von Mechthild W o l f

Wer sich mit der Geschichte der Donaumonarchie in der zweiten Hälfte des 19. Jahrhunderts befaßt, sieht sich einer Fülle von Ereignissen, den verschiedenen politischen Meinungen und Versuchen, diese zu realisieren, gegenüber, will er aber ihre Problematik darlegen, so stößt er ihrer Komplexität wegen auf beträchtliche Schwierigkeiten. Beschäftigt man sich aber mit dem Leben eines in der Politik tätigen Mannes, so wird man durch die Probleme, die ihn bewegten, in die komplexe Lage eingeführt und man kann ein Verständnis für die Zeit gewinnen. Die Denk- und Verhaltensweise einer Persönlichkeit kann durch die Zeitumstände beleuchtet werden und umgekehrt könnten die Tätigkeit einer Persönlichkeit und die zugrunde liegende Einstellung einen Zeitabschnitt beleuchten. Von daher mag eine Monographie über Ignaz von Plener zur Aufschlüsselung einer historischen Epoche gerechtfertigt sein.

Der Lebensabschnitt, auf dem der Schwerpunkt der Monographie liegen wird, wird von mir in drei Teile geteilt, weil dies von der politischen Entwicklung Pleners vorgegeben ist. Der vorläufige Bericht über meine Arbeit wird sich an diese Dreiteilung halten. Aus der Fülle des Materials sollen hier solche Ergebnisse herausgegriffen werden, denen sachliche Antriebskräfte zugrunde liegen. Antriebskräfte, die dem familiären Bereich zugehören, werden hier außer acht gelassen. Es würde den Rahmen dieses Berichtes sprengen, weil auch hierzu detaillierte Erklärungen notwendig sind und man nicht alles zu gleicher Zeit bringen kann.

*

Die Monographie wird vornehmlich die politische Tätigkeit Pleners in den Jahren 1860 bis 1873 behandeln, in denen er als Finanz- und später als Handelsminister an wichtigen Entscheidungen beteiligt war. Als er zum ersten Mal die Leitung eines Ressorts übernahm, war Plener 50 Jahre alt und über 27 Jahre im österreichischen Länderfinanzdienst tätig. Noch während des Jurastudiums begann er als Praktikant bei der Wiener Finanzprokuratur, ging nach der Promotion als Finanzbezirkskommissar nach Eger und rückte bis zum Leiter der dortigen Finanzverwaltung auf, gehörte einige Jahre als Finanz- und Oberfinanzrat der Zollabteilung in Prag an, avancierte dann im Zuge der Aufgliederung der ungarischen Finanzverwaltung zum Vorstand der neu eingerichteten Finanzlandesdirektionsabteilung in Preßburg und wurde schließlich zum Finanzlandesdirektor von Galizien und der Bukowina in Lemberg befördert. Hier lernte ihn Graf Agenor Goluchowski, der als Statthalter gleichzeitig Präsident der Landesfinanzbehörde und damit sein Vorgesetzter war, als fleißigen und umsichtigen

Beamten schätzen. Übrigens war Pleners Arbeitseinsatz zum Teil darauf zurückzuführen, daß er sich nach dem frühen Tod seiner Frau und dem unmittelbar darauf erfolgenden Verlust einer Tochter gesellschaftlich zurückgezogen hatte und nur für seinen Beruf lebte, mit dem Ziele, dem ihm verbliebenen Sohn Ernst, dem späteren Führer der Deutschliberalen, eine aussichtsreiche Zukunft zu erschließen. Goluchowski schätzte zudem seine Umgangsformen wie auch seine Anpassungsfähigkeit an Personen und Umwelt, die Plener auch später während seiner ministeriellen Tätigkeit Sympathien eintrugen.

Für Plener trat eine einschneidende Veränderung ein, als Goluchowski Sommer 1859 nach Wien berufen wurde. Im Zuge der teilweisen Regierungsumbildung, mit der Kaiser Franz Joseph auf seine Weise den durch die Niederlage im italienischen Krieg ausgelösten innenpolitischen Sorgen — Ungarn und der Finanznot — begegnen zu können glaubte, wurde er anstelle Alexander Bachs Minister des Innern im Kabinett Rechberg. Von Anfang an war Goluchowski an einem Personalwechsel im Finanzministerium interessiert, zum einen weil er ein erklärter Gegner des liberalen Ökonomismus, wie ihn Bruck seit 1855 vertrat, war, zum anderen weil ihm dessen intensive Versuche, auf die anstehenden inneren Reformen Einfluß zu nehmen, mißbehagten. Goluchowski, der der Auffassung war, daß die Aufgabe des Finanzministers nur die Verwaltung seines Ressorts zu sein habe, hielt Plener, der seiner Erziehung, seiner Laufbahn nach und auch von seiner Persönlichkeit her Beamter und kein Politiker war, für den geeigneten Mann und vermittelte aus Vorsorge seine Berufung in den Reichsrat nach Wien. Hier war Plener Gelegenheit gegeben, sich Einblick in allgemeine Budget-, Bank- und Währungsfragen zu verschaffen, und anderseits den Regierungskreisen, Plener kennenzulernen.

*

Nach dem zweifellos sehr ungünstigen Ergebnis des von den Statthaltereien aller Kronländer unterstützten Lotterieanlehens im Frühjahr 1860 gab der Kaiser dem wiederholten Drängen nach und stimmte der Demission Brucks zu. Am 22. April betraute er Plener mit der provisorischen Leitung des Finanzressorts. Plener wußte um die Anforderungen, welche der Zustand der Finanzen an den Leiter des Amtes stellte. Der Selbstmord Brucks hatte den finanziellen Notstand des Reiches offenbar gemacht. Vornehmlich mangelte es dem Staat an Bargeld. Die Mehrausgaben im italienischen Krieg hatten das mittlerweile chronisch gewordene Haushaltsdefizit erheblich verstärkt und eine neuerliche Geldentwertung bewirkt. In dieser mißlichen Lage war für Plener die Finanzfrage nichts anderes als die Frage nach der Kreditfähigkeit des Staates. Da das Ergebnis des Lotterieanlehens gezeigt hatte, daß weder Adel noch Kirche, aber auch die Finanzwelt nurmehr in verschwindendem Maße bereit waren, dem Staat weiterhin ihre Geldmittel zur Verfügung zu stellen, war Plener von Anfang an bemüht, das Vertrauen der für den Staatskredit so wichtigen Hochfinanz zu gewinnen. Er war sehr aufgeschlossen für die Stimmungen an der Börse, zeigte das feinste Gehör für die Kritik ihrer Presse und bemühte sich, jedem gerügten Übelstand bereitwillig abzuhelfen. Er ließ sich von den Finanziers überzeugen, wie der Finanznot am besten abzuhelfen sei. War die Hoffnung der liberalen Regierung im Jahre 1848 dahin gegangen, durch die Gewährung einer Verfassung auch eine Ordnung der Finanzen herzustellen, so formulierte nun Anselm von Rothschild den liberalen Gedankengang: „Keine Verfassung, kein Geld".

Pleners Sympathien galten nur begrenzt den Wünschen des liberalen Bürgertums, da er zu stark von der staatlichen Autorität erfüllt war. Doch durch seinen Beruf gelangte er zu der Überzeugung, daß anstelle des absolutistischen der Verfassungsstaat zu treten habe. Zunächst setzte er sich im Rahmen der von der Regierung zur Aufbesserung des Staatskredits bereits erfolgten Einrichtungen einer Staatsschuldenkommission und, nachdem sich dieses Mittel als nicht zugkräftig erwiesen, eines verstärkten Reichsrats für die gründliche Einhaltung dieser Konzessionen ein. Als sich aber der Kaiser dazu entschloß, die Auflegung neuer Steuern und Anleihen an die Zustimmung des Reichsrats zu binden, und dies mit dem Handschreiben vom 17. Juli 1860 bekanntgab, galt dies Plener als der eigentliche Wendepunkt und der erste reale Schritt zur Begründung einer verfassungsmäßigen Ära, und zwar umso mehr, als der Kaiser bei der Sanktion des Handschreibens Plener, der ihm bei dieser Gelegenheit noch einmal die große Notlage des Staates dargelegt hatte, versichert hatte, daß er mit Rücksicht auf die bedrohte Lage des Staatskredits das öffentliche Leben in Österreich in konstitutionelle Bahnen zu lenken bereit sei. Von da ab trat Plener als Vertreter der Forderungen der Liberalen innerhalb der Regierung auf.

In dem Maße, wie sich das Programm der ungarischen Altkonservativen, dem sich der deutsche und böhmische Adel angeschlossen hatte, von der Idee eines zentralistischen Staates entfernte und sich die Tendenz durchsetzte, die österreichische Monarchie nach den historisch-politischen Individualitäten der Länder und Nationen neu zu gestalten, fürchtete die Finanzwelt, daß Ungarn für die Reichsfinanzen verlorengehen könnte. Plener trat sowohl im verstärkten Reichsrat, wo diese Meinungen diskutiert wurden, als auch im Ministerrat als Warner auf. Der Kaiser jedoch entschied sich für Ungarn und war bereit, ihm eine Landesverfassung zu geben, bedachte aber nicht, daß der Versuch, diese Länderautonomie auf Österreich auszudehnen, an die Wurzeln des von Maria Theresia gestalteten Machtstaats der Dynastie rühren müsse. Plener erfuhr zunächst die veränderten Absichten des Kaisers nicht und fuhr fort, die Gedanken des liberalbürokratischen Zentralismus mit Sicherheit und einer gewissen Geschicklichkeit gegen die Autonomisten zu vertreten. Dadurch war für den Kaiser die öffentliche Ruhe in gewisser Weise garantiert, die er und mit ihm die ungarischen Altkonservativen zur Vorbereitung der Regierungsakte benötigten. Als Plener zu ahnen begann, daß der Kaiser bereit war, die Wünsche der Ungarn zu erfüllen, vertrat er die Auffassung, daß, wenn man schon so weitgehende Zugeständnisse an Ungarn machen wolle, die die Ungarn dennoch nicht zufriedenstellen und im ungarischen Landtag zu einem Bestreben auf Ausdehnung der Autonomie auf den Bereich der Finanzen führen würden, so müsse man gleichzeitig auch eine Verfassung für das Gesamtreich geben, um eine kräftige Position gegenüber Ungarn zu wahren. Plener glaubte, daß die Form der nie in Kraft getretenen oktroyierten Verfassung vom März 1849 den Gegebenheiten entsprechen würde und daß man den speziellen ungarischen Zuständen ohne Gefährdung der Reichseinheit Rechnung tragen müsse; man müsse die äußere Politik und die Finanzen der Zentralregierung unangetastet sichern. — Damit nahm Plener teilweise die Grundlinien des später unter Anton Ritter von Schmerling verwirklichten Programms der Deutschliberalen vorweg. — Seine Meinung legte Plener wiederholt im Ministerrat und in Briefen an den Außenminister, die er bat, dem Kaiser zur Kenntnis zu bringen, dar. Je mehr der Termin für eine Regierungsakte zu erwarten war, desto intensiver wurden die Mahnungen Pleners. Als die Publikation für den nächsten Tag bevorstand und er nur in der Nacht von den vorgetragenen Entwürfen Kenntnis nehmen konnte, äußerte er seine prinzipielle Nichtübereinstimmung und verwahrte sich gegen jeden Nachteil, der sich aus dem Inhalt dieses Aktes für die finanziellen Interessen des Reiches ergeben würde. Er war selbst zu einem Rücktritt bereit, von dem er nur auf Order des Kaisers Abstand nahm, dem daran gelegen war, die Wirkung des Oktoberdiploms nicht durch eine Demission bei der Veröffentlichung zu gefährden.

Die Unruhe unter der Bevölkerung, die der Erlaß des Oktoberdiploms ausgelöst hatte, bestätigte die Befürchtungen Pleners. Sowohl die Ungarn als auch die Deutschliberalen opponierten. Die ungarischen Altkonservativen mußten feststellen, daß die Bevölkerung mit der dem Landtag zugesprochenen Legislative nicht zufrieden war, weil diese die erwartete Selbständigkeit Ungarns nicht beinhaltete. Das deutsche Bürgertum war nicht nur durch das Oktoberdiplom, sondern auch durch Nachrichten von Landesstatuten, die auf dem alten Ständeprinzip beruhten, verstimmt.

In dieser Situation wurden die Altkonservativen beim Kaiser vorstellig und legten ihm ihre Überzeugung dar, daß die Ausführung des Oktoberdiploms gerettet werden könne, wenn man die weiteren Reformen nicht mehr dem nunmehrigen Staatsminister Goluchowski überließe, sondern einen Liberalen an seine Stelle berufen würde. Von einem liberalen Staatsminister würde erwartet werden, daß er einerseits das Oktoberdiplom in Ungarn verwirklichen könnte und andererseits, daß er mit einer gewissen Modifikation des Oktoberdiploms auch die Deutschösterreicher zufriedenstellen könnte. Somit würde ein gewisses Gleichgewicht zwischen den Reichsteilen hergestellt und eine Beruhigung erreicht. Diese Aussicht bewirkte beim Kaiser, daß er bereit war, ihren Vorschlag zu akzeptieren und Anton von Schmerling, der in Ungarn und bei den Deutschösterreichern in hohem Ansehen stand, neu zu berufen.

Die finanzielle Situation der Monarchie hatte sich nach dem Oktoberdiplom durch die Kosten für die administrativen Änderungen und die Verminderung der Staatseinnahmen infolge des ungarischen Steuerstreiks abermals beträchtlich verschlechtert. Dazu kam die neuerlich drohende Kriegsgefahr in Italien, so daß Plener sich gezwungen sah, eine Kreditoperation vorzubereiten. Sowohl die politischen als auch die finanziellen Auswirkungen des Oktoberdiploms hatten aber die Kreditwürdigkeit reduziert, so daß sich der Leiter der Finanzen in einer äußerst schwierigen Lage befand. Er glaubte, daß Goluchowski nicht der geeignete Mann sei, die Durchführung des Oktoberdiploms so zu beschleunigen, daß die Ländervertretungen im Reichsrat so rechtzeitig zusammentreten könnten, wie es für die Kreditoperation notwendig war. Deshalb trat er an den Kaiser mit dem Vorschlag heran, Goluchowski abzulösen und Schmerling zu berufen, mit dem er sich leicht hatte verständigen können. Dieser Vorschlag stieß beim Kaiser auf keinerlei Widerstand, da ihn die ungarischen Altkonservativen bereits vorgetragen hatten. Die Doppelung des Vorschlags erleichterte dem Kaiser den Entschluß zur Ausführung. Plener, der nichts von der Annäherung der Altkonservativen an den Kaiser gewußt hatte, glaubte den Ministerwechsel auf seinen Einfluß beim Kaiser und die Dringlichkeit der Finanzen zurückführen zu können. Auf Veranlassung von Schmerling, der eine schnell arbeitsfähige Regierung wünschte, wurde Plener im Dezember 1860 definitiv Finanzminister. Von da ab kann er als treibende Kraft bei der Entwicklung zum Februarpatent gelten: Bei seinen Bemühungen um die Verbesserung der finanziellen Lage konfrontierte er das Kabinett ständig mit der Notwendigkeit von Reformen. Er sicherte die Arbeit des Kabinetts durch eine Umfrage bei den Handelskammern, die eine Aufbesserung der Valuta betraf, die aber den Handelskammern gleichzeitig die Möglichkeit gab, zu den anstehenden Verfassungsfragen Stellung zu nehmen. Die Ergebnisse waren einhellig für Plener. — Mit der Veröffentlichung des Februarpatents stellte Plener seine Bemühungen um die Verfassungsfragen ein und wandte sich nun der reinen Ressorttätigkeit zu.

Die wichtigsten Punkte seines Arbeitsprogramms waren die Stabilisierung der Währung und die Herstellung des Haushaltsgleichgewichts. Hierbei konnte er sich auf das Finanzprogramm Brucks stützen, das eine gleichzeitige Inangriffnahme der Herstellung des Gleichgewichts zwischen Einnahmen und Ausgaben, der Regelung des Schuldverhältnisses zur Nationalbank, der Herstellung einer stabilen Silberwährung und einer gründlichen Reform des Steuerwesens beinhaltete. Plener nahm diese Punkte nicht gleichzeitig wahr, sondern zog zunächst die Währungsfrage vor, weil Finanz- und Industriewelt sie für das wirksamste Mittel zur Herstellung der Kreditfähigkeit ansahen. Dieses gelang ihm durch ein Abkommen mit der Nationalbank, in dem er die Grundzüge seiner Vorlage — Regelung des Schuldenverhältnisses zwischen Staat und Bank, Herstellung der Unabhängigkeit einer Zentralbank, Solventmachung der Bank durch Verminderung des Notenumlaufs und bankmäßige Deckung der im Umlauf bleibenden Noten — durchsetzen konnte. Dieser Erfolg konnte nicht in die Zukunft wirken, da das Bankstatut durch die neuerliche Herausgabe von Staatspapiergeld im Zusammenhang mit dem 66er Krieg entwertet wurde. Einige Jahre später verlor es völlig seine Gültigkeit.

Für die Reform der direkten Steuern griff Plener die Vorbereitungen Brucks auf, wobei er sich auf bereits eingearbeitete Beamte stützte. Zunächst versuchte er Reformen für einzelne Steuern durchzubringen, um die Einnahmen des Staatshaushaltes zu erhöhen. Dabei stieß er auf Widerstand im Reichsrat, so daß er die Vorlagen zur neuerlichen Bearbeitung zurückzog. Im Jahre 1864 legte er ein umfassendes Reformprojekt vor, das neben den Ertragssteuern großes Gewicht auf die Einkommensteuer legte. Plener wollte damit eine gerechtere Verteilung der Steuern und eine Erhöhung der Staatseinnahmen erreichen. Der Reichsrat nahm die Vorlage zur Beratung an. Infolge des Regierungswechsels kam es aber nicht mehr zur parlamentarischen Erledigung. Dennoch behielt die Vorlage Bedeutung für die weitere Entwicklung der Steuerreformen.

Bei der Herstellung des Gleichgewichts zwischen Staatseinnahmen und -ausgaben schien sich im Jahre 1863 eine Besserung abzuzeichnen. Zum einen wirkte sich der Abschluß der Bankakte aus, zum anderen belebte sich das Wirtschaftsleben durch Neugründung der k. k. priv. Allg. österreichischen Bodenkreditanstalt, der Unionbank und der Anglo-Austrian-Bank. Hinzu kam, daß Plener den Rest der Lotterieanleihe zum günstigsten Kurs an Anselm von Rothschild abgeben konnte. Es gelang ihm auch, gewisse Einsparungen in der Verwaltung zu erzielen.

Gegen Ende des Jahres 1863 zeichnete sich wiederum eine Verschlechterung der Finanzen ab. Es begann mit einer Mißernte in Ungarn, setzte sich fort infolge der Verwicklung in den Schleswig-Holsteinischen Krieg, infolge der Zuspitzung der ungarischen Krise und wegen einer gewissen Stagnation der Wirtschaft. Wie sehr sich die Situation verfahren hatte, zeigte sich deutlich im Mai 1864.

Plener sah sich im Herbst 1863 gezwungen, eine Anleihe vorzubereiten. Da der Rest der Lotterieanleihe an Rothschild gegangen war, konnte er nicht sofort eine weitere Anleihe anbieten. Deshalb nahm er die Chance, die sich ihm durch die Vermittlung der Anglo-Austrian-Bank, ein Drittel der Summe vorzuschießen, bot, zunächst wahr. Damit war die Aussicht auf Unterbringung dieser Anleihe in England verbunden. Durch die Kriegsstimmung um Schleswig-Holstein wurde diese Aussicht vermindert und zerschlug sich völlig bei Kriegsausbruch. Das führte Plener nun in eine Zwangssituation, da ohne Anleiheabschluß eine Rückzahlung der vorgeschossenen Summe erfolgen mußte. Ihm blieb kein anderer Ausweg, als jetzt das Anlehen auf den Markt zu bringen. Das Angebot brachte er allerdings ziemlich ungeschickt heraus, da er die Form der Offertverhandlung wählte. Das Ergebnis war niederschmetternd, womöglich weil er durch die Genehmigung der Anglo-Austrian-Bank Rothschild verärgert hatte.

Dieser Mißerfolg wurde nicht nur dem Finanzminister angelastet, sondern wirkte sich auch katastrophal auf das Ansehen der Regierung Schmerling aus: Bei dem noch immer ungelösten Ungarnproblem hätte das Kabinett wenigstens im finanziellen Bereich Positives vorweisen müssen. Schmerling, der fürchtete, daß es zu einer Verständigung zwischen dem Kaiser und den Führern der Ungarn kommen könnte, die seine Entlassung mit sich bringen würde, arbeitete — für sich selbst vorbeugend — auf die Entlassung Pleners hin. Der Finanzminister sah sich heftigen Anwürfen im Kabinett und einer Kampagne der halboffiziösen Presse ausgesetzt und fand von seiten des Staatsministers Schmerling keine Rückendekkung im Reichsrat. Dieser Rückendeckung hätte er um so mehr bedurft, als er wegen diffiziler Budgetfragen in eine heftige Auseinandersetzung mit dem Reichsrat geriet. Während es dem Finanzminister um die Wahrung seiner Befugnisse ging, versuchte der Reichsrat seine Kompetenzen auszuweiten.

Die Krisensituation der Regierung, die sich nicht nur von den finanziellen Schwierigkeiten herschrieb, sondern auch von der Außenpolitik und dem unbefriedigenden Stand der ungarischen Angelegenheit, wurde verstärkt durch die ständige Spannung zwischen Regierung und Abgeordnetenhaus. Zur Zuspitzung kam es, als Plener sich wieder zu einer großen Kreditoperation, welche für die allgemeinen Staatsbedürfnisse und für die Deckung der Staatsschuld in den Jahren 1865 und 1866 Vorsorge treffen sollte, entschloß und im Juni 1865 im Abgeordnetenhaus einbrachte. Die außerordentlich hohe Summe, die nun auf einmal aufgebracht werden sollte, machte einen sehr schlechten Eindruck, zumal die Abgeordneten weitgehend ahnungslos waren. Dazu kam, daß Schmerling sich mit aller Macht gegen die Anträge im Abgeordnetenhaus wehrte, welche die Fortdauer der Gültigkeit von Verordnungen, die mit Hilfe des Notstandsparagraphen erlassen worden waren, von der nachträglichen Genehmigung des Reichsrats abhängig machen wollten. Eine diesbezügliche Abstimmung hatte ganz den Charakter eines Mißtrauensvotums. Wenige Tage später mußte Plener von dem großen Kreditgesetz Abstand nehmen, nachdem der Reichsrat nur 13 Millionen für die gerade fälligen Zahlungen bewilligt hatte. Daraufhin bot er seinen Rücktritt an, doch lehnte der Kaiser eine Teildemissionierung des Kabinetts ab. Zwei Wochen später wurde dann das Gesamtkabinett entlassen, und zwar weil der Kaiser gegenüber Ungarn eine andere Politik einschlagen wollte. Diese Entwicklung war allerdings durch die Finanzfragen beschleunigt worden.

*

Für die folgenden Jahre, die Plener als Abgeordneter im böhmischen Landtag und im Reichsrat verbrachte, kamen ihm die Erfahrungen, die er während seiner Finanzministertätigkeit hatte sammeln können, zugute. Er hatte erkannt, daß die Macht in Österreich letztlich doch bei der Krone lag und man nichts vermochte, wenn man ihre Ansichten nicht berücksichtigte. Jeder, der politische Intentionen Wirklichkeit werden lassen wollte, mußte vorher darum bemüht sein, sich die Unterstützung der Krone zu sichern. Aus den Auseinandersetzungen im Reichsrat hatte er die Lehre gezogen, daß einerseits die Minister den Argumenten der Abgeordneten gegenüber aufgeschlossen sein müßten, daß andererseits die Abgeordneten um der Sache willen ihre oppositionelle Haltung dämpfen müßten. Parlamentarisches Leben ist ohne eine gewisse Kompromißbereitschaft nicht möglich.

Der Beginn seiner Abgeordnetentätigkeit — Plener hatte seit 1861 das Mandat der Egerer Handelskammer inne, nahm es eigentlich aber erst 1865 nach seiner Demission wahr — unterlag einer gewissen Belastung. Nachdem er Jahre lang wichtige Stellungen in der Monarchie ausgefüllt hatte, sah er sich nun auf einen Sitz im böhmischen Landtag beschränkt. Zudem war der führende Sprecher der Verfassungspartei, zu der Plener gehörte, Eduard Herbst, der Pleners Finanzpolitik immer wieder getadelt und ihm größten Leichtsinn als auch Unfähigkeit vorgeworfen hatte. Zunächst zogen ihn diese Kreise nicht zu ihren Beratungen hinzu, und Plener seinerseits drängte sich nicht auf. Dies änderte sich, als Plener im Landtag versuchte, eine Dankadresse für das Septembermanifest durch Antrag auf Übergang zur Tagesordnung zu unterbinden. Sympathien brachte ihm dann eine Rede ein, in der er sich gegen die Verminderung der Sitze der Handels- und Gewerbekammern im Landtag aussprach.

Der neuen Regierung in Wien gegenüber nahm Plener eine skeptische Haltung ein. Die Ernennung Belcredis deutete darauf hin, daß das altkonservative Element wieder in den Vordergrund treten würde und somit eine Gefährdung der Interessen des Gesamtstaates zu befürchten sei. Plener war für die Reichseinheit und gegen jede Veränderung im föderalistischen Sinne. Angesichts der Ereignisse von Königgrätz und der weit fortgeschrittenen Verhandlungen mit Ungarn gab er seine starre Haltung gegenüber Ungarn jedoch auf. Er glaubte, daß ein vernünftiger Dualismus, auf der einen Seite Ungarn, auf der anderen Seite die übrigen Kronländer, in dieser Situation das beste sei. Im November 1866 nahm Plener zum ersten Male offiziell zur Politik der Regierung und dem Ausgleich mit Ungarn Stellung. In der Debatte erklärte er, daß das Programm der Deutschen in Böhmen sein müsse: Österreich, die deutsche Nationalität und die Freiheit.

Das kaiserliche Patent vom 2. Januar 1867, das die sofortige Auflösung der Landtage und Neuwahlen verfügte, war ein neuerlicher Anlaß zu heftigen politischen Diskussionen. Das Ziel dieser Verfügung war die Einberufung eines außerordentlichen Reichsrates, dem das geplante ungarische Abkommen zur Beratung vorgelegt werden sollte. Die Deutschliberalen waren gegen das Zustandekommen des außerordentlichen Reichsrates, weil bei dem in Aussicht genommenen Wahlmodus die Föderalisten in der Mehrheit gewesen wären. Plener wurde in dieser Angelegenheit beim Außenminister Baron Beust vorstellig und forderte eine Wahl nach dem Muster des Februarpatentes. Beust nutzte die Gelegenheit, die Deutschen für seine politischen Pläne geneigt zu machen, nämlich den Ausgleich mit Ungarn. Er versprach ihnen deshalb die Klärung der Verfassungsfragen. Von da ab wird Plener der Vermittler zwischen den Deutschliberalen Böhmens und Beust, aber auch der Mittler zwischen den Verfassungsanhängern Böhmens und der übrigen Länder.

Im März 1867 fürchtete Plener, daß Beust, der den Einfluß der Zentralisten verringern wollte und deshalb einige Opponenten durch Ernennung ins Herrenhaus ausschalten ließ, ihn als Gegner im Abgeordnetenhaus loszuwerden wünschte. Gegen die Zusage, Beusts Politik bis zu einem gewissen Grad zu unterstützen, sicherte er sich sein Verbleiben im Abgeordnetenhaus des Reichsrates.

Als der Ausgleich mit Ungarn im Sommer 1867 zugestanden worden war, bereitete sich in den Reihen der Deutschliberalen Resignation aus. Plener schien der Abfall Galiziens und der Bukowina nun gewiß, und es fand bei ihm als Großösterreicher die Idee seines Sohnes über eine Donauföderation in Hinblick auf die gegebenen verrotteten Sach- und Personalverhältnisse positives Echo. Österreichs Zukunft beurteilte er als recht trübe, ahnend daß durch den Dualismus die nationalen Probleme weiterhin bestehen und überhaupt unlösbar sein würden. Die weitere Lebensdauer des Habsburger Reiches schätzte er auf höchstens 20 Jahre.

An den Vorarbeiten, die der finanziellen Seite des Ausgleichs galten, beteiligte sich Plener in den Ausschüssen. Er bemühte sich, möglichst viel für die westliche Reichshälfte auszuhandeln. Konnte er in den Ausschußsitzungen mit seiner Meinung nicht durchdringen, schloß er sich der Mehrheit an und verzichtete im Reichsrat auf die Bekanntgabe seiner ursprünglichen Gegenmeinung. Er war der Überzeugung, daß eine Gegendarstellung nach der Ausschußberatung keinen wirklichen Einfluß mehr haben konnte, sondern nur Verwirrung und Unruhe unter den Abgeordneten auslösen würde. Damit zeigte Plener, daß er eine Opposition, die der Sache nicht mehr dienen kann, für falsch hielt. Diese Einstellung muß vorhanden sein, wenn parlamentarisches Leben fruchtbar sein soll.

*

In der ersten neuen Regierung nach dem Ausgleich mit Ungarn, die dem Kaiser und seiner Umgebung durch die Verhältnisse aufgezwungen war, wurde Plener Handelsminister. Plener sowie die übrigen Kabinettsmitglieder gehörten zu den namhaftesten Vertretern der Verfassungspartei. Er fürchtete um den Bestand dieses Kabinetts, da der Kaiser die Ernennung der Minister nur unwillig ausgesprochen hatte. Der ungarische Ausgleich hatte zwar eine Nation befriedigt, hatte aber bei allen andern Nationen Ressentiments erweckt. Vornehmlich die Tschechen und die Polen bereiteten der neuen Regierung Sorge. Plener wußte, daß das Hauptproblem der Regierung die Verständigung mit der tschechischen Führung bildete. Pleners Überzeugung ging dahin, daß die Tschechen die Suprematie über die Deutschen in Böhmen anstrebten und durch nichts sonst befriedigt werden könnten. Das hätte aber die völlige Verstimmung der Deutschen in Böhmen bedeutet und nachfolgend den Verlust der deutschen Provinzen an Preußen oder andere deutsche Staaten. Letzteres sah er als eine größere Gefahr an als die Auseinandersetzung mit den resistenten Tschechen. Man durfte deshalb die Auseinandersetzung mit ihnen nicht scheuen, aber dabei ihren Forderungen nicht nachgeben, weil dies ein Zeichen der Schwäche gewesen wäre und die Resistenz der Tschechen nur gesteigert hätte. In diesen Fragen kam es zu erheblichen Meinungsverschiedenheiten innerhalb der Regierung, als die durch den Rücktritt Auerspergs vakant gewordene Stelle des Ministerpräsidenten neu zu besetzen war. Bei den Verhandlungen innerhalb des Kabinetts und der Einigung mit dem Kaiser vermittelte Plener. Die Mehrheit im Kabinett lehnte Graf Eduard Taaffe, den der Kaiser an der Spitze wünschte, ab. Plener war ebenfalls gegen Taaffe eingestellt, weil er unter ihm ein Nachgeben gegenüber den Tschechen befürchtete. Dennoch setzte sich Plener, der zu anderer Zeit erkannt hatte, daß gegen den Wunsch des Kaisers keine Politik gemacht werden konnte, für Taaffe ein, versuchte ihn aber durch Absprache zu binden. Unter der Leitung Pleners arbeitete das Kabinett eine Art Regierungsprogramm aus, wobei es sich auf einen Vorentwurf Pleners stützte, und verlangte für den Ernennungsvorschlag von Taaffe, sich an dieses Programm zu halten. Taaffe akzeptierte die Bedingungen, woraufhin die Ernennung durch den Kaiser erfolgte. — Plener hatte bei der Regierungsumbildung viel Geschick bewiesen, indem es ihm gelungen war, beide Seiten zu befriedigen, ohne sein politisches Programm außer acht zu lassen.

Im Juli 1869 drohte die Auflösung des böhmischen Landtags. Der Kaiser wollte Neuwahlen, weil er sich davon eine veränderte Zusammensetzung des Landtags erhoffte. Plener war gegen eine Auflösung, da die Regierung mit dem derzeitigen Landtag gut zusammenarbeitete: Eine solche Maßnahme würde praktisch darauf hinauslaufen, der Regierung den parlamentarischen Rückhalt zu entziehen. Er glaubte dies als Absicht der Krone erkennen zu können. Plener versuchte mittels einer Denkschrift auf den Ministerrat Einfluß zu nehmen, um gemeinsam eine Auflösung zu verhindern.

Im Dezember kam es wegen Fragen der Wahlreform zu einer Spaltung innerhalb der Regierung. Bei dieser Auseinandersetzung ging es im Grunde um ein Fortfahren auf dem Wege des Zentralismus oder ein Einlenken in föderalistische Bahnen für die westliche Reichshälfte. Ersteres war gleichbedeutend mit direkten Wahlen. Diese forderte auch Plener und schloß sich dabei der Mehrheit an. Der Kaiser sah den Zwiespalt im Ministerium mit Unzufriedenheit und drängte auf eine Entscheidung. Die Meinung der Mehrheit des Kabinetts fand die Zustimmung des Reichsrates. Daraufhin trat die Minderheit zurück und Plener wurde als ältester Minister mit der Reorganisation des Kabinetts betraut. Plener, der wußte, daß der Kaiser nicht mit der Mehrheit übereinstimmte und ein Einlenken erwartete, vermittelte eine Kabinettsliste; doch war er überzeugt, daß der Kaiser auf die Dauer nicht mit ihr einverstanden sein würde.

Auf Drängen Pleners unternahm die neu zusammengesetzte Regierung einen Verständigungsversuch mit den Tschechen. Plener lehnte auch jetzt eigentlich eine Verständigung ab. Doch da er das Anliegen des Kaisers, den föderalistischen Tendenzen nachzugeben, kannte, schlug er dem Kabinett vor, in Prag die Bedingungen der Tschechen zu erfragen. Die Regierung könnte sich dadurch beim Kaiser angenehm machen, da sie sich willfährig zeigte, seine Wünsche zu erfüllen. Dabei brauchte sie keineswegs von ihren Zielen abzurücken, da zu erwarten wäre, daß die Tschechen so hohe Forderungen stellen würden, daß an eine Erfüllung nicht zu denken sei, man aber sogar das Recht gewinnen könnte, den Ausnahmezustand zu verhängen. Die Regierung folgte Pleners Ratschlag und tatsächlich kam keine Verständigung zustande.

Die politische Bedeutung Pleners zur Zeit seiner Tätigkeit als Handelsminister liegt bei seiner Vermittlerrolle zwischen Kaiser und Kabinett und weniger bei der Ressortarbeit. Hier bemühte er sich um die Erweiterung des Eisenbahnnetzes und um die Vermehrung und Verbesserung der Post- und Telegraphenämter. Er führte das System der langen Steuerbefreiung anstelle der kostspieligen Staatssubventionen bei Eisenbahnkonzessionen ein und war auf die Verminderung der hohen Tarifsätze bedacht. In Pleners Ministerzeit fiel die Reorganisation der Handelskammern sowie der Abschluß einer Reihe von Handelsverträgen. Pleners Tätigkeit als Handelsminister fand ein Ende durch die Demission der Regierung am 3. April 1870.

Der Kaiser schätzte Plener, weil er angenehm im Umgang und entgegen seinen Parteifreunden auch mal bereit war, Konzessionen zu machen. Er hätte ihn gern als Minister in den folgenden Kabinetten gesehen und wäre dabei auch wohl auf wenig Widerstand bei den jeweils die Regierung Bildenden und deren Anhängern gestoßen, da selbst politische Gegner Plener seiner konzilianten Haltung wegen akzeptierten. Plener fühlte sich aber als Vertreter der Egerer Handelskammer der deutschen Verfassungspartei so verpflichtet, daß er in Regierungen, mit denen diese Partei nicht einverstanden war, nicht mitarbeiten wollte. Diese Verpflichtung an die Partei ging für ihn aber nicht so weit, daß er sich der Parteidisziplin unterwarf, wenn die Deutschliberalen in seinen Augen sinnlose Opposition betrieben. Das zeigte sich deutlich, als er gegen die Majorität der Verfassungpartei das galizische Eisenbahnprojekt Beskid-Stryi unterstützte, weil er die Parteitaktik, sich mit allen gleichzeitig zu verfeinden, nicht billigte. Als im Februar 1871 die Verfassungspartei die Regierung Hohenwart durch Verweigerung einer Steuerbewilligung zum Rücktritt treiben wollte, entschied sich Plener für die Bewilligung, zum einen aus Rücksicht auf die Wünsche der Krone, zum anderen, weil er glaubte, daß eine Nichtbewilligung der Regierung als willkommener Anlaß dienen könnte, den Reichsrat aufzulösen und vorläufig mit dem Notstandsparagraphen zu regieren. Für Plener hatte seine oppositionelle Haltung innerhalb der Partei bei der Steuerbewilligungsfrage schwerwiegende Folgen, und zwar insofern, als er, nachdem die Egerer Handelskammer von ihm als ihrem Vertreter eine Abstimmung für die Steuerbewilligung verlangte, sein Mandat niederlegte. Allerdings war die Handelskammer schon bald wieder bereit, Plener als ihren Abgeordneten zu akzeptieren, weil man letztlich Hochachtung vor seiner konsequenten Handlungsweise empfand. Plener wünschte die weitere Abgeordnetentätigkeit, doch fand sie 1873 mit seiner Ernennung ins Herrenhaus ein Ende. Im Herrenhaus zählte er bis zu seinem Tode im Jahre 1908 zu den namhaftesten und am meisten geehrten Mitgliedern.

*

Rückblickend sollen die drei Phasen der politischen Entwicklung Pleners herausgestellt werden. In der Zeit als Finanzminister zeigte sich, daß Plener für das Amt nicht die richtigen Voraussetzungen mitbrachte. Er war Beamter, was seinem Werdegang entsprach, aber kein Politiker. Er kannte nicht die Grenzen der Möglichkeiten eines Finanzministers, so daß er einerseits in seinen Entscheidungen den einseitigen Interessen gewisser Finanzkreise nachgab, andererseits über diesen Entscheidungen andere Probleme vergaß. Da Plener sich während der Zeit seiner Abgeordnetentätigkeit weitblickender zeigte, kann man die Zeit der Finanzministertätigkeit als Lehrzeit bezeichnen.

Die zweite Phase, die Pleners Tätigkeit im Abgeordnetenhaus umfaßt, bedeutet für die politische Persönlichkeit Pleners eine Zeit des Reifens. Er ist die Kontaktperson zwischen der Regierung und den Deutschliberalen Böhmens und zwischen den Verfassungsanhängern der verschiedenen Kronländer, vornehmlich deshalb, weil er gelernt hatte, vorhandene Möglichkeiten zu übersehen und politische Kräfte nicht zu vergeuden.

Als gereifter Politiker ist Plener in der dritten Entwicklungsphase zu bezeichnen, die die Zeit seiner Tätigkeit als Handelsminister und als Parlamentarier umfaßt. Er ist nicht nur ein Mann des Kompromisses, sondern genug politische Persönlichkeit, daß er gegenüber Parteifreunden auf seine Meinung nicht verzichtet, wenn er von ihrer Richtigkeit überzeugt ist.

Plener ist während der zweiten und dritten Entwicklungsphase nicht nur ein geschickter Abgeordneter, sondern auch ein geschickter „österreichischer" Abgeordneter. Den Faktor Kaiser in der Politik hat er klar erkannt, g e g e n die Krone war nichts durchzusetzen. Die Entwicklung Pleners ist die eines durchschnittlichen Politikers, der weder besondere Voraussetzungen mitbrachte, noch herausragende Fähigkeiten besaß, der aber an den ihm gestellten Aufgaben wuchs und für den Staat zu einem recht verdienstvollen Mann wurde. Geniale Züge sind an ihm nicht aufzufinden, aber auch nicht an den Männern, die mit ihm in den jeweiligen Regierungen zusammenarbeiteten. Es hat fähigere gegeben, aber auch sie sind wie Plener zum Durchschnitt zu rechnen. Wenn eine Zeit durch politische Entscheidungen durchschnittlicher Männer bestimmt wird, so kann man diese Zeit wohl nur als durchschnittlich bezeichnen. Somit scheint es sinnvoll, durch die Monographie eines durchschnittlichen Mannes eine Zeit zu beleuchten. Letzteres kann selbstverständlich nicht in einem solchen Bericht geschehen, dazu bedarf es der ausführlichen Schilderung des Milieus um diesen Mann, was der eigentlichen Arbeit vorbehalten bleibt.

Anschließend möchte ich einen Eindruck mitteilen, der sich bei der Beschäftigung mit dem Leben Pleners bis zur Sicherheit verstärkt hat. Auffällig ist, daß in dieser Zeit nur mehr oder weniger durchschnittliche Männer zu Regierungsgeschäften herangezogen wurden. Plener selbst ist ein Beispiel dafür. Nicht nur während seiner Ministertätigkeit, sondern auch nach der Demission versuchte der Kaiser immer wieder, ihn für ein Regierungsamt zu gewinnen. Es bietet sich die Erklärung an, daß ein Kaiser, der durchschnittliche Männer in verantwortungsvollen Stellungen bevorzugt, nur durchschnittlich sein kann. Damit gehört er in seine Zeit.

DER THRONFOLGER ERZHERZOG FRANZ FERDINAND UND SEINE EINSTELLUNG ZUR BÖHMISCHEN FRAGE

Von Robert A. Kann

Die gegenständliche Arbeit stellt keine Untersuchung des Wesens und der Möglichkeit eines böhmischen Ausgleichs in der späteren Regierungszeit Kaiser Franz Josephs dar, wie sie im historischen und politischen Schrifttum vielfach behandelt wurde. Dem Thronfolger persönlich sind überhaupt keine der verschiedenen Lösungsversuche dieses Problems zuzuschreiben. Der Zweck dieser Studie kann deshalb auch nicht der sein, das böhmische Ausgleichsproblem als solches zu behandeln. Ihre Aufgabe ist vielmehr, die Wertmaßstäbe und Absichten des Erzherzogs und seiner Ratgeber dar- und auszulegen, die seine Einstellung zur böhmischen Frage bestimmten und von großer Bedeutung hätten sein können, wäre es nicht zur Tragödie von Sarajevo gekommen.

Der Thronfolger war weder ein Nationalist noch ein Föderalist. Persönlich konnte man ihn wie Kaiser Franz Joseph als Vertreter eines deutsch orientierten Zentralismus ansehen[1], dem nationalistische Propaganda ein absoluter Greuel war. Alldeutschtum und magyarisches Ungartum waren neben Liberalismus — dieser für ihn fast gleichbedeutend mit Freimaurerei und Sozialismus — die ersten der mehr als sieben Plagen, die nach seiner Auffassung die Habsburger Monarchie bedrohten. Der Erzherzog war aber auch keineswegs ein Föderalist und in besonderen Fällen daher auch kein Trialist, Fehlschlüsse die häufig gezogen werden und gewöhnlich darauf zurückzuführen sind, daß Franz Ferdinand mit verschiedenen semi-föderalistischen Entwürfen identifiziert wird, die im Kreise seiner Mitarbeiter entstanden[2]. Die Ansichten eines Fürsten oder führenden Staats-

---

[1] K a n n , Robert A.: Erzherzog Franz Ferdinand und die österreichischen Deutschen. (Dokumente aus den Nachlässen Erzherzog Franz Ferdinand, Baernreither und Schießl.) Mitteilungen des österreichischen Staatsarchivs 13 (1960) 392—403. Siehe hier insbesonders den in extenso abgedruckten Brief des Thronfolgers an den Kabinettsdirektor v. Schießl aus dem Jahre 1908, in dem er für die Doppelsprachigkeit in den Ländern der böhmischen Krone und mittelbar in der ganzen Monarchie eintritt. Haus-, Hof- u. Staatsarchiv Wien, Nachlaß Schießl, Karton 1.

[2] Siehe K i s z l i n g , Rudolf: Erzherzog Franz Ferdinand von Österreich-Este. Graz-Köln 1953, insbesonders S. 215—260. — F r a n z , Georg: Erzherzog Franz Ferdinand und die Pläne zur Reform der Habsburger Monarchie. Brünn 1943, S. 40—98. — Siehe weiters B a r d o l f f , Carl v.: Soldat im alten Österreich. Jena 1943, S. 136—171. — C h l u m e c k y , Leopold v.: Erzherzog Franz Ferdinands Wirken und Wollen. Berlin 1929, S. 163—219. — S o s n o s k y , Theodor v.: Erzherzog Franz Ferdinand. München 1929, S. 33—105. Insbesondere im Hinblick auf die Aussichten der Verwirklichung der im Kreise des Erzherzogs entstandenen Programme siehe K a n n , R. A.: Das Nationalitätenproblem der Habsburgermonarchie. Bd. 2. Graz-Köln 1964, S. 191—200, 353—358.

mannes mit denen gleichzusetzen, die in den ihm überreichten Denkschriften und Gutachten zum Ausdruck kommen, ist schon an sich problematisch. Im Falle des Erzherzogs erscheint eine solche Identifizierung dann völlig verfehlt, wenn er die Ausarbeitung föderalistischer oder semiföderalistischer Entwürfe in bestimmter Form gar nicht selbst verlangt hat. Wohl aber ist auf Grund der Quellenforschung mit hoher Wahrscheinlichkeit anzunehmen, daß er den Ausgleich von 1867 mit Ungarn in einer Weise revidiert haben würde, welche ungarische separatistische Tendenzen blockiert und die Zentralgewalt des Reichsoberhauptes wesentlich erhöht haben würde. Daß er den nach jahrelangen mühsamen Verhandlungen im verfassungsmäßigen Wege zustandegekommenen Ausgleich schlechthin aufgehoben hätte, ist hingegen nicht anzunehmen, da er mit Recht fürchtete, daß eine durch einen Staatsstreich ins Leben gerufene revolutionäre Bewegung in Ungarn auf andere Reichsteile hätte übergreifen können. Diese aber hätte leicht zur Intervention fremder Mächte, vor allem Rußlands, führen können[3].

Wie die Entwicklung des Thronfolgers zeigt, hat sich zwar sein leidenschaftliches Temperament niemals geändert, wohl aber haben in den Jahren seiner Reife die Bedenken immer mehr zugenommen, radikale Maßnahmen zu ergreifen. Das gilt insbesondere für die Außen- aber auch für die Innenpolitik. Immerhin bestand doch ein wesentlicher Unterschied zwischen seinen geplanten Regierungsgrundsätzen und denen des alten Kaisers. Abgesehen von der viel schärferen Ablehnung liberaler und selbst josephinischer Regierungsgrundsätze durch den Erzherzog als durch den Kaiser hat Franz Joseph das Nationalitätenproblem, soweit es irgend möglich war, zu ignorieren gesucht. Daß dies letzten Endes nicht mehr möglich war, führte mit zur permanenten Krise der späteren Jahre seiner Regierungszeit. Franz Ferdinand hat andererseits versucht, im ungefähren Rahmen eines revidierten Ausgleichs von 1867 und der bestehenden Staats- und Kronlandsgrenzen, der nationalen Frage bis zu einem gewissen Grade ihr Recht werden zu lassen. Daß er hierin erfolgreicher gewesen wäre als der Kaiser, ist freilich nicht wahrscheinlich, da dynamische Massenbewegungen sich nicht durch Viertelerfolge abspeisen lassen, besonders wenn selbst diese durch Konzessionen an eine größere Macht fordernde streng konservative Staatsgewalt erkauft werden müssen.

Wenn der Erzherzog den nationalen Problemen der Monarchie, aber insbesondere denen der westlichen Reichshälfte, im großen und ganzen auf Grund des Gegebenen gegenübertreten wollte, so ist damit schon der Umriß seines Programmes abgezeichnet. Er hat sich demgemäß nicht so sehr für die Beziehungen zwischen Deutschen oder Tschechen in den Ländern der böhmischen Krone als Ganzes oder gar im Gesamtbereich interessiert, sondern vor allem für die nationale Frage in der von ihm durchaus anerkannten geschichtlichen Ordnung der Kronländer.

Hier muß man sich vor allem an Franz Ferdinands starke Bindung an die historische Tradition überhaupt erinnern. In diesem Sinne konnte er Böhmen als

---

[3] Siehe Franz 99 f. — Bardolff 176 f. — Hötzendorf, Franz Conrad v.: Aus meiner Dienstzeit 1906—1918. Bd. 3. Wien 1921—25, S. 125—128.

das als geschichtliche Einheit traditionsreichste Kronland des zisleithanischen Österreichs ansehen. Bestimmt stand es in diesem Sinne auch im Mittelpunkt seines Denkens über die nationale Frage in der westlichen Reichshälfte. Dazu kamen noch Bindungen durch Grundbesitz, gesellschaftlichen Verkehr und Familienbeziehungen seiner Gattin, der Herzogin von Hohenberg, die als geborene Gräfin Chotek einem alten böhmischen Hochadelsgeschlecht entstammte. Ob man hiebei von wirklicher Sympathie für Böhmen sprechen kann, ist eine andere Frage bei einem Manne, dessen Vorliebe für bestimmte Gegenden — unbeschadet seines gesamtösterreichischen Patriotismus — weitgehend von ihrer Tauglichkeit als Jagdgebiet bestimmt war. Fest steht immerhin, und das bedeutete bei seinem Naturell als großer Hasser schon viel, daß er der Bevölkerung Böhmens, Deutschen wie Tschechen, keine grundsätzliche Abneigung entgegenbrachte. Hier besteht ein wesentlicher Unterschied gegenüber der völlig negativen Einstellung des Erzherzogs zum magyarisch beherrschten Ungarn.

Jedenfalls hat der Thronfolger in Böhmen, insbesonders seit der Erwerbung des Schlosses Konopischt, seiner Hauptresidenz außerhalb Wiens in den letzten zwei Jahrzehnten seines Lebens, weit mehr Zeit verbracht als in irgend einem anderen nichtdeutschen Kronland und wahrscheinlich fast ebensoviel Zeit wie in Wien. Die Bevölkerung Böhmens, Deutsche wie Tschechen, glaubte er gut zu kennen. Eine Reihe von Männern und Frauen, die ihm besonders nahe standen, gehörte dem böhmischen Hochadel an und der einzige Nichtadelige und Nichtmilitär, dem er wirklich große Sympathien entgegenbrachte, sein Kammerdiener Janaczek, war ein böhmischer Tscheche. Zweifellos brachte der Erzherzog allen böhmischen Fragen auch ein weit größeres Interesse entgegen als denen der anderen Sudetenländer.

In dem thematisch begrenzten böhmischen Rahmen wird die Frage der Haltung des Erzherzogs auf zwei Ebenen zu betrachten sein: zunächst des Thronfolgers enge persönliche Beziehungen zu böhmischen Aristokraten und Anschauungen zu Fragen der Landespolitik, und eng damit verbunden seine Stellung zu Fragen der böhmischen Politik selbst. Hier ergeben sich natürlich auch Kontakte zu hohen Regierungsfunktionären, Mitgliedern des Reichsrats und Männern seines eigenen Stabes.

In die erste Gruppe fällt vor allem der spätere Außenminister Graf Ottokar Czernin, dessen Einfluß auf den Erzherzog über die böhmischen Fragen weit hinausgreift[4], der aber auch als Ratgeber des Erzherzogs in Fragen der böhmischen Landespolitik eine wesentliche Rolle gespielt hat. Ferner wäre hier Fürst Karl Schwarzenberg, eine bedeutend weniger umstrittene Persönlichkeit als Czernin, zu nennen, der für den Erzherzog geradezu den Prototyp des loyalen böhmischen Feudalherrn darstellte. Als dritter kommt Graf (später Fürst) Jaroslav Thun in Betracht, der Schwager des Thronfolgers, der auch in dessen Testament als Vormund der erzherzoglichen Kinder eingesetzt wurde. Wenn diese doppelte Beziehung auch auf ein besonderes Vertrauensverhältnis zum Erzherzog hinweist,

---

[4] C z e r n i n , Ottokar: Im Weltkriege. Berlin 1919, S. 43—66. — K a n n , Robert A.: Count Ottokar Czernin and Archduke Franzis Ferdinand. JCEA 16/11 (Juli 1956) 117—145.

so doch keineswegs auf eines der Intimität. Für den Thronfolger waren die Aristokraten privilegierte Untertanen mit Betonung auf dem Hauptwort. Von ihnen wurde eine besondere Loyalität verlangt. Im Falle des österreichischen Hochadels wurde diese gemeinhin, aber keineswegs immer, angenommen. Diese Aristokraten standen daher dem Throne näher als bürgerliche Politiker und Fachleute. Im Falle des ungarischen Hochadels war mit ganz wenigen Ausnahmen das Gegenteil der Fall. Der Erzherzog betrachtete sie häufig als potentielle Rebellen und Hochverräter. Er lehnte sie daher noch schärfer ab als bürgerliche Politiker, da von der Aristokratie eben eine besondere Bindung an den Thron gefordert werden konnte.

Die zentrale Persönlichkeit in böhmischen Angelegenheiten war für den Erzherzog Graf, später Fürst, Franz Thun, der um siebzehn Jahre ältere Bruder des Grafen Jaroslav, mit dem der Erzherzog als Ministerpräsidenten 1898/99 und langjährigem Statthalter Böhmens (1889—96 und 1911—15) mehr über böhmische Politik verhandelt hat als mit irgend jemand anderem. Obwohl zwischen Franz Ferdinand und Thun, mit Ausnahme der zu erörternden Krise von 1896, lebhafte gesellschaftliche Beziehungen bestanden, war sein Verhältnis zu ihm weit problematischer als zu irgend einem anderen der böhmischen Feudalherren. Zu ihrem Kreis zählte auch Graf Ernst Silva Tarouca, Mitglied des böhmischen Landtages und des Herrenhauses, und der spätere Ministerpräsident Graf Heinrich Clam-Martinic und — mit Einschränkung — der mehrfache Minister und erfahrene Politiker Dr. Joseph Maria Baernreither. Alle diese Männer gehörten dem Lager der verfassungstreuen deutschen Großgrundbesitzer in Böhmen an und konnten als in politischer Beziehung ausgesprochen konservativ, in nationaler Hinsicht aber als gemäßigt betrachtet werden. Dies gilt ganz besonders für Clam-Martinic. Für Baernreither, den einzigen Bürgerlichen in dieser Gruppe, der daher auch gesellschaftlich nicht in den Kreis des Erzherzogs gezogen wurde, muß ein anderer politischer Wertmaßstab angelegt werden als für die Feudalherren. Er war verhältnismäßig weniger konservativ eingestellt, dafür aber national etwas stärker betont deutsch, wenn auch keineswegs radikal national. Der Erzherzog unterhielt gelegentliche politische Verbindungen zu deutsch-böhmischen bürgerlichen Politikern, wie etwa dem Obmann der deutschen Volkspartei D. Karl v. Chiari. Im wesentlichen aber wurde er über die deutschen Anliegen durch die konservativen Hochadeligen seines Vertrauens, durch die Ministerpräsidenten und seinen eigenen Stab informiert. Mit tschechischen Parlamentariern wie dem Obmann des Tschechenklubs im österreichischen Abgeordnetenhaus, Dr. Friedrich Pácak, der es trotz seiner sehr radikalen Vergangenheit 1906 zum Minister bringen sollte[5], und Dr. Karl Kramář, dem bedeutenden Jungtschechenführer, stand er in noch seltenerem Kontakt.

Außerhalb Böhmens sind vor allem die Leiter der Militärkanzlei des Erzherzogs zu nennen, der weltkluge Oberst Alexander Brosch v. Aarenau und Oberst Dr. Carl Bardolff, der nach dem Tod des Erzherzogs immer mehr ins deutschnationale Lager überschwenkte. Natürlich spielten auch die Ministerpräsidenten,

---

[5] Pácak wurde 1868 wegen Hochverrats verurteilt und erst 1871 amnestiert.

insbesondere Körber, Beck und Bienerth, eine wesentliche Rolle bei der Erörterung einschlägiger Fragen. Die ersten beiden wurden im Zuge ihrer Ministerpräsidentschaft dem Erzherzog völlig entfremdet. Das gilt vor allem für Beck, der bis zum Jahre 1907 des Thronfolgers intimster politischer Vertrauensmann war und dann, da er die Ministerpräsidentschaft unter dem alten Kaiser annahm, aufs heftigste vom Thronfolger bekämpft wurde.

Um nunmehr kurz auf die Quellenlage einzugehen, so gibt es rein quantitativ reiches Material zur Behandlung unseres Themas. Doch ist es, kritisch betrachtet, in zweifacher Hinsicht stark beschränkt. Zum ersten bezieht es sich hauptsächlich auf die Verbindungen des Erzherzogs zu deutschböhmischen Feudalherren und kaiserlichen Ministern. Aufzeichnungen der wenigen Parlamentarier, mit denen der Erzherzog über den Gegenstand gesprochen hat, liegen kaum vor. Zum zweiten aber beinhaltet die reichste Quelle, auf die sich die Franz-Ferdinand-Forschung stützen muß — der im Haus-, Hof- und Staatsarchiv deponierte Nachlaß —, mit wenigen Ausnahmen nur die an den Erzherzog gerichteten Schreiben und Memoranden und Entwürfe seiner Militärkanzlei[6]. Allerdings ist vielfach die Vorlage solcher Schriftstücke vom Thronfolger selbst angefordert worden und aus ihrem Inhalt können in vorsichtiger Weise wichtige Schlüsse gezogen werden. Die vielen Denkschriften, die dem Thronfolger ohne irgendeine Initiative seinerseits zugingen, müssen hingegen außer Betracht bleiben. Hinsichtlich der für uns besonders wesentlichen Korrespondenz des Thronfolgers und der Schriftstücke jener, die mit dem Erzherzog in Kontakt, meist sogar in regelmäßigem Kontakt standen, sind unzweifelhaft die Briefe und Memoranden Czernins zu unserem Gegenstand die reichste und interessanteste Quelle. Sie wurden zum Teil veröffentlicht und im Schrifttum mehrfach besprochen[7]. Im Nachlaß befinden sich auch Briefe und Denkschriften der Brüder Thun, des Fürsten Karl Schwarzenberg, der Grafen Clam-Martinic und Silva-Tarouca, die reichhaltigen Aufzeichnungen der Chefs der erzherzoglichen Militärkanzlei und Briefe der kaiserlichen Ministerpräsidenten. Ferner liegt eine Denkschrift Dr. Baernreithers vor und mehrfache Hinweise auf ihn in den Memoranden von Czernin sowie die Tagebücher Baernreithers, die aber nicht Teil des Nachlasses sind.

Am wichtigsten sind die hauptsächlich in den tschechoslowakischen staatlichen Archiven deponierten schriftlichen Äußerungen des Erzherzogs selbst. Dort liegt aber auch die Mehrzahl der Briefe der Fürsten (Grafen) Franz und Jaroslav

---

[6] Die im folgenden herangezogenen Briefe und Denkschriften, die an den Erzherzog gerichtet sind, befinden sich in dem im Haus-, Hof- u. Staatsarchiv in Wien deponierten Nachlaß des Erzherzogs, der sich im Besitz der Familie Hohenberg befindet (im folgenden zitiert als Nachlaß F. F.). Die meisten hier zitierten Schreiben des Erzherzogs befinden sich derzeit im Staatsarchiv Děčín (Tetschen) bzw. dessen Zweigstellen. Für andere Dokumente wird das jeweils in Betracht kommende Archiv angegeben. Es sei hiermit den tschechoslowakischen Archiven, dem Haus-, Hof- und Staatsarchiv Wien und der Familie Hohenberg der beste Dank ausgesprochen.

[7] Nachlaß F. F., Abteilung II, Briefe, Kartons 12, 13. — K a n n : Count Ottokar Czernin. — M i t i s , Oskar (Hrsg.): Joseph Maria Baernreither. Der Verfall des Habsburgerreiches und die Deutschen. Fragmente eines politischen Tagebuches 1897—1917. Wien 1938, S. 177—290 passim.

Thun und des Fürsten Karl Schwarzenberg. Sie werden hier weitgehend herangezogen.

Um zunächst auf die Beziehung des Thronfolgers zu Czernin mit besonderer Berücksichtigung der böhmischen Frage zurückzukommen, so war dieser zwischen 1905 und 1913 zweifellos der eifrigste, was aber nicht notwendig heißt der intimste Ratgeber des Erzherzogs. Es bestehen jedenfalls mehrfache Anzeichen dafür, daß sein Einfluß im Spätherbst 1913, als er den Gesandtenposten in Bukarest annahm, bereits im Abklingen war und daß der Thronfolger schließlich von Czernins außen- und innenpolitischem Radikalismus unangenehm berührt war [8]. Auch der eiskalte Zynismus des Grafen in seinem Urteil oder meistens Aburteil von Menschen dürfte den Erzherzog letzten Endes nicht angesprochen haben. Trotz seines mißtrauischen Charakters und der Starrheit seiner Anschauungen war der Thronfolger selbst schon auf Grund seiner starken Religiosität durchaus nicht zynisch eingestellt. Obwohl Czernin den Erzherzog in böhmischen Fragen zweifellos auf dessen Verlangen beriet, wird man gerade hier besonders vorsichtig sein müssen, wenn man von Czernins Anschauungen auf die des Erzherzogs schließen will. In der böhmischen Frage vertrat der Graf im großen und ganzen einen deutsch-zentralistischen, wenn auch an sich durchaus nicht a limine antitschechischen Standpunkt. Den tschechischen Nationalismus identifizierte er hingegen mit Hochverrat und sah das einzige Abwehrmittel im Oktroy von Landesgesetzen und in den schärfsten Polizeimaßnahmen. Gesellschaftlich traf er mit dem Erzherzog häufig zusammen und hat im Umgang mit dem Thronfolger dessen Erregbarkeit zweifellos noch gesteigert. Ob Czernins Haltung auch ein gewisser Opportunismus zugrundelag, dem Erzherzog Vorschläge zu machen, die er gerne hörte, bleibe dahingestellt. Es ist andererseits durchaus zuzugeben, daß Czernins Persönlichkeit während seiner stark umstrittenen Ministerschaft im Kriege gewachsen ist. Auch waren seine Urteile über den Erzherzog und sein vermutliches Regierungsprogramm, wie er sie in seinem im Jahr 1920 erschienenen Buch „Im Weltkrieg" niederlegte, wesentlich abgeklärter als seine Briefe und Gutachten der Vorkriegszeit von 1908 bis 1914. Wir haben uns hier aber mit seinen fast ausschließlich rechtsradikalen, unheilvollen Bemühungen dieser Periode, den Erzherzog zu beeinflussen, auseinanderzusetzen.

Vielleicht noch größer als der Einfluß Czernins bis 1913 war der des späteren Schwagers des Erzherzogs Graf (Fürst) Jaroslav Thun. Seine Einstellung gegenüber dem Tschechentum war ungefähr der Czernins gleichzusetzen. Ungleich Czernin war er aber streng kirchentreu eingestellt. Sein sozusagen konservativer Rechtskonservatismus stand in seiner Schärfe dem des späteren Außenministers nur wenig nach. Zweifellos machte Jaroslav Thun aber den Eindruck eines geistig weniger begabten und dafür auch weniger sprunghaften Mannes als Czernin. Man wird vielleicht annehmen können, daß diese minder temperamentvolle Haltung, verbunden mit der Tatsache der Verschwägerung, auf den Thronfolger eine auf

---

[8] K a n n : Count Ottokar Czernin 120—123. — D e r s.: Erzherzog Franz Ferdinand und Graf Berchtold als Außenminister 1912—1914. MÖStA 22 (1969) 246—278, hier insbesondere 248—253. Die Briefe des Erzherzogs an Graf Berchtold befinden sich derzeit im Staatsarchiv in Brno (Brünn).

lange Sicht hin stärkere, aber kaum bessere Wirkung ausübte als die Haltung Czernins. Verstärkt wurde der Einfluß Jaroslav Thuns vermutlich noch durch den Umstand, daß der Erzherzog Thuns Gattin, die Gräfin Maria Thun, außerordentlich schätzte und mit ihr schon mehrere Jahre vor der Verbindung mit Gräfin Sophie Chotek, ihrer Schwester, in lebhafter, allerdings völlig unpolitischer Korrespondenz stand [9].

Der dritte dem Erzherzog persönlich nahestehende böhmische Feudalherr war Fürst Karl Schwarzenberg, mit dem der Thronfolger, wie auch mit Jaroslav Thun, ein Jahrzehnt länger in Korrespondenz stand als mit Czernin. Schwarzenberg war ein streng konservativ eingestellter böhmischer Feudalherr, jedoch mit einem wesentlich ruhigeren Temperament bedacht als Czernin und auch weniger radikalen Tendenzen zugeneigt als Jaroslav Thun. Gesellschaftlich stand er Franz Ferdinand zweifellos nahe, konnte auch im Herrenhaus als einer seiner Vertrauensmänner angesehen werden, doch war Schwarzenberg gewiß keine politische Natur. Wie weit sein Einfluß bei dem Thronfolger reichte, ist schwer abzuschätzen; wenn er ihn geltend machte — und der Erzherzog schätzte Schwarzenberg außerordentlich —, hat er sich vermutlich radikalen Zwangsmaßnahmen abgeneigt gezeigt. Das gleiche gilt in noch größerem Maße für den Grafen Heinrich Clam-Martinic, einen hochadeligen Großgrundbesitzer, der zweifellos klüger als Jaroslav Thun und Karl Schwarzenberg war und in nationalen Fragen eine Mittelstellung zwischen dem deutschen und tschechischen konservativen Standpunkt einnahm.

Soweit die Männer, deren Einfluß auf den Erzherzog vorwiegend auf persönliche Beziehungen und nicht auf ihre Stellung zurückzuführen war. Was wiederum zunächst Czernin betrifft, so erklärte er in einer im Februar 1909 dem Erzherzog unterbreiteten Denkschrift, daß „so unmöglich diese böhmische Frage *parlamentarisch* gelöst werden kann, so leicht wäre sie durch kaiserlichen Oktroy zu beendigen. Sie parlamentarisch zu lösen, heißt die Zustimmung der Herren Klofáč, Baxa, Wolf, Iro und Genossen zu erhalten, d. h. die Zustimmung jener Männer, welche die Todfeinde der Dynastie und des Reiches sind . . . Die böhmische Frage ist zu lösen, indem man die Abgeordneten und die Presse übergeht und den Völkern selbst und direkt den Frieden gibt.

Auch in Böhmen wird es vorerst nicht ohne Unruhen abgehen, weil die bis jetzt stets strafbaren Hetzer eine große Macht erlangt haben, und ich glaube nicht, daß es ohne gewisse Ausnahmsregeln gehen wird, die oktroyierten Gesetze einzuführen; aber so wie einige Führer im Kerker sitzen oder hängen wird die ‚Beruhigung des Volkes' epidemisch werden [10]." Nach dieser für den Czernin der

---

[9] Staatsarchiv Děčín (Tetschen), Zweigstelle Klášterec nad Ohří (Klösterle) enthält eine Reihe von Briefen des Erzherzogs an die Gräfin. Die Korrespondenz begann im Jahre 1888. Die ersten dort erliegenden Briefe des Erzherzogs an den Grafen Jaroslav stammten hingegen erst aus dem Jahre 1894.

[10] Nachlaß F. F. II, Karton 12, Denkschrift Czernins, Winař, Februar 1909. Hervorhebungen befinden sich im Text selbst. Wenzel Klofáč und Dr. Karl Baxa, der spätere Bürgermeister von Prag, waren Führer der 1898 gegründeten tschechischen nationalsozialistischen Partei. Karl Iro war parteimäßig alldeutsch und Karl Hermann Wolf deutschradikal. Alle gehörten 1909 dem österreichischen Abgeordnetenhaus an.

Vorkriegszeit höchst charakteristischen Präambel schlägt er allerdings ein nach seiner Meinung weitgehendes Zugeständnis an den tschechischen Standpunkt vor, nämlich die Einführung der Doppelsprachigkeit im ganzen Kronlande. Diese Konzession wird allerdings dadurch wieder teilweise aufgehoben, daß die deutsche Sprache als staatliche Vermittlungssprache dekretiert werden soll. Ob nun die Idee der vollen Doppelsprachigkeit in Böhmen eine richtige war oder nicht, und manches spricht für diesen Standpunkt, man wird in ihr insofern kaum ein Zugeständnis an den tschechischen Standpunkt erblicken können, als eine solche Regelung sich natürlich vor allem zugunsten der nationalen Minderheit im Lande, also der Deutschen, ausgewirkt hätte. Die weitere Behauptung, daß dieser Plan eine gewisse mittelbare Anerkennung des Königreiches Böhmens beinhalte, die der tschechischen „kindischen Eitelkeit" schmeicheln würde, ist schwer verständlich. Czernin, der seine Vorschläge den Badenischen Sprachenverordnungen gleichsetzt — was den Tatsachen jedoch nicht ganz entspricht —, ist andererseits bereit, deutschen nationalen Widerstand in Nordböhmen mit Gewalt zu brechen.

Im selben Memorandum, das sich zum Teil mit Vorschlägen für die Besetzung hoher Regierungsposten befaßt, werden als Feudalherren, „welche das Glück haben", mit dem Erzherzog näher bekannt zu sein, Thun, Schwarzenberg, Clam-Martinic und /Silva-/Tarouca genannt [11]. Von tschechischen Politikern werden die beiden jungtschechischen Führer, Dr. Josef Fořt und Dr. Karl Kramář, von denen der erstgenannte 1906/07 Handelsminister und somit eine kaiserliche Exzellenz war, folgendermaßen charakterisiert: „Ich kenne beide sehr sehr gut, sie sind die bedeutendsten Čechen; wild national; verlogen ganz unverläßliche Streber; auf parlamentarischem Boden gefährliche Feinde." Von den Deutschen kommt der vorgenannte Dr. Baernreither, dessen Einfluß auf den Erzherzog Czernin bis zu einem gewissen Grade fürchtete, am schlechtesten weg. „Sehr gescheit und gebildet. Brillanter Redner. Aber völlig unverläßlich und dermaßen verlogen, daß es ihm schmerzlich ist, jemals die Wahrheit zu sprechen; dabei furchtsam wie eine hysterische Frau. Sehr ambitiös. Jedes Ministerium, in das er eintritt ist schon verloren." In einem weiteren Schreiben bemerkt Czernin, daß Baernreither „mit den meisten Schweinereien Europas in ständigem Contact lebt" [12]. Diese Charakterisierungen haben Czernin übrigens durchaus nicht gehindert, später freundschaftliche Beziehungen zu Baernreither anzuknüpfen [13]. Es folgt dann der Entwurf eines Sprachengesetzes für das zisleithanische Österreich, welches die im Absatz 2 des Paragraphen 19 des Staatsgrundgesetzes 142 vom 21. Dezember 1867 über die allgemeinen Rechte der Staatsbürgerschaft festgesetzte Gleichberechtigung aller landesüblichen Sprachen aufheben will und im übrigen, wie schon angeführt, die Doppelsprachigkeit für Böhmen einzuführen beabsichtigt [14].

---

[11] Vermutlich Jaroslav Thun.
[12] Nachlaß F. F. II, Karton 12, Schreiben Czernins an den Erzherzog, Grundlsee am 26. Juli 1910.
[13] Siehe K a n n , R. A.: Die Sixtusaffäre und die geheimen Friedensverhandlungen Österreich-Ungarns im ersten Weltkrieg. Wien 1966, S. 18—30.
[14] Nachlaß F. F. II, Karton 12, Memorandum Czernins, Winař, Februar 1909; über die Sprachenfrage in diesem Zusammenhang siehe K a n n : Das Nationalitätenproblem II, 190—193, 417—418.

In einer Mitteilung an den Erzherzog vom 21. März 1909 empfiehlt dann Czernin als politisches Rezept die Verhaftung tschechischer Agitatoren und daraufhin die Verhängung der Untersuchungshaft auf mehrere Wochen. Dann aber wären diese Leute freizulassen, da man wegen der Unzuverlässigkeit der tschechischen Richter keine Gerichtsverhandlungen riskieren könne[15].

Im Jänner 1910 unterbreitet Czernin sein „Memorandum über die politische Richtung des Adels Böhmens", in dem auf die Gefahr der Zersetzung des Adels der Monarchie durch den Nationalismus hingewiesen wird. Jeder Aristokrat solle „*erst Österreicher und dann Deutscher oder Čeche sein*". Czernin empfiehlt dringend die Einigung des tschechischen und deutschen Adels in Böhmen, insbesondere des Großgrundbesitzes, durch gemeinsame Festlegung auf ein übernationales österreichisches Programm. Ein solches würde den Einfluß des Adels, d. h. praktisch der Aristokratie, im Landtag erhöhen. Es wäre die Pflicht des Adels, und man kann hinzufügen sein Interesse, gegen die Wahlreformbestrebungen des böhmischen Landtags aufzutreten[16].

Zu diesem Programm hat der spätere Ministerpräsident Graf Heinrich Clam-Martinic in einer Denkschrift an den Erzherzog Stellung genommen. Clam stellt die gesamtösterreichische Haltung des Adels nicht nur als Wunschziel, sondern weitgehend als Tatsache hin, nimmt aber für den böhmischen Adel bis zu einem gewissen Grade die Freiheit in Anspruch, auch seine nationalen Interessen vertreten zu dürfen. So könne eine konservative Wirtschaftspolitik nur eine agrarische sein. Hingegen lehnt Clam streng klerikale Einflüsse im parteimäßigen Sinn ab. Über die Aussichten des Konservatismus auf lange Sicht hin macht er sich keine Illusionen. Alles in allem muß man ihn als gemäßigter ansehen als Czernin, was er ja auch in seiner Amtsführung als Ministerpräsident im Jahr 1917 unter Beweis stellte. Auch ist ihm gegenüber dem streng klerikal gesinnten Erzherzog in konfessionellen Fragen eine gewisse Unabhängigkeit zuzusprechen[17].

Czernin ist im Jahre 1910 mit Einigungsverhandlungen zwischen dem deutschen und tschechischen verfassungstreuen Großgrundbesitz Böhmens, richtiger dem Hochadel beider Lager beschäftigt. Er entwirft weiterhin eine Novellierung der Landesordnung für Böhmen, der insofern Bedeutung zukommt, als sie auf ausdrücklichen Wunsch des Thronfolgers abgefaßt wurde. Besonders wichtig sind für Czernin und vermutlich den Erzherzog folgende Gesichtspunkte: die Bewahrung der Kurie des Großgrundbesitzes, die in deutsche und tschechische Sektionen unterzuteilen ist. Ein Vetorecht der Landtagskurien ist in nationalen und politischen Fragen vorgesehen. Auch greift Czernin auf die Idee der nationalen Kreise und Kreisvertretungen des Reichstags von Kremsier zurück. Diese Vertretungen sollen allerdings auf Grund eines höchst eingeschränkten Wahlrechtes gewählt werden. Der Entwurf wurde neben Czernin und anderen von Baernreither, Clam-Martinic und Karl Schwarzenberg mitunterzeichnet[18].

---

[15] Nachlaß F. F. II, Karton 12, Memorandum Czernins, Winař, 21. März 1909.
[16] Nachlaß F. F. II, Karton 12, Memorandum Czernins, Jänner 1910.
[17] Nachlaß F. F. II, Karton 12, Bemerkungen zum Exposé (Czernins) über die politische Richtung des Adels in Böhmen, Smečna, 20. Februar 1910.
[18] Nachlaß F. F. II, Karton 12, Memorandum Czernins, Winař, 20. Juli 1910. Der Entwurf ist, ungleich den anderen Denkschriften, privat gedruckt.

In einem weiteren Memorandum vom Juli 1910 über die Politik der Großgrundbesitzer im böhmischen Landtag spricht sich Czernin für einen deutschtschechischen Ausgleich durch Oktroy aus. Er würde bestimmt nicht zu einer Revolution führen aber, wie er in einem Schreiben an den Erzherzog vom 23. August 1910 ausführt, eine heilsame Wirkung auf die Regelung der ungarischen Verhältnisse ausüben, nachdem offensichtliche Analogien zwischen böhmischen und ungarischen staatsrechtlichen Ansprüchen ersichtlich sind. Denn „Man muß den Leuten . . . klar machen, daß zwischen beiden Bewegungen ein enger Contact besteht und daß man *beide* schädigt, wenn man *eine* umbringt . . ."[19].

In der Denkschrift vom 15. August 1912 wird dann Czernins Plan zur Lösung der österreichischen Sprachenfrage näher ausgeführt. Der berühmte Paragraph 19 des Staatsgrundgesetzes über die allgemeinen Rechte der Staatsbürger von 1867 soll novelliert werden. Die deutsche Sprache wäre danach als *„staatliche Vermittlungssprache"* für die gesamte westliche Reichshälfte festzusetzen, andererseits die Gleichberechtigung mehrerer Sprachen, so in Tirol deutsch und italienisch, in Böhmen deutsch und tschechisch, anzuerkennen, eine Gleichberechtigung, die natürlich durch die vorerwähnte Aufhebung des zweiten Absatzes dieses Paragraphen wesentlich eingeschränkt wird[20].

Im allgemeinen sind Czernins Pläne für eine Oktroy- und unter Umständen direkte Gewaltpolitik durchaus nicht in erster Linie auf Böhmen sondern auf Ungarn ausgerichtet. Seine frenetischen Bemühungen, den Thronfolger auf ein radikales Einschreiten gegenüber Ungarn festzulegen, bilden aber den Hintergrund für die Art seiner Vorstellungen von einer Lösung der böhmischen Frage. Doch war, wie schon oben bemerkt, sein Einfluß in den letzten Lebensjahren des Erzherzogs stark im Abklingen, wie das aus einem Schreiben an den Erzherzog vom 27. Jänner 1913 klar hervorgeht. Danach nimmt Czernin an, daß ihn der Erzherzog nach seinem Regierungsantritt nicht mehr für ein hohes Staatsamt in Aussicht nehmen würde[21].

Auf viel glatteren Bahnen bewegten sich die Beziehungen zwischen dem Erzherzog und Fürst Karl Schwarzenberg, die mindestens bis auf das Jahr 1892 zurückgehen. Franz Ferdinand hat Schwarzenberg, wie gleichfalls früher bemerkt, als einen seiner engen Vertrauensleute im Herrenhaus angesehen und ihn mehrfach ersucht, dort in bestimmten Fällen seine Politik zu vertreten. Was die besonderen Beziehungen zu böhmischen Verhältnissen betrifft, liegt ein Brief des Erzherzogs an Schwarzenberg vom 12. Juni 1892 vor, in dem er unterstreicht, wie vorteilhaft ein Empfang des Kaisers in Prag von dem in Budapest abgestochen

---

[19] Nachlaß F. F. II, Karton 13, Memorandum Czernins, Grundlsee, Juli 1910 und Schreiben Grundlsee, 23. August 1910. Siehe auch die Denkschrift Czernins zur Lösung der Sprachenfrage in Österreich d. d. Grundlsee 15. August 1912, in welcher derselbe Gedanke ausgedrückt wird.
[20] Nachlaß F. F. II, Karton 13, Memorandum Czernins, Grundlsee, 15. August 1913.
[21] Nachlaß F. F. II, Karton 13, Brief Czernins aus Viareggio bei Pisa vom 27. Jänner 1913. Siehe auch Anmerkung 8.

habe. Das bezieht sich sowohl auf die allgemeine Festesstimmung, die Ausschmükkung der Stadt, wie insbesondere die Haltung des Adels [22].

In einem Brief vom 13. Oktober 1895 an Schwarzenberg wendet sich der Thronfolger scharf gegen neue Konzessionen in den österreichisch-ungarischen Ausgleichsverhandlungen: „... ich finde man kann einfach den Ausgleich nicht mehr annehmen. Man muß ihn mit allen Mitteln angreifen und dieses schöne patriotische Werk nicht den Jung Čechen und Antisemiten überlassen ...[23]".

Besonders interessant ist ein langes Schreiben des Thronfolgers vom 22. März 1896, in dem er sich zunächst über die skandalöse Einrichtung der Zivilehe in Ungarn ausläßt, dann aber auf böhmische Verhältnisse zu sprechen kommt. „Hier diese unglückseligen nationalen Bestrebungen, diese particularistischen Wünsche und diese ‚führende' polnische Wirtschaft, dieses Coquetieren mit einer radikalen Partei, wie es die Jung Č. [Jungtschechen] sind, dieses Bestreben dieses Gift noch zu unterstützen, statt es mit allen Mitteln zu bekämpfen u. auszurotten, dies Beseitigen eines so vorzüglichen Statthalters, der seinem Kaiser so ergeben war und die Verhältnisse des Landes so genau kannte; der sich *traute* den J. C. entgegenzutreten [24], ist einfach eine Gewissenlosigkeit, deren aber nur ein so eitler, nach Popularität haschender Polak wie Badeni [25] fähig ist ... Wie gesagt mit *großem Bedauern* sehe ich den Statthalter scheiden, der einzige Vorwurf, den man ihm machen kann ist, daß er oft zu nobel von den anderen Leuten dachte, die diess ausnützten ... So z. B. hätte ich nie einen Erzherzog wie meinen Vater in diese jungčechische radicalnationale Ausstellung nach Prag gehen lassen, der Statthalter dachte eben zu nobel von den Leuten und wußte nicht, wie diese diess ausnützen würden. Der Rücktritt des Statthalters ist ein großer Verlust für die gute Sache, und ich kann nur hoffen, daß ein so bewährter edler Mann jetzt in anderer Weise Gelegenheit haben wird seinem Kaiser von Nutzen zu sein ..."

Es folgt ein Bericht über des Erzherzogs Lungenleiden und der Ausdruck des Bedauerns über die kommenden Millenniumfeiern „für die 1000jährige edle Hunnennation". Dementsprechend hat auch der Erzherzog einen in seinem Besitz befindlichen Esel, der „bisher Boreo (Borro) hieß, in *Millennium* umgetauft" [26].

Der weitere Briefwechsel zwischen dem Thronfolger und Schwarzenberg bezieht sich hauptsächlich auf den gesellschaftlichen Verkehr, insbesondere aber auf die beiden besonders wichtigen Jagdangelegenheiten. Direktiven an Schwarzenberg, wie er sich bei Abstimmungen im Herrenhaus verhalten möge, werden im Namen des Erzherzogs durch seinen Obersthofmeister Baron Rumerskirch verfaßt und übermittelt. Sie nehmen aber nicht direkt auf böhmische Angelegenheiten Bezug. Ein Schreiben Schwarzenbergs an den Erzherzog vom 30. Jänner 1906 nimmt, wie kaum anders zu erwarten, gegen die geplante große Wahlrechtsre-

---

[22] Staatsarchiv Třeboň (Wittingau), Schreiben des Erzherzogs an K. Schwarzenberg, Ödenburg, 12. Juni 1892.
[23] Staatsarchiv Třeboň (Wittingau), Schreiben des Erzherzogs, Lussinpiccolo, 13. Oktober 1895.
[24] Graf Franz Thun.
[25] Ministerpräsident Graf Kasimir Badeni.
[26] Staatsarchiv Třeboň (Wittingau), Schreiben des Erzherzogs an Karl Schwarzenberg, Teschn [sic!], 22. März 1896.

form Stellung[27]. Doch ist die Diktion Schwarzenbergs im Vergleich zu der Czernins entschieden gemäßigt.

Graf Jaroslav Thun, seit dem Tod seines Bruders im November 1916 Fürst Thun, der Schwager des Erzherzogs, steht hingegen in seiner radikalen Auffassung Czernin wesentlich näher als Schwarzenberg oder seinem eigenen älteren Bruder Franz. Die Korrespondenz zwischen dem Erzherzog und Jaroslav Thun geht bis auf das Jahr 1894 zurück. In ähnlicher Weise wie Czernin läßt sich Thun mit Schreiben vom 22. Dezember 1894 über die besonderen Loyalitätsverpflichtungen des Adels aus, seinem Herren zu dienen und „nicht in schmeichelnden glatten Tönen, nein in offener Sprache . . ."[28]. Allerdings ist aus dem Briefwechsel nicht zu ersehen, daß der Graf dem Erzherzog widersprochen hätte, mit dem er sich in lebhaftem Gedankenaustausch nicht nur über böhmische sondern weitgehend auch über ungarische Fragen befand. Jedenfalls hat Thun ebenso wenig wie Czernin dem Erzherzog den Dienst erwiesen, seine leidenschaftliche Erregung gegenüber dem vermutlich revolutionären Ungarn zu beschwichtigen. „Wir gehen ja", wie der Erzherzog am 10. Juli 1895 schreibt, „in Ungarn direkt der Revolution entgegen, aber ich sage immer, je früher es losgeht u. je ärger desto besser, weil man dann hoffentlich endlich einmal ein Exempel statuieren wird, welches die segensreichste Rückwirkung auf die anderen Länder der Monarchie haben wird . . ."[29]. Weit entfernt davon, den Erzherzog zu beruhigen, beschwört Thun die Schatten von Schwarzenberg und Metternich herauf, „damit sie mit scharfem Schwert und scharfem Griff Österreich zu seiner einstigen Größe rückversetzen helfen . . ."[30].

Die Korrespondenz wendet sich nach der Wahl Thuns in den böhmischen Landtag deutsch-tschechischen Fragen zu. „Inzwischen bin ich", wie Thun am 30. November 1899 schreibt, „auch dem Schicksal gewöhnlicher Menschen nicht entgangen und in den böhmischen Landtag gewählt worden, eine sehr fragliche Auszeichnung mit 90 Jungčechen, id est Spitzbuben im selben Lokal zu sitzen. Da wird es wohl an Skandalaffären nicht fehlen . . ."; weiters klagt Thun am 18. Dezember 1899, daß er sich „in Hinkunft dem Parlaments Schwindel — anders kann man es nicht nennen — ergeben muß. Die jetzigen traurigen, ja abstoßenden parlamentarischen Zustände haben vielleicht das Gute, daß sie den Parlamentarismus ad absurdum führen. Wie gut ist es uns durch Jahrhunderte gegangen unter Habsburgs absolutem Szepter . . ."[31].

Ein interessantes Zeugnis für den eindrucksvollen Charakter des Thronfolgers, der viel von gewaltsamen Methoden spricht, der aber letzten Endes wohl zu klug

---

[27] Nachlaß F. F. II, Karton 19, Schreiben K. Schwarzenbergs aus Worlik, 30. Jänner 1906 an den Thronfolger.
[28] Nachlaß F. F. II, Karton 20, Schreiben J. Thuns an den Erzherzog, Tetschen, 23. August 1894.
[29] Staatsarchiv Děčín, Zweigstelle Klášterec nad Ohří. Schreiben des Thronfolgers an J. Thun, Budweis, 10. Juli 1895.
[30] Staatsarchiv Děčín, Zweigstelle Klášterec nad Ohří. J. Thun, Kwassitz, 4. Mai 1896 an den Erzherzog.
[31] Staatsarchiv Děčín, Zweigstelle Klášterec nad Ohří. J. Thun, Kwassitz, 30. November 1899 und Prag, 18. Dezember 1899 an den Erzherzog.

ist, um sich zu ihrer Anwendung zu entschließen, ist ein Brief an Thun vom 8. April 1905, in dem er wieder gegen das Rebellentum und den Irredentismus der Magyaren aufs schärfste loszieht, gleichzeitig aber die Propaganda des gleich ihm tiefgläubigen Thun für die Abschaffung des Duellzwanges lobt. „In meinem Inneren gehöre ich nämlich ganz zu Ihren Anhängern[32]." Im Österreich Franz Josephs gehörte selbst zu einer solchen rein privaten Äußerung des Thronfolgers und Generals ein gewisser Mut.

Thun wird in seinem Antwortschreiben vom 19. April 1905 prophetisch: „Ich bin Dualist und man muß es sein, wenn man hohe hehre Ziele vor Augen hat, ohne deshalb Phantast zu werden! Wie herrlich klingt es: katholisch-österreichisch! Es ist fast wie ein heller Schein am trüben Horizonte! Und wie schön wäre es, wenn es dem ersten Fürsten des Landes gelänge, das Banner zu hissen, um welches sich alle Gutgesinnten scharen könnten zum Wiedererstarken eines neuerstehenden im alten Glanze wieder erwachenden Österreichs, das Gott einst als christliches Bollwerk erstehen ließ . . .[33]."

Man kann annehmen, daß dieses schwungvolle Bekenntnis durchaus ehrlich gemeint war und dasselbe gilt wohl auch für einen Brief Franz Ferdinands vom 11. November 1906, der die weitverbreitete Ansicht widerlegt, er hätte seinen Bruder Otto über das Grab hinaus gehaßt. Die Annahme stützt sich zumeist auf Franz Ferdinands tiefe Verstimmung, daß Erzherzog Otto während seiner langwierigen Lungenkrankheit am Hof und in der Öffentlichkeit sozusagen schon als neuer Thronfolger angesehen wurde. Noch mehr habe der Erzherzog, wie angenommen wird, Otto seine Opposition gegen die morganatische Heirat mit Gräfin Sophie Chotek verübelt. Wie dem immer sei, der Thronfolger schreibt nach Ottos Tod an Thun: „. . . Sie können sich denken was ich durchgemacht u. empfunden habe, da Sie wissen wie sehr wir früher aneinander gehangen sind u. wie wir die ganze Kinder u. Jugendzeit zusammen verbracht haben . . . Der arme Otto hat das letzte Jahr so entsetzlich gelitten u. sein Ableben war eine wahre Erlösung für ihn . . . Gott gibt ihm die ewige Ruhe. Ich habe eine schwere Aufgabe jetzt übernommen, nämlich die Vormundtschaft der beiden Söhne. Es wird mir diese Aufgabe nicht leicht gemacht, aber ich werde mein ganzes Können einsetzen, um sie zu guten Christen, Österreichern u. Habsburgern zu erziehen . . .[34]." In diesem Briefe klingen bei dem Erzherzog ungewohnte menschliche Töne mit.

Die folgenden Briefe Thuns beziehen sich auf die innenpolitische Misere, das Nachgeben des vom Erzherzog und Thun gehaßten Kabinettes Beck gegenüber Ungarn und „die Schweinerei der Wahlreform" in Österreich[35].

Der Brief des Erzherzogs vom 5. Dezember 1907 greift gleichfalls in die Kerbe des ihm verhaßten Beckregimes, Becks Nachgeben gegenüber Ungarn und die

---

[32] Staatsarchiv Děčín, Zweigstelle Klášterec nad Ohří. Brief des Erzherzogs an J. Thun vom 8. April 1905 aus Konopischt.
[33] Staatsarchiv Děčín, Zweigstelle Klášterec nad Ohří. J. Thun an den Erzherzog, Kwassitz, 19. April 1905.
[34] Staatsarchiv Děčín, Zweigstelle Klášterec nad Ohří. Erzherzog an J. Thun, Blühnbach, 11. Dezember 1906.
[35] Staatsarchiv Děčín, Zweigstelle Klášterec nad Ohří. J. Thun an den Thronfolger, Kwassitz, 27. Mai 1907 und 1. Dezember 1907.

Verderbnis des allgemeinen Wahlrechtes. Dann aber stellt der Thronfolger eine interessante Betrachtung an: „Ich kann es noch immer nicht begreifen, wie es möglich sein kann, daß unsere altehrwürdige Monarchie von einem jüdischen Redakteur der Arbeiter Zeitung gelenkt wird [36]! Man mag mich einen Reactionär heißen, aber nach meinen anscheinend veralteten Begriffen sollte sich die Regierung des Kaisers von Österreich auf den Adel, den Clerus, die christlichen Bürger . . . und die Bauern stützen. Auf wen stützt sich die glorreiche Regierung Beck recte Sieghart [37], auf die Juden, die Ungarn, die Freimaurer u. Sozialdemokraten . . ."

Nach weiteren Ausfällen gegen Beck und Sieghart wendet sich der Erzherzog der Frage des österreichisch-ungarischen Ausgleichs zu. „Meiner, in Österreich ganz unmaßgeblichen Ansicht nach, handeln Sie vollkommen richtig, wenn Sie jetzt diesen an und für sich s e h r schlechten Ausgleich . . . doch bewilligen," wie dies Thun aus rein taktischen Gründen in seinem Schreiben vom 1. Dezember dargelegt hatte. Der Erzherzog fährt fort: „Aber nachher hoffe ich auf eine erlösende That, nämlich auf eine sofortige glänzende Schmeißung dieses entsetzlichen Cabinetts und auf die Ersetzung dieser entsetzlichen Gesellschaft durch arische österreichischdenkende conservative Männer [38]."

Der Wunsch des Thronfolgers, den von ihm sachlich heftig bekämpften Ausgleich doch unter Dach bringen zu lassen, erklärt sich wohl aus dem Umstand, daß er den von ihm eifrigst geförderten Fall des Ministeriums Beck bereits klar voraussah und ein neues, ihm weit genehmeres und von den österreichischen Christlichsozialen unterstütztes Kabinett nicht an der Ausgleichshürde scheitern sehen wollte [39].

Im letzten vorliegenden Schreiben vom 18. Dezember 1907 empfiehlt Thun dem Thronfolger, den „weltgeschliffenen und gereiften Politiker" Professor Redlich zu empfangen, „der bei allem Parteistandpunkt einen außerordentlichen weiten und gut österreichischen Horizont hat . . .". Dieser Empfehlung kam der Erzherzog, dem ‚Judenliberale' ein Greuel waren, nicht nach; sie wurde aber auch kaum wegen der semiliberalen Einstellung des der deutschfortschrittlichen Vereinigung angehörigen bedeutenden Historikers und Staatsrechtlers erteilt [40].

Jaroslav Thuns Verachtung gegenüber dem Parlamentarismus ist scharf und extrem. Sie wird aber noch weit von der des Grafen Ernst Silva-Tarouca in den Schatten gestellt, den Kaiser Karl im August 1917 zum Ackerbauminister er-

---

[36] Ob sich diese groteske Behauptung auf Dr. Viktor Adler, den Führer der Sozialdemokraten und langjährigen Herausgeber der Arbeiter Zeitung, oder auf Friedrich Austerlitz, den leitenden Redakteur der Zeitung bezieht, ist nicht festzustellen.
[37] Dr. Rudolf Sieghart, damals Chef der Präsidialkanzlei des Ministerratspräsidiums, nachmaliger Gouverneur der Bodenkreditanstalt.
[38] Archiv Prag, Brief des Erzherzogs, Konopischt, 5. Dezember 1907. Antisemitische Ausfälle sind in den Briefen des Erzherzogs häufig. Der Begriff „arisch", der dem völkischen Vokabular entnommen ist, findet sich meines Wissens sonst nicht in seiner ausgedehnten Korrespondenz.
[39] Siehe auch A l l m a y e r - B e c k , Johann Christoph: Ministerpräsident Baron Beck. Wien 1956, S. 193 f., 203 f., 247 ff.
[40] Nachlaß F. F. II, Karton 20, J. Thun, Wien, 18. Dezember 1907, an den Erzherzog.

nannte. Dieser deutsch-böhmische klerikale Feudalherr, der dem Erzherzog auch gesellschaftlich nahe stand, hat in den Einigungsverhandlungen zwischen deutschem und tschechischem Großgrundbesitz in Böhmen eine gewisse Rolle gespielt [41]. Im Jahre 1905, als er selbst Mitglied des österreichischen Abgeordnetenhauses war, schrieb Graf Silva-Tarouca an den Erzherzog wie folgt: „. . . Ich möchte ganz bescheiden darauf aufmerksam machen, daß, nachdem Abgeordnete nicht beschossen werden dürfen, obgleich sie zweifellos zum schädlichen Wild der niederen Jagd zu zählen wären, diese Session [des Abgeordnetenhauses] mich nicht in Wien zu fesseln vermag, daher ein ehrenvoller Ruf zu besserem Tun mich zu freudigem Gehorsam bereit finden dürfte [42]!" Dieses ‚bessere Tun' bezieht sich natürlich auf die Jagd. In einem weiteren Schreiben vom 11. Februar 1909 bemerkt der Graf: „. . . Ein Lichtblick im politischen Nebel ist der Schah von Persien, der meine volle Sympathie hat: das Haupt der Freimaurer ließ er umbringen und am Palasttor an den Füßen aufhängen und vor dem persischen Parlament ließ er Kanonen auffahren und die ganze boutique zusammenschießen, natürlich während die Herren Abgeordneten darin waren. Sehr praktisch! ..." [43]. Schließlich gibt Silva-Tarouca in einem Brief vom 23. November 1912 der Hoffnung Ausdruck, daß eine angesagte Jagd nicht dadurch verhindert werden möge, daß „Russen, Serben und andere Ungeziefer ... störend dazwischen treten" [44]!

Man kann gewiß weder annehmen, daß Silva-Taroucas Gemeinheiten ganz ernst gemeint waren, noch daß der Thronfolger sie ganz ernst genommen hätte. Und doch wirft es einen bedauerlichen Schatten auf ihn, daß Männer wie Silva-Tarouca, Czernin und Jaroslav Thun glauben konnten, durch witzig gemeinte, aber tatsächlich dummdreiste Schmähungen das Gefallen des Erzherzogs zu erregen. Zweifellos haben nicht so sehr ihre ‚Ratschläge', wohl aber die üble Atmosphäre, die sie kreieren halfen, einen ungünstigen Einfluß auf den Thronfolger ausgeübt.

Wenn man von dem Kreis der dem Erzherzog vorwiegend gesellschaftlich und gesinnungsmäßig nahestehenden Aristokraten zu dem weiteren seiner vorwiegend politischen Vertrauensmänner übergeht, so denkt man zunächst im böhmischen Bereich an den deutsch-böhmischen Politiker von staatsmännischem Format Dr. Joseph Maria Baernreither und vor allem an den Fürsten Franz Thun. Thun stand, wie schon bemerkt, mit dem Thronfolger freilich auch in gesellschaftlicher Verbindung, doch überwog die politische Beziehung stark. Im Falle Baernreither bestand überhaupt keine andere.

Baernreither hatte dem Erzherzog im Jahre 1908 eine Denkschrift über die Frage des böhmischen Ausgleichs vorgelegt, in der er für die nationale Kreisein-

---

[41] Nachlaß F. F. II, Karton 19, Schreiben Silva-Taroucas an den Erzherzog, Wien, 13. April 1905, und Pruhonetz, 25. Juni 1905.
[42] Nachlaß F. F. II, Karton 19, Silva Tarouca an den Erzherzog, Kallwang, 8. September 1905; siehe weiters M i t i s 144 f.
[43] Nachlaß F. F. II, Karton 19, Silva Tarouca an den Erzherzog, Pruhonetz, 11. Februar 1909.
[44] Nachlaß F. F., e b e n d a , Silva Tarouca an den Erzherzog, Pruhonetz, 23. Februar 1912.

teilung eintrat, eine bekannte Kompromißlösung zwischen den radikalen deutschnationalen Forderungen nach der administrativen Zweiteilung Böhmens und der tschechischen nach Bewahrung der Einheit des Kronlandes unter Festsetzung des Tschechischen als allgemein verbindliche Landessprache. Diese Denkschrift wurde offensichtlich vom Erzherzog an Czernin geschickt und von diesem mit großenteils nicht nur ablehnenden sondern außerordentlich gehässigen Kommentaren versehen[45]. Der Tenor der Czerninschen Kritik geht dahin, daß man überhaupt nicht von nationalen Forderungen hinsichtlich der Verwaltung, des Gerichtsdienstes usw. sprechen dürfe, sondern daß nur gesamtösterreichische Interessen in Betracht kämen, ein ebenso frommer wie irrealer Wunsch, was Czernin, der dem Erzherzog nach dem Munde redet, natürlich genau wußte[46].

Im übrigen kam Baernreithers Einfluß auf den Erzherzog weit weniger durch direkte Fühlungnahme als durch die aktive Rolle des erfahrenen Parlamentariers im Kreis des verfassungstreuen deutschen Großgrundbesitzes in Böhmen zum Ausdruck. Seine Ansichten wurden zweifellos durch die Feudalherren zur Kenntnis des Erzherzogs gebracht. Dies war insofern positiv zu werten, als seine politische Bildung im allgemeinen und seine Kenntnis der böhmischen nationalen Verhältnisse im besonderen jener der meisten Ratgeber des Thronfolgers mit Ausnahme des Fürsten Franz Thun weit überlegen war.

In dem vorangeführten Schreiben des Erzherzogs an den Fürsten Karl Schwarzenberg vom 22. März 1896 erklärt er, daß dem Fürsten Thun als Statthalter nur vorzuwerfen sei, daß er zu nobel denke und daß sein Rücktritt von dem Statthalterposten ein großer Verlust für die gute Sache sei[47]. Das entsprach offenbar durchaus seiner Einschätzung Thuns als Statthalter für den Zeitraum von 1889 bis 1896. Dann aber wurde Thun, allerdings ohne daß der Erzherzog vom Kaiser vorher befragt wurde, zu dessen Obersthofmeister ernannt. Dies wurde von Franz Ferdinand offensichtlich als beabsichtigte Demütigung angesehen. Es folgte nun eine Periode von wenigen Monaten, in der der Thronfolger seinem Haß und seiner Verachtung gegenüber dem ihm aufgezwungenen Funktionär Ausdruck gibt. Franz Thun, der keinerlei Höflingstalente für sich in Anspruch nahm, arrogant wirkte, aber offensichtlich wirklichen Stolz besaß, hat die Situation für den Erzherzog nicht leichter gemacht. Sein Rücktritt von dem ihm selbst verhaßten Amt, der nach wenigen Monaten erfolgte[48], hat das alte Verhältnis der Wertschätzung durch Franz Ferdinand zumindest nach außen hin wiederhergestellt. Das gilt sowohl für Thuns Amtsführung als Ministerpräsident 1898/99, seine weitere Tätigkeit im Herrenhaus, und die neuerliche Geschäftsführung als Statthalter (1911—1915), ein Amt, das er großenteils auf des Thronfolgers Drängen wieder

---

[45] Siehe Anmerkung 12 und Nachlaß F. F., Abteilung V, Denkschriften, Memorandum Baernreithers vom November 1908 mit Randbemerkungen Czernins; siehe auch Nachlaß F. F. II, Karton 12, Memorandum Czernins an den Erzherzog vom 26. Juli 1910. Siehe weiters C z e d i k, Alois v.: Zur Geschichte der k. k. österreichischen Ministerien 1861—1916. Bd. 3. Teschen 1917, S. 249—251.
[46] Nachlaß F. F., Abt. V, Memorandum Baernreithers vom November 1908. Siehe auch M i t i s 186 f.
[47] Siehe Anmerkung 26.
[48] Siehe K i s z l i n g 32 f.

übernahm[49]. Freilich findet der Erzherzog bald, daß Thun sich gegenüber dem tschechischen Nationalismus in Böhmen zu tolerant verhält. Dem Ausbruch einer neuen Krise im Verhältnis beider Männer wurde durch den Tod des Erzherzogs, der dem Thuns nur um eineinhalb Jahre vorausging, die Spitze abgebrochen. Im übrigen hat sich vermutlich, schon auf Grund der bitteren Erfahrungen des Jahres 1896, zwischen Thronfolger und Statthalter trotz regen gesellschaftlichen und intensiven politischen Verkehrs niemals ein warmes persönliches Verhältnis entwickelt.

Der erste Brief der Korrespondenz wird am 12. August 1893 von Thun an den auf seiner Weltreise befindlichen Erzherzog nach Yokohama gerichtet. Der Statthalter erklärt: „. . . Das hochverräterische Streben der jungčechischen Abgeordneten kann nicht unerwidert bleiben, sie zwingen mich rücksichtslos mein Österreich zu vertheidigen. Ich freue mich den rechten Thon gefunden zu haben. Alle Abgeordneten, die Luegerschen [die Christlichsozialen] ausgenommen, waren von Begeisterung hingerissen und stürzten, viele von ihnen mit Thränen in den Augen, auf mich los um mir zu danken. Ich hatte in ihrem Sinne gesprochen! Und das war für mich das erhebende Moment [sic], die volle Überzeugung, daß die Kaisertreue in den Herzen aller, die Radikalen ausgenommen, fest wurzelt . . .[50]". Die Stellungnahme Thuns gegen den tschechischen Nationalismus, der die Doppelsprachigkeit der Prager Straßenbezeichnungen zurückwies, war ganz im Sinne des Erzherzogs. Es handelte sich aber, wie beim Thronfolger, durchaus nicht primär um eine Zurückweisung gerade des tschechischen Nationalismus sondern des nationalen Radikalismus überhaupt.

Am 15. Februar 1895 lobt der Erzherzog den Statthalter höchlichst wegen einer Rede, in der er die österreichische Idee vertreten hat: „Mögen Ihre Worte auch bei den exaltierten u. durch lange Nachgiebigkeit u. schlechtes Beispiel verführten Elementen einen Widerhall finden und diese Leute auf den richtigen Weg zurückführen u. sie erkennen lassen, daß es nur ein einziges ungetheiltes Österreich geben kann . . .[51]." Am 20. Juni desselben Jahres schreibt der Thronfolger an Thun hinsichtlich der Nichtbestätigung der Bürgermeisterwahl Luegers seitens des Kaisers. „Inzwischen hat sich auch das mit so viel Emphase dabei aber nicht vorhandener Energie angekündigte Ministerium Badeni eine große Blöße gegeben u. sich sehr geschadet durch Nichtbestätigung Luegers, statt zu führen wird es geführt u. zwar von Ungarn . . . Und wer hat den Vortheil davon, lacht sich ins F ä u s t c h e n, *die Ungarn, die Liberalen und die Juden.* Und mit die-

---

[49] Siehe C z e d i k III, 169—289. — M i t i s 33—112 passim, 186—188, 247—259. Hinsichtlich einer Charakterisierung Thuns als Staatsmann, vom tschechischen Standpunkt aus gesehen, siehe P e n i ž e k, Josef: Aus bewegten Zeiten 1895—1905. Wien 1906, S. 90—118, 131—146 und W i n t e r s, Stanley B.: Kramář, Kaizl and the beginning of the Young Czech party, 1891—1901. In: B r o c k, Peter / S k i l l i n g, H. Gordon (Hrsg.): The Czech Renaissance in the nineteenth century. Toronto 1970, S. 287 f., 299—302.
[50] Staatsarchiv Děčín (Tetschen), Schreiben vom 12. August 1893 an den Erzherzog. Siehe auch K o l m e r, Gustav: Parlament und Verfassung in Österreich. Bd. 5: 1891—1895. Wien 1909, S. 108—114 über die damaligen radikalen Ausschreitungen in Böhmen.
[51] Staatsarchiv Děčín (Tetschen), Thronfolger an F. Thun, Chlumetz, 15. Februar 1895.

sen Elementen regiert man dieses alte Österreich, *ehemals* der Hort des Conservatismus und des Katholizismus in Europa. Und das heißt man constitutionell regieren! . . ." [52].

Am 24. November 1895 zeigt Thun in seinem Schreiben an den Erzherzog, daß er zu den wenigen Ratgebern des Thronfolgers gehört, der eine gewisse Unabhängigkeit wahrt: „. . . Die Meinung, daß Badeni einen Fehler mit der Nichtbestätigung Luegers gemacht hat, kann ich nur vollkommen theilen, nur muß ich Euere Kaiserliche Hoheit darauf aufmerksam machen, daß mir Badeni, noch bevor er Minister war [53] sagte, von einer Bestätigung könne keine Rede sein . . . Ich führe dies nur an, weil ich daraus annehmen kann, daß auf die erste Urtheilsbildung Badenis kein ungarischer Einfluß genommen war . . .", wie dies der Erzherzog fest behauptete. Thun führt weiter aus, er habe „das Gefühl, daß Seine Majestät selbst Lueger nicht gerne bestätigt hätte, weil Allerhöchstdenselben das von Lueger an den Tag gelegte Demagogentum u. die wirklich unflätige Art seines Kampfes im Gemeinderath, Landtag und Reichsrath nicht anders als verletzen konnte . . . Verschiedene Erklärungen Badenis in dem Budgetausschuß machen auch den Eindruck, daß sie mehr auf das Bestreben nach einer gewissen Popularität als auf ein selbstbewußtes Kraftgefühl zurückzuführen sind. Als ebensolches muß ich auch die gegenwärtig erfolgte Amnestierung der politischen Urtheile in Böhmen (Omladina und dgl.) ansehen [54]."

Thun, den die Regierung Badeni als zu nachgiebig gegenüber den Tschechen ansieht, demissioniert nunmehr als Statthalter und berichtet darüber dem Erzherzog am 13. Jänner 1896 [55]. Der Thronfolger antwortet ihm am 27. Jänner 1896 von Luxor in Ägypten, wo er sich wegen seines Lungenleidens aufhält:

„. . . Obgleich ich schon seit dem Auftreten des Grafen Badeni eine ähnliche Wendung der Dinge befürchtete, so muß ich Ihnen jetzt, da meine Befürchtung zur Tatsache geworden ist, mein *lebhaftes* Bedauern über Ihren sehr begreiflichen, aber für die Monarchie u. das Land sehr traurigen Entschluß aussprechen. Sie waren, ohne im geringsten schmeicheln zu wollen, durch Ihren conservativen *altösterreichischen* Sinn u. Ihre Thatkraft ein Segen für das Land: ein Vorbild für die doch noch zahlreichen anständigen Elemente.

Wer wird Ihr Nachfolger werden? Ein Individuum Badenis? Wahrscheinlich auch ein Polak, da wir noch zu wenige in unsern höchsten Stellen haben!

Wird nun Böhmen durch den von Badeni herbeigeführten Sieg und Triumph der Jungčechen dieselbe oder eine ähnliche Rolle spielen wie Ungarn? Bekommen wir wahrscheinlich nächstens als neueste Staatsreform den Trialismus?

---

[52] Staatsarchiv Děčín (Tetschen), Thronfolger an F. Thun, Lussin, 20. Juni 1895.
[53] Richtig Ministerpräsident.
[54] Nachlaß F. F. II, Karton 20, F. Thun an den Thronfolger, Prag, 24. November 1895. — K o l m e r VI, 2. Die Amnestie bezog sich auf alle während des Ausnahmezustandes in Prag 1893—1895 begangenen politischen Delikte. Die Omladina war eine radikale nationale Geheimverbindung tschechischer Studenten und Arbeiter mit sozialistischem Einschlag.
[55] Nachlaß F. F. II, Karton 20, Schreiben F. Thuns an den Thronfolger vom 13. Jänner 1896. Siehe auch W i n t e r s, Stanley B.: The Young Czech Party (1874—1914): an appraisal Slavic Review 2813 (Seattle 1969) 437 f.

Jedenfalls ist das eine zu constatieren, daß alle Zustände in der Monarchie dermaßen zerfahren sind, daß es ein Greuel ist u. wir nur triste in die Zukunft sehen können.

Und der vielversprechende echte — daher falsche — Polak Badeni, der Vaterlandsretter u. ‚Führer' wird das verfahrene Staatsschiff nicht retten, sondern nur noch mehr in den Sumpf u. Schlamm führen, wenn er um die Gunst solcher Elemente wie Jungčechen buhlt. Diess ist meine Ansicht.

Wenigstens können Exzellenz mit dem Gefühl scheiden Alles gethan zu haben, um das Wohl und Heil des Ihnen anvertrauten Landes in vorzüglichster Weise zu fördern u. ich hoffe, daß Sie nach so aufopfernder patriotischer Thätigkeit Ihre Ruhe recht genießen u. doch mit Stolz u. Freude auf Ihre 6 jährige Statthalterschaft zurückblicken . . .[56]."

Inzwischen erfolgt die dem Erzherzog unerwünschte Ernennung Thuns zu seinem Obersthofmeister und dies ruft Briefe Franz Ferdinands wie die folgenden hervor. Am 25. Juni 1896 schreibt er, Thun möchte bei nicht offiziellen Anlässen in Zivil vor ihm erscheinen, „denn Sie müssen schon verzeihen, aber da sie nicht Soldat sind noch waren, so macht mir diess, wenn Sie die kriegerische Kleidung anziehen, immer den Eindruck einer Maskerade . . .[57]. Ähnliche Beleidigungen sind offensichtlich diesem Brief schon vorangegangen.

Auf das Ersuchen Thuns vom 6. Juni 1896, „Kränkungen und verletzende Mitteilungen brieflich und nicht en clair telegraphisch zu machen", da ein Telegramm durch zu viele Hände geht, reagiert der Erzherzog am 26. Juni folgendermaßen: „Ob ich kränkende und verletzende Ausstellungen brieflich oder telegraphisch zu machen habe, beurtheile ich selbst und nehme hierin keine Belehrungen von Ihrer Seite an. Ob ich dadurch die Disziplin untergrabe ist meine Sache u. so lange ich noch der Herr meiner Untergebenen bin thue ich was ich will u. für den betreffenden Fall für das notwendige halte . . ." In einem weiteren Schreiben vom 26. Juni, das dem vorzitierten unmittelbar folgt, erklärt der Erzherzog: „. . . ich mache Sie aufmerksam, daß ich Soldat bin u. gewohnt bin meine Befehle nur einmal zu geben u. strikte Durchführung derselben zu verlangen[58]." Doch nicht nur dienstliche Fragen werden während der unglücklichen Monate von Thuns Obersthofmeisterstelle behandelt. In einem Schreiben vom 13. August 1896 wird vom Erzherzog gegen „den schlechten Willen" des „Polaken" Goluchowski, des Außenministers, polemisiert. Hier erregt es seinen Zorn, daß einem erzherzoglichen Auszeichnungsantrag nicht stattgegeben wurde, „nachdem man z. B. in Ungarn soviel Gauner, Schweine u. Hochverräter sogar mit dem goldnen Vliesse dekoriert . . ."[59]. Ungefähr um diese Zeit gibt der Erzherzog auch gegenüber seinem damaligen nahen Vertrauten, dem späteren Ministerpräsidenten Beck, seiner Verzweiflung über Thun Ausdruck, dem er „seinen Hochmuthsteufel und das Strebertum austreiben" will[60].

---

[56] Staatsarchiv Děčín (Tetschen), Brief des Thronfolgers an F. Thun, Luxor, 27. Jänner 1896.
[57] Staatsarchiv Děčín. Schreiben des Thronfolgers an Thun vom 25. Juni 1896.
[58] Nachlaß F. F. II, Karton 20, F. Thun an den Thronfolger, Tetschen, 6. Juni 1896 und Staatsarchiv Děčín, F. F. an Thun, Konopischt, 26. Juni 1896.
[59] Archiv Prag, F. F. an F. Thun, Konopischt, 13. August 1896.
[60] Nachlaß F. F. II, Karton 8 a, Thronfolger an Beck, Cairo, 10. März 1896.

Ende August 1896 will Thun begreiflicherweise sein Amt niederlegen, was aber der Erzherzog, um nicht das Mißfallen des Kaisers zu erregen, zunächst ablehnt. Daß diese Ablehnung zum Teil mit Rücksicht auf Thuns Ansehen erfolgt, wie dies der Thronfolger schreibt, klingt nicht überzeugend, obwohl der Erzherzog sich diese Auffassung sicherlich selbst einredete[61].

In einem Schreiben des Kaisers an Franz Ferdinand vom 18. Oktober 1896 wird die Situation schließlich klargestellt: „Ich habe neulich Graf Thun, als er auf seine Demission drängte, gebeten damit noch zuzuwarten und vorläufig auf Urlaub zu gehen um den ungünstigen Eindruck den die so bald nach der Ernennung folgende Demission machen muß u. besonders das üble Licht zu vermeiden, welches dieselbe auf Dich werfen wird. Ich will daher dem von mir angeordneten Urlaub nicht unmittelbar die definitive Entlassung folgen lassen . . .[62]."

Sobald Thun die ihm verhaßte Stellung niedergelegt hat, wechselt der Erzherzog sein Verhältnis zu ihm der Form nach überraschend schnell. Thun wird von nun an wieder mit großer Höflichkeit und Respekt behandelt. Eine menschlich warme Beziehung ist allerdings offensichtlich weder ihm noch dem Thronfolger erwünscht[63]. Ein gewisser gesellschaftlicher Verkehr, insbesondere als Jagdgast des Erzherzogs, findet zwar statt, doch werden politische Fragen, soweit dies aus der Korrespondenz ersichtlich ist, erst 1905 wieder berührt. Während der Ministerpräsidentenschaft Thuns hat sich der Erzherzog allerdings über dessen Nachgiebigkeit gegenüber den Jungtschechen, die durch den dem Thronfolger höchst ungenehmen Dr. Josef Kaizl als Finanzminister in der Regierung vertreten waren, scharf ausgelassen[64].

In einem Schreiben vom 31. September 1905, das sich vor allem mit der Frage des Protektorats einer Ausstellung im deutschen Sudetengebiet in Reichenberg befaßt, werden direkte politische Kontakte wieder aufgenommen. Der Erzherzog schreibt: „. . . Ihre Ansichten sind ganz die Meinen. Ganz dieselben Bedenken, die ich hatte erwähnen auch Sie u. besonders seit Sie so freundlich waren mir den Aufruf zu schicken, sehe ich immer mehr, daß die ganze Geschichte einen sehr nationalen Anstrich annimmt und in diesen Gegenden besonders unangenehm und gefährlich ist. Der Aufruf mißfällt mir ungemein u. es klingt sehr provokatorisch für die andere das Land bewohnende Nationalität. Nach Allem zu urteilen fürchte ich sehr, daß das Unternehmen einen sehr radical deutschen Anstrich annehmen wird u. nachdem diese Richtung meinen Ansichten u. Sympathie nach direct zuwiderläuft so werde ich das Protektorat nicht übernehmen u. trachte die Herren auf [sic!] meinen Bruder Ferdinand zu weisen . . .[65]."

In einem langen Schreiben vom 21. Juli 1908 beschäftigt sich der Erzherzog

---

[61] Staatsarchiv Děčín (Tetschen), Erzherzog an F. Thun, 17. September 1896.
[62] Nachlaß F. F. II, Karton 1, Brief des Kaisers an den Erzherzog, Budapest, 18. Oktober 1896.
[63] Staatsarchiv Děčín (Tetschen), Erzherzog an F. Thun, Algiers, 8. Februar 1897.
[64] Beck Archiv, Wien: Schreiben des Thronfolgers an Beck, Konopischt, 5. September 1899, zitiert von K i s z l i n g 70. Siehe auch B a e r n r e i t h e r 31—55, 77—81.
[65] Staatsarchiv Děčín (Tetschen), Erzherzog an F. Thun, Konopischt, 31. September 1905. Der jüngste Bruder des Thronfolgers, Erzherzog Ferdinand Karl.

mit der notwendigen Förderung der katholisch-vaterländischen, anti-dualistischen, anti-ungarischen Presse und begrüßt Thuns Unterstützung solcher Bestrebungen [66].

In zwei weiteren Schreiben vom Spätsommer und Herbst 1908 bittet und dankt der Thronfolger Thun für seine Unterstützung in Fragen des österreichisch-ungarischen Ausgleichs, insbesondere in bezug auf die gemeinsame Armee [67]. Zwei Briefe Thuns an den Erzherzog vom 19. Dezember 1910 und 5. Jänner 1911 beschäftigen sich hingegen ausschließlich mit Fragen der Möglichkeit eines deutsch-böhmischen Ausgleichs. Die bevorstehende Neubesetzung des Statthalterpostens in Prag, für den der Thronfolger Thun wieder gewinnen will, bietet den äußeren Anlaß zu Thuns Schreiben. Dieser ist jedoch im ersten der beiden Briefe schon durchaus pessimistisch:

„Wäre der Faden der Verständigung, wenn auch noch so dünn, weiter zu spinnen gewesen, hätte ich es für möglich gehalten, hier als Statthalter den Versuch zu machen mein Möglichstes zu leisten, ich hätte alle persönlichen Opfer zu bringen gewußt. Wie steht es aber jetzt? Meine Friedensbedingungen von beiden Seiten verworfen; die Ausgleichsverhandlungen total gescheitert, gänzlich abgeblasen; alles was bisher geleistet von der Bildfläche verschwunden. Die Böhmen werden fürchte ich eher schärfer als milder sich zur Regierung stellen, sie müssen das den Statthalter bei jeder Gelegenheit empfinden lassen — ich habe das schon einmal verkostet. Die Deutschen mögen mich nicht, sie wissen mit Recht, daß ich mit ihrer ungerechten böhmischen Politik nicht einverstanden bin. Ich werde von keiner der beiden Seiten unterstützt, werde von beiden Seiten gleichmäßig auf das wüthendste angegriffen werden, wenn ich für die Ordnung im Lande einzugreifen verpflichtet sein *werde, wenn* ich nationalen Übergriffen entgegentreten muß . . . [68]."

Kaum zwei Wochen später faßt Thun die Sachlage nochmals zusammen:

„. . . Wie kann ich als Statthalter die in mich gesetzten Erwartungen auch nur im Geringsten erfüllen, wenn ich von beiden Völkern mit Mißtrauen aufgenommen werde, wenn ich unter einer Regierung stehe, die selbst die böhmische Frage nicht beherrscht, und die, wie die Dinge liegen, vielleicht genöthigt ist, jedem Wunsch der Deutschen ein williges Ohr zu leihen . . ."

Dies würde aber natürlich zur schärfsten Opposition der Tschechen — für Thun immer die ‚Böhmen' — führen [69]. Drei Tage später spricht sich Thun über die notwendigen Qualifikationen eines neuen Statthalters aus, der er aber nicht selbst zu werden wünscht:

„Es dürfte kein Bürgerlicher sein, denn sein socieller Verkehr wäre dann in einem der beiden nationalen Gesellschaftslager: er würde schon deshalb als parteiisch angesehen werden. Er muß unbedingt in Wort und Schrift perfekt böhmisch verstehen können."

In Betracht kämen allenfalls der Statthalter von Mähren Baron Karl Heinold,

---

[66] Staatsarchiv Děčín (Tetschen), Thronfolger an F. Thun, Bühnbach, 21. Juli 1908.
[67] Staatsarchiv Děčín (Tetschen), Thronfolger an F. Thun, Wien Belvedere, Herbst 1908 und ein weiteres undatiertes Schreiben aus dem Jahr 1908, vermutlich Spätherbst.
[68] Nachlaß F. F. II, Karton 20, F. Thun an Erzherzog, 19. Dezember 1910.
[69] Nachlaß F. F., ebenda, F. Thun an Erzherzog, Tetschen, 5. Jänner 1911.

Graf Max Coudenhove, der 1915 Thuns Nachfolger als Statthalter wurde, Fürst Karl Schwarzenberg, Graf Adalbert Schönborn und Graf Ottokar Czernin, über den sich Thun folgendermaßen ausläßt:

„Czernin wenn er perfekt *böhmisch* reden kann, was ich nicht weiß. Ein sehr fähiger Mensch, wird aber bald sehen, daß alles was er sich denkt und wünscht, nicht so leicht durchzusetzen ist. Die Statthalterschaft wäre eine gute Sache für ihn, denn der Mann hat jedenfalls noch eine politische Zukunft . . . Die Sprache müßte er ganz beherrschen, sonst würde er von den Böhmen zu stark bekämpft, verübeln sie es ihm als Nachkomme seines Vaters und Großvaters doch, daß er ein verfassungsmäßiger Großgrundbesitzer ist . . .[70]."

Am 7. Jänner 1911 nimmt der Erzherzog zur Situation Stellung:

„. . . So ungemein leid es mir tut, daß Sie auf den Statthalterposten verzichten, so verstehe ich andererseits Ihre Bedenken, besonders nachdem sich die Situation in letzter Zeit wieder so zugespitzt hat. Ohne Schmeichelei: ich hatte mich außerordentlich gefreut, als ich erfuhr, daß Sie für diesen so schwierigen Posten designiert seien. Ich dachte, daß gerade Sie als Grandseigneur, der keiner der beiden Nationalitäten schroff gegenübersteht und sich schon so eine Riesenmühe mit dem Ausgleichswerk gegeben hat u. die Sache schon so weit brachte, der geeignetste Mann als Statthalter wäre. Und nebstbei, wieder ohne Schmeichelei genießen Sie im ganzen Lande bei allen Parteien, die gutgesinnt und staatserhaltend sind große Beliebtheit u. Ansehen. Gewiß hätten Sie Ihre Aufgabe vorzüglich gelöst u. hätten Alles beigetragen um dem Frieden näher zu kommen ohne dabei sich oder der schon *sehr geschwächten* Staatsautorität etwas zu vergeben.

Ich habe noch ein kleines Fünkchen Hoffnung, daß Sie sich die Sache vielleicht doch noch überlegen. Aber selbst wenn dies zu meinem lebhaften Bedauern nicht der Fall wäre, so pflichte ich Ihrem Entschlusse bei, nachdem ich überzeugt bin, daß Sie wohl nach reiflicher Erwägung das Richtige treffen werden. Jedenfalls bitte ich Exzellenz, sei es als Statthalter, sei es in Ihrer jetzigen Stellung auf das Innigste, arbeiten Sie weiter an dem von Ihnen so glänzend begonnenen Werke des Ausgleiches, welches ja nur durch die Dazwischenkunft einiger schlechtgesinnter Elemente [vielleicht Emissäre einer früheren Regierung] zu einem *momentanen* Stillstand gekommen ist.

Wie Alles seine guten Seiten hat, so hat dieses momentane Scheitern der Verhandlungen nach meiner Ansicht den großen Vortheil, daß Bienerth nicht gezwungen ist ein parlamentarisches Ministerium zu bilden, wo sogleich der Schacher der Abgeordneten u. die allerärgste Herabsetzung jeder Autorität à la Beck wieder begonnen hätte . . .[71]."

Es ist nicht ganz leicht, in diesem Brief denselben Mann zu sehen, der Thun vierzehn Jahre früher geschrieben hatte: „Und wenn ich meinem Obersthofmeister befehle zu den Zulukaffern zu gehen, so hat er zu den Zulukaffern zu gehen[72]."

Nachdem der Kaiser und Franz Ferdinand diesmal gemeinsam Thun drängten,

---

[70] Nachlaß F. F., ebenda, F. Thun an Erzherzog, Tetschen, 8. Jänner 1911. Siehe auch Mitis 181—188.
[71] Staatsarchiv Děčín (Tetschen), Erzherzog an F. Thun, Konopischt, 7. Jänner 1911.
[72] Staatsarchiv Děčín (Tetschen), Erzherzog an F. Thun, 13. Oktober 1896.

die Statthalterschaft nicht zurückzuweisen, erfolgte am 17. Jänner 1911 die Ernennung. Das nächste Schreiben des Erzherzogs an den inzwischen vom Kaiser in den Fürstenstand erhobenen Thun vom 17. Juli 1912 bezieht sich wieder auf den böhmischen Ausgleich und zwar im Zusammenhang mit der Stellung des Herrschers in der Gesamtmonarchie. Wie immer, wenn die Möglichkeit eines staatsrechtlichen Ausgleichs aktuell zu werden scheint, befürchtet der Thronfolger, daß dies auf Kosten der Stellung des Monarchen geschehe:

„Aus der mir erstatteten Meldung über den Stand des deutsch-čechischen Ausgleichs habe ich entnommen, daß im Entwurf der neuen Landesordnung der kurze einheitliche ‚*Kaiser*‘-*Titel* durch die Bezeichnungen: ‚Der Kaiser und König, der Monarch der Herrscher‘, ersetzt werden soll.

So sehr ich die Bestrebungen Eurer Durchlaucht zur Herstellung des nationalen Friedens in Böhmen würdige, wäre ich jedoch mit einer solchen Umgehung der staatsrechtlich festgelegten Titulatur Seiner Majestät als ‚Kaiser von Österreich‘ entschieden nicht einverstanden.

Unklarheiten in dieser Hinsicht könnten zu Konsequenzen führen, deren Tragweite heute noch gar nicht abzusehen ist, und glaube ich betonen zu müssen, daß die Finalisierung des auch mir ganz besonders am Herzen liegenden nationalen Ausgleiches in Böhmen nicht durch staatsrechtliche Zugeständnisse bezüglich der Bezeichnung des Monarchen erkauft werden dürfte . . .[73]."

Im allgemeinen kann man wohl sagen, daß Thuns konservative Politik, die gleichermaßen gegen den tschechischen wie gegen den deutschen Nationalismus gerichtet war, das Vertrauen des Erzherzogs besaß. Das gilt im Prinzip für Bemühungen um die gesetzliche Herstellung eines deutsch-tschechischen Ausgleichs in Böhmen, soweit er, wie dies bei den Verhandlungen zwischen 1910 und 1912 der Fall war, sich hauptsächlich auf die Zusammenarbeit des deutschen und tschechischen Großgrundbesitzes bezog. Es galt im wesentlichen aber nicht für die Verwaltungspraxis. Sobald von autonomen Einrichtungen für beide Völker ernstlich die Rede war, fürchtete der Thronfolger, daß dadurch in die Rechte der Krone eingegriffen werden könnte. Franz Ferdinand unterstützte gewissermaßen, ohne daß ihm dies selbst bewußt war, gegenüber der Forderung nach der Gleichberechtigung der Völker jene ihrer Gleich-Nichtberechtigung. Es ist zuzugeben, daß er hiebei nationale Vorurteile, von welcher Seite immer sie kamen, sofern sie nicht religiös fundiert waren und nicht die Magyaren betrafen, schroff ablehnte. Obwohl sich der Thronfolger wie Franz Joseph in einem zentralistischen Sinne als Deutscher fühlte, ist er doch auf lange Sicht hin dem gemäßigten tschechischen Nationalismus, man kann nicht sagen wohlwollender, aber doch weniger besorgt gegenübergestanden als dem deutschen [74].

In diesem Sinne hat er zumindest im Jahre 1903 zugestimmt, mit dem bedeutenden Jungtschechenführer Kramář zu sprechen. Dieses Zugeständnis — und für den Erzherzog war es ein Zugeständnis — ist auf die Empfehlung Becks zurück-

---

[73] Staatsarchiv Děčín (Tetschen), Erzherzog an F. Thun, Chlumetz, 17. Juli 1912. — Siehe auch M i t i s 181—188 und P l e n e r, Ernst v.: Erinnerungen. Bd. 3. Stuttgart 1921, S. 297, 406 f.
[74] K a n n : Erzherzog Franz Ferdinand, siehe insbes. 400—403.

zuführen, bevor er Ministerpräsident wurde und dadurch das Vertrauen des Erzherzogs völlig verlor. Eine derartige Konzession hat Franz Ferdinand zum Beispiel dem Grafen Tisza selbst als ungarischem Ministerpräsidenten verweigert. Allerdings schärfte der Thronfolger Beck nachdrücklich ein, daß keinerlei Nachricht über die Fühlungnahme mit Kramář in die Öffentlichkeit dringen dürfte. Weitgehende Schlüsse auf eine pro-tschechische Haltung des Erzherzogs sind hier aber keineswegs gerechtfertigt. Kramář, der die Liebenswürdigkeit des Erzherzogs, die er im Bedarfsfall spielen ließ, voll erkannte, blieb skeptisch gegenüber einer Politik, die in erster Linie auf die Stärkung der Krone bedacht war [75].

Was schließlich die Männer betrifft, mit denen der Thronfolger ausschließlich auf Grund eines dienstlichen Verhältnisses zu ihm selbst oder zum Kaiser in Verbindung stand, so kann man im Hinblick auf seine stark ausgeprägte eigenwillige Persönlichkeit auch nur von mittelbaren Einflüssen sprechen. Von wirklich großer Bedeutung war selbst in dieser Hinsicht nur bis 1907 der Kontakt mit Beck und späterhin mit Alexander Brosch von Aarenau, der von 1906 bis 1911 Leiter der Militärkanzlei des Erzherzogs war. Brosch, ein überaus fähiger und dem Erzherzog tief ergebener Mann, hat die typisch deutsch-zentralistische Einstellung alten Stils der Offiziere deutscher Muttersprache gehabt. Nationalistische Phrasen und Propaganda hat er wie der Erzherzog selbst als plebeisch empfunden. Im Oktober 1911 hat er den Thronfolger auf seine taktvolle und vorsichtige Art einmal gewissermaßen gewarnt, daß „die Stimmung des deutschen Nationalverbands gegen Eure kaiserliche Hoheit nicht günstig ist. Man fürchtet ein absolutistisches klerikales und čechenfreundliches Regime und die Feinde Eurer kaiserlichen Hoheit sind bestrebt diese Meinung zu verstärken. Für die Durchführung des großen Programmes, welches Eure kaiserliche Hoheit zur Wiederherstellung der Reichseinheit und der damit zusammenhängenden Niederwerfung Ungarns entworfen haben, ist jedoch die Grundbedingung, daß die Österreicher von Anfang an geschlossen hinter der Krone stehen . . ."[76].

Bardolff, Broschs Nachfolger, war nicht nur deutschzentralistisch, sondern entschieden deutschnational eingestellt, doch hat der Thronfolger, unbeschadet seiner Wertschätzung für diese Offiziere, sie beide letzten Endes als Untergebene behandelt, deren Einfluß deutliche Grenzen gesetzt waren.

Beck, der nicht in einem unmittelbaren Dienstverhältnis zum Thronfolger stand, war in dieser Beziehung bis 1906 unabhängiger gestellt. So hat er sich schon in

---

[75] Nachlaß F. F. II, Karton 9, Schreiben Becks vom 8. Jänner 1903 an den Erzherzog. — Siehe auch K i s z l i n g 221. — S o s n o s k y 52. Beck hat ungefähr zu gleicher Zeit auch den Empfang des Obmanns des Tschechenklubs im Reichsrat, Dr. Friedrich Pácak, durch den Erzherzog empfohlen. Nachlaß F. F. II, Karton 9, Schreiben vom 21. Jänner 1903.

[76] Nachlaß F. F. II, Karton 11, Schreiben von Brosch an den Erzherzog, Wien, 29. Oktober 1911. Das hier erwähnte große Programm zum Regierungswechsel befindet sich im Nachlaß des Erzherzogs, Karton 1d. Es wurde in den Grundzügen von Brosch selbst entworfen und von anderen Vertrauensleuten des Erzherzogs (wie Conrad, Czernin, Lammasch, Turba etc.) kommentiert bzw. revidiert. Von einer „Niederwerfung Ungarns" kann in diesem Zusammenhange nur in einem metaphorischen Sinn gesprochen werden.

einem Schreiben an den Erzherzog vom 16. Dezember 1898 zwar als Gegner der Badenischen Sprachenverordnungen bekannt, aber entschieden vor einer Umschaltung auf einen deutschen Kurs gewarnt. „. . . Auf der Rechten herrscht Verstimmung, bei den Čechen Erbitterung . . . In ihren Augen bedeutet — nicht mit Unrecht — die schlechthinnige Aufhebung der Sprachenverordnung den Sieg jener, die mit gewalttätigen Mitteln den Staat an den Rand des Abgrunds gebracht haben und eine rücksichtslose Parteiherrschaft erstreben . . .[77]." Daß Beck sich beim Erzherzog für die Aufnahme von Kontakten mit tschechischen Führern einsetzte, wurde bereits bemerkt. Der Umstand, daß sich die Beziehungen des Erzherzogs zu Beck seit 1906 von großer Sympathie in schroffe Ablehnung, ja Haß verkehrten, hat vermutlich keinen direkten negativen Einfluß auf die Einstellung Franz Ferdinands gegenüber den Tschechen gehabt, wohl aber die positive Wirkung von Becks früheren Ratschlägen unwirksam gemacht.

Ein von Rudolf Sieghart veröffentlichter Brief des Erzherzogs vom 4. März 1901 an den damaligen Ministerpräsidenten v. Körber bestätigt im wesentlichen das hier über die Haltung des Thronfolgers gesagte, doch widerspricht er ihm auch scheinbar, in anderer Hinsicht. In dem Schreiben beschwört der Thronfolger Körber, „den Čechen absolut nicht nachzugeben! Wir wissen, wie wir mit dem Dualismus bereits unsere Monarchie an den Rand des Grabes gebracht haben, jetzt soll eine zweite, ebenso eminente Gefahr durch die Čechen entstehen! Jetzt gilt es; wenn man jetzt nachgibt und mit den Čechen paktiert und ihnen nationale Zugeständnisse macht, so ist Alles verloren und wir züchten uns künstlich einen Trialismus, der das ohnehin so gelockerte Gefüge der Monarchie ganz ruiniert[78]!"

Interessant ist, daß der Erzherzog außer den Radikalen den feudalen Adel für diese Situation verantwortlich macht und hier besonders den Fürsten Georg Lobkowitz, den Fürsten Friedrich Schwarzenberg, und die Grafen Georg Harrach und Franz Thun.

Wenn man von den jähen Schwankungen des erzherzoglichen Temperaments absieht, so scheinen mir die in diesem Brief vorgetragenen Ansichten keineswegs so widersprüchlich zu sein, wie es den Anschein haben mag. Ungleich seiner Haltung gegenüber den Magyaren, lehnt der Erzherzog nicht das Tschechentum an sich ab, sondern die angebliche Gefahr eines drohenden Trialismus, der die Tschechen als dritte Staatsnation anerkennen würde. Wo immer er eine Bedrohung der Reichseinheit sieht, ist der Thronfolger empfindlich und den Magyaren gegenüber geradezu paranoisch. Die Verstimmung in bezug auf verschiedene böhmische Feudalherren ist im ganzen wohl als vorübergehend anzusehen, obwohl natürlich gegenüber Thun die Erinnerung an die Krise der Vergangenheit zwischen beiden Männern mit eine Rolle spielen mochte. Offenbar hat Franz Ferdinand selbst die Einigungsbestrebungen zwischen dem hohen deutschen und tschechischen Adel in Böhmen zwar grundsätzlich zustimmend, aber letzten Endes doch mit Mißtrauen betrachtet. Wenn man den Erzherzog unbeschadet gelegentlicher Temperament-

---

[77] Nachlaß F. F. II, Karton 8, Schreiben Becks an den Erzherzog, Wien, 16. Dezember 1898.
[78] S i e g h a r t , Rudolf: Die letzten Jahrzehnte einer Großmacht. Berlin 1932, S. 462 f.

ausbrüche gewiß nicht als tschechenfeindlich hinstellen kann, so noch weit weniger als reformfreundlich. Über die Frage der Beschränkung, aber keineswegs Aufhebung, des dualistischen Systems hinaus ist den auf seine Initiative hin ausgearbeiteten Reformplänen gewiß schon auf Grund der Ideen und Persönlichkeiten ihrer Bearbeiter großes Interesse aber darum nicht notwendigerweise politisches Gewicht beizumessen. Erzherzog Franz Ferdinand ist gegenüber seiner Familie, den Männern seines Vertrauens und den Völkern des Reiches nur von einem Gesichtspunkt aus zu verstehen, dem des Herrschers und seiner Rechte im Machtstaat. Das ist die grundlegende Schwäche der um ihn, aber nicht durch ihn entstandenen politischen Konzepte, der dunklen Züge in seinem Charakter. Gleichzeitig liegt aber in dieser monumentalen Einseitigkeit auch der Grund, weshalb diese großangelegte, wahrhaft tragische Persönlichkeit den Historiker immer wieder fesselt.

ZUR TÄTIGKEIT DER SLOWAKISCHEN ABGEORDNETEN IN DER TSCHECHOSLOWAKISCHEN NATIONALVERSAMMLUNG (1918—1920)

Von Ladislav Lipscher

Die nach dem Ersten Weltkrieg gegründete Tschechoslowakische Republik ist durch Zusammenschluß zweier Teile mit ungleichartiger politischer, gesellschaftlicher und wirtschaftlicher Entwicklung, als staatsrechtliche Einheit entstanden. Der östliche Teil, der die Slowakei und die Karpaten-Ukraine umfaßte, gehörte vordem zum ungarischen Regnum Marianum, während Böhmen, Mähren und Schlesien einen wichtigen Bestandteil der österreichischen Kronländer bildeten. Eine Tradition des staatlichen Zusammenlebens beider Teile war nicht vorhanden. Die Bemühungen der damaligen führenden Politiker gingen dahin, vor allem alle Merkmale eines funktionsfähigen Staatswesens sichtbar zu machen. Dazu gehörte auch die Bildung einer Nationalversammlung als höchste gesetzgeberische Institution. Die außergewöhnlichen Umstände, unter welchen der neue Staat gegründet wurde, erlaubten es nicht, daß sofort alle Voraussetzungen, die zur Bildung eines auf demokratischer Grundlage beruhenden Volksvertretungsorganes führten, erfüllt werden konnten. Der Durchführung allgemeiner Wahlen auf dem Gebiete des ganzen Staates stellten sich fast unüberbrückbare Schwierigkeiten entgegen. Deshalb mußte nach einer Lösung gesucht werden, die es ermöglichte, die Zusammensetzung der Nationalversammlung wenigstens annähernd der Stärke der damaligen politischen Strömungen anzupassen. Dabei handelte es sich nur um die Vertretung der tschechischen und slowakischen Bevölkerung. In dieser Hinsicht schien die Lage in den böhmischen Ländern günstiger zu sein.

Noch vor der Gründung der selbständigen Tschechoslowakei wurde der Tschechische Nationalausschuß als ein revolutionäres Organ ins Leben gerufen, der mit der Erklärung am 13. Juli 1918 erstmals an die Öffentlichkeit trat. Der Nationalausschuß setzte sich ausschließlich aus Vertretern der tschechischen politischen Parteien zusammen[1]. Nach der Unabhängigkeitserklärung der Tschechoslowakischen Republik setzte sich der Nationalausschuß vorerst aus 39 Mitgliedern zusammen, von denen nur Dr. Šrobár ein Slowake war. Die Zahl der Mitglieder des Nationalausschusses erhöhte sich allmählich auf 254. Am 14. November 1918 konstituierte sich der erweiterte Nationalausschuß zur revolutionären National-

---

[1] Auf Antrag des bekannten tschechischen Politikers Švehla wurde die Zahl der Vertreter der einzelnen tschechischen Parteien auf Grund der Ergebnisse der Wahlen zum Wiener Reichsrat, die im Jahre 1911 stattfanden, festgestellt. Národní shromáždění československé v prvním roce republiky [Die tschechoslowakische Nationalversammlung im ersten Jahr des Bestehens der Republik]. Prag 1919, S. 61.

versammlung. Der Slowakei wurden ursprünglich 40 Abgeordnetensitze zugesprochen. Vor der Ernennung der slowakischen Vertreter, mußte noch eine wichtige Frage, nämlich die der parteipolitischen Verteilung, bereinigt werden. Die Verwirklichung dieses Vorhabens war mit ziemlichen Schwierigkeiten verbunden. Diese ergaben sich aus historisch bedingten Umständen, daraus nämlich, daß in der Slowakei, als ehemaligem Bestandteil Ungarns, ein System der politischen Parteien im modernen Sinne des Wortes nicht bekannt war. Die einzige Slowakische Nationalpartei konnte eher als politische Bewegung gewertet werden. Außerdem gab es nur wenige nationalbewußte slowakische Politiker, die auf eine parlamentarische Tätigkeit zurückblicken konnten[2]. Ausgehend von der bestehenden Situation, wurde die Ernennung der slowakischen parlamentarischen Vertreter dem bevollmächtigten Minister für die Slowakei, Dr. Šrobár, überlassen. Eine Ausnahme bildeten Dr. Blaho und Dr. Juriga, die letzten rechtmäßig gewählten slowakischen Vertreter im ungarischen Abgeordnetenhaus, sowie M. Dula, der Vorsitzende der Slowakischen Nationalpartei, die kraft ihrer früher ausgeübten Funktionen zu parlamentarischen Vertretern bestellt wurden. Die slowakischen parlamentarischen Vertreter, ohne Berücksichtigung der Parteizugehörigkeit, schlossen sich zu einer Fraktion zusammen, die unter dem Namen Klub der slowakischen Abgeordneten (im weiteren Klub) bekannt wurde. Diese eigenartige Lösung begründete man offiziell damit, daß durch die vorgenommene Konzentration der politischen Kräfte die slowakischen Interessen wirkungsvoller zu vertreten und durchzusetzen seien, zumal ein ausgeprägtes System politischer Parteien in der Slowakei nicht vorhanden war.

Bald erkannte man, daß die Zahl der slowakischen Abgeordneten vollständig unzureichend war. Sie entsprach weder der slowakischen Bevölkerungszahl, noch war sie imstande, die derzeitigen slowakischen politischen Strömungen angemessen zu vertreten. Auf Anregung des Klubs nahm die Nationalversammlung das Gesetz Z. 138/1919 SdGuV an, laut welchem die Gesamtzahl der Abgeordneten von 256 auf 270 erhöht wurde. Die sich daraus ergebene Erhöhung von 14 Mandaten teilte man vollzählig dem Klub zu. Die Mitgliederzahl des Klubs hatte sich allmählich auf 53 Abgeordnete festgesetzt. Infolge von Rücktritten und Abberufungen kam es zu fortwährenden Veränderungen in seiner Zusammensetzung, wodurch der Mitgliederstand des Klubs allmählich die Zahl 69 erreichte. Der Nationalität nach waren davon 57 Mitglieder Slowaken und 12 Tschechen. Die Tatsache, daß dem Klub auch Abgeordnete tschechischer Nationalität angehörten, verlangt eine nähere Erläuterung. Zwei Gründe wurden dafür angeführt.

Eine Gruppe dieser Abgeordneten, bestehend aus F. Benda, Dr. Hálek, Dr. Halla, J. Cholek, Dr. Vlček und F. Votruba, war durch ihre Tätigkeit dauernd mit der Slowakei verbunden. Bei ihrem Auftreten auf dem Boden der Nationalversammlung hatte sie ihre Aufmerksamkeit ausschließlich den slowakischen Problemen zugewandt. Die Abgeordneten Dr. Kolísek, R. Pilát, Dipl. Ing. Rotnágl,

---

[2] Von den 40 ernannten slowakischen Abgeordneten waren nur sechs, nämlich Dr. Blaho, Dr. Bella, Dr. Hodža, Dr. Ivánka, Dr. Juriga und Dr. Jehlička, Mitglieder des ungarischen Abgeordnetenhauses.

Dipl. Ing. Zaruba-Pfeffermann, Alice Masaryk und Dr. Beneš wurden mehr aus emotionalen Gründen denn aus politischer Notwendigkeit zu Klubmitgliedern. Ihre politische Eingliederung sollte der Manifestation der tschechoslowakischen Einheit dienen, deren engagierte Verfechter sie bereits vor der Gründung der Republik gewesen waren. In diesem Zusammenhange muß noch eine weitere Tatsache, auf die der Abgeordnete Pilát hinwies, erwähnt werden. „Da es in der Zeit der Gründung des Nationalausschusses (Sommer 1918) den Slowaken nicht möglich war, ihre Vertreter aus der Slowakei dorthin zu entsenden, wurden auf Grund einer getroffenen Vereinbarung für die Slowakei einige Mitglieder und Ersatzmänner aus den Reihen der hiesigen tschechoslowakischen Mitarbeiter [aus Prag] ernannt. Diese wurden dann Mitglieder der revolutionären Nationalversammlung, wo sie im Rahmen des Slowakischen Klubs ihre weitere Tätigkeit bis zu den Wahlen entfalteten[3]."

Zwecks Beurteilung der persönlichen Zusammensetzung des Klubs muß noch ein weiteres Merkmal, nämlich die Konfession der slowakischen Mitglieder, erwähnt werden, da ihr in diesem Falle eine besondere politische Bedeutung zukommt. Von den 57 slowakischen Abgeordneten waren 28 Protestanten, 24 Katholiken und fünf gaben keine Konfession an.

Nach dieser kurzen Erläuterung der persönlichen Aspekte des Klubs soll jetzt auf seine Charakteristik, d. h. seine Tätigkeit und seinen Platz im Rahmen des Organisationsschemas der Nationalversammlung näher eingegangen werden. Ähnlich wie schon im Wiener Reichsrat schlossen sich auch in der Prager Nationalversammlung die Abgeordneten der einzelnen politischen Parteien in parlamentarischen Klubs zusammen. Die einzige Ausnahme bildete der Klub der slowakischen Abgeordneten, dessen Bildung nicht auf parteipolitische Aspekte, sondern auf die gleiche Nationalität der Mitglieder zurückzuführen war. Diese Eigenartigkeit der Bindung hatte entscheidende Auswirkungen nicht nur auf die Stellung des Klubs innerhalb der Nationalversammlung, sondern auf seine gesamte Tätigkeit. Die Arbeit des Klubs wurde dadurch sehr erschwert, daß die Mitglieder in erster Linie die Interessen ihrer eigenen Parteien und politischen Strömungen verfochten. Deshalb waren bei der Absprache der einzelnen Fragen fortwährend gegenseitige Zugeständnisse und Kompromisse unumgänglich.

Die Organisationsform der slowakischen parlamentarischen Vertretung hatte bei der Lösung einiger grundsätzlicher Fragen auch positive Auswirkungen.

Zwecks Entfaltung seiner Funktionsfähigkeit war es für den Klub notwendig, sich eine Rechtsgrundlage zu schaffen. Diese Frage wurde anläßlich der Sitzung des Klubs am 19. November 1918 sorgfältig erwogen, worauf der Abgeordnete Rotnágl mit der Ausarbeitung eines Statutenentwurfes betraut wurde. Dieser wurde dann anläßlich der nächsten Sitzung, die am 28. November 1918 stattfand, angenommen[4]. Die Stellung des Klubs wurde in der Bestimmung des § 1

---

[3] Kniha československé jednoty. Památce našich mrtvých. Anketa Češi na Slovensku po převratu [Das Buch der tschechoslowakischen Einheit. Zum Andenken an unsere Toten. Zur Umfrage der Tschechen in der Slowakei nach dem Umsturz]. Prag 1925, S. 137.

[4] ANS, RNS — Slovenský klub; Rotnáglův sborník [Sammelband für Rotnágl]. Prag 1935, S. 168.

folgendermaßen festgesetzt: „Der Slowakische Klub ist der Nachfolger der revolutionären Vertretung der Slowaken, des Slowakischen Nationalrates (Slovenská národná rada)[5]. Er vertritt in der Nationalversammlung die Interessen des slowakischen Volkes und betrachtet sich bis zur Wahl der verfassunggebenden Nationalversammlung als rechtmäßiger politischer Repräsentant der Slowakei[6]." Die Hervorhebung der Tatsache, daß der Klub sich als Nachfolger des Slowakischen Nationalrates betrachtete, war von besonderer Bedeutung. Durch diese Feststellung sollte der revolutionäre Ursprung dieses Organes behandelt und seine Organisationsform, die auf der Basis der formalen Vereinigung aller parlamentarischen Vertreter der Slowakei aufgebaut war, begründet werden. Die Statuten trugen auch zur Regelung des inneren Lebens des Klubs bei. Ordnungsgemäß wurde die Wahl der einzelnen Funktionäre durchgeführt. Zum ersten Vorsitzenden wählte der Klub den Abgeordneten Dula. Nach seiner Resignation vom 9. Juli 1919 wurde er durch den Abgeordneten Houdek ersetzt. Außer den ordentlichen Mitgliedern des Klubs, zu denen automatisch alle Abgeordneten gehörten, wurden laut Statuten auch außerordentliche Mitglieder ernannt. Zu diesen zählten einige hohe Staatsbeamte, die von Fall zu Fall als Berater zugezogen wurden.

Der Klub war in verschiedenen Gremien der Nationalversammlung vertreten. Anläßlich der ersten Sitzung am 14. November 1918 wählte man den slowakischen Abgeordneten Bella zum Stellvertreter des Vorsitzenden der Nationalversammlung. Nach seiner am 11. Juli 1919 erfolgten Resignation trat der Abgeordnete Dula an seine Stelle. Der Klub entsandte seine Mitglieder auch in die einzelnen Parlamentsausschüsse. Unter diesen nahm der Ausschuß für slowakische Angelegenheiten eine besondere Stellung ein. Der Wirkungskreis dieses Ausschusses, wie schon sein Name besagt, erstreckte sich auf die Regelung der Fragen, die mit der staatsrechtlichen Lage der Slowakei verbunden waren. Es ist nicht feststellbar, ob sich dieser Ausschuß aktiv für die Lösung dieser Fragen einsetzte. Es ist anzunehmen, daß seine Gründung im Dezember 1918 vor allem dazu diente, die Wichtigkeit der Slowakei als integrierender Bestandteil der Republik zu unterstreichen. In dieser Zeit nämlich konnte die staatsrechtliche Lage der Slowakei bei weitem noch nicht als konsolidiert betrachtet werden.

Die Bildung der einzelnen Regierungen beruhte während der Existenz der Republik fast ausschließlich auf dem Koalitionsprinzip. Der Klub war während der ganzen Zeit seines Bestehens ein festes Glied der jeweiligen Koalitionen und war demzufolge an der Regierungsarbeit beteiligt. In der ersten Regierung, die sich unter dem Vorsitz von Dr. Kramář bildete und 16 Mitglieder zählte, gab es nur einen slowakischen Minister, nämlich Dr. Šrobár[7]. Diese Regierung, in der alle

---

[5] Der Slowakische Nationalrat wurde anläßlich des Zusammentreffens führender slowakischer Politiker in Budapest am 12. September 1918 gegründet. Dieser sollte eine ähnliche Rolle spielen wie der am 13. Juli 1918 ins Leben gerufene Nationalausschuß der böhmischen Länder.

[6] ŠSÚA, Slovenská národná rada 1918—1920, Karton Nr. 4.

[7] Der zweite slowakische Vertreter in der Regierung, General Dr. Štefánik, wurde zum Kriegsminister ernannt, jedoch verhinderte sein frühzeitiger Tod die Übernahme des Regierungspostens.

politischen Parteien und Gruppierungen vertreten waren, blieb nicht lange im Amt. Bald kam es zu ernsthaften Auseinandersetzungen zwischen den sozialistischen Parteien und den Nationaldemokraten (der Partei des Ministerpräsidenten Dr. Kramář). Die Gemeindewahlen, die am 15. Juni 1919 stattfanden, endeten mit einem durchgreifenden Erfolg der sozialistischen Parteien. Die Nationaldemokraten wurden von ihrer Stellung als eine der führenden Kräfte des politischen Lebens der böhmischen Länder zurückgedrängt. Aber auch die tschechischen klerikalen Parteien konnten die Stellung, welche sie vor den Wahlen eingenommen hatten, nicht behaupten. Die Bildung einer neuen Regierung war unumgänglich. Schon während der politischen Vorbesprechungen stellte sich klar heraus, daß die Vertreter der Nationaldemokraten und der tschechischen Klerikalen die Plätze der Opposition in der Nationalversammlung einnehmen würden. Der Wechsel von beiden ehemaligen Koalitionspartnern in die Opposition stärkte unumgänglich die Position des Klubs bei den bevorstehenden Verhandlungen, die zur Bildung einer neuen Regierung führen sollten. Einige zahlenmäßige Angaben veranschaulichen dies.

Es war vorauszusehen, daß die Sozialdemokraten, die tschechischen Sozialisten mit der Agrarpartei, die zusammen über 138 von insgesamt 270 Sitzen in der Nationalversammlung verfügten, den Kern der neuen Koalitionsregierung bilden würden. Das war eine knappe Mehrheit. Der Klub besaß 53 Abgeordnete. Durch seine Teilnahme an dieser Koalition hätte sich die Regierung auf eine entscheidende Mehrheit von 191 Sitzen stützen können. Diese Berechnungen zeigten eindeutig, daß der Klub durchaus imstande war, eine wichtige Rolle im damaligen politischen Leben zu spielen. Im Mittelpunkt der Besprechungen des Klubs mit den zukünftigen Koalitionspartnern standen zwei Hauptfragen. Erstens ging es darum, die Zahl der dem Klub zufallenden Ministerposten festzulegen. Von der Tatsache ausgehend, daß ein Viertel der Gesamtzahl aller Abgeordneten der zukünftigen Koalition Repräsentanten des Klubs waren, forderte dieser vier von insgesamt 15 Ministerposten. Er machte seinen Anspruch auf die Ressorts für Justiz, Sozialfürsorge, Landwirtschaft und Volksernährung geltend. Das Ministerium für die Slowakei sollte selbstverständlich durch einen Vertreter des Klubs verwaltet werden. Der Klub zeigte großes Interesse namentlich am Justizministerium, in dessen Kompetenz ursprünglich die Unifikation der Rechtsordnung liegen sollte.

Eine der angesehendsten slowakischen Zeitungen berichtete folgendes über den Eindruck, den die Ansprüche des Klubs im tschechischen Lager hinterließen: „Die slowakische Forderung war keine angenehme Überraschung für die Prager Parteikreise, denn sie haben sich noch nicht daran gewöhnen können, uns als politischen Faktor anzuerkennen[8]."

Nach länger andauernden, geheim geführten Verhandlungen mit seinen Partnern beriet der Klub in den Sitzungen, die am 25. Juni und 8. Juli 1919 stattfanden, über den Stand der bisherigen Ergebnisse. Zugleich setzte er die Forde-

---

[8] Zmeny vo vláde a Slováci [Die Veränderungen in der Regierung und die Slowaken]. Slovenský denník, 1. 7. 1919, Nr. 137.

rung fest, von deren Erfüllung seine Teilnahme an der Regierung abhängig gemacht wurde[9]. Außer der schon erwähnten Bedingung das Ministerium betreffend, erhob er Anspruch auf Errichtung einer besonderen Abteilung für slowakische Angelegenheiten in jedem der Ressorts, an dessen Spitze ein Staatssekretär oder Sektionschef stünde. Dieser Posten sollte nur nach Absprache mit dem Klub oder dem Minister für die Slowakei besetzt werden.

Die zweite Hauptfrage, die den Klub außerordentlich beschäftigte, war die Festlegung des zukünftigen Regierungsprogrammes. Der Klub war mit den vom sozialistischen Block vorgelegten Anträgen über die Notwendigkeit einer Durchführung der Bodenreform[10] und der Erhebung zwecks späterer Enteignung der Gruben, Bergwerke und großen Unternehmen grundsätzlich einverstanden. Die Einstellung des Klubs ist umso überraschender, als die Vertreter der bürgerlichen Parteien die Mehrheit bildeten. Eine Erklärung dafür ist in der Tatsache zu finden, daß die Verwirklichung dieser Forderungen keine ungünstigen Auswirkungen auf das slowakische Bürgertum und die Bauernschaft haben würde. Von offizieller slowakischer Seite wurde dazu folgender Kommentar gegeben: „Die Slowaken haben nicht die mindeste Ursache, den gräflichen Besitz vor der Parzellierung, die Bergwerke und große Unternehmen vor der teilweisen Verstaatlichung zu schützen. Die Slowaken haben weder eigene Großgrundbesitzer noch eine eigene Großindustrie — der Slowakische Klub will die Rechte und die Interessen des Volkes wahren[11]." Der Klub brachte noch weitere Ansprüche vor, die er gerne erfüllt haben wollte. Um nur die wichtigsten zu nennen: Es ging vor allem darum, die Gemeindewahlen in der Slowakei nicht vorzeitig und die Parlamentswahlen nicht gleichzeitig auf dem ganzen Gebiete des Staates durchzuführen; die Entscheidung über das Datum der Gemeindewahlen dem Klub zu überlassen; die Regelung des Verhältnisses zwischen Staat und Kirche dem gewählten Parlament zu überlassen. Diese Forderungen standen in Widerspruch zu der sich anbahnenden Grundrichtung der politischen Entwicklung, die durch stark aufkommende Demokratisierungstendenzen gekennzeichnet war. Anderseits bemühte sich der Klub um die Erfüllung von Forderungen, die sich auf jeden Fall positiv nicht nur auf die wirtschaftliche und soziale Entwicklung, sondern auch auf die allgemeine politische Konstellation der Slowakei auswirken würden. Vor allem muß erwähnt werden, daß er der Regierung nahegelegt hatte, wirkungsvolle Schritte für den Aufbau neuer Industrieanlagen zu unternehmen, die zugleich eine Herabsetzung der Arbeitslosigkeit zur Folge hätten.

Die neugebildete Regierung wurde am 8. Juli 1919 vom Präsidenten der Republik ernannt. Obwohl der Klub in der neuen Koalition eine Schlüsselposition

---

[9] ŠSÚA, Slovenská národná rada 1918—1920, Karton Nr. 4; Slovenský denník, 28. 6. 1919, Nr. 135.
[10] In dieser Hinsicht forderte der Klub, daß der enteignete Boden den kleinen Landwirten zugeteilt würde, anstatt ihn der vorübergehenden Verwaltung des Staates zu übergeben, wie dies vom sozialistischen Block beantragt wurde. Kríza [Die Krise]. Slovenský denník, 18. 3. 1919, Nr. 53.
[11] Zmeny vo vláde a Slováci [Die Veränderungen in der Regierung und die Slowaken]. Slovenský denník, 1. 7. 1919, Nr. 137.

einnahm, kam diese Tatsache bei der Besetzung der Ministerposten nicht zum Ausdruck. Unter den ernannten 15 Regierungsmitgliedern befanden sich nur zwei Slowaken. Dr. Šrobár wurde abermals zum Leiter des Ministeriums für die Slowakei berufen, und die Leitung des Ressorts für Volksernährung wurde dem Abgeordneten Houdek übertragen. Es muß noch hinzugefügt werden, daß der bekannte slowakische Politiker Dr. Hodža am 6. Dezember 1919 zum Chef des neueingerichteten Ministeriums für die Unifizierung der Gesetzgebung und Organisation der Verwaltung ernannt wurde [12]. Somit hatte der Klub vorübergehend drei Vertreter in der Regierung, jedoch war dieser Zustand nicht von langer Dauer. Am 30. März 1920 ersetzte der Angehörige der tschechischen Agrarier, K. Sonntag, den Slowaken Houdek in der Funktion des Chefs des Ressorts für Volksernährung. Die Zahl der slowakischen Vertreter war wieder auf zwei gesunken.

Es könnte den Anschein erwecken, als ob der Klub seine rechtmäßigen Forderungen nicht mit genügendem Nachdruck durchzusetzen wagte und vorzeitig resignierte. Eine derartige Interpretation stellt eine Vereinfachung dar, obwohl auch dieses Motiv nicht außer acht gelassen werden kann. Unter normalen Verhältnissen, wenn eine politische Partei eine ihrer Stärke angemessene Vertretung in der Regierung nicht durchsetzen kann, bietet sich ihr die Möglichkeit, ihre Teilnahme rückgängig zu machen. Ein derartiges Vorgehen des Klubs hätte für das internationale Ansehen des neuen Staates sicherlich sehr schädliche Nachwirkungen gehabt. Dieser Schritt konnte auch aus innenpolitischen Erwägungen nicht unternommen werden, denn als Folge davon wäre praktisch die gesamte slowakische Repräsentanz aus dem gesamtstaatlichen, öffentlichen Leben ausgeschieden. Eine derartige Entscheidung hätte der Slowakei mehr Schaden als Nutzen gebracht.

Die Erfolglosigkeit der Bemühungen des Klubs wurde auch mit diesem Argument begründet: „Die Position des Klubs ist auch durch den Umstand geschwächt, daß es unmöglich ist, die Stärke der hinter ihm stehenden politischen Kräfte abzuschätzen [13]." Dieses Argument, wenn auch nicht ganz klar formuliert, bezog sich keineswegs auf die Anzahl der slowakischen Abgeordneten, sondern damit wurde auf die Unzulänglichkeit seiner politischen Zusammensetzung hingewiesen, die den gegebenen Verhältnissen nicht entsprach. Ähnlich wie in den böhmischen Ländern, wo die Gemeindewahlen einen starken Linkskurs andeuteten, wurde diese Entwicklung in der Slowakei noch in stärkerem Maße spürbar. Demgegenüber saßen im Klub nur 12 Sozialdemokraten. Aus der Sicht des tschechischen sozialistischen Blocks, dem die Sozialdemokraten, tschechische Sozialisten und einige Splittergruppen angehörten, galt der Klub als bedeutende Stütze der bürgerlichen Parteien in der Regierung und im Parlament.

Das gemeinsame Auftreten der slowakischen Abgeordneten in der Nationalversammlung bedeutete noch keineswegs eine Einheit der politischen Überzeugung, sondern nur, daß sie den gemeinsamen Standpunkt, der im Klub angenom-

---

[12] Stenographischer Bericht von der 96. Sitzung der Nationalversammlung, 10. 12. 1919.
[13] Slovenský denník, 11. 7. 1919, Nr. 146.

men worden war, vertraten. Die Entfaltung des Parteipluralismus in der Slowakei, welche die aus den böhmischen Ländern eindringenden politischen Strömungen noch vertieften, war sehr schnell vorangeschritten.

Am 19. Dezember 1918 wurde die klerikale Slowakische Volkspartei gegründet[14] und am 25. Dezember 1918 hielten die slowakischen Sozialdemokraten ihren Parteitag ab[15].

Der Beginn der Tätigkeit beider Parteien stellte die Notwendigkeit der Gründung einer liberal-bürgerlichen politischen Partei in den Vordergrund. Nach den Worten des Initiators dieses Vorhabens, Dr. Šrobár, sollte sie eine mäßig progressive Politik verfolgen und unter der Landbevölkerung Fuß fassen[16]. Vorerst wurde der Versuch unternommen, die Slowakische Nationalpartei zum Integrationskern der neu zu gründenden Partei zu machen. Von einer Verwirklichung dieser Pläne wurde bald Abstand genommen, da es sich zeigte, daß die Führung der Nationalpartei außerstande war, sich von dem eingewurzelten Konservativismus loszusagen und eine Taktik zu wählen, mit der sie sich innerhalb der slowakischen Bauernschaft hätte durchsetzen können. Das Endergebnis dieser Bestrebungen slowakisch liberal-bürgerlicher Kreise war die Gründung der Nationalrepublikanischen Bauernpartei (Národná republikánska strana roľnícka) am 14. September 1919[17]. Die Vertreter der Nationalpartei, der Volkspartei und der Nationalrepublikanischen Bauernpartei traten am 12. November 1919 zu Besprechungen zusammen[18]. Der Versuch war nur teilweise erfolgreich. Die Slowakische Nationalpartei und die Nationalrepublikanische Bauernpartei schlossen sich zusammen und gründeten die Slowakische National- und Bauernpartei.

Das politische Leben in der Slowakei geriet in Bewegung. Die etablierten politischen Parteien der böhmischen Länder versuchten ihre Tätigkeit auf die Slowakei auszudehnen. Als erste meldete sich die Tschechische sozialistische Partei, die nach Aufnahme ihrer Tätigkeit in der Slowakei die Bezeichnung „Tschechoslowakische" annahm[19].

Selbstverständlich mußte die Gründung der einzelnen Parteien unvermeidliche Konsequenzen auf die politische Orientierung der slowakischen Abgeordneten haben. In bezug auf die Parteizugehörigkeit sah die Zusammensetzung des Klubs folgendermaßen aus: Slowakische National- und Bauernpartei 39, Slowakische sozialdemokratische Partei 12, Slowakische Volkspartei 8, Tschechische sozialistische Partei 1, Nationaldemokratische Partei 1, slowakische Abgeordnete ohne Parteizugehörigkeit 2[20], tschechische Abgeordnete, die keiner slowakischen Partei angehörten, 6.

---

[14] Aus der offiziellen Ankündigung durch den Abgeordneten Dr. Kmeťko in der Nationalversammlung. Stenographischer Bericht von der 15. Sitzung, 10. 1. 1919.
[15] Robotnícke noviny [Arbeiterzeitung], 8. 1. 1919, Nr. 2.
[16] Šrobár, V.: Osvobodené Slovensko. Pamäti z rokov 1918—1920 [Die befreite Slowakei. Erinnerungen aus den Jahren 1918—1920]. Bd. 1. Prag 1928, S. 421.
[17] Slovenský denník, 16. 9. 1919, Nr. 201.
[18] Národnie noviny [Nationalzeitung], 14. 11. 1919, Nr. 261.
[19] Am 26. Mai 1919 fand in Preßburg die Gründungs-Vollversammlung dieser Partei statt. Slovenský denník, 27. 5. 1919, Nr. 110.
[20] In der erwähnten Zeit waren Dr. Juriga und K. A. Medvecký noch keiner politischen

Im Zusammenhang mit dieser Entwicklung erscheint es angebracht, den Versuch zu machen, eine nicht unwichtige Frage zu beantworten. Es handelt sich darum herauszufinden, warum der Klub, trotz fortschreitender politischer Differenzierung, in seinem Vorgehen auf parlamentarischem Boden seine einheitliche Linie weiterhin verfolgte und bewahrte. Zwecks Beantwortung dieser Frage ist es notwendig, nach denjenigen Kräften zu forschen, die als wirkungsvollste Verfechter der Erhaltung dieser Einheit hervortraten.

Es entstand die paradoxe Situation, daß gerade die slowakischen Sozialdemokraten zu den entschiedensten Befürwortern der einheitlichen parlamentarischen Repräsentanz der slowakischen Bevölkerung wurden, obwohl sie keine entsprechende Vertretung besaßen. Die führende Persönlichkeit der slowakischen Sozialdemokraten, Dr. Dérer, begründet diese Einstellung wie folgt: Die Gruppe der sozialdemokratischen Abgeordneten, wenn sie auch eine Minderheit darstellte, zeichnete sich durch einheitliches, zielbewußtes und konsequentes Vorgehen aus, was ihr ermöglichte, die Lage im Klub zu beherrschen. Daraus folgte, daß der Klub sich in allen grundsätzlichen Fragen den Standpunkt der Sozialdemokraten zu eigen machte. Ohne die Präsenz der Sozialdemokraten, fuhr Dr. Dérer fort, hätte sich der Klub zu einer Stütze der Reaktion entwickelt [21].

Die so formulierte Begründung kann nicht ohne weiteres übernommen werden. Es ist eine unbestreitbare Tatsache, daß die Sozialdemokraten im politischen Kampf erprobte Politiker in ihrer Mitte hatten und als einzige der slowakischen politischen Bewegungen schon auf fester Grundlage organisiert waren. Es ist noch erwähnenswert, daß einer der Stellvertreter des Klubobmannes, der sozialdemokratische Abgeordnete Cholek, ein erfahrener und sehr rühriger Politiker war, der die Mehrheit der Klubsitzungen führte [22]. Es entspricht den Tatsachen, daß die Annahme mehrerer progressiver Gesetzentwürfe durch den Klub erst nach entscheidendem Eingreifen der Sozialdemokraten zustande kam. Als markantestes Beispiel dafür ist der Verlauf der Beratungen zu nennen, die den Gesetzentwurf über die Wahlordnung für die Nationalversammlung betrafen.

Anderseits muß aber erwähnt werden, daß die slowakischen Sozialdemokraten oft gezwungen waren, von ihrer progressiven Position Abstand zu nehmen, weil sie schließlich eine Minderheit im Klub darstellten und dazu noch in der Überzeugung handelten, daß es notwendig sei, den Klub um jeden Preis am Leben zu erhalten. Eine solche Situation ergab sich bei der Beratung der sehr relevanten Frage um die Trennung des Staates von der Kirche. In diesem Fall gaben

---

Partei beigetreten. Die Entscheidung fiel erst später. Dr. Juriga wurde Abgeordneter der Slowakischen Volkspartei und K. A. Medvecký hatte sich der Tschechoslowakischen Volkspartei angeschlossen. S i d o r, K.: Slovenská politika na pôde pražského snemu (1918—1938) [Die slowakische Politik im Prager Parlament]. Bd. 1. Preßburg 1943, S. 101—102. — M e d v e c k ý, K. A.: Z mojich rozpomienok k šesťdesiatinám [Aus meinen Erinnerungen zum 60. Geburtstag]. Tyrnau 1935, S. 162.

[21] D é r e r, I.: Slovensko v prevrate a po ňom [Die Slowakei im Umsturz und danach]. Preßburg 1924, S. 38.

[22] Súdruh Jozef Cholek 50. ročný [Genosse Josef Cholek 50jährig]. Robotnícke noviny, 16. 9. 1923, Nr. 210.

die Sozialdemokraten aus eigenem Entschluß den Kampf um eine dem damaligen Kräfteverhältnis entsprechende Vertretung auf[23].

Großes Interesse an der Erhaltung der Einheit des Klubs zeigten auch Dr. Šrobár und seine politischen Freunde[24]. Dr. Šrobár verbarg seine Pläne nicht, die dahin tendierten, eine führende Rolle in einer starken slowakischen politischen Bewegung einzunehmen. Auch die Slowakische Nationalpartei war für die Erhaltung der Einheit[25]. In dieser Frage herrschte eine seltsame Übereinstimmung zwischen den einzelnen Parteien, wenn auch bei jeder verschiedene Beweggründe ausschlaggebend waren.

Angesichts des Umstandes, daß der Klub die bedeutendste Rolle im damaligen politischen Leben der Slowakei spielte, unterschied sich der Rahmen seiner Tätigkeit von anderen ähnlichen Institutionen. Das wirkte sich dahingehend aus, daß neben seinem Hauptwirkungskreis — der Ergreifung der gesetzgeberischen Initiative und der Teilnahme an der Verabschiedung von Gesetzentwürfen — der Klub auch maßgeblich an der Lösung von Fragen mitarbeitete, die normalerweise mit seiner Tätigkeit nicht direkt zusammenhingen. In den Sitzungen wurden vor allem Probleme des Aufbaues und der Organisation des Verwaltungsapparates der Slowakei besprochen, die in dieser Zeit eine Schlüsselstellung einnahmen. Es ging hauptsächlich darum, das geeignetste Modell für die Organisation der Zivilverwaltung zu finden. Es sollte der gegebenen Situation — einige Teile der Slowakei waren noch nicht in den neuen Staat integriert — Rechnung tragen. Die größte Aufmerksamkeit rief der vom Abgeordneten Dr. Ivánka vorgelegte Entwurf hervor[26]. Grundsätzlich ging es um den Aufbau der Zivilverwaltung, die später durch die Errichtung des Ministeriums für die Slowakei verwirklicht wurde.

In den späteren Sitzungen wurden die unhaltbaren Verhältnisse im Ministerium für die Slowakei beraten. Nach heftigen Diskussionen nahm der Klub den Entschluß an, die Machtbefugnisse des Ministeriums teilweise zu schmälern[27].

Das Hauptaugenmerk der slowakischen Abgeordneten richtete sich selbstverständlich auf ihr eigenes Betätigungsfeld, auf die parlamentarische Arbeit. Den Höhepunkt der legislativen Arbeiten in dieser Zeitspanne bildete die Annahme der sechs Gesetzentwürfe, die die Regierung der Nationalversammlung zwecks

---

[23] Aus dem Sitzungsprotokoll des Klubs vom 1. Dezember 1918 ist folgendes zu ersehen. Der Abgeordnete Dr. Medvecký berichtete, daß die Verteilung der dem Klub zusätzlich zugewiesenen Mandate im Verfassungsausschuß der Nationalversammlung auf heftigen Widerstand gestoßen war. Die Vertreter der tschechischen sozialistischen Parteien forderten, daß den slowakischen Sozialdemokraten eine bedeutend höhere Anzahl Mandate zugeteilt werde. Der Abgeordnete Lehotský (slow. Sozialdemokrat) sollte die tschechischen sozialistischen Parteien davon überzeugen, daß die slowakischen Sozialdemokraten mit den zugeteilten Abgeordnetensitzen zufrieden seien. ANS, RNS — Slovenský klub.
[24] Sitzungsprotokoll des Klubs vom 19. 11. 1918. ANS, RNS — Slovenský klub.
[25] Slováci a nová vládna koalícia [Die Slowaken und die neue Regierungskoalition]. Národnie noviny, 3. 7. 1919, Nr. 150. — Vo veci Slovenskej národnej strany [In Sache der Slowakischen Nationalpartei]. Národnie noviny, 17. 7. 1919, Nr. 162.
[26] Sitzungsprotokoll vom 30. 11. 1918. ANS, RNS — Slovenský klub.
[27] ŠSÚA, Slovenská národná rada 1918—1920, Karton Nr. 4, Schriftstück Nr. 140. — Úfajme nápravu [Wir hoffen auf Besserung]. Robotnícke noviny, 13. 11. 1919, Nr. 120.

weiterer Behandlung und Verabschiedung vorlegte, und zwar: die Verfassung, das Gesetz, das die Grundsätze des Sprachrechtes festlegte, das Gesetz betreffend die Wahlordnung für das Abgeordnetenhaus, das Gesetz über Zusammensetzung und Machtbefugnisse des Senats, das Gesetz über das Wahlgericht und schließlich jenes über die Schaffung der Gau- und Bezirksämter. Nachdem die Regierung alle angeführten Gesetzentwürfe zur gleichen Zeit vorgelegt hatte, wurde die Debatte in der Nationalversammlung gemeinsam geführt. Begreiflicherweise konzentrierte sich das größte Interesse auf den Gesetzentwurf, der die zukünftige Verfassung beinhaltete. Wie vorauszusehen war, stand auch die Frage der staatsrechtlichen Stellung der Slowakei im Mittelpunkt der vielen Diskussionen und Auseinandersetzungen, die im Rahmen des Klubs stattfanden. Der Vorsitzende der amerikanischen Slowakischen Liga[28], A. Mamatej, nahm an der Sitzung des Klubs am 6. Februar 1920 teil und legte die Ansichten seiner Organisation dar. Er beantragte, daß der Inhalt des Vertrages von Pittsburgh[29] in die Verfassungsurkunde aufgenommen würde. Dem Inhalt nach wurde im Vertrag von Pittsburgh vereinbart, daß das tschechische und slowakische Volk in der Heimat künftig in einem gemeinsamen, selbständigen Staat leben sollten. Die Slowakei soll eine eigene Verwaltung, einen Landtag und Gerichte erhalten, und das Slowakische sollte als Amtssprache gelten. Der zukünftige tschechoslowakische Staat sei eine Republik und seine Verfassung auf demokratischen Grundlagen aufgebaut. Die näheren Modalitäten der Errichtung des selbständigen Staates sollten den befreiten Tschechen und Slowaken sowie ihren rechtmäßigen Vertretern überlassen werden.

Nach einer länger andauernden Debatte faßte der Klub folgenden Beschluß: „Die Slowakei ist durch das ehemalige ungarische Regime kulturell und materiell so geschwächt, daß sie außerstande ist, ihre Autonomie ohne tschechische Hilfe aufzubauen oder zu bewahren. Die Autonomie bürdet der slowakischen Bevölkerung außergewöhnlich hohe finanzielle Lasten auf. Der Slowakei steht noch keine genügende Anzahl von Intelligenz zur Verfügung, um Ämter und Schulen ausreichend zu besetzen." Den amerikanischen Slowaken wurde in dem Sinne geantwortet, daß die Autonomie der Slowakei durch das Gaugesetz vollständig sichergestellt sei. Mit der Bildung des im Gesetze vorgesehenen Gauverbandes in der Slowakei werde all dies realisiert werden, was der Vertrag von Pittsburgh beinhalte. Eine Ausnahme bilde der Landtag, „welcher sich aber bei den gegenwärtigen Verhältnissen nur zum Nachteil der Slowakei auswirken würde"[30]. Am Ende des Beschlusses wurde noch ein historisch sehr bedeutender Absatz hinzugefügt: „Die besonderen sprachlichen, religiösen, kulturellen und materiellen Interessen der Slowakei werden durch die demokratisch gewählten slowakischen Abgeordneten ... durch die brüderlichen Gefühle des tschechischen Volkes ausrei-

---

[28] Einer der slowakischen landsmännischen Vereine in den USA.
[29] Dieses Dokument ist als politischer Vertrag zu betrachten, der zwischen Prof. T. G. Masaryk, den Repräsentanten des Tschechischen Nationalausschusses im Exil und den Vertretern der tschechischen und slowakischen Organisationen in den USA am 30. Mai 1918 in Pittsburgh/Pensylvania zustandekam.
[30] Stenographischer Bericht von der 20. Sitzung der Nationalversammlung, 23. 1. 1919.

chend gewährleistet. Der Klub der slowakischen Abgeordneten sieht in diesen Institutionen die Garantie für die Wahrnehmung der Interessen des slowakischen Volkes, so wie sich das unsere amerikanischen Brüder vorgestellt hatten, als der Vertrag von Pittsburgh vereinbart wurde [31]."

In der allgemeinen Debatte der Nationalversammlung, die durch die eingebrachten Gesetzentwürfe ausgelöst worden war, trat als offizieller Redner des Klubs der Abgeordnete Dr. Markovič (Sozialdemokrat) auf. Der Inhalt der einstimmig angenommenen Erklärung, die er in der Nationalversammlung verlas, stimmte mit jenem Beschluß überein, der den amerikanischen Slowaken zugeschickt worden war [32]. An der sich damals manifestierenden Einmütigkeit änderten die Vorbehalte, die im Namen der Vertreter der Slowakischen Volkspartei im Verfassungsausschuß der Nationalversammlung vorgebracht wurden, nichts. In der schriftlich eingebrachten Erklärung wird festgestellt: „Die unterzeichnenden Abgeordneten . . . bezeugen, daß sie zwar ihr Einverständnis gegeben haben, die Entwürfe der Verfassungsgesetze aus höheren Interessen einstimmig anzunehmen . . . Damit haben sie aber ihre Forderung nach der Selbstverwaltung der Slowakei mit einem gesetzgeberischen Landtag nicht aufgegeben und wünschen eine Verwirklichung derselben in der Zukunft [33]."

Im großen und ganzen ist die Einstellung des Klubs zum Inhalt und zur Annahme der Verfassung als Ausdruck bestimmter nicht unbegründeter Befürchtungen aufzufassen. Die erreichte nationale Selbständigkeit der Slowaken war tatsächlich durch das Vorgehen Ungarns gefährdet. Bei diesen Überlegungen muß noch in Betracht gezogen werden, daß die Ambitionen Ungarns starke Unterstützung bei gewissen Bevölkerungsschichten der Slowakei fanden. Der Einfluß dieser Komponente konnte begreiflicherweise nicht von langer Dauer sein. Demgegenüber war für die Verfassung, entsprechend ihren Bestimmungen, eine langfristige Gültigkeit vorgesehen. Der Klub hatte deshalb einen ernsthaften Fehler begangen, weil er nicht versucht hatte, zumindest eine zufriedenstellende Regelung für jene Zeit vorherzustellen, in welcher alle in dieser Zeit vorhandenen politischen Hindernisse aus dem Weg geräumt sein werden. Die Begründung, daß im Gaugesetz die Frage der Selbstverwaltung der Slowakei geregelt würde [34], zeigte sich als politisch kurzsichtig und juristisch unannehmbar, denn nach dem Vorhaben des Gesetzgebers sollte grundsätzlich nur die Möglichkeit der Teilnahme der Bevölkerung an der Verwaltung geregelt werden. Diese Schlußfolgerung ergibt sich auch aus der Debatte über den Entwurf des Gaugesetzes, in deren Verlauf unter anderem die Frage der staatsrechtlichen Stellung der Slowakei angeschnitten wurde. Während der Diskussion im Verfassungsausschuß hatten sich die Vertreter der Nationaldemokraten und der tschechischen Klerikalen ganz entschieden gegen die Verwirklichung des Gaugesetzes ausgesprochen. Dr. Kramář (Nationaldemokrat) verlangte stattdessen die Sicherstellung einer administrativen

---

[31] ŠSÚA, Slovenská národná rada 1918—1920, Karton Nr. 7.
[32] Stenographischer Bericht von der 125. Sitzung der Nationalversammlung, 27. 2. 1920.
[33] Slovák [Der Slowake], 3. 3. 1920, Nr. 37.
[34] Aus der Rede des Abgeordneten Dr. Markovič. Stenographischer Bericht von der 125. Sitzung der Nationalversammlung, 27. 2. 1920.

Autonomie für die einzelnen Länder, aus denen sich die Tschechoslowakei zusammensetzte. Er war der Ansicht, daß mit Inkrafttreten seines Antrages jene Stimmen aus der Slowakei eliminiert werden könnten, die eine politische Autonomie anstrebten[35]. Der Vertreter der Tschechischen Volkspartei setzte sich ein für die Beibehaltung der mährischen Autonomie, die historisch begründet war[36]. Der Verwirklichung von Dr. Kramář's Forderung widersetzten sich die Vertreter des Klubs, Dr. Medvecký und Dr. Dérer, ganz entschieden. Beide hielten die administrative Autonomie sogar für eine äußerst gefährliche Maßnahme, weil die Bestrebungen verstärkt würden, die eine Trennung der Slowakei von der Tschechoslowakischen Republik im Auge hatten.

Anläßlich der Besprechung des Wahlgesetzes und der kirchlich-politischen Gesetze in der Nationalversammlung kam es innerhalb des Klubs zu heftigen politischen Auseinandersetzungen. In beiden Fällen änderte sich das Kräfteverhältnis und das Zusammengehen der einzelnen Fraktionen jeweils im Rahmen des Klubs. Die Annahme des Entwurfes, der die Einführung des allgemeinen Wahlrechtes vorsah, wurde zur ersten Belastungsprobe. Die Abgeordneten Dr. Šrobár, Dr. Hodža, M. Dula, Dr. Vanovič (Slowakische National- und Bauernpartei) und Dr. Ivánka (Nationaldemokratische Partei) sprachen sich gegen eine Erweiterung der demokratischen Grundsätze auf die Slowakei aus. Sie beantragten, daß die Durchführung der Wahlen auf bestimmte Zeit verschoben werde, daß den Frauen die Teilnahme an den Wahlen untersagt bliebe und das Mehrheitssystem eingeführt werde[37]. Die Sozialdemokratische und die Slowakische Volkspartei hatten sich ganz entschieden für die Einführung des allgemeinen Wahlrechtes eingesetzt. Nach heftigen Rednerduellen nahm der Klub den Regierungsentwurf an, dessen Kern progressive Grundsätze bildeten[38].

Bemerkenswert war, daß zu jenen Kräften, die für die Annahme dieses Entwurfes plädierten, zwei Fraktionen des Klubs gehörten, die zueinander in extremen Widersprüchen standen. Die Fraktion der Slowakischen Volkspartei setzte sich für das allgemeine Wahlrecht ein, in der Hoffnung, daß durch die Zulassung der Frauen zu den Wahlurnen ihre übertriebenen Ambitionen, eine führende Rolle im damaligen politischen Leben zu spielen, in Erfüllung gehen würden. Die Haltung der Sozialdemokraten in dieser Frage versteht sich von selbst. Wie aus

---

[35] Stenographischer Bericht von der 125. Sitzung.
[36] Stenographischer Bericht von der Sitzung des Verfassungsausschusses der Nationalversammlung am 19. 2. 1920.
[37] Sitzungsprotokoll vom 12. 8. 1919. ANS, RNS — Slovenský klub. — Š r o b á r, V.: Politický problém Slovenska [Das politische Problem der Slowakei]. Preßburg 1926, S. 19—20.
[38] Mit 13 zu 12 Stimmen wurde der erste Punkt der Resolution mit diesem Wortlaut befürwortet: „Der Klub . . . ist der Ansicht, daß die Wahlen in die Nationalversammlung auf dem ganzen Gebiete der Republik durchzuführen sind." Der zweite Punkt: „Der Klub eignet sich den Regierungsentwurf des Wahlgesetzes an; auf Grund von ihm sollten dann die Proportionalvertretung festgelegt und geheime Wahlen durchgeführt werden", wurde mit einem Stimmenverhältnis von 20 zu 5 angenommen. D é r e r, I.: Za volebné právo Slovenska [Für ein Wahlrecht der Slowakei]. Preßburg 1919, S. 30 f. — D e r s.: Slovensko v prevrate a po ňom 40.

den Akten ersichtlich ist, waren sie mit ihrer Kompromißlosigkeit für die Annahme des von der Regierung vorgelegten Gesetzentwurfes verantwortlich.

Ein weiterer Gesetzentwurf betraf die Reform des Eherechtes. Die im Kampf um das Wahlrecht vorübergehend Verbündeten gingen auseinander. Die Vertreter der Slowakischen Volkspartei sprachen sich für die Aufhebung der Zivilehe und gegen die Legalisierung der Ehescheidung aus. Die Sozialdemokraten waren entgegengesetzter Meinung und verlangten noch zusätzlich die Aufhebung der Bestimmung des Gesetzes aus dem Jahre 1894, welches das Zölibat als Eheschließungshindernis sanktionierte. Das Ergebnis war ein Kompromiß, der im Vergleich zu früher, besonders für die Slowakei, einen Rückschritt bedeutete.

Im Rahmen ihrer parlamentarischen Tätigkeit ergriffen die slowakischen Abgeordneten öfters das Wort, um an der Arbeit der zentralen Regierungsstellen Kritik zu üben. Anlaß dazu waren einige Erscheinungen, die eine Gefährdung für das Zusammenleben von Tschechen und Slowaken darstellten. Die vorgebrachte Kritik war um so bemerkenswerter, als sie von jenen kam, die zu den konsequentesten Verfechtern der tschechoslowakischen Einheit zählten. In diesem Zusammenhang müssen an vorderster Stelle der Abgeordnete F. Votruba — tschechischer Nationalität — und Minister Dr. Šrobár erwähnt werden. Ersterer war einer der eifrigsten Vorkriegsteilnehmer im politischen und kulturellen Leben der Slowakei, letzterer einer der vorbehaltlosesten Anhänger des Zentralismus und einer der führenden Persönlichkeiten der „Regierungsslowaken" [39].

Der Abgeordnete Votruba stellte auf Grund einer sehr objektiv durchgeführten Analyse der damaligen Verhältnisse der Slowakei fest, daß im Zusammenleben beider Völker — wie das die unzähligen Erscheinungen andeuteten — nicht alles in bestem Einklang war. Den Hauptgrund dafür sah der Abgeordnete Votruba in der Tatsache, daß die tschechischen Beamten und Unternehmer, die beruflich in der Slowakei tätig waren, die dortigen Verhältnisse nach den Kriterien der böhmischen Länder beurteilten. Dabei wurde der so wichtige Umstand nicht berücksichtigt, daß die Möglichkeit, in der Slowakei innerhalb kurzer Zeit einen funktionsfähigen Verwaltungsapparat aufzubauen, wie er in den böhmischen Ländern schon existierte, nicht vorhanden war [40].

Minister Šrobár wies auf weitere Ursachen für die immer häufiger werdenden Mißverständnisse hin. So beklagte er sich über große Unzulänglichkeiten in der Ernährungssituation wegen der unbegründeten Viehbeschlagnahmungen und über einen unnötig großen Menschenzustrom, der sich aus den böhmischen Ländern in die Slowakei ergoß [41].

---

[39] Laut der Definition von J. K. H o e n s c h steht der Begriff Regierungsslowaken „für die Anhänger einer Politik, die in der engen politischen und kulturellen Zusammenarbeit mit der tschechoslowakischen Regierung die soziale und wirtschaftliche Lage in der Slowakei verbessern wollten und im Endeffekt eine weitgehende Angleichung von Tschechen und Slowaken zu ‚Tschechoslowaken' befürworteten". Die Slowakei und Hitlers Ostpolitik. Hlinkas Slowakische Volkspartei zwischen Autonomie und Separation 1938/1939. Köln-Graz 1965, S. 3 Anm. 5.
[40] Stenographischer Bericht von der 72. Sitzung der Nationalversammlung, 16. 9. 1919.
[41] Stenographischer Bericht von der 73. Sitzung der Nationalversammlung, 18. 9. 1919.

Die in Kürze angeführte Übersicht zeigt die Hauptformen der Tätigkeit des Klubs auf, des einzigen politischen Repräsentanten der Slowaken in der Nationalversammlung. Die nähere Analyse dieser Tätigkeit könnte den Eindruck erwecken, daß die slowakischen Abgeordneten nicht alle Möglichkeiten ausschöpften, die ihnen das parlamentarische Regime bot. Dieser Einwand, der teilweise begründet ist, erfordert einige erklärende Bemerkungen.

Besonders muß hervorgehoben werden, daß der Klub in seiner Zusammensetzung ziemlich tiefgreifende und schnell aufeinander folgende Änderungen erlebte. Die Mitgliedschaft vieler Abgeordneten war von kurzer Dauer, weil sie für wichtige Funktionen in den Staatsdienst berufen wurden, wo der Grundsatz der Inkompatibilität, der gleichzeitigen Ausübung der Funktion eines Staatsbeamten und Abgeordneten, zur Geltung kam. Außerdem waren mehrere von ihnen, die weiterhin auf ihrem Posten als Abgeordnete verblieben, mit anderweitiger verantwortungsvoller Arbeit so überbürdet, daß sie sich ihrer parlamentarischen Tätigkeit nur in beschränktem Maße widmen konnten.

Unzureichende Kommunikationsmöglichkeiten zwischen Prag und der Slowakei waren ein weiteres Hindernis für eine intensivere Teilnahme der slowakischen Abgeordneten an den Parlamentssitzungen. Die Termine der regelmäßigen Parlamentssitzungen waren insbesondere für die slowakischen Abgeordneten sehr unvorteilhaft, weil sie immer auf Dienstag und Donnerstag fielen. Wenn dazu noch die Hin- und Rückreise von und nach Prag hinzugerechnet wird, die unter den damaligen Verhältnissen zwei Tage in Anspruch nahm, so ist die Schlußfolgerung berechtigt, daß auch diese Umstände sicherlich zur oftmaligen Abwesenheit der slowakischen Abgeordneten beitrugen. Es muß noch erwähnt werden, daß die unsichere politische und militärische Situation in vielen Fällen die Anwesenheit der Abgeordneten in der Slowakei zu der Zeit erforderte, zu welcher die Parlamentstagungen stattfanden. Trotz dieser objektiv vorhandenen Schwierigkeiten ist der Grund der Abwesenheit auch im subjektiven Bereich — und zwar im unzulänglichen Verantwortungsgefühl vieler Abgeordneter — zu suchen [42].

Trotz der angeführten Schwierigkeiten, deren Ursachen hauptsächlich in der ungenügenden politischen Praxis der Klubmitglieder und der Heterogenität seiner Zusammensetzung zu suchen sind, leisteten die slowakischen Abgeordneten ein nicht zu unterschätzendes Stück Arbeit und trugen zweifellos zur Konsolidierung der Verhältnisse in der Slowakei Maßgebliches bei. Als Tatsache von historischer Tragweite ist noch zu vermerken, daß die Anzahl slowakischer Abgeordneter im

---

[42] Diese beklagenswerte Erscheinung wurde von einigen slowakischen Abgeordneten sehr scharf verurteilt. Der damalige Sekretär des Klubs, der Abgeordnete Dr. Slávik, der dieses Problem in seinem an Dr. Šrobár gerichteten Schreiben vom 10. Januar 1919 aufgriff, ließ es sich nicht nehmen, nachfolgende Bemerkung zu machen: „Die Herren ... müssen sich bewußt werden, daß das Abgeordnetenmandat keine Versicherungsgesellschaft ist, sondern Pflichterfüllung und Arbeit hier verlangt!" ŠSÚA, Fond Dr. Šrobár, Karton Nr. 16. In ähnlicher Weise beurteilt auch der Abgeordnete Dr. Juriga die Lage in seinen Erinnerungen. J u r i g a, Dr. F.: Blahozvesť kriesenia slovenského národa a Slovenskej krajiny [Die christliche frohe Botschaft des slowakischen Volkes und die slowakischen Landschaften]. Bd. 1. Tyrnau (o. J.), S. 189.

Parlament zum ersten Mal in der Geschichte annähernd der Bevölkerungszahl der Slowaken entsprach.

Am 15. April 1920 fand die letzte Sitzung der ersten Nationalversammlung statt. An diesem Tage beendete der Klub auch formell seine Tätigkeit.

Abkürzungen

ANS = Archiv Národního shromáždění [Archiv der Nationalversammlung] Prag.
RNS = Revoluční národní shromáždění [Revolutionäre Nationalversammlung].
SdGuV = Sammlung der Gesetze und Verordnungen der Tschechoslowakischen Republik.
ŠSÚA = Štátny slovenský ústredný archiv [Staatliches slowakisches Zentralarchiv] Preßburg.

DIE TSCHECHOSLOWAKEI UND DIE PROBLEME DER RUHRBESETZUNG 1923

Von Manfred Alexander

Die beiden Hauptprobleme der europäischen Diplomatie nach dem ersten Weltkrieg waren die Reparationsverpflichtungen der besiegten Staaten und das Sicherheitsstreben der Sieger[1]. Das Sicherheitsstreben konnte — zumindest was Frankreich und Belgien betraf — in Locarno befriedigt werden, die Reparationsfrage aber belastete mit ihrer Auswirkung auf den internationalen Handel und auf den innerstaatlichen Bankrott des Deutschen Reiches die europäische Politik und wurde mit ihrer Fernwirkung in Deutschland einer der Gründe für den Zerfall der europäischen Nachkriegsordnung.

Solange die Koalition der Siegerstaaten trotz mancher Differenzen in Einzelfragen wirksam blieb, stand das französische Sicherheitsbedürfnis im Hintergrund, das Reparationsproblem dagegen im Zentrum der Konferenzdiplomatie[2]. Im Versailler Vertrag war Deutschland verpflichtet worden, die im Kriege zerstörten Gebiete Frankreichs und Belgiens wiederaufzubauen und für weitere Kriegsfolgelasten der Sieger, wie z. B. Witwen- und Kriegsversehrtenrenten, aufzukommen[3]. Allerdings war darin nicht die Summe der Zahlungen Deutschlands festgelegt worden, da der britische Premierminister Lloyd George für die zukünftige Regelung der Zahlungsbedingungen Deutschland ein Mitspracherecht bei

---

[1] Diese Gegenüberstellung besonders in der englischen und französischen Literatur: B a u m o n t, Maurice: La Faillite de la Paix (1918—1939). Bd. I. De Réthondes à Stresa (1918—1935). Paris 5. Aufl. 1967; B o n n e t, Georges: Le Quai d'Orsay sous trois Républiques. 1870—1961. Paris 1961; C a r r, Edward Hallett: International Relations Between the Two World Wars (1919—1939). London 2. Aufl. 1948; C h a s t e n e t, Jacques: Vingt ans d'Histoire diplomatique. Genf 1945; d e r s.: Histoire de la Troisième République. Bd. V. Les années d'illusions. 1918—1931. Paris 1960; J o u v e n e l, Bertrand de: D'une guerre à l'autre. Bd. I. De Versailles à Locarno. Paris 1940; R e n o u v i n, Pierre: Histoire des relations internationales. Bd. VII. Les crises du XXe siècle. T. I. De 1914 à 1929. Paris 1957.

[2] H a n k e y, Lord: Diplomacy by Conference. Studies in Public Affairs. 1920—1946. New York 1946.

[3] Versailler Vertrag, Teil VIII „Wiedergutmachungen", Abschnitt I. Allgemeine Bestimmungen. Art. 231: „Die alliierten und assoziierten Regierungen erklären, und Deutschland erkennt an, daß Deutschland und seine Verbündeten als Urheber für alle Verluste und Schäden verantwortlich sind, die die alliierten und assoziierten Regierungen und ihre Staatsangehörigen infolge des ihnen durch den Angriff Deutschlands und seiner Verbündeten aufgezwungenen Krieges erlitten haben." Der Friedensvertrag vom 28. Juni 1919. Mit allen ergänzenden Bestimmungen, den deutschen Ausführungsgesetzen, dem Waffenstillstandsabkommen und den Wilsonschen Leitsätzen, erläutert von Dr. jur. Friedrich W ü n d i s c h. Mannheim-Berlin-Leipzig 1919, S. 137; weitere Ausführungen in Art. 232, 2 (S. 138) und Anlage I (S. 144 f.).

den Verhandlungen zubilligen ließ[4]. Die britischen Politiker hatten frühzeitig eingesehen, daß die Parole des französischen Finanzministers Klotz „L'Allemagne payera tout"[5] die Kompliziertheit der Finanzfragen unzulässig und polemisch vereinfachte, und die Entsendung eines Finanzexperten als englischen Botschafter nach Berlin zeigte, daß die englische Regierung das Problem differenzierter gehandhabt sehen wollte[6]. Großbritannien, dessen Erfahrung in internationalen Finanzgeschäften größer als die anderer Staaten war, bemühte sich auch zum Schutz der eigenen Handelsinteressen um eine verständnisvolle Einschätzung der deutschen Situation[7]. Die traditionelle britische Gleichgewichtspolitik, die eine militärisch-politische Hegemonie Frankreichs wie vormals die Deutschlands auf dem Kontinent zu verhindern suchte, verband sich mit der Einsicht in den wirtschaftlichen Zusammenhang der europäischen Staaten untereinander.

Für Frankreich dagegen waren das Sicherheitsproblem und die Reparationsfrage unlösbar miteinander verknüpft. Zweimal innerhalb einer Generation waren deutsche Truppen in das Land eingedrungen[8] und hatten beim zweiten Mal furchtbare Verwüstungen in dessen Norden hinterlassen. Es erschien daher nur

---

[4] Lloyd George stellt es als einen Erfolg seiner Politik dar, daß Deutschland bei den Verhandlungen über die Zahlungshöhe und die Zahlungsbedingungen dadurch ein Mitspracherecht erhielt: L l o y d G e o r g e, David: The Truth About Reparations and War Debts. London 1932, S. 24 ff. In der französischen Literatur sieht man in diesen Bestimmungen einen großen Fehler in der Gesamtkonstruktion des Versailler Vertrages. Eine Festlegung der Gesamtsumme, so wird argumentiert, hätte die deutsche Regierung zu einer konsequenteren Einstellung auf die Schuldenlast gezwungen. So erscheint jeder Versuch Deutschlands, eine realistischere Festsetzung der Reparationslasten zu erreichen, als Versuch eines unwilligen Schuldners, sich vor einer Vertragserfüllung zu drücken; vgl. W e i l l - R a y n a l l, Etienne: Les réparations Allemandes et la France. 3 Bde. Paris 1938/47; ähnlich die tschechische zeitgenössische Darstellung: M e l č, C.: Vývoj reparační otázky [Die Entwicklung der Reparationsfrage]. Zahraniční Politika [Außenpolitik] 1922, 1315—1320, 1389—1393, 1476—1482, 1542—1548; Dr. F i š a : Reparační otázka [Die Reparationsfrage]. Zahraniční Politika 1923, 1185—1192, 1340—1352, 1494—1503. Nach deutscher Meinung führte das Offenhalten der Gesamtschuldsumme zwangsläufig zur französischen Sanktionspolitik: B e r g m a n n, Carl: Der Weg der Reparationen. Von Versailles über den Dawes-Plan zum Ziel. Frankfurt 1926, S. 32 f.; zur Deutung Bergmanns vgl. E r d m a n n, Karl Dietrich: Deutschland, Rapallo und der Westen. VHZG 11 (1963) 105—165, hier S. 153 ff. Die Gesamtkonzeption der Reparationen unterzieht K e y n e s (John Maynard: Die wirtschaftlichen Folgen des Friedensvertrages. München-Leipzig 1920) einer harten Kritik.
[5] B o n n e t 38 f.; vgl. L l o y d G e o r g e 13 f.
[6] d ' A b e r n o n, Viscount Edgar Vincent: An Ambassador of Peace. Pages from the Diary of Viscount d'Abernon, Berlin 1920—1926. Bd. I. From Spa (1920) to Rapallo (1922). London 1929, S. 53 (Tgb.-Aufz. London 25. VI. 20).
[7] d'Abernon nennt z. B. die Haltung von Lloyd George und Lord Curzon auf der Konferenz von Spa Deutschland gegenüber „extremely reasonable", trotz aller Bereitschaft zur Kooperation mit Frankreich, d ' A b e r n o n I 66 (Tgb.-Aufz. 13. VII. 20); vgl. L l o y d G e o r g e s engagierte Darstellung; in der juristisch geprägten Darstellung von M e l č fehlt dagegen jeder Hinweis auf die Probleme der Überweisungen, vgl. S. 1390 ff.
[8] Die biographische Bedeutung der Erfahrung von 1870/71 für Raymond Poincaré, vgl. L l o y d G e o r g e 66 f.; C h a s t e n e t, Jacques: Raymond Poincaré. Paris 1948.

billig, daß der Besiegte nun wie Frankreich 1870/71 die Kosten des Wiederaufbaus zu tragen hätte. Ferner hatte der Einspruch Englands und der USA Frankreich darum gebracht, seinen Sieg über Deutschland mit der Erringung der Rheingrenze zu krönen [9]. Diesem Anspruch gegenüber stellte sich die zeitweise Besetzung des Rheinlandes unter gemeinsamem alliierten Regime nur als schwache Entschädigung dar, besonders als die USA den Friedensvertrag verwarfen und dadurch Großbritannien vom Versprechen einer gemeinsamen Sicherheitsgarantie der französischen Ostgrenze befreiten [10]. Trotz der augenblicklichen Schwäche Deutschlands fürchtete Frankreich das Gewicht dieses Nachbarn, der durch eine größere Bevölkerungszahl, stärkere Industrie und seine Erbitterung über die Niederlage im Kriege ein gefährlicher Gegner blieb [11]. Die innenpolitische Gärung in Deutschland und die mangelnde deutsche Bereitschaft, die Vertragsverpflichtungen im Bereiche der Abrüstung zu erfüllen, ließen das französische Mißtrauen Deutschland gegenüber auch weitgehend gerechtfertigt erscheinen [12]. Für die französische Außenpolitik der Nachkriegsjahre waren daher zwei Grundsätze bestimmend: das Bestreben, durch ein umfängliches Bündnissystem das militärische Übergewicht über Deutschland aufrechtzuerhalten, und die Entschlossenheit, die strikte Ausführung der Bestimmungen des Versailler Vertrages von Deutschland zu erzwingen.

Die internationale Situation bot für die Verwirklichung dieser Prinzipien zahlreiche günstige Ansatzpunkte. Von den beiden Großmächten im Weltkrieg waren die USA aus eigener Initiative aus der europäischen Politik ausgeschie-

---

[9] Als Befürworter der Rheingrenze erscheinen besonders Marschall Foch und Tardieu; vgl. B o n n e t 32 ff.; C h a s t e n e t : Histoire 36 f.; zur näheren Begründung R e c o u l y , Raymond: Marschall Foch. Erinnerungen von der Marneschlacht bis zur Ruhr. Niedergeschrieben unter persönlicher Redaktion des Marschalls. Dresden 1929; d e r s . : La barrière du Rhin. Droits et devoirs de la France pour assurer sa sécurité. Paris 1923. Dem steht eine reiche deutsche Propagandaliteratur entgegen; vgl. S p r i n g e r , Max: Frankreich und seine ‚Freunde' am Rhein. Leipzig 1923; d e r s . : Loslösungsbestrebungen am Rhein (1918—1924). Auf Grund authentischer Dokumente. Berlin 1924; C o b l e n z , Hermann (Pseud. für Paul W e n t z c k e): Frankreichs Ringen um Rhein und Ruhr. 12 Hefte. Berlin 1923; d e r s . : Rheinkampf. 2 Bde. Berlin 1925.
[10] Die französische Darstellung der Rheinlandbesetzung vom Vertreter Frankreichs in der Alliierten Rheinlandkommission: T i r a r d , Paul: La France sur le Rhin. Douze années d'occupation rhénane. Paris 1930. Kritische Stellungnahme zur gesamten Rheinlandbesetzung und insbesondere zur französischen Politik vom amerikanischen Vertreter in der Rheinlandkommission: A l l e n , General Henry T.: Mein Rheinland-Tagebuch. Berlin 1923; d e r s . : Die Besetzung des Rheinlandes. Vom Oberbefehlshaber der amerikanischen Besatzungsarmee im Rheinland 1919/1923. Berlin o. J.
[11] England schätzte diesen für Frankreich wichtigsten Punkt nicht richtig ein, vgl. N i c o l s o n , Harald: Curzon: The Last Phase 1919—1925. A Study in Post-War Diplomacy. London 1934, S. 196.
[12] Vgl. das Auftreten des Generals von Seeckt auf der Konferenz von Spa, am 5. Juli 1920, d ' A b e r n o n I 60 f. (Tgb.-Aufz. 6. VII. 20); R a b e n a u , General Frh. v.: Seeckt: Aus seinem Leben 1918—1936. Berlin 1940; C a r s t e n , Francis: Reichswehr und Politik 1918—1933. Köln-Berlin 1964; W h e e l e r - B e n n e t t , John W.: The Nemesis of Power. The German Army in Politics 1918—1945. London-New York 1954.

den[13], und in Rußland, wo nach der Oktoberrevolution innenpolitisches Chaos und Bürgerkrieg herrschten, bedrohten Sezessionsbestrebungen, Angriffe der Nachbarn und ausländische Interventionen zeitweise sogar den Fortbestand des sowjetischen Staates. Der Niedergang der Mittelmächte hatte in Ostmitteleuropa mehreren Völkern die erstrebte Selbständigkeit gebracht, und diese jungen Staaten schienen die idealen Verbündeten für eine Politik zu sein, die das Erreichte gegen Revisionsbestrebungen sichern wollte. Gelang es Frankreich, gestützt auf die Allianz mit Großbritannien, diese Staaten politisch und militärisch an sich zu binden, konnte es Deutschland zur Vertragstreue anhalten[14].

Einer Realisierung dieser Konzeption standen andererseits aber auch viele Hindernisse entgegen. Zwar war der Einfluß Frankreichs in Ostmitteleuropa unbestritten, von einem *gemeinsamen* Interesse der ostmitteleuropäischen Staaten konnte jedoch nur für den Fall die Rede sein, daß ein Wiedererstarken des Deutschen Reiches sie in ihrer Existenz bedrohte. Solange diese Gefahr nur theoretisch blieb, beherrschte die Rivalität zwischen ihnen das politische Bild, in dem Streitigkeiten über Grenzkorrekturen zusammen mit innenpolitischen Problemen die französische Hegemonie überdeckten. So war Polen, dessen Traum von der Wiederherstellung des jagiellonischen Reiches durch die Annexion Litauens, Weißrußlands und großer Teile der Ukraine nicht in Erfüllung ging, nur durch einen Umschwung in letzter Minute vor den Folgen eines leichtfertigen Angriffs auf die junge Sowjetrepublik bewahrt worden. Von seinen Verbündeten war lediglich Rumänien, das sich durch den Erwerb Bessarabiens ebenfalls die Sowjetrepublik zum Feind gemacht hatte, zu einer vollen Anerkennung des für Polen überaus günstigen Friedens von Riga[14a] bereit. Im Westen belastete der Streit um Ober-

---

[13] Der amerikanische Kongreß verweigerte am 19. III. 20 die Ratifizierung der Friedensverträge, damit entfiel der von Lloyd George und Wilson Frankreich zugesicherte Sicherheitsvertrag. Die letzten amerikanischen Truppen, die in der amerikanischen Besatzungszone um Koblenz verblieben, wurden nach dem Kongreßbeschluß vom 6. I. 23 zur Zeit der Ruhraktion in großer Eile abgezogen, was zu Recht als Mißbilligung der französischen Politik gedeutet wurde; Allen: Besetzung 211 ff.; ders.: Rheinland-Tagebuch 327 (Tgb.-Aufz. 6. I. 23), 334 (Tgb.-Aufz. 11. I. 23) und 363 (Tgb.-Aufz. 2. II. 23). Auch d'Abernon überlegte damals, ob ein Austritt Englands aus der Rheinlandkommission und ein Abzug der britischen Besatzungstruppen aus der Kölner Zone die konsequente Antwort auf den französischen Alleingang wäre; d'Abernon, Viscount Edgar Vincent: An Ambassador of Peace. Bd. 2: The Years of Crisis. June 1922 — December 1923. London 1929, S. 160 ff. (Tgb.-Aufz. 25. I. 23).

[14] Die Rolle der ostmitteleuropäischen Staaten im europäischen Staatensystem wird von Prag und Warschau wesentlich größer eingeschätzt als von Paris, jedenfalls wenn man den französischen Darstellungen und Memoiren folgen darf. Eine deutsch-nationale Darstellung Zimmermann, Ludwig: Deutsche Außenpolitik in der Ära der Weimarer Republik. Göttingen-Berlin-Frankfurt 1958, S. 69 f.; zum Gesamtkomplex Wandycz, Piotr S.: France and Her Eastern Allies 1919—1925. French-Czechoslovak-Polish Relations from the Paris Peace Conference to Locarno. Minneapolis/Minn. 1962; Ciałowicz, Jan: Polsko-francuski sojusz wojskowy. 1921—1939 [Die polnisch-französische Militärallianz. 1921—1939]. Warschau 1970.

[14a] Kumaniecki, Jerry: Po traktacie ryskim. Stosunki polsko-radzieckie 1921—1923 [Nach dem Vertrag von Riga. Die polnisch-sowjetischen Beziehungen von 1921—

schlesien, Danzig und den Korridor Polens Verhältnis zu Deutschland, im Süden wiederum stritt der Staat mit der jungen Tschechoslowakei um wirtschaftlich und politisch z. T. völlig unbedeutende Grenzgebiete, die erst in der nationalen Polemik zu Prestigeobjekten gemacht wurden[15].

Die einzige neue Allianz in Ostmitteleuropa war die Kleine Entente, die unter Führung Prags die Abtretungen Ungarns an die Tschechoslowakei, Rumänien und das Königreich der Slowenen, Serben und Kroaten sichern sollte[16]. Aber trotz aller tschechischer und französischer Bemühungen war das gemeinsame Interesse dieser innenpolitisch und wirtschaftlich so unterschiedlich strukturierten Staaten über die gemeinsame antimagyarische Einstellung hinaus nicht zu erweitern. Jugoslawiens Aufmerksamkeit wurde zudem weniger durch Ungarn als durch Bulgarien und Italien in Anspruch genommen, das seinerseits über direkte territoriale Ansprüche gegen den südslawischen Nachbarstaat hinaus in Ungarn und Österreich um Einfluß warb und dort in einen Gegensatz zu Frankreich und zur Tschechoslowakei geriet.

Frankreich war daher an einer Unterstützung Englands in der Sicherheitsfrage sehr interessiert, da es nur mit ihm zusammen ein Gegengewicht gegen Deutschland bilden zu können glaubte[17]. In dem Maße, wie die englische Politik in der Behandlung Deutschlands (Oberschlesien[18], Abrüstung, Reparationsfrage) und in der Regelung anderer internationaler Probleme (Syrien, Türkei[19]) von den Vorstellungen Frankreichs abwich, wuchs in Paris die Einsicht, daß die französischen Interessen durch ein eigenes Vorgehen am besten gesichert werden könnten. Damit gewannen aber die kleineren Verbündeten im Rücken Deutschlands eine größere Bedeutung, und Paris mußte sich bemühen, sie an einer Politik der Niederhaltung Deutschlands und der Aufrechterhaltung des *status quo* stärker zu beteiligen, ohne das Friedensvertragssystem zu zerstören. Durch die englische Haltung sah sich Frankreich immer stärker veranlaßt, die im Versailler Vertrag be-

---

1923]. Warschau 1971 (Polska Akademia Nauk. Zakład historii stosunków polskoradzieckich).

[15] Dabei ist in erster Linie an Javorina, Spiš und Orava zu denken; zum polnisch-tschechoslowakischen Verhältnis vgl. neben W a n d y c z, G ą s i o r o w s k i, Zygmunt J.: Polish-Czechoslovak Relations 1918—1921. Slavonic and East European Review 35 (1956—57) 172—193; d e r s.: Polish-Czechoslovak Relations 1922—1926, ebenda 473—504; S z k l a r s k a - L o h m a n n o w a, Alina: Polsko-czechosłowackie stosunki diplomatyczne w latach 1918—1925 [Die polnisch-tschechoslowakischen diplomatischen Beziehungen in den Jahren 1918—1925]. Breslau-Warschau-Krakau 1967 (Polska Akademia Nauk. Oddział w Krakowie, Prace komisji nauk historycznych 19); V a l e n t a, Jaroslav: Československo a Polsko v letech 1918—1945 [Die Tschechoslowakei und Polen in den Jahren 1918—1945]. In: Češi a Poláci v minulosti. Bd. 2: Období kapitalismu a imperialismu [Tschechen und Polen in der Vergangenheit. Bd. 2: Die Zeit des Kapitalismus und des Imperialismus]. Prag 1967, S. 431—668.

[16] Eine neuere Arbeit über die Kleine Entente liegt nicht vor; zur allgemeinen Politik vgl. G a j a n o v á, Alena: ČSR a středoevropská politika velmocí 1918—1938 [Die ČSR und die Mitteleuropa-Politik der Großmächte 1918—1938]. Prag 1967.

[17] d ' A b e r n o n (I 224 f., Tgb.-Aufz. 6. XI. 21) hielt jedoch auch ohne einen Beitrag Großbritanniens die militärische Hegemonie Frankreichs für gesichert.

[18] Lloyd George über Oberschlesien, vgl. d ' A b e r n o n I 139 f. (Tgb.-Aufz. 22. III. 21).

[19] Eingehende Schilderung dieser Probleme bei N i c o l s o n.

gründeten Reparationen zu einem Mittel seiner eigenen Sicherheitspolitik gegen Deutschland zu machen, so daß alle Bemühungen, das Problem der Reparationen als eine politische Frage dem Völkerbund oder als eine technische Frage den Experten zu übertragen, zum Scheitern verurteilt waren.

Der Wendepunkt der französischen Politik war erreicht, als der letzte Versuch eines englisch-französischen Ausgleichs in der Sicherheitsfrage mit dem Rücktritt des Ministerpräsidenten Briand am 13. Januar 1922 scheiterte[20] und mit Raymond Poincaré ein Mann französischer Regierungschef wurde, der die Allianz mit England als faktisch beendet ansah.

*

Zugespitzt formuliert, drückte sich Poincarés Einstellung zur französischen Sicherheitspolitik in dem Bestreben aus, mit Hilfe der Reparationsfrage den Sieg über Deutschland im französischen Sinne zu vervollständigen[21]. Dazu boten sich nunmehr zwei Lösungsmöglichkeiten an, von denen eine defensiven, die andere offensiven Charakters war.

Die defensive Lösung bestand darin, daß Frankreich mit seinen ostmitteleuropäischen Verbündeten durch die Forderung hoher Reparationsleistungen ein militärisch gelähmtes, politisch uneiniges und wirtschaftlich geschwächtes Deutschland niederhielt, um auf diese Weise über den wirtschaftlichen Nutzen hinaus den *status quo* in Europa zu sichern[22]. Auf mehreren internationalen Konferenzen war Deutschland bereits durch die Drohung militärischer Sanktionen zur Annahme alliierter Forderungen gezwungen worden[23], und in zwei Fällen hatte die französische Regierung von der Möglichkeit Gebrauch gemacht, gemäß den Bestimmungen des Versailler Vertrags bei Verletzung von Vertragsbestimmungen militärisch einzuschreiten[24]: bei der Besetzung von Frankfurt und Darmstadt nach dem Einmarsch deutscher Truppen in das entmilitarisierte Ruhrgebiet (März 1920) und bei der Besetzung der Brückenköpfe Düsseldorf, Duisburg und Ruhrort am 8. März 1921, um die deutsche Regierung zur Annahme des alliierten Ultimatums bezüglich der Reparationszahlungen zu bewegen[25]. Bei weiterer Ausschöpfung dieser Möglichkeit war als nächstes Ziel die Okkupation des Ruhrgebietes zu erwarten.

Das Instrument zur Durchsetzung dieser Politik war die alliierte Reparationskommission, in der Frankreich nach dem Ausscheiden der USA den Vorsitz führte[26] und wo es auf die Stimmen Belgiens und zumeist auch Italiens zählen

---

[20] S u a r e z, Georges: Briand. Sa vie — son oeuvre avec son journal et de nombreux documents inédits. Bd. 5: L'Artisan de la Paix. 1918—1923. Paris, neue Aufl. 1952, S. 378 ff.

[21] Dabei blieb er als Advokat immer im Rahmen des Versailler Vertrages, wenn er auch die Bestimmungen sehr weit auslegte; vgl. C h a s t e n e t : Poincaré.

[22] Ähnliche Deutung bei F i š a 1501 ff.

[23] So auf der Konferenz zu Spa, 5.—16. Juli 1920; vgl. d'A b e r n o n I 66 f. (Tgb.-Aufz. 14. VII. 20) und 68 (Tgb.-Aufz. 16. VII. 20).

[24] Nach §§ 17 und 18, Anlage II des VIII. Teils des Versailler Vertrages, W ü n - d i s c h 150.

[25] Zur englischen Haltung vgl. d'A b e r n o n I.

[26] Die Reparationskommission, nach Art. 233 des Versailler Vertrages eingerichtet, wurde

konnte, selbst wenn England aus anderen Gründen seine Zustimmung zu französischen Anträgen versagen mochte. Die Höhe der Reparationen blieb umstritten, und da zwischen einer hohen Forderung Frankreichs und einer gemäßigteren Englands einerseits und den deutschen Angeboten andererseits ein großer Unterschied bestand, kam es auf den entsprechenden Konferenzen immer wieder zu Zwischenlösungen, die nur die jährlich fälligen Ratenzahlungen festlegten[27]. Aber auch diese Raten erwiesen sich bald als zu hoch für die deutsche Leistungsfähigkeit — so stellte es jedenfalls die deutsche Regierung dar, als sie schon auf der Londoner Konferenz vom Dezember 1921 um ein Moratorium, d. h. einen Zahlungsaufschub bat. Als Begründung für diese Bitte um Stundung der Reparationszahlungen konnte Deutschland auf die fortschreitende Entwertung der Mark hinweisen, die nach deutscher Ansicht einen Ausgleich des Staatsbudgets und eine Regelung der innerstaatlichen Finanzprobleme unmöglich machte. Frankreich sah die deutschen Schwierigkeiten dagegen als vorgeschobene Gründe für eine prinzipielle Zahlungsunwilligkeit an und warf in Presseartikeln der deutschen Regierung vor, durch übertriebene Betätigung der Notenpresse lieber den Bankrott der eigenen Währung in Kauf zu nehmen als die Reparationsschulden abzutragen. Wenn auch Experten die deutsche Währungspolitik mit Recht kritisierten[28], weil der Druck immer neuer Banknoten den Geldumlauf erhöhte, was bei gleichbleibendem Warenangebot zwangsläufig zu einer Teuerung und Entwertung des Geldes führen mußte, so war andererseits auch der französische Glaube an eine unbegrenzte Transferierbarkeit von Geldern im internationalen Rahmen unrealistisch. Die englischen Beobachter dieser Entwicklung wiesen schon frühzeitig darauf hin, daß Frankreich von Deutschland nur dann Zahlungen erwarten könne, wenn die Gelder durch Exportüberschüsse der deutschen Wirtschaft verdient würden. Diese Überschüsse wären aber nur durch eine aggressive Handelspolitik — wenn überhaupt — zu erhalten gewesen, was notwendigerweise den alliierten Volkswirtschaften geschadet hätte[29]. Frankreich hatte nach 1871 5 Milliarden Goldfrank in Gestalt seiner Goldreserven nach Deutschland überführt, die deut-

---

von Januar bis Mai 1920 von Raymond Poincaré, von Mai 1920 bis Oktober 1922 von Louis Dubois, von Oktober 1922 bis August 1926 von Jean Louis Barthou und von August 1926 bis April 1931 von Chapsal geleitet; Großbritannien wurde bis 1925 durch Sir John Swanwick Bradbury, Lord of Winsford, vertreten. Die Befugnisse der Kommission erloschen mit dem Inkrafttreten des Young-Plans; die Schlußsitzung fand am 13. April 1931 statt. Zu den umfangreichen Vollmachten der Kommission einerseits und zur Abhängigkeit ihrer Mitglieder von den Regierungen ihrer Länder andererseits vgl. M e l č 1317 f.

[27] Einzelheiten bei B e r g m a n n.
[28] d ' A b e r n o n (II 126 ff., Tgb.-Aufz. 10. XI. 22) zum Bericht der vier Experten Keynes (England), Cassel (Schweden), Jenks (USA) und Brand (England); vgl. seine zusammenfassende Darstellung: German Currency. Its Collapse and Recovery, 1920—1926. Appendix zu Bd. II 291 ff.
[29] K e y n e s 152 ff.; der Dialog zwischen Lloyd George und dem damaligen französischen Finanzminister Doumer auf der Pariser Konferenz 24.—29. I. 21: L l o y d G e o r g e 34—51, 57 f.; N i c o l s o n 231 f.; eine „streng vertrauliche Denkschrift": Memorandum prepared in the Treasury, German Reparations: The Need for a Readjustment of the Present Schedule of Payments, zitiert bei E r d m a n n : Deutschland 122 f.

schen Schulden überstiegen jedoch bei weitem die Gold- und Devisenreserven des Deutschen Reiches [30]. Rathenaus Angebot, die in den Kriegsgebieten verursachten Schäden durch den Einsatz deutscher Arbeiter zu beheben, wurde von der französischen Nationalversammlung mit der Begründung abgelehnt, daß dadurch französische Arbeitskräfte freigesetzt worden wären [31]. Zeigt diese Ablehnung, daß Frankreich von direkten deutschen Reparationsleistungen Schädigungen der eigenen Wirtschaft befürchtete, so läßt sie zugleich vermuten, daß Frankreich nicht bereit oder noch nicht in der Lage war, diese Einsicht in ökonomische Zusammenhänge ebenso auf Fragen der Gold- und Sachlieferungen des Deutschen Reiches auszudehnen. Die Bitten der deutschen Unterhändler um Zahlungserleichterungen und Zahlungsaufschub, die oft mit ungeschickter Begründung und manchmal unter wenig vertrauenerweckenden Umständen vorgebracht wurden [32], waren jedenfalls für die französischen Politiker nur Ausflüchte einer zahlungsunwilligen Regierung, die nicht bereit war, die eigene Bevölkerung für die Schäden des Krieges aufkommen zu lassen, und nichts gegen Kapitalflucht, Spekulation und Geldentwertung unternahm.

Um bei Verstößen gegen die Bestimmungen des Versailler Vertrages Sanktionen ergreifen zu können, mußte die Reparationskommission mit Stimmenmehrheit feststellen, ob Deutschland seine Verpflichtungen absichtlich vernachlässigt hatte. Erwies sich Deutschland jedoch als zahlungsunfähig und erhielt einen Aufschub zugestanden, so wurde für die Dauer dieses Aufschubs auch das Druckmittel der Sanktionen hinfällig. Um sich dieser Einflußmöglichkeit nicht zu begeben, machte Poincaré in seiner Stellungnahme zu möglichen Zahlungserleichterungen die Gewährung eines Moratoriums von der Bereitstellung produktiver Pfänder abhängig [33]. Ein solches Pfand konnte die Überlassung von Reichseinrichtungen sein, wie Doumer 1921 Lloyd George vorgeschlagen hatte [34], z. B. die Überführung des Ertrags der Reichsbahn ins Ausland, oder die Besetzung von wirtschaftlich besonders reichen Gebieten Deutschlands, deren Sachleistungen, wie die Kohlen aus dem Ruhrgebiet, dann in der Gesamtberechnung der Reparationen berücksichtigt werden sollten. Über eine nur aus den Reparationsverpflichtungen begründete Maßnahme konnte sich Frankreich damit — zumindest zeitweise — in den Besitz der reichsten deutschen Industriegegend setzen und dem Reich über finanzielle auch politische Bedingungen diktieren. Gelang dieser Schritt, so war das Übergewicht Frankreichs auch ohne den Beistand Großbritanniens auf lange Zeit hin gesichert [35].

Es war aber auch eine weitergehende offensive Lösung des französischen Sicherheitsproblems denkbar, bei dem Sanktionen und Besetzungen, von der Repa-

---

[30] Den deutschen Goldbestand am 30. XI. 1918 gibt K e y n e s (138) mit 2,308 Mrd. Mark an.
[31] L l o y d G e o r g e 64 f.; N i c o l s o n 238 f.; F i š a 1343.
[32] Vgl. das Auftreten von Stinnes in Spa: B e r g m a n n 62 ff.; d' A b e r n o n I 64 (Tgb.-Aufz. 12. VII. 20).
[33] Zu Poincarés Pfänderpolitik (politique des gages) vgl. neben der allgemeinen Literatur B e r g m a n n 178 f.
[34] S. Anm. 29.
[35] F i š a 1501.

rationsfrage gelöst, zu einem umfangreichen militärischen Unternehmen umgestaltet worden wären. Es entging nicht der deutschen Aufmerksamkeit, daß besonders im französischen Generalstab der Wunsch nach Gewinn der Rheingrenze fortlebte und daß dessen Hauptvertreter Marschall Foch zugleich der Oberkommandierende der Streitkräfte Polens und der Tschechoslowakei war, wo die französische Armee zusätzlich durch Militärmissionen und Berater Einfluß ausübte. Denkt man an die aufregenden ersten Jahre nach dem Weltkrieg, in denen sich Polen als angriffslustiger Staat gebärdete, der offen territoriale Forderungen an Deutschland richtete und diese in Oberschlesien mit Waffengewalt durchzusetzen versuchte; berücksichtigt man, daß die Tschechoslowakische Republik die Selbstbestimmungswünsche der Deutschen in den böhmischen Randgebieten mißachtet hatte; und zieht man schließlich den Wunsch Österreichs auf Anschluß an das Deutsche Reich in Erwägung, der gegen den ausdrücklichen Wunsch der österreichischen Nationalversammlung von den Alliierten unterbunden worden war, so lag für deutsche Betrachter der Gedanke nahe, daß Frankreich mit seinen Verbündeten unter geeigneten Umständen weitere Gebietsabtretungen von Deutschland erzwingen konnte. Da sich die englische Regierung für eine Schonung Deutschlands und eine Berücksichtigung seiner Interessen z. B. in Oberschlesien eingesetzt hatte, konnte sie zeitweise als Gegengewicht gegen solche Forderungen gelten. Eine Entfremdung der beiden alliierten Staaten aber entband die französische Regierung von unerwünschter Rücksichtnahme und erhöhte die Gefahr, daß Frankreich, falls es zu einer weiteren Schwächung Deutschlands entschlossen war, möglicherweise auch die Einheit des Deutschen Reiches nicht unangetastet lassen würde.

Solange die französischen Archive unzugänglich bleiben, kann nicht entschieden werden, ob solche Überlegungen bereits in konkrete politische Pläne verdichtet worden waren, die bei geeigneter Gelegenheit verwirklicht werden konnten[36]. Einige englische Beobachter und selbst Lloyd George vermuteten, daß für Poincaré die Einheit Deutschlands keineswegs feststand[37]. Zumindest unter seiner Duldung kam es ja später, im Herbst 1923, im Rheinland und in der Pfalz zur Ermutigung von Separationsbestrebungen[38]. Bei der militärischen Schwäche Deutschlands konnten polnische, tschechoslowakische und französische Verbände in einer koordinierten Aktion zum angeblichen Schutz der Nachkriegsordnung

---

[36] In französischen Darstellungen und Memoiren führender Politiker werden solche Pläne — soweit bisher überschaubar — nicht diskutiert. Für die Wirkung auf die deutsche Öffentlichkeit und auf die politischen Entscheidungen in Berlin ist es aber irrelevant, ob diese Gefahren tatsächlich drohten oder ob sie nur in der Vorstellung bestanden, da die Bedrohtheitsreaktion des sich bedroht Fühlenden vom Wahrheitsgehalt der Bedrohung unabhängig ist; vgl. W e t t i g , Gerhard: Bedrohungsvorstellungen als Faktor der Internationalen Politik. Der Bedrohungsnexus und seine Rolle in zwischenstaatlichen Konflikten. Köln 1970 (Berichte des Bundesinstituts für ostwissenschaftliche und internationale Studien 19).

[37] L l o y d G e o r g e 74 f.; auch d ' A b e r n o n vermutete weitergehende Ziele als die Gewinnung der Rheingrenze, vgl. II 162 (Tgb.-Aufz. 26. I. 23).

[38] S p r i n g e r : Loslösungsbestrebungen; E r d m a n n , Karl Dietrich: Adenauer in der Rheinlandpolitik nach dem Ersten Weltkrieg. Stuttgart 1966 (Historische Kommission bei der Bayrischen Akademie der Wissenschaften).

rasch die zahlenmäßig kleine deutsche Reichswehr überrollen, Deutschland im Westen auf der Mainlinie teilen und im Osten Schlesien abtrennen[39]. Befürchtungen dieser Art wurden gerade in den an die Tschechoslowakei angrenzenden Ländern Preußen, Sachsen und besonders Bayern immer wieder geäußert und finden ihren aktenkundigen Niederschlag in einer Fülle von warnenden Stellungnahmen und besorgten Anfragen.

Folgt man diesen Gedanken, so konnte das Vorgehen Poincarés und seine Forderung produktiver Pfänder als Auftakt einer weiter ausgreifenden Politik verstanden werden[40]. Die Reparationsforderungen und die angedrohten Sanktionen erscheinen in dieser Deutung als Mittel, ein geschwächtes und eventuell durch Aufstände zerrüttetes Deutschland zu zerstückeln oder von ihm nach einer zeitweisen Besetzung weiterer Gebiete gegen deren Rückgabe die Zustimmung zur endgültigen Abtrennung der Rheinprovinzen zu erhalten[41].

*

Einem oberflächlichen Betrachter der internationalen Lage im Jahre 1922 konnten die Voraussetzungen für ein solches Vorgehen Frankreichs und seiner ostmitteleuropäischen Verbündeten durchaus gegeben erscheinen. Wenn Poincaré nach den Differenzen mit Großbritannien die französische Sicherheit in die eigenen Hände nehmen wollte, und wenn die Gerüchte über die Gebietsansprüche Polens und der Tschechoslowakei nicht trogen und diese Staaten zudem wirklich als treue Bundesgenossen Frankreichs in dessen politische Absichten eingespannt werden konnten[42], dann mußte das Deutsche Reich mit einer gefährlichen Bedrohung seines territorialen Bestandes rechnen.

---

[39] d'A b e r n o n I 80 (Tgb.-Aufz. 28. X. 20) berichtet von dieser Furcht zweier hoher Beamter des Auswärtigen Amtes in Berlin, die Polen als Partner Frankreichs in einer solchen Politik vermuteten; ebenso der badische Staatspräsident Dr. Hermann Hummel, d'A b e r n o n II 80 f. (Tgb.-Aufz. 11. VIII. 22). Die Alliierten Frankreichs (ohne England und Italien) besaßen 1922 insgesamt 84 Divisionen; 125 Millionen Franzosen und deren Alliierten standen 65 Millionen Deutsche gegenüber; J o u v e n e l 401 ff.

[40] d'A b e r n o n II 135 ff. (Tgb.-Aufz. 3. XII. 22) verneint einen finanziellen Sinn der Pfänderpolitik, selbst wenn Unruhen vermieden werden könnten; vgl. auch II 140 (Tgb.-Aufz. 16. XII. 22). Im Nachhinein glaubt er an ein Überwiegen militärischer und politischer Ziele Frankreichs, II 224 f. (Tgb.-Aufz. 27. VII. 23) und II 279 (Tgb.-Aufz. 26. XI. 23).

[41] So Prager Tagblatt Nr. 86 vom 14. IV. 23, In: PA (Politisches Archiv des Auswärtigen Amtes in Bonn), Po 2, 4. Dieser Artikel wird Gegenstand einer Anfrage in Prag: Brentano an Koch, Berlin 7. V. 23, zu Ts 1416 (L 120221), Po 2, 4. Es ist nicht Ziel dieser Ausführungen, eine französische Absicht auf weitere Gebietsabtretungen von Deutschland zu beweisen, was auf Grund der Quellenlage nicht zu leisten wäre; da aber in den deutschen Akten die Angst vor einer solchen französischen Aktion greifbar wird, soll die Möglichkeit ihrer Realisierung unter den gegebenen internationalen Verhältnissen erörtert und die deutschen Reaktionen — aus der Furcht vor einer vermeintlichen Verwirklichung dieser Pläne — untersucht werden.

[42] d'A b e r n o n II 107 ff. (Tgb.-Aufz. 1. X. 22) berichtet von einem Gespräch mit General Weygand, dem Stellvertreter von Marschall Foch: „He counts absolutely in any conceivable crisis upon the full support of French policy by the Czechs, the Serbs, the Roumanians, and the Poles. They are solidly behind France."

Zweifellos war Polen in Oberschlesien nicht zufriedengestellt worden, als der größere Teil des Industriegebietes nach den Abstimmungen bei Deutschland verblieb. Obwohl der Freihafen Danzig für Polens Handel offenstand und Polens Einfluß auf die Geschicke der Freistadt nicht unerheblich war, sah es seinen Wunsch nach Gewinn der ganzen Macht und nach der Eingliederung der Stadt in den polnischen Staat weiterhin als unerfüllt an. Nachdem das jagiellonische Staatsideal mit dem Ausgreifen in weißrussische und ukrainische Siedlungsgebiete zum Teil verwirklicht worden war, konnte die Hoffnung bestehen, im Gefolge piastischer Politik auch noch Schlesien zu gewinnen, wenn der französische Verbündete damit eine Unterstützung seiner eigenen Politik honorieren würde. Es bestand seit dem 19. Februar 1921 ein enges französisch-polnisches Bündnis, das sich über die politische Zusammenarbeit hinaus auch auf den militärischen Bereich erstreckte[43]; tschechoslowakische Hilfe bei der Gewinnung Schlesiens für Polen konnte schließlich den Streit um Teschen, Javorina und Orava obsolet machen.

Auch die Tschechoslowakei schien dem Zeitgenossen, selbst nach dem Gewinn des Hultschiner Ländchens von Deutschland, keineswegs saturiert. Die nationale tschechische Presse wies wiederholt auf tschechische Dörfer in Schlesien hin, machte ferner historische Ansprüche auf Glatz und ethnische Ansprüche auf die Lausitzer Wenden geltend. Aus der Polemik des Weltkrieges hatte eine obskure Propagandabroschüre eines Anonymus überlebt, die von einem großtschechischen Reich in Zentraleuropa schwärmte[44]. Außerdem wurde die traditionelle deutsche Furcht vor einem Panslawismus durch Greuelmärchen der politisch entmachteten und gesellschaftlich degradierten Führungsschicht in den deutsch-besiedelten Gebieten der Tschechoslowakei verstärkt und wuchs in den Randgebieten Deutschlands zu einem Gefühl echter Bedrohung an. Deserteure der tschechoslowakischen Armee tarnten gern ihre Flucht als nationale Entscheidung gegen ihren Heimatstaat; ungeschicktes Verhalten einiger tschechischer Soldaten, die bei militärischen Übungen deutsches Gebiet betreten hatten, wurde zum Anlaß weitreichender politischer Aktivität bis zum Protest im tschechoslowakischen Außenministerium genommen. All dies erzeugte eine Atmosphäre des Mißtrauens, dem örtliche Behörden in den Grenzgebieten des Deutschen Reiches in zahlreichen Eingaben an die Landes- und Reichsämter Ausdruck verliehen haben. Das Einschreiten der Tschechoslowakei gegen die beiden Versuche einer monarchischen Restauration in Ungarn und das Auftreten der Prager Regierung in den Fragen einer Sanierung Österreichs weckten insbesondere in München die Furcht, daß die Tschechoslowakei auch in die inneren Angelegenheiten Bayerns und des Reiches eingreifen werde, wenn die Bedingungen dafür von anderer Seite geschaffen würden.

---

[43] Geheimes Militärabkommen am 21. II. 21; Texte bei W a n d y c z 393 ff.
[44] K u f f n e r, Hanuš: Náš stát a světový mír [Unser Staat und der Weltfriede]. Prag 1918. Koch wendet sich gegen die Behauptung von Dr. Baeran, daß hinter diesem Pseudonym Beneš stehe: „Weder der Stil, noch die vorgetragenen Tendenzen, noch die ungeschickte Aufmachung des Ganzen, noch sonst irgendein äußerer Zusammenhang deutet auf Benesch hin"; PA, Koch an AA (Or.), Prag 19. VI. 22, Ts 2155 (L 139463 f.), Po 26 Ts; eine Verwendung dieser Broschüre für die Propaganda hält man für unerwünscht, weil niemand dieses Machwerk ernst nehme: PA, Noebel an Deutschen Schutzbund, Berlin 12. X. 22, VI A 1353, VI 1, 1 Ts.

Im Unterschied zu den regionalen Behörden werteten das Auswärtige Amt und das Reichswehrministerium in Berlin die internationale Lage wesentlich ruhiger und befürchteten seitens der Tschechoslowakei keine Bedrohung der deutschen Reichsintegrität. Als Ausdruck dieser Haltung kann u. a. die Entscheidung Generals von Seeckt, des Chefs der Obersten Heeresleitung, gelten, der es ablehnte, einer Anregung aus Prag zu folgen und die militärischen Übungen beiderseits der Grenzen im gegenseitigen Einvernehmen einzustellen[45]. Das Auswärtige Amt vertrat zwar in dieser Frage einen konzilianteren Standpunkt und hatte gegen ein so unwesentliches Entgegenkommen der Tschechoslowakei gegenüber, das überdies einer Beruhigung der Grenzbevölkerung dienen sollte, nichts einzuwenden. In der übrigen Einschätzung dieses Nachbarn als eines treuen aber für Deutschland ungefährlichen Verbündeten der französischen Außenpolitik teilte das Auswärtige Amt jedoch voll die Meinung der militärischen Führung.

*

Trotz ihrer unbestrittenen französischen Orientierung ist die tschechoslowakische Außenpolitik, wie bereits mit Recht vorgebracht worden ist[46], im allgemeinen zu sehr und zu einseitig im französischen Schlepptau gesehen worden. Ein Rückblick auf die Jahre 1921 und 1922 kann dies an einigen Beispielen verdeutlichen.

In seinen zahlreichen Äußerungen zu den Grundlinien der tschechoslowakischen Außenpolitik betonte der Außenminister Edvard Beneš immer zwei Hauptpunkte: das Bündnis der Tschechoslowakei mit den beiden Alliierten England und Frankreich sei die Garantie der europäischen Sicherheit auf der Basis des *status quo* und die Beziehungen der Tschechoslowakischen Republik zum Deutschen Reich seien „korrekt"[47]. Beneš bemühte sich lange, in den verschiedenen Streitigkeiten zwischen London und Paris zu vermitteln, und die 27 Auslandsreisen, die er bis 1924 nach eigenen Angaben zu diesem Zweck unternommen hatte[48], belegen die Bedeutung dieser Frage für seine Politik. Das tschechoslowakische Verhältnis zu Deutschland aber konnte in seiner Vielfarbigkeit mit der

---

[45] Diese Anregung des Gesandten in Prag war von Staatssekretär Haniel von Heimbach befürwortet worden; v. Seeckt antwortete dagegen, „daß einem Staat gegenüber, der wie die tschechoslowakische Republik militärpolitisch entscheidend von Frankreich abhängig ist, der Verzicht auf das Recht voller militärischer Bewegungsfreiheit im eigenen Lande ohne zwingende Gründe unzweckmäßig" sei. PA, v. Seeckt an AA (Or.), Berlin 22. II. 22, Ts 708 (L 137404), Po 13, 5 Ts.

[46] O l i v o v á , Věra: Československá diplomacie v době rurské krise roku 1923 [Die tschechoslowakische Diplomatie in der Zeit der Ruhrkrise 1923]. ČSČH 6 (1958) 59—70, hier 59 f.

[47] Z. B. Exposé des Außenministers vor der tschechoslowakischen Kammer am 27. I. 21; PA, Po 1, 1 Ts; veröffentlicht: B e n e š , Edvard: Problémy nové Evropy a zahraniční politika československá. Projevy a úvahy z. r. 1919—1924 [Die Probleme des neuen Europas und die tschechoslowakische Außenpolitik. Erklärungen und Überlegungen aus den Jahren 1919—1924]. Prag 1924, Kap. 7: Republika československa a její postavení v Evropě [Die tschechoslowakische Republik und ihre Stellung in Europa] S. 101 ff.

[48] PA, Koch an AA (Or.), Prag 16. V. 24, Ts 1604 (L 120544), Po 2, 5 Ts.

dürren Bezeichnung „korrekt"[49] und manchmal auch „freund-nachbarlich"[50] nur unvollkommen charakterisiert werden. Die Tschechoslowakei war zwar als Staat der Siegerkoalition anerkannt worden, was sie jedoch nicht von den Verpflichtungen entband, einen gewaltigen Anteil an der Schuldenlast der österreichisch-ungarischen Doppelmonarchie zu tragen[51] und überdies die Kriegsschulden für die tschechoslowakische Auslandsarmee an die Gläubigerstaaten zurückzuzahlen[52]. Obwohl die Regelung beider Fragen nicht direkt von einer Lösung der deutschen Reparationsleistungen abhing, bestand ein großes tschechisches Interesse an den deutschen Zahlungen, weil durch sie die Rückzahlung der interalliierten Schulden zunächst hinausgezögert wurde[53]. Andererseits war die tschechoslowakische Wirtschaft nicht an einer zu starken Belastung Deutschlands interessiert, da sie vom Schwanken der Währungskurse und von Handelsschwierigkeiten mitbetroffen werden mußte.

Beneš äußerte wiederholt seine Besorgnis, daß das alliierte Ultimatum vom 3. März 1921, durch das Deutschland zur Annahme der alliierten Zahlungsbedingungen gezwungen werden sollte, auch die Tschechoslowakei in Mitleidenschaft ziehe[54]. Theoretisch bestand zwar die Möglichkeit, daß sich die Tschechoslowakei an den angedrohten Sanktionen beteiligte, aber diese Beteiligung würde laut Auskunft des deutschen Gesandten in Prag nur die Form einer Verstärkung der tschechoslowakischen Grenzsicherungen annehmen[55]. Die Furcht vor schädlichen Rückwirkungen auf die eigene Wirtschaft, und zwar sowohl bezüglich des direkten Warenaustausches mit Deutschland wie bezüglich der Kosten einer tsche-

---

[49] Vgl. neben Anm. 47 die Rede vom 23. V. 22, Evropa po konferenci v Janově [Europa nach der Konferenz von Genua] B e n e š 175 ff.; dazu die Bemerkungen Kochs: PA, Koch an AA (Or.), Prag 26. V. 22, Ts 1885 (L 119876 ff.), Po 2, 2 Ts.

[50] Gespräch Dr. Emil Fakter mit Präsident Masaryk, Berliner Börsencourier Nr. 281 vom 18. VI. 22, in: PA, Po 2, 2 Ts.

[51] Nach Art. 203 des Vertrages von St. Germain.

[52] Eine ausführliche Darstellung: Z i k a , Oskar: Finanční důsledky mírových smluv pro Československo [Die finanziellen Folgen der Friedensverträge für die Tschechoslowakei]. Zahraniční Politika 1922, 446—451, 573—577, 653—657, 733—738, 944—955. Als Gesamtbelastung für die ČSR errechnet Zika 31,517 Mrd. Kč, das entspräche pro Kopf der Bevölkerung 2,424 Kč, zum Zeitwert 1922 berechnet, S. 955. Die Redaktion der Revue distanzierte sich vorsichtig von dieser Berechnung. Zu den tschechoslowakischen Schulden gegenüber den USA, die am 30. VI. 21 ca. 99 Mill. Dollar betrugen: Amerika a válečné dluhy Evropy [Amerika und die Kriegsschulden Europas]. Zahraniční Politika 1922, 568—573, hier S. 571.

[53] Von den eigenen Reparationsverpflichtungen sprach man nicht gern, und im Entwurf des Staatsetats 1923 waren keine Mittel dafür ausgewiesen. Vgl. PA, Koch an AA (Or.), Prag 23. XII. 22, Ts 30 (L 119927 ff.), Po 2, 3 Ts. Zu Reparationen und Auslandsschulden Přehled hospodářského vývoje Československa v letech 1918—1945 [Übersicht über die Wirtschaftsentwicklung der Tschechoslowakei in den Jahren 1918—1945]. Hrsg. von R. O l š o v s k ý , V. P r ů c h a , H. G e b a u e r o v á , A. P r a ž s k ý , A. D o b r ý , J. F a l t u s . Prag 1963, S. 127 ff.; zur Koppelung von Reparationen und interalliierter Schuldenregelung vgl. F i š a 1349 ff.

[54] PA, Saenger an AA (Or.), Prag 9. III. 21. Ts 1083 (L 119715 ff.), Po 2, 1 Ts; B e r g m a n n 89 f.

[55] PA, Saenger an AA (Dd.), Prag 9. III. 21, Ts 1084 (L 119718 ff.), Po 2, 1; Saenger an AA (Or.), Prag 14. III. 21, Ts 1160 (L 137003 f.), Po 13, 3 Ts.

choslowakischen Mobilmachung, dämpfte selbst in nationalistischen Kreisen den Eifer[56]. In dieser Situation konnte der tschechoslowakische Gesandte in Berlin, Vlastimil Tusar, den deutschen Außenminister Dr. Simons mit der zuversichtlichen Prognose beruhigen, daß sich die tschechoslowakische Regierung an wirtschaftlichen Sanktionen Deutschland gegenüber nicht beteiligen werde: „Eine offizielle Anfrage von den Alliierten habe sie noch nicht erhalten, werde sie aber zweifellos verneinend beantworten, da niemand der Tschechoslowakei den Schaden würde ersetzen können, den die Unterbrechung des notwendigen Warenaustausches zwischen der Tschechoslowakei und Deutschland seinem Lande zufügen würde[57]."

Die Frage einer tschechoslowakischen Beteiligung an möglichen späteren Sanktionen blieb solange unentschieden, wie ungeklärt war, ob die Tschechoslowakei berechtigt sei, sich mit eigenen Reparationsforderungen an Deutschland zu wenden[58]. Als die Entscheidung der Reparationskommission schließlich vorlag und feststand, daß der Staat durch die Setzung des 28. Oktober 1918 als Stichtag der Unabhängigkeitserklärung aus der prinzipiellen Berechtigung zu Reparationsforderungen keine praktischen Vorteile ziehen konnte[59], verstand es die Prager Regierung, ihre Abneigung, an antideutschen Sanktionen mitzuwirken, durch Ausflüchte in die allgemeinen theoretischen Postulate des Versailler Vertrages zu verdecken[60]. Auch das erneute Ultimatum der Reparationskommission vom 5. Mai 1921, das zum Sturz der Regierung Fehrenbach und Bildung des Kabinetts Wirth führte[61], brachte keine Veränderung der tschechoslowakischen Haltung[62]. Nachdem die deutsche Regierung schließlich dem Ultimatum zugestimmt hatte, machte sich in Prager Regierungskreisen eine spürbare Erleichterung bemerkbar, auf diese Weise von einer möglichen unangenehmen Bündnisleistung den Alliierten gegenüber entbunden worden zu sein[63].

---

[56] PA, Saenger an AA (Dd.), Prag 14. III. 21, Ts 1141, Po 1, 1 Ts. Zu Mobilisierungsgerüchten: PA, Reichskommissar Wellenkamp an AA (Or.), Ratibor 14. III. 21, Ts 1102 (L 137022 ff.), Po 13, 2 Ts; zur Exportabhängigkeit der tschechoslowakischen Industrie Přehled hospodářského vývoje 27 f., 66 ff.; D u f e k, Emil: Konstruktivnost náší zahraniční obchodní politiky [Die Konstruktivität unserer Außenhandelspolitik]. Zahraniční Politika 1922, 29—33, 98—102.

[57] PA, Aufz. RM Dr. Simons, Berlin 15. III. 21, Ts 1171 (L 119741 ff.), Po 2, 1 Ts.

[58] PA, Saenger an AA (Dd.), Prag 13. IV. 21, Ts 1492 (L 118866 ff.), Po 1, 1 Ts; Saenger an AA (Dd.), Prag 19. IV. 21, Ts 1544, Po 5, 2 Ts.

[59] PA, Saenger an AA (Or.), Prag 26. IV. 21, Ts 1640 (L 118871 ff.), Po 1, 1 Ts; Přehled hospodářského vývoje 127 ff.; Z i k a 953 f. Zur gänzlich anderen Rechtslage Polens, das aus Art. 116 Absatz 3 des Versailler Vertrages Reparationsrechte ableiten zu können glaubte und dies von der Reparationskommission, besonders von deren Rechtsabteilung, mehrfach verneint erhielt, vgl. E p s t e i n, Fritz T.: Zur Interpretation des Versailler Vertrages. Der von Polen 1919—1922 erhobene Reparationsanspruch. JbGO (N. F.) 5 (1957) 315—335.

[60] Beneš in einem Interview in Právo Lidu [Volksrecht], Auszug im Schreiben Ts 1640/21 in Anm. 59.

[61] L a u b a c h, Ernst: Die Politik der Kabinette Wirth 1921/22. Diss. Marburg 1966. Lübeck-Hamburg 1968 (Historische Studien 402).

[62] PA, Haniel an Saenger (Tel.), Berlin 13. V. 21, Ts 1841 (L 122393), Po 3, 1 Pol-Ts.

[63] PA, RMI an AA (Dd.), Berlin 2. VI. 21, Ts 2081 (L 119766), Po 2, 2 Ts.

Auch während des gleichzeitigen Verlaufs der Oberschlesienkrise äußerte sich die grundsätzliche Haltung der tschechoslowakischen Regierung darin, daß sie in verbalen Stellungnahmen die französische Haltung vorsichtig unterstützte, sich aber in der praktischen Politik von jeder Handlung fernhielt, die den Staat zu einem Satelliten der französischen oder polnischen Politik machen konnte[64]. Entgegen den französischen und polnischen Wünschen befürwortete Beneš nämlich die Teilungspläne für Oberschlesien; denn eine Zuweisung des ganzen Gebietes an Polen oder an Deutschland mußte wegen der damit verbundenen Stärkung einer der beiden Parteien für die Tschechoslowakei gleichermaßen unerwünscht sein. Allerdings zog sich Beneš mit dieser Haltung sowohl den deutschen wie den polnischen Zorn zu, ohne Polen von der Forderung einer Teilrevision der gemeinsamen Grenzen abzubringen. Paris wie Warschau mußten die Politik des tschechoslowakischen Außenministers umsomehr als eigenwillig empfinden, als er zugleich Polen den Beitritt zur Kleinen Entente mit der wenig schmeichelhaften Begründung verwehrte, daß „diese geschaffen worden [sei], Mitteleuropa zu konsolidieren, und Polen nicht zu Mitteleuropa" gehöre[65]. Die Interessen Prags, sich nicht auf die ungesicherte polnische Ostgrenze festzulegen, ließ die sonst so pointiert vorgebrachte Forderung der Sicherung des *status quo* in diesem Teil Europas weniger deutlich werden. Nur in einer Frage war die tschechoslowakische Regierung absolut unnachgiebig und ging sogar bis an den Rand des Krieges, um den *status quo* zu bewahren: in der Frage der Habsburger Restauration in Ungarn[66].

Der Weltkrieg hatte für Ungarn die größten territorialen Verluste gebracht, so daß sich der Staat im wesentlichen auf die ethnisch magyarischen Kerngebiete reduziert sah. Da seine Nachbarstaaten Rumänien in Siebenbürgen und die Tschechoslowakei in der Slowakei einen großen Prozentsatz magyarisch sprechender Bevölkerung erhalten hatten, war die ungarische Forderung der historischen Grenzen der alten Monarchie z. T. auch ethnisch fundiert. Zur Abwehr dieses Anspruchs hatten die drei Anrainerstaaten Ungarns, die Tschechoslowakei, Rumänien und das südslawische Königreich, die Kleine Entente begründet, die dem ungarischen Staat militärisch weit überlegen war. Eine weitere Gefahr für die Tschechoslowakei brachte der Anspruch des Hauses Habsburg auf die Krone Ungarns mit sich. Die agrarisch strukturierte Slowakei mit der starken religiösen Bindung der Bevölkerung war noch lange nicht fest in den neuen Staat integriert[67]. Mühsam verdeckte die Fiktion einer einheitlichen „tschechoslowakischen

---

[64] S. Anm. 62; PA, Saenger an AA (Dd.), Prag 19. VII. 21, Ts 2601 (L 118889 ff.), Po 1, 1 Ts.

[65] PA, Saenger an AA (Or.), Prag 28. VII. 21, Ts 2717 (L 118894 f.), Po 1, 1 Ts.

[66] O l i v o v á , Věra: Československá politika a pokus o restauraci Habsburků v roce 1921 [Die tschechoslowakische Außenpolitik und der Versuch der Habsburgerrestauration im Jahre 1921]. ČSČH 7 (1959) 675—698.

[67] K r a m e r , Juraj: Iredenta a separatismus v Slovenskej politike (Štúdia o ich vzťahu) [Irredentismus und Separatismus in der Slowakischen Politik. Studien über ihre Wechselbeziehungen]. Preßburg 1957; d e r s.: Slovenské autonomické hnutie v rokoch 1918—1929 [Die slowakische autonomistische Bewegung in den Jahren 1918—1929]. Preßburg 1962.

Nation" die tiefgehenden ethnischen, sozialen und kulturellen Unterschiede zwischen beiden slawischen Völkern. Nimmt man hierzu noch das Problem der großen deutschen Minderheit in den böhmischen und mährischen Landesteilen der Republik [68], so wird klar, daß ein gemeinsames Integrationsmotiv dieser so unterschiedlichen Bevölkerungsteile die größte Gefahr für den Zusammenhalt des multinationalen neuen Staates bedeuten konnte. Ein solches Integrationsmotiv aber konnte die Dynastie der Habsburger sein, der sich die slowakischen Bauern als dem alten ungarischen Königshaus zuneigten und in der die Deutschböhmen das Symbol ihrer verlorenen sozialen und politischen Privilegierung in der Doppelmonarchie erblickten.

Als daher im März und Oktober 1921 der ehemalige Kaiser Karl II. zweimal den Versuch unternahm, gegen den Willen der Ententetruppen seinen Thron in Budapest einzunehmen, fühlte sich die Prager Regierung nicht nur als Wahrerin der Pariser Vorortverträge zu einem Eingreifen verpflichtet. Die tschechoslowakische Regierung mobilisierte Teile der Armee, richtete ein Ultimatum an Budapest und ließ keinen Zweifel daran, daß Karls Rückkehr den *casus belli* darstelle [69]. Gleichzeitig widersprach die tschechoslowakische Regierung aber energisch allen Vermutungen, daß sich die Teilmobilisierung auch gegen Deutschland oder gegen Oberschlesien wenden könne [70]. Zwar wurde Karl beim zweiten Rückkehrversuch gefangen genommen und die Kleine Entente in gewisser Weise an der Kontrolle der ungarischen Abrüstungsverfahren beteiligt [71], aber dennoch war die ganze Aktion in mehrfacher Hinsicht nicht zum Besten Prags ausgegangen. Frankreich und Italien hatten das rasche tschechoslowakische Vorgehen mißbilligt und weitergehende Pläne einer direkten Einflußnahme in die ungarischen Verhältnisse vereitelt; die Verbündeten in der Kleinen Entente waren der tschechoslowakischen Initiative mit wenig Begeisterung gefolgt [72], die Mobilisierung der Truppen war nicht in allen Gebieten des Staates reibungslos verlaufen [73] und schließlich mußte Prag die Kosten seiner voreiligen militärischen Vorbereitung trotz aller Proteste selbst tragen. Der Versuch der Tschechoslowakei, in kleinerem Rahmen die Sanktionspolitik Frankreichs nachzuahmen, war also gescheitert, und Frank-

---

[68] Über die Sonderstellung der Deutschen in der Slowakei J a h n , Egbert K.: Die Deutschen in der Slowakei in den Jahren 1918—1929. Ein Beitrag zur Nationalitätenproblematik. München-Wien 1971 (Veröffentlichungen des Collegium Carolinum 25).

[69] PA, Aufz. Haniel, Berlin 22. X. 21, RM 4073 (D 579848), 35, 1 RM. Zur Einschätzung Österreichs und der Habsburger vgl. K u d e l a , Josef: Příprava nové střední Evropy za války [Die Vorbereitung eines neuen Mitteleuropa während des Krieges]. Zahraniční Politika 1922, 719—724.

[70] PA, Koch an AA (Or.), Prag 25. X. 21, Ts 3918 (L 118918 ff.), Po 1, 1 Ts; Koch an AA (Tel.), Prag 26. X. 21, Ts 3845 (L 137153), Po 13, 2 Ts; Koch an AA (Or.), Prag 27. X. 21, Ts 3876 (L 123077 ff.), Po 3, 1 Ts-U; Gerüchte, daß tschechoslowakische Aktionen gegen Bayern geplant seien, werden zurückgewiesen: PA, Koch an AA (Or.), Prag 2. XI. 21, Ts 4042 (L 118925 ff.), Po 1, 1 Ts; Aufz. Haniel (Ab.), Berlin 19. XI. 21, Ts 4212 (L 137303 f.), Po 13, 2 Ts.

[71] PA, Aufz. Haniel (Dd.), Berlin 1. XI. 21, Ts 3931 (L 118922 f.), Po 1, 1 Ts.

[72] PA, Wachendorf an AA (Ab.), Belgrad 3. XI. 21, U 1643 (K 118050 ff.), Po 4, 2 Kl. E.

[73] U. a.: PA, Koch an AA (Or.), Prag 31. X. 21, Ts 3965 (L 137180 f.), Po 13, 2 Ts; Dieckhoff an AA (Or.), Prag 5. XI. 21, Ts 4039 (L 137185 f.), Po 13, 2 Ts.

reich hatte zudem einiges an seinem Vertrauenskapital in der tschechoslowakischen Hauptstadt verspielt, nicht nur, weil die Gesandten Londons und Paris' in schulmeisterlicher Manier die Aktionen der Regierung gebremst hatten, sondern besonders, weil sie nicht einmal einen Teil der entstandenen Mobilisierungskosten Ungarn anlasten wollten [74].

Das deutsch-tschechoslowakische Verhältnis wurde durch diese Aktion nicht betroffen, da das Deutsche Reich sich neutral verhalten hatte, was von Beneš durchaus gewürdigt wurde [75]. Der Tschechoslowakische Außenminister erklärte nämlich dem neuen deutschen Gesandten, Dr. Walter Koch, anläßlich dessen Antrittsbesuchs [76]: „Besonders am Herzen liege ihm, seinen Anteil an der Herstellung einer besseren Temperatur zwischen Deutschland und Frankreich beizutragen."

Auch dem Beneš-Skirmunt-Abkommen, das vorübergehend eine Entspannung des polnisch-tschechoslowakischen Verhältnisses nach sich zog, wurde jede antideutsche Spitze abgesprochen [77]. In der Diskussion über die Mobilisierung und ihre Folgen wurde sogar die Anwesenheit der französischen Militärmission in der Tschechoslowakei in Frage gestellt [78], was aber nach Übernahme der französischen Regierung durch Poincaré sofort wieder aufhörte. Das Auswärtige Amt in Berlin schätzte zum Jahreswechsel 1921/22 die Haltung der Tschechoslowakei zu Deutschland als zuvorkommender denn je ein, obwohl die tschechoslowakische Presse die französische Version über die Reparationen wiedergab, und es besaß die Zuversicht, daß sich die Prager Regierung in den deutsch-französischen Auseinandersetzungen weiterhin neutral verhalten würde.

*

Aber schon die ersten tschechoslowakischen Presseäußerungen nach dem Regierungsantritt Poincarés machten deutlich, daß sich die Tschechoslowakei kaum von der Politik Frankreichs werde distanzieren können. Der neue französische Ministerpräsident wurde als Freund der Tschechen dargestellt [79], und je häufiger die Stimmen wurden, die in seiner Berufung einen Schutz der Tschechoslowakei

---

[74] S. Anm. 72.
[75] Neutralität von Koch empfohlen: PA, Koch an AA (Or.), Prag 27. X. 21, Ts 3876 (L 123077 ff.), Po 3, 1 Ts-U; von Beneš gewürdigt: PA, Koch an AA (Or.), Prag 2. XI. 21, Ts 4042 (L 118925 ff.), Po 1, 1 Ts.
[76] Über den Antrittsbesuch: PA, Koch an AA (Dd.), Prag 30. X. 21, Ts 4009 (L 119809 ff.), Po 2, 2 Ts; das Zitat s. Anm. 75, Ts 4042.
[77] Zum Beneš-Skirmunt-Abkommen vom 20. X. 21, vgl. W a n d y c z 238—264; PA, v. Schoen an AA (Dd.), Warschau 24. X. 21, Ts 4008, Po 3, 1 Pol-Ts; Aufz. Haniel, Berlin 1. XI. 21, Ts 3931 (L 118922 ff.), Po 1, 1 Ts.
[78] PA, Koch an AA (Or.), Prag 24. XI. 21, Ts 4340 (L 137330), Po 13, 2 Ts; Dieckhoff an AA (Or.), Prag 2. XII. 21, Ts 4473 (L 137335 f.), Po 13, 2 Ts; Koch an AA (Or.), Prag 4. I. 22, Ts 104 (L 137338 f.), Po 13, 2 Ts.
[79] PA, Koch an AA (Or.), Prag 23. I. 22, Ts 314 (L 119850 ff.), Po 2, 2 Ts; Koch an AA (Dd.), Prag 23. I. 22, Ts 324, Po 1, 2 Ts. Französische Belege lassen sich dafür nicht finden; eher kann man im Gegenteil mit dem Ausscheiden von Philippe Berthelot aus dem Quai d'Orsay von einer Schwächung der tschechoslowakischen Position sprechen; eine Würdigung von O s t r o v s k ý : Filip Berthelot. Zahraniční Politika 1922, 92—94; B r é a l , Auguste: Philippe Berthelot. Paris 1937.

vor einer möglichen deutschen Bedrohung sahen, umso geringer wurde die Hoffnung, daß die Tschechoslowakische Republik in ihrer Haltung Deutschland gegenüber den eingeschlagenen Kurs werde fortsetzen können [80].

Die noch von Lloyd George und Briand beschlossene Konferenz von Genua, die unter Einbeziehung der Sowjetregierung eine Überwindung der Lähmung des europäischen Nachkriegssystems anstreben sollte, wurde durch die von Poincaré geforderte Themenbeschränkung ihrer eigentlichen Problematik entkleidet [81]. Mit seinem Memorandum vom 5. Februar 1922 erreichte er nämlich, daß alle mit dem Versailler Vertrag und der Frage einer Berechtigung von Sanktionen zusammenhängenden Probleme von der Behandlung auf der Konferenz ausgeschlossen werden sollten. Da die französische Regierung auch die Abrüstungsfrage für undiskutabel hielt, blieb nur das Verhältnis zu Rußland als Thema der geplanten Konferenz übrig. Beneš erfuhr auf seiner Reise nach London von den tiefgehenden französisch-englischen Meinungsverschiedenheiten in der Frage der Reparationen und der deutschen Bitte um ein Moratorium, die seiner Hauptsorge Nahrung gaben, daß sich daraus eine endgültige Entfremdung beider Alliierten ergeben könne [82]. Seine Äußerungen zur Reparationsfrage blieben daher vorsichtig vieldeutig und zeigten seine Absicht, in der zu erwartenden Krise möglichst neutral zu bleiben. „Über Deutschland befragt erklärte Benesch [in einem Interview in Die Zeit [83]], daß die Zukunft der Tschechoslowakei nicht von Deutschland abhängig sei; aber auf die Dauer sei ein gesundes Deutschland eine wesentliche Notwendigkeit. Die Tschechoslowakei könne zwar gewisse unmittelbare Vorteile aus dem Niedergang Deutschlands erwarten, aber größere würden ihr aus der Wiederherstellung der Gesundheit des Nachbarstaates erwachsen."

Beneš schwankende Haltung in der Frage der Mitwirkung an Sanktionen hatte ihren Ursprung und ihre Rechtfertigung darin, daß er einerseits in ihrer Anwendung Deutschland gegenüber wirtschaftliche Nachteile für seinen eigenen Staat voraussah, und sie andererseits als „Waffe des Angriffs" gegen eine mögliche Restauration der Habsburger Ungarn gegenüber stets in der Hand behalten wollte [84]. Als Alternative zu dem Vorgehen der einzelnen Staaten betrachtete er nur die Einschaltung des Völkerbundes, was jedoch von der auf ihre Souveränität pochenden französischen Regierung abgelehnt wurde. Es war das Dilemma der tschechoslowakischen Politik, an Frankreich gebunden zu sein und doch mit den Interessen dieses Verbündeten nicht voll übereinzustimmen.

---

[80] Rathenau stand in Kontakt mit den Tschechen, glaubte sie aber zu sehr unter französischem Einfluß, als daß sie gegen Frankreich von Nutzen sein konnten; d'Abernon I 270 (Tgb.-Aufz. 9. III. 22).

[81] Bergmann 158 ff.; Lloyd George 69 f.; Nicolson 241 ff.

[82] PA, Sthamer an AA (Or.), London 23. II. 22, E 378 (E 188294 ff.), Ye 1 StS; Sthamer an AA (Dd.), London 1. III. 22 (E 188264 ff.), Ye 1 StS; Melč 1478 ff.

[83] Die Zeit Nr. 149 vom 29. III. 22, in: PA, Po 2, 2 Ts.

[84] PA, Tgb. Genua 28. IV. 22, S. 23 (D 739168), 5 h adh 2 RM; Aufz. Rathenaus über ein Gespräch mit Beneš: „Sein Land könne im Hinblick auf die Gefahren der Habsburger Frage und der Konspirationen in Karpatho-Galizien nicht auf die Waffe des Angriffs ohne weiteres verzichten", PA, Tgb. Genua 2. V. 22, S. 27 ff. (D 739172 ff.), 5 h adh 2 RM.

Während der Konferenz von Genua brachte der überraschende Abschluß des deutsch-sowjetischen Vertrages von Rapallo vom 16. April 1922 eine plötzliche Verschärfung der internationalen Probleme. Er erregte für einige Zeit die öffentliche Meinung in den Staaten der Siegerkoalition und schürte den Verdacht, daß Deutschland durch die Annäherung an Sowjetrußland nach politischen Auswegen aus seinen Zahlungsverpflichtungen suche[85]. Die Weigerung Poincarés, auf der Konferenz von Genua Reparationsfragen zu diskutieren, schien durch dieses Ereignis nachträglich gerechtfertigt, und seine Drohung in der Rede von Bar-le-Duc vom 24. April 1922 ließ für die Behandlung der Reparationsfrage keinerlei Rücksicht auf deutsche Wünsche erwarten[86]. Obwohl Deutschland durch den Rapallo-Vertrag ein Scheitern der Verhandlungen riskiert hatte, spielte dieser Mißklang im weiteren Verlauf der Diskussionen kaum eine Rolle; im Gegenteil wurde die Isolierung Frankreichs immer deutlicher, da es sich in den Beratungen der internationalen Anleihekommission jeder wirtschaftlich vernünftigen Regelung als Basis einer Anleihe für Deutschland widersetzte[87].

Offenbar stellte sich Beneš mit seinem außenpolitischen Exposé vom 23. Mai 1922 auf diese Stimmung ein[88], da er darin das europäische Hauptproblem einer Regelung der deutschen Frage kühl behandelte und lediglich am Rande auf die Notwendigkeit einer Lösung der Reparationsfrage hinwies, ohne zu den Sanktionsdrohungen gegen Deutschland klar Stellung zu beziehen[89]. Diese tschechoslowakische Bemühung um Neutralität wurde aber dadurch verschleiert, daß zur gleichen Zeit der tschechoslowakische Gesandte in Berlin, der für seine Deutschfreundlichkeit und sein gutes Verhältnis zu deutschen Stellen bekannt war[90], eine längere Reise nach Paris antrat[91], während Beneš und Masaryk zu verschiedenen

---

[85] S c h i e d e r, Theodor: Das Problem des Rapallo-Vertrages. Eine Studie über die deutsch-russischen Beziehungen 1922—1926. Köln 1956 (AGF des Landes Nordrhein-Westfalen. Geisteswissenschaften 3); d e r s.: Die Entstehungsgeschichte des Rapallo-Vertrages. HZ 204 (1967) 545—609; E r d m a n n : Deutschland; vgl. E p s t e i n 331 f. Anm. 66: Äußerung der Informationsabteilung der Reparationskommission.

[86] S c h i e d e r : Entstehungsgeschichte 596.

[87] Vgl. E r d m a n n : Deutschland 156 ff.; besonders die Reaktionen auf die Rede Poincarés in der französischen Kammer vom 2. Juni 1922. Zur praktischen Erledigung der polnischen Reparationsansprüche durch das Votum der Reparationskommission E p s t e i n 331 ff.; obwohl man den polnischen Standpunkt weiterhin verbal unterstützte, e b e n d a 332.

[88] Text in Prager Presse Nr. 140 vom 24. V. 22, in: PA, Ts 1878, Po 5 Ts; Veröffentlichung s. Anm. 47.

[89] PA, Koch an AA (Or.), Prag 26. V. 22, Ts 1885 (L 119876 ff.), Po 2, 2 Ts; Koch an AA (Dd.), Prag 31. V. 22, Ts 1901, Po 5, 2 Ts; Koch an AA (Or.), Prag 2. VI. 22, Ts 1957 (L 119882 ff.), Po 2, 2 Ts.

[90] d ' A b e r n o n I 284 (Tgb.-Aufz. 21. III. 22) hielt ihn für das best informierte Mitglied des diplomatischen Korps in Berlin; ebenso das AA: PA, Aufz. Berlin 5. XII. 22, Ts 4128 (L 119920 ff.), Po 2, 3 Ts.

[91] Beneš hatte ihm (wegen seiner Deutschfreundlichkeit?) Sprachstudien in Paris nahe gelegt; d ' A b e r n o n II 53 f. (Tgb.-Aufz. 30. VI. 22). In den Akten finden sich einige seltsame Spekulationen über die Reise, bis hin zum Verdacht der antideutschen Spionage: PA, Reichskommissar für die Überwachung der öffentlichen Ordnung an Ministerialdirektor v. Maltzan, Berlin 26. V. 22, Ts 1888 (L 136105), Po 9, 1 Ts; Bayrische Gesandtschaft an AA, Berlin 31. V. 22, Ts 1921 (L 136106 ff.), Po 9, 1 Ts.

Anlässen die Hoffnung auf eine Verbesserung der tschechoslowakisch-deutschen Beziehungen äußerten [92].

Wie sich bald herausgestellt hatte, konnten die unklaren tschechoslowakischen Äußerungen in der Öffentlichkeit von interessierter Seite dazu benutzt werden, die Prager Politik bewußt zu mißdeuten und dafür selbst Fälschungen einzusetzen. Am 11. Juni 1922 erschien in den Innsbrucker Nachrichten — später in anderen Zeitungen nachgedruckt — der Text eines angeblich am 28. Oktober 1918 zwischen der Tschechoslowakei und Frankreich abgeschlossenen Vertrages, der am 22. April 1921 und am 8. September 1921 durch weitergehende militärische Zusatzabkommen ergänzt worden sein sollte [93]. Die dort mitgeteilten Einzelheiten einer engen militärischen und politischen Zusammenarbeit zwischen Frankreich und der Tschechoslowakei konnten den Staatssekretär Haniel jedoch nicht von ihrem Wahrheitsgehalt überzeugen, nachdem er zuletzt in Genua Zeuge der Bemühungen von Außenminister Beneš gewesen war, sich nicht auf eine Mächtegruppe festlegen zu lassen [94]. „Benesch, der sehr systematisch denkt, und zweifellos die außenpolitischen Beziehungen seines Staates langsam und zielbewußt ausgebaut hat, schwebt offenbar eine Art Wiederherstellung des europäischen Gleichgewichtes vor, wobei er bestrebt ist, die geringe politische Schwerkraft seines kleinen Landes durch Ausbau der Kleinen Entente unter seiner Führung zu vergrößern." Aus der Zeit der Staatsgründung beständen noch enge Bindungen der Tschechoslowakei an Frankreich, aber trotz starker persönlicher Beziehungen Beneš zu Frankreich sei er kein blindes Werkzeug der französischen Politik. „Er ist zwar offensichtlich bemüht, sich bis zu einem gewissen Grade von der französischen Fessel freizumachen; diese besteht aber vorläufig noch." Angelpunkte dieser Verbindungen mit Frankreich seien der militärische Einfluß und die Schulden der Tschechoslowakei. „Zusammenfassend ist also zu bemerken, daß höchstwahrscheinlich geheime Abmachungen zwischen Frankreich und der Tschechoslowakei bestehen, daß diese aber vermutlich keine bindenden Verpflichtungen für Herrn Benesch zu militärischem Eingreifen enthalten, sondern in loser Form so gehalten sind, daß es ihm möglich ist, in jedem einzelnen Fall die Zweckmäßigkeit militärischer Aktionen vom Standpunkt seiner Politik aus nachzuprüfen."

Der deutsche Gesandte in Prag erweiterte das Bild um eine Nuance [95], indem er hervorhob, daß trotz der Bemühungen Beneš um einen Ausgleich zwischen England und Frankreich Paris in seinen Überlegungen das größere Gewicht besitze, weil nur Paris sich eindeutig zum *status quo* des Versailler Vertrages und zum Verbot eines Anschlusses von Österreich an Deutschland bekannt habe. Sollten die Spannungen zwischen London und Paris schließlich eine klare Entscheidung für einen der beiden Alliierten notwendig machen, so bestand nach Meinung des Gesandten in Prag kein Zweifel darüber, daß die Tschechen für Frankreich vo-

---

[92] PA, Keller an AA (Or.), Belgrad 10. VI. 22, Ts 2063 (L 119889 ff.), Po 2, 2; s. Anm. 49.
[93] PA, Hintze an AA (Or.), Innsbruck 12. VI. 22, Ts 2061 (L 140528 f.), Po 3 Fr-Ts.
[94] PA, Runderlaß Haniel, Berlin 4. VII. 22, Ts 2061 (L 119933 ff.), Po 2, 3 Ts.
[95] PA, Dieckhoff an AA (Or.), Prag 14. VII. 22, Ts 2433 (L 140544 ff.), Po 3 Fr-Ts.

tieren würden[96]. Dies mußte besonders für den Fall gelten, daß Großbritannien in der Frage einer Rückzahlung der interalliierten Schulden bei der Meinung blieb, die es in der Balfour-Note vom August 1922 vertrat, während Frankreich in dieser Angelegenheit durch die Verknüpfung von Reparationszahlungen und interalliierter Schuldenregelung einen für die kleinen Staaten günstigeren Standpunkt einnahm[97].

Aber selbst wenn dieser Fall eintrat, konnte sich Berlin auf die innenpolitische Opposition der deutschen Minderheit gegen jeden abenteuerlichen Schritt der tschechoslowakischen Regierung gegen Deutschland verlassen, abgesehen davon, daß die wirtschaftlichen Bindungen an Deutschland einen profranzösischen Rigorismus in der Frage der Reparations- und Sanktionspolitik unwahrscheinlich machten[98]. Ferner konnte auf Grund ihrer nationalen Zusammensetzung auch die tschechoslowakische Armee kein geeignetes Werkzeug einer Frankreich-hörigen Aggressionspolitik sein[99]. Gerade in der Bewertung des letzten Punktes war eine vollkommene Übereinstimmung zwischen dem Auswärtigen Amt und dem Reichswehrministerium festzustellen, die beide mehrfach den ängstlichen Befürchtungen einiger Länderregierungen entgegentraten[100].

*

Im Herbst 1922 jedoch begann der Gesandte Koch langsam an der oben charakterisierten tschechoslowakischen Haltung zu zweifeln, weil er aus einigen Anzeichen eine distanziertere Einstellung der Tschechoslowakei zu Deutschland folgern zu können glaubte. So war er bei dem Besuch des österreichischen Kanzlers nicht zu den offiziellen Empfängen geladen worden, was er nicht nur als eine persönliche Kränkung empfand[101]. „Man fühlt sich nachgerade hier stark genug, um sich über die primitiven Pflichten der Artigkeit gegen das Nachbarland hinwegzusetzen", hielt er in seinem Bericht fest[102]. Aber diese Zurücksetzung des

---

[96] PA, Dieckhoff an AA (Or.), Prag 13. VII. 22, Ts 2430 (L 142149 ff.), Po 3 Js-Ts.
[97] Auf diesen Zusammenhang weist besonders F i š a 1349 f. hin.
[98] PA, Koch an AA (Or.), Prag 18. VIII. 22, Ts 2912 (L 118944 ff.), Po 1, 2 Ts; Prager Presse Nr. 303 vom 4. IX. 22, in: PA, Po 1, 2 Ts.
[99] Über die Bewertung der tschechoslowakischen Armee und der einzelnen Manöver: PA, Koch an AA (Or.), Prag 1. IX. 22, Ts 3049 (L 137454), Po 13, 3 Ts; Koch an AA (Or.), Prag 22. IX. 22, Ts 3310 (L 137460 ff.), Po 13, 3 Ts; Koch an AA (Or.), Prag 14. IX. 22, Ts 4010 (L 137485 ff.), Po 13, 3 Ts; Köster an AA, Prag 23. XI. 22, Ts 4073 (L 137492 ff.), Po 13, 3 Ts.
[100] PA, Reichswehrministerium an AA (Or.), Berlin 24. VI. 22, Ts 2250 (L 137424 f.), Po 13, 3 Ts; Köpke an bayrisches AA (Konz.), Berlin 12. VII. 22, zu Ts 2212, 2318 (L 120314 f.), Po 2, 4 Ts; Haniel an das sächsische AA, Berlin 26. VII. 22, zu Ts 2250 (L 137439 ff.), Po 13, 3 Ts.
[101] Bundeskanzler Dr. Seipel kam am 21. VIII. 22 nach Prag und reiste am 23. VIII. nach Berlin weiter; über seinen Aufenthalt in Berlin vgl. d'A b e r n o n II 87 ff. (Tgb.-Aufz. 23. bis 26. VIII. 22).
[102] Koch bezeichnet den Besuch als „völlig unerwartet", PA, Koch an AA (Or.), Prag 22. VIII. 22, Ts 2911 (K 282503 f.), Po 3, 1 Oe-Ts. Kochs Stellung in Prag scheint in den ersten Monaten seiner Amtszeit ausgesprochen schwierig gewesen zu sein. Sein Vorgänger, Prof. Saenger, hatte über enge persönliche Kontakte zu Masaryk und Beneš verfügt, die sich Koch erst langsam erwerben konnte.

Deutschen Reiches und seines Vertreters war auch alles, was sich über eine tschechoslowakische Unterstützung des französischen Standpunktes im Konflikt mit Deutschland in einem Augenblick feststellen ließ, da die wirtschaftliche Entwicklung der Tschechoslowakei durch steigende Arbeitslosigkeit, geringen Auftragsbestand und Sturz der Krone gekennzeichnet war[103]. Beneš gab daher auch wieder nur ausweichende Antworten, als Koch ihn nach einer Rede zur Wiedereröffnung der Kammer am 24. Oktober einen Tag später bat, seine verbalen Angriffe gegen Deutschland zu konkretisieren[104].

In seinem Bericht über diese Unterredung ließ Koch seiner Verärgerung über Benešs Haltung freien Lauf: „Es handelt sich bei all den Verhandlungen, Reisen, Entrevues Beneschs immer um das gleiche: eine chinesische Mauer um Deutschland zu ziehen, zu verhindern, daß jemand den politischen Leichnam Deutschland aus seinem Grabe heraushelfe. Solange Deutschland leblos daliegt, ist es den kleinen Staaten am wohlsten. Freilich in Verwesung möchte der Leichnam nicht übergehen; aber noch fataler wäre es ihnen, wenn er sich eines Tages wieder auf seine Füße stellte." Beneš konnte sich zwar darauf berufen, daß es seit Gründung seines Staates keine Spannungen zwischen Berlin und Prag gegeben hatte; was Koch aber möglicherweise in Benešs Antwort vermißte, war eine Würdigung seines eigenen Beitrags, den er als damaliger Innenminister von Sachsen mit der Ablehnung einer Waffenhilfe für die deutsch-böhmische Landesregierung geleistet hatte[105] und der ihm später vielfach zum Vorwurf gemacht wurde. Koch kritisierte ferner die scheinheilige Beteuerung der Tschechoslowakei, die Pariser Verträge in allen Punkten zu erfüllen: „Man würde wahrscheinlich bald finden, daß diejenigen Bestimmungen, die für die Tschechoslowakei grundlegend seien, von Deutschland in keiner Weise angefochten werden, und daß diejenigen Bestimmungen, die von Deutschland als unerträglich, unmöglich und verderbenbringend angesehen werden, die Interessen der Tschechoslowakei gar nicht oder nur sehr mittelbar berühren." Bei der unkritischen Übernahme der französischen Einwände gegen die deutschen Reparationszahlungen, die u. a. zum Beispiel in dem Nachbeten des unbewiesenen französischen Vorwurfes, daß Deutschland absichtlich seine Währung zerrütte, zutage tritt, würden Kochs Meinung nach von tschechoslowakischer Seite die deutschen Leistungen auf eine unfaire Weise unterschlagen. Koch hielt Beneš vor, daß die tschechoslowakische Regierung, „die in den letzten zwei Jahren sich als Führerin der Kleinen Entente in allen Fragen der Weltpolitik nicht ohne Erfolg eine gewisse Ingerenz zu sichern gewußt" habe, „nur in der Reparationsfrage eine merkwürdige Apathie gezeigt" habe. „Vielleicht lohne sich die Nachprüfung", schließt Koch seinen Bericht, „ob eine solche Haltung dauernd ihrem eigenen Interesse diene."

Mochten diese Vorwürfe des Gesandten auch berechtigt sein, wenn man auf die

---

[103] PA, Koch an AA (Or.), Prag 4. X. 22, Ts 3510, Wi 1, 1 Ts.
[104] B e n e š 205 ff.: Hospodářská rekonstrukce Rakouska a Společnost Národů [Der wirtschaftliche Wiederaufbau Österreichs und der Völkerbund]; PA, Koch an AA (Or.), Prag 25. X. 22, Ts 3760 (L 131318 ff.), Po 5, 3 Ts.
[105] B r ü g e l , Johann Wolfgang: Tschechen und Deutsche. 1918—1938. München 1968, S. 58.

offiziellen Äußerungen der Prager Regierung schaute, so trafen sie jedoch nur einen Teil der tatsächlichen Situation. Tusar hatte schon früher erklärt, daß die „Reparationskommission völlig bankrott gemacht habe und mit ihrem Latein am Ende sei"[106], und er sah daher als Auswirkung dieser Politik für Deutschland und ganz Mitteleuropa schlimme Zeiten voraus. Die gleiche Meinung vertrat auch sein Außenminister in einem Interview mit dem Petit Journal in Paris, in dem er feststellte: „Wir sind beunruhigt, ja sogar in Schrecken versetzt über die Nachwirkungen, die der wirtschaftliche Zusammenbruch Deutschlands nach sich ziehen kann, nicht nur in Tschechien, sondern auch in Österreich, in Ungarn, in Polen und ganz Mitteleuropa[107]". In die gleiche Richtung gingen weitere Äußerungen des Gesandten Tusar, als er in einem Gespräch über die allgemeine Lage im Auswärtigen Amt in Berlin sein Bedauern über die Entwicklung in der Reparationsfrage zum Ausdruck brachte[108]. Er sah nicht in der Person des Ministerpräsidenten Poincaré den Hauptschuldigen an der Verschärfung der internationalen Situation, sondern er vermutete, daß Poincaré unter dem Einfluß einer Öffentlichkeit stehe, die auch nach seiner Ablösung eine andere Regierung zwingen würde, durch starken Druck auf Deutschland Erfolge zu erbringen. Dies aber mußte eine weitere Verschlechterung der politischen und wirtschaftlichen Verhältnisse in Europa nach sich ziehen und auch die Tschechoslowakei treffen. Tusar behauptete daher: „Benesch habe ausschließlich deswegen seine auch durch die Presse bekannt gewordenen Schritte bei der Pariser Regierung getan, weil eine weitere Schwächung des Deutschen Reiches, das früher der größte Abnehmer der tschechischen Industrie ... gewesen sei, die Industriekrise der Tschechoslowakei, unter der das Land jetzt schon empfindlich leide, auf unabsehbare Zeit hinaus verlängern würde[109]."

Obwohl Koch in einem Bericht vom gleichen Tage diese Meinung grundsätzlich teilte, glaubte er nach der jüngsten Reise von Außenminister Beneš nach Paris zweifelsfrei feststellen zu können: „unentwegter als je fährt [Beneš] im Kielwasser der Franzosen"[110]. Die Gründe dafür sah er nicht nur in der schlechten Wirtschaftslage des Landes, sondern auch in den abgekühlten Beziehungen zu Belgrad, wo der tschechische Führungsanspruch zunehmend auf Kritik stieß[111]. „Man fühlt sich hier etwas isoliert", bemerkte Koch, „ist in Gefahr, aus dem

---

[106] PA, Aufz. Berlin 30. IX. 22, Ts 3364 (L 136110 ff.), Po 9, 1 Ts.
[107] PA, Tel. Wertheimer, Paris 30. XI. 22 (K 118234 ff.), Po 4, 3 Kl. E.; ähnlich: Koch an AA (Or.), Prag 5. XII. 22, Ts 4182 (L 136620 ff.), Po 11, 3 Ts.
[108] PA, Aufz. Berlin 5. XII. 22, Ts 4128 (L 119920 ff.), Po 2, 3 Ts.
[109] Zitat s. Anm. 108; zur tschechoslowakischen Wirtschaft, die in den letzten Monaten des Jahres 1922 ihrem Tiefpunkt entgegenging, vgl. Přehled hospodářského vývoje, zum Haushaltsdefizit Tabelle 16, S. 708 ff.; F a l t u s , Josef: Povojnová hospodárska kríza v rokoch 1921—1923 v Československu (Priemysel a peňažníctvo) [Die Nachkriegswirtschaftskrise in der Tschechoslowakei in den Jahren 1921—1923 (Industrie und Bankwesen)]. Preßburg 1966.
[110] S. Anm. 107, Ts 4182.
[111] Vgl. die Abberufung des jugoslawischen Gesandten Vošnjak aus Prag: PA, Koch an AA (Or.), Prag 12. XI. 22, Ts 3939 (L 142161 ff.), Po 3 Js-Ts; Keller an AA (Or.), Belgrad 5. XII. 22, 490 (K 118246 ff.), Po 4, 3 Kl. E.

Spiel zu kommen. Da gebietet es die Klugheit, sich wenigstens an Frankreich fest heranzuhalten. Dort ist man ohnehin immer gewärtig, von Polen, mit dem man wie Hund und Katze steht, überflügelt zu werden. Und wenn es zu Sanktionen kommt, möchte man dabei sein; vielleicht ist da ein Lohn zu verdienen." Koch empfand es als „merkwürdig", daß gerade in diesen kritischen Tagen der französische Gesandte in Prag, Couget, und der Chef der französischen Militärmission, General Mittelhauser, nach Paris berufen worden waren [112].

Unter dem Eindruck dieser Beurteilung war es verständlich, daß das Auswärtige Amt den in letzter Zeit wieder zahlreicher und deutlicher gewordenen Berichten [113] über mutmaßliche tschechoslowakische Pläne, an einer französischen Aktion gegen Deutschland mitzuwirken, mehr Glauben zu schenken begann. Beneš hatte dem italienischen Außenminister Schanzer bei einer Zusammenkunft in Venedig angeblich vertraulich mitgeteilt [114], „daß er sich für den Fall eines Zusammenbruches Deutschlands einen bestimmten Plan für sein Verhalten zurecht gelegt habe". Aufgrund der oben geschilderten pessimistischen Beurteilung der internationalen Lage durch Prag stellte der deutsche Staatssekretär fest: „Bei der konstruktiven Denkungsart des Herrn Benesch ist in der Tat anzunehmen, daß er sich auf die Möglichkeit eines derartigen Zusammenbruches vorbereitet und bestimmte Maßnahmen ins Auge faßt." Für einen solchen Fall wollte er von Koch erfahren, „nach welcher Richtung hin die tschechischen Maßregeln gehen" würden. Und er fuhr fort: „Obwohl ich nach wie vor an tschechische ‚Einmarschaktionen' nicht glaube, bitte ich doch, allen derartigen Nachrichten Aufmerksamkeit zuzuwenden und sie auf ihre Richtigkeit hin nachprüfen zu lassen [115]."

Als Anfang Januar 1923 die französische Absicht erkennbar wurde, die geringen deutschen Verfehlungen in den Reparations-Sachlieferungen und die deutsche Bitte um Zahlungsaufschub zum Anlaß einer militärischen Aktion gegen das Ruhrgebiet zu machen, bot sich für den neuen Staatssekretär v. Maltzan [116] eine Beileidsäußerung wegen des Attentats auf den tschechoslowakischen Finanzminister Rašín [117] als Ansatz zu einem ausführlichen Gespräch mit Tusar [118]. Tusar gab dabei zu erkennen, daß seine Regierung über die Ablehnung der deutschen Vorschläge durch Poincaré sehr enttäuscht gewesen sei, ganz besonders auch dar-

---

[112] In der Presse wurde das in Zusammenhang mit der geplanten Aktion Frankreichs gebracht, z. B. Egerer Zeitung Nr. 281 vom 13. XII. 22, in: PA, Ts 4259, Po 2, 3 Ts.
[113] Z. B. PA, Der Oberpräsident der Provinz Niederschlesien an den Staatskommissar für die Überwachung der öffentlichen Ordnung, Breslau 12. X. 22 (Ab.), zu Ts 4013 (L 119914), Po 2, 3 Ts.
[114] PA, Haniel an Koch (Konz.), Berlin 8. XII. 22, Ts 4013 (L 119916 f.), Po 2, 3 Ts.
[115] Zum Verfahren ist zu bemerken, daß sogar die Bereitstellung zusätzlicher Geldmittel zur Beschaffung der Information geplant war.
[116] Zur Ablösung Haniels durch Frh. Ago von Maltzan vgl. d'Abernon II 141 f. (Tgb.-Aufz. 23. XII. 22).
[117] Rašín war am 5. I. 23 schwer verletzt worden und starb am 18. I. 23; Přehled československých dějin. Díl III. 1918—1945 [Übersicht über die Tschechoslowakische Geschichte]. Prag 1960, S. 191 ff. PA, Koch an AA (Tel.), Prag 5. I. 23, Ts 50 (L 136623), Po 11, 3 Ts.
[118] PA, Aufz. v. Maltzan, Berlin 6. I. 23 (D 617597 ff.), 39, 1 RM.

über, daß man auf französischer Seite gar nicht ernsthaft auf sie eingegangen sei. Nunmehr sah der tschechoslowakische Gesandte eine militärische Aktion voraus, wobei er zugleich betonte, daß Beneš diese französische Politik sehr unangenehm sei. Wenn auch diese Äußerungen eine tschechoslowakische Beteiligung an den französischen Sanktionen nicht ausschlossen, hielt das Auswärtige Amt tschechoslowakische Aktionen dieser Art nach wie vor für unwahrscheinlich, wie aus einer Antwort auf eine Anfrage des Reichswehrministeriums hervorgeht[119].

Die Stellungnahme des Gesandten in Prag über die Möglichkeit einer tschechischen Mitarbeit an antideutschen Maßnahmen fiel dagegen zurückhaltender aus[120]. Trotz aller Freundlichkeit, die die offizielle Politik auch Deutschland gegenüber heimlich erweisen möge, glaubte Koch nicht, daß die Tschechoslowakei bei eventuellen Unruhen in Deutschland auf die Dauer in der Rolle des passiven Betrachters verharren könne. Durch folgende drei Gründe sah er seine Ansicht gestützt: erstens seien die Tschechen treue Bundesgenossen Frankreichs — „das Wohlwollen Frankreichs ist für diesen Staat, der nur von außen zusammengehalten wird, mindestens zur Zeit noch eine Lebensfrage" — und von Frankreich werde die Angst geschürt, daß Deutschland sich nach einer Einigung mit Frankreich gegen die Tschechoslowakei wenden werde. Zweitens glaubte er die Tschechen „von der geheimen Furcht beseelt, daß politische Unruhen in Deutschland an ihren Grenzen nicht halt machen" würden. Dies konnte sowohl die Gefahr einer monarchischen Restauration wie die eines kommunistischen Umsturzes in den Industriegebieten betreffen. Schließlich rechnete Koch drittens mit der Möglichkeit, daß die Tschechoslowakei ihre Annexionswünsche noch nicht befriedigt hätte und als Lohn für das Eingreifen an der Seite Frankreichs die Gebiete Ratibor und Leobschütz in Oberschlesien, Glatz und die slawischen Dörfer in Niederschlesien und die Oberlausitz fordern könnte. Die deutsche Bevölkerung im Lande hielt er im Moment als Folge des Rašín-Attentates für völlig eingeschüchtert; auch seine eigene Bewegungsfreiheit war eingeschränkt, so daß er keine Reisen in die Randgebiete des Gastlandes vornehmen konnte. Über geplante Maßnahmen der Tschechoslowakei konnte er nichts mitteilen; sollten sie sich jedoch auf den Teil der Grenze beziehen, gegen den in der Tschechoslowakei die meisten Antipathien bestünden, dann drohe Bayern die größte Gefahr, „wenn aber die Motive, die ich den Tschechen beimesse, richtig sind, so ist die schlesische Grenze und die sächsische Grenze zwischen Zittau und Warnsdorf am meisten gefährdet".

*

Nachdem die alliierte Reparationskommission am 9. Januar 1923 mit den Stimmen Frankreichs, Belgiens und Italiens gegen den Widerspruch Großbritanniens[121] eine schuldhafte Verfehlung Deutschlands in den Reparationszahlungen

---

[119] PA, Notiz Mutius, [Berlin] 8. I. 23, zu Ts 71 (L 119943), Po 2, 3 Ts; Aufz. v. Brentano, Berlin 8. I. 23, zu Ts 71 (L 119931 f.), Po 2, 3 Ts.
[120] PA, Koch an AA (Or.), Prag 8. I. 23, Ts 115 (L 119948 ff.), Po 2, 3 Ts.
[121] Der britische Premierminister Bonar Law (seit dem 24. Oktober 1922) hatte zuvor vergebens versucht, Poincaré von der Absicht einer Besetzung des Ruhrgebietes abzubringen; Poincaré hatte aber bereits den 15. I. 23 als Tag des Einmarsches festgelegt; d'Abernon II 138 ff. (Tgb.-Aufz. 15. XII. 22).

festgestellt hatte[122], rückte am 11. Januar eine französisch-belgische Expertenkommission unter militärischem Schutz in das Ruhrgebiet ein. Die seit langem erwartete Aktion Poincarés löste die Spannung, die seit einigen Monaten auf der deutschen Politik gelastet hatte. Denkt man an die lange Vorwarnung und an die geringen Lieferrückstände, die auszugleichen nicht unmöglich gewesen wäre, so läßt sich der Gedanke nicht von der Hand weisen, daß die Regierung Cuno diese Krise nicht vermeiden wollte[123]. Mit den ersten Protesten erklärte die deutsche Regierung, daß während der Zeit der rechtswidrigen Besetzung des Ruhrgebietes alle Reparationszahlungen eingestellt würden[124]. So wenig sich die britische Regierung zu einer öffentlichen Kritik der französischen Politik entschließen mochte, so wenig verurteilte sie die deutsche Reaktion auf den französischen Alleingang, so daß der Bruch zwischen Frankreich und Großbritannien nun offenkundig wurde. Die Absicht Poincarés, die Reparationsfrage über den Einsatz der Sanktionen zu einem Mittel der französischen Sicherheitspolitik zu machen, war an dem entscheidenden Punkt angelangt. Unklar war nur, ob sich die französischen Truppen auf die Ruhrbesetzung beschränken oder noch weitergehende Okkupationspläne verfolgen würden.

Die ersten ernsthaften Befürchtungen, daß sich die Tschechoslowakei aktiv an der französischen Ruhrbesetzung beteiligen könnte, wurden vom bayrischen

---

[122] Die französische Delegation bei der Reparationskommission hatte am 20. X. 22 erklärt, Deutschland habe schuldhaft 20 000 m³ Schnittholz und 130 000 Telegrafenstangen zu wenig geliefert; die deutsche Regierung versprach am 1. XII. 22 eine Nachlieferung bis zum 1. IV. 23. Die Lieferverzögerungen seien eingetreten, erklärte Berlin, weil technische Schwierigkeiten (unterschiedliche Maßeinheiten) und die Kompetenz der Länder nicht schnell genug zu überwinden gewesen seien; B e r g m a n n 203 ff. Am 26. XII. 23 stellte die Reparationskommission ein schuldhaftes Verhalten Deutschlands fest und erweiterte auf der Sitzung vom 9. I. 23 die Liste der nicht fristgerecht gelieferten Waren um 2,1 Mill. to Kohle und einige Kleinigkeiten (z. B. Pflastersteine), B e r g m a n n 220. Der englische Delegierte Sir John Bradbury bemerkte dazu, „daß seit den Tagen des Trojanischen Pferdes Holz niemals wieder zu einem so bösartigen Zwecke verwandt worden wäre", A l l e n : Rheinlandtagebuch 329 (Aufz. 8. I. 23).

[123] F i s c h e r , Wolfram: Deutsche Wirtschaftspolitik. 3. Aufl. Opladen 1968, S. 20. Der psychologische Druck einer Drohung mit der Ruhrbesetzung wird schon 1920 von Reichskanzler Wirth beklagt, d ' A b e r n o n I 83 (Tgb.-Aufz. 29. X. 20); die fatalistische Einschätzung Rathenaus, d ' A b e r n o n I 225 f. (Tgb.-Aufz. 11. XI. 21); d ' A b e r n o n s spätere Deutung II 2. Stinnes hatte schon in Spa vorgeschlagen, es auf eine Besetzung der Ruhr ankommen zu lassen, „weil die Alliierten spätestens nach einigen Monaten unverrichteter Sache wieder abziehen würden", B e r g m a n n 63; Noske befürwortete dagegen einen militärischen Widerstand: N o s k e , Gustav: Erlebtes aus Aufstieg und Niedergang einer Demokratie. Offenbach/Main 1947, S. 230 f. Eine vernichtende Kritik des Kabinetts Cuno (22. XI. 22 — 12. VIII. 23) bei F i š a 1495 f.; zum Gesamtpomplex: F a v e z , Jean-Claude: Le Reich devant l'occupation franco-belge de la Ruhr 1923. Genf 1969 (Etudes et Documents publiés par l'Institut d'histoire de la Faculté des Lettres de l'Université de Genève 6).

[124] Das erste Solidaritätstelegramm, das in der Protestsitzung des deutschen Reichstages vom 13. I. 23 verlesen wurde, kam übrigens von Lodgman von Auen aus Teplitz-Schönau: Verhandlungen des Reichstages, I. Wahlperiode 1920. Bd. 337. Stenographische Berichte von der 257. Sitzung am 17. Oktober 1922 bis zur 290. Sitzung am 25. Januar 1923. 286. Sitzung; Sonnabend 13. I. 23, S. 9436.

Gesandten in Berlin, dem Staatssekretär v. Maltzan, vorgetragen[125]. Neben Gerüchten aus den bayrischen Grenzgebieten, die von Einberufungen und Quartiermachungen in der Tschechoslowakei sprachen, legte er als Begründung für seine Beunruhigung eine übervorsichtige und mißverständliche Presseerklärung des tschechoslowakischen Konsuls in Nürnberg vor. v. Maltzan beruhigte zwar den bayerischen Vertreter, veranlaßte aber sofort eine Anfrage in Prag, ob Anhaltspunkte für eine tschechoslowakische Teilnahme an den französischen Sanktionen vorlägen[126]. In seiner Antwort verneinte dies Koch, ließ jedoch in anderer Hinsicht eine mögliche Gefahr erkennen[127]: eine Teilnahme der Tschechoslowakei an militärischen Aktionen Frankreichs halte niemand für wahrscheinlich, telegrafierte Koch, aber „anders liegt die Frage, wenn in Deutschland Unruhen ausbrechen und [die] Reichsregierung [die] Zügel verlieren sollte"; und da die tschechoslowakische Regierung mit dem Ausbruch eines Chaos in Deutschland rechne, könnten die bayrischen Meldungen einen gewissen Wahrheitsgehalt besitzen. Dieser Auffassung stimmte der Außenminister Dr. Rosenberg zu, und er beauftragte Koch, für den „Fall von Unruhen" wie für den „Fall erklärtermaßen militärischen Vorgehens (...) weiter tüchtig aufzupassen"[128].

Gewisse, wenn auch minimale militärische Vorbereitungen wollte Koch auf tschechoslowakischer Seite nicht ausschließen, sah sie aber im Zusammenhang mit der öffentlichen Polemik gegen Ungarn gerichtet[129], das nach der faschistischen Machtergreifung in Italien zu jener Zeit in seinen Revisionsbemühungen bestärkt zu werden schien[130]. Allerdings konnte andererseits, wie Koch skeptisch hinzufügte, die antiungarische Pressekampagne auch dazu dienen, die militärischen Vorbereitungen gegen Deutschland zu tarnen; ferner konnte man auch eine War-

---

[125] PA, Aufz. v. Maltzan, Berlin 12. I. 23, zu Ts 101 (L 119944), Po 2, 3 Ts. Eine Beteiligung Polens an der französischen Aktion war durch die sowjetische Drohung, bei einem polnischen Angriff gegen Schlesien nicht passiv zu bleiben, ziemlich unwahrscheinlich, obwohl den Zeitgenossen die militärische Zusammenarbeit zwischen Reichswehr und Roter Armee unbekannt gewesen sein dürfte; vgl. K o r b e l, Josef: Poland Between East and West. Soviet an German Diplomacy Toward Poland. 1919—1933. Princeton/N. J. 1963, Kap. 6: The Ruhr Crisis, S. 129 ff.; W h e e l e r - B e n n e t t 139 f. In der sowjetischen Aktenpublikation fehlt verständlicherweise eine Erwähnung dieser Versicherung Trockijs: Dokumenty vněsněj politiki SSSR [Dokumente der Außenpolitik der UdSSR]. Bd. 6. Moskau 1962. Außer einer verbalen Unterstützung der deutschen Regierung (Moskau 9. I. 23, Dok. 67, S. 145 f.), einem Aufruf an die Völker der ganzen Welt (Moskau 13. I. 23, Dok. 71, S. 150 ff.) und einer Verbalnote an die Reichsregierung (Moskau 17. I. 23, Dok. 76, S. 157 f.) finden sich dort keine weiteren Hinweise auf die sowjetische Einstellung. Polen war in dieser Zeit durch die innenpolitische Krise infolge der Ermordung des Präsidenten Narutowicz sehr geschwächt und fürchtete eine Verwicklung in die Ruhrkrise, W a n d y c z 269 ff.; C i a ł o w i c z 88 ff. Nach der geringen Unterstützung Polens in der Frage seiner Reparationsansprüche konnte man keine Begeisterung für die Hilfe Frankreichs bei seiner Politik erwarten, vgl. E p s t e i n .
[126] PA, v. Maltzan an Koch (Konz.), Berlin 13. I. 23, zu Ts 101 (L 119945), Po 2, 3 Ts.
[127] PA, Koch an AA (Tel.), Prag 15. I. 23, Ts 132 (L 119952), Po 2, 3 Ts.
[128] PA, Notiz Rosenberg [Berlin 15. I. 23], zu Ts 132 (L 119953), Po 2, 3 Ts.
[129] PA, Koch an AA (Or.), Prag 16. I. 23, Ts 217 (L 118970 ff.), Po 1, 2 Ts.
[130] G a j a n o v á 126.

nung der eigenen Bevölkerung mit diesen Vorbereitungen bezwecken, nachdem das Attentat auf Rašín zu einer „merklichen Beunruhigung in politischen Kreisen" geführt hatte[131]. In der Fortsetzung seiner Ausführungen bemerkte Koch jedoch: „Der Kombination, daß sich diese Vorbereitungen im Grunde gegen Deutschland richten und einer allfälligen Teilnahme an den französischen Sanktionen dienen, vermag ich — trotz der wenig freundlichen Tonart der hiesigen Presse gegen Deutschland — nach meinen Eindrücken beim Empfang durch Benesch aus dem Anlaß der Überreichung der Protestnote[132] nicht beizustimmen. Benesch betonte damals ausdrücklich die dauernden guten Beziehungen der Tschechoslowakei zu Deutschland und sein großes Interesse daran, daß es in absehbarer Zeit doch zu einer Verständigung zwischen Frankreich und Deutschland kommen müsse, ohne die ein Wiedergesunden aller mitteleuropäischen Staaten ganz ausgeschlossen sei. Ich bin im allgemeinen nicht geneigt, Benesch ohne weiteres Glauben zu schenken, aber diesmal schien er mit einer gewissen Aufrichtigkeit zu sprechen."

Die Proklamation des passiven Widerstandes durch die Reichsregierung machte die Hoffnung der französischen Regierung hinfällig, die Industrieunternehmer und Arbeiter für eine direkte Kooperation mit den französischen Stellen zu gewinnen. Um das Gesicht zu wahren, mußte Paris nun die militärische Besetzung des Ruhrgebietes verstärken[133]. Dabei wurde verschiedentlich in der Öffentlichkeit angedeutet, daß die französische Armee, durch weitere Einberufungen im Mutterlande ergänzt, einen Marsch auf Berlin anschließen werde, um den deutschen Widerstand zu brechen[134]. In diesem Fall konnten die strategischen Bedenken von Marschall Foch, die besonders die schwierige Versorgung einer solchen Expeditionsarmee betrafen[135], durch eine Einbeziehung der tschechoslowakischen Nachschublager in die militärischen Unternehmungen hinfällig werden. Da in diesen kritischen Tagen von verschiedenen Landesbehörden viele Berichte über militärische Vorbereitungen in der Tschechoslowakei eintrafen, richtete Außenminister Rosenberg eine neue Anfrage an die deutsche Gesandtschaft in Prag[136]. Er bezweifelte darin zwar immer noch eine direkte Beteiligung der Tschechoslowakei an den französischen Sanktionen, merkte aber an, „daß bei der gegenwärtigen Situation auch mit der Möglichkeit eines erklärtermaßen militärischen Vorgehens Frankreichs gerechnet werden [muß], d. h. eines Vorgehens, welches über den Rahmen der französischen Auffassung vom Begriff der Sanktionen hinausginge". Er be-

---

[131] S. Anm. 129.
[132] Die deutsche Regierung hatte am 12. I. 23 an alle Regierungen eine Protestnote gesandt, B e r g m a n n 220 f.
[133] d' A b e r n o n II 159 f. (Tgb.-Aufz. 21. I. 23) zur widersprüchlichen französischen Reaktion.
[134] Vgl. A l l e n : Rheinlandtagebuch 341 (Aufz. 16. I. 23). Die deutsche Reichswehrführung stellte sich mit einer Verstärkung der Truppen über das im Versailler Vertrag zugestandene Maß hinaus bereits auf diese Möglichkeit ein, vgl. C a r s t e n 175 f.; E y c k (Erich: Geschichte der Weimarer Republik. Bd. 1. Vom Zusammenbruch des Kaisertums bis zur Wahl Hindenburgs. Zürich-Stuttgart 4. Aufl. 1962, S. 320 ff.) und Z i m m e r m a n n (145 f.) vermuten dagegen nur von Polen Gefahr.
[135] R e c o u l y : Foch 119 ff.
[136] PA, Rosenberg an Koch (Konz.), Berlin 20. I. 23, zu Ts 115/132 (L 119954 f.), Po 2, 3 Ts.

fürchtete, daß sich die Tschechoslowakei an einer solchen Aktion auch dann beteiligen könne, wenn sie nicht durch innere Unruhen in Deutschland ausgelöst werde[137]. Koch antwortete mit der Wiedergabe einer amtlichen Stellungnahme der tschechoslowakischen Regierung, die lautete[138]: „Die Kabinette verfolgen die weitere Entwicklung der Verhältnisse im Ruhrgebiet in Ruhe, wenngleich sie den Ernst der Situation nicht unterschätzen. Die Tschechoslowakei wird nicht mobilisieren. Sie ist der Verbündete Frankreichs, der Nachbar Deutschlands, womit die Richtlinien ihres Verhaltens von selbst gegeben erscheinen. Die Tschechoslowakei besitzt keinerlei Verpflichtungen oder Verbindlichkeiten, an der Seite einer anderen Macht in die Reparationsfrage einzugreifen. Eine derartige Verpflichtung läßt sich weder aus den Friedensverträgen, noch aus anderen Vereinbarungen mit anderen Alliierten ableiten[139]. Frankreich verlangt auch keinerlei Hilfe, weil es zur Lösung des Konfliktes selbst stark genug ist."

Es scheint nun tatsächlich in jenen Tagen in der Tschechoslowakei zu einer militärischen Vorbereitung gekommen zu sein, die durch zwei andere Ereignisse gerechtfertigt werden konnte, wenn auch der tiefere Grund in einem Eingehen auf französische Wünsche liegen mochte. Koch hatte in seinem oben bereits erwähnten Schreiben darauf hingewiesen[140], daß Beneš die Gefahr, die dem tschechoslowakischen Staat von Ungarn drohe, absichtlich hochspiele: „Auffällig bleibt, daß die hiesige Presse sich nicht genug tun kann, in der Schilderung der kriegerischen Absichten Ungarns[141]. Es wäre daher auch die Version möglich, daß Benesch die Kriegsgefahr im Osten geflissentlich übertreiben läßt, um sich einer etwa von Frankreich geforderten Teilnahme an Sanktionen gegen Deutschland zu entziehen." Gerade in diesen Tagen war es an den rumänischen und tschechoslowakischen Grenzen mit Ungarn mehrfach zu Übergriffen ungarischer Freischärler gekommen[142], was dem englischen Gesandten in Budapest sogar den Verdacht nahe legte, es bestünde eine deutsch-ungarische Absprache, um die Staaten der Kleinen Entente von einem Eingreifen an der Seite Frankreichs abzuhalten[143]. Erst nach einer Demarche von Vertretern der großen und kleinen Entente war die ungarische Regierung gegen diese Grenzverletzungen energisch aufgetreten[144].

---

[137] Zu Rosenbergs Einstellung vgl. d'A b e r n o n II 153 f. (Tgb.-Aufz. 12. I. 21): What he detests are Poles and Czechs and all minor nationalities. This attitude is not unusual here."

[138] PA, Koch an AA (Or.), Prag 22. I. 23, Ts 271 (L 119988), Po 2, 3 Ts.

[139] Da Frankreich die Begründung für die Ruhrbesetzung ausschließlich aus dem Vertrag ableitete, liegt in diesem Satz eine deutliche Verurteilung der französischen Politik.

[140] S. Anm. 129.

[141] Vgl. Prager Tagblatt Nr. 11 vom 16. I. 23, In: PA, Po 1, 2 Ts.

[142] Im Nachhinein sieht man dies sogar als eines der wichtigsten Probleme der tschechoslowakischen Außenpolitik des Jahres 1923 an, das an erster Stelle behandelt wird: Československá zahraniční politika v roce 1924 [Die tschechoslowakische Außenpolitik im Jahre 1924, richtig: 1923]. Zahraniční Politika 1924, 20 ff.

[143] PA, Wied an AA (Tel.), Budapest 16. I. 23, U 85, Po 4, 4 Kl. E.; Wied an AA (Tel.), Budapest 18. I. 23, U 96, Po 4, 4 Kl. E.; Keller an AA (Ab.), Belgrad 31. I. 23, Js 168 (K 118252 ff.), Po 4, 4 Kl. E.; Keller an AA (Dd.), Belgrad 6. II. 23, Js 212, Po 4, 4 Kl. E.

[144] PA, v. Stumm an AA (Ab.), Budapest 1. II. 23, U 199, Po 4, 4 Kl. E.

Das andere Ereignis war das Attentat auf Rašin, dem dieser am 18. Januar 1923 erlag. Im Gefolge dieses Ereignisses wurde ein Gesetz zum Schutz der Republik vorbereitet, das Anfang März im Parlament verabschiedet wurde[145].

Das Auswärtige Amt in Berlin wurde in den folgenden Wochen und Monaten mit zahllosen Berichten über militärische Vorbereitungen in der Tschechoslowakei, über Verletzungen der Grenzen mit Bayern[146] und Sachsen[147] und über angebliche tschechoslowakische Angriffspläne geradezu überschwemmt[148]. Die bayrische Regierung ließ wiederholt Berichte vorlegen, deren konkrete Befürchtungen sich immer auf die Gefahr einer französisch-tschechoslowakischen Aktion entlang des Maines richteten, durch die Westdeutschland in zwei Teile gespalten werden konnte[149]. Das Auswärtige Amt antwortete auf diese Eingaben immer ohne Zögern — und zwar im Einverständnis mit dem Reichswehrministerium — in der Weise, wie es dem Landtagsabgeordneten Richtarsky aus Osterwitz auf seine Anfrage mitteilte[150]: „Nach dem hier vorliegenden Material und der Beurteilung der Lage durch die Deutsche Gesandtschaft in Prag ist es das ernste Bestreben der Tschechoslowakei, sich entgegen dem Druck Frankreichs mit allen Mitteln der Teilnahme an der französischen Sanktionspolitik zu entziehen. Nach hiesiger Auffassung liegt demnach kein Grund vor, die militär-politische Lage mit Besorgnis zu betrachten."

Das Auswärtige Amt wurde in dieser Meinung von verschiedenen Seiten bestärkt[151]. So berichtete der deutsch-nationale Reichstagsabgeordnete und Osteuropa-Historiker Otto Hoetzsch von seiner Reise nach Prag[152], „aus eingehenden Besprechungen mit Masaryk und Benesch [habe] er den Eindruck gewonnen, daß eine Gefahr von Seiten der Tschechoslowakei nicht [drohe]". Beneš habe seine Absicht unterstrichen, „sich nicht die Hand an dem heißen deutschen Kessel verbrennen" zu wollen; daher beabsichtige er unter keinen Umständen, sich in die Ruhraktion einzumischen und selbst dann die „militärischen Maßnahmen nicht über die Sicherung des Grenzschutzes" auszudehnen, wenn es bei einem kommunistischen Umsturz in Sachsen oder bei einem Nazi-Putsch in Bayern zu

---

[145] Přehled československých dějin 191 ff.
[146] Statt vieler Belege: PA, Aufz. Berlin 10. II. 23, zu Ts 416 (L 120055 ff.), Po 2, 3 Ts.
[147] PA, Rosenberg an Koch (Konz.), Berlin 6. II. 23, zu Ts 361 (L 120012 f.), Po 2, 3 Ts.
[148] Eine Einzelaufführung der Belege ist unmöglich; in einigen Fällen entpuppten sich die Informanten als Schwindler; unbeabsichtigte Grenzübertritte von tschechoslowakischen Bürgern und Soldaten wurden zu politischen Aktionen heraufstilisiert.
[149] U. a.: PA, Rössler an Gesandtschaft Prag, Eger 16. I. 23, Ts 170 (L 119965 f.), Po 2, 3 Ts; Bayrisches AA an AA Berlin (Or.), München 28. II. 23, Ts 703 (L 120111 ff.), Po 2, 3 Ts. Vgl. hierzu auch d'A b e r n o n II 169 f. (Tgb.-Aufz. 9. II. 23): „In certain circles here some apprehension is beginning to be felt at the comparatively short distance — approximately 250 km — which separates French forces at Mayence from Czechoslovakia. The idea is that an attempt might be made to separate North and South Germany by an advance across Baden, Württemberg, and Bavaria."
[150] Anfrage Richtarsky: PA, Osterwitz 11. II. 23, Ts 455 (L 120059 f.), Po 2, 3 Ts; Antwort: v. Brentano an Richtarsky (Konz.), Berlin 22. II. 23, zu Ts 455 (L 120061 ff.), Po 2, 3 Ts.
[151] Vgl. Stinnes jun.; PA, Aufz. Marckwald, Berlin 25. I. 23, Ts 251, Po 1, 2 Ts.
[152] PA, Aufz. Berlin 29. I. 23 (L 119987 f.), Po 2, 3 Ts.

inneren Unruhen im Reich kommen sollte. In einem Gespräch mit v. Maltzan bemerkte Tusar zu dieser Problematik, daß die Tschechoslowakei auch von englischer oder amerikanischer Seite keine Beeinflussung ihrer politischen Haltung erwarte[153].

Über die Einzelheiten der französisch-tschechoslowakischen Kontakte jener Tage liegen bisher nur sehr spärliche Informationen vor. Einer Mitteilung Tusars zufolge hatte die Prager Regierung noch im Dezember 1922 energisch gegen eine Abenteuerpolitik in Form der Ruhrbesetzung protestiert, weil dies unter den gegebenen Umständen zu einer Unruhe führen müsse, die ganz Mitteleuropa und insbesondere die Tschechoslowakei erfassen würde[154]. Da Beneš die Entscheidungen in Paris nicht mehr beeinflussen konnte, versuchte er zumindest, seine neutrale Position zu bewahren und sich von einer Beteiligung an der Aktion fernzuhalten. In einem Telegramm nach Paris teilte er dem Gesandten Osuský lediglich mit[155], daß die Tschechoslowakei dem französischen Wunsch zufolge ihre täglichen Kohlelieferungen nach Deutschland nicht erhöhen werde, um auf diese Weise zu verhindern, daß der Ausfall der Ruhrkohle durch tschechische Exporte kompensiert werden könne. Dies war aber die einzige materielle Konzession der Tschechoslowakei an Paris, außer der getreuen Weitergabe von Informationen, die sie aus Berlin erhielt[156].

In einem Exposé, das Beneš am 30. Januar 1923 vor dem Ausschuß für Auswärtige Angelegenheiten hielt[157], vertrat er jedoch den offiziellen Standpunkt der französischen Regierung, indem er behauptete, daß durch die Übernahme der Verwaltung und Ausbeutung der Kohlen- und Holzbestände des Ruhrgebietes die Einlösung der Reparationsverpflichtungen Deutschlands gewährleistet werden sollte. Er skizzierte die gegensätzlichen Auffassungen Deutschlands und Frankreichs und rechtfertigte das französische Vorgehen mit der Proklamation des passiven Widerstandes durch die deutsche Regierung. Frankreich werde solange die Kohlengruben der Ruhr selbst ausbeuten und die Zollerträge des vom Reich abgeschlossenen Besatzungsgebietes abführen, bis Deutschland die Reparationszahlungen wieder aufnehme. Eingehend schilderte der tschechoslowakische Außenminister dann den Verlauf der Reparationsfestsetzung und die Auseinandersetzung über die Zahlungsmodalitäten. Dabei stützte er sich in gemäßigter Form auf die legalistische Deutung Frankreichs und wies Deutschland die Hauptschuld an der Entwicklung zu, weil es von Anfang an auf eine Ermäßigung der Reparationsschuld hingearbeitet und sich nicht in seiner Politik (besonders der Steuer-

---

[153] PA, Aufz. v. Maltzan, Berlin 30. I. 23, RM 253 (D 617602 ff.), 39, 1 RM.
[154] d'Abernon II 142 f. (Tgb.-Aufz. 24. XII. 22).
[155] Olivová: Československá diplomacie 61 f., Tel. vom 20. I. 23.
[156] Das von Frau Olivová (S. 62 f.) angeführte Vermittlungsgesuch des Österreichers Dr. Gaertner, der mit Cuno persönlich befreundet war, paßt nicht recht in die politische Landschaft; auch ist der Weg so umständlich, daß nur eine persönliche Aktion Gaertners angenommen werden kann.
[157] Beneš, Edvard: La situation internationale. Exposé de M. Beneš, fait de 30 janvier 1923 devant la Commission des Affaires Etrangères. In: PA, Po 2, 3 Ts (L 120037 ff.); tschechische Veröffentlichung: Beneš: Problémy 217 ff. Kap. 15 Problém reparační a obsazení Poruří [Das Reparationsproblem und die Ruhrbesetzung].

und Finanzpolitik) auf die alliierten Forderungen eingestellt habe. In diesem Zusammenhang wiederholte er den alten Vorwurf, daß Berlin nicht die Kapitalflucht gestoppt und stattdessen die gesamte Finanzpolitik bewußt auf einen Staatsbankrott abgestellt habe. Beneš rechtfertigte somit die Intervention im französischen Sinn als eine politisch und ökonomisch notwendige Maßnahme.

Dann ging Beneš auf die Ereignisse in Ungarn ein, wo ständige Provokationen an den Grenzen und viele Verstöße gegen die Bestimmungen des Vertrags von Trianon eine ständige Wachsamkeit seiner Regierung erforderlich machten. Gleichzeitig wies er aber alle Meldungen über militärische Vorbereitungen in der Tschechoslowakei als bewußte und tendenziöse Entstellungen zurück, obgleich er mehrfach von der Notwendigkeit sprach, gegen jede Gefahr gerüstet zu sein. Letzteres treffe auch auf die Ruhrereignisse zu, denen gegenüber alle europäischen Staaten ohne Ausnahme moralisch engagiert seien. Keine der Besatzungsmächte habe die Entscheidung leichtfertig getroffen; Frankreich sei durch die deutsche Zahlungsunwilligkeit oder Zahlungsunfähigkeit zu einem solchen Schritt gezwungen worden, um seinen eigenen finanziellen Zusammenbruch abzuwenden, der sonst wegen der hohen Kosten für den Wiederaufbau Nordfrankreichs zu erwarten gewesen wäre. Die tschechoslowakische Außenpolitik habe in den letzten Jahren eine eigene Tradition gewonnen und zwar sowohl gegenüber den Alliierten der großen und kleinen Entente, wie gegenüber den Nachbarstaaten, und diese Politik habe sich auch in der gegenwärtigen Krise durchaus bewährt: „Wir müssen deutlich unterstreichen, daß es keinen Grund gibt, unsere derzeitige Politik zu ändern[158]." Die Zeitungen hätten jüngst von der Gefahr schwerer Konflikte gesprochen, die im Westen, im Nordosten und im Süden des Landes drohten; „ich glaube nicht an einen solchen unmittelbar bevorstehenden allgemeinen Konflikt", meinte Beneš dagegen, „und alle, die das politische System der Nachkriegszeit umwälzen wollen oder jetzt eine allgemeine Revolution erwarten, werden aufs neue enttäuscht werden[159]." Die Tschechoslowakei wolle den Frieden, und zwar den Frieden mit allen ihren Nachbarn, unter den Bedingungen des *status quo*, wie er durch die Friedensverträge festgelegt sei; die tschechoslowakische Regierung werde alles in ihrer Macht stehende tun, um in Mitteleuropa den Frieden zu erhalten. Allerdings, so bemerkte er, sei es „nicht wahr, daß [die tschechoslowakische Regierung] Vorbereitungen für eine Mobilisierung ergriffen habe"[160]; sein Staat sei nämlich auch ohne solche Maßnahmen stark genug, um einem Mißbrauch der augenblicklichen Spannungen zu begegnen. Beneš schloß seine Ausführungen mit einem zuversichtlichen Ausblick: „Trotz der Schwierigkeit der internationalen Situation bleiben wir ruhig, durchdrungen vom festen Glauben, daß wir ohne schwere Erschütterungen in unserer Nachbarschaft unsere Politik des Wiederaufbaus und des Friedens fortsetzen können und daß wir unser Ziel erreichen werden, das auf die Rekonstruktion eines neuen und friedlichen Mitteleuropa gerichtet ist[161]."

---

[158] Beneš: La situation 11.
[159] Ebenda.
[160] Ebenda 12.
[161] Ebenda.

Diese Rede Beneš kann mit ihren bewußt ambivalent gehaltenen Formulierungen und ihrer dennoch deutlichen politischen Aussage als ein diplomatisches Meisterstück bezeichnet werden. Seine Loyalität Frankreich gegenüber klingt sowohl aus den historischen Darlegungen über die Reparationsfrage heraus, wie aus seiner Rechtfertigung der Ruhrbesetzung als eines beinahe notwendigen Gliedes in einer Kette verhängnisvoller Ereignisse. Aber auch sein Bemühen um eine möglichst neutrale Haltung Deutschland gegenüber ist darin mehrfach zum Ausdruck gekommen. So wird zum Nachteil Deutschlands lediglich ausgesagt, daß es sich um eine Ermäßigung der Reparationszahlungen bemüht habe — wozu es nach dem Versailler Vertrag durchaus ein Recht besaß. Alle Vorwürfe gegen die deutsche Finanzpolitik waren dagegen in die Form der Meinung von Experten gekleidet, so daß sich Beneš, eventuell in ein Kreuzverhör genommen, leicht von ihnen distanzieren konnte. Da er ferner vorgab, die französische Rechtfertigung der Sanktionen wörtlich zu nehmen, und immer wieder die Verpflichtung der Friedensverträge betonte, die z. B. die Rheinlandbesetzung als vorübergehend vorsahen, brauchte er auf weitergehende politische Absichten Frankreichs, etwa die Gewinnung der Rheingrenze, in seinen Ausführungen gar nicht einzugehen. Beneš Berufung auf die Pariser Vorortverträge und die anderen bestehenden Abmachungen der Tschechoslowakei schloß eine weitere Konsequenz in sich: In ihrer Politik Deutschland gegenüber behielt die Prager Regierung die Hand frei und konnte von Paris durch keinen Vertragsartikel zu einem Eingreifen genötigt werden. Ganz anders war dagegen die Situation in bezug auf Ungarn, weil dort über den Vertrag von Trianon hinaus noch Abmachungen im Rahmen der Kleinen Entente vorlagen, die nach Beneš Prämissen bei einer Änderung des *status quo* ein Einschreiten der Tschechoslowakei möglich machten. Folglich rückte Ungarn als Hauptstörenfried in das Zentrum der Betrachtung; die Berufung auf die Tradition der tschechoslowakischen Außenpolitik schloß nach Deutschland die „korrekten Beziehungen", nach Ungarn aber die Intervention ein, die im Fall der Karlsputsche bereits versucht worden war.

In dieser Form konnte die Rede Beneš nur eine Warnung Frankreichs vor einer Ausweitung seiner Aktionen bedeuten, da diese dann von den Bestimmungen der Friedensverträge nicht mehr gedeckt würden. Für einen solchen Fall war aber jedes Eingreifen der Tschechoslowakei ausgeschlossen[162]. Nachdem auch die Gefahr von ernsten Verwicklungen an der deutsch-tschechoslowakischen Grenze von Beneš als Gerücht geringgeschätzt wurde, stand es für Deutschland fest, daß es von der Tschechoslowakei nach diesen Aussagen keine aggressive Politik zu befürchten brauchte. Die Haltung Prags Frankreich gegenüber zeichnete sich demnach durch Wohlwollen und Neutralität aber ebenso durch ein unbedingtes Bestehen darauf aus, daß die Grundlagen der Friedensverträge bewahrt wurden. Für die deutsche Regierung bedeutete dies, daß ihr nur für den Fall eines Verzweiflungsaktes, der die Basis der Friedensverträge zerstöre, eine Einmischung von seiten Prags drohte. Bei der strikten Berufung auf die geltenden Verträge

---

[162] So Beneš zum französischen Gesandten in Prag, Couget, nach: PA, Koch an AA (Or.), Prag 1. II. 23, Ts 375 (L 120014 ff.), Po 2, 3 Ts.

mußte Beneš jedoch damit rechnen, daß sich die französische Regierung — sollte sie tatsächlich mit einem Eingreifen ihres Verbündeten gerechnet haben — um eine Änderung der Vertragsgrundlage bemühen würde, und es blieb abzuwarten, ob sich Beneš dann, nachdem England ausgefallen war, den französischen Bemühungen um ein enges Bündnis genau so geschickt würde entziehen können.

In noch stärkerer Weise als das Exposé Benešs läßt ein ungezeichneter Leitartikel der offiziösen Zahraniční Politika die tschechische Distanz zur Ruhraktion Frankreichs und Belgiens deutlich werden[163]. Alle beteiligten Staaten hätten Fehler gemacht, heißt es darin. So habe England durch seine unstete, „den Strömungen der öffentlichen Meinung in England" folgende Politik die Deutschen in ihren revisionistischen Absichten bestärkt, Frankreich wiederum die öffentliche Meinung Europas verkannt und zu wenig die verständigungsbereiten deutschen Politiker ermutigt, und Deutschland schließlich auf eine Uneinigkeit der Alliierten, eine Isolierung Frankreichs und ein Einschreiten der USA gehofft, statt seine Vertragsverpflichtungen zu erfüllen. Alle trügen somit Schuld an der Verschärfung der internationalen Situation. „Wenn unsere Republik auch ein großes Interesse an einer definitiven und raschen Lösung der Reparationsfrage im Sinne des Rechts und der Gerechtigkeit hat", fährt der Verfasser fort, „so kann sie in den Reparationsstreit in seiner heutigen Phase nicht eingreifen und ist auch niemandem zum Eingreifen verpflichtet. Aus dem Geist und dem Rahmen ihrer Politik, die sie seit dem Beginn ihrer Existenz verfolgte, ergibt sich jedoch eine bedeutende Funktion: Ruhe und Frieden in jenem Gebiet zu sichern, das im Bereich ihrer Politik liegt. Mit anderen Worten: die tschechoslowakische Politik muß in der heutigen Situation die Machinationen jener auflösenden Kräfte durchkreuzen, die gern die gereizte Stimmung in Deutschland zur Zerstörung der sicheren Basis benützen würden, auf der Europa nach dem Kriege aufgebaut wurde[164]."

Mit jenen Kräften war zweifellos Ungarn gemeint, das auch in dem außenpolitischen Exposé Benešs als Hauptgegner der Tschechoslowakei galt, gegen dessen friedensgefährdende Politik der tschechoslowakische Staat eine starke Allianz aufbieten zu müssen glaubte. Die antimagyarische Tendenz der tschechoslowakischen Politik wird noch deutlicher, wenn man bedenkt, daß in Benešs Terminologie „Mitteleuropa" Deutschland wie auch Polen ausschloß und nur jenen Bereich Europas umfaßte, der aus der Habsburger Monarchie hervorgegangen war[165].

In der auf seine Rede folgenden Debatte im Auswärtigen Ausschuß wurde Beneš besonders von den deutsch-böhmischen Abgeordneten Czech (deutsche Sozialdemokratie) und Prof. Dr. Kafka (deutsche demokratische Partei) genötigt, zu den möglichen politischen Folgen der Ruhrbesetzung Stellung zu nehmen[166]. Der tschechoslowakische Außenminister gestand dabei zu, daß es in Frankreich Bestrebungen zur Schaffung eines Pufferstaates am Rhein gäbe, hielt die Vertreter dieser Ideen jedoch für unbedeutend und glaubte nicht an eine Realisier-

---

[163] Nová fase reparačního problému [Eine neue Phase des Reparationsproblems]. Zahraniční Politika 1923, 81—83.
[164] Ebenda 83.
[165] Beleg s. auch Anm. 152 und 162.
[166] Prager Presse Nr. 29, 31. I. 23. In: PA, Po 1, 2 Ts.

barkeit dieser Pläne, weil darin ein Bruch der Friedensverträge zu sehen wäre. Koch wies in seinem Bericht auf diese Verdeutlichung besonders hin [167]: „Während [Beneš] in seinem Exposé durchaus mit den Augen Frankreichs die Dinge betrachtet, schlägt er in der Replik für Deutschland mildere Saiten an."

Der Gesandte erinnert in seiner Analyse an die außenpolitische Situation der Tschechoslowakei, die durch jeden Konflikt in diesem Teil Europas in Mitleidenschaft gezogen werde: „Dabei vergegenwärtige man sich seine unglückliche Lage und Gestaltung: wie ein Einsiedlerkrebs, dem man die schützende Muschel weggenommen hat, liegt [der Staat] mit ungeschützten Weichteilen zwischen Polen und Ungarn [168]." Bezüglich der vielfachen Gerüchte über eine Mobilisierung verwies Koch auf die innenpolitische Lage: „Die Sudetendeutschen sind von heißester Sympathie mit dem Deutschen Reich erfüllt und würden gegen jede Mobilisation, um des bloßen Verdachtes willen, sie könne gegen Deutschland gerichtet sein, wie ein Mann aufstehen. Das würde aber die ganze Mobilmachung gefährden. Das letzte Mal im Jahre 1921 sind in vielen Gebieten die Deutschen besser als die Tschechen und die Slowaken zu den Fahnen geeilt." Aus diesem Grunde sah er auch nach wie vor keine Gefahr, daß sich die Tschechoslowakei an einem weiteren militärischen Vormarsch Frankreichs beteiligen würde [169], obwohl die Entscheidung dazu „von den Begleitumständen, hauptsächlich dem ausgeübten Druck und der versprochenen Belohnung [abhänge]. Ich habe jedoch die Überzeugung", fuhr Koch fort, „daß auch für diesen Fall die Tschechoslowakei sich mit allen Mitteln der Teilnahme zu entziehen suchen wird. Angesichts der zahlreichen Deutschen im Heere ist die Belastungsprobe allzu gefährlich, und im Südosten droht Ungarn." Die Niederhaltung Ungarns sah Koch als Hauptproblem an, das die Staaten der Kleinen Entente durch den Erwerb eines Mandats der Großmächte zur Kontrolle der Vertragsausführung lösen wollten. „Das wäre dann der Weg zu einer Ruhraktion im Kleinen; man hätte die Hand an der Gurgel des Magyaren und könnte ihn rechtzeitig unschädlich machen." Besonders Rumänien und Jugoslawien glaubte er daran interessiert, sich durch ein Eingreifen in die Angelegenheiten Ungarns den Rücken freizumachen, um die erwarteten stärkeren Auseinandersetzungen an den anderen Fronten (Bessarabien, Bulgarien, Dalmatien) besser bestehen zu können.

Der deutsche Außenminister war über die Rede seines tschechoslowakischen Kollegen und dessen einseitige Darstellung der französischen Thesen verärgert und beauftragte Koch, ohne den oben erwähnten Bericht des Gesandten abzuwarten, bei Beneš zu protestieren [170]. „Deutsche Regierung erwarte keineswegs", telegrafierte er nach Prag, „daß Tschechoslowakei bei gegenwärtiger Krisis öffentlich Standpunkt Frankreichs entgegentrete, da Deutsche Regierung besonders enges Verhältnis zwischen Tschechoslowakei und Frankreich in Rechnung stelle. Sie hätte aber im Hinblick auf bisherige vom Streben nach Objektivität und

---

[167] S. Anm. 162.
[168] Vgl. R e c o u l y : Foch 226 f.
[169] S. Anm. 162; Antwort auf eine v. Seeckt angeregte Anfrage: PA, Rosenberg an Koch (Konz.), Berlin 20. I. 23, zu Ts 115/132 (L 119954 f.), Po 2, 3 Ts.
[170] PA, Rosenberg an Koch (Konz.), Berlin 1. II. 23, Ts 297 (L 119989), Po 2, 3 Ts.

Unparteilichkeit zeugende Verlautbarungen Tschechoslowakischer Regierung und bei deren Interesse an wirtschaftlich gesunder Lösung der Reparationsfrage erwartet, daß Minister keine einseitige Partei ergreife, und damit Deutungen zulasse, die sicher nicht in Absicht tschechoslowakischer Regierung gelegen."

Koch führte diesen Auftrag sogleich aus, ging aber, weil er die schwierige Situation Beneš besser kannte, milder vor, als die Anweisung vorgeschrieben hatte[171]. In seinem zweiten Bericht erwähnte er, daß bereits vor der Beratung im Auswärtigen Ausschuß ein deutscher Abgeordneter als Vertrauensmann bei ihm erschienen sei und gefragt habe, ob man Beneš zu einer Äußerung in der Frage der Ruhraktion drängen solle. „Ich hatte dies, wenn auch in vorsichtiger Form, durchaus widerraten, weil die Gefahr bestand, daß sich Benesch in für Deutschland ungünstigem Sinne ‚festreden' könne, zum anderen und vor allem aber, weil vorauszusehen war, daß Benesch, wenn er in der Sache den deutschen Interessen Rechnung tragen wollte, umso unliebenswürdiger in der Form sein müsse, um das Mißtrauen der Franzosen zu beschwichtigen." Trotz seiner Mahnung zur Vorsicht hatten die deutschen Abgeordneten aus Gründen innenpolitischer Taktik die außenpolitischen Erwägungen hintangestellt und sich gemeinsam zu der oben erwähnten Anfrage entschlossen[172]. Nach der Sitzung waren die Abgeordneten dann über das gute Ergebnis und die glimpfliche Form des Verlaufs sehr zufrieden, weil Beneš deutlich gemacht hatte, daß sich die tschechoslowakische Regierung aus der Ruhraktion heraushalten werde.

Auch Beneš äußerte sich positiv über den Verlauf der Sitzung, obwohl er durch die „unzweckmäßige Anfrage in eine recht schwierige Lage gebracht" worden war, wie er Koch versicherte. Er habe den Franzosen seine Meinung bereits vorher deutlich gemacht, habe dies aber wegen außen- und innenpolitischer Rücksichtnahme im Parlament nicht wiederholen können. Dabei entsprach es seiner Taktik, daß die Abschwächung der Aussage in seiner Antwort gegenüber dem hohen Verbreitungsgrad des Exposés längst nicht dieselbe Publizität erfahren hatte; es konnte ihm nichts daran liegen, die Interessenunterschiede Paris gegenüber zu deutlich werden zu lassen. „Zum Schluß bat mich Dr. Beneš überzeugt zu sein, daß die Tschechoslowakische Regierung mit dem Ruhrkonflikt in keiner Form etwas zu tun haben wolle", beendete Koch seinen Bericht.

---

[171] PA, Koch an AA (Or.), Prag 3. II. 23, Ts 377 (L 120033 ff.), Po 2, 3 Ts.

[172] Zur gleichen Zeit erbat der Abgeordnete Hans Knirsch über die Schriftleitung der Deutschen Zeitung amtliches Material, um den Standpunkt Beneš mit deutschen Argumenten widerlegen zu können (PA, Hans Knirsch an Deutsche Zeitung (Or., Hs), Linz 1. II. 23, Ts 340 (L 120004 f.), Po 2, 3 Ts; mit Schreiben vom 3. II. 23 an das AA weitergeleitet). Zunächst befürwortete der Referent die Materialübergabe durch den deutschen Gesandten mit der Begründung: „Abgeordneter Joh. Knirsch ist einer der Führer der deutschen national-sozialistischen Arbeiterpartei; diese Partei steht auf gemäßigter sozialdemokratischer Grundlage (sic!) und verfolgt hauptsächlich wirtschaftliche Reformen; in nationaler Hinsicht vertritt sie die Forderungen der übrigen Parteien. Knirsch gilt persönlich als durchaus zuverlässig und vertrauenswürdig." (Hs. Vermerk auf dem Tel. Konz.). In der Anweisung nach Prag wurde Koch jedoch anheimgestellt, nach Maßgabe eigener Überlegungen Knirsch mündlich zu informieren: PA, v. Maltzan an Koch (Tel.-Konz.), Berlin 5. II. 23, zu Ts 340 (L 120010), Po 2, 3 Ts.

Tusar unterstrich diese Meinung in einem Gespräch mit Staatssekretär v. Maltzan noch einmal ausdrücklich [173]. Die tschechoslowakische Regierung hatte nach seiner Darstellung alle französischen Forderungen abgewiesen, die Kohlelieferungen nach Deutschland einzustellen; dabei spielte aber auch die Befürchtung eine Rolle, als Reaktion auf eine Liefersperre Schwierigkeiten im Zugang zum Hamburger Hafen gewärtigen zu müssen. Tusar betonte, daß die gegenwärtigen Beziehungen Prags zu Berlin erhalten blieben, solange kein formeller Kriegszustand zwischen Frankreich und Deutschland eintrete. „Der formale Kriegszustand würde mit Rücksicht auf tschechisch-französische Verträge gewisse Schwierigkeiten bieten, obwohl man mit bestem Willen nicht behaupten könne, daß Deutschland im vorliegenden Falle der angreifende Teil sei", führte Tusar aus. Allerdings könne auf Druck von anderer Seite ein Abbruch der diplomatischen Beziehungen zwischen der Tschechoslowakei und Deutschland erfolgen. Möglichkeiten einer Beilegung des Konfliktes auf dem Verhandlungswege sah Tusar für die nächste Zeit nicht voraus und riet zu einer Fortsetzung des passiven Widerstandes, — eine Haltung des tschechoslowakischen Gesandten, die durch seine Fühlungnahme mit sozialistischen Arbeitern an der Ruhr bestärkt worden war.

*

Die französische Politik an der Ruhr war während des Monats Februar und zu Beginn des März zunehmend verschärft worden, weil in dieser Zeit der passive Widerstand von Bevölkerung, Unternehmern und Beamten die ganze Wirtschaft des Ruhrgebietes gelähmt hatte, und die Unruhen auch in die Besatzungsgebiete auf dem linken Rheinufer übergriffen. Besonders der Streik der Eisenbahner [174] und der Bergleute ließ den wirtschaftlichen Ertrag der Ruhraktion als überaus fraglich erscheinen. Gerade der ökonomische Mißerfolg, die Proteste der anderen an der Ruhrkohle interessierten Staaten und die vorübergehende Stabilisierung der Mark, die wider Erwarten zum ersten Male für mehrere Wochen auf dem gleichen Stand von 20 000 pro Dollar gehalten werden konnte [175], versteiften die französische Haltung. Die Unsicherheit der französischen Amtsstellen, die das Prestige ihrer Nation aufs Spiel gesetzt sahen, entlud sich in zahlreichen Maßnahmen gegenüber der Zivilbevölkerung, die ihrerseits Terror und Gegenterror hervorriefen.

Als Koch in dieser Situation dem tschechoslowakischen Außenminister ein Promemoria über das französische Vorgehen an der Ruhr überreichte, schien Beneš vorsichtiger geworden zu sein [176]. Er hörte sich die Ausführungen Kochs ohne Bewegung an und war zu keiner Stellungnahme zu bewegen, was der deutsche

---

[173] PA, Aufz. v. Maltzan (Dd.), Berlin 13. II. 23, Ts 447 (L 120058 ff.), Po 2, 3 Ts (Or. in 39, 1 RM).
[174] Zum Problem der Verkehrsbeziehungen und dem Eisenbahnerstreik vgl. Groener-Geyer, Dorothea: General Groener. Soldat und Staatsmann. Frankfurt 1955, S. 315 ff.; einige Auswirkungen schildert Allen : Rheinlandtagebuch 357 ff. (Aufz. 27. I. 23).
[175] Einzelheiten über die deutsche Stützungsaktion, die vom 31. I. 23 bis zum 17. IV. 23 durchgehalten werden konnte, vgl. Bergmann 233 f.
[176] PA, Koch an AA, Prag 5. III. 23 (Dd.), (L 120108 ff.), Po 2, 3 Ts.

Gesandte mit der Formulierung kritisierte: „Dr. Benesch ist ein vollkommen kühler Realpolitiker, der nur den Nutzen seines Landes ernsthaft in Erwägung zieht." Im Verlauf der Unterredung ließ er sich über die deutschen Erwartungen vom weiteren Konfliktverlauf unterrichten, die Koch so zusammenfaßte, daß Deutschland bei Andauern der Intervention keine eigenen Vorschläge zur Regelung der Reparationsfrage mehr vorlegen werde, jedoch gern die Vorschläge anderer Regierungen prüfen werde. Beneš wandte dagegen ein, daß die deutsche Regierung das französische Prestige nicht in Rechnung stelle und ihr Beharren auf dem Rechtsstandpunkt daher unergiebig sei. Nach seiner Vorstellung könne man unter dem Druck der Weltmeinung zu einer Einigung kommen, wenn Frankreich in der Frage eines Zahlungsaufschubes für das Deutsche Reich nachgebe, Deutschland aber Garantien stelle, und die Summe der Reparationen annehme. Erst dann wäre es für Frankreich möglich, in die Festlegung langer Fristen für die Reparationszahlungen einzuwilligen. Allerdings sah Beneš keine Möglichkeit, in dieser Frage den rechten Weg zu weisen, da ein Vorschlag Frankreichs unter den gegebenen Bedingungen von Deutschland als Diktat angesehen würde, und Deutschland aus Prestigedenken von sich aus den ersten Schritt verweigere. Koch widersprach dieser Darstellung, indem er von Frankreich eine Achtung der deutschen „Staatspersönlichkeit" forderte und Frankreichs Politik unlogisch nannte, da es Zahlungen von einem Schuldner verlange, den es in Fesseln halte. Beneš leuchtete dieser Gedanke offenbar ein, aber er sah keine andere Möglichkeit, den Konflikt zu beenden, aus dem er sein Land — so weit er konnte — sorgsam herausgehalten hatte.

Eben diese Haltung würdigte fast zur gleichen Zeit v. Maltzan in einem Gespräch mit Tusar[177]. Er sei froh darüber, sagte er, „daß die Haltung der Tschechei [sic] Deutschland gegenüber in den letzten kritischen Wochen ... [die] beiderseitigen Annahmen [Tusars und Maltzans] bestätigt hätten, daß die Tschechei trotz gewisser außenpolitischer Imponderabilien die augenblickliche Situation nicht gegen Deutschland ausnützen würde". Den Grund dazu sah er „außer [im] gesunden Sinn des tschechischen Volkes in erster Linie [in der] verständnisvollen und konzilianten Politik der hiesigen tschechischen Gesandtschaft".

Eine weitere Beruhigung der Berliner Befürchtungen über eine gemeinsame französisch-tschechoslowakische Aktion brachte der Bericht des Geschäftsträgers v. Hoesch aus Paris[178]. Die Tschechoslowakei sei bei der Frage einer Gewinnung von produktiven Pfändern auf französischer Seite nie ins Spiel gebracht worden. Gegen die Möglichkeit eines Eingreifens der Tschechen spreche, daß Frankreich die Aktion z. Z. nicht ausweiten wolle und in Ostmitteleuropa mindestens solange Ruhe bewahren wolle, wie es im Westen beschäftigt sei. „Ein Eingreifen der Tschechoslowakei würde nun zweifellos die Gefahr kriegerischer Verwicklungen im Osten und Südosten in greifbare Nähe rücken, und kann deshalb von Frankreich nicht angestrebt werden. Schließlich will Frankreich die jetzige Krise, nachdem sich England an der Ruhraktion nicht beteiligt hat, bekanntlich nicht vor

---

[177] PA, Aufz. v. Maltzan, Berlin 8. III. 23, Ts 739 (L 120133 ff.), Po 2, 3 Ts.
[178] PA, v. Hoesch an AA (Or.), Paris 10. III. 23, Ts 781 (L 120151 ff.), Po 2, 3 Ts.

einem großen Forum gelöst sehen." Überdies gab Hoesch zu bedenken, daß es nicht im Interesse Frankreichs liegen könne, die Zahl der Mitsprecher bei einem Lösungsversuch der Reparationsfrage unnötig zu vergrößern, was zweifellos unausweichlich wäre, falls sich weitere Staaten an der Pariser Sanktionspolitik beteiligten. Auch aus diesem Grunde glaube er nicht, „daß die Beteiligung der Tschechoslowakei an militärischen Zwangsmaßnahmen gegen Deutschland in Frage kommt".

An dieser Situation änderten auch die Ereignisse der folgenden Wochen und Monate nichts, und das tschechoslowakisch-deutsche Verhältnis blieb weiterhin von den beiden Faktoren, den geographischen und wirtschaftlichen Bindungen an Deutschland und dem deutsch-französischen Verhältnis, bestimmt. Für die deutsche Politik ließ die Entwicklung der Ruhrkrise, insbesondere der Verfall der deutschen Währung, deren Parität zu Pfund und Dollar in astronomische Höhen stieg, die inneren Probleme des Staates wichtiger und drängender als die außenpolitischen Belange erscheinen. Dennoch blieben gewisse Befürchtungen einer außenpolitischen Verschärfung weiterhin lebendig. Die bayrischen Anfragen wurden trotz aller Beruhigungsversuche der Reichsstellen auch dann nicht eingestellt, als bereits die preußischen örtlichen Behörden lange mit der Meinung des Auswärtigen Amtes übereinstimmten[179], das — ebenso wie das Reichswehrministerium — deutlich unwillig auf derartige „Tartarennachrichten", deren Unrichtigkeit in den meisten Fällen auf der Hand lag, reagierte[180]. Trotzdem ließ das bayrische Außenministerium bis in den Herbst hinein ständig weitere Berichte über Truppenverstärkungen und Truppenverlegungen übermitteln und meinte: „Die rege Tätigkeit tschechoslowakischen Militärs (wenn auch in kleinen Einzelabteilungen) an der bayrischen Grenze und das Interesse, das es für das angrenzende Gebiet zeigt, ist sehr auffallend und es läßt sich unter den gegebenen Umständen kaum anders deuten wie als Vorbereitung für einen militärischen Einbruch in deutsches Gebiet, der wohl im Zusammenhang mit einer französischen Aktion gedacht ist[181]."

Diese Betrachtungen waren jedoch von der Zeit überholt worden. Die tschechoslowakische Wirtschaftslage hatte sich infolge der Ruhrbesetzung nur kurzfristig gebessert, als die Tschechoslowakei nach dem Ausscheiden der deutschen Industrie in die verlassenen Märkte einsteigen konnte[182]. Kurz darauf brachte jedoch der Kurssturz der Mark auch die Krone ins Wanken[183], so daß die Kon-

---

[179] PA, Staatskommissar für öffentliche Ordnung (Dd.), Berlin 5. VI. 23, Ts 1993 (L 120260 ff.), Po 2, 4 Ts.
[180] PA, Aufz. eines Gesprächs mit Major Schindler vom Reichswehrministerium, Berlin 28. VI. 23, zu Ts 2212 (L 120313), Po 2, 4 Ts.
[181] Zitat: PA, v. Thuilling an AA (Or.), München 19. VII. 23, Ts 2547 (L 120341), Po 2, 4; vgl. Aufz. v. Brentano, Berlin 28. VII. 23, zu Ts 2547 (L 120348), Po 2, 4 Ts; Konz. AA an bayrisches AA, Berlin 14. IX. 23, zu Ts 3082 (L 120406 f.), Po 2, 4 Ts. Auch d'Abernon berichtet noch zu dieser Zeit von der Gefahr eines französischen Vormarsches auf Berlin (II 232, Tgb.-Aufz. 13. VIII. 23) und sogar auf Berlin und München (II 266 f., Tgb.-Aufz. 25. X. 23).
[182] Vgl. Přehled hospodářského vývoje 41 f.
[183] PA, Koch an AA (Dd.), Prag 3. III. 23, Wi 1, 2 Ts; vgl. Tabelle 14, Přehled hospodářského vývoje 706.

junktur der tschechoslowakischen Wirtschaft, die unmittelbar nach der Ruhrbesetzung eingesetzt hatte, nicht von Dauer war. Es wurden Klagen über den Mangel an Rohstoffen laut, durch deren Ausbleiben in manchen Branchen sogar Entlassungen von Arbeitskräften vorgenommen werden mußten[184]. Mit der Zeit wurde immer deutlicher, daß sich die tschechoslowakische Industrie nicht auf Kosten der deutschen Konkurrenz entwickeln konnte, sondern mit dieser zusammen am wirtschaftlichen Aufbau Mitteleuropas arbeiten mußte. Der Handel zwischen zwei sich ergänzenden Wirtschaftskörpern konnte nur bei Wohlfahrt auf beiden Seiten gedeihen.

Dieses Gefühl der Gemeinsamkeit kam auch in der Ruhrhilfe weiter Kreise der tschechoslowakischen Bevölkerung zum Ausdruck; denn nicht nur die deutschen Bewohner des Staates boten notleidenden Kindern aus dem Ruhrgebiet ihre Hilfe an. Wie manches andere konnte natürlich auch dieser Akt der Menschlichkeit politisch mißdeutet und zu einem Streitpunkt nationalistischer Kreise werden, worüber in den Akten manches Mal beredt Klage geführt wird[185].

Die wichtigste Auswirkung der Ruhraktion lag für die Tschechoslowakei in ihrer außenpolitischen Umorientierung. Der Streit der beiden westlichen Verbündeten und ihre Entzweiung machte für die tschechoslowakische Regierung die Option für einen der beiden unausweichlich. Zwar war Prag, wie in den Ausführungen mehrfach zum Ausdruck gebracht wurde, kein Satellit Poincarés, den er durch Entsendung von hohen Militärs an einen strammen Zügel nehmen konnte — das Ergebnis der Reise von Marschall Foch im April 1923 spricht für diese These —, aber dennoch konnte es dem beharrlichen französischen Druck auf die Dauer nicht standhalten. Als das französische Prestige folglich durch den Sieg an der Ruhr seinen Höhepunkt und im Zusammenhang damit das Deutsche Reich durch Währungszusammenbruch, Wirtschaftschaos, Putschversuche und Separatistenbestrebungen den tiefsten Punkt seiner Nachkriegsentwicklung erreicht hatten, mußte sich die Tschechoslowakei schließlich der französischen Bemühung um eine stärkere vertragliche Bindung beugen[186].

Die vertraglichen Vereinbarungen der Tschechoslowakei mit Frankreich von 1918, die sich im Januar 1923 für Frankreich als unbefriedigend erwiesen hatten und, wie gezeigt, Beneš auf der Basis der Friedensverträge eine nahezu neutrale Stellung zwischen Deutschland und Frankreich ermöglichten, wurden durch den französisch-tschechoslowakischen Vertrag vom 25. Januar 1924 erweitert. Wie der tschechoslowakische Außenminister dieses schwierige Problem seiner Politik behandelte, scheint einer besonderen Darstellung wert.

---

[184] PA, Koch an AA (Dd.), Prag 4. VI. 23, Ts 1981, Wi 1, 2 Ts.
[185] PA, Sudetendeutscher Hilfsverein an AA (Dd.), Berlin 6. III. 23, Ts 762 (L 120149 f.), Po 2, 3 Ts; Koch an AA (Or.), Prag 10. III. 23, Ts 922 (L 126479 ff.), Po 6, 5 Ts; bayrisches AA an AA, München 27. III. 23, Ts 1043 (L 120164 ff.), Po 2, 3 Ts; Koch an AA (Or.), Prag 23. IV. 23, Ts 1540 (L 120229 ff.), Po 2, 4 Ts; Staatskommissar für öffentliche Ordnung, Berlin 23. VIII. 23, Ts 3003 (L 126637 ff.), Po 6, 6 Ts; Staatskommissar für öffentliche Ordnung, Berlin 29. VIII. 23, Ts 3077 (L 120401 ff.), Po 2, 4 Ts; v. Langen an AA, Prag 27. IX. 23, Ts 3430 (L 120422), Po 2, 4 Ts; Köster an AA, Prag 2. XI. 23, Ts 3923 (L 126691), Po 6, 6 Ts.
[186] Vgl. O l i v o v á : Československá diplomacie.

DIE SLOWAKEN UND IHRE PRESSE IN POLEN*

Von L'ubica Haruštiaková — zum Felde

Als Thema für meine Arbeit habe ich die Slowaken und ihre Presse in Polen gewählt. Für das Leben der Slowaken außerhalb der Grenzen der Tschechoslowakei interessierte ich mich schon seit längerer Zeit. Doch, um ehrlich zu sein, über die Slowaken in Polen wußte ich nichts. Meine mehrmaligen Reisen in dieses Land, besonders in das touristische Gebiet der Hohen Tatra, machten mich zum ersten Mal auf sie aufmerksam und weckten mein Interesse. Später, bei dem Studium der polnischen Sprache in dem Polnischen Kulturzentrum in Preßburg (Bratislava), fiel mir zufällig die Zeitschrift „Život" in die Hände. Diese Zeitschrift erscheint in Warschau für die tschechoslowakische Minderheit in Polen. Ich fing an, die Zeitschrift regelmäßig zu lesen, und habe mich entschlossen, über sie und über die, für die sie gemacht wird, meine Arbeit zu schreiben.

Ich knüpfte Kontakte mit der Redaktion der Zeitschrift „Život" in Warschau an. Dort kam man mir sehr hilfsbereit entgegen. Durch sie wurde mir eine dreiwöchige Praxis in der Redaktion ermöglicht, wofür ich mich auch auf diesem Wege bei dem Chefredakteur Herrn Adam Chalupec, dem stellvertretenden Chefredakteur Herrn Marian Kaškiewicz und der slowakischen Übersetzerin Frau Alžbeta Stojowska bedanken möchte.

Während meines Aufenthalts in Warschau nahm ich an der Sitzung der Mitglieder des Redaktionsrates und der Tagung der Korrespondenten teil. Bei dieser Sitzung waren durch ihre Stellvertreter beinahe alle slowakischen und tschechischen Gemeinden in Polen anwesend.

Dadurch hatte ich die einmalige Möglichkeit, mit ihnen persönlich zu sprechen, alle ihre Probleme und Sorgen auch in der mündlichen Interpretation zu hören. Ich kann sagen, daß mir die Problematik des Lebens der Slowaken in Polen heute bekannt und nahe ist. Ich kenne sie aus den Gesprächen mit den Beteiligten, aus den gründlichen Studien und Untersuchungen aller Jahrgänge der Zeitschrift „Život", wie auch aus den Leserbriefen, die die Redaktion täglich bekam, und in die ich ebenfalls Einblick hatte.

Die größten Schwierigkeiten hatte ich bei der Suche nach Archivmaterial in Polen. Über die Gründung der „Kultur- und Sozialgesellschaft der Tschechen und Slowaken in Polen"[1] wurde kein Archivmaterial aufbewahrt. Bei der Auflösung dieser Gesellschaft im Jahre 1961 und bei dem Umzug des ZK der daraufhin gegründeten und heute noch bestehenden „Tschechoslowakischen Kulturgesellschaft

---

* Aus dem Slowakischen übersetzt von Marie Hrudka und L'ubica zum Felde.
[1] „Spoločnosť kultúrno-sociálna Čechov a Slovákov v Poľsku", gegründet am 9.—10. März 1957 in Krakau.

in Polen"² von Krakau nach Warschau wurden die meisten Dokumente vernichtet. Der Rest liegt zerstreut bei verschiedenen Privatpersonen. Trotzdem gelang es mir, ein sehr kostbares Exemplar des ersten „Krajanský život"³ zu erwerben.

Größeren Erfolg hatte ich in der Tschechoslowakei. Im Staatlichen slowakischen Zentralarchiv in Preßburg (weiter nur SSZA) wurde mir das Material des Ministers mit der Vollmacht für die Verwaltung der Slowakei (weiter nur Mat. MVVS) aus der Ersten Republik, Material der Slowakischen Liga, des Vereins der Slowaken in Amerika, Material des Amtes des slowakischen Beauftragten fürs Innere und die Zeitungen und Zeitschriften des betreffenden Zeitraums zur Verfügung gestellt. Erst nach der Durcharbeitung dieses ganzen Materials konnte ich eine kurzgefaßte historische Übersicht über das umstrittene Gebiet an der Nordgrenze der Tschechoslowakei schreiben. Eine ausführliche und kontinuierliche Geschichte dieses Gebiets wurde bislang noch nicht geschrieben, so daß ich mich auf keine Literatur stützen konnte.

Meiner Arbeit habe ich den Titel „Die Slowaken und ihre Presse in Polen" gegeben. Ich möchte hier ein Bild des Lebens tschechoslowakischer Landsleute aufzeichnen, so wie es sich auf den Seiten der Zeitschrift „Život" widerspiegelt. Es geht mir vor allem um die Slowaken; die tschechische Minderheit in Polen ist auf sechs- bis siebentausend beschränkt und lebt verstreut in verschiedenen Gebieten. Darum berühre ich die Frage der Tschechen nur ganz oberflächlich. Ich möchte mich vor allem mit den Gebieten Zips und Arwa befassen, in denen die slowakische Minderheit mit 30000—45000 konzentriert ist. Ihre Probleme sind Hauptinhalt der Zeitschrift „Život".

1. Slowaken und Tschechen in Polen

Durch den Zerfall der österreichisch-ungarischen Monarchie und die Bildung neuer Nachfolgestaaten bildete sich in Mitteleuropa eine völlig neue politische und wirtschaftliche Situation. Einer der wichtigen Nachfolgestaaten, der aus den Ruinen Österreich-Ungarns entstanden ist, war die Tschechoslowakei. Die Grenzen des neuen Staates wurden auf der Friedenskonferenz in Paris bestimmt. Die Tschechoslowakei kam verhältnismäßig bald auf das Programm der Konferenz. Indirekt hat dazu der Streit zwischen der Tschechoslowakei und Polen im Januar 1919 beigetragen.

Auf das reiche Teschener Kohlenbecken stellten beide Staaten Ansprüche. Gleich nach dem Zerfall der österreichisch-ungarischen Monarchie nutzten die Polen ihre militärische Überlegenheit und besetzten im November 1918 mit ihrer Armee fast das ganze Gebiet des ehemaligen Teschener Fürstentums. Am 5. November 1918 unterschrieben die Repräsentanten Polens und der Tschechoslowakei ein

---

² „Československá kultúrna spoločnosť v Poľsku". Diese Gesellschaft hatte die gleichen Aufgaben und Ziele wie die Kultursoziale Gesellschaft der Tschechen und Slowaken in Polen, ab 1961 trat sie unter dieser neuen Bezeichnung auf. In dem weiteren Text nenne ich die beiden Gesellschaften nur „Gesellschaft", bzw. „Kultursoziale Gesellschaft der Tschechen und Slowaken in Polen".

³ „Leben der Landsleute". Krakau, März 1957.

provisorisches Abkommen, nach dem das Teschener Land so aufgeteilt wurde, daß sein größerer Teil mit der wichtigen Eisenbahn, die die Slowakei mit Böhmen verband, Polen zugewiesen wurde. Dieses Abkommen betrachteten beide Seiten als nicht endgültig. Nach der Rückkehr der tschechoslowakischen Legionen aus Frankreich fühlte sich die Tschechoslowakei genügend stark, um selbst zum Angriff überzugehen. Die Prager Regierung forderte am 22. Januar 1919 Polen auf, das Teschener Gebiet zu verlassen. Da die Polen diese Aufforderung ignorierten, eröffneten die tschechoslowakischen Einheiten gleich am nächsten Tag militärische Operationen mit dem Ziel, das ganze Teschener Land zu besetzen.

Hier griffen die Allianzmächte in den Gang der Dinge ein. Sie hatten kein Interesse an einem tschechoslowakisch-polnischen Konflikt, der eventuell ihre Bemühungen um die Bildung einer einheitlichen antisowjetischen Front durchkreuzen konnte. Auf der Friedenskonferenz in Paris zwangen sie am 3. Februar 1919 die polnische und tschechoslowakische Regierung, ein Abkommen über die vorläufige Demarkationslinie zu unterschreiben. Das Teschener Streitgebiet wurde unter internationale Kontrolle gestellt.

Auf Geheiß der Weltmächte kam es im Juli 1919 zu neuen tschechoslowakisch-polnischen Gesprächen in Krakau. Vertreter Polens schlugen vor, auf dem umstrittenen Gebiet ein Plebiszit zu veranstalten. Hier machten sie zum ersten Mal offiziell ihre Ansprüche auf die Nord-Arwa und die Zips geltend.

Aus der Arwa verlangten sie die ganzen Bezirke Trstená und Námestovo, aus der Zips die Bezirke Käsmark und Lublau, die Hälfte des Bezirks Levoča und Poprad, aus dem Trenčín-Komitat den ganzen Bezirk Čadca und die Hälfte des Kysuca-Nové Mesto.

Die polnischen Ansprüche auf dieses Gebiet waren ursprünglich mit der wissenschaftlichen Erforschung des sogenannten „Podhalie" verbunden. Die Forschung wurde seit ungefähr 1913 durch Prof. Semkowicz geführt. Prof. Göttel, zusammen mit einer Gruppe, die um die Zeitung „Gazeta Podhalanska" versammelt war, unterstützte ihn. In das Gebiet „Podhalie" gliederten sie auch all diejenigen Teile der Slowakei ein, in denen der sog. goralische Dialekt gesprochen wird. Dieses Sprachkriterium brachte sie bis zu Lužná in Liptau. Das Ziel der Bewegung war klar: den zum Süden exponierten sonnigen Teil der Hohen Tatra für sich zu erreichen.

Geben wir das Wort der offiziellen polnischen Presse. Das Tageblatt „Kurier Polski" vom 7. Dezember 1919 schrieb unter der Überschrift „Die Bedeutung der Zips und Arwa für Polen" folgendes:

„... Die Angliederung der Zips und Arwa an Polen ist in den letzten Monaten eine Frage der politischen Notwendigkeit geworden. Sie ist durch die nationalen, strategischen und wirtschaftlichen Argumente begründet ... Vom strategischen Standpunkt aus muß man vor allem auf die heutige Situation des Neumarkter Podhalie hinweisen! Es handelt sich nämlich um ein Keilgebiet, das von drei Seiten von einem fremden Staat umklammert ist. Dieser Staat, wie wir wissen, verhält sich zu uns nicht nur ungünstig, sondern sogar feindselig. Aus diesem Grunde würde die Annexion dieses Gebiets im Kriegsfalle unseren Gegnern nicht schwer fallen. In Friedenszeiten müßten wir uns darauf vorbereiten, daß die Tschechen sich ständig um die Bildung einer Irredenta in Podhalie bemühen würden, die zu der tschechischen stufenweisen Beherrschung und Eroberung des Gebiets führen würde ... Das volkswirtschaftliche Moment folgt aus der Unselbständigkeit des Podhalie, das mit der Einfuhr aus fremden Bezirken, vor allem aus der benachbarten Zips und Arwa, rechnen muß. Beide Bezirke sind trotz ihres Gebirgscharakters landwirtschaftlich wesentlich besser situiert als unser elendes und steiniges Podhalie.

Während im Bezirk Neumarkt kaum Hafer, im besten Falle irgendeine schlechte Roggenart gedeiht, sehen wir in der Arwa wunderschöne Kornarten, ja sogar Weizen. Die Ernte ist hier meistens so reich, daß es möglich ist, in die benachbarten Gebiete auszuführen. Eine noch bessere Situation herrscht in der Zips. Dort, vor allem im Popradtal, gedeiht alles, was wir in echt landwirtschaftlichen Bezirken treffen, so daß der dortige Ackerboden mit den fruchtbarsten Teilen Polens konkurrieren kann. Außer Korn haben die Zips und Arwa auch einen riesigen volkswirtschaftlichen Reichtum an ihren Wäldern. Nicht nur, daß sie den Holzbedarf der einheimischen Bevölkerung decken, sie können sogar Exportartikel werden ... Auch die Industrie entwickelt sich in der Zips immer erfreulicher, besonders nimmt die Textil- und Holzindustrie an Bedeutung zu und weitet sich auch schon auf Podhalie aus ... Die Angliederung der Zips und Arwa ermöglicht uns zugleich den Erwerb der Südseite des Tatra-Gebirges, die hervorragend für Heil- und Erholungszwecke geeignet ist. Polen hatte bislang leider nur die Nordseite. Vielleicht war gerade das der Grund dafür, daß nicht alle Tuberkulosekranken in unserer Tatra geheilt worden sind. Außerdem muß man bemerken, daß Zakopane, das in diesem Gebiet liegt, mit Tuberkulose verseucht ist. Deshalb müssen wir ein neues klimatisches Gebiet suchen, für das sich gerade die Südseite der Tatra hervorragend eignet. Hier gibt es keine schädlichen Gebirgswinde wie in unserer bisherigen Tatra ..."

Die Tschechoslowakei wollte dieses rein slowakische Gebiet nicht abtreten, die Auseinandersetzungen spitzten sich zu. Darum griffen wieder die Weltmächte ein:

„Die Vereinigten Staaten Amerikas, das Britische Imperium, Frankreich, Italien und die koalierten Mächte ... entschieden folgendermaßen: Im Gebiet, das am 1. 4. 1919 das Teschener Fürstentum bildete, und in den Gebieten der Zips und Arwa sollen die Einwohner aufgefordert werden, durch Plebiszit zu bestimmen, ob sie Polen oder dem tschechoslowakischen Staat angeschlossen werden wollen ...[4]."

Die Abstimmung sollte verwirklicht werden: „... in möglichst kurzer Zeit, auf jeden Fall bis spätestens drei Monate nach Verkündigung dieses Entscheides ...[5]."

Die Bedingungen für das Plebiszit bestimmte die Friedenskonferenz in Paris am 17. September 1919. Beide Seiten begannen in den kritischen Gebieten mit einer regen Agitation. Die sonst ärmsten slowakischen Bezirke wurden plötzlich

---

[4] SSZA, Material des Ministeriums mit Vollmacht für die Verwaltung der Slowakei — weiter nur Mat. MVVS — Fond MPS 305.
[5] SSZA Preßburg, Mat. MVVS 305.

vorzugsweise versorgt: Von der tschechoslowakischen Seite vor allem mit Lebensmitteln und Kleidung, an denen es in der Vorkriegszeit sehr mangelte; die Polen lieferten Petroleum, Benzin, Kartoffeln, Salz. Doch es war keine uneigennützige Hilfe: „... für ein Volk, das in unbeschreiblicher Armut lebt, für das Haferbrot ein Leckerbissen für die Pfarrer und Lehrer ist, und Kartoffeln ganz fehlen ..."[6].

Die Volksabstimmungskommissionen erhielten täglich Berichte darüber, daß die Polen beim Verkauf von Lebensmitteln und anderen Gebrauchsartikeln eine Unterschrift verlangten, die zur Stimmenabgabe für Polen verpflichtete. Das war noch der bessere Fall. Im schlimmeren griffen sie nach härteren Methoden — Einschüchterung, Drohungen, Überfälle, Mord (der Mord des Bürgermeisters Stromček aus Nedeca, des Bürgermeisters Petráš aus Veľká Franková etc.). Die Situation war bis zum äußersten gespannt, der Termin des Plebiszits auf später, den 12. Juli 1920, festgesetzt. In das Plebiszitgebiet kamen die Kommissionen der Verbündeten. Vom 3. Februar 1920 an war das Teschener Land, und vom 23. Februar 1920 die Zips und Arwa unter der Verwaltung einer internationalen Subkommission. Diese bestand aus Vertretern Italiens, Japans, Englands und Frankreichs.

„... Die Allianzkommissionen sahen, daß die Tschechoslowakei und Polen wegen der Plebiszitfrage immer mehr in eine Feindsituation gerieten. Sie wollten nun die Teschener Frage auf eine andere Weise als durch Plebiszit lösen und schlugen vor, daß eine nicht beteiligte dritte Person als Schiedsrichter nach Anhören beider Seiten selbst entscheidet. Zu dieser Person wurde der belgische König ausersehen ...[7]."

Den Vorschlag auf Arbitrage gab Frankreich. Die Polen stimmten dieser Lösung bereitwillig zu, da die Situation auf dem Plebiszitgebiet für sie nicht günstig war. Nach dem Archivmaterial bekannten sich bei der Volkszählung von 1919 durchschnittlich 92 % der Einwohner in allen kritischen Gemeinden zur slowakischen Nationalität. Die Tschechoslowakei hatte keine Angst vor der Arbitrage, man glaubte allgemein, daß es sich nur um kleinere Grenzregelungen handeln würde. Am 28. Juni 1920 trafen sich die Botschafter der Allianzmächte wieder in Paris, um einen endgültigen Entscheid über die Grenzen der ČSR und Polens zu treffen. Als Austausch gegen das Teschener Land erhielt Polen von der Tschechoslowakei folgende Gemeinden:

In der Arwa: Sŕnie, Podvlk, Harbakúz, Vyšná a Nižná Zubrica, Oravka, Bukovina-Podsklie, Pekelník, Jablonka, Chyžné, Horná Lipnica, Hladovka a Suchá Hora.

In der Zips: Nová Belá, Friedman mit der Ortschaft Falštín, Krempachy, Tribš, Durstín, Čierna Hora, Jurgov, Repisko, Vyšné a Nižné Lapše, Nedeca, Kacvín, Lapšanka. Der kleinere Teil der Nižná Lipnica fiel Polen zu, der größere Teil

---

[6] Aus dem Brief des Ministers der ČSR mit Vollmacht für die Slowakei der Volksabstimmungskommission bei dem Ministerium für das Innere in Prag vom 17. Mai 1919; SSZA, MVVS 305.
[7] Das Hughesogram von Dr. Pudlač aus dem Präsidium des MVVS an Dr. Slavík, den tschechoslowakischen Delegierten aus Trstená, vom 11. Juni 1920.

blieb der Tschechoslowakei. Die Zahlenverluste waren 92 600 Morgen des Katastrallandes mit 25 000 Einwohnern. Die Polen waren mit dem Erreichten nicht zufrieden. Im Frühjahr 1921 legten sie der internationalen Grenzregelungskommission einen Vorschlag zur Änderung der polnisch-slowakischen Grenze vor. Sie wollten die ganze Dolná Lipnica, das Jurgov-Gemeindegebiet und die Javorina. Die Grenzregelungskommission setzte sich am 6. April 1924 in Krakau zusammen, um Protokolle zu unterschreiben, nach denen die ganze Gemeinde Dolná Lipnica Polen gehörte. Die ČSR bekam als Ersatz Suchá Hora und Hladovka.

Die Machtgelüste Polens waren damit für eine Zeitlang befriedigt. Nach Abschluß des Vertrags zwischen der ČSR und Polen im Jahre 1925 behaupteten die Polen, daß sie keine territorialen Forderungen der Tschechoslowakei gegenüber mehr hätten. Doch nur bis zum 29. September 1938. Laut Nachtrag zum Entscheid der Viermächtekonferenz in München sollte die ČSR innerhalb von drei Monaten die territorialen Forderungen Polens und Ungarns befriedigen. Erst dann wollten auch Deutschland und Italien die tschechoslowakischen Grenzen garantieren. Gleich nach der Bekanntmachung des Münchner Abkommens forderten die Polen ultimativ schon am 30. September die abgetretenen Teile des Teschener Gebiets. Am 2. Oktober 1938 nahm die tschechoslowakische Regierung das Ultimatum an.

„Nach der Regelung des Streites um das Teschener Gebiet ist die breite polnische Öffentlichkeit der Meinung, daß jetzt nichts mehr der engsten Verständigung beider slawischer Staaten im Wege steht . . .[8]."

Die Schlagzeilen auf der ersten Seite des gleichen Tageblatts kündigten schon einen nicht ganzen Monat später die Lust der Polen auf den slowakischen Boden an. Sie wurden durch die Wiener Arbitrage vom 2. November 1938 befriedigt. Hier wurden die Grenzen mit Ungarn bestimmt; die Slowakei verlor 780 Gemeinden mit 859 980 Einwohnern an Ungarn. Zugleich tauschten die Regierungen der ČSR und Polens Noten über die territorialen Ansprüche Polens aus. Die Tschechoslowakei trat Polen zwei Gebiete ab. Das erste lag nördlich von Čadca; Polen erhielt dadurch das katastrale Gebiet dreier slowakischer Gemeinden: Čierny, Surovčínec und Skalité (ca. 10 000 Einwohner). Der zweite Grenzabschnitt, den die ČSR an Polen abtrat, bildete den Westteil der Javorina. „. . . Es handelt sich um das ehemalige Herrschaftsgebiet der Hohenloher und um den nördlichen Teil der Hohen Tatra. Das Gebiet der Javorina (Ausmaß ca. 10 000 ha) gehört zu den besten Wald- und Jagdrevieren Mitteleuropas. Erst vor wenigen Jahren ist es uns gelungen, dieses Herrschaftsgebiet für einige Zehnmillionen Kronen abzukaufen . . .[9]."

Das Abkommen über die endgültige tschechoslowakisch-polnische Grenze unterzeichneten beide Regierungen am 26. November 1938. Die ČSR verlor den Nordteil der Hohen Tatra, die Javorina, Podspády, in der Arwa die Gemeindegebiete Hladovka und Suchá Hora. Vergeblich waren die Protestdemonstrationen der Einwohner (am 30. Oktober in Spišská Stará Ves, am 18. November in Čad-

---

[8] Zeitung „Slovenský denník" vom 7. Oktober 1938.
[9] „Slovenský denník" vom 3. November 1938.

ca), es halfen auch keine Memoranden und Protestnoten. Ohne Erfolg blieben auch die Delegationen amerikanischer Slowaken, größtenteils Auswanderer gerade aus diesen Gebieten. Eine Veränderung kam erst zu Beginn des Zweiten Weltkrieges. Gleich nachdem die deutschen Einheiten am 1. September 1939 die Linie Neumarkt—Sucha erreichten, kehrten die Gemeinden wieder zurück zur Slowakei. Nach der Niederlage Polens trat Deutschland das abgetrennte Gebiet der Slowakei ab. Am 21. November 1939 schlossen der Reichsaußenminister Joachim von Ribbentrop und der Botschafter des Slowakischen Staates in Berlin, Matúš Černák, ein zwischenstaatliches Abkommen über die Nordgrenzen der Slowakei: „... Gebiete, die an der Südgrenze des ehemaligen Polens liegen, werden Bestandteil des Slowakischen Staatsgebiets und vom Tage, an dem dieser Vertrag in Gültigkeit tritt, unterliegen sie der Souveränität der Slowakischen Republik."

Nicht lange erfreuen sich die Slowaken in der Oberen Zips und Arwa der nationalen Freiheit. In Europa war der Zweite Weltkrieg zu Ende. Auf der Potsdamer Konferenz wurde über die Nachkriegsregelung Europas verhandelt. Die Grenzen der Tschechoslowakei erhielten die Form, die sie vor dem Münchner Abkommen hatten.

Die Bevölkerung der Zips und Arwa wehrte sich mit Händen und Füßen gegen den Wiederanschluß an Polen. Gleich nach der Befreiung des Gebiets durch die Sowjetarmee wandten sie sich an die Sowjetkommandanturen in Käsmark, Spišská Stará Ves und Neumarkt. Sie wollten unter der Administration der Slowakei bleiben, solange die Regierungen nicht definitiv über die Grenzen entschieden hätten. Am 20. Februar 1945 trafen sich in Krempachy die Abgeordneten der Nationalausschüsse aus den umstrittenen Gemeinden. Auf der Konferenz entschlossen sie sich einstimmig zum Anschluß an die ČSR. In der Zips und Arwa wurde wieder nach einem Plebiszit gerufen.

Am 20. Mai 1945 führte die ČSR die Korrektur der Nordgrenzen zugunsten Polens durch. Polen bekam die Obere Arwa und Zips zurück. Polnische Einheiten besetzten am 18. Juli 1945 das inkorporierte Gebiet, das der Slowakei von Polen am 1. September 1939 zugefallen war.

„... Die Bevölkerung des inkorporierten Gebiets ist sehr unzufrieden mit der Besetzung des Gebiets durch die polnische Armee. Jeder äußert öffentlich den Willen, wieder zurück an die ČSR angeschlossen zu werden. Das ist vor allem daraus zu ersehen, daß die Slowaken aus den von der polnischen Armee okkupierten Gebieten ständig mit ganzen Familien in die Slowakei flüchten. Auch die besser gestellten Bauern sind entschlossen, lieber in der Slowakei als Knechte zu leben, als in Polen Bauern zu sein. Einige Bürger slowakischer Nationalität blieben in den Gebieten und behaupten, sie seien fest überzeugt, daß das inkorporierte Gebiet an die ČSR angeschlossen wird ...[10]."

Die Tageszeitung „Čas" brachte am 21. Juli 1945 einen Kommentar mit dem Titel „Was geht an der oberen Arwa vor?"

---

[10] Aus dem Bericht des Leiters der 2. Abt. des ZK für nationale Sicherheit (orig. HVNB) Major Viktorín an den Bevollmächtigten des Slowakischen Nationalrats für Inneres, Dr. Husák; SSZA, Mat. des Innenministeriums Nr. 697.

„. . . Die tschechoslowakische Regierung respektiert voll alle Entscheide der Siegermächte, die mit der Nachkriegsrekonstruktion Europas zusammenhängen. Auf Grund dessen respektierten wir auch den Entscheid über die Wiederkehr der Republik in die Grenzen vor dem Münchner Abkommen. Wir nahmen ihn auch dort an, wo es uns Nachteile bringt und eine Eingliederung unserer Bevölkerung in ein fremdes Staatsgebilde bedeutet. So ist es konkret an der polnisch-slowakischen Grenze, wo die Gemeinden der Oberen Arwa in den Polnischen Staat eingegliedert wurden. Von dort hören wir nun sehr traurige Stimmen unserer guten slowakischen Menschen, die in den Gemeinden der Oberen Arwa Terror und Gewalt ausgesetzt sind. Wir dürfen nicht mehr still bleiben. In diesem Gebiet wirkt schon längere Zeit die polnische Miliz, die in den Gemeinden der Oberen Arwa in Podvlk, Oravka und Jablonka durch Diebstähle, Prügeleien und Menschenverschleppungen ihr terroristisches Benehmen äußert . . ."

Zugleich traten die Polen mit neuen Forderungen auf das Teschener Land auf. Sie wollten Teschen, Freistadt und Třinec. Vom 23. Juni bis 2. Juli 1945 verhandelten die Delegationen der ČSR und Polens in Moskau. An der Spitze der tschechoslowakischen Delegation war der Ministerpräsident Zdeněk Fierlinger, die Polen wurden von Władysław Gomulka geführt. Die Tschechoslowakei wollte auf das Teschener Land nicht verzichten, im Gegenteil, sie forderte von Polen auch einen Teil Schlesiens mit den Städten Leobschütz und Glatz. Schließlich unterließ sie weitere territoriale Forderungen und forderte nur die Einhaltung der Grenzen vor München. Die Frage der Grenzen zwischen der ČSR und Polen war damit erledigt. Doch der Streit war noch nicht zu Ende. Trotz des Vertrages über Freundschaft und Zusammenarbeit vom März 1947 und des Wirtschaftsvertrages vom Juni des gleichen Jahres schleppte sich der Streit bis zum Juni 1958. Der Außenminister der ČSR Václav David unterschrieb damals in Warschau den Vertrag über die endgültigen tschechoslowakisch-polnischen Staatsgrenzen. Die Grenzlinie ist die gleiche, wie die vor dem 30. September 1938.

Widmen wir nun unsere Aufmerksamkeit denen, die der Streit am empfindlichsten traf — den Einwohnern der Oberen Zips und Arwa.

Das Entstehen der Republik bedeutete auch für die Slowaken in der Oberen Zips und Arwa eine Befreiung vom ungarischen Joch. Die ungarischen Lehrer wurden durch slowakische ausgetauscht; die Ämter besetzten vorwiegend Tschechen. Darum wurden gleich nach dem Entstehen der Republik Stimmen laut, die nach Autonomie riefen und an die Pittsburger Abmachung erinnerten. Im großen und ganzen jedoch „. . . ist das Volk mit der bisherigen Staatsform zufrieden. Sein Rufen nach Autonomie der Slowakei konzentriert sich auf das kulturelle und religiöse Gebiet. Es fordert Slowakisch als die einzige Sprache in den Schulen und Ämtern — keine tschechischen Lehrer, keine tschechischen Dokumente und Schriften und völlige Freiheit in den kirchlichen Angelegenheiten der katholischen Kirche . . ." [11].

Die Zipser und Arwer sind fast fanatische Katholiken, die sehr empfindlich in

---

[11] Aus dem Schreiben des Regierungskommissars für das Plebiszit in Rosenberg vom 22. September 1919; SSZA, Mat. MVVS 305.

ihrem Glauben sind. Diesen Umstand wußte die polnische Propaganda in der Zeit vor dem Plebiszit auszunützen. Das katholische Polen schürte die Feindschaft gegen die „ketzerischen" Tschechen an. Diese Feindschaft war vor allem durch das religiöse Empfinden der Bevölkerung motiviert: „. . . In der ČSR ist jetzt der Glaube verdorben, denn es haben dort mehr als 146 Priester geheiratet, was zur Zerrüttung der Kirche führt und den übrigen katholischen Gläubigen ein schlechtes Beispiel gibt. Polen dagegen ist der christlichste Staat . . .[12]." Öl ins Feuer goß auch die vorbereitete Trennung der Kirche vom Staat. Die tschechoslowakischen Agitatoren forderten oft vergebens von den Plebiszitorganen ein Verbot über die Verbreitung der Presse, die über diese Trennung schrieb.

Ich habe schon erwähnt, daß sich die polnische Agitation nicht nur auf Flugblätter, öffentliche Reden oder Propagandabroschüren beschränkte. Die Jahre 1919—1938 bedeuteten für die Zips und Arwa Armut und politischen Terror, massenhafte Auswanderungen nach Übersee und eine starke und gewaltsame Polonisierung. Die Schulen und Ämter waren nicht mehr ungarisch, auch nicht tschechisch, die Slowaken wurden völlig von den Polen unterdrückt. In 27 Dörfern des Gebiets Neumarkt blieb ein einziger slowakischer Pfarrer — František Moš in Nowa Biala. Beten und taufen in Slowakisch war nicht gestattet.

Es war also nicht verwunderlich, daß die Bevölkerung mit großer Begeisterung die Veränderungen im September 1939 begrüßte. Nach den harten zwanzig Jahren brachten sie endlich die nationale Freiheit. Während ihrer sechsjährigen Existenz festigte sich das slowakische Element sehr; jeder war sich seiner Nationalität bewußt.

Um so bitterer war der erneute Anschluß an Polen nach dem Zweiten Weltkrieg. Terror und Gewalt hatte die Bevölkerung der Zips und Arwa noch frisch in Erinnerung. Die Zukunft war nicht rosig! Vom Ende des Krieges an lebten die Einwohner des Podhalie in andauernder Angst; niemand war seines Lebens sicher. Der ehemalige Partisan Józef Kuraš, bekannt unter dem Spitznamen „Ogień", gründete eine Bande, mit der er gegen jeden kämpfte, plünderte, mordete, den Verkehr, die Versorgung, das ganze Leben desorganisierte. Die Bande „Ogień" hatte 159 Morde auf dem Gewissen, wobei die nicht mitgerechnet sind, die im Kampf gegen die Bande fielen. Besonders die Slowaken wurden von „Ogień" verfolgt. Die Gewaltherrschaft des Terrors wurde erst nach dem Tode „Ogieńs" und der Auflösung der Bande im März 1947 beendet.

Einen Monat später unterschrieben Klement Gottwald für die ČSR und Józef Cyrankiewicz für Polen den Vertrag über Freundschaft und gegenseitige Hilfe. Für die Slowaken war ihr Anhangsprotokoll besonders wichtig. Es garantierte den Polen in der ČSR und den Tschechen und Slowaken in Polen volle Rechte und Möglichkeiten der nationalen Entfaltung. Die Slowaken in dem Podhalie erhielten die ersten Lehrer aus der Slowakei. Trotz der Mißgunst, ja sogar trotz verborgener und offener Feindschaft, begann ihr nationaler Aufschwung. In der Arwa und Zips entstanden 27 slowakische Vereine. Sie ähnelten den schon zwischen beiden Weltkriegen in den Kreisen Lodž und Lublau gegründeten tschechischen

---

[12] Aus der Rede Ferdinand Machays vom 4. April 1920 in Dolná Lipnica; SSZA, Mat. MVVS 306.

Vereinen. Am Anfang waren es Selbsthilfevereine, später auch verschiedene Interessengemeinschaften. Ende des Jahres 1956 trafen sich die Vertreter der tschechischen und slowakischen Minderheiten, um sich über eine Vereinigung zu verständigen. Zu diesem Zeitpunkt waren in Polen rund 50 000 Slowaken und Tschechen, die meisten im Kreis Krakau, nämlich 35 000, im Kreis Breslau 6 000, im Kreis Lodž 4 000 und im Kreis Lublau 2 000. Ihre Vereine konzentrierten ca. 15 000 Mitglieder, doch hatten sie keinerlei Möglichkeit, etwas zu organisieren oder Kultur- und Sozialtätigkeit auszuüben. Die meisten von ihnen hatten keinen eigenen Raum und bekamen keine Hilfe von den örtlichen Behörden, so daß sich ihre Mitgliederzahl ständig verminderte. Nur eine einheitliche Gesellschaft, die die Mehrheit der Slowaken und Tschechen vereinigt hätte, wäre in der Lage gewesen, diese Mißstände abzuschaffen. Es gab noch einen zweiten Grund, der das Bedürfnis nach einem gemeinsamen staatlichen Verband von tschechischer und slowakischer Minderheit in Polen motivierte. Trotz der zwischenstaatlichen Abkommen und der öffentlichen Verkündigungen auf den höchsten Foren hatte die slowakische und tschechische Minderheit keine gleichberechtigte Stellung. Die Orts- und Parteiausschüsse widmeten ihnen keine ausreichende Aufmerksamkeit und Sorgfalt: Es war nicht möglich, sich vor chauvinistischen und nationalistischen Angriffen zu schützen. Solch ein Zustand mußte bei Tschechen und Slowaken unbedingt ein Gefühl grober Ungerechtigkeit hervorrufen. Er versuchte den Untergang der Kultur- und Aufklärungsarbeit, in einigen Fällen sogar Angst vor dem Bekenntnis zur eigenen Nationalität. Gerade hier sollte die Minderheitsorganisation mit einem gesamtstaatlichen Wirkungsbereich, mit bestimmten Rechtsbefugnissen und bestimmten Zielen und Aufgaben eine wichtige Rolle spielen.

Die Gesellschaft entstand auf dem Organisationskongreß der Tschechen und Slowaken in Krakau am 9. und 10. März 1957. Sie bekam die Bezeichnung „Kultur- und Sozialgesellschaft der Tschechen und Slowaken in Polen" [weiter nur „Gesellschaft" — Bemerk. der Autorin].

Ihr Entstehen wurde durch ein hektographiertes Bulletin „Krajanský život" angekündigt und propagiert. Das war der Vorgänger der heutigen Zeitschrift „Život". Der „Krajanský život" erschien auf 35 Seiten im Format DIN A 4. Ohne jegliche graphische Ausstattung ist hier Material eingefügt, dessen Auswahl schon den Inhalt und die Richtung der nächsten Zeitschriftennummern vermuten läßt. Geschrieben ist er tschechisch und slowakisch. Die ersten vier Seiten füllt eine slowakisch geschriebene Auswahl aus den Vorträgen auf dem Organisationskongreß aus. Hier ist kurz die Lage der tschechischen und slowakischen Minderheit in Polen charakterisiert, ihr Verhalten zum politischen und kulturellen Leben innerhalb und außerhalb Polens, Bedeutung des Entstehens der Gesellschaft, Bedeutung und Notwendigkeit einer eigenen Zeitung in tschechischer und slowakischer Sprache. Die weiteren 4 Seiten, tschechisch geschrieben, machen mit den Aufgaben der Gesellschaft bekannt, ihren Zielen, ihrer Art der Tätigkeit und der Organisationsstruktur.

„. . . Beträchtliche Gruppen der Slowaken auf dem Gebiet der Zips und Arwa und einige tausend Tschechen, die in ganz Polen verstreut sind, haben keine Möglichkeit, Zeitungen und Bücher in ihrer Muttersprache zu lesen. Es fehlt ihnen auch die Möglichkeit, in ihrer Muttersprache kulturell und aufklärend zu arbeiten sowie das Schulwesen auf einem hohen Niveau zu organisieren. Es ist kein Wunder, daß diese Bürger schon seit langem die Gründung ihrer Gesellschaft fordern . . . Die Gesellschaft wird die Tradition der gemeinsamen Kämpfe und der Freiheit des tschechischen, slowakischen und polnischen Volkes popularisieren und verbreiten. Zugleich wird sie die Bande des brüderlichen Zusammenlebens der tschechischen und slowakischen mit der polnischen Bevölkerung festigen.

Die Gesellschaft darf in keinem Falle dulden, daß in unsere Reihen der Chauvinismus und Nationalismus eintritt. Gegen solche Äußerungen werden wir mit aller Entschiedenheit ankämpfen, gleich ob sie von der tschechischen, slowakischen oder polnischen Seite kommen.

Als ihre Hauptaufgabe stellt sich die Gesellschaft die Verbreitung der Kultur des polnischen Volkes unter den Bürgern tschechischer und slowakischer Nationalität; sie will sie mit dieser Kultur vertraut machen. Aber auch umgekehrt die Bürger polnischer Nationalität sollen mit der tschechoslowakischen Kultur bekannt gemacht werden, die tschechische und slowakische Folklore will sie unterstützen und das tschechische und slowakische Kunstschaffen und ihre Technik sollen in Polen zugänglich gemacht werden.

Die Gesellschaft wird, falls möglich, über das kulturelle und soziale Leben der Tschechen und Slowaken in anderen Ländern informieren.

Wir wissen, daß die tschechische und slowakische Bevölkerung lange Zeit von der Hauptkulturquelle des Vaterlandes abgeschnitten war. Darum ist die neuorganisierte Gesellschaft überzeugt, daß es ihre Pflicht sein wird: die Funktion des Beschützers der tschechischen und slowakischen Kulturdenkmäler zu erfüllen, die tschechische und slowakische Kunsttätigkeit zu unterstützen und zu organisieren, den Schulen mit tschechischer und slowakischer Lehrsprache zu helfen, umsonst Rechtsberatung zu leisten, das Niveau der Fachberufe der tschechischen und slowakischen Bevölkerung in Polen zu heben.

Die Gesellschaft wird Büchereien, Kulturhäuser, Erholungszentren und Sportclubs gründen. Es werden auch Sprachkurse in tschechisch und slowakisch für Jugendliche und Erwachsene organisiert.

Die Gesellschaft hat vor, Fahrten in die ČSR und andere Länder zu organisieren.

Finanzielle Mittel werden der Gesellschaft von den Erwerbsbetrieben gesichert. Deshalb wird sich die Gesellschaft in der ersten Phase ihrer Tätigkeit bemühen, eine Reihe von Erwerbsbetrieben wie Cafés, Restaurants und kleine Handwerksbetriebe zu organisieren. Eine wichtige Rolle wird die Verlegertätigkeit der Gesellschaft einnehmen. Auf unserem Kongreß müssen wir darauf bestehen, daß unsere landsmännische Zeitung, die für den Kongreß nur auf einer Vervielfältigungsmaschine gedruckt worden ist, schon im April als regelmäßige Wochenzeitung erscheint, die ein Spiegel unseres Lebens sein wird . . ."

Diese bisher zitierten Artikel betrafen direkt den Kongreß. Die übrigen 26 Seiten wurden durch Informationsmaterial ausgefüllt. Nach einer flüchtigen Durchsicht könnte es scheinen, als ob sie nur dazu dienten, den „Krajanský život" nicht auf 8, bzw. 12 Seiten erscheinen zu lassen, wenn wir den erwähnten zwei Artikeln noch die Übersicht über die Geschichte, Gegenwart und Zukunft der slowakischen und tschechischen Schulen in Polen zurechnen. In Wirklichkeit erfüllt jedoch die erste Nummer die Aufgabe der Information in scheinbar unwichtigen, doch trotzdem notwendigen Bereichen, nämlich dem Interesse für die alte Heimat („Bratislava, Bratislava . . ." — eine wenig gehobene Reportage, die unsere Hauptstadt glorifiziert), nötige Informationen über Polen („Die neue Regierung der Volksrepublik Polen", „Auszug aus der Rede J. Cyrankiewicz vom 26. 2. 57", der den Kampf gegen den Chauvinismus betrifft). Die Artikel „Ján Amos Komenský", „Der internationale Frauentag" und fünf Seiten interessanter Kleininformation bemühen sich, dem Leser, der nach Jahren zum ersten Mal eine in Polen erscheinende Druckschrift in seiner Muttersprache in die Hände bekommt, eine möglichst allgemeine Übersicht zu verschaffen.

2. Entstehen der Zeitschrift „Život"

Schon vor dem Gründungskongreß der Gesellschaft wurden mehrfach Stimmen laut, die eine Zeitung in slowakischer und tschechischer Sprache forderten. „Unseren Landsleuten" (wie sie sich selbst anreden) fehlte ein offizielles Forum zur öffentlichen Verkündigung ihrer Interessen und zur Verteidigung gegen die nicht seltenen Angriffe und entstellte Berichterstattung in Zeitungen vom Typ „Gazeta Krakowska" oder „Głos Podhala". Man hatte keine Möglichkeit, Polemiken über die tschechoslowakische Minderheit, über ihre berechtigten und begründeten Forderungen entgegenzutreten; es gab keine Zeitung, auf die man sich hätte stützen können. Der erste Versuch in dieser Richtung war der vervielfältigte „Krajanský život", über den ich im vorigen Teil geschrieben habe. Auf seiner letzten Seite wandte sich die Gesellschaft an die Leser mit folgender Aufforderung:

„Landsleute,

wir wollen unsere Zeitung, in tschechischer und slowakischer Sprache gedruckt, haben. Doch Ihr müßt mithelfen, die Zeitung zu kolportieren. Es darf in Polen keine slowakische und keine tschechische Familie geben, die unsere Zeitung nicht abonniert. Wir müssen daran erinnern, daß das Erscheinen unserer Zeitung von der Zahl der Abonnenten abhängig ist. Meldet Euch jetzt schon in Euren Bezirksausschüssen und Ortsgruppen zum Abonnement unserer Zeitung.

Wir wollen unserer Zeitung den Titel ‚Krajanský život' geben. Schreibt uns, was Ihr darüber denkt. Schreibt uns Eure Wünsche bezüglich des Themenkreises unserer Zeitung, schreibt uns über Eure Arbeit, Eure Erfolge, Freuden und Sorgen.

Wir rufen alle Zweigstellen und Ortsgruppen unserer Gesellschaft auf: Propagiert unsere Zeitung, werbt neue Abonnenten. Unsere Parole heißt: Jedes Mitglied der Kultursozialen Gesellschaft der Tschechen und Slowaken — Abonnent des ‚Krajanský život'."

Das war die erste und letzte Nummer des „Krajanský život". Erst im Januar 1958 bekamen die Tschechen und Slowaken in Polen die gedruckte Zeitschrift mit dem Titel „Život" (Das Leben).

Als Überschrift trug sie die Bezeichnung — Sonderausgabe der Kultursozialen

Gesellschaft der Tschechen und Slowaken in Polen. Sie erschien auf sechs Seiten im Format DIN A 4, die erste und letzte Seite waren zweifarbig. Der Leitartikel „Unser Programm", unterschrieben vom Präsidium des ZK der Gesellschaft, war eine kurze Übersicht der bisherigen Tätigkeit der Gesellschaft und ihrer Perspektiven.

„Liebe Landsleute, Ihr haltet die Sonderausgabe der Zeitschrift ‚Život' in Händen. Das erstemal kommt zu Euch ein Blatt, das in Polen in Eurer Muttersprache erschienen ist. Diese Gelegenheit wollen wir zu einem aufrichtigen Gespräch ausnutzen . . ."

Mit den ersten beiden Nummern des „Život" möchte ich mich ausführlicher befassen. Im Grunde waren es „Sonder-Blitz-Ausgaben". Die Gesellschaft bekam eine einmalige Erlaubnis für ihre Herausgabe anläßlich der Wahlen zu den Nationalausschüssen. Die Wahlthematik durchdrang die beiden Nummern — in der ersten wurden die Kandidaten in den slowakischen und tschechischen Gemeinden, ihr Programm und ihre Pläne vorgestellt. Der Leitartikel der zweiten Nummer war eine Wahlanalyse.

Auf der zweiten Seite der ersten Nummer befand sich außer dem Leitartikel ein sehr ausführlicher Bericht von der Sitzung des gesamtstaatlichen Ausschusses der Einheitlichen Volksfront. Die Zeitschrift machte graphisch, in Versalien gesetzt, auf Teile des Referats von Aleksander Zawadsky, die den Leser direkt betrafen, aufmerksam. „. . . Die gleiche Fürsorge müssen wir auch gegenüber den Gruppen unserer Bevölkerung aufbringen, die in unserem Staat nationale Minderheiten bilden. Sie sind vollberechtigte Bürger der Republik Polen. Wir müssen sie also ebenso schätzen wie die Polen und uns auch so zu ihnen verhalten. Wir müssen jede Äußerung nationaler Diskriminierung, des Chauvinismus und Nationalismus in jeder Form konsequent und streng bekämpfen . . ."

Mit dem Leben der Slowaken in Polen befaßte sich außer den zwei ersten auch die dritte Seite. Mitarbeiter Ihring stellte auf der ganzen Seite Kandidaten der Nationalausschüsse vor. Er benützte eine Form des Interviews, oder besser gesagt, er zeichnete die Antwort des Kandidaten auf eine einzige Frage auf, die man etwa so formulieren könnte:„ Welche Pläne habe ich als Mitglied des NA [13]?". In den Antworten waren faktisch die ganze Situation und der gegenwärtige Zustand der slowakischen Dörfer in der Arwa und Zips aufgezeichnet:

Stanislav Krupa: „. . . Ich möchte in der Kommission für den Straßenbau arbeiten. Ich setzte mir nämlich als Ziel, unserem Kreise mehr Zivilisation zu bringen. Ich möchte auf einige andere brennende Fragen unseres Kreises hinweisen, z. B. auf den Zustand unserer Wälder, der von Tag zu Tag schlimmer wird. Wir müssen in allen Teilen unseres Gebiets aufforsten, denn Mangel an Wald bedeutet Mangel an Wasser . . ."

Andrej Janoviak: „. . . Falls man mich in den NA wählt, will ich für eine Zusammenlegung der Grundstücke sorgen. Die klein zerstückelten Felder sind sehr schwierig zu bearbeiten, und man verliert dabei zu viel Zeit. Ich möchte in unserem Bezirk auch eine für die bergige Landschaft geeignete Obstgärtnerei und

---

[13] NA-Nationalausschuß.

Viehzucht einführen. Sehr gerne möchte ich auch in der Kommission für Angelegenheiten der nationalen Minderheiten arbeiten. Ich verurteile jeden Polen oder Slowaken, der den nationalen Chauvinismus dem brüderlichen Zusammenleben vorzieht. Ich habe gehört, es sei verboten, in den Kirchen slowakisch zu beten. Doch ich glaube, die Kirche sollte die Gläubigen nicht daran hindern, in der von ihnen bevorzugten Sprache zu beten."

Landsmann Kolkovič: „Als zukünftiges Mitglied des NA will ich meine Aufmerksamkeit der Versorgung der Bauern mit Kunstdünger widmen. Ich sehe die Notwendigkeit des Aufbaus einer neuen Mühle in Jablonka, denn die Bauern bringen ihre Ware zu einer 30 km entfernten Mühle. Wir werden in Jablonka ein Krankenhaus bauen müssen, das auch den umliegenden Dörfern dienen würde . . . Ich werde mich ebenfalls um mehr Bücher bemühen, denn die Einwohner leiden unter Mangel an slowakischen Büchern . . ."

František Živiol: „Vor allem Elektrifizierung, das bedeutet zugleich mehr Leser. Dann Kunstdünger und feldwirtschaftliche Geräte von bester Qualität. So daß eine Sense für die Heumahd und Getreideernte reicht . . ."

Ľudovít Tokár: „Vielleicht gelingt es uns schon in diesem Jahr, den Bau des Klubs zu beenden, in dem sich das Kulturleben unserer Gemeinde konzentrieren wird. Dann bleiben noch die Elektrifizierung und die Zusammenlegung der Grundstücke. Es fehlen uns auch slowakische Bücher und Zeitschriften."

Jan Magiera: „Gute und sichere Wege und noch einmal Wege, das ist in Podhalie eines der wichtigsten Probleme. In unserem ganzen Bezirk sind zu wenig Klubs, keine slowakischen Bücher. Ich möchte auch, daß sich die Mechanisierung der Landwirtschaft verbessert . . . Auch die Elektrifizierung ist notwendig . . ."

Der Leitartikel der zweiten Nummer war eine Wahlanalyse. Auch die zweite und dritte Seite befaßten sich mit den Wahlen, oder besser gesagt, mit ihren Ergebnissen, ihrer Wirkung auf das Leben der Slowaken in der Zips und Arwa. Im Gespräch mit dem Vorsitzenden des Kreis-Nationalausschusses in Krakau hob die Redaktion die Rolle und Bedeutung der Gesellschaft bei den Vorbereitungen, dem Verlauf und den Ergebnissen der Wahlen hervor. „. . . Die Gesellschaft bemühte sich im Rahmen der Einheitlichen Volksfront, möglichst viele slowakische Kandidaten in den NA durchzubringen. Das Ergebnis war folgendes: 50 Prozent der in der Zips und Arwa und sogar 100 Prozent der in Kacvín in den NA Gewählten waren Bürger der slowakischen Nationalität und Mitglieder der Gesellschaft der Tschechen und Slowaken in Polen. Mitglieder der Gesellschaft können sich nun aktiv für die Wirtschafts- und Kulturentwicklung in der Zips und Arwa einsetzen. Diese Gebiete gehören nicht zu den reichsten . . .[14]."

Sehr informiert und persönlich interessiert sprach auf der dritten Seite das Mitglied des Kreis-Nationalausschusses in Krakau, Jan Magiera, slowakischer Herkunft aus Kacvín, der am besten die Probleme seines Kreises kennt. Eine grobe Skizze seiner Arbeit gab er schon in der letzten Nummer, diesmal analysiert er

---

[14] Aus dem Polnischen: „Nasz wywiad, Głos ma J. Nagorzeński, przewodnicy WRN w Krakowe."

die brennendsten Probleme, die vor ihm als Mitglied des NA stehen. Man kann sie in Kürze zusammenfassen:

1. In der Umgebung ordentliche Brücken aufzubauen, denn die bisherigen, provisorischen, sind in einem sehr schlechten Zustand.

2. Nicht weiter den Ausbau der Straße von Zawoj über Zubryca nach Jablonka zu verschleppen.

3. Die Elektrifizierung zu beschleunigen.

4. Die Versorgung in der Umgebung zu verbessern: „. . . In den Geschäften soll es ruhig weniger Wodka und mehr Nägel, weniger Wodka und mehr Töpfe, weniger Wodka und mehr Forken und andere Eisengeräte geben. Als ob es mit Absicht geschehen wäre, wurden im vorigen Jahr den Bauern in Kacvín nur zwei und der Gemeinde Lapsze Niżne nur zehn Forken geliefert. Vielleicht fürchtet der Kolchos in Neumarkt, daß sich die Bauern totschlagen, wenn sie genügend Forken haben. Doch wenn es zuviel Wodka gibt, schlagen sie sich auch tot, aber mit etwas anderem . . ."

Am Ende des Gesprächs „Womit anfangen" wendet sich Jan Magiera an seine Mitbürger: „Wartet nicht nur auf die Hilfe der Behörden, sondern, wo es nur geht, sollten wir selbst die Ärmel hochkrempeln und unsere gemeinsamen Kräfte für unsere Sache einsetzen. Dann wird unser Bezirk zu den ersten gehören!"

Der Artikel unterm Strich auf der Doppelseite 2/3 von B. Svarožyc hatte die Überschrift „Über bestimmte Ansichten und Theorien". Er knüpfte an den Leitartikel „Unser Programm" der ersten Nummer an, erklärte die Motive des Entstehens und vor allem die Aufgaben der Gesellschaft. Außer der Kultur-, Volksbildungs- und Wirtschaftstätigkeit stellte der Autor an die erste Stelle den Kampf gegen „. . . jeden Druck, der gegen die nationalen Minderheiten ausgerichtet ist, jede Diskriminierung und Verbreitung des nationalen Unfugs, denn jede solche Äußerung steht im Widerspruch zu dem Grundsatz der freien Wahl eigener Nationalität . . ."

Die übrigen drei Seiten beider Nummern füllten Nachrichten, informative und populäre Artikel aus der ganzen Welt.

Wie schon gesagt, waren beide ersten Nummern „Sonder-Blitz-Ausgaben". Die Zeitschrift „Život" in der Form, wie wir sie heute kennen, erschien erstmals im Juli 1958. Sie begann mit 12 Seiten im Format DIN A 3; die ersten und letzten drei Seiten und die innere Doppelseite waren zweifarbig. Ihre offizielle Bezeichnung lautete „Život — kultursoziales Monatsblatt".

„Život, die neue Gesellschafts- und Kulturzeitschrift für Tschechen und Slowaken in Polen, begann im Juli in Warschau zu erscheinen. Es ist ein Monatsblatt, obwohl seine bunte Aufmachung — die zahlreichen Illustrationen und dreifarbiger Druck — mehr an eine illustrierte Wochenzeitschrift erinnert. Der Herausgeber ist die Gesellschaft der Tschechen und Slowaken in Polen. Der Inhalt der ersten Nummern ist sehr mannigfaltig und enthält Beiträge aus verschiedensten Ländern der Welt. Wir erfahren, daß z. B. im Bezirk Lasko in Zelov eine Schule für tschechische Kinder gegründet werden soll, Informationen aus dem Leben der erwähnten Gesellschaft, wir lesen in zwei Artikeln über das tschechische und slowakische Schulwesen in Polen. Die Nummer enthält ein Foto der verstorbenen

Schriftstellerin Marie Pujmanová mit kurzem Lebenslauf, einige Beiträge über das Leben in der Tschechoslowakei und noch eine ganze Reihe interessanter Informationen. Es wurde auch an die Rubriken für die Frauen gedacht. Die Zeitschrift ist überwiegend in tschechischer und solwakischer Sprache geschrieben [die sprachliche Isolierung von der Heimat können die Redakteure nicht verbergen], einiges Material ist jedoch auch in Polnisch gedruckt. Wir wünschen der neuen Zeitschrift und ihren Redakteuren viel Erfolg und vermuten, daß es die Redaktion des Život sicher begrüßen würde, wenn eine unserer Redaktionen mit ihr Freundschaft anknüpfte und ihr kameradschaftlich helfen würde [15]."

„Für unsere Landsleute in Polen erscheint nun in Warschau die kultursoziale Zeitschrift Život. Die Zeitschrift wird in tschechischer und slowakischer Sprache herausgegeben und erscheint einmal im Monat. Ihr Inhalt ist reich und mannigfaltig, und neben den politischen und aktuellen Berichten findet man viele interessante Informationen aus verschiedenen Fachgebieten sowie Beratungsdienste für Frauen und solche über Rechts- und Gesundheitsfragen. Auch den Kindern und der Jugend ist eine ganze Seite gewidmet. Reiche Begleitillustrationen zu den Artikeln und die gefällige typographische Ausstattung jeder Nummer sind ein weiterer Vorteil der Zeitschrift, deren Herausgeber und die Redaktion sich das Ziel setzen: Heimatkultur unter den tschechischen und slowakischen Landsleuten zu verbreiten [16]."

„Die Gesellschaft der Tschechen und Slowaken in Polen begann im Juni dieses Jahres in Warschau das kultursoziale Monatsblatt ‚Život' für unsere Landsleute in Polen herauszugeben. Die Zeitschrift erscheint in slowakischer und tschechischer Sprache, hat ein hervorragendes typographisches Niveau und einen reichhaltigen Inhalt . . . [17]."

So wurde die Zeitschrift von der tschechoslowakischen Presse begrüßt. Die Redaktion „Život" bekam viele Begrüßungsbriefe, nicht nur von den Lesern in Polen, sondern auch aus der Tschechoslowakei und von vielen Redaktionen, mit denen sie eine fruchtbare und nützliche Zusammenarbeit anknüpfte. Letztlich blieb sie aber auf sich selbst angewiesen bzw. auf die persönlichen Kontakte ihrer Mitglieder mit den vorwiegend in der Slowakei arbeitenden tschechoslowakischen Redakteuren und Kulturarbeitern.

Ab Juni 1958 konnte man schon von einer normalen Monatszeitschrift für die tschechische und slowakische Minderheit in Polen sprechen. Diese Zeitschrift herauszugeben, war eine dringende, doch zugleich auch eine sehr schwierige Aufgabe. Gleich zu Beginn mußte man genügend Abonnenten und Korrespondenten gewinnen. Die Einwohner der Zips und Arwa sind Gebirgler, harte, arbeitsame Menschen, in deren Händen sich seit jeher eine Axt, Schaufel oder Forke befand. Doch die Probleme, mit denen sie täglich konfrontiert wurden, und das Vertrauen in die neue Zeitschrift drückten ihnen auch eine Feder in die Hand. Einer der Leserbriefe mit Illustration erschien schon auf der Titelseite der zweiten Nummer — im Juli. Die Schüler der fünften Klasse der Grundschule mit slowakischer

---

[15] Die tschechische Zeitschrift „Československý novinář" Nr. 7 (1958).
[16] Die tschechische Zeitschrift „Československý svět" Nr. 35 (1958).
[17] Die slowakische Zeitung „Kultúrny život" Nr. 45 (1958).

Unterrichtssprache in Jablonka begrüßten die neue Zeitschrift und äußerten auch den ersten Wunsch: slowakische Volksmärchen, die sie gerne lesen, zu bringen. Die Redaktion erfüllte den Wunsch; die letzte Seite, die den Kindern gewidmet war, brachte unter anderem auch ein Märchen.

3. „Život" — der Spiegel des Lebens der tschechischen und slowakischen Minderheit in Polen

Über die grundsätzliche Bedeutung der Presse will ich nicht sprechen. Die Presse einer Minderheit soll in erster Linie der Minderheit bei ihrer Eingliederung in das Wirtschafts-, Kultur- und Gesellschaftsleben behilflich sein. Sie soll gegen die separatistischen Tendenzen und gegen den Nationalismus kämpfen, und zwar auf beiden Seiten, in den Reihen der Minderheit sowie unter den einheimischen Einwohnern. Sie soll zur Aktivierung der Minderheit beitragen, sie in das nationale, politische und öffentliche Leben eingliedern. Sie soll und muß die gleichberechtigte Stellung der Minderheit nicht nur theoretisch, sondern auch praktisch, im täglichen Leben durchsetzen — und das in Beziehung zu dem Land, in dem die Minderheit lebt.

Die Presse der Minderheit soll auch in der entgegengesetzten Richtung wirken — in der Beziehung zur alten Heimat, sie darf sie nicht vergessen lassen. Nicht durch sentimentale Erinnerungen, sondern durch aktuelle Informationen über das Leben, über die politischen Erfolge und Errungenschaften auf dem Gebiet der Wissenschaft, Kunst, Kultur und des Schulwesens soll sie eine feste Brücke aufbauen — ein ständiges Interesse für die alte Heimat und eine feste Verbindung mit ihr. Sie soll sich bemühen, ihre Leser mit der Geschichte und den Persönlichkeiten der Vergangenheit und der Gegenwart, mit den fortschrittlichen Traditionen des Staates, in dessen Grenzen sie heute leben, vertraut zu machen. Zugleich soll sie auch an die Geschichte, die historischen Marksteine und an die bedeutenden Persönlichkeiten des politischen und kulturellen Lebens der ehemaligen Heimat erinnern. Sie soll die nationale Zusammengehörigkeit unterstützen.

Sie soll allseitig bei der Pflege und Entwicklung der Muttersprache behilflich sein, doch dabei nicht vergessen lassen, daß die wirtschaftliche und kulturelle Entwicklung nur im Rahmen der jetzigen Heimat möglich ist. Darum muß sie auch bei der Aneignung der Bräuche und Mentalität der hiesigen Bevölkerung mitwirken.

Die Presse einer Minderheit soll das Entfalten der alten Volkstraditionen, der Folklore, der Musik und des Amateurtheaters, unterstützen und propagieren; sie soll die Volksbildung und Kultur in den Minderheitsgebieten verbreiten helfen. Sie soll das Bindeglied zwischen der alten Heimat und der Minderheit sein. Sie soll für die Minderheit ein schlagfertiger und allseitiger Informator sein. Nach außen soll sie ihr offizieller Repräsentant, das Forum ihrer Interessen und Forderungen, der Verteidiger ihrer Rechte sein.

Sie soll der Spiegel des Lebens der Minderheit, das Spiegelbild der neuen und der alten Heimat sein.

„Život", das Organ der tschechoslowakischen Minderheit in Polen, hat unter den Minderheitszeitschriften eine eigenartige Stellung. Sie ist in der Nähe der tschechoslowakischen Grenzen, und dadurch der alten Heimat, für die Zentren der Minderheit begründet. Das erfordert höchste Aktualität und Wahrhaftigkeit der Informationen aus der Tschechoslowakei. Das gleiche gilt auch in der Gegenrichtung, wo die polnische Presse konkurriert. Zugleich ist jedoch diese Aufforderung dadurch abgeschwächt, daß für die Mehrheit der „Život"-Leser dies die einzige Zeitschrift war, die sie regelmäßig lasen. Das kann natürlich keine Rechtfertigung für verspätete und nicht mehr aktuelle Information sein.

Die Redaktion der Zeitschrift saß in Warschau, einige Hundert Kilometer von allen Zentren der tschechischen und slowakischen Minderheit entfernt. Vielleicht könnte man damit die oft verspäteten Reaktionen auf die Ereignisse in den Minderheitsgebieten erklären. Obwohl jede Ortsgruppe ihren Korrespondenten für „Život" hatte, und die Redakteure persönlich oft Zips und Arwa oder die tschechischen Zentren besuchten, konnte man, besonders zu Beginn, eine Distanz zu der Minderheit, eine gewisse Isolierung der Redaktion feststellen. Es fehlte der tägliche direkte Kontakt, die Systematik und Schlagfertigkeit bei Bearbeitung der Problematik des Minderheitsgebiets.

Die Aufgabe der Zeitschrift war, den Landsleuten nicht nur Informationen über das aktuellste Geschehen in Polen, der Tschechoslowakei und in der ganzen Welt zu bringen, sondern auch die breite Öffentlichkeit, vor allem die polnische, die ja die Zeitschrift auch in die Hände bekam, mit dem Leben der tschechoslowakischen Minderheit bekannt zu machen.

Schon aus den ersten Nummern war ersichtlich, daß sich die Probleme hauptsächlich in der Zips und Arwa konzentrierten. Das waren die beiden größten Zentren der tschechoslowakischen Minderheit, die von Slowaken bewohnt waren. Die tschechische Minderheit war über das gesamte Polen verstreut, sie war zahlenmäßig sehr schwach und mit Ausnahme der Gemeinden Zelov, Kucov und Kudov Zdroj hat sie sich der Gesellschaft nicht angeschlossen. Erst in den letzten Jahren begannen sich auch andere Gruppen, z. B. aus Lublin, für die Tätigkeit der Gesellschaft zu interessieren.

Es ist nicht nötig, noch einmal zu wiederholen, daß die Gebiete der Zips und Arwa sehr rückständig und von der Welt durch umliegende Wälder abgeschnitten waren. Ihre Einwohner gaben schon den Glauben, etwas könne sich in dieser gottverlassenen Gegend bessern, längst auf. Es war ein ungepflügtes Feld, auf dem man beginnen mußte.

4. Das Problem des Schulwesens auf den Seiten der Zeitschrift

Im vorletzten Teil zitierte ich die Gespräche der Abgeordneten der Nationalausschüsse. Dadurch hatten wir die Möglichkeit, uns mit den brennendsten Problemen der Zips und Arwa bekannt zu machen. Elektrifizierung, Grundstückszusammenlegung, Straßen- und Brückenbau, Versorgung. Eine der erstrangigen Aufgaben war auch der Aufbau des slowakischen Schulwesens im polnischen Teil der Zips und Arwa.

Das Schulwesen und die Volksbildung waren in diesen Gebieten fast gar nicht entwickelt. Viele der nicht-polnischen Einwohner konnten nicht genau ihre Nationalität bestimmen, mal waren sie Polen, mal Slowaken oder, am häufigsten, „die Hiesigen". Doch trotz der Zugehörigkeit zur „Wirtschaftsheimat" Polen empfanden sie auch sehr lebendige Beziehungen zu ihrer „Kulturheimat" Tschechoslowakei. Sie empfanden das Bedürfnis, ihre Muttersprache, ihre nationale Kultur zu pflegen.

Hier sollte die Minderheitenschule ihre Aufgabe erfüllen. Sie hatte und hat zwei Grundaufgaben: Die Schüler mit der polnischen Kultur und Geschichte vertraut zu machen, sie die polnische Sprache zu lehren, ihre Beziehung zu Polen zu entwickeln, sie auf das Leben in Polen vorzubereiten.

Auf der anderen Seite sollte sie ihnen auch die Geschichte, Kultur und Sprache ihrer Väter nahebringen und nicht erlauben, daß sie die alte Heimat vergessen. Sie sollte das nationale Bewußtsein und den Willen zur Pflege der Muttersprache und der Heimatkultur erwecken.

In Österreich-Ungarn wurde der slowakische Nationalgeist unterdrückt. Die Entwicklung des slowakischen Schulwesens wurde verhindert. Polen, dem im Jahre 1920 der Nordteil der Zips und Arwa zufiel, kümmerte sich überhaupt nicht um die slowakische Minderheit; die Slowaken in Polen waren auf sich selbst angewiesen, ohne eigene Intelligenzschicht, ohne eigene Schulen. Die Schulen aus der Zeit des Slowakischen Staates wurden nach dem Krieg wieder in polnische umgewandelt. Aber nicht für lange Zeit. Schon im Jahre 1946 wurden auf Antrag der Bevölkerung die ersten zehn Volksschulen mit slowakischer Unterrichtssprache gegründet. Zugleich wurde auf einigen Schulen die slowakische Sprache als Pflichtfach eingeführt. Mit ausgiebiger Hilfe der Bevölkerung wuchsen bis zum Jahre 1959 neue Schulen in Lapšanka, Krempachy, Durštín, Tribš und Harbakúz. Die Schulen in Vyšné Lapše, Čierna Hora und Jurgov wurden renoviert, und die Einwohner in Nižné Lapše bauten durch Selbsthilfe ein Haus für den Schuldirektor. Vom Jahre 1959 an wurden neue Schulen in Malá und Veľká Lipnica, in Bukovina-Podsklie, in Frídman, Nedeca, Nová Belá, Jablonka und zwei Schulen in Horná Zubrica gebaut. Die Slowaken begriffen die Bedeutung der Schulen und unterstützten den Bau nicht nur mit eigenen Händen, sondern auch mit finanzieller Hilfe. Die Einwohner Frídmans stifteten für den Schulbau das Baumaterial und 246 000 Złoty in bar, in Nedeca waren es 190 000 Złoty. Beim Bau der ersten und dritten Schule in Horná Zubrica überstieg der Wert der Gesellschaftsarbeit und des Baumaterials, den die Gemeinde für den Aufbau leistete, 300 000 Złoty. In dieser Aufrechnung könnte man alle Dörfer aufzählen, denn die Einwohner zögerten nicht, einem so wertvollen Werk, wie der Schule für ihre Kinder, Beiträge zu leisten und mit Hand anzulegen.

Nach Überwindung der ersten Schwierigkeiten bei der Gründung der Volksschulen begannen die Slowaken aus der Zips und Arwa auch slowakische Mittelschulen zu verlangen. 1951 wurde in Jablonka die erste elfklassige Mittelschule mit slowakischer Unterrichtssprache für die ganze Zips und Arwa eröffnet. Bis zum Jahre 1957, in dem die Kultursoziale Gesellschaft der Tschechen und Slowaken in Polen gegründet wurde, entstanden in der Zips und Arwa 30 Schulen mit slowakischer Unterrichtssprache und drei Schulen, an denen die slowakische

Sprache als Pflichtfach unterrichtet wurde, insgesamt für mehr als 2 000 Schüler. Die Gesellschaft half sofort beim Lösen der Schulprobleme und trug wesentlich zur Verbesserung der Schulbedingungen bei. Im Schuljahr 1958/59 stifteten das ZK der Gesellschaft, die Redaktion des „Život" und die Arbeiter der damaligen zur Gesellschaft gehörenden Produktionsgenossenschaft Produs dem Elternrat des Slowakischen Lyzeums in Jablonka finanzielle Mittel. Die Schule benutzte sie für Stipendien für Kinder, die aus sozial schwachen Familien kamen und gute Schulergebnisse vorwiesen. Die Leitung der Gesellschaft, vertreten durch den Vorsitzenden des ZK, den Chefredakteur von „Život" Adam Chalupec und durch andere Mitglieder des Komitees, nahm an den Abiturprüfungen im Lyzeum von Jablonka teil. Die Gesellschaftsmitglieder wirkten dort als Beobachter und Mitglieder der Prüfungskommissionen und ermöglichten den besten Absolventen das Studium an den Hochschulen in Polen und in der Tschechoslowakei.

Damit jedoch war das Problem des slowakischen Schulwesens in Polen bei weitem nicht gelöst. Es waren nicht genügend Schulbücher vorhanden, und es mangelte an qualifizierten Lehrern, die gut die slowakische Sprache beherrschten. Nicht selten lehrten an den slowakischen Schulen in der Zips und Arwa Polen, die nur einen dreimonatigen Kurs in slowakischer Sprache absolviert hatten, oder auch nicht einmal diesen. Bei der Aufzählung der Probleme kann man auch das Verhältnis der polnischen Lehrer zu dem Unterricht in slowakischer Sprache und zu den slowakischen Schülern überhaupt nicht übersehen. Nicht selten wurden die slowakischen Kinder diskriminiert und zurückgesetzt. Eine feindselige Einstellung zum Unterricht in slowakischer Sprache und zur Gründung slowakischer Schulen in Polen hatten auch viele Ortsorgane, und insbesondere die katholische Kirche. Ihre Vertreter negierten völlig die Existenz der Slowaken in Polen. Über das Studium eines Kindes an einer slowakischen Schule entschieden allein seine Eltern. Sie sollten sich frei, ohne Druck und Drohungen, auf der Basis völliger Freiwilligkeit entscheiden. Aber schicken Sie Ihr Kind in eine Schule, an der die Sprache gelehrt wird, die Ihnen ans Herz gewachsen ist, wenn selbst der Lehrer davon abrät, und wenn die auf dieser Schule erworbenen Kenntnisse oberflächlich sind? Dazu hören Sie von allen Seiten, daß Ihr Kind nach Abschluß der slowakischen Volksschule und Mittelschule nicht weiterstudieren kann.

Das alles waren Themen, die „Život" nicht umgehen konnte. Mit den Schulen befaßte sich gleich die erste Nummer. Der Leiter der Abteilung für Schulen mit nicht-polnischer Unterrichtssprache beim Ministerium für Volkskultur, Stanislav Mauersberger, stellte sich den Lesern mit folgendem Aufruf vor: „Für die vollwertigen Schulen in der Zips und Arwa". Der Artikel war in Polnisch geschrieben. Nicht, weil die Redaktion keine Lust hatte, ihn zu übersetzen, im Gegenteil — die betreffenden polnischen Behörden, an die er eigentlich gerichtet war, sollten die Probleme verfolgen und darausfolgende Konsequenzen ziehen. Der gleichen Problematik konnte man auch in der Doppelnummer August/September 1959 begegnen. Die Fürbitte „Wir gehen bald in die Schule" war slowakisch geschrieben. Noch vor dem Schuljahrbeginn machte sie auf die Situation am slowakischen Lyzeum in Jablonka aufmerksam, wo, wie schon bemerkt wurde, Kinder aus der ganzen Zips und Arwa lernten. Gut waren die Aussichten auf die Fertigstellung des neuen Lyzeumgebäudes, schlimmer war es mit einem Internat: „. . . natürlich freuen wir uns sehr über das neue Gebäude, aber die Lyzeumschüler sind nicht nur aus Jablonka. Nur einige wohnen bei ihren Eltern, deshalb ist auch ein Internat in Jablonka unbedingt notwendig. Internat — das ist und bleibt das brennendste Problem des Schuljahres 1958/59. Viele von Ihnen mögen sagen, daß doch in Jablonka sogar zwei Internate vorhanden sind. Eines für Mädchen und das andere für Jungen. Sie sind in Privathäusern. Das wäre auch noch nicht das schlimmste. Aber — daß in einem Raum so viele Kinder wohnen, daß außer den Betten kein Platz mehr übrig bleibt, das ist nicht gut! Im vorigen Jahr hatten 18 Mädchen nur zwei Schränke zur Verfügung, die zehn weiteren konnten keinen Tisch im Zimmer unterbringen; in jedem Raum gab es nur ein Waschbecken. Und das bei den Mädchen, die es noch besser hatten als die Jungen. Hier waren nicht nur zu viele in einem Zimmer untergebracht, sondern hatten auch keinen Schrank. So wohnten sie. Aus Platzmangel müssen sich die Schüler in der Schule vorbereiten. Regale haben sie nicht einmal für ihre Kleider, geschweige denn für Bücher. Wo ist ein Lehrsaal? Wo sollen die Kinder Ordnung und Sauberkeit lernen und wo sollen sie die Grundsätze des guten Benehmens lernen? Das slowakische Lyzeum braucht ein neues Internat. Ein Internat, das nicht eine Herberge, sondern ein zweites Zuhause für die Jugend wäre . . ."

Das war eine korrekte Kritik und berechtigte Forderung. Sie wurde durch zwei Fotografien illustriert — das neue Lyzeumgebäude in Jablonka und eine Gruppe von sechs Kindern, wahrscheinlich slowakische Schüler. Interessanter als die Fotografien war ihr Begleittext, wieder in Polnisch geschrieben: „Was sieht man auf den Fotografien nicht? Vor allem den Termin für die Beendigung des Schulbaus, der sich schon vier Jahre hinschleppt. Die Regelung des Trinkwasserproblems für die Schüler, d. h. den Aufbau des artesischen Brunnens. Die Befreiung der slowakischen Jugend aus dem schändlichen ‚Internat'. Die Redaktion adressierte zu Beginn des neuen Schuljahres diese Fragen an die Gebietsverwalter, den NA und die Genossen vom Ministerium für Volksbildung."

Jablonka, Probleme der Schulen und der slowakischen Sprache sowie andere heikle Fragen wurden auch noch auf der fünften Seite der Doppelnummer zur Diskussion gestellt. B. Svarožyc polemisierte in dem Artikel „Über die Bilder aus Jablonka" gegen Michael Lagoň, der in dem Wochenblatt „Tygodnik Powszechny" im Juli die Reportage „Bilder aus Jablonka" veröffentlicht hatte. B. Svarožyc warf Lagoň mit Recht Einseitigkeit und Voreingenommenheit in seiner Betrachtung der slowakischen Minderheit in der Zips und Arwa vor und kritisierte seine Uninformiertheit und seine Entstellung der historischen Tatsachen: „. . . An den Gräbern in Jablonka sind polnische, slowakische und auch ungarische Aufschriften, obwohl die Bevölkerung von Jablonka schon seit der Gemeindegründung, d. h. seit etwa der Mitte des 16. Jahrhunderts, sprachlich völlig einheitlich ist . . ." „. . . Die Bevölkerung der Arwa hatte keinen Grund dafür, daß sie sich polnisch fühlen sollte. Doch die polnischen Erwecker mußten auftauchen . . . zum Beginn dieses Jahrhunderts, leider wurde ihre Tätigkeit durch den Ersten Weltkrieg unterbrochen[18]." B. Svarožyc antwortete: „Vor dem Krieg hatten die Slowaken in

---

[18] Die polnische Zeitschrift „Tygodnik Powszechny" (Juli 1958).

der Zips und Arwa keine Schulen mit slowakischer Unterrichtssprache, keine Zeitungen und Kulturzentren, keine Möglichkeiten des Nationallebens. Die slowakische Minderheit in diesen Gebieten wurde nicht anerkannt. Die Aktion der polnischen Erweckung war nichts anderes als eine Politik der Entnationalisierung und der Polnisierung." Auch in den „Bildern aus Jablonka" wurde das Problem der slowakischen Schulen angeschnitten. M. Lagoň warnte vor dem „Anwachsen einer zweisprachigen Generation in der polnischen Arwa". B. Svarožyc machte dem Autor berechtigt den Vorwurf, daß solche Artikel das Zusammenleben verschiedener Nationalitäten erschwerten und die breite Öffentlichkeit der Leser falsch informierten.

Im Oktober 1958 fand in Warschau im Ministerium für Volksbildung die III. Konferenz über das Schulwesen der Minderheiten in Polen statt. Zu diesem Zeitpunkt existierten in Polen mehr als hundert Schulen mit nicht-polnischer Unterrichtssprache und 300 polnische Schulen, an denen die Minderheitsmuttersprache als Pflichtfach ab zweiter Volksschulklasse unterrichtet wurde. Mehr als zwanzigtausend junge Leute weißrussischer, ukrainischer, solwakischer, litauischer und jüdischer Nationalität wurden an diesen Schulen ausgebildet. Mit der Konferenz befaßte sich die Dezembernummer. Die Redaktion hob im Kommentar die Worte des Vertreters des Ministeriums für Volksbildung, Direktor Bielecky, hervor: „Nach den Richtlinien der Regierung und der Partei haben Mitglieder der nationalen Minderheiten in Polen das volle Recht dazu, daß der Unterricht ihrer Kinder in der Muttersprache der betreffenden Minderheit geführt wird." Der Delegierte der Gesellschaft der Tschechen und Slowaken in Polen machte die Anwesenden auf die Situation des slowakischen Schulwesens in der Zips und Arwa aufmerksam, insbesondere auf den sich endlos schleppenden Aufbau des neuen Lyzeums und Internats in Jablonka. Als Illustration zu diesem Beitrag konnte die Doppelseite der November- und Dezembernummer dienen. Der Beitrag „Es meldet sich das vergessene Dorf Pekelnik" von Lýdia Mšalová und die fotografische Reportage „Eine Stunde in Jablonkas Lyzeum" informieren über die letzten Ereignisse in Jablonka und bringen Aufnahmen des alten Schulgebäudes. Auf der 19. Seite der Februarnummer konnte man folgenden Bericht lesen: „Väterchen Frost brachte den Kindern in der Zips und Arwa nicht nur wunderschöne Weihnachtsgeschenke vom ZK der Gesellschaft und der ‚Život'-Redaktion, sondern auch eine schöne neue Schule mit slowakischer Unterrichtssprache in Jablonka ..."

Es schien, daß mit der Übergabe des neuen Lyzeumgebäudes in Jablonka das größte Problem des slowakischen Schulwesens in der Zips und Arwa gelöst war. Das alte Gebäude wandelten die Bürger in ein Internat um, in dem die Schüler endlich ihr zweites Zuhause fanden.

Nach der Häufung der Reportagen, der kritischen und informativen Artikel im ersten Jahrgang, fand man in den Nummern des Jahres 1959 nur hin und wieder eine Erwähnung über die Schulen. Zum erstenmal in der Beilage der Aprilnummer, in der über die Sitzung des Zips-Arwa-Aktivs berichtet wurde. „Die Diskussion über unsere gemeinsame Zukunft" warf keine neuen Probleme auf, sie rekapitulierte nur die bisherigen Erfolge. Die erfolgreiche Bilanz im Aufbau der slowakischen Schulen erlaubte der Redaktion, in der Kampagne für die

Schulen nachzulassen. Außer der „Gratulation für die Abiturienten" in der Julinummer, in der kurze Eindrücke von den Abiturprüfungen am Lyzeum in Jablonka geschildert wurden, war im Jahrgang 1959 noch der Artikel von Stanislav Mauersberger „Hauptprinzip: der gleiche Start" in der Dezembernummer erwähnenswert. Ähnlich wie in der ersten „Život"-Nummer unterstrich der Autor hier die Bedeutung des Schulwesens für die Minderheit. Er zeigte abermals die Wichtigkeit und Notwendigkeit des Kampfes gegen Überreste des Nationalismus und für die Bildung einer „reinen Atmosphäre, in der sich die Eltern frei und ohne Druck aussprechen können, daß sie ihre Kinder in eine Schule mit ihrer Muttersprache zu schicken wünschen". Der Artikel ist nicht für „Život" geschrieben, es sind ausgewählte Passagen aus einem in „Trybuna Ludu" veröffentlichten Artikel. Deshalb sind auch die Probleme allgemein, sie betreffen alle, nicht nur die slowakischen Minderheitenschulen. Als Überschrift benutzte die Redaktion einen Satz aus dem Hauptteil des Artikels: Der Besuch einer Minderheitenschule kann für den Schüler kein Hindernis bei seiner Eingliederung in das polnische Kulturleben sein. Er muß den gleichen Start ins Leben haben wie seine Kollegen an den polnischen Schulen und auch die gleichen Möglichkeiten für das weitere Studium an den Mittel- und Hochschulen.

Im Jahrgang 1960 beschränkte sich die Schulproblematik auf einige kritische Fotografien und Bemerkungen zur falschen oder sogar fehlenden Schulbezeichnung an den Aushängetafeln. Das war eine berechtigte Kritik, die im „Život" ständig auftrat; geholfen hat sie nicht.

Volksschulen waren also vorhanden, das Lyzeum mit Internat war fertiggestellt, Lehrbücher gab es nun auch. Die Schulproblematik verschwand für einige Zeit aus der Zeitschrift. Es tauchten lediglich noch Berichte über den Bau neuer Schulen in dem einen oder anderen Ort oder über den Schulbau im Bezirk Neumarkt insgesamt auf. Auf den Tagungen und Versammlungen wurde die Aufgabe und Bedeutung des Minderheitenschulwesens hervorgehoben. Zu diesen Materialien sollten auch noch die alljährlichen Reportagen von dem Lyzeum in Jablonka gerechnet werden. Im Juni 1961 „Unsere bessere Zukunft", „Der erfüllte Wunsch", im Mai 1962 „Wochentag des Lyzeums in Jablonka", im März 1963 „Nur hundert Tage", im Mai 1965 „Wie es im Lyzeum in Jablonka war", im August 1965 „Das Lyzeum in Jablonka", im Mai 1966 „Zweiundzwanzig Abiturtage".

In den Jahrgängen 1962 („Aus Jablonka zum Studium" in der Juninummer) und 1963 („Wir besuchen die Schüler" im Mai) zeichnete sich auch schon ein neues Problem ab — wohin nach der Beendigung des slowakischen Lyzeums?

Aus den beiden Reportagen erfährt man, daß die Absolventen des Lyzeums sich vorwiegend für das Studium an den niedrigeren pädagogischen und Gesundheitsschulen interessierten, vor allem die Mädchen. Damit wurde nicht nur die Bemühung offenbar, möglichst bald den Heimatbezirken durch qualifizierte Arbeit zu helfen, sondern hauptsächlich der wirtschaftliche Effekt — so bald wie möglich selbst zu verdienen, auf eigenen Beinen zu stehen, die Eltern zu entlasten. Die Erinnerungen der Hochschulstudenten vermitteln eine Rarität: Die „Život"-Redaktion half den Studenten bei ihren Studienanfängen an den Hochschulen. Der Chefredakteur schrieb: „Das Lyzeum in Jablonka absolvierten etwa

300 Schüler. Wenige gaben sich mit dem Abitur zufrieden, die Mehrheit, etwa 200 Abiturienten, hat sich für ein weiterführendes Studium entschlossen. Eine große Gruppe der jungen Menschen erwählte den Lehrerberuf und nach dem Absolvieren der Lehrerinstitute lehren sie schon an den Schulen. Andere gingen an verschiedene Hochschulen. Sie wählten die verschiedensten Berufe und Studienrichtungen. Meistens sind es Töchter und Söhne der Bauern aus der Zips und Arwa. Dank der Hilfe und Fürsorge des Volksstaates absolvierten sie die Mittelschule in ihrer Muttersprache und können sich weiter an den Hochschulen bilden."

Hier die Erinnerungen einiger von ihnen: Helena Silan aus Jurgov, Studentin im vierten Jahr an der medizinischen Fakultät: „Die Anfänge meines Studiums waren wirklich nicht leicht. Die neue, unbekannte Großstadtumgebung, Sprachschwierigkeiten im Bereich der technischen Fächer haben den Start nicht erleichtert. Doch der feste Wille, Liebe zum zukünftigen Beruf sowie auch die Hilfe meiner Eltern haben mir geholfen, die schweren Anfänge zu überwinden. Vieles habe ich in diesen Zeiten der Gesellschaft und der ‚Život'-Redaktion zu verdanken. Oft habe ich hier Hilfe, herzliche Aufmerksamkeit und Fürsorge gefunden . . ."

Žofia Petraszek aus Krempachy in der Zips, Studentin im vierten Jahr an der Bibliothekarischen Fakultät der Warschauer Universität: „Ich erinnere mich, wie schwer die Anfänge waren, als ich noch kein Stipendium bekam. Die bescheidene Hilfe meiner Eltern wurde damals durch das Stipendium der Gesellschaft aufgefüllt. Später kam die Zusammenarbeit mit der ‚Život'-Redaktion, wo ich einige Zeit Korrekturen las. Das war für mich neben der wertvollen Praxis auch eine große finanzielle Hilfe . . ."

Herr Adam Chalupec bemerkte dazu: „Wir haben uns bemüht, ihnen zu helfen, wo es nur möglich war. Das ZK der Gesellschaft hat Stipendien zur Verfügung gestellt. Wir gaben ihnen die Möglichkeit, in der Redaktion etwas zu verdienen. Wir haben veranlaßt, daß sie an der Universität in slowakischer Sprache geprüft wurden. In den Redaktionsräumen haben sie sich auf die Prüfungen vorbereiten können; wir haben das Studium in der Tschechoslowakei für sie in die Wege geleitet. Und die Belohnung dafür? Kein einziger von ihnen ist nach dem Studienabschluß in die Zips und Arwa zurückgekehrt!"

Die jungen Menschen, die noch vor dem Abitur verkündeten, daß sie ihren Heimatbezirken helfen wollten, sind nicht zurückgekehrt. Einige wurden schon während des Studiums von irgendwelchen Betrieben mit Stipendien unterstützt, andere bekamen vorteilhafte Angebote aus anderen Städten. Und auf den Seiten des „Život" tauchten erneut alarmierende Artikel über unqualifizierte Lehrer für die slowakische Minderheit auf. Die Situation wurde durch Mangel an Lehrbüchern und Büchern für das Pflichtlesen erschwert. Die Haltung der polnischen Lehrer zur slowakischen Sprache und zu den slowakischen Schülern trug dazu bei. Das Ergebnis war ein starker ständiger Rückgang der Schülerzahl an den Schulen mit slowakischer Unterrichtssprache. Im Schuljahr 1964/65 besuchten die 9. bis 11. Klasse des Lyzeums in Jablonka von 332 nur 48 Schüler, in der achten Klasse lernten in diesem Jahr nur zwölf Schüler Slowakisch als Pflichtfach.

Das Jahr 1966 war für Polen sehr wichtig und feierlich, es war das Jahr des tausendjährigen Bestehens des polnischen Staates. Jede Stadt, jedes Dorf, jeder Betrieb oder Kolchos wetteiferte in Verkündigungen von Selbstverpflichtungen. Eine der gesamtstaatlichen Selbstverpflichtungen war auch der Aufbau von 1 000 Schulen — Denkmälern des Millenniums. Im Rahmen der Aktion wurde am 22. Juli 1965 feierlich die slowakische achtjährige Volksschule in Nová Belá eingeweiht, eine schöne, moderne Schule mit Zentralheizung, Wasserleitung, Turnhalle, Sammlungen. Die Einwohner halfen beim Bau mit allen Kräften. Aber auch die anderen Dörfer ließen sich nicht beschämen. Stolz konnte man auf eine neue Schule in Trybš sein: hier trugen die Einwohner mehr als 400 000 Złoty zum Bau bei, in Lapšanka (eine halbe Million Złoty wurde abgearbeitet), in Krempachy, Nedeca, Repisko, Čierna Hora, Horná Zubrica (40 Prozent des Materials wurden geliefert). Die Einwohner stellten Grundstücke für den Schulbau zur Verfügung, lieferten Schotter, Holz, Sand. Sie bauten selbst die Fundamente, gruben Brunnen, verpflichteten sich selbst für den Bau weiterer Schulobjekte. Bei dem Bau der dritten Schule in Zubrica, zum Beispiel, verpflichteten sich die Einwohner, 40 Prozent der Kosten selbst zu tragen. Mit dem gleichen Kostenanteil beteiligten sie sich auch schon am Bau der beiden schon fertigen Schulen. Wie man aus der Mainummer 1966 erfuhr, hatten die Selbstverpflichtungen auch ihre Schattenseite, denn von ihrer Höhe hing der Bau ab: „Einer der Vorschläge der Einwohner von Kacvín war der Bau einer neuen Schule. Nach den Informationen konnte der Bau verwirklicht werden, er war aber von den Selbstverpflichtungen der Einwohner abhängig. In diesem Zusammenhang wurde auf einer Gemeindeversammlung folgende Selbstverpflichtung beschlossen: Sie stellen für den Schulbau 400 Kubikmeter Holz aus den Urbarer Wäldern kostenlos zur Verfügung, übernehmen die Abholzung, den Transport aus dem Wald in das Sägewerk, die Zersägung und noch andere Arbeiten. Weiter stellen sie für den Bau etwa einen Hektar Grundstück zur Verfügung. Das alles ergibt eine Selbstverpflichtung der Gemeinde in Höhe von ca. 800 000 Złoty. Wahrscheinlich auf Grund dieser Selbstverpflichtung einigte man sich mit der Bezirksleitung über den Schulbau . . ."

Die Selbstverpflichtungen hörten auf, eine freiwillige Aktion der Bürger zu sein, sie wurden zu einer Bedingung, die von „oben" diktiert wurde. Der stellvertretende „Život"-Chefredakteur, Marian Kaškiewicz, schrieb zu diesem Thema in der Mainummer 1966 folgendes: „Am Beispiel der Gemeinde Podvlk beobachten wir im Bereich des Schulaufbaus einen gewissen Bruch der Idee der Selbstverpflichtungen. Die Selbstverpflichtung beginnt ein Marktplatz zu werden, eine eigenartige „Ausbeutung", Gegenstand der Versteigerung zwischen der Gemeinde und dem Bezirk, Auferlegen einer hohen Steuer, obwohl es nicht das Steueramt durchführt.

Erstes Beispiel:

Die Kommissionen stellten fest, daß das Schulgebäude in Podsŕnie für den Unterricht völlig ungeeignet ist; es ist nicht einmal renovierungsfähig. Während der Wahlkampagne wurde der Bau einer neuen Schule versprochen. Eigentlich gab es bei der Verwirklichung des Baus keine Hindernisse, außer einer einzigen, jedoch sehr wichtigen Grundbedingung. Die Bezirksorgane forderten für den Bau der neuen Schule eine Selbstverpflichtung der Einwohner in Höhe von 800 000 Złoty. Das im Rahmen der „Selbstverpflichtungen". Podsŕnie zählt 115 Häuser. Berechnen Sie selbst den Anteil der einzelnen an der geforderten Summe.

Die Einwohner von Podsŕnie verpflichteten sich, 400 000 Złoty selbst aufzubringen; die Schule sollte 1,2 Millionen Złoty kosten. Wird die Schule durch solchen „Krakauer Markt" aufgebracht, und ist alles in Ordnung in dieser konkreten Angelegenheit?

Zweites Beispiel:

Dieses Beispiel beinhaltet auch die „magische Summe" 800 000 Złoty, um die die Einwohner der Gemeinde Podvlk „gebeten werden". Die Gemeinde besteht aus 354 Häusern. Die Schule soll für die „am unteren Ende" Wohnenden bestimmt sein. Die Einwohner dieses Gemeindeteils haben sich zu 500 000 Złoty verpflichtet. Die Kosten für den Schulbau sollen etwas über 1,5 Millionen Złoty betragen. Inzwischen lernen die Kinder. Wie ? In Privathäusern. Die Bedingungen sind schlecht, sie liegen unter dem zumutbaren Minimum . . ."

Trotz dieses Mißbrauchs ließ die freiwillige Elterninitiative nicht nach. Im Bezirk Neumarkt tauchte erneut und dringend die alte Krankheit auf — das Internat in Jablonka. Das Gebäude der ehemaligen Mädchenschule erfüllte die Anforderungen nicht mehr; mehr als die Hälfte der Schüler wohnte wieder privat. In den meisten Fällen waren nicht einmal die minimalsten Erfordernisse für den Schulbesuch gesichert. Diejenigen, die keinen Platz im Internat oder bei den Bauern bekamen, wohnten bei ihren Eltern, mehr oder weniger entfernt von Jablonka. Sie mußten um vier Uhr früh aufstehen und kamen am Abend wieder nach Hause, weil keine günstigere Busverbindung bestand. In beiden Fällen spiegelten sich die schlechten Bedingungen negativ an den Schulergebnissen. Dem Investitionsplan zufolge sollte mit dem Bau eines neuen Internats im Jahr 1970 begonnen werden. Darum entschlossen sich die Einwohner wieder zur Selbstinitiative: „. . . die Gemeinden des Bezirks liefern Holz für den gesamten Bau. Sogar das Grundstück ist schon vorhanden. Die Gemeindeziegelei liefert Ziegel. Die Eltern liefern 500 Kubikmeter Sand und haben auch öffentliche Arbeit bei dem Bau angemeldet . . ."

Der Wert der Gesellschaftstaten, die durch die Gemeinden im Bezirk Neumarkt realisiert wurden, wuchs von Jahr zu Jahr. Während er im Jahr 1960 über sechs Millionen Złoty erreicht hatte, stieg er im Jahre 1964 schon auf fast 30 Millionen. Damit kam der Bezirk auf den ersten Platz im Krakauer Kreis.

Soviel über das Schulproblem in der Zeitschrift „Život".

Eine chronologische Übersicht der bisherigen Jahrgänge des „Život" soll die Probleme des slowakischen Schulwesens so zeigen, wie sie in der Zeitschrift geschildert wurden. Im ganzen kann man die Beiträge in vier Grundgruppen einteilen:

1. Theoretische Betrachtungen über die Bedeutung des Schulwesens einer Minderheit.

2. Kritische Artikel über die Mängel in der Schulerziehung (Lehrer, Lehrbücher, Nationalitätsfragen).
3. Berichterstattung über den Bau neuer Schulen und Internate.
4. Reportagen aus dem Lyzeum in Jablonka.

Dabei dominieren die Reportagen und Berichterstattungen der dritten und vierten Gruppe. Die Betrachtungen über die Bedeutung des Schulwesens einer Minderheit beschränkten sich auf Zitate aus den Vorträgen engagierter Funktionäre, die auf verschiedenen Versammlungen und Tagungen auftraten. Ich glaube, die Redaktion hätte gerade hier eigene Beiträge bringen sollen, so wie sie es bei der Kritik unerwünschter Erscheinungen in den Schulen machte.

Nach der Lektüre des gesamten Materials gewinnt man die Überzeugung, daß sich das slowakische Schulwesen in Polen trotz einiger äußerlicher Schwierigkeiten vielversprechend entwickelt. Das geht übrigens schon aus der Übersicht klar hervor. Faktisch erst im letzten Jahrgang — 1967 in der Juni- und Julinummer — erfuhr man etwas über ein sehr wichtiges Phänomen: Das Interesse der Einwohner für die slowakischen Schulen sinkt ständig.

Es soll wieder die Statistik zu Hilfe genommen werden. Wie schon erwähnt, hat man mit dem Bau der ersten slowakischen Schulen in der polnischen Zips und Arwa im Jahr 1946 angefangen. Bis 1947 wuchs ihre Zahl auf zehn, in weiteren zwei Jahren waren schon 24 Schulen mit slowakischer Unterrichtssprache vorhanden und sie wurden von 1 930 Kindern besucht. Ein sehr schneller Anstieg der Schulenzahl war für die ersten zehn Jahre typisch. Am Ende der fünfziger Jahre wurde das Tempo bedeutend langsamer. In den letzten zehn Jahren, besonders in den Jahren 1961—1967, nahm die Zahl der Kinder an den slowakischen Schulen systematisch ab. Während im Schuljahr 1961/62 1 423 Schüler die slowakischen Schulen besuchten, waren es im Jahr 1966/67 nur noch 567, also nicht einmal die Hälfte. Auf der Sitzung des Bezirksausschusses der Polnischen Vereinigten Arbeiterpartei im April 1967 wurde festgestellt, daß einige Schulen wegen Schülermangels nur noch künstlich erhalten würden, ungeachtet der allgemeinen Vorschriften des Ministeriums für Volksbildung.

Wo waren die Ursachen dieses Phänomens? Auf keinen Fall konnte man die Schuld nur auf den Gebäudemangel schieben, denn es wurden ja viele Schulen gebaut. Jedoch waren viele Schulen weit entfernt, es waren zu wenig Internate oder andere Wohnmöglichkeiten vorhanden, und das hat sich sicherlich auch negativ ausgewirkt. Bei den Entscheidungen, ob man eine polnische oder slowakische Schule besuchen soll, konnte ein weiteres abschreckendes Moment eine wichtige Rolle spielen: der Mangel an slowakischen Lehrbüchern und Büchern fürs Pflichtlesen. Nur um zu zeigen, wie wenige slowakische Bücher es in Polen gab, sei folgendes Beispiel angeführt: Die Leser, die in „Život" verschiedene Wettbewerbe, Quize und Rätsel gewonnen hatten, bekamen als Belohnung polnische Bücher. In die Redaktion strömten Protestbriefe, in denen die Leser slowakische Bücher oder wenigstens Übersetzungen der slowakischen Literatur verlangten. Die Redaktion bemühte sich, slowakische Bücher in Buchhandlungen und im Tschechoslowakischen Kulturzentrum in Warschau aufzutreiben. Sie bat sogar eine Schriftstellergruppe, die von dem polnischen Schriftstellerverband nach Warschau eingeladen war, um Hilfe.

Das wäre eine weitere Ursache für das immer mehr abnehmende Interesse für slowakische Schulen. Obwohl zum Beispiel im Jahr 1963 in Polen 39 Titel slowakischer Lehrbücher für die 1. bis 7. Klasse in Gesamtauflage von 40 000 Exemplaren herausgegeben wurden, mangelte es noch immer an Literatur. Dabei kann man auch heute noch in Warschau slowakische Belletristik (Mináč, Blažková) kaufen. Dazu eine Bemerkung — was haben die verantwortlichen Arbeiter der „Matica slovenská"[19] in Martin dazu zu sagen? Wie half und wie hilft die „Matica" der slowakischen Minderheit? Es ist nicht damit abgetan zu registrieren, daß in Polen rund 300 000 Slowaken leben, man sollte auch dafür sorgen, daß sie Kontakt mit ihrer alten Heimat behalten, daß sie laufend slowakische Zeitungen und Zeitschriften und genügend slowakische Literatur bekommen; kurzum, daß sie Slowaken bleiben können.

Bei den Bemühungen, die Ursachen des Schülerschwunds an den slowakischen Schulen festzustellen, kann man das Problem der Lehrkräfte nicht umgehen. Wie schon erwähnt, hatten die Lehrer in der Zips und Arwa völlig unzureichende Kenntnisse der slowakischen Sprache. Slowakisch hatten sie nur in einem kurzen Kurs gelernt, obwohl ihre sonstige Qualifikation dem üblichen Niveau entsprach. Es war klar, daß ein solcher Lehrer in den Schülern das Interesse für die slowakische Sprache nicht erwecken konnte. Im Gegenteil, er hatte in diesem Sinne sogar einen negativen Einfluß. Helfen konnten hier nur die Absolventen des Lyzeums in Jablonka mit entsprechender pädagogischer Ausbildung oder Lehrer aus der Slowakei. Diese Probleme waren wichtig, aber nicht dominant. Das Hauptproblem war meiner Meinung nach der Druck auf die Eltern, die sich entscheiden sollten, in welche Schule sie ihr Kind schicken wollten, und dann die praktische Anwendung des Slowakischen im alltäglichen Leben.

Die erstgenannten Ursachen wurden oft im „Život" diskutiert. Die negative Haltung der Lehrer und einiger Ortsfunktionäre zum Besuch slowakischer Schulen dagegen wurde nur sporadisch bei der Betonung des Prinzips der freiwilligen Entscheidung für die slowakische oder polnische Schule erwähnt. Die Frage, wie weit die slowakische Sprache für die Einwohner der Zips und Arwa praktisch nützlich war, tauchte erst in der Julinummer dieses Jahres (1967) auf — und auch das nur in einem Satz, ohne Kommentar der Redaktion.

Vom Standpunkt der Redaktion war das begreiflich. „Život" war die Zeitschrift der slowakischen Minderheit. Sie sollte für ihre Rechte kämpfen und das tat sie auch. Zu diesen Rechten gehörte zweifelsohne an erster Stelle das Recht, sich in der eigenen Sprache zu bilden. Dieses Recht wurde durchgesetzt ohne Rücksicht darauf, daß die Kinder den ersten Kontakt mit der slowakischen Sprache erst in der Schule hatten, denn zu Hause wurde die Goraler Mundart, eine Mischung aus polnisch, slowakisch und lokalen Ausdrücken, gesprochen. Der Besuch einer slowakischen Schule bereitete den Kindern Sprachschwierigkeiten bei weiterem Studium in Polen. Es war wirklich fraglich, ob die Bemühungen der Gesellschaft um weitere neue slowakische Schulen berechtigt waren, ob überhaupt

---

[19] „Matica slovenská" — slowakische Kultur- und Aufklärungs-Institution, gegründet im Jahre 1863 in Turčiansky Svätý Martin.

ein genügend großer Einzugsbereich, d. h. das Interesse der Einwohner für den Besuch einer solchen Schule vorhanden war.

Die Slowaken in der Zips und Arwa lebten innerhalb der Grenzen Polens, ihre Existenz und Entwicklung war nur in dem polnischen Staat möglich. Die polnische Verfassung vom Jahr 1952 garantierte im Abschnitt 69 allen Einwohnern, ohne Rücksicht auf Rassen-, Nationalitäts- und Glaubensverschiedenheit, die gleichen Rechte in allen Bereichen des staatlichen, politischen, wirtschaftlichen und kulturellen Lebens. Das Prinzip der freiwilligen Entscheidung über das Studium gehört dazu. Die Zentralorgane betonten immer wieder dieses Faktum, leider wurde es örtlich oft nicht eingehalten. Durch die verborgen und offen ausgeübten Zwänge entstand eine ungesunde Atmosphäre, in der der polnische Chauvinismus und der slowakische Nationalismus gediehen. Nur ein entschiedener Kampf gegen diese Tendenzen konnte das erwünschte Ergebnis bringen: Die selbständige und freiwillige Wahl der Schule für die Kinder der Minderheit.

Vor Abschluß dieses Kapitels sei noch ein Ausschnitt aus dem Plenumsbeschluß des Bezirksausschusses der Polnischen Vereinigten Arbeiterpartei in Neumarkt vom Juli 1967 zitiert. Er betrifft mein Problem:

„Die Zahl der Kinder, die slowakische Schulen besuchen, geht rapide zurück. Da dieses Phänomen ein Ausdruck nationalistischer Tendenzen sein kann, muß man dagegenwirken. Die Volksbildungsorgane werden mit Hilfe der Basisorganisationen der Polnischen Vereinigten Arbeiterpartei entschieden gegen jede Äußerung eines chauvinistischen Drucks bei der Wahl einer Ausbildungsstätte kämpfen. Im Mai werden die Schulleiter in der Zips und Arwa auf Anordnung der Volksbildungsabteilung Versammlungen organisieren, auf denen sie den Eltern, die ihre Kinder in die erste Klasse einschreiben, noch einmal das Prinzip der völlig freiwilligen Entscheidung für polnische oder slowakische Schulen erklären sollen.

In allen Schulen der Zips und Arwa werden pädagogische Sitzungen abgehalten werden, in denen die Schulleiter das Verhältnis der Staatspolitik zu den Minderheiten durchdiskutieren sollen. Sie sollen dabei die politische Schädlichkeit jedes Nationalismus und Chauvinismus, vor allem in den Schulen, erklären. Gegen jede Äußerung einer Diskriminierung, die im Widerspruch zu dem Schulgeist im sozialistischen Staate steht, muß man ganz entschieden ankämpfen.

Im Rahmen der Diensteinteilung der Lehrer garantiert die Volksbildungsabteilung ein höchst mögliches pädagogisches und didaktisches Niveau an den slowakischen Schulen. Diese Schulen bekommen die fachlich und politisch am besten vorbereiteten Lehrkräfte, die möglichst auch aus der slowakischen Minderheit stammen . . ."

Die praktische Durchführung und Einhaltung dieser Prinzipien würde zur Schaffung einer reinen Atmosphäre beitragen und würde auch auf die Frage, ob ein weiterer Ausbau und eine weitere Entwicklung slowakischer Schulen in der Zips und Arwa überhaupt einen Zweck und eine Zukunft hat, antworten.

Das nationale Leben einer Minderheit kann nur mit Hilfe eigener Schulen erhalten werden. Ohne diese Schulen und die Möglichkeit, die Muttersprache zu vervollkommnen und weiter zu entwickeln, verliert die Minderheit die Kontinuität mit ihrer Heimat. Die Einwohner passen sich der Umgebung an und nehmen allmählich ihre Bräuche und Sprache an; sie werden assimiliert. Die Nationalitäten vermischen sich, verwachsen ineinander; die Minderheit wächst in den Körper der „ökonomischen Heimat" ein — sie hört auf zu existieren. Ich glaube, das ist eine gesetzmäßige Tendenz, vor allem in den Grenzgebieten, wo sich die Nationalitäten vermischen, und insbesondere zwischen zwei slawischen Völkern, die sprachlich so verwandt sind wie die Polen und Slowaken.

5. „Život" als Organisator von Kultur und Volksbildung

Mit dem Schulwesen hängt auch die übrige kulturelle und volksbildende Tätigkeit eng zusammen. Während die zahlenmäßig kleine tschechische Minderheit (rund 4 000—5 000), in verschiedenen Gebieten Polens verstreut, schon in der Zeit zwischen den beiden Weltkriegen ihre Vereine hatte, haben die Slowaken in der Zips und Arwa diesbezüglich keine Aktivität entwickelt. Erst nach dem Kriege, praktisch erst in den fünfziger Jahren, beginnen auch sie das Interesse für kulturelle Tätigkeit zu entwickeln. Sie gründen die ersten Gesangs- und Musikvereine.

Bei der Untersuchung der Lebensweise und Tätigkeit der Minderheiten (nicht nur slowakischer) sehen wir, daß der stärkste Akzent auf die Pflege und Entwicklung der Folklore der alten Heimat gesetzt wird. So hat zum Beispiel die rund 500 000 starke ungarische Minderheit in der Tschechoslowakei mehr Tanz- und Musikensembles als ganz Ungarn. Mit Trachten, Volksliedern und -tänzen pflegen sie die Mentalität und Bräuche ihrer alten Heimat. Gerade auf diesem Gebiet setzt sich die Theorie der zwei Heimatländer durch. Das ökonomische, in dem sie leben und arbeiten, und das kulturelle alte Vaterland, dessen Sitten und Gebräuche sie mitgebracht haben. Sie bemühen sich, die Reste des Kulturerbes möglichst gut zu bewahren, zu pflegen und weiter zu entwickeln.

Zum Zeitpunkt der Gründung der Kultursozialen Gesellschaft der Tschechen und Slowaken in Polen existierten in der Zips und Arwa schon einige slowakische Folkloregruppen. In den Dörfern waren Blasmusikkapellen verbreitet. Die neugegründete Gesellschaft griff die schon vorhandenen Initiativen auf, belebte die kulturelle und volksbildende Bewegung und breitete sie noch weiter aus.

Der Chefredakteur und damalige Vorsitzende des ZK der Gesellschaft Adam Chalupec erzählte mir über die Anfänge:

„Wenn ich heute auf unsere ersten Schritte zurückblicke, finde ich, daß unsere Arbeit mit der Arbeit der Štúrgruppe[20] vor 100 Jahren zu vergleichen ist. Es ist nötig, noch einmal zu betonen, wie verlassen und abgeschnitten von den Kulturzentren dieses Gebiet war. Wir mußten in unseren Landsleuten erst Nationalstolz und -bewußtsein erwecken, ihnen das Interesse für Bücher und Theater beibringen. Wir mußten die schon bestehenden Aktivitäten aufgreifen, neue Formen entwickeln und möglichst viele Landsleute einschalten."

Die Pionierarbeit der Gesellschaft fand bei den Zentralorganen Unterstützung, aber sie stieß auf Mangel an Verständnis und nur geringe Hilfe bei den Orts-

---

[20] „Štúrovci" — Gruppe der jungen slowakischen Aufklärungsintelligenz. Ihr Führer war Ľudovít Štúr (1815—1856), der im Jahre 1843 die auf mittelslowakischem Dialekt beruhende slowakische Schriftsprache einführte.

funktionären. Besonders kräftig war der Widerstand der Kirche, die in diesen Gebieten starke Positionen besaß. Störend reagierten auch einige Kulturarbeiter (z. B. Journalisten), die die Slowaken in der Zips und Arwa als slowakisierte Polen bezeichneten.

Zur Abrundung des Bildes der damaligen Situation noch ein Zitat aus der Betrachtung von Alena Matelová „Kulturfragen in der Arwa — wie soll man die Zeit verbringen?" in der Doppelnummer 3/4 (1958):

„. . . In Jablonka und überhaupt in der gesamten Arwa ist alles noch primitiv. Man kann sie nicht mit anderen Dörfern, die in der Großstadtnähe liegen, vergleichen. Dieses Gebiet, das sich südlich von Babia Hora bis zur slowakischen Grenze erstreckt, ist vom übrigen Polen völlig isoliert. Außer dem zweimal wöchentlich spielenden Kino ist noch keine Zivilisation hergekommen.

. . . Wie verbringen die Einwohner Jablonkas ihre Freizeit? Wie schon erwähnt, ist das Kino die einzige Unterhaltung. Was zieht sonst die Bürger an? Im Dorfzentrum, in der Nähe der Schule Nr. 3, befindet sich ein altes Gasthaus. Das ist der Treffpunkt vieler Menschen. Hier werden beim Bier- oder Schnapsglas die meisten Probleme des Bezirks gelöst. Es ist kein Wunder, denn hier ist der einzige Punkt, wo sich mehrere Menschen unter einem Dach treffen können. In dieser Umgebung werden jedoch sicher keine Kulturfragen diskutiert . . ."

Die ersten Schritte auf diesem Gebiet waren schwer. Die Gesellschaft setzte sich als erstes Ziel, ähnlich wie beim Schulwesen, Räume für Klubzimmer bereitzustellen. Die Klubs sollten den Ortsgruppen als Zentren dienen. Die ersten befanden sich oft in privat gemieteten Zimmern. Erst später versuchte die Gesellschaft die Einwohner für den Selbsthilfeausbau richtiger Klubs und Klubcafes, wie sie heute bezeichnet werden, zu gewinnen. Zugleich setzte sie auch durch, daß ihre Mitglieder in die schon eingerichteten polnischen Klubs eingelassen wurden. Dadurch trug sie auch zu dem freundschaftlichen Zusammenleben beider Nationalitäten bei. In den neueröffneten Klubs gab sie nicht nur Ratschläge, sondern sie leistete auch konkrete Hilfe. Von Geldern, die durch die wirtschaftliche Tätigkeit der Genossenschaft Produs erworben wurden, kaufte sie slowakische Bücher und Zeitschriften und Musikinstrumente. Sie half auch bei der materiellen Einrichtung.

Die Klubs erfüllten jedoch nicht nur die Funktion von Lesesälen und Treffgelegenheiten. Ihr Entstehen ermöglichte eine Reihe volksbildender und kultureller Aktivitäten.

Gleich am Anfang wurden slowakische Sprachkurse für Erwachsene und Kinder organisiert. Wie ich schon geschrieben habe, sprachen die Einwohner in der Podhalie den Zipser Dialekt. Diese Tatsache erschwerte den Kindern den Unterricht — erst beim Schuleintritt hatten sie den ersten Kontakt mit der slowakischen Sprache. Die Kurse sollten die Ausdrucksmöglichkeiten in slowakischer Sprache verbessern, zur Benutzung der Schriftsprache und zur Wortschatzerweiterung führen. Sie sollten ebenfalls zum Lesen slowakischer Bücher und Zeitungen anregen und die Einwohner an die geschriebene slowakische Sprache gewöhnen. Und schließlich sollten sie auch beim Schriftverkehr mit den Familien in der Slowakei oder mit der „Život"-Redaktion helfen. Will man ins Detail gehen, so sollten die Kurse auch zur Fähigkeit beitragen, gefällig zu schreiben (noch heute können viele ältere Menschen die Buchstaben nicht richtig in Wörtern zusammensetzen, von Satzbau und Interpunktion ganz zu schweigen).

Als Hilfe für die Sprachkurse waren die Sprachecken im „Život" in der Rubrik „Meine Muttersprache" bestimmt. An dieser Stelle muß man an die Tatsache erinnern, daß „Život" und die Gesellschaft untrennbar waren. „Život" hat die Tätigkeit der Gesellschaft nicht nur propagiert, er war ihr Organ, und beide waren finanziell und organisationsmäßig eng verbunden. Das wurde in der Person Adam Chalupecs ausgedrückt, der zugleich „Život"-Chefredakteur und ZK-Vorsitzender der Gesellschaft war. Heute ist er Chefredakteur und stellvertretender ZK-Vorsitzender. Über jede Aktion der Gesellschaft wurde auf den Seiten des „Život" berichtet. Bei den Sprachkursen konnte es nicht anders sein. Die Kurse wurden von Lehrern aus den slowakischen Schulen geleitet; die Sprachecken redigierten slowakische Redakteure, die in Warschau akkreditiert waren (Emil Benčík). Sie kannten die Sprachschwierigkeiten der Zipser und Arwaer nicht genau, daher waren die ersten Beiträge zwar grammatikalisch in Ordnung, für die Sprachvervollkommnung der Minderheit waren sie jedoch unwesentlich. Im September 1959 gelang es der Redaktion, durch persönliche Kontakte den wissenschaftlichen Arbeiter der Sprachabteilung an der Slowakischen Akademie der Wissenschaften in Preßburg, Dr. Ferdinand Buffa, zur Mitarbeit heranzuziehen. Als Fachmann der polnischen Sprache (Autor des Handbuchs für die polnische Sprache; in Polen kam dank seiner Mitarbeit das polnisch-slowakische Wörterbuch heraus) kannte er die Problematik ausgezeichnet. Das spiegelte sich im Inhalt der „Sprachecke" wieder. Leider wurde diese nützliche mehrjährige Zusammenarbeit abgebrochen (Herr Buffa hat heute noch Honorare auf einem Warschauer Bankkonto liegen) und der Redaktion gelang es nicht, einen adäquaten Ersatz zu finden.

Es wurde schon erwähnt, daß die Sprachkurse von Lehrern geleitet wurden, die an den slowakischen Schulen unterrichteten. Die Leitung der Gesellschaft und die „Zivot"-Redaktion organisierten für sie selbst Kurse zur Sprachvervollkommnung. Sie wurden zu kurzfristigen Schulungen geschickt; die Zusammenarbeit mit der Slowakei beschränkte sich leider nur auf kurze Ausflüge. Es scheint, daß zu wenig Initiative von unten kam. Das betrifft die Ortsgruppen der Gesellschaft und die Eltern, deren Kinder an slowakischen Schulen lernten. Sie hätten sich selbst mehr für die Erhöhung des Unterrichtsniveaus ihrer Kinder in der Muttersprache einsetzen sollen. Als Beispiel dafür kann die Initiative und die Ausdauer der tschechischen Minderheit in Zelov dienen.

Hier strebte die Ortsgruppe der Gesellschaft zwei Jahre eine Erhöhung der Sprachqualifikation ihres Lehrers an. Das Resultat der unendlichen Wege von einer Behörde zur anderen war die Bewilligung eines einjährigen Sprachkurses in der Tschechoslowakei für den Lehrer Balta, der an der Schule mit tschechischer Unterrichtssprache in Zelov unterrichtete.

Eine der Formen kultureller und volksbildender Tätigkeit war die Gründung von Lesezirkeln. Hier wurde gemeinsam slowakische Literatur und „Život" gelesen. Der Inhalt der Zeitschrift „Život" trug zur Erhöhung des Horizonts seiner Leser bei. Reportagen, unterhaltsame und informative Artikel waren gegenüber der Berichterstattung aus dem Gebiet im Übergewicht.

Für die Volksbildung war die Rubrik „Menschen, die man kennen sollte" und die Rubrik der Ratschläge sehr wichtig. Die zwei Spalten „Menschen, die man kennen sollte" machten den Leser mit bekannten Persönlichkeiten der Kulturgeschichte, der Wissenschaft und Politik aus der Tschechoslowakei, Polen und der ganzen Welt bekannt. So hat z. B. nur der Jahrgang 1959 Portraits von Pavel Orszag Hviezdoslav, Alois Jirásek, Jiří Wolker, Samo Chalúpka, Charles Darwin, Maria Sklodowska-Curie, Tadeus Kosciusko, Jan Evangelista Purkyně, Martin Benka, Jaroslav Heyrovský und Mieczyslav Karlovič gebracht. Fast in jeder Nummer waren auch Informationen, Gespräche und Portraits berühmter Filmstars sowie auch ein „Filmrätsel" zu finden.

Die Sprachkurse und die Lesezirkel sollten die aktiven Kenntnisse und den täglichen Gebrauch von guter slowakischer Sprache unterstützen. Sie hatten einen ähnlichen Arbeitsplan wie die slowakischen Schulen. In das Konzept ihrer Volksbildungsarbeiten in der Zips und Arwa gliederte die Gesellschaft auch den Ankauf slowakischer Ortsbüchereien mit slowakischer Belletristik ein. Über dieses Problem wurde im vorigen Kapitel schon geschrieben; ich will die vergeblichen Versuche des ZK und der "Zivot"-Redaktion, slowakische Bücher aufzutreiben, nicht noch einmal aufzählen.

Die Gesellschaft entwickelte auch in anderen Bereichen ihre Kulturtätigkeit; sie knüpfte an die schon laufende Ensembletätigkeit an, gründete neue Ensembles und half ihnen finanziell und materiell. Als eine der ersten begannen die Tanz- und Musikensembles in Jablonka zu arbeiten. Beide slowakischen Ensembles (24 Mitglieder) traten in eigenen Trachten auf. Die Gesellschaft half ihnen bei Anschaffung der Musikinstrumente. Schlimmer war es mit dem 22 Mitglieder zählenden Ensemble in Zelov, das keine Trachten besaß, und dem auch Musikinstrumente fehlten. Alle drei Ensembles arbeiteten jedoch, trotz ihrer Unerfahrenheit und unvollkommenen materiellen Ausrüstung, mit viel Lust und Elan. Das Resultat ihrer Tätigkeit waren viele erfolgreiche Auftritte bei ihren Landsleuten in näherer und weiterer Umgebung. Hier muß man auch das Verhalten der Ortsorgane erwähnen. Für das Ensemble in Zelov zeigten der Bezirksausschuß und das Bezirks-Kulturhaus in Laska großes Interesse; sie bemühten sich, ihm auch finanziell zu helfen. Fast umgekehrt verhielt sich die Kulturabteilung des Bezirksausschusses in Neumarkt. Sie gab sich den neuen Ensembles gegenüber desinteressiert. Die Mitglieder beantragten qualifizierte Berater, die auf der Basis eines ordentlich abgeschlossenen Vertrags bei der Auswahl und den Proben des Programms behilflich sein sollten. Doch vergeblich. Die Sänger und Musikanten aus Jablonka, Kacvín und später auch aus den anderen Gemeinden der Zips und Arwa waren auf ihre eigenen Kräfte angewiesen. Das ZK bemühte sich deshalb, die Lehrer von den slowakischen Schulen so weit wie möglich zu engagieren. Ein weiteres Problem tauchte auf — das Desinteresse der Jugend an der Ensembletätigkeit. Gerade hier konnten die Lehrer helfen. Die ersten Schritte in dieser Richtung unternahm die junge agile Lehrerin Klára Korpášová. Am slowakischen Lyzeum in Jablonka gründete sie im Jahre 1959 ein Gesangs- und Tanzensemble aus 40 jungen Leuten. Das ganze Ensemble bekam schon im ersten Jahr seiner Tätigkeit Trachten und Musikinstrumente von der Gesellschaft. Die gleiche Hilfe wurde dem neugegründeten Ensemble in Vyšné Lapše geleistet. Dieses Ensemble gründete mit Hilfe des dortigen Lehrers der slowakische Landsmann Augustin Bryja. Er führt es heute noch. Auf jeder Versammlung, Sitzung oder Tagung der Gesellschaft bat er um mehr Hilfe. Er wollte keine finanziellen Mittel, sondern Instruktionen und Ratschläge bei der Repertoireauswahl.

Man kann sagen, daß „Zivot" diesen Bereich vergaß. Er propagierte neue Klubs, brachte Berichte von den Proben und öffentlichen Auftritten der Ensembles, doch er hätte noch mehr helfen können. Zum Beispiel hätte er Quellen veröffentlichen können, aus denen die Ensembles hätten schöpfen können; er hätte Kontakte mit ähnlichen Folkloregruppen in der Tschechoslowakei anknüpfen können. Anstelle der „Philatelistischen Neuigkeiten" hätte die Rubrik „Slowakische Volkslieder" eingefügt werden können. Ähnlich hätte „Zivot" auch den Theaterzirkeln helfen können, die sich am schnellsten entwickelten. Sie fanden auch Interessenten in den Reihen der Jugend sowie der Erwachsenen. Geleitet wurden sie in den meisten Fällen von Lehrern.

So wie die Ensembles hatten auch die Amateur-Theatergruppen zu wenig entsprechende Theaterstücke zur Verfügung. Sie verarbeiteten das, was ihnen zugänglich war, meistens Spiele mit Religionsthematik, deren Texte sie noch von der vorhergehenden Generation geerbt hatten. Das Repertoire der Amateure zu erweitern, bedeutete nicht nur eine Chance für die Gesellschaft und die Redaktion, sondern es war ihre Pflicht. Im Tschechoslowakischen Kulturzentrum in Warschau wurden 30 Theaterstücke für die Anfangstätigkeit bestellt, jedoch die gleichen Probleme wie beim Anschaffen von Büchern tauchten auch hier auf. Daß die Theatergruppen noch heute ihre Tätigkeit fortsetzen, ist das Verdienst ihrer Leiter, die persönliche Bekanntschaften und Kontakte mit den Landsleuten in der Tschechoslowakei pflegen. Die Situation war und ist trotzdem nicht rosig; es gab nur wenige Spiele, deren Problematik die Dorfbevölkerung interessierte. Bei der Auswahl mußte man ebenfalls die beschränkten Möglichkeiten der Kostümierung, Maskierung, Dekoration und der Zahl der Mitwirkenden beachten. Obwohl sich die Gesellschaft ständig bemühte, die Theatergruppen mit den notwendigen Spielvorschlägen zu versorgen, konnte das Repertoire wegen der schon genannten Mängel nicht erweitert werden.

Um die kulturelle Tätigkeit der Gesellschaft und der Zeitschrift vollkommen aufzuzählen, muß man auch die neueste Aktion erwähnen — die Propagierung und Betreuung der Volkskünstler aus den Reihen der tschechoslowakischen Minderheit. In den Jahren 1965 und 1966 brachte der Redakteur Marian Kaškiewicz im „Zivot" fotografische Berichte über das Leben und das Werk zweier hervorragender Künstler — des Lubliner Bildhauers und Bildners Vladimír Hess, der gebürtiger Tscheche war, und des slowakischen Schnitzers Andrej Gombas aus Jurgov. Bei diesen Berichten verweile ich, weil sie ein großes Echo nicht nur bei den tschechischen und slowakischen Lesern, sondern auch bei der polnischen Öffentlichkeit auslösten. Und das wichtigste: Im Falle Vladimír Hess halfen sie, einen wertvollen Menschen und Künstler zu retten, und ermöglichten es ihm, sich und seine Arbeit bekannt zu machen.

Der Bericht „Vladimír Hess, Lubliner Bildhauer und Bildner" war eigentlich ein Appell, eine Aufforderung, Bitte um Hilfe. In der Julinummer 1965 nahm er die ganze innere, graphisch hervorragend eingeteilte Doppelseite ein. Er war in fünf Teile gegliedert — das Portrait des Künstlers, zwölf Fotografien aus seinem Werk und drei Begleittexte. Diese Teile wurden nach ihrer Wichtigkeit mit verschiedener Schrift gesetzt: Die Überschrift über das Werk des Künstlers war in acht Spalten eingeteilt, die 8 cic breit und in Petitkursive gesetzt waren. Oben und unten waren die kurzen Spalten mit Fotografien eingefaßt. Der zweite, inhaltlich wichtigere Textteil war die Reportage selbst. Während die Übersicht des Werkes slowakisch geschrieben war, war dieser Bericht in Polnisch. Er wurde in drei lange Spalten eingeteilt, in der Breite 12 cic und in fettem Petit gesetzt. Auf einem farbigen Unterdruck war schließlich der wichtigste Text — Appell — handgesetzt. Hier seine wörtliche Übersetzung: „Die Redaktion der Zeitschrift ‚Život' wendet sich an die Behörden des Lubliner Bezirks mit der Bitte um einen Arbeitsraum für Vladimír Hess und um Beschaffung annehmbarer Arbeitsbedingungen für seine schöpferische Tätigkeit." Nun zum Inhalt des Berichts. Vladimír Hess war ursprünglich Metallarbeiter und lebte nun in Lublin. Der begabte Künstler arbeitete, oder besser gesagt vegetierte unter völlig unzulänglichen Bedingungen — in einer Kirchenkrypta. Marian Kaśkiewitz beschrieb farbig die verzweifelte Lage des Künstlers, sein bitteres Lebensdrama in der Vergangenheit und seine jetzigen Bedingungen. Er blieb nicht nur bei der Beschreibung, sondern schlug auch eine konkrete Hilfe vor und schloß mit diesem Satz: „Ich rufe nicht: ‚Den Hut ab vor dem Talent, meine Herren!', sondern: ‚Helft einem talentierten Menschen!'."

Nach den Erfahrungen mit dem Widerhall auf eine Kritik in der tschechoslowakischen Presse würde man nur seufzen. In Polen jedoch hatte das gedruckte Wort großes Gewicht, auch wenn es „nur" eine Zeitschrift der Minderheit war. Das Resultat der Doppelseite waren weitere Ausstellungen des Werks von Vladimír Hess, sein Abschied von der Krypta und eine neue Wohnung für den Künstler. Und in letzter Konsequenz, zusammen mit dem Bericht des Autors über Andrej Gombas und den Informationen über die Arbeit slowakischer Volkskünstler in Polen, war auch die Gründung des Künstlerverbandes der Maler, Bildhauer, Regisseure — Slowaken und Tschechen — in Polen das Verdienst von „Život". Der Künstlerverband wurde im Februar 1967 gegründet und hat seinen Sitz in Warschau.

Die kulturelle und volksbildende Tätigkeit beinhaltet jedoch nicht nur Klubs, Kurse, Ensembles und Theatergruppen. Sie richtet sich nicht nur auf die Sprache, Folklore und die Kunst aus. Der Begriff „Kulturleben" ist nicht nur auf die Beteiligung an den Kulturvorstellungen und die erreichte Bildung begrenzt. Das Niveau des Kulturlebens bestimmen auch die Sitten und Gebräuche, die Freizeitbeschäftigung an Wochentagen und Sonntagen. Die Pflege der häuslichen Kultur, der Hygiene des Essens und Schlafens, der Kindererziehung, das alles gehört zu der Gesamtkultur des Menschen. Nicht vergebens sagte jemand, daß der Politiker ausrechnen können muß, wie hoch der Seifenverbrauch in seinem Gebiet ist, wie viele Betten eine Bauernfamilie hat, wie viele Fenster in einem durchschnittlichen Bauernhaus vorhanden sind, und wie viele davon wirklich zum Lüften benützt werden.

Die kulturelle und volksbildende Tätigkeit bedeutet Verbreitung humanistischer Tätigkeit in den Klubs, aber auch die Einführung der technischen und wissenschaftlichen Errungenschaften im täglichen Leben.

Die Gesellschaft begriff ihre Mission auch auf diesem Gebiet richtig. In Zusammenarbeit mit der „Frauenliga" organisierte sie in den meisten Dörfern Koch- und Nähkurse. Die Leitung der Gesellschaft und die „Život"-Redakteure nahmen an der Auswertung der Kurse teil, „Život" brachte fotografische Berichte aus Jablonka, Kacvín, Nová Belá und Zubrica. Er half beim Organisieren der Kleingärtnerkurse und fand Instrukteure für die Interessenten. Die Gesellschaft gründete gemeinsam mit den Ortsorganen in den Zentren der Minderheit Beratungsstellen für juristische, soziale und gesundheitliche Probleme und für Fragen der Kindererziehung. In „Život" spricht heute noch „Tante Dora" zu den Bauern und gibt ihnen Ratschläge und Antworten auf verschiedene Probleme aus dem Bereich des Privatlebens. Ebenso teilt auch der „Kollege Bauer" seine Erfahrungen den anderen mit. Ratschläge gibt der Arzt, Jurist, Tierarzt. Diese Rubriken schätzen die Leser am meisten, ihrer Notwendigkeit waren sie sich bewußt, sie wünschten sogar ihre Erweiterung und waren bereit, auf andere Materialien zu verzichten. Den größten Erfolg bei den Leserinnen hatte die Rubrik „Gute Köchin" (heute „Zuzka kocht") und die vorletzte Seite „Die Frauen den Frauen, für die Frauen, über alles" mit der Rubrik „Die eine sagt es der anderen", „Vom Haustopf", „Wir antworten nicht nur der Schreiberin" und „Für Dein Kind".

Die beiden vorletzten Seiten mit den erwähnten Rubriken, den Modeneuigkeiten, den Volkssprüchen und Rätseln waren auch ein Spiegel des Fortschritts, sie verkündeten Volksbildung. Darum wurden sie ebenfalls in dieses Kapitel eingegliedert.

6. Gesamtbewertung der Zeitschrift

Der „Život" entstand als ein Organ der Kultursozialen Gesellschaft der Tschechen und Slowaken in Polen. Er erscheint in dem Verlag „Prasa krajowa ‚RSW' Prasa" in Warschau, von dem auch 12 Seiten finanziert werden.

Sobald der wirtschaftliche Teil der Gesellschaft — die Produktionsgenossenschaften Produs I und Produs II — mit seiner Tätigkeit begonnen hatte, erweiterte die Redaktion die Zeitschrift auf 16 Seiten. Vier Seiten finanzierte sie aus dem Unternehmensgewinn der Produs. Der wirtschaftliche Erfolg war eine der juristischen Bedingungen bei der Entstehung der Gesellschaft. Der Nutzeffekt der wirtschaftlichen Tätigkeit war aber nicht so hoch, wie man ursprünglich erwartete. Der Mißerfolg brachte finanzielle Folgen mit sich, die einen kleineren Umfang der Zeitschrift bewirkten. Seit Anfang des Jahres 1960 erscheint „Život" wieder auf den anfänglichen 12 Seiten und das bis heute.

Bei den Anfängen der Zeitschrift tauchten einige Probleme mit den Abonnenten und Korrespondenten auf. Die Propagandaarbeit der Ortsgruppen der Gesellschaft und das Interesse für die neue Zeitschrift trugen jedoch sehr bald ihre Früchte. Während im ersten Jahr des Bestehens der Zeitschrift ca. 500 Leser sie abonnierten, waren es im August 1959 schon mehr als 13 700. Die Auflage bewegte sich von 8 000 bis 28 000. Unter dem Schlagwort „Jedes Mitglied der Gesellschaft Abonnent des ‚Život'!" schrieb die Redaktion jährlich einen Wettbewerb für das Anwerben neuer Leser aus. Der Verlag „RSW Prasa" limitierte und beschränkte stufenweise die Auflage zunächst von 15 000 auf 7 000, später auf 4 000 Stück. Zur Zeit erscheint die Zeitschrift ohne Limit. Die Höhe der Auflage ändert sich jedes Quartal nach der Zahl der Bezieher und liegt bei ca. 4 000. In die Zips und Arwa werden jährlich 2 000—3 000 Exemplare zugestellt, den Rest abonniert die tschechische Minderheit, die Polen, die Landsleute im Ausland (im Jahre 1959 ging die Zeitschrift in 18 Länder). Sie wird auch frei verkauft. Die Zahl der Bezieher entspricht aber nicht der Zahl der Leser. Nach der Umfrage geht ein Exemplar durch die Hände von acht Lesern.

Der Sitz der Redaktion ist in Warschau. Die Personalbesetzung ist von Anfang an unverändert geblieben. Seit Gründung der Zeitschrift ist Adam Chalupec Chefredakteur, sein Stellvertreter ist Marian Kaškiewicz. Der Redaktionsstab wird weiter durch die slowakische Übersetzerin Alžbeta Stojowska, eine Sekretärin und einen Gehilfen ergänzt. Nur vertraglich gebunden arbeiten für die Redaktion eine tschechische Übersetzerin, ein tschechischer Herstellungsleiter, ein Graphiker, ein Rechtsanwalt und ein Korrektor für den slowakischen Text. Der Gesellschaft, und dadurch auch der Zeitschrift, stehen heute drei Rechtsanwälte in der Zips und einer in der Arwa zur Verfügung. Zu den ständigen freien Mitarbeitern gehört auch der Tierarzt Dr. Henryk Maczka.

Außer dem Chefredakteur und seinem Stellvertreter gab es bei dem „Život" nie einen festangestellten Redakteur. Bei der monatlichen Zusammenstellung des Redaktionsprogrammes wirkt ein sog. Redaktionsrat mit. Die Mitglieder dieses Rates werden jährlich von dem ZK der Gesellschaft aus den einzelnen Gebietsgruppen vorgeschlagen und von diesen gewählt. So muß sich auch das Präsidium für den Inhalt der Zeitschrift verantwortlich fühlen. Außerdem gibt es in jedem tschechischen und slowakischen Dorf einen ständigen Korrespondenten, der allgemein bekannt ist, und an den sich die Leute mit allen ihren Problemen und persönlichen Anliegen wenden. Diese Korrespondenten werden jährlich bei den Gemeindeversammlungen aller Einwohner — Tschechen, Slowaken und Polen —, der Mitglieder, aber auch Nichtmitglieder der Gesellschaft, gewählt. Sie treffen sich regelmäßig mit den Mitgliedern des Redaktionsrates und den Redakteuren des „Život" bei den Redaktionskonferenzen. Mit ihren Vorschlägen tragen sie zur Ausarbeitung des Redaktionsprogrammes bei.

Bei der Beschreibung der Redaktionsarbeit muß man noch den ständigen Kontakt der beiden Redakteure zu den Minderheitsgruppen erwähnen. Er hilft tiefer in die Probleme einzudringen, die alltäglichen Sorgen und Freuden zu erkennen.

„Život" ist ein Monatsblatt, und sollte immer bis zum fünften des Monats erscheinen. Ich schreibe „sollte", da es nur selten gelingt. „Život" wird bei der „Zaklady Graficzne RSW Prasa" in Warschau gedruckt. Der Herstellungszyklus der Zeitschrift ist sehr lang — schon sechs Wochen vor Beginn des Druckes müssen die Manuskripte mit dem Spiegel in der Druckerei sein. Die Druckerei selbst ist für den Satz der slowakischen Texte sehr mangelhaft eingerichtet. Es fehlen besonders die Buchstaben für den Handsatz. Hätte „Život" nicht die witzige und einfallsreiche graphische Aufmachung, so wirkte er grau und eintönig. Die Schrifttypen werden nie gewechselt. Man benützt meistens einfache und halbdicke Petit und Kolonel, die Kursivschrift gibt es höchst selten, genauso auch die anderen Schrifttypen.

Die Zeitschrift wird schon seit ihrem Entstehen von den gleichen Setzern bearbeitet, trotzdem treten noch immer sehr viele Fehler auf. Wenn wegen Krankheit oder Urlaub einer der Setzer ausfällt, kann sich der slowakische Korrektor kaum vor Fehlern retten. Manchmal müssen dieselben Texte so oft neu korrigiert werden, daß die Nummer auch mit Fehlern in den Druck geht, weil sie sonst wahrscheinlich überhaupt nicht erscheinen würde.

Ich spreche absichtlich vom slowakischen Text, vom slowakischen Korrektor, da Tschechisch in den letzten Jahrgängen immer seltener vorkommt. Die Zeitschrift wird dreisprachig gedruckt, schon im Titel ist der Erscheinungsmonat in Slowakisch, Tschechisch und Polnisch zu lesen. Die meisten Artikel erscheinen in Slowakisch. Die aus der tschechischen Presse übernommenen Artikel und diejenigen, die sich mit den tschechischen Minderheitsgruppen befassen, sind tschechisch geschrieben. Die aktuellen Nachrichten, die zeitlich für die Redaktion nicht mehr zu übersetzen sind, erscheinen in Polnisch. Die polnische Sprache können wir auch auf der vorletzten Seite in der Ruprik „Ratschläge" wiederfinden. Ursprünglich erschien auch diese in Slowakisch. Da es sich hier aber um die fachliche Terminologie handelt (z. B. in der Rubrik „Juristische Ratschläge"), die an polnischen Ämtern üblich ist, hat sich die Redaktion entschlossen, sie weiter in Polnisch zu veröffentlichen. In dieser Form sind sie für die Leser von größtem Nutzen. Polnisch geschrieben sind auch einige kritische Beobachtungen. Sie sind besonders an die zuständigen polnischen Ämter und Behörden adressiert, bei denen sie Mißstände aufdecken. Es handelt sich um die Artikel, die sich für die Gleichberechtigung, gegen den Nationalismus und die Ungerechtigkeiten seitens der örtlichen Behörden und der katholischen Kirche einsetzen.

Polnisch beherrsche ich nicht so perfekt, um die Sprache und den Stil der polnisch geschriebenen Artikel zu beurteilen. Die slowakische Sprache der ursprünglichen redaktionellen Artikel ist auf einem ziemlich niedrigen Niveau. Die lange Trennung der Redakteure und der slowakischen Übersetzerin von ihrem Heimatland ist sehr deutlich spürbar. Ich spreche nicht von der Orthographie, denn die Fehler könnte man eventuell dem Setzer zuschreiben. Das Problem der „Život-Sprache" liegt vor allem in Wortschatz, Satzbau und Auswahl der Wörter. Ich kann nicht der Ansicht des Chefredakteurs Herrn Chalupec zustimmen, die Sprache der Zeitschrift müsse dem Dialekt der Zips und Arwa angepaßt werden, damit die Leser sie besser verstehen. Hochslowakisch wird in den slowakischen Gebieten an den Schulen unterrichtet, für die Erwachsenen werden Sprachkurse veranstaltet, die Zeitschrift bringt in jeder Nummer Regeln der richtigen Benützung der hochslowakischen Sprache, und dabei übt sie selbst ständig schwere Verstöße gegen die Sprache aus. Es handelt sich besonders um die Benützung des im Slowakischen nicht üblichen Infinitivs nach der Konditionalkondition „aby"-(damit). Eines der Vergehen gegen die slowakische Rechtschreibung in der Zeitschrift ist auch die Schreibweise der weiblichen Nachnamen ohne die slowakische Endung -ová. In Polen werden die meisten Frauennachnamen ohne diese Endung geschrieben, der Vorname wird hinter den Nachnamen gestellt. In slowakischer Orthographie ist es genau umgekehrt. Die Schüler aus der Zips und Arwa, die die slowakischen Schulen besuchen, benützen die slowakische Schreibweise, die Erwachsenen dagegen meistens die polnische; hier könnte auch „Život" helfen. Durch die korrekte Benutzung der slowakischen Sprache hätte er die Möglichkeit, die Sprache der slowakischen Minderheit in Polen zu verbessern.

Einen Vorbehalt habe ich auch gegen die Begleittexte zu den Fotos in der Zeitschrift. Meistens sind sie nichtssagend, oder sie wiederholen abermals sinnlos das, was jeder auf dem Bild sehen kann. Die Fotos selbst, die als Berichterstattung aus dem Gebiet dienen sollten, werden nur selten eingesetzt. Dazu halte ich sie noch für sehr statisch. Die Themen wiederholen sich oft. Meistens sind es Gruppenfotos der Art „Die Teilnehmer der Konferenz", „Die Kinder aus Vyšné Lapše", „Die erfolgreichen Abiturienten aus Jablonka" und dergleichen.

An Lebendigkeit gewinnt die Zeitschrift einzig nur durch die gute graphische Ausstattung. Der „Život" fällt aus dem Rahmen der geläufigen Presse der nationalen Minderheiten. Wie schon gesagt, lesen seine Bezieher regelmäßig meistens nur „Život", andere Zeitungen und Zeitschriften nehmen sie nur sporadisch in die Hände. Diese Tatsache bestimmt den Inhalt des „Život". Er ist eine normale Zeitschrift im Magazinstil. Dem Leser wird alles geboten — von der politischen Übersicht über In- und Auslandsreportagen, Neuigkeiten aus der Welt der Mode und des Films bis zu Kochrezepten.

Die einzelnen Rubriken sind dem Interesse der Leser angepaßt. Die zweite und vorletzte Seite haben von Anfang an ständige Rubriken. Die zweite Seite ist der Politik gewidmet, der allgemeinen Übersicht der wichtigsten Ereignisse in Wort und Bild. Die innen- und außenpolitischen Kommentare sowie die Auszüge aus den Reden und Beschlüssen befinden sich auf der dritten Seite. Die vorletzte Seite beinhaltet ursprünglich die ständigen Rubriken: „Die Ratschläge der Tante Dora", „Rätselecke", „Mode" und „Zuzka kocht". Später hat sich die Seite um die Ratschläge des Juristen, des Tierarztes und des Agronoms erweitert. Heute besteht sie aus den Rubriken „Ratschläge und Beratungen", „Kalender", „Jahrestage" und „Humor". Von der zehnten Seite, die den Frauen gewidmet ist, habe ich schon vorher geschrieben. Es bleiben noch die achte und die neunte Seite mit ihren ständigen Rubriken. Die achte Seite bilden die Leserbriefe, die neunte ist der Jugend gewidmet. Unter der Überschrift „Den Jungen, Jüngeren, Jüngsten" bringt sie Märchen, Rätsel, Quize, Kuriositäten und Informationen aus der Welt der Jugend. Im letzten Jahrgang brachte sie auch einige Texte und die Noten der neuen Schlager aus der Slowakei. Die letzte Seite enthält literarische Novellen, Romanausschnitte, Märchen. Der Rest der Zeitschrift enthält Reportagen aus der Tschechoslowakei, Polen und aus dem Ausland, Informationen aus der ganzen Welt, Berichte aus den Zentren der Minderheit.

Meiner Ansicht nach widmete die Zeitschrift zu wenig Aufmerksamkeit der wirtschaftlichen Entwicklung der Gebiete. In den ersten Jahrgängen beschränkte sie sich auf die seltenen Informationen über die Tätigkeit der Produktionsgenossenschaften Produs I und II. Die Zeitschrift rekapitulierte die Entwicklung des ganzen Kreises Neumarkt, sie brachte Informationen über die Elektrifizierung und den Straßen- und Brückenbau in diesem Gebiet. Es fehlten die Betrachtungen und gemeinverständlichen Artikel aus der Landwirtschaft, z. B. über die Bedeutung der Zucht einzelner Haustiergattungen, über den Getreidebau in bergigen Gebieten usw.

Eine wichtige Rolle spielte und spielt die Zeitschrift bei der Propagierung der alten Heimat. In keiner einzigen Nummer fehlten Artikel aus der ČSSR, aktuelle Reportagen, Übersicht der Geschichte, Sagen über die Burgen und Schlösser, Artikel über alles, was in der Tschechoslowakei vorging.

Was kann man zum Abschluß sagen? „Život" ist die Zeitschrift, die alle Attribute einer Presse der nationalen Minderheit erfüllt. Auf seinen Seiten macht er die Leser mit der Politik, Wissenschaft, Wirtschaft und Kultur der Tschechoslowakei und Polens bekannt. Er bringt die Nachrichten aus der ganzen Welt, informiert und unterhält zugleich die Jungen und die Alten. Gleich in der ersten Nummer begann er für die praktische Einführung der Gleichberechtigung der tschechoslowakischen Minderheit im alltäglichen Leben zu kämpfen. Er streitet gegen alle Äußerungen des Nationalismus und Chauvinismus auf beiden Seiten. Die Leser aus Polen und dem Ausland macht er mit den Problemen der Slowaken und Tschechen in Polen bekannt. Er organisiert die kulturelle und volksbildende Tätigkeit und setzt sich für den technischen Fortschritt in den von der Minderheit bewohnten Dörfern ein. Er ist ein Spiegel der Tätigkeit der Kultursozialen Gesellschaft der Tschechen und Slowaken in Polen, später der Tschechoslowakischen Kulturgesellschaft und damit auch ein Spiegel des Lebens der tschechoslowakischen Minderheit in Polen.

Darin sehe ich seine Bedeutung, seinen Beitrag zu den polnisch-tschechoslowakischen Beziehungen.

QUELLENNACHWEISE

1. Fond MPS, ŠSÚA v Bratislave — Material des Ministers mit Vollmacht für die Slowakei, Staatliches slowakisches Zentralarchiv in Preßburg.
2. Fond Slovenskej ligy, ŠSÚA v Bratislave — Material der Slowakischen Liga, SSZA in Preßburg.
3. Fond Povereníctva vnútra, ŠSÚA v Bratislave — Material des Amtes des slowakischen Beauftragten für Inneres, SSZA in Preßburg.
4. Statut Czechosłowackiego Stowarzyszenia Kulturalnego v Polsce 1963 — Das Statut der Tschechoslowakischen Kulturgesellschaft in Polen 1963.
5. Die Zeitung „Slovák", Jahrgänge: 1920, 1921, 1923, 1924, 1925, 1938, 1939.
6. Die Zeitung „Slovenský denník" — Jahrgang 1938.
7. Die Zeitung „Čas" — Jahrgang 1945.
8. Die Zeitschrift „Krajanský život" — Krakau, März 1957.
9. Die Zeitschrift „Život" — Jahrgänge: 1958, 1959, 1960, 1961, 1962, 1963, 1964, 1965, 1966, 1967.

AVOGADRO'SCHE ODER LOSCHMIDT'SCHE ZAHL?

Von August Floderer

Bevor ich diese Frage beantworte, will ich die beiden Forscher und ihre Leistungen vorstellen.

Graf Amadeo Avogadro di Quarenga e Ceretto (geb. 9. 8. 1776 in Turin, wo er auch am 9. 7. 1856 starb) war zuerst Verwaltungsbeamter und wurde nach eifrigem Selbststudium im Jahre 1820 Professor für Physik in Turin. Im Jahre 1811 verfaßte er jene Abhandlung, durch die sein Name in die Geschichte der Physik einging. Diese Abhandlung erschien im Journal de Physique (Tom. LXXIII, 1811) unter dem Titel: „Essai d'une manière de determiner les masses rélatives des molécules élémentaires des corps, et les proportions selon lesquelles elles entrent dans les combinations." Eine deutsche Übersetzung dieser Arbeit hat W. Ostwald im Jahre 1889 in der Serie „Ostwalds Klassiker" Bd. 8 herausgegeben.

Ich zitiere daraus wörtlich: „Gay-Lussac hat in einer interessanten Abhandlung (Mémoires de la Société d'Arcueil, II) gezeigt, daß die Verbindungen der Gase untereinander stets nach sehr einfachen Verhältnissen erfolgen, und daß, wenn die Verbindung gasförmig ist, ihr Volumen gleichfalls in sehr einfachem Verhältnis zu dem der Bestandteile steht; nun scheinen aber die Mengenverhältnisse der Bestandteile in den Verbindungen nur abhängig sein zu können von der Anzahl der einfachen Molekeln („molécules intégrantes"), welche sich verbinden, und der zusammengesetzten Molekeln („molécules constituantes"), welche dabei entstehen. Man muß daher annehmen, daß auch zwischen den Volumen der gasförmigen Stoffe und der Anzahl der Molekeln, welche sie bilden, sehr einfache Verhältnisse bestehen.

Die Hypothese, welche sich hier auf den ersten Blick darbietet und welche sogar die einzig zulässige zu sein scheint, ist die Annahme, daß die Anzahl der zusammensetzenden Molekeln in jedem Gase bei gleichem Volumen stets dieselbe sei, oder stets proportional dem Volumen."

„Geht man von dieser Hypothese aus, so sieht man, daß man ein Mittel besitzt, sehr leicht die relativen Massen der Molekeln solcher Stoffe zu bestimmen, welche man in gasförmigem Zustand erhalten kann, und ebenso die relative Anzahl der Molekeln in den Verbindungen; denn die Verhältnisse der Massen der Molekeln sind gleich denen der Dichtigkeiten der verschiedenen Gase bei gleichem Druck und gleicher Temperatur, und die relative Anzahl der Molekeln in einer Verbindung ist unmittelbar durch das Verhältnis der Volumina der Gase, welche sie bilden, gegeben."

Ich will die Originalabhandlung Avogadros nicht weiter zitieren, sondern kurz zusammenfassen:

Avogadro geht vom Gay-Lussac'schen Gesetz aus, demzufolge die Gase sich nach einfachen Volumsverhältnissen verbinden und das Volumen der Verbindung, wenn dieselbe auch gasförmig ist, zu dem der Bestandteile ebenfalls in einem einfachen Verhältnis steht. Indem er erwägt, daß eine im rationalem Verhältnis geschehende Verkleinerung des Volumens bei der chemischen Verbindung der Teile ein gewisses Mengenverhältnis der sich verbindenden Teile voraussetzt, kommt er zu zwei wichtigen Sätzen:

1) Jeder Körper besteht aus einer Anzahl von chemischen Molekülen (molécules constituantes), welche die kleinsten für sich bestehenden Atomgruppen sind.

2) Alle Gase enthalten bei gleichem Druck und gleicher Temperatur im selben Volumen eine gleiche Anzahl von Molekülen.

Avogadros Absicht bestand also darin, das von Gay-Lussac empirisch gefundene Gesetz, daß bei Gasreaktionen die Volumina der reagierenden Gase untereinander und mit dem Volumen des Reaktionsproduktes in einem einfachen rationalen Verhältnis stehen, theoretisch zu begründen.

Er spricht dabei den Gedanken aus, daß die Moleküle der Gase nicht die kleinsten Teile sind, sondern selbst noch aus kleineren (in der Regel zwei) „molécules integrantes" (Atomen) bestehen, z. B. 1 Sauerstoffmolekül besteht aus 2 Sauerstoffatomen. Mit dieser Annahme gelingt es ihm leicht, das Versuchsergebnis, daß 2 Volumina Wasserstoff und ein Volumen Sauerstoff zwei Volumina Wasser ergeben, zu erklären. Das aus 2 O-Atomen bestehende O-Molekül teilt sich und jedes O-Atom verbindet sich mit einem Wasserstoffmolekül zu je einem Molekül Wasser.

In moderner Schreibweise: $2 H_2 + O_2 = 2 H_2O$.

In analoger Weise deutet er die Ammoniaksynthese: 3 Volumina Wasserstoff und 1 Volumen Stickstoff gibt 2 Moleküle Ammoniak.

($3 H_2 + N_2 = 2 NH_3$).

Das zweite Ergebnis seiner Untersuchung, die nach ihm benannte Hypothese, besagt: „Alle Gase enthalten bei gleichem Druck und gleicher Temperatur im selben Volumen eine gleiche Anzahl von solchen Molekülen."

Die Gründe Avogadros für seine Hypothese enthalten nicht, wie häufig angegeben wird, einen Hinweis auf das gleichartige Verhalten der Gase gegen Änderungen des Druckes und der Temperatur, sondern beziehen sich ausschließlich auf die gegenseitige Entfernung der Gasmoleküle voneinander, wie sie unter bestimmten gleichen Verhältnissen stattfindet und die, den Anschauungen seiner Zeit entsprechend, als durch den um jedes Molekül angehäuften Wärmestoff gedacht wird. Sie sind somit ausschließlich aus dem Gay-Lussac'schen Volumsgesetz hergenommen, nicht aus den allgemeinen Gasgesetzen.

Obwohl diese Hypothese sich später (durch ihre Bedeutung für die kinetische Gastheorie) für die Chemie und für die Physik als sehr wertvoll erwiesen hat und daher später Avogadro'sche Regel und schließlich Avogaro'sches Gesetz genannt wurde, wurde sie von seinen Zeitgenossen abgelehnt, so daß diese Abhandlung lange Zeit unbeachtet blieb.

Abschließend sei ausdrücklich festgehalten, daß Avogadro sich die Frage nach der Anzahl der Moleküle in einem bestimmten Volumen, z. B. in 1 cm^3, überhaupt nicht gestellt und auch nie versucht hat, sie zu beantworten.

Der österreichische Physiker Josef L o s c h m i d t wurde am 15. März 1821 in dem kleinen Ort Putschirn bei Karlsbad geboren. Nach der Matura studierte er an der Universität in Prag. Im Jahre 1841 kam er nach Wien, setzte hier seine Studien fort und arbeitete dann zunächst in der chemischen Industrie.

1856 erhielt er eine Lehrstelle an der Unterrealschule in Wien Leopoldstadt. Trotz seiner bescheidenen Mittel richtete er sich dort ein kleines chemisches Laboratorium ein und führte experimentelle Untersuchungen durch. Besonders erfolgreich aber war er bei seinen theoretischen Studien, deren Höhepunkt seine im Jahre 1865 in den Sitzungsberichten der Wiener Akademie der Wissenschaften erschienene Abhandlung: „Zur Größe der Luftmoleküle" bildete.

Nun ging es rasch aufwärts. 1866 habilitierte er sich als Privatdozent und bereits 1867 wählte ihn die Wiener Akademie der Wissenschaften zum korrespondierenden Mitglied. 1868 wurde er a. o. Prof. für physikalische Chemie an der Wiener Universität, 1870 wirkl. Mitglied der Wiener Akademie und 1872 wurde er zum o. ö. Prof. für Physik an der Wiener Universität ernannt, wo er bis 1891 wirkte.

Er starb am 8. Juli 1895 in Wien, erhielt ein Ehrengrab im Zentralfriedhof zu Wien und bald darauf eine Gedenktafel (Plakette) in den Arkaden der Wiener Universität.

Zwei physikalische Größen sind es, die mit dem Namen Loschmidt dauernd verbunden sind; die eine ist die Größe der Moleküle, die andere die Loschmidt'sche Zahl.

Loschmidt's Überlegungen gingen von der kinetischen Gastheorie aus, die erst von Krönig (1856) und Clausius (1857) begründet worden ist.

Ich zitiere die für unsere Frage wichtigen Teile seiner Abhandlung:

„Zur Größe der Luftmoleküle".

„Von jeher war man darüber einig, daß in den Gasen die Moleküle durch Distanzen von einander getrennt seien, gegen deren Größe man den Durchmesser derselben in den meisten Fällen als verschwindend klein annehmen dürfe. Die Moleküle selbst ließ man in fortwährender Bewegung begriffen, und die Geschwindigkeit dieser Bewegung von der Temperatur beherrscht sein.

Über die Art der Bewegung haben sich in letzter Zeit zwei scharf getrennte Ansichten festgestellt. Die eine, die ältere, läßt die Gasmoleküle an äquidistanten Orten durch gegenseitige Anziehungs- und Abstoßungskräfte in einer stabilen Gleichgewichtslage festgehalten werden, um welche sie oszillieren. Diese Anziehungs- und Abstoßungskräfte nimmt man entweder als ursprünglich, der Substanz der Moleküle angehörig, oder, und zwar meistenteils, als durch die Ätherhüllen oder auch einen Wärmestoff bedingte an. Es vermag diese Ansicht wohl im allgemeinen über alle Erscheinungen so ziemlich Rechenschaft zu geben. Es hat sich aber schließlich herausgestellt, daß sich aus ihr eben nur das deduzieren lasse, was man von Anfang in die Prämissen hineingelegt hatte. Darüber hinaus zu führen vermochte sie nicht.

Weit besser gelang dies der zweiten Ansicht, welche von Herapath (1821) und Krönig (1856) aufgestellt, durch die Arbeiten von Clausius (1857), Maxwell (1860), Rankine usw. ausgebildet worden ist, ein entschiedenes Übergewicht errang. Dieselbe läßt zwar die weiteren Abstände zwischen den Gasmolekülen fortbestehen, beseitigt aber das Band, welches ein Molekül mit seinen Nachbarn verbindet und an einem Ort festhält, erteilt ihm aber dafür eine gewisse progressive Geschwindigkeit. Vermöge dieser bewegt sich das Molekül in gerader Richtung fort, ohne von anderen eher Notiz zu nehmen, bis es nicht so zu sagen von ungefähr, mit diesen zusammentrifft. In diesem Fall erfolgt ein Auseinanderprallen, ganz nach den Gesetzen des Stoßes vollkommen elastischer Kugeln.

Mit dem Aufgeben der vermittelnden Kräfte war ein beschwerlicher Ballast beseitigt, es wurde ein eigentümlicher Kalkül zur Ermittlung von Durchschnittswerten in dem Chaos der regellosen durcheinander fahrenden Moleküle ausgebildet und bestimmte Resultate erzielt, mittels welcher man hoffen durfte, trotz mancher vereinfachender Annahmen, wie der allgemeinen Kugelform der Moleküle und dergleichen, von den Tatsachen selbst eine Bestätigung oder eine bündige Widerlegung zu erfahren. Bisher nun war der Verlauf ein für die neue Theorie unzweifelhaft günstiger und die Arbeiten der obengenannten Forscher haben einerseits sehr präzise und einleuchtende Erklärungen der wichtigsten Vorgänge bei den Gasen geliefert; so für den atmosphärischen Druck, für die Wärmeleitung, für die Fortpflanzung des Schalles, anderseits aber auch mittels einer durchsichtigeren Fassung der Beziehungen die numerische Bestimmung wichtiger Konstanten ermöglicht. Wir heben hier besonders hervor die Bestimmung der mittleren Geschwindigkeit der Moleküle für verschiedene Gase bei verschiedenen Temperaturen, die des Verhältnisses der gesamten lebendigen Kraft eines Gases zu der jener Geschwindigkeit entsprechenden; beides durch Clausius, ferner der mittleren Weglänge der Luftmoleküle durch Maxwell und O. E. Meyer.

Es ist der Zweck der vorliegenden Arbeit auf dem Boden dieser Theorie für eine andere Konstante ein vorläufige Annäherung zu gewinnen, nämlich für die Größe des Durchmessers der Luftmoleküle. Dieser Größe wird zwar von jeher eine außerordentliche Kleinheit zuerkannt, die Frage aber, ob man dabei auf Millionstel oder Billionstel des mm, oder noch viel weiter hinabzusteigen habe, war bisher unerörtert geblieben. Die neue Theorie ist nun allerdings imstande hierüber Auskunft zu geben."

Anschließend zeigt Loschmidt, wie man aus der von Clausius modifizierten Maxwell'schen Gleichung $1 = \frac{4}{3} \pi N.l.s^2$, in der N die Anzahl der in Volumseinheit enthaltenen Luftmoleküle, l die mittlere Weglänge und s den Durchmesser eines Moleküls bedeutet, die wichtige Beziehung herleiten kann: Der Durchmesser der Moleküle eines Gases ist gleich der achtfachen mittleren Weglänge, multipliziert mit dem Kondensationskoeffizienten ($s = 8 l \in$).

Aus der mittleren Weglänge und dem gemessenen Kondensationskoeffizienten konnte Loschmidt den Durchmesser der Moleküle berechnen.

Aus der Größe der Moleküle kann man leicht errechnen, wieviele Moleküle in einem bestimmten Volumen enthalten sind oder auf ein gegebenes Gewicht eines Körpers gehen.

In der Tat hat Loschmidt auch berechnet, wieviele Moleküle in 1 cm³ (bei Normalverhältnissen) eines Gases enthalten sind.

Praktischer ist es, die Anzahl der Moleküle zu bestimmen, die auf ein Mol gehen, denn diese Zahl ist ja, wie immer auch die Nebenumstände sein mögen, für alle Körper gleich.

(Bei der Definition des Begriffes Mol wird die Avogadro'sche Regel verwendet, sonst aber hat die Arbeit von Avogadro nichts mit dieser wichtigen Naturkonstanten zu tun.)

Die Loschmidt'sche Zahl $N_L = 6,023.10^{23}$ mol^{-1} ist also eine vom Druck, der Temperatur und dem Aggregatzustand unabhängige Naturkonstante.

Daß die Loschmidt'schen Berechnungen richtig waren, erwies sich, als andere Forscher auf verschiedenen Wegen zu denselben Ergebnissen gekommen sind.

Wie hoch die Leistung Loschmidts einzuschätzen ist, zeigen die Urteile seiner Zeitgenossen.

Am Tage, an dem Loschmidt begraben wurde, sagte Prof. L. Boltzmann in der Vorlesung zu seinen Hörern: „Prof. Loschmidt ist der Erste, der durch eine höchst geniale Rechnung nachwies, daß Wasserstoff vom Volumen 1 cm³ in rund 1 Trillion Teilchen geteilt werden kann, die noch Wasserstoff sind und in nicht mehr, wenn die Teile nicht dem Ganzen ungleichartig werden sollen. Viele andere Forscher haben seitdem dieselbe Größe auf anderem Weg berechnet und immer ein genau übereinstimmendes Resultat gefunden, so daß an der Richtigkeit derselben nicht mehr gezweifelt werden kann, obgleich man wohl niemals in die Lage kommen wird, dieses Resultat durch direkte Messung zu bestätigen, geradeso wie niemand bezweifelt, daß die berechnete Entfernung zwischen Sonne und Erde richtig ist, obwohl man sie niemals mit der Meßkette gemessen hat." Abschließend sagte er: „Wäre Loschmidt in England geboren worden, die genannte Zahl hieße jetzt, ohne Zweifel, die Loschmidt'sche Zahl."

„Ich will nicht den stillen Dulder in der Lacknergasse (17. Wr. Bez.) mit dem Universalgenie Helmholtz vergleichen, aber jene große Leistung Loschmidt's steht gegen keine einzige der großen Leistungen Helmholtz's an Bedeutung für die Wissenschaft zurück. Und was geschah zu seiner Ehrung? Vielleicht trifft ein Teil der Schuld die großen Geister Österreichs selbst. Wer die Kraft hat, Unsterbliches zu leisten, wie sollte dem die Kraft fehlen es auch zur Geltung zu bringen? Oder ist es die höchste Geistesgröße, mit der Leistung zufrieden zu sein und über dem Glück der Arbeit des Strebens nach Anerkennung ganz zu vergessen? Ich kann mich zu dieser Höhe nicht erheben. Aber wenn selbst unsere Heroen der Anerkennung nicht bedürfen, wir müssen sie doch ehren um uns selbst zu ehren, und ich werde — so lange ich lebe und Atem habe — meine Mitbürger an diese Pflicht mahnen."

Derselbe Prof. Boltzmann hielt am 29. Oktober 1895 in der kaiserl. Akademie der Wissenschaften in Wien für J. Loschmidt eine Gedenkrede, in der er unter anderem ausführte: „Die Arbeiten Loschmidt's sind nicht bloß einzelne Bausteine, sondern sie bilden eine mächtige Ecksäule, weithin sichtbar, so lange es eine Naturwissenschaft geben wird. Eine Arbeit Loschmidt's, die Berechnung der Größe der Luftmoleküle, wurde aus Anlaß seines Todes in letzter Zeit in den Zeitungen besprochen. In einem Kreis von Physikern ist es nicht nötig, auf die Prinzipien dieser Berechnung und ihre Bedeutung für die Wissenschaft hinzuweisen. Die Berechnung dieser Zahl ist wohl die größte, aber keineswegs die einzige wissenschaftliche Leistung Loschmidt's."

In seiner Antrittsrede sagte der für das Jahr 1915/16 gewählte Rektor der techn. Hochschule in Wien, Prof. G. Jäger, unter anderem folgendes: „Wenn die Wissenschaft auch an keine Grenzen der Länder und Völker gebunden ist, so muß es uns doch mit gerechtem Stolz erfüllen, wenn wir uns einer besonderen Pflege derselben im eigenen Vaterland rühmen können. Leider haben wir Österreicher einen großen Fehler. Wir sind zu bescheiden. Boltzmann selbst hat dies in einem Nachruf auf Loschmidt einmal folgendermaßen zum Ausdruck gebracht: ‚Wir Österreicher sind doch sonderbare Leute. Wenn einer von uns etwas recht Großes leistet, so genieren wir uns förmlich, getrauen wir uns gar nicht recht, es öffentlich zu sagen. Andere Menschen sind da ganz anders. Sie glauben sich selbst zu ehren, wenn sie ihre großen Männer verherrlichen, und es muß als rührend bezeichnet werden, wenn sie im Eifer über das Ziel schießen und vor Begeisterung daraus fast Halbgötter machen, während die Geschichte dann freilich lehrt, daß es Menschen waren.'

Die Ehrung und Anerkennung der eigenen bedeutenden Männer und ihrer Leistungen immer wieder zum Ausdruck zu bringen, ist unser aller Pflicht. Wie könnten wir erwarten, von anderen gerühmt zu werden, wenn wir uns selbst verkleinern. Und hat es sich nicht auf allen Gebieten gezeigt, wohin uns unsere Bescheidenheit geführt hat? Hat man uns Österreicher anderswo verstanden, geschweige anerkannt?"

Loschmidt ist ein Klassiker der Naturwissenschaften. Sein Werk ist in der ganzen wissenschaftlichen Welt anerkannt.

Am 5. November 1899 wurde seine Gedenktafel (Plakette) in den Arkaden der Wiener Universität enthüllt.

Nach diesen Ausführungen kann die Antwort auf die anfangs gestellte Frage nur lauten: „Diese wichtige Naturkonstante muß als Loschmidt'sche Konstante bezeichnet werden."

Will man auch für für die Anzahl der Moleküle in 1 cm³ einen eigenen Namen wählen, so würde ich für diese Größe den Namen „Loschmidt'sche Zahl" vorschlagen. Es würde aber auch genügen darauf hinzuweisen, daß man die Anzahl der Moleküle in 1 cm³ erhält, indem man die Loschmidt'sche Konstante durch das Molvolumen dividiert.

$$\frac{6{,}023 \cdot 10^{23}}{2{,}24 \cdot 10^4} = 27 \cdot 10^{18}$$

Ich will mit dieser Abhandlung nicht das Verdienst Avogadros schmälern, sondern nur — der geschichtlichen Wahrheit entsprechend — Loschmidts wohl verdienten Platz in der Geschichte der Naturwissenschaften verteidigen, der ihm gebührt.

Bibliographie

Zusammengestellt von Alexander Novotny

A. Publikationen Loschmidts

(nach Hann, J.: Nachruf auf Loschmidt. In:

Almanach der Kaiserlichen Akademie der Wissenschaften. Wien 1896, S. 262).

Zur Konstitution des Äthers. Wien 1862, S. 1—16.

Krystallbestimmungen einiger Oxalsäureverbindungen. Sitzb. LI, 1865, Abt. 2. 7.

Beiträge zur Kenntnis der Krystallformen organischer Verbindungen. Sitzb. LI, 1865, Abt. 2, S. 384; LII, 1886, Abt. 2, S. 238; Anzeiger II, 1865, S. 73, 80, 130.

Zur Größe der Luftmoleküle. Anzeiger II, 1865, S. 162; Sitzb. LII, 1866, Abt. 2, S. 395.

Zur Theorie der Gase. Sitzb. LIV, 1866, Abt. 2, S. 646.

Theorie des Gleichgewichtes und der Bewegung eines Systems von Punkten. Sitzb. LV, 1867, Abt. 2, S. 523.

Ableitung des Potentials bewegter elektrischer Massen aus dem Potentiale für den Ruhestand. Sitzb. LVIII, 1868, S. 7.

Die Elektrizitätsbewegung im galvanischen Strome. Sitzb. LVIII, 1868, Abt. 2, S. 596.

Der zweite Satz der mechanischen Wärmetheorie. Sitzb. LIX, 1869, Abt. 2, S. 395

Die Weltanschauung der modernen Naturwissenschaft. Wien 1869, S. 41—106 (Schriften des Vereins zur Verbreitung naturwissenschaftlicher Kenntnisse).

Experimentaluntersuchungen über die Diffusion von Gasen ohne poröse Scheidewände. Sitzb. LXI, 1870, Abt. 2, S. 367, 652; LXII, 1870, Abt. 2, S. 468.

Über den Zustand des Wärmegleichgewichtes eines Systems von Körpern mit Rücksicht auf die Schwerkraft I—IV. Sitzb. LXXIII, 1876, Abt. 2, S. 128, 366; LXXV, 1877, S. 287; LXXVI, 1878, S. 209.

Schwingungszahlen einer elastischen Hohlkugel. Sitzb. XCIII, 1886, Abt. 2, S. 434.

Sterochemische Studien. I. Sitzb. XCIX, 1890, Abt. 2. b, S. 20.

Die entscheidende Schrift Loschmidts für das in diesem Aufsatz behandelte Problem ist die Abhandlung: Zur Größe der Luftmoleküle. Wien 1865/1866.

B. Literatur über Loschmidt

Boltzmann, L.: Populäre Schriften. Leipzig 1905.

Drude, E.: J. Loschmidt. In: Handwörterbuch der Naturwissenschaften. 2. Aufl. Bd. 6 (1932), S. 555.

Zur Erinnerung an J. Loschmidt. Wien 1899.

Hann, J.: Nachruf auf J. Loschmidt. Almanach der Kaiserlichen Akademie der Wissenschaften 46 (1896) 258—262.

Jäger, G.: Die Berechnung der Loschmidtschen Zahl. Wien 1911.

Jäger, G.: Österreichische Physiker. Wien 1915.

Jäger, G.: J. Loschmidt. In: Sudetendeutsche Lebensbilder. Bd. 1. Reichenberg 1926.

Jäger, G.: J. Loschmidt. In: Neue Österreichische Biographie 1815—1918. Bd. 3. Wien 1926, S. 63.

Hillers, W. B.: Neubestimmungen der Loschmidtschen Zahl. Hamburg 1910.

Knott, R.: J. Loschmidt. In: Allgemeine Deutsche Biographie. Bd. 52 (1906), S. 82—84.

Kube, H.: Die Loschmidtsche Konstante. Heimatjahrbuch Ostsudetenland 10 (1963).

Martin, H. de: Johann Joseph Loschmidt — Leben, Leistung, Wertung. Dissertation (ungedruckt), 234 Blatt. Wien 1948.

Nachruf in: Rechenschaftsbericht der Gesellschaft zur Förderung deutscher Wissenschaft, Kunst und Literatur in Böhmen für 1895. Prag 1896, S. 25.

Österreichisches Biographisches Lexikon. Hrsg. von der Österreichischen Akademie der Wissenschaften. (Ein biographischer Artikel über J. Loschmidt in Vorbereitung.)

Ostwalds Klassiker 8,: Avogadro und Ampère: Die Grundlagen der Molekulartheorie. Leipzig 1889.

Partisch, H.: Österreicher aus sudetendeutschem Stamm. Bd. 3. Wien 1966, S. 71.

Poggendorffs Handwörterbuch. Bd. 3 (1898), S. 835 und Bd. 4 (1904), S. 916.

Poske, F.: J. Loschmidt und die Loschmidtsche Zahl. Zeitschrift für den physikalischen und chemischen Unterricht 34 (1921) 175.

Sudetendeutsches Jahrbuch (1938) 243.

Manche der angeführten Abhandlungen sind nicht eben sehr belangvoll; substanz- und wertmäßig bedeutend sind vor allem die Aufsätze von Gustav Jäger, an biographischen und sonstigen Details am reichhaltigsten ist die von Josef Gicklhorn seinerzeit in Wien angeregte und auch approbierte Dissertation von Hubert de Martin.

Unter allgemein gehaltenen wissenschaftsgeschichtlichen Werken seien die Publikationen über Geschichte der Physik von Einstein-Infeld (1956), Gamow (1965), A. Heller (1882), Hoppe (1926) und A. Kirsten (1919), vor allem jedoch Richard Meister: Geschichte der Österreichischen Akademie der Wissenschaften (1947) empfohlen.

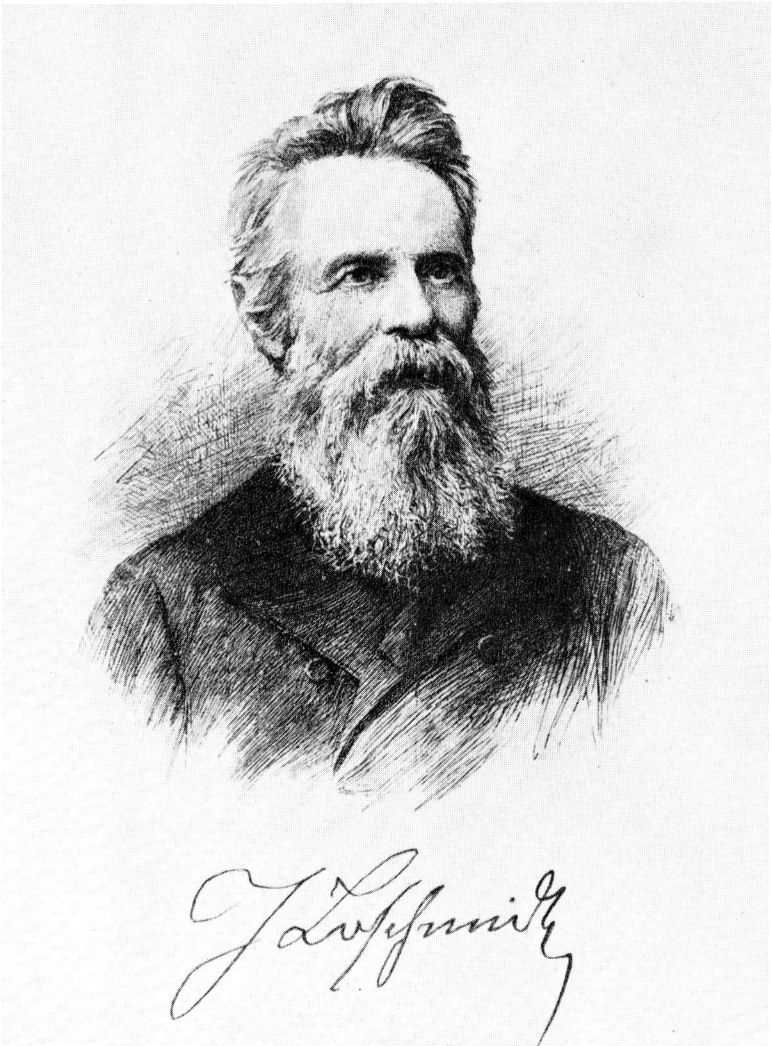
J Loschmidt

DIE WIRTSCHAFT DER TSCHECHOSLOWAKEI IM JAHRE 1970

Von Kurt Wessely

Das Jahr 1970 war in der Tschechoslowakei gekennzeichnet als Zeit der Fortsetzung und des Abschlusses jener „Konsolidierung", welche zur Überwindung der politischen Erschütterung des Jahres 1968 nach der sowjetischen Intervention führen sollte. Diese Konsolidierungsphase fand ihre Krönung im XIV. Parteitag, der am 25. Mai 1971 begann und eine Verdammung der Parteiführung unter Dubček, aber auch einen (schwächeren) Tadel am Regime Novotnýs und die Rechtfertigung des sowjetischen Eingreifens bringen sollte.

So eindeutig diese innenpolitische Linie ist, die zu einer Wiederherstellung der absoluten Herrschaft der zentralgeleiteten kommunistischen Partei und des Kremls führen sollte, so kann man, was die Wirtschaft betrifft, nicht so einfach urteilen. Rein äußerlich stimmt es zwar, daß auch die wirtschaftlichen Beziehungen wieder „konsolidiert und normalisiert" werden, so daß das Wirtschaftsleben im Jahre 1970 ohne jene Krisenerscheinungen verlief, die in den Vorjahren aufgetreten waren und ein besorgniserweckendes Ausmaß angenommen hatten. Aber die zentrale Frage, wie nun die Wirtschaft geführt und geleitet werden wird, kann derzeit noch nicht eindeutig beantwortet werden. Kurz, es dreht sich darum, ob die in der Tschechoslowakei eingeleiteten Wirtschaftsreformen, die die politischen Reformen begleiteten und die mit ein Grund zur Umformung der starren, diktatorischen Herrschaft der kommunistischen Partei waren, ebenso beseitigt sind und rückgängig gemacht wurden wie die anderen Methoden der Dubček-Ära, durch die die kommunistische Herrschaft in der Tschechoslowakei einem humanen Sozialismus weichen sollte.

Es deutet nämlich vieles darauf hin, daß das Reformexperiment in der Tschechoslowakei nicht einfach abgebrochen werden konnte, weil eben die Notwendigkeit von Reformen nicht zu leugnen war, so daß es vielmehr zu einer Reform der Reform gekommen ist. Die Wirtschaftsführung mündet damit in der Tschechoslowakei etwa in jene Wege, die auch von anderen sozialistischen Staaten bei ihren Wirtschaftsreformen beschritten wurden. Diese sind aber keineswegs einheitlich, sondern weisen ein buntes, vielgestaltiges Spektrum auf, da sie von bloßen Erleichterungen der Betriebsführung, wie in der Sowjetunion, bis zur Gleichberechtigung der Marktwirtschaft, wie in Ungarn, reichen; von Jugoslawien, wo die Marktwirtschaft weit überwiegt, ganz zu schweigen.

Man kann aber mit Sicherheit sagen, daß die Tschechoslowakei nicht dem Vorbild Ungarns folgen wird — beide Reformmodelle waren einander ziemlich ähnlich —, sondern eine stärker zentralistische und die Rolle der Planung betonende Wirtschaftsleitung bevorzugen wird. Maßgebend hierfür ist das am 21. Dezember

1970 von der Bundesversammlung der ČSSR angenommene „Gesetz über die volkswirtschaftliche Planung", in dem es einleitend heißt:

„Die volkswirtschaftlichen Pläne sind ein Mittel, das garantiert, daß sich die Volkswirtschaft der Tschechoslowakischen Republik als einheitliche Wirtschaft effektiv und proportionell auf der Basis der optimalen Ausnützung der natürlichen und wirtschaftlichen Quellen und Bedingungen des Staates sowie auf der Grundlage der internationalen Arbeitsteilung entwickelt, welche durch internationale Verträge und Abkommen, vor allem mit den Ländern des Rates für gegenseitige Wirtschaftshilfe (COMECON), festgelegt wird.

Die Beteiligung der Werktätigen und der anderen Bürger an der Bildung, der Sicherung, der Realisierung sowie der Kontrolle der Erfüllung volkswirtschaftlicher Pläne ist von den gesellschaftlichen Organisationen zu gewährleisten, insbesondere von der Revolutionären Gewerkschaftsbewegung; alle diese Organisationen sind verpflichtet, die dazu erforderlichen Voraussetzungen zu schaffen."

Andererseits heißt es in den Richtlinien für den 5. Fünfjahresplan der ČSSR 1971/75, die Mitte April 1971 veröffentlicht und vom Parteitag bestätigt wurden, daß die weitere Entwicklung der Volkswirtschaft die Ausnützung des materiellen Interesses, der Wertbeziehungen und der Erfahrungen der sozialistischen Bruderstaaten fordere. Innerhalb der Betriebe seien die Leistungsformen zu verbessern und ihre Interessiertheit an dem Arbeitsergebnis wäre zu fördern. Dazu ist die wirtschaftliche Kalkulation und die Erzielung der niedrigsten Kosten erforderlich.

Diese Forderungen, die an die Wirtschaft in den kommenden fünf Jahren gestellt werden, beinhalten aber wesentliche Grundsätze der Reformen der anderen sozialistischen Staaten und nicht zuletzt auch der tschechoslowakischen Reformer selbst. Denn die Ausnützung des materiellen Interesses bedeutet, daß die in den Betrieben Tätigen zu höheren Leistungen dadurch angespornt werden, daß ihre Entlohnung und die sonstigen Zuwendungen von den Betriebsergebnissen abhängig gemacht werden, was eine effektivere und rationellere Betriebsführung ergeben soll. Gerade das Fehlen einer effektiven Wirtschaftsführung war aber das Hauptargument der tschechoslowakischen Reformer.

Die Ausnützung der Wertbeziehungen deutet aber in verklausulierter Form und unter Heranziehung der marxistischen Terminologie an, daß bei der Bewertung der Ergebnisse der Produktion nicht nur die für sie aufgewendete Arbeitsleistung zu berücksichtigen ist, sondern auch die Wertverhältnisse, die sich gemäß Angebot und Nachfrage ergeben, womit indirekt sowohl die Marktverhältnisse, als auch eine ihnen entsprechende Preisbildung anerkannt werden.

Auch die übrigen Anforderungen an die Betriebe sind solche, wie sie schon bisher von den Reformern aufgestellt wurden, nämlich auch die Betriebe an günstigen Arbeitsergebnissen zu interessieren, womit auch die Frage der Steuerpolitik, aber auch der Verfügung über die eigenen, von den Betrieben erwirtschafteten Mittel, angeschnitten wird.

Es ergibt sich also auch daraus noch ein breiter Spielraum zur Weiterführung der Reformen, was auch dadurch zum Ausdruck kommt, daß man die Erfahrungen der übrigen sozialistischen Bruderstaaten mit ihren Reformen berücksichtigen will.

Es wird hier weder davon gesprochen, welche Reformen darunter zu verstehen sind, noch welche Länder dabei zu berücksichtigen sind, so daß sogar das jugoslawische Experiment mit berücksichtigt werden könnte. Kurz, es läßt sich abschließend sagen, daß die Weichen für die Zukunft der Wirtschaft noch keineswegs gestellt sind, so daß noch vieles offen bleibt. Aber wenn man sich an die enge Verbindung zwischen wirtschaftlichen und ökonomischen Reformen im „Prager Frühling" erinnert, so ist es schwer vorstellbar, daß die kommenden Reformschritte mit einem ähnlichen Elan vorangetrieben werden können, wie dies zu Beginn der Reformepoche der Fall gewesen ist. Erst die Zukunft kann zeigen, wie weit dieses Programm nur verbal ist oder verwirklicht werden kann.

Wenn sich auch der Parteitag 1971 auf den Standpunkt gestellt hat, daß im Prinzip die Beschlüsse des XIII. Parteitages, welche die Reformbewegung einleiteten und sanktionierten, richtig sind, so gibt es doch jetzt kein umfassendes Konzept, um die Reformbewegung fortzusetzen, und es fehlt vor allen Dingen an den Menschen, die sie tragen können.

Zwar wird im neuen Plangesetz die Beteiligung der Werktätigen an der Aufstellung und Verwirklichung der Pläne gefordert, aber es handelt sich dabei doch nur um eine formale Voraussetzung, wie wir sie auch in der Sowjetunion finden, und nicht um den Wunsch nach einer echten Initiative für die Aufstellung neuer Wirtschaftsziele, die — wie früher wieder — ausschließlich von der Zentrale vorgeschrieben werden.

Kurz, es fehlt jene Ergänzung des zentralen Leitungssystems der Wirtschaft durch eine echte Einflußnahme der Bevölkerung, sei es bei der politischen Willensbildung, sei es bei der Auswahl der von den Betrieben einzuschlagenden Methoden durch eine Mitsprachemöglichkeit der in ihnen Beschäftigten. Statt eines demokratischen Sozialismus herrscht, um in der Parteiterminologie zu bleiben, der demokratische Zentralismus.

Damit sind aber auch die Grenzen aufgezeigt, in denen sich die künftige Wirtschaftsleitung, Planung und Verwirklichung der Wirtschaftspolitik entwickeln kann, nämlich in einem staatlich vorgezeichneten Rahmen, der nur mehr geringe Möglichkeiten zu einer individuellen Betriebsführung offen läßt.

Die Erfahrungen der sozialistischen Bruderstaaten, die sich bisher mit jenen Methoden begnügten, welche künftig der ČSSR offen stehen, sind aber, wie die wiederholten Rückschläge in der DDR beweisen, keineswegs geeignet, die Wirtschaft der ČSSR aus ihrem Tief herauszuführen und ihr wiederum jenen Platz unter den fortschrittlichen industriellen Staaten einzuräumen, der der ČSSR dank ihrer industriellen Tradition gebührt.

Dabei sind aber noch alle Fragen der wirtschaftlichen Organisation offen. Denn die Einführung der Reform war mit einer völligen organisatorischen Neugruppierung der Betriebe durch Schaffung von Fachdirektionen und Trusts verknüpft, an der bisher nichts geändert wurde. Es fehlt noch jede Andeutung darüber, welche Schritte gerade in dieser Hinsicht unternommen werden sollen.

Man muß sich aber auch im klaren sein, daß jeder Eingriff in die Organisation der Industrie zu neuen Komplikationen führen muß, genauso wie die Zusammenlegung der Betriebe zur Zeit der Reform zwar notwendig war, aber die Hindernisse noch verstärkte, die sich ihr entgegenstellten. Denn es wurde dadurch eine Unruhe in den Betrieben erzeugt, wodurch die Durchführung der Reform auch dort auf Schwierigkeiten personeller Art stieß, wo sie sonst akzeptiert worden wäre.

Auch die übergroße Konzentration in nur wenige Großbetriebe hat die Leitung der Wirtschaft mehr erschwert, als die Reformer erwartet hatten. Sie gibt aber auch der Zentrale nun wieder die Möglichkeit, die Selbständigkeit der Betriebe in der Weise zu beschränken, daß ihre Spitzenorganisationen wieder in engere Beziehungen zu den Ministerien gebracht und von ihnen abhängig gemacht werden, ohne daß dies zu grundsätzlichen Änderungen im organisatorischen Aufbau führen würde, womit man dem alten System der den Ministerien unterstellten Generaldirektionen nahe kommt. So hat man es auch bereits verstanden, die in einzelnen Betrieben gebildeten Betriebsräte zu liquidieren.

Einen erheblichen Einfluß auf die weitere Organisation und Führung der tschechoslowakischen Wirtschaft wird aber auch die Intensivierung der Zusammenarbeit mit den übrigen Staaten des Rates für gegenseitige Wirtschaftshilfe (COMECON) und insbesondere mit der Sowjetunion haben. Dadurch wird die Entscheidungsfreiheit sowohl der Betriebe als auch der gesamten tschechoslowakischen Wirtschaft eingeschränkt, andererseits ist es fraglich, ob und wie weit es selbständigen Betrieben gelingt, sich in diese Zusammenarbeit einzuschalten, die bisher im wesentlichen nur durch Staatsverträge und auf Regierungsebene erfolgte. Immerhin scheinen sich die Ungarn Möglichkeiten dieser Art gesichert zu haben, welche auch von Jugoslawien für die Zusammenarbeit mit COMECON als Grundvoraussetzung angesehen wird.

Es entspricht den ungeklärten, vielfach verworrenen Verhältnissen der Konsolidierungsepoche, daß die Tschechoslowakei nicht imstande gewesen ist, rechtzeitig ihren neuen Fünfjahresplan (1971/75) aufzustellen. Es wurde zwar bereits im Laufe des Jahres 1970 einiges von den Richtlinien bekannt, aufgrund deren dieser Plan ausgearbeitet werden soll. Die ganzen Direktiven „Směrice" wurden erst im Frühjahr 1971 veröffentlicht. Nach ihrer formellen Genehmigung durch den Parteitag wird die Ausarbeitung des Planes noch geraume Zeit benötigen, so daß dieser erst mit geraumer Verspätung in Kraft treten wird.

Aber dies ist noch keine Besonderheit der Tschechoslowakei, da auch andere Oststaaten, nicht zuletzt die Sowjetunion oder Polen, ihren Plan nicht rechtzeitig fertigstellen konnten. Es ist aber ein Beweis dafür, daß auch langfristige Pläne nur eine beschränkte Aussagekraft über die wirtschaftliche Zielsetzung besitzen.

Weit unangenehmer dürfte es für die Planung in der Tschechoslowakei gewesen sein, daß man nach dem praktischen Abbruch des laufenden Fünfjahresplanes in der Reformepoche, also etwa 1967/68, praktisch ohne langfristige Richtschnur arbeiten mußte und nicht imstande war, auch nur einigermaßen verbindliche Jahrespläne aufzustellen. Dies zeigt sich darin, daß sich in den Veröffentlichungen über die Planziele nur verhältnismäßig wenig konkrete Hinweise auf die erwarteten Ergebnisse finden.

Man beschränkte sich vielmehr darauf, vor allem einige Hauptpunkte zu proklamieren, welche für die Wirtschaftspolitik maßgebend sein sollten. Es waren dies in den Jahren 1969 und 1970 ziemlich die gleichen Zielsetzungen, die 1969 nur ungenügend, 1970 aber doch schon in stärkerem Ausmaß, wenn auch noch immer nicht befriedigend, erreicht werden konnten.

In dem Bericht über die wirtschaftlichen Ergebnisse der Tschechoslowakei im Jahre 1969, der im Februar 1970 veröffentlicht wurde und daher auch noch die Lage zu Beginn des Jahres 1970 wiederspiegelt, hieß es, daß sich noch alle Schwächen zeigten, die bereits im Jahre 1968 entstanden, wofür man die Einschränkung der zentralen Planung verantwortlich machte. Dies habe sich vor allem in der verminderten Disziplin der Betriebe, in der Bevorzugung ihres Interesses vor dem Gesamtinteresse und in der ungenügenden Sicherung der Erzeugung und Beistellung des Warensortiments, in der stürmischen Preissteigerung, in der nicht mit der Arbeitsleistung im Einklang stehenden Lohnerhöhung und in der Lockerung der Arbeitsmoral gezeigt.

Dadurch sei das Gleichgewicht auf dem Markt gestört geworden und es begann ein inflationärer Druck im Handel und bei den Investitionen. Die Stabilisierungsbemühungen der Regierung setzten daher vor allem bei der Preis- und Lohnbewegung ein und hätten 1969 schon eine gewisse Besserung gebracht, nachdem man mit der Ablösung Dubčeks im April 1969 wieder zur alten Linie zurückgefunden hatte.

Als den entscheidenden Schritt zur Verbesserung der wirtschaftlichen Lage und damit auch zur Erhöhung der Effektivität betrachtete man die Wiederherstellung der Arbeitsdisziplin und Erhöhung der Arbeitsproduktivität. Die Arbeitsproduktivität in der Industrie war zwar im Jahre 1969 um 4,6 % gestiegen (1968: + 4,0 %), aber die Nominallöhne hatten sie mit einer Steigerung um 6,1 % weitaus überholt, so daß selbst unter Berücksichtigung der Preissteigerungen, die amtlich mit 4 % berechnet worden waren, die Reallohnsteigerung um 3,6 % nur wenig hinter der Erhöhung der Arbeitsleistung zurückgeblieben war. Viel gravierender war jedoch, daß die Lieferungen an den Binnenhandel, allerdings zu laufenden Preisen, sich zwar um 12,5 % erhöht hatten, aber, wie die zahlreichen Klagen über ungenügende Marktversorgung zeigen, nicht imstande waren, mit der erhöhten Kaufkraft der Bevölkerung Schritt zu halten.

Deswegen wurde das Hauptaugenmerk im Jahre 1970 darauf gerichtet, Lohn- und Preissteigerungen zu verhindern und die Leistungen in Industrie und Bauwirtschaft zu erhöhen. Eine Anfang 1970 durchgeführte Untersuchung der Regierung hatte ergeben, daß in den letzten Jahren die Zahl der arbeitsfreien Tage von 76 auf 125 gestiegen war, weil man zur Fünftagewoche übergegangen war, ohne daß die Einführung des freien Samstags mit einer entsprechenden Steigerung der Arbeitsproduktivität verbunden gewesen wäre.

Deswegen drängte man auf eine Wiedereinführung freiwilliger Arbeitsschichten an Samstagen und Sonntagen, sofern diese nicht ohnedies amtlich angeordnet wurden. Dies galt ganz besonders für den Kohlenbergbau und den Bahnverkehr, wo der freie Samstag zu großen Störungen geführt hatte.

Da es nicht möglich gewesen war, verschiedene Energiebauten rechtzeitig fertigzustellen — am ersten Atomkraftwerk der ČSSR bei Preßburg wird bereits seit mehr als 10 Jahren gebaut, seine erste Stromlieferung soll nun im Jahre 1972 erfolgen! — und die Umladeeinrichtungen an den ostslowakischen Grenzbahnhöfen den Anforderungen, sowjetische Massentransporte auf Normalspur überzuleiten, nicht gewachsen waren, kam es in den beiden Wintern 1969/70 und 1970/71 zu erheblichen Engpässen in der Energieversorgung, was sich auch auf die Produktion ungünstig auswirken mußte.

Ein weiterer Schritt zur Erhöhung der Wirtschaftlichkeit im Leitungs- und Verwaltungsapparat war die Verfügung eines generellen Beamtenabbaues um 10 % im Laufe des Jahres 1970 in den Ministerien, Zentralämtern, Nationalausschüssen und bei anderen Organisationen. Auch wurden sie angehalten, eine dreiprozentige Kürzung ihrer aus dem Budget finanzierten Ausgaben vorzunehmen. Man versuchte auch die Repräsentationsausgaben, Dienstreisen und den Verwaltungsaufwand einzuschränken. Daß ein solcher Beamtenabbau auch zur Verfolgung politischer Zwecke benützt werden kann, liegt nahe, doch wird man ihm die ökonomische Seite nicht ganz absprechen können.

Tatsächlich scheint es 1970 gelungen zu sein, mit den eingeleiteten Maßnahmen einer Austerity-Politik gewisse Erfolge zu erzielen, wird doch für die Industrie ein Produktivitätsfortschritt um 7,9 % und in der Bauwirtschaft um 6,6 % ausgewiesen, während die Industrieproduktion um 7,7 % [neue Angabe: 8,5 %] gegenüber nur 5,2 % im Jahre 1969 stieg. Demgegenüber bleiben die Lohnerhöhungen — im Gegensatz zu 1969 — mit nur mehr 3,9 % weit hinter dem Produktivitätsfortschritt zurück. Man muß aber berücksichtigen, daß diese Steigerung der Industrieproduktion von einer verhältnismäßig geringen Ausnützung der Kapazitäten ausging, die teils durch Rohstoff- und Energiemangel, teils durch die Fünftagewoche ausgelöst worden war, so daß in den kommenden Jahren eine ähnliche Zuwachsrate nicht so leicht erzielt werden kann. Deswegen rechnet man auch für das Jahr 1971 nur mit einer Steigerung der Industrieproduktion um 5,9 % und die Produktivität soll etwa im gleichen Ausmaß, nämlich um 5,7 %, steigen. Sehr maßgebend für die weitere Entwicklung wäre es aber auch, wenn es gelänge, die landwirtschaftliche Produktion zu erhöhen. Sie stieg im Jahre 1969 nur um 0,9 % und im Jahre 1970 um 1,3 %, so daß die 1971 erwartete Zunahme der landwirtschaftlichen Erzeugung um 3 % nur unter sehr günstigen Voraussetzungen erzielt werden kann. 1971/75 soll sie um 13—14 %, jene der Industrie mehr als doppelt so rasch, nämlich um 34—38 % steigen.

Besonders auffällig sind jedoch die spärlichen Angaben über die Finanzwirtschaft, wonach sich zwar die Geldeinnahmen der Bevölkerung um 4,4 % erhöhten (1968: 11,4 %), die Kleinhandelspreise aber nur um 0,4 % stiegen, da die Lebenshaltungskosten sich bloß um 0,2 % erhöhten. Demnach sei eine Reallohnsteigerung um 1 % erzielt worden, so daß, wie es in dem Bericht über die Planerfüllung heißt, der inflationäre Druck aufhörte, der Lebensstandard der Bevölkerung stieg und die Marktversorgung stabilisiert werden konnte. Aber gerade die vorsichtige Formulierung dieses Passus deutet darauf hin, daß es nach wie vor Schwierigkeiten auf dem Markt gibt, insbesondere was die Qualität der Waren betrifft. Der Kleinhandelsumsatz stieg (zu laufenden Preisen) auch nur um 2,2 % gegenüber 12,2 % im Jahre 1969. Trotz aller drakonischen Schritte der Behörden dürfte sich die relative Stabilität der Kleinhandelspreise doch nur auf die im amtlichen Preisindex erfaßten Waren beziehen, nicht aber auf ein breiteres Sortiment. Die Nominallöhne stiegen in der Wirtschaft (ohne Landwirtschaft) um 2,6 % auf 1928 Kčs monatlich.

Es muß hinzugesetzt werden, daß, ähnlich wie in den meisten anderen Oststaaten, unter dem Eindruck der polnischen Unruhen auch in der ČSSR nach langer Unterbrechung zu den Maifeiern 1971 wieder Preisermäßigungen für eine Reihe von Konsumgütern vorgenommen wurden. Im übrigen ist die verbesserte Marktversorgung nicht zuletzt auf eine Änderung der Außenhandelspolitik zurückzuführen, welche eine stärkere Versorgung mit Konsumgütern vorsieht und ermöglicht.

Im Jahre 1969 stieg der Außenhandelsumsatz (also Import plus Export) um 7 %, die Ausfuhr allein um fast 10 %, während für die Einfuhr nur eine Steigerung um 5 % zugelassen wurde. Man bemühte sich offenbar, auf diese Weise die Zahlungsbilanz zu verbessern, die durch die vorhergehenden Ereignisse schwer belastet gewesen sein muß. Dies gilt ganz besonders für das Verhältnis gegenüber den sogenannten kapitalistischen Staaten, wohin die Ausfuhr um 14 % gesteigert werden konnte, während sich die Einfuhr nur um 6 % hob, so daß also in dieser Richtung eine Drosselung der Einfuhr und eine bewußte und starke Förderung der Ausfuhr offenkundig war.

Im Jahre 1970 hat sich dagegen dieses Bild vollkommen verschoben. Der Gesamtumsatz im Außenhandel stieg etwa doppelt so schnell wie im Jahre 1969, nämlich um 14,4 % — wobei wiederum der Umsatz mit den kapitalistischen Staaten rascher wuchs als jener mit den sozialistischen Staaten. Dies hängt aber nicht zuletzt auch mit den besonderen Verhältnissen im Verkehr mit den COMECON-Staaten zusammen, der im allgemeinen wenig flexibel ist, obwohl sich die Sowjetunion bemühte, teils selbst, teils im Verein mit anderen sozialistischen Staaten, durch Mehrlieferungen die Wirtschaft der Tschechoslowakei zu unterstützen.

So kam es, daß die Einfuhr der ČSSR aus den sozialistischen Staaten um 9 % gesteigert werden konnte, was diese allerdings durch eine Erhöhung ihrer Ausfuhr in diese Länder um 17 % erkaufen mußte.

In diesem Zusammenhang wird im Planbericht erklärt, daß es gelungen ist, wieder eine aktive Bilanz im Außenhandel mit den sozialistischen Staaten zu erzielen und den Handelsplan sowohl gegenüber ihnen als auch gegenüber den kapitalistischen Staaten zu erfüllen. Allerdings mußten in der ersten Jahreshälfte wegen einer noch unzureichenden Ausfuhr gegenüber den sozialistischen Staaten Kredite in Anspruch genommen werden, doch konnten bei Verbesserungen der Handelsbilanz diese kurzfristigen Verbindlichkeiten abgebaut werden. In diesem Zusammenhang muß jedoch erwähnt werden, daß gerade die Aktivierung der Handelsbilanz der ČSSR gegenüber den sozialistischen Staaten — ähnliches gilt aber auch für ihren Handel mit den Entwicklungsländern — keineswegs als reiner Erfolg zu werten ist, da man aus den früheren Jahren weiß, daß es sich dabei um eine Kreditierung seitens der ČSSR an diese Staaten handelt, die tschechoslowakisches Kapital bindet, zur Minderversorgung des Binnenmarktes führt und Auszahlungen an Löhnen erfordert, denen ein zu geringes Warenangebot gegenübersteht, so daß sich auch daraus Tendenzen zu einer zurückgestauten Inflation ableiten lassen. Nach den bisherigen spärlichen Angaben betrug das Außenhandelsdefizit der ČSSR dem COMECON gegenüber 1968/69 jährlich rund 1 Mrd. Kčs, 1970 erreichte ihr Aktivum rd. 0,7 Mrd. Was aber nun den Handel mit den sogenannten kapitalistischen Staaten betrifft, zu denen neben den Weststaaten aber auch noch die Entwicklungsländer gerechnet werden müssen, so blieb der Export in diese Länder mit einer Steigerung um 10 % hinter den Ergebnissen des Jahres 1969 zurück. Dafür erfolgte aber eine auffällig hohe Steigerung des Importes aus diesen Staaten. Hatte die Importzunahme im Jahre 1969 nur 6 % betragen, so waren es 1970 24 %. Obwohl es sich bei diesen Importen auch um Investitionsmittel und Materialien für die verarbeitende Industrie gehandelt haben muß, so geht doch aus den Erklärungen der zuständigen Minister auf der Brünner Konsumgütermesse 1971 hervor, daß sich der Konsumgüterimport der ČSSR aus den nichtsozialistischen Staaten im Jahre 1970 um rund ein Viertel erhöhte, was der bereits erwähnten Gesamtsteigerung des Importes aus diesen Ländern entspricht. Darunter fielen Möbelimporte aus Skandinavien und Österreich, elektrische Haushaltsartikel aus Japan, Italien, Norwegen und Westdeutschland, Küchengeräte, Sportartikel, Werkzeuge, Textilien und Nahrungsmittel. Da man im neuen Fünfjahresplan auch weiterhin um Steigerung des Lebensstandards der Bevölkerung besorgt sei, so werde es auch künftig Konsumgüter-Import aus diesen Ländern geben, um die Versorgung der Bevölkerung zu verbessern, wurde in Brünn versichert.

Bekanntlich war im Reformprogramm der ČSSR die Hereinnahme eines 500 Mill. Dollar-Kredites in konvertibler Währung aus westlichen Staaten vorgesehen, der zur Umstrukturierung der tschechoslowakischen Industrie und zur Verbesserung ihrer Exportfähigkeit dienen sollte. Diese Absicht wurde in anderen Oststaaten, insbesondere in der Sowjetunion, lebhaft kritisiert. Es ist naheliegend, daß eine solche Erhöhung der Konsumgüterimporte, die also anderen Zwecken dienen als die von den Reformern vorgesehenen Importe von Investitionsgütern, doch eine solche, wenn auch nur begrenzte Kreditgewährung voraussetzt. Nachdem die Sowjetunion bereits Polen Kredite gewährt hat, ist es durchaus möglich, daß auch von ihrer Seite Kredite an die ČSSR erfolgten, auch ist als sicher anzunehmen, daß es ihr gelungen ist, Finanzkredite für einzelne Transaktionen im Westen aufzunehmen. Im Planbericht erfahren wir darüber nichts, es wird vielmehr versichert, daß die Handelsbilanz gegenüber den kapitalistischen Staaten trotz der Steigerung der tschechoslowakischen Einfuhr aktiv gestaltet werden konnte (Das Aktivum beträgt einschließlich Entwicklungsländer um 12 Mill. Kčs.). Wie immer auch die Kreditfrage erledigt wurde (oder auch erledigt werden wird), so ist auch noch daran zu erinnern, daß die ČSSR selbst im Zuge eines großen Geschäftes mit der Sowjetunion, ähnlich wie dies auch seitens Österreichs und der Bundesrepublik geschah, an die UdSSR praktisch einen langfristigen Kredit erteilen mußte und daß, nach den sowjetischen Äußerungen zu schließen, auch in Zukunft mit erhöhten Kreditanforderungen der Sowjetunion an ihre Verbündeten gerechnet werden muß, die zur Erschließung der sowjetischen Rohstoffquellen und zur Steigerung der sowjetischen Lieferung an diese Staaten dienen sollen. So werden die Komotauer Mannesmann-Werke im Jahre 1971 allein 210 000 t Rohre für Fernleitungen, das sind um 20 000 t mehr als 1970, an die Sowjetunion liefern. Andererseits wird die Sowjetunion ihrerseits Rohre mit 1 200 mm Durchmesser für den Bau jener Transit-Erdgasleitung beistellen, welche ab 1973 den Transport von 3,5 Mrd. m^3 Sowjeterdgas in die Bundesrepublik, die DDR, Österreich und Italien ermöglichen soll. Es handelt sich dabei um das größte Investitionsprojekt der nächsten Zeit, das einen ähnlichen Aufwand erfordern wird, wie die Erbauung der ostslowakischen Hüttenwerke bei Kaschau, nämlich 10 Mrd. Kčs.

Man rechnet damit, daß bis zum Jahre 1980 die verlegten Rohrstränge verdoppelt werden, worauf dann insgesamt 1 780 km Leitungen verlegt sein werden, wozu 570 000 t Rohre erforderlich sein werden. Es ist klar, daß für dieses Projekt erhebliche Anspannungen auf dem Arbeitsmarkt erforderlich sind, so daß auch darüber geklagt wird, daß die erforderliche Zahl von Fachkräften nicht gewonnen werden kann, obwohl Veränderungen im Arbeitsgesetzbuch dazu beitragen sollen, die Fluktuation unter den Arbeitskräften einzuschränken und damit für eine schärfere Arbeitsdisziplin zu sorgen.

Überhaupt bleibt die Versorgung mit Arbeitskräften eine zentrale Frage für die weitere Entwicklung der ČSSR, die auf dem administrativen Wege nicht gelöst werden kann. Mit Ausnahme beschränkter Arbeitskraftreserven in der Slowakei können kaum mehr neue in Böhmen-Mähren erschlossen werden. Schon heute ist die Arbeitskraft der Frau größtenteils ausgeschöpft, die landwirtschaftlichen Arbeiter sind überaltert. Sollten sie abgezogen werden, würde die Leistung der Landwirtschaft noch problematischer werden als bisher. Auffällig ist in diesem Zusammenhang, daß man sich um eine stärkere Kollektivierung der in den Gebirgsgegenden der Slowakei noch immer verhältnismäßig zahlreichen privaten Landwirtschaften bemühen will, was aber kaum zur Gewinnung neuer Arbeitskräfte, sondern eher zu Störungen in der Produktion führen wird.

Nicht gelungen ist es aber auch, die Investitionen auf ein zu vertretendes Ausmaß zu reduzieren, so daß man auch im Jahre 1970 eine Erhöhung des Investitionsvolumens um 6 % feststellen mußte (1969: + 14 %), ohne daß es zu einer Beschränkung der Zahl der unvollendeten Investitionen gekommen ist. Das Ziel, den Wert der nichtabgeschlossenen Investitionen im Jahre 1970 um 9 Mrd. Kčs zu vermindern, erwies sich als unerreichbar. Da es auch nicht möglich war, die Bauleistung auf die wichtigsten Investitionen zu konzentrieren bzw. neue Kapazitäten für die Bauindustrie zu schaffen, konnten verschiedene wichtige industrielle Anlagen, insbesondere auf dem Energiesektor, nicht rechtzeitig abgeschlossen und in Betrieb genommen werden. Man sieht also daraus, daß es auch bei der Wiedereinführung der zentralen Planung nicht gelungen ist, eine Konzentration der Wirtschaftskräfte auf die volkswirtschaftlich wichtigsten Aufgaben herbeizuführen.

Es ist daher offenkundig, daß eine der wichtigsten Aufgaben für die weitere Wirtschaftspolitik der Tschechoslowakei zwar klar erkannt, aber nicht verwirklicht werden kann. Es handelt sich darum, daß die Struktur der tschechoslowakischen Wirtschaft infolge der Fehler und Mißgriffe in der Zeit der Zentralplanung nicht den heutigen Ansprüchen und Möglichkeiten gerecht wird. Die Reformer haben hier den Hebel ansetzen wollen, um — zwar nicht sofort, aber im Verlauf einer tragbaren Frist — zu einer Strukturverbesserung zu kommen. Nach dem Scheitern ihrer Absichten mit dem Rückfall in die alten zentralistischen Planungsmethoden, Modelle und Vorstellungen ist diese Strukturverbesserung kaum mehr zu erreichen. Dabei ist es offensichtlich, daß die ČSSR nicht mehr auf jene Reserven an Rohstoffen und Arbeitskräften zurückgreifen kann, welche in der Zeit der extensiven Wirtschaft eine Ausweitung der Produktionskapazitäten ermöglichten und so zu Scheinerfolgen der Planer führten.

Ob es im Rahmen des COMECON, mit dem die tschechoslowakische Wirtschaft zusehends enger verflochten wird, möglich ist, dieses Problem zu lösen, ist mehr als zweifelhaft; jedenfalls wird es nicht so rasch vor sich gehen, wie dies bei einer autonomen Entscheidung der ČSSR zu erreichen gewesen wäre. Auch dann bleibt es fraglich, wie weit diese COMECON-Entscheidung den wirklichen Interessen der ČSSR dienen wird.

Wirtschaftliche Zuwachsraten in der ČSSR in %

	1970	1969
Volkseinkommen	5,0	6,5
Industrieproduktion	7,7	5,2
davon Gruppe A	7,5	6,1
Gruppe B	8,0	3,8
Bauindustrie — Leistung	7,5	5,8
Produktivität in der Industrie	7,9	4,4
Produktivität in der Bauindustrie	6,6	.
Landwirtschaftliche Produktion	1,3	0,9
davon pflanzliche Produktion	— 3,3	1,1
tierische Produktion	5,7	0,8
Investitionen	6,1	14,0
Lebenshaltungskosten	0,2	3,6
Nominallohn	2,6	7,3
Reallohn	1,0	3,6
Geldeinnahmen der Bevölkerung	4,0	11,4
Kleinhandelspreise mit Dienstleistungen	0,4	4,0
davon Dienstleistungen	2,1	5,5
Kleinhandelsumsatz	2,2	11,9
davon Lebensmittel laufende Preise	5,0	7,9
Industrieartikel „ „	8,0	16,2
Außenhandel	14,4	7,3
davon kapitalistische Länder	16,4	10,5
sozialistische Länder	13,0	4,9
Verkehr — t	4,0	— 3,0
Beschäftigung	1,3	2,0
davon Böhmen-Mähren	0,7	.
Slowakei	2,9	.
Beschäftigung Industrie (gesamtstaatlich)	0,2	0,6

Wichtigste Investitionen im Jahre 1970

E-Werk Potscherad Block 1 und 2	400 MW Leistung
Kohlengrube Steinau	144 000 jato Steinkohle
Sinteranlage Neue Hütte Klement Gottwald	1,8 Mill. jato
Schotterwerk Neue Hütte Klement Gottwald	400 000 jato
Eisen- und Drahtwerk Oderberg	4400 jato Patentstahldraht
Stahlgießerei Witkowitz	9000 jato Stahlguß
Cordwerk Velké nad Veličkou	6516 jato Cordgewebe
Chemlon III	1000 jato Polypropylenfasern
Westböhmische keramische Werke Oberbris	Fliesenwerk
3 Ziegeleien	zusammen 39,3 Mill. Einheiten
Südböhmische Papierfabrik Wettern	21 302 jato Papier
Fertiggestellte Wohnungen	107 700

Industrieproduktion der ČSSR 1970

Warenart	Maßeinheit	Produktion 1970	Produktion 1969 = 100	davon Slowakei	Anteil an der Gesamtproduktion 1970
Elektrischer Strom	Mill. kWh	45 164	105,0	10 156	22,5
Steinkohle	1000 t	28 183	103,6	—	—
Braunkohle	1000 t	78 006	103,6	3 486	4,5
Steinkohlenkoks	1000 t	10 262	102,2	1 673	16,3
Stahl	1000 t	11 480	106,3	2 444	21,3
Walzmaterial	1000 t	7 934	106,1	1 556	19,6
Stahlröhren	1000 t	1 133	104,3	111	9,9
Kugellager	1000 t	50 656	107,1	29 749	58,7
Landw. Masch.	Mill. Kčs	858,9	109,7	23	2,8
Traktoren	Stück	18 465	99,2	—	—
LKW	Stück	24 462	103,5	1 551	6,3
PKW	Stück	142 856	107,9	—	—
Eiskästen	Stück	300 408	111,5	300 408	100,0
Fernsehgeräte	Stück	383 176	100,3	323 400	84,4
Schwefelsäure	1000 t	1 110	107,4	228	20,5
Stickstoffdünger	tN	323 882	108,5	132 051	40,8
Phosphordünger	t P_2O_5	322 354	111,6	112 739	35,0
Kunstfasern insg.	t	100 318	106,4	45 728	45,0
davon Vigognegewebe	t	47 728	99,4	12 195	25,6
Kunststoffe	t	244 841	114,9	112 154	45,8
Autoreifen f. PKW	1000 Stck.	1 583	114,9	1 163	73,5
Zement	1000 t	7 402	119,9	2 711	36,6
Kalk	1000 t	2 148	100,8	684	31,8
Schnittholz	1000 m³	3 617	102,5	1 119	30,9
Papier	t	606 045	102,6	132 263	21,8
Baumwollgewebe	1000 m	499 599	106,6	33 245	6,7
Seidengewebe	1000 m	119 370	104,6	—	—
Wollgewebe	1000 m	48 661	105,3	10 446	21,5
Schuhe insges.	1000 Paare	108 805	96,7	34 401	31,6

davon Lederschuhe	1000 Paare	53 345	97,2	16 318	30,6
Fleisch	t	630 815	106,9	178 712	28,3
Konsummilch	Mill. l	1 018	94,4	305	30,0
Milchbutter	t	86 948	99,9	20 674	23,8
Pflanzl. Speiseöl	t	133 861	103,0	32 139	24,0
Bier	1000 hl	21 177	101,7	4 911	23,2
Alkoholgetränke	1000 hl	875	111,2	353	40,3
Weizenmehl	1000 t	1 219	97,9	429	35,2

Quelle: Statistické přehledy 3/1971, S. 80—82 Tab. 7. — Eigenberechnungen in Presseschau Ostwirtschaft.

Gesamtübersicht des tschechoslowakischen Außenhandels im Jahr 1969 in Mill. Kčs

	Einfuhr	%	%	Ausfuhr	%	%
Insgesamt	23 718	100,0		23 900	100,0	
RGW-Staaten	15 987*	67,4	100,0	14 922*	62,4	100,0
Albanien	80	0,4	0,5	102	0,4	0,7
Bulgarien	713	3,0	4,4	581	2,4	3,9
DDR	2 988	12,6	18,7	2 590	10,8	17,3
Polen	1 873	7,9	11,7	1 787	7,5	12,0
Rumänien	1 001	4,2	6,3	769	3,2	5,2
UdSSR	7 957	33,5	49,8	8 096	33,9	54,2
Ungarn	1 375	5,8	8,6	997	4,2	6,7
EWG	2 378	10,0	100,0	2 511	10,5	100,0
Belgien-Luxemburg	150	0,6	6,3	163	0,7	6,5
BRD	1 060	4,4	44,6	1 309	5,4	52,1
Frankreich	349	1,5	14,7	302	1,3	12,1
Italien	443	1,9	18,6	473	2,0	18,8
Holland	376	1,6	15,8	264	1,1	10,5
EFTA	2 146	9,1	100,0	1 801	7,5	100,0
Dänemark	96	0,4	4,5	120	0,5	6,7
Großbritannien	564	2,4	26,3	557	2,3	30,9
Norwegen	59	0,2	2,7	82	0,3	4,5
Österreich	635	2,7	29,6	518	2,2	28,8
Portugal	13	0,1	0,6	11	0,1	0,6
Schweden	147	0,6	6,8	176	0,7	9,8
Schweiz	632	2,7	29,5	337	1,4	18,7
Sonstiges Europa						
Jugoslawien	459	1,9		979	4,1	
Finnland	68	0,3		70	0,3	
Griechenland	81	0,3		83	0,3	
Türkei	99	0,4		81	0,3	

Asien				
China	234	1,0	186	0,8
Japan	91	0,4	63	0,3
Indien	313	1,3	276	1,2
Irak	—	—	355	1,5
Iran	58	0,2	117	0,5
Libanon	—	—	87	0,4
Afrika				
Ghana	42	0,2	23	0,1
Marokko	50	0,2	23	0,1
Nigerien	5	0,0	49	0,2
Amerika				
Kanada	36	0,2	187	0,8
USA	135	0,6	129	0,5
Argentinien	50	0,2	19	0,1
Peru	40	0,2	—	—
Brasilien	82	0,3	55	0,2
Australien	94	0,4	55	0,2
Neu-Seeland	19	0,1	14	0,1
Sonstige Länder	985	4,2	1 815	7,6

* Summe laut Quelle, vermutlich einschl. der Mongolei.
Quelle: Außenhandel der ČSSR 5/1970, Eigenberechnung.

DER ROLLBERG UND DIE ROHLAU

Von Ernst Schwarz

Zwischen Niemes und Wartenberg in Nordböhmen erhebt sich der 694 m hohe, aus Vulkangestein bestehende R o l l b e r g, steil und weit sichtbar in der Ebene, auf dem trotz seiner relativen Höhe eine Ruine an das in alter Zeit oft auftretende adelige Geschlecht der Wartenberge erinnert. Unter dem Berge liegt auf der Nordseite der Hof Klein Roll, auf der Ostseite im Walde der Hof Groß Roll. Im Tschechischen heißt der Berg *Ralsko*. Die alten Belege verzeichnet Profous[1]. Tschechische Schreibungen sind 1380 *w Ralsczye*, 1409 *Johannes de Radlsko*, 1419 *Jan z Ralska*, 1481 *castrum Ralsko;* deutsche Belege lauten 1426 *yn den pergk Ral*, 1435 *uff den heusern* (= Burgen) *Wartenberg, Roll*, 1468 *das sloss Roll*. Im 16. Jahrhundert lag das Schloß verödet, 1544 (1516) heißt es *zámek pustý Ralsko*, 1578 *das Stettel Nimis ... mit den wusten Rohl Schloß genannt.*

Es stehen sich, wie die alten Belege und die heutige Namengebung zeigen, als deutscher Name Roll und als tschechischer *Ralsko* gegenüber. Das Suffix *-sko* bedeutet eine Zugehörigkeit, auch eine Wüstung. Da aber *Ralsko* schon vor der Verödung der Burg auftritt, wird die Lage der Burg auf dem Berge damit ausgedrückt worden sein. Als ursprüngliche tschechische Benennung des Berges ist *Ral anzusetzen.

Eine Erklärung des Namens versucht Profous an der angegebenen Stelle. Er spricht von *Radlsko* als ursprünglicher Form, was nicht richtig ist und vielleicht darauf beruht, daß ihm der ältere Beleg von 1380 (*w Ralsczye* = neutschechischem *Ralště* ist der Lokativ zu *Ralsko*) erst spät bekannt geworden ist. Er meint, der Name bedeute die Zugehörigkeit zu *Radlo*, der ursprünglichen Benennung des Berges, auf dem die Burg errichtet war. Er bezieht sich dabei auf den Namen des Dorfes Radl bei Gablonz, tschechisch *Rádlo*, 1454 (1436) *Radlo*, das schon 1419 *Badlo* (zu lesen: *Radlo*) geschrieben wird. Die Bedeutungsmöglichkeiten des aus dem Tschechischen stammenden Namens werden an anderer Stelle erörtert[2]. Es kommt tschechisches *rádlo* „Pflug" als ursprünglicher Flurname oder ein gleichlautendes Wort in Betracht, wobei Profous[3] an einen ersten Siedler *Rádlo* denkt, vgl. 1409 *Johanni Radlo* (LC[4] VI 273). Beides ist unbefriedigend

---

[1] P r o f o u s, Antonín: Místní jména v Čechách [Die Ortsnamen in Böhmen]. Bd. 3. Prag 1951, S. 538.
[2] S c h w a r z, Ernst: Die Ortsnamen des Bezirkes Gablonz. Reichenberg 1933, S. 32 ff. (Sudetendeutsches Ortsnamen-Buch 2. Hrsg. von E. G i e r a c h und E. S c h w a r z).
[3] P r o f o u s III, 521.
[4] LC = Libri confirmationum ad beneficia ecclesiastica Pragensem per archidioecesim (1354—1436). Bd. 1—2 hrsg. von Franz Anton T i n g l, Bd. 3—10 von Josef E m l e r. Prag 1865—1889.

für einen weithin sichtbaren, aus der Ebene emporragenden Berg. Feistner denkt an einen Mann *Ral, nach dem ein Vorwerk benannt worden sei [5].

Es fehlt noch ein Buch über die Bergnamengebung, das über ihre Motive gründliche Auskunft gibt. Nicht alle Berge haben in ältester Zeit eigene Namen geführt. Soweit Berge in einem Gebirge oder einer Gebirgskette lagen, galten sie als Bergkuppen, die für die Anwohner weiter unten nicht wichtig waren, zumal das Gebirge selbst früher nicht gern betreten wurde und Bergtouren nicht in der Mode waren. Berge und Wälder in abgeschiedener Lage wurden erst spät von Jägern, Vogelfängern, Bodenschätze suchenden Leuten betreten. Anders steht es bei Bergen, die relativ steil aus der Ebene emporragen, eine Art Mittelpunkt einer Siedellandschaft bilden und als Zufluchtsorte in Gefahren geeignet sind. Sie können Flucht- und Sagenberge sein. Alle Sprachen, die einst in ihrer Nähe gesprochen wurden, kommen dann als Namengeber in Betracht. In Böhmen sind besonders solche Fälle interessant, wo sich tschechische Bergnamen in Orten der Umgebung widerspiegeln, so der Lobosch bei Lobositz, tschechisch *Lovoš*, zum Personennamen *Lovos*, wobei š auf die Stellung vor einem j-Suffix zurückgeht, während der Stadtname Lobositz auf *Lovosici* beruht. Der Doppelberg Bösig in Nordböhmen, tschech. *Bezděz*, enthält den tschechischen Personennamen *Bezděd*, der auch am Fuß des Berges im Dorfnamen *Bezdědice* vorhanden ist. Beide Bergnamen sind mit einem j-Suffix zu alten Personennamen weitergebildet und gehören in eine frühe Zeit [6]. Von manchen Bergen erzählt man sich in Deutschland, daß hier berühmte Kaiser (Karl der Große, Friedrich Rotbart) schlafen (Kyffhäuser in Thüringen, Untersberg bei Salzburg), oder es handelt sich um Berge Wodans, alte Totenberge des Volksglaubens, die als Kultstätten heilig gehalten wurden (heute Gudensberg, Godesberg).

Das bekannteste Beispiel ist der 718 m hohe Z o b t e n b e r g südlich Breslau, das Wahrzeichen Schlesiens. Von ihm heißt es in der Chronik des Bischofs Thietmar zum Jahre 1017, daß der Gau *Silensi* (nach den vandalischen Silingen benannt) seinen Namen nach einem sehr hohen und weitläufigen Berge trage, der wegen seiner Lage und Höhe bei allen Einwohnern eine große Verehrung genossen habe, als das verruchte Heidentum dort noch herrschte [7]. Er wurde, wie Thietmar andeutet, von der slawischen noch heidnischen Bevölkerung verehrt, war also bei ihr ein „heiliger Berg". Seine Verehrung hat noch in christlichen Zeiten fortgedauert, wenn sie sich auch den veränderten Zeiten angepaßt hat. Noch im 20. Jahrhundert sind christliche Wallfahrer auf den Berg gezogen. Es ist sehr wahrscheinlich, daß der uralte heilige Hain, auf dem ein göttliches Brüderpaar, die *Alces* „Hirsche", verehrt wurde, von dem Tacitus erzählt [8], auf dem Zobten zu suchen ist [9]. In Böhmen spielt in der tschechischen Stammessage der

---

[5] F e i s t n e r, Wilhelm: Geschichte der Stadt Wartenberg. Reichenberg 1927, S. 7.
[6] Dazu S c h w a r z, Ernst: Die Ortsnamen der Sudetenländer als Geschichtsquelle. 2. Aufl. München 1961, S. 95, 94 (Handbuch der Sudetendeutschen Kulturgeschichte 1).
[7] T h i e t m a r von Merseburg: Chronik, neu übertragen und hrsg. von Werner T r i l l - m i c h. Darmstadt 1962, VII 59.
[8] T a c i t u s : Germania, cap. 43.
[9] Zuletzt dazu S c h w a r z, E.: Nimptsch, Zobten, Lohe und Schlesien. Zs. Schlesien (1961) 139—149. Hier mit weiteren Literaturangaben.

Říp bei Raudnitz, 450 m hoch, bekanntlich in der von Cosmas[10] überlieferten Stelle eine Rolle. Von ihm aus soll der Stammvater *Bohemus* Besitz von dem fruchtbaren Lande ergriffen haben. Dabei stammt der Name aus vorslawischer Zeit. Gegen die Ableitung aus dem germanischen *$\bar{r}ip$ „Berg"[11] ist lautlich nichts einzuwenden. Doch besteht die Möglichkeit, auf die hier im Vorbeigehen hingewiesen werden soll, daß der Name in ältere Zeit zurückreicht und schon in vorgermanischer so benannt worden ist, vgl. lateinisch $r\bar{\imath}pa$ „steiler Rand, Ufer", das zu einem idg. *reip- „stürze um, nieder" gehört[12]. Es ist wahrscheinlich, daß der Berg bei seiner auffallenden Lage in fruchtbarer Ebene schon bei den Bewohnern vor Chr. Geburt einen Namen getragen hat, der aber nicht aus dem Keltischen abzuleiten ist, wo anlautendes p- (*Reipos) abgefallen ist, so daß als Namengeber vorkeltische Indogermanen in Betracht kämen[13].

Es gibt also in Böhmen Berge mit indogermanischen (germanischen, keltischen, vorkeltischen) Namen. In der Elbeebene, 8 km östlich von Poděbrad, liegt das Dorf *Oškobrh* unter dem 285 m hohen gleichnamigen Berge, zuerst 1352 als *Oskobryh* bezeugt. Profous erörtert die Ableitungsmöglichkeiten und kommt zum Schluß, daß am ehesten Herkunft von einem germanischen *aska „Esche" und *berg* in Betracht kommt[14]. Er erinnert dabei an die germanische Bezeichnung des Riesengebirges und seiner Fortsetzung Ἀσκιβούργιον „Eschengebirge", was Šmilauer wiederholt[15]. Eher ist von einem davon unabhängigen Bergnamen *Askaburg* „Eschenberg" auszugehen. Dabei wird man sich nicht irre machen lassen dadurch, daß die tschechische Entsprechung *Oskobrh lauten müßte, also mit sk und nicht šk, das erst um 800 für althochdt. sk eingetreten ist[16].

Es wird deutlich, daß einzelne aus der Ebene emporragende Berge, auch wenn sie nicht sehr hoch sind, alte Namen tragen können, besonders wenn sie eine Bedeutung als „heilige Berge", Fluchtburgen, Straßenwehren, Beobachtungsstationen gehabt haben. Ihre Namen können in den Sudetenländern aus tschechischer, deutscher und germanischer, keltischer und vorkeltischer Zeit stammen. Sie sind also anders zu behandeln als oft höhere Gipfel in Gebirgsketten, die vielfach späte, in Böhmen in den Randgebirgen deutsche Namen aus dem späten Mittelalter tragen wie der Keilberg im Erzgebirge, die Lausche[17] und der Hochwald im Lausitzergebirge, die Schneekoppe u. a.

---

[10] Die Chronik der Böhmen des C o s m a s von Prag I/2. Hrsg. von Bertold B r e t h o l z (MG SS. NS. Bd. II). Berlin 1923.
[11] S c h w a r z : Die Ortsnamen 47.
[12] P o k o r n y , Julius: Indogermanisches etymologisches Wörterbuch. Wien-München 1959 ff., I, S. 858.
[13] Zum Problem des idg. p- im Keltischen S c h w a r z , E.: Die Naristenfrage in namenkundlicher Sicht. ZBLG 32 (1969) 450 ff.
[14] P r o f o u s III, 303 ff.
[15] Š m i l a u e r , Vladimír: Fragen der ältesten slawischen Siedlung in Böhmen und Mähren im Lichte der namenkundlichen Forschung. In: Siedlung und Verfassung Böhmens in der Vorzeit. Hrsg. von František G r a u s und Herbert L u d a t. Wiesbaden 1967, S. 17.
[16] S c h w a r z , E.: Diskussion zu Šmilauers Vortrag. E b e n d a 26 f.
[17] Der Name gehört nicht zu sorbisch *luža* „Pfütze", wie öfters behauptet wird, sondern ist eine Lausche, ein Lauschberg, von dem aus herankommende Feinde beobachtet und gemeldet werden konnten.

Eine tschechische Ableitung von *Ral* ist auch, wenn man von dem oben erwähnten *Radlo* absieht, nicht zu finden. Dorf und Wald *Ralov* östlich von Blowitz werden mit Recht von *Hrála* (Personenname) und alttschech. *hrále* „Lanze" abgeleitet[18]. Auch eine deutsche oder germanische Ableitung eines Stammes *Ral- ist nicht nachzuweisen. Deshalb ist es gestattet, sich nach einer älteren Etymologie umzusehen. Die deutsche Bezeichnung Roll geht offenbar auf das tschech. *Ral* zurück, denn das tschech. *a* wird in der deutschen Mundart Nordböhmens in der ersten Hälfte des 14. Jahrhunderts zu *o* verdumpft. Die Deutschen haben sich etwa in der Mitte des 13. Jahrhunderts in der Gegend von Niemes als Gründer und Erweiterer von Orten betätigt[19], haben den Bergnamen als *Ral* kennengelernt und wie einen eigenen behandelt, also im 14. Jahrhundert das *a* verdumpft. Die Tschechen werden bei ihrer Einwanderung und beim Landesausbau seit dem 6. Jahrhundert n. Chr. den Namen von der früheren Bevölkerung übernommen haben. Bedenkt man, daß um 800 die sogenannte altslawische Liquidenmetathese eingetreten ist, eine Umstellung der Gruppen *alt, art > lat, rat*, so daß der Name Karls des Großen, des Avarenbezwingers, im Tschech. zu *král* mit der Bedeutung „König" geworden ist, so kann der Berg im Altslawischen des Landes zunächst *Arlъ* geheißen haben. Der Stamm *er-*, ablautend *or-* „sich in Bewegung setzen; in die Höhe bringen" ist weit verbreitet im Idg.[20] und in vielen Gewässernamen nachzuweisen, z. B. Aare. Eine Tabelle der dazu mit verschiedenen Suffixen weitergebildeten Namen, z. B. *Arma, Arnos, Arura, Arla, Aranta, Arisa, Arika* bietet K r a h e[21]. Aber nicht nur Gewässernamen wurden damit gebildet, die Bedeutung „in die Höhe bringen" führt zu Begriffen wie „Erhebung", vgl. griech. ὄρος „Berg". Suffixe wie hier *-l* können im Idg. mit und ohne Bindevokal antreten, die ablautende Grundlage in unserem Bergnamen kann *Orlos* gelautet haben. Im Keltischen bleibt ein idg. *o* erhalten[22]. Da nicht weit vom Roll beim tschech. Namen des Hirschberger Teiches *Doksy* nicht von *Doksā*, sondern von *Daksā* auszugehen ist[23], ist am ehesten an vorkeltische Namengebung zu denken. Dann wäre die Entwicklung als vorkeltisch *Orlos* zu *Arlas*, keltisch *Orlos*, germanisch *Arlaz* zu altslaw. *Arlъ*, *Ralъ*, tschech. *Ral*, dt. *Ral, Rol* zu denken. Ob der Arlberg in Vorarlberg vergleichbar ist, steht dahin. Er wird mit einem Flußnamen in Verbindung gebracht[24].

---

[18] Profous III, 537.
[19] Dazu S c h w a r z, E.: Volkstumsgeschichte der Sudetenländer. Bd. 1. München 1965, S. 262 (Handbuch der Sudetendeutschen Kulturgeschichte 3).
[20] Pokorny I, 326 ff.
[21] K r a h e, Hans: Die Struktur der alteuropäischen Hydronymie. Mainz 1962, S. 12 (Akad. der Wiss. und der Literatur. Abh. der geisteswiss. und sozialwiss. Klasse, 1962, Nr. 5); ders.: Unsere ältesten Flußnamen. Wiesbaden 1964, Tabelle 1.
[22] Zur Frage zuletzt S c h w a r z : Naristenfrage 453 ff.
[23] S c h w a r z, E.: Vorkeltisches *Daksā „Wasser" in Ortsnamen Böhmens. BohJb 10 (1969) 71—80.
[24] G e i g e r, Theodora: Die ältesten Gewässernamenschichten im Gebiet des Hoch- und Oberrheins. Beiträge zur Namenforschung 16 (1965) 124—125. Hier wird gegen die alte, auch bei F ö r s t e m a n n, Ernst: Altdeutsches Namenbuch II/1 (Nachdruck München-Hildesheim 1967), Sp. 199 erwähnte Deutung von den Arlen, Zwergföhren, mit Recht Stellung genommen.

Sind diese Erwägungen richtig, dann wird ein weiterer Baustein zur ältesten Bevölkerungsgeschichte der Sudetenländer gewonnen; zu den Fluß- und Stammesnamen aus vorkeltischer, d. h. indogermanischer Zeit, gesellt sich auch ein Bergname, der *Arlas, keltisch (?) *Orlos, germanisch *Arlaz. Bedeutungsmäßig ist das später nicht mehr verstandene *Arl, Ral im Sinne von „Berg" gewiß einleuchtend, es ist die einfachste Bezeichnung, die sich den Umwohnern darbietet.

Sollte bei dem Bachnamen R o h l a u eine Beziehung dazu bestehen? Der Bach mündet bei Karlsbad links in die Eger. An ihm liegt 10 km nördlich von Elbogen Neu Rohlau und 3 km südöstlich davon Alt Rohlau, die ihren Namen vom Bach erhalten haben. Der ältere Ort, Alt Rohlau, wird zuerst 1422 belegt: *auf dem Dorfe Rola im Elbogner Land.* Daß der Dorfname vom Bachnamen abgeleitet ist, bezeugt eine Nennung von 1527: *des Dorfs die Alte Rola genannt.* Eine ältere Schreibung erscheint für Neu Rohlau, 1293 *in Noua Raluna*. Die heutige Form mit -au taucht 1355 auf: *in Rolaw*. Für den Bach kennt man Belege erst seit dem 16. Jahrhundert. 1542 heißt es *ein flus die Rola genand*[25].

Profous meint, daß der Bach ursprünglich *Rolava* geheißen habe, wobei er sich auf den polnischen Namen *Rolawa* beruft. Er bedeute „ein zwischen Feldern *(mezi rolemi)* fließendes Gewässer". Die alte Schreibung *Raluna* soll am ehesten durch eine falsche Abschrift des deutschen Schreibers für *Rolaua* verursacht sein. Aber dann wäre dafür *Rolana zu erwarten. Die Deutung ist ganz unbefriedigend, denn sie geht von den jüngsten Formen und nicht von den ältesten aus, weil man das tschechische *role* „Feld" im Namen vermutet und darauf die Erklärung abstellt. Im Tschechischen galt ab 1854 als amtliche Bezeichnung *Rolava,* ab 1923 *Role,* nach dem zweiten Weltkrieg wurde wieder *Rolava* dekretiert. Die amtliche Kommission hat sich keinen Rat gewußt.

Man hat von *Raluna* auszugehen, 1293 so belegt. Die mitgeteilte tschechische Etymologie versagt, eine deutsche kann nicht geboten werden. Das Karlsbader-Elbogener Gebiet war in alttschechischer Zeit vom Stamme der *Sedličane* bewohnt, so nach ihrem Hauptort Zettlitz bei Karlsbad (tschechisch *Sedlec*) benannt. Deutsche sind hier seit dem Ende des 12. Jahrhunderts und in steigender Zahl im 13. erschienen, im 14. kann die Landschaft als deutsch betrachtet werden. Sie war, wie eine Reihe von Ortsnamen tschechischer Herkunft bezeugt, gut besiedelt. Die Deutschen müssen den Bachnamen *Raluna* gehört haben. Ist er älterer Herkunft, kann er vor der altslawischen Liquidenumstellung *Arlūna* gelautet haben, denn diese Lauterscheinung hat, wie beim Namen des Rollbergers erwähnt, zur Zeit Karls des Großen stattgefunden und alte Namen wie *Albī* „Elbe" und *Swartō* „Schwarza" (in Mähren) haben im Tschechischen die Umstellung zu *Labe* und *Svratka* mitgemacht. Ein Suffix -*ūna* mit langem *ū* scheint in alten tschechischen Flußnamen nicht vorzukommen. In Lehnwörtern geht *ū* auf *au* (vgl. tschechisch *kupiti* „kaufen" < **kaupiti,* gotisch **kaupōn*) oder *ō* zurück (z. B. altslawisch bukъ „Buche" < germanisch **bōkō*). Dieses *ō* wurde noch im 8. Jahrhundert gesprochen, in der Gründungsurkunde von Kremsmünster heißt der Führer der

---

[25] Profous III, 583.

decania sclauorum 777 Jopan für späteres altslawisches *župan*[26]. Im Suffix wird nur mit *-ōna* zu rechnen sein. Die alttschechische Vorlage hat dann **Arlōna* gelautet. Das im ersten Teil vorliegende **Arl-* ist uns schon im Namen des Rollberges entgegengetreten, doch muß hier von dem idg. Flußnamengrundwort **er-*, **or-* „in Bewegung setzen" ausgegangen werden, das sehr häufig in Gewässernamen vorkommt. K r a h e stellt die zugehörigen Appellativa zusammen[27], z. B. altindisch *árnas* „wallende Flut", lateinisch *orior* „erhebe mich, entstehe, entspringe", ahd. *rinnan* „fließen, laufen", ebenso die weit verbreiteten Flußnamen wie Ahr. Die große und kleine Arl, ein rechter Nebenfluß der Salzach in Salzburg, heißt 930 *Arla*, hier ist ein *-l-*Suffix ohne Bindevokal angetreten. Eine Form **Arlōna* kann deshalb als Grundlage der Rohlau angesetzt werden. Eine Schwierigkeit besteht freilich. Es gibt eine Reihe von Ortsnamen auf indogermanischem Gebiet wie *Verōna, Narōna, Scardōna, Emōna* (Oberitalien, Dalmatien, Krain). Krahe bezeichnet sie älterer, später aufgegebener Auffassung entsprechend als „illyrisch", heute spricht man besser von „idg." oder auf keltischem Gebiet von „vorkeltischen" Namen. Diesen Ortsnamen stehen Flußnamen auf *-ōn* gegenüber, z. B. gehört *Narōna* im antiken Dalmatien zum Flußnamen Νάρων, jetzt Narenta, *Salōna* die bekannteste Stadt des alten Dalmatien an der Stelle des heutigen Split, zum Flußnamen *Salōn, Arrabōna*, Stadt in Pannonien, zum Flußnamen *Arrabō*, der heutigen Raab. Krahe sucht die Differenzierung von Flußnamen auf *-ōn* und Ortsnamen auf *-ōna* zu erklären[28]. Man wird annehmen dürfen, daß in späterer Zeit Gewässernamen die Endung *-ōna* annehmen konnten. Für **Orlōna* ergibt sich die Bedeutung „Wasser", was eine ebenso einleuchtende Erklärung wie „Berg" für **Arlos*, den Rollberg, ist.

Die geschichtlichen Voraussetzungen für diese Hypothese sind die ältesten erschließbaren Bewohnernamen Böhmens, die bei P t o l e m a e u s[29] II 11, 11; 11, 10 genannten Stammesnamen der Σουδινοί, Βατεινοί, Κόρκοντοι, die am ehesten vorkeltisch benannt sind. Solche Leute müssen sich in Böhmen auch in der Keltenzeit behauptet haben, denn sie haben in der Zeit um Christi Geburt ein altes **Orlōna* in **Arlōna* geändert, wofür Kelten nicht in Betracht kommen, denn im Keltischen ist *o* unverändert geblieben. Daß die Germanen, die auch eine Veränderung des idg. *o > a* etwa im ersten Jahrhundert v. Chr. kennen, **Orlōna*, **Doksā* zu **Arlōna*, **Daksā* verändert haben, ist unwahrscheinlich, denn dieser Lautwandel in vorkeltischen Namen vollzieht sich auf einem großen Gebiete, über Böhmen und Mähren weit hinaus[30]. Erst im Altslawischen Böhmens hat sich *a > o* und die Liquidenumstellung vollzogen. Die vielleicht auftretende Ansicht, daß auch die Slawen solche Namen gebildet haben könnten, da sie ebenfalls In-

---

[26] S c h w a r z, E.: Die Mainwenden und Wogastisburg. ZfO 16 (1967) 13.
[27] K r a h e : Unsere ältesten Flußnamen 45 ff.
[28] K r a h e : Beiträge zur illyrischen Wort- und Namenforschung. Indogermanische Forschungen 62 (1952) 250—259.
[29] C u n t z, Otto: Die Geographie des Ptolemaeus. Handschriften, Text und Untersuchungen. Berlin 1923.
[30] K r a h e : Die Behandlung des idg. *o* im Illyrischen. Festschrift Mladenow 1957, S. 469—476. Hier mit weiteren Literaturangaben.

dogermanen waren, ist abzulehnen, denn im Laufe vieler Jahrhunderte wird eine Differenzierung im Wortschatz der sich aus den Indogermanen entwickelnden Stämme eingetreten sein. Auch im Lautlichen haben sich entscheidende Veränderungen eingestellt, so gehört das Slawische zu den Satemsprachen, während *Doksā „Wasser" dazu nicht gehört. Dafür, daß die Slawen zu den Urbewohnern Böhmens und Mährens gehört haben, ist in Wirklichkeit nichts geltend zu machen [31].

Dem Einwand, daß bisher mehr von keltischen als vorkeltischen Namen in den Sudetenländern in der Forschung die Rede war, kann leicht begegnet werden. Die Studien über die „alteuropäische", in Wirklichkeit „indogermanische" Namengebung Europas sind erst in jüngster Zeit vor allem durch Krahe entscheidend gefördert worden, so daß die Bildungsgrundsätze der Namengebung und der Zuweisung an die entstehenden indogermanischen Teilvölker klarer herausgearbeitet werden konnten. Jede weitere gut fundierte Namenerklärung, die an und für sich eine Hypothese ist, die nachzuprüfen ist, bedeutet einen Beitrag zur alten Sprach- und damit Bevölkerungsgeschichte.

Auch dafür, wie das Nebeneinander vorkeltischer Stämme und der Kelten (Bojer in Böhmen) zu denken ist, gibt es Hinweise, besonders wenn man Süddeutschland in diese Überlegungen mit einbezieht. In Bayern ist der Hauptteil der Gewässer vorkeltisch benannt, was in Ordnung ist, wenn die Kelten erst im 5. Jahrhundert v. Chr. aus Nordfrankreich zugewandert sind. Vor allem Orte an der Donau und Kastelle tragen keltische Namen. Man hat den Eindruck einer keltischen Herrschaft über vorkeltische Stämme. Einer dieser älteren Stämme dürften die Naristen sein [32]. Ähnlich steht es in den Sudetenländern, wo Berg- und Gewässernamen vorkeltischer Herkunft sind, ebenso auftauchende Stammesnamen, während sich der keltische Anteil auf Namen der „oppida" zu beschränken scheint [33]. Die Naristen sind ein Volk gewesen, das sich besonders mit Pferdezucht abgegeben hat, die Daleminzier dürften, ihrem Namen „Schafhirten" entsprechend, ursprünglich Schafzucht betrieben haben [34]. Dann erklärt es sich, daß von Sachsen bis Bayern Kelten und Vorkelten lange nebeneinander leben und ihre Sprache behalten konnten, weil die sozialen Unterschiede eine Vermischung verhindert haben können. Das ist besonders daraus zu folgern, daß noch um Christi Geburt das idg. o bei den Vorkelten zu a übergehen, bei den Kelten dagegen bleiben konnte.

Es soll geprüft werden, ob es nun möglich ist, bei der Rohlau von den alten Formen zur Gegenwart zu gelangen. Das idg. *Orlōna wäre um Christi Geburt bei den Vorkelten zu *Arlōn(a) geworden, hat sich in keltischer und germanischer sowie zunächst altslawischer Zeit gehalten, ist im 9. Jahrhundert bei den Slawen zu Ralūna geworden und wurde so von den Deutschen bei ihrem Erscheinen im Karlsbader Gebiet seit dem Ende des 12. Jahrhunderts gehört. Der Name hat

---

[31] Darüber zuletzt S c h w a r z , E.: Vorkelten und Kelten, Germanen und Slawen, Tschechen und Deutsche in den Sudetenländern. BohJb 10 (1969) 9—70.
[32] Dazu S c h w a r z : Naristenfrage.
[33] Zum Problem S c h w a r z : Ortsnamen der Sudetenländer 19 ff.
[34] S c h w a r z, E.: Daleminze und Lommatzsch. ZfO 18 (1969) 261—269.

im 14. Jahrhundert in der deutschen Mundart die Verdumpfung des *a* zu *o* mitgemacht, ebenso die Diphthongierung des *ū*, ist also zu *Ralauna*, mit Apokope des auslautenden Vokals zu *Ralaun* geworden. Auslautendes -*n* konnte über Nasalierung wegfallen, -*au* in unbetonter Endsilbe eine Abschwächung erfahren, so daß seit dem 14. Jahrhundert *Rola* gesprochen worden sein wird, 1422 *Rola* geschrieben. Die Schreibung *Rolau* ist nun zu verstehen, ebenso die falsche Schriftumsetzung 1359 *Raleyn*. Da die Bevölkerung seit dem 14. Jahrhundert deutsch war, fehlen tschechische Schreibungen in dieser Zeit, die Formen *Role* und *Rolava* sind Anlehnungen an die deutsche Aussprache (mundartlich *rōlə*), vgl. 1553 *ves Nowa Rola* in der Prager Landtafel, also in der fernen Kanzlei, in der tschechisch geschrieben wird.

Das Vorschieben der Slawen nach Westen ist nicht einer einzigen „Wanderung" zuzuschreiben, sondern in Etappen erfolgt. Das Land westlich der Saale dürfte den Sorben erst einige Jahrzehnte nach dem Erreichen der mittleren Elbe zugefallen sein, als hier das Warnenreich 595 vernichtet wurde[35]. Zur Zeit Samos dürfte die Westgrenze der böhmischen Slawen im Westen des Saazer Beckens zu suchen sein, denn hier, auf dem Burberge bei Kaaden, hat der Kampf bei *Wogastisburg* 631 stattgefunden[36]. Nach der Niederlage der Franken war der Weg von Thüringen nach dem oberen Main und vom Saazer ins Karlsbader Becken und die Oberpfalz frei. Erst seit der Mitte des 8. Jahrhunderts sind hier slawische Orts- und Flußnamen zu erwarten, wobei auf die Frage der Zusammenarbeit mit deutschen Grundherrn und ihren Landesausbau hier nicht einzugehen ist[37]. In Ostfranken und der Oberpfalz gibt es nur einen einzigen Ortsnamen slawischer Herkunft, den die Deutschen vor der Liquidenumstellung kennen gelernt haben, Perschen bei Nabburg, um 1122 *Persin* < *Beržjane*[38], der wegen der Übernahme des anlautenden *b*- als *p*- noch im 8. Jahrhundert ins Deutsche gelangt ist. Dann folgt daraus, daß das Vordringen der böhmischen Slawen in das Gebiet um Karlsbad, was zur Bildung des Stammes der *Sedličane* geführt hat, in die Zeit nach dem Siege Samos, das 7. Jahrhundert und vielleicht noch das frühe 8., gehört, und daß hier noch alte Vorbewohner angetroffen worden sind. Die geringe Zahl der Nachrichten, die uns für diese Frühzeit zur Verfügung stehen, macht es notwendig, die Sprachforschung zu Hilfe zu holen.

---

[35] S c h w a r z : Die Mainwenden 6 ff.
[36] E b e n d a 9 ff.
[37] Zur Frage S c h w a r z , E.: Sprache und Siedlung in Nordostbayern. Nürnberg 1960, S. 356 ff. (Erlanger Beiträge zur Sprach- und Kunstwissenschaft 4).
[38] E b e n d a 185.

BUCHBESPRECHUNGEN

Die Deutschen und ihre östlichen Nachbarn. Ein Handbuch. Hrsg. von Viktor
A s c h e n b r e n n e r , Ernst B i r k e , Walter K u h n und Eugen L e m b e r g.
Verlag Moritz Diesterweg, Frankfurt/Main- Berlin-Bonn-München 1967, XVI und 634 S.,
48 schwarz-weiß-Abbildungen, 1 Farbkarte, 12 schwarz-weiß-Karten, statistische Aufstellungen, Ortsnamenverzeichnis und Personennamenverzeichnis, Ln. DM 42,—.

Das anzuzeigende Werk erfüllt weitgehend die Anforderungen, die an ein modernes Handbuch zu stellen sind. Es ist kein Sachkompendium, keine Sammlung zahlloser Einzelfakten, sondern es sucht auf der Grundlage notwendiger Informationen das Wesen und die geschichtlich gewachsenen Probleme der Beziehungen der Deutschen — eigentlich der Deutschen der Bundesrepublik — zu ihren östlichen Nachbarn zu analysieren. Da aber gerade diese Beziehungen noch immer erheblichen Vorurteilen, Ressentiments und emotionalen Belastungen ausgesetzt sind, formulieren die Herausgeber dieses Buches im Rahmen der „Ostkunde" ganz bewußt didaktische und pädagogische Ziele. Der Begriff „Ostkunde" könnte dabei auf die Wurzel eines erneut anormalen Verhältnisses zu den osteuropäischen Völkern hindeuten, denn es gibt ja auch keine „Westkunde". Dies wäre ein Trugschluß, denn dem Handbuch gelingt es in der Tat über weite Strecken, eine Neuorientierung des Verständnisses des deutschen und europäischen Ostens aus der Gesamtsicht des historischen Prozesses zu bieten. Wesentlich ist dabei, daß das deutsche Geschichtsbild und das deutsche Geschichtsbewußtsein aus Geist und Wirklichkeit des 19. Jahrhunderts fließen und daher direkt oder indirekt noch immer den damaligen Belastungen ausgesetzt sind. Dies bedeutet, daß man von einem gesellschaftlichen und wirtschaftlichen West-Ost-Gefälle auszugehen hat, das durch ideologisch-missionarische Implikationen verschärft wurde und so vielfach nur über die mangelnde Integration des deutschen „Reichs"-Volkes hinwegtäuschte. Dies bedeutet weiter, daß infolge des Hegelschen Denkens der Staat zu sehr im Vordergrund stand, was zu einer Verzerrung des Bildes von den osteuropäischen Völkern führen mußte, da sie vielfach keine Nationalstaaten bilden konnten. Im heutigen Geschichtsdenken sollten also weniger die staatlichen, sondern mehr die sozialen, wirtschaftlichen und kulturellen Kräfte im Mittelpunkt des Interesses stehen. In diesem Sinne werden die Verfasser der einzelnen Aufsätze dem Anliegen eines solchen Handbuches im ganzen gerecht. Sie informieren sachlich und suchen aus der Distanz, die eine veränderte Umwelt gebietet, Beiträge zu einem Geschichtsverständnis zu leisten, das der politischen Erziehung auf der Grundlage der demokratischen Staatsform dient. Freilich läßt dieses Bekenntnis auch zu, daß der Spielraum für einen bestimmten geistig-politischen Standpunkt ausgelotet wurde. Damit ist verständlich, warum sich dieses Buch nicht eigentlich an den Fachwissenschaftler wendet — dies zeigt rein äußerlich die Tatsache, daß die Beiträge mit keinem wissenschaftlichen Apparat versehen sind, sondern nur einige Literaturangaben aufweisen —, vielmehr vor allem den Lehrer und interessierten Laien, also breitere meinungsbildende Gruppen ansprechen will.

Inhaltlich werden alle östlichen Nachbarn der Deutschen behandelt und aus diskutierbaren Gründen die Sowjetunion und die Deutsche Demokratische Republik ausgeklammert. Sonst gliedert sich das Buch durchaus strukturell in fünf Großkapitel: „Raum und Siedlung", „Völker und Staaten", „Die ostdeutschen Stämme und Länder", „Kulturelle Wechselseitigkeit", „Politische Ideen und Kräfte der neuesten Zeit". Hervorzuheben sind die überaus beeindruckenden Beiträge von Eugen Lemberg und Ernst Birke. Ersterer sucht unter Einbeziehung gesellschaftlicher Aspekte das ideologisch-nationale Denken zu durchbrechen. Letzterer erkennt unter Betonung des herrschaftlichen Elements in der Integration von Slawen und Deutschen ein wesentliches Moment der Stammesentwicklung, wobei die Einflüsse des westlichen *und* östlichen Kulturkreises eigenständig prägend wirkten. Die Beiträge von Walter Kuhn, Günther Stökl, Gotthold Rhode, Hans Lemberg, Josef Matl, Friedrich Korkisch und Martin Broszat zeugen von weitläufigem Fachwissen und machen viele grundlegende Strukturzusammenhänge durch die intime Kenntnis der Materie deutlich. Einzelne, aber doch wichtige Probleme bedürften anhand neuerer Forschungsergebnisse einer Überprüfung. (Nicht angesprochen sind hier — wie oben bereits skizziert — Eugen Lemberg und Ernst Birke.): So wäre zu untersuchen, ob die Wanderungstheorie bei der Stammes- und Volksentwicklung nicht zu sehr von den nationalen und dynastischen Vorstellungen des 19. Jahrhunderts geprägt ist. Die Ostsiedlung ist wohl weniger das Problem eines „kulturellen Hochdruckgebietes" (Walter Kuhn) als vielmehr die Folge des Abschlusses der Binnenkolonisation. Hierbei sind in erster Linie die Wechselbeziehungen zwischen Germanen und Slawen zu sehen. Die kulturellen Wirkungen aus dem westeuropäischen und dem byzantinischen Raum waren wohl in gleicher Weise bedeutsam. Überhaupt ist in archaischen Gesellschaften ein zu spiritualisierter Begriff von Kultur nicht angebracht; der stärkere Bezug zu den sozialen und herrschaftlichen Verhältnissen steht außer Zweifel. Im Sinne eines offeneren Geschichtsverständnisses wäre es auch gewesen, gegenüber dem abschließenden Charakter der Rechtsinstitute den Menschen als Träger dieser Normen stärker sichtbar zu machen. Die Annahme, daß der Sklavenhandel im Mittelalter verschwand, ist nicht haltbar; besonders nicht angesichts der Tatsache, daß Regensburg ein Hauptumschlagplatz für Sklaven zwischen West- und Osteuropa war.

Insgesamt gesehen leistet das Handbuch jedoch einen wertvollen Beitrag zur Geschichte der osteuropäischen Völker. Es sucht aber nicht nur sie funktionell in ihrem historischen Raum mit allen seinen Einflüssen zu erfassen, sondern auch die dort lebenden Deutschen. Dies deutet in der Tat für die Zukunft ein neues Geschichtsverständnis an, da die vielfach von außen hineingetragenen und geschürten belastenden ideologisch-nationalistischen Vorurteile mit missionarischem Hintergrund überwunden werden. Die daraus folgende Achtung und der Respekt vor dem geschichtlich gewordenen Eigenleben der Völker ist nicht nur eine Aufgabe der Osteuropaforschung, sondern der ganzen Geschichtswissenschaft.

München   Karl Möckl

Hans Schenk, *Nürnberg und Prag.*

Verlag Harrassowitz, Gießen 1969, 190 S. (Osteuropastudien der Hochschulen des Landes Hessen, Reihe 1: Gießener Abh. zur Agrar- u. Wirtschaftsforschung des europäischen Ostens 46).

Mit seiner Dissertation hat Schenk den Versuch unternommen, auf Grund der Quellen der Nürnberger Archive, des Prager Stadtarchivs, der gedruckten Quellensammlungen und der deutschen und westslawischen einschlägigen Literatur ein Bild der Handelsbeziehungen zwischen Nürnberg und Prag vom Anfang bis zum Jahre 1500 zu zeichnen. Über die ihm für diesen Zweck zur Verfügung stehenden Geschichtsquellen berichtet er eingehend von Seite 4—10. Dankenswert ist sein Überblick über die älteste Geschichte der Städte Nürnberg und Prag. Bei dieser Stadt macht er uns bekannt mit den Forschungsergebnissen von I. Borkovský und Zd. Fiala, erwähnt aber leider nicht die verdienstvollen Forschungen von Adolf Zycha („Prag, ein Beitrag zur Rechtsgeschichte Böhmens" MVGDB 49, ⟨1911⟩) und Wilhelm Weizsäcker (Die älteste Urkunde der Prager Deutschen, ZSG 1 ⟨1937⟩ 161—182).

Die älteste Nachricht über den Handel Nürnbergs mit Böhmen findet sich in dem um das Jahr 1270 entstandenen Zolltarif von Cham. Darnach mußten die Nürnberger Kaufleute Zoll entrichten, wenn sie „uber walt", über den böhmischen Grenzwald, zogen. Das bedeutet aber nicht bloß, daß ihr Reiseziel nur die böhmische Grenzstadt Taus gewesen wäre, wie Schenk S. 21 meint, sondern allgemein Böhmen, insbesondere Prag, wenn nicht gar das ebenfalls in diesem Zolltarif gleichrangig mit Regensburg und Nürnberg genannte Breslau (Bretzlach). Demnach hat die Ansicht von F. Lütge, daß der Handelsverkehr von Nürnberg und Prag bis ins 13. Jahrhundert zurückreiche, eine Ansicht, die Schenk S. 23 ablehnt, viel für sich. Präzis läßt sich der Handel Nürnbergs mit Prag quellenmäßig erst seit dem Jahre 1321 verfolgen. Bis zum Jahre 1350 fand schon ein beachtlicher Handelsverkehr zwischen Nürnberg und Prag statt, er wurde aber durch den Zwist zwischen den Luxemburgern und Wittelsbachern teilweise schwer behindert.

Eine tiefe Zäsur in den Handelsbeziehungen Nürnbergs und Prags entstand durch den ersten Hussitenkrieg (1419—1436), als die Kirche gleich bei seinem Beginn den Handel mit den Ketzern verbot. Darnach kam es zu einem sehr langsamen Aufblühen des Handels der Reichsstadt mit der böhmischen Hauptstadt, jedoch schon nach der zweiten Bannung Georgs von Podiebrad (1466) setzte der zweite Hussitenkrieg ein, wieder begleitet von einem neuen Verbot des Handels mit den böhmischen Ketzern. Im Zeitraum von 1479 bis 1492 wurde durch päpstliche Indulte, die alle zwei Jahre erneuert werden mußten, der Handel mit den Ketzern geduldet, im Jahre 1492 wurde diese Frist auf drei Jahre verlängert und im Jahre 1495 hob Papst Alexander VI. das Handelsverbot bis auf Widerruf auf.

Die Handelsbeziehungen Nürnbergs zu Prag ermöglichten auch den Handel mit Ungarn und Polen. Das Stapelrecht Wiens verhinderte den Direkthandel der Nürnberger Kaufleute mit Ungarn. Aus diesem Grunde wurde der bequeme Donauweg über Böhmen und Mähren umgangen, was durch das ungarische Zollprivileg für Brünn vom 6. Januar 1336 erleichtert wurde. Dieses sollte den Kaufleuten der Stadt Brünn einen von der Willkür der Zollbeamten bei der Einhebung des Zolls freien Weg von Holič (Weißkirchen) über Tyrnau, Nyarhid (Neuhäusel), Gran nach Ofen (Buda) ermöglichen. Die neuen Bestimmungen kamen nicht nur den Bürgern von Brünn, sondern auch anderen Kaufleuten wie den Pragern und Nürnbergern zugute, wie Schenk mit Recht annimmt, was durch das Privileg des Graner Erzbischofs vom 24. Dezember 1337 für dieselbe Umgehungsstraße bestätigt wird.

In der Darstellung des Prozesses zwischen der Nürnberger Pirkheimer-Gesellschaft und Cunz und Cristan Imhoff (S. 68 f.) finden sich einige Ungenauigkeiten. Dem Prager Kaufmann Peter Rötinger hatten die Brüder Imhoff als Faktoren der Pirkheimer-Gesellschaft im Jahre 1414 Barchent und Pfeffer zum Preis von 125, nicht wie Schenk angibt, von 132 Schock Prager Groschen geliefert. Davon zahlte Rötinger 92, nicht 22 Sch. Pr. Gr. (Schenk!) zurück, den Rest der Schuld (33 Sch. Pr. Gr.) des „trünnigen" (geflüchteten) Rötinger forderte die Pirkheimer-Gesellschaft zu Unrecht von den beiden Imhoff, wie der Nürnberger Schultheiß (nicht Bürgermeister, wie Schenk ihn nennt) am Samstag nach dem St. Veitstag (19., nicht 22. Juni 1423) in seinem Urteil bestimmte.

Das päpstliche Verbot, mit den hussitischen Ketzern Handel zu treiben, wurde nachweisbar von Hans Imhoff im Jahre 1426 umgangen, daß er das aber im Auftrag des Nürnberger Rates als „offizieller Gesandter" getan haben könnte, wie Schenk S. 78 meint, ist nicht anzunehmen.

Eine der aufschlußreichsten Quellen über die Handelstätigkeit der Imhoff-Gesellschaft in Prag ist das am 4. Oktober 1464 ausgestellte Testament des Ludwig Imhoff, der als Faktor seiner Firma in der böhmischen Hauptstadt tätig war. Bald darnach starb er und schon am 15. Oktober dieses Jahres verläuteten die Glocken der beiden Nürnberger Pfarrkirchen seinen Tod (Nürnb. Totengeläutbücher: St. Lorenz 1454—1517, hrsg. v. H. Burger, Neustadt/Aisch 1967, Zeile 737; Nürnb. Totengel.: St. Sebald 1439—1517, hrsg. v. H. Burger, Neustadt/Aisch 1962, Zeile 1838). Als Beleg dafür, daß Ludwig Imhoff schon einige Jahre in Prag tätig war, wie Schenk annimmt, sehe ich seine Vermächtnisse für seinen Beichtvater Hans bei St. Jakob und für die im Testament noch aufgezählten katholischen Kirchen in Prag an. Schenk hätte noch mehr auf den Aussagewert dieses Testaments eingehen können. Er erwähnt nur einige der genannten Handelsgüter und die beiden Filialen der Imhoff-Gesellschaft in Brünn und Olmütz. Zu beachten ist doch auch in diesem Zusammenhang, daß Ludwig Imhoff vornehmlich mit Venedig Handel getrieben hat, von wo er über Salzburg und Linz, wo er Waren eingelagert hatte, Gewürze (Pfeffer, Neglein, Muskatblüte), Seide und Wolle bezogen hat. Drei venezianischen Kaufleuten war er insgesamt 835 Dukaten 7 Gr. in Gold für die Gesellschaft Weihnachten 1464 schuldig, und zwar Franciscus Morandczan 421 Duk. 9 Gr., Albysy Byancho 240 Duk. und Geronimus Nichlo 173 Duk. 22 Gr. Dem Altar St. Sebald in der Deutschenkirche St. Bartholomäus in Venedig vermachte er ein Meßgewand im Wert von 20 Dukaten.

Die Behauptung Schenks (S. 106), daß im Jahre 1466 die Brüder Kunz, Hans und Paulus Imhoff in Prag als Faktoren ihrer Firma oder auf einer Geschäftsreise in Prag gewesen seien, stimmt mit der zitierten Quelle (STAN, Briefbuch 32, f. 46) nicht überein, nach dieser weilten sie in Nürnberg; es könnte sein, daß der in diesem Zusammenhang genannte Prager Inwohner Michel Herbst ihr Agent war.

Als themafremd sehe ich es an, daß sich Schenk im 5. Kapitel mit dem Handel Nürnbergs mit Posen beschäftigt. Wie er selbst mitteilt (S. 80 f.), ging dieser über Leipzig und Frankfurt a. d. O., aber nicht über Prag. Im Nürnberger Handel mit Krakau spielt Posen keine Rolle, wie Schenk S. 85 annimmt.

S. 135: Nicht der Prager Kaufmann Stephan schloß einen Vergleich mit Hans Oselberger von Nürnberg und Kaspar Kürtzel von Eger, sondern Georg vom halben Rad („a media rota"), der als Gläubiger des Kaufmanns Stephan eine Schuldforderung von 474 Gulden ung. diesem gegenüber an Hans Oselberger und Kaspar Kürtzel abtrat. Nach Teige, Základy 1, S. 731, Nr. 6 (1482, 27. Februar) und Nr. 7 (1483, 17. Juni) war Georg vom halben Rad, der noch 1476—1478 Ratsherr der Prager Altstadt war (Teige, Základy 2, Anhang S. 58), in den Jahren 1481 bis 1483 schwer verschuldet, so daß er am 17. Juni 1483 für die Schuldsumme von 125 Schock Prager Groschen sein Haus an seinen Gläubiger Johannes Strignar von Saaz abtreten mußte.

Auch mit dem, was Schenk S. 135 über den Rechtsstreit zwischen dem Kaadener Bürger Cztiborius (= Endres Stiber) und den Erben des Hans Oselberger vorbringt, stimme ich teilweise nicht überein. Der Prozeß fand in Prag am 9. 7. 1489 nicht unter dem Vorsitz des (Prager?) Ratsmitglieds Nicolaus Tynczar statt; denn Nikolaus Teynitzer war Bürger der Stadt Kaaden und in diesem Rechtsstreit der Vertreter des Kaadener Bürgers Cztiborius (Vgl. STAN, Nürnb. Briefbuch 41, f. 11 ⟨27. 5. 1489⟩ und Briefb. 41, f. 12 ⟨2. 6. 1489⟩). Es fehlt bei Schenk der Hinweis, daß Hans Oselberger und der Kaadener Endres Stiber (Cztiborius) am 21. September 1486 ihren Gesellschaftsvertrag erneuert haben, wobei der Kaadener Kaufmann 1 000 Gulden auf Gewinn und Verlust einzahlte (StadtA. Nbg., lib. cons. E, f. 71 a), die jetzt von den Erben Stibers zurückgefordert wurden. Der Rat der Stadt Nürnberg schlug darauf in einem Schreiben vom 2. 6. 1484 (Briefb. 41, f. 12) dem Rat von Kaaden einen gerichtlichen Austrag der Sache vor, der nach Schenk S. 135 am 9. Juli 1489 vor dem Prager Stadtgericht durchgeführt wurde. Die Erben Hans Oselbergers übernahmen die Verpflichtung, die 1 000 Gulden [Gesellschaftsanteil] an Cztiborius zu zahlen. Oselbergers Erben besaßen auch einen Schuldbrief ihres Mitgesellschafters Kaspar Kürtzel von Eger und des Hans Stuchs von Werd über 1378 Gulden. Kürtzel lieferte für 1 000 Gulden Schamlott und Seide und zahlte 378 Gulden bar. Das war am 17. Dezember 1492, außerdem verpflichtete sich Kürtzel, die „gewissen" Schuldforderungen der Erben Oselbergers auf seine Kosten einzutreiben und die „ungewissen" Schuldforderungen auf Kosten der genannten Erben einzubringen. Die Nachkommen Oselbergers wurden von drei Vormündern vertreten, nicht nur, wie Schenk angibt, von dem „Prager" Kaufmann Christoph Rothan; denn dieser war bis zum 25. August 1508 immer Nürnberger Bürger und zog dann auf sein Schloß Bruckberg bei Ansbach, wo er am 6. November 1514 starb (STAN: Amts- u. Standbuch 306, f. 165', J. Siebmachers großes und allg. Wappenbuch: Abgestorbener Bayer. Adel, 6. Bd., 1. Abt., 3. Teil, Nürnberg 1911, S. 51).

Zu S. 136 wäre zu ergänzen, daß Lorenz Kellner, der aus Zwickau in Sachsen gestammt und am 17. Dezember 1476 das Bürgerrecht der Stadt Nürnberg erworben hat (STAN, Ratsbuch 2, f. 106 ⟨1476⟩ und Nürnb. Amts- u. Standbuch Nr. 299, S. 18), an der Handelsgesellschaft der Erben seines Schwiegervaters Hans I Schmidmair mit 825 fl. beteiligt war (StadtA., lib. lit. 16, f. 183': 4. Juli 1485). Kunz Haidenreich, ein ständig verschuldeter Nürnberger Kaufmann, hatte von dem Prager Faktor Lorenz Kellners bzw. Hans II Schmidmairs 100 Gulden rh. geliehen, weshalb Haidenreich in Prag in Schuldhaft kam. Zu ergänzen ist, daß erst am 24. Juni 1488 Hans II Schmidmair, nachdem Lorenz Kellner vor dem 24. Februar 1484 gestorben war (StadtA. Nbg., cons. D, f. 13, seine Frau Dorothea Witwe), über die Bezahlung dieser Schuld quittierte. Diese Sache ist an sich nicht so wichtig, ihre Bedeutung liegt nur darin, daß die Nürnberger Großfirma Schmidmair, die im Tuchhandel des Donauraums eine bedeutende Rolle spielte, auch in Prag vertreten war.

S. 143 geht Schenk auf die Handelsgeschäfte des Prager Kaufmanns Hans Venediger mit Nürnberg ein. Nach meinen Feststellungen stammte dieser aus Breslau, wo er im Jahre 1476 das Bürgerrecht aufgab (Gerhard Pfeiffer, Das Breslauer Patriziat, Breslau 1929, S. 225). Er dürfte der Sohn des Breslauer Kaufmanns Paul Venediger gewesen sein, der aus einer Salzburger Patrizierfamilie stammte. Dieser erwarb im Jahre 1441 das Bürgerrecht von Breslau und starb im Jahre 1453 (Pfeiffer 237 f.). Paul Venediger war um diese Zeit mit seinem Bruder Virgil, der Patrizier der Stadt Salzburg war, und mit seinem Schwager Kunz Taufkind aus Salzburg an der Handelsgesellschaft des Breslauer Großkaufmanns Albrecht Scheurl zu 43 % beteiligt. Ins Breslauer Patriziat stieg Paul Venediger nicht auf (Wolfg. v. Stromer, Die Nürnberger Handelsgesellschaft Gruber-Podmer-Stromer im 15. Jh., Nürnberg 1963, Regest Nr. 84).

Hans Venediger erwarb in Prag, wo er sich wahrscheinlich schon einige Jahre aufgehalten hatte, am 21. August 1482 das Bürgerrecht der Altstadt (Josef Teige, Seznamy měšťanů Pražských, I. Staré Město ⟨1438—1490⟩ [Prager Bürgerverzeichnisse, I. Altstadt ⟨1438—1490⟩], Almanach král. hl. města Prahy na rok 1903 [Almanach der kön. Hauptstadt Prag für das Jahr 1903], S. 142* ⟨1482⟩). Es könnte sein, daß er wegen der Verfolgung der Katholiken durch die Hussiten Prag verließ, um sich als Einwohner in der katholischen Stadt Pilsen niederzulassen. Als Jan Benátský erscheint er, seit 1492 nachweisbar, in den tschechischen Urkunden dieser Stadt (Josef Strnad, Listář královského města Plzně [Urkundenbuch der kgl. Stadt Pilsen], Teil 2 (1450—1526), Pilsen 1905, Nr. 355). Am 13. Dezember 1507 wird er das letzte Mal in einer Urkunde erwähnt (Ebenda Nr. 695).

Was Schenk S. 143 f. über Hans Venediger von Prag als Inwohner von Pilsen sagt, stimmt nur zum Teil mit den Angaben der von ihm benützten Quelle überein. Genau am 10. Juli 1482 (nicht am 9. Juli ⟨S. 144⟩ und nicht im Jahre 1483, wie Schenk S. 143 angibt) haben die Gesellschaft Sebald Reich (nicht Reichner), Bernhart (nicht Reinhart) Walther, der Faktor der Vehlin-Gesellschaft von „Menningen" (= Memmingen, nicht Meiningen ⟨Schenk⟩) und Jobst Schedler dem Prager Kaufmann Hans Venediger verschiedene Waren für 260 fl 2 ß (nicht

160 fl 10 ß) geliefert. Der Prager Kaufmann Wenzel Kanitzge (nicht Kanitzy, tschech. Chánický) bezahlte am 17. September 1483 in Nürnberg für Hans Venediger eine Warenschuld von 65 fl 10 ß an Bernhard Walther. Es ist erwähnenswert, daß Chánický einige Tage später, am 26. September, bei einem Aufstand der radikalen Prager Hussiten wie andere Ratsherren der Prager Altstadt hingerichtet wurde (Jaroslav Prokeš, Dějiny Prahy [Geschichte Prags], Prag 1948, S. 643).

Bernhard Walther wurde 1498 nicht von Jobst Meininger (richtig Meminger) vertreten, Walther hat ja selbst zu dieser Zeit eine Kundschaft (eine eidesstattliche Erklärung) abgegeben. Durch die Kundschaft der oben genannten drei Nürnberger Kaufleute ist entgegen der Ansicht Schenks vom Stadtgericht Nürnberg keine Entscheidung gefällt worden, Venediger hat auch nicht versprochen zu bezahlen. Auch die von Schenk S. 144 zweimal geäußerte Vermutung, Bernhard Walther hätte sich als früherer Faktor der Vehlin-Gesellschaft nach dem Jahre 1498 selbständig gemacht, läßt sich nicht beweisen. Am 12. September 1499 stellten Anthoni Wälser (= Welser), Bürger zu Augsburg, und Conrad Vehlin, Bürger zu Memmingen, ihrem Faktor, Respondenten, Anwalt und Sachführer Bernhard Walther einen Gewaltsbrief für Deutschland, Welschland, Ungarn und Böhmen aus und am gleichen Tage machte Bernhard Walther seinen Neffen Jeronimus Walther und den Nürnberger Bürger Thomas Staindorffer zu seinen Untervertretern bei der Eintreibung von Schuldforderungen in Ungarn, Böhmen, Mähren, Sachsen und Meißen (StadtA. Nbg., lib. lit. 17, fol. 70 ff. und f. 71' ff.).

S. 160: Aus der Gläubigerliste des Hans Smischko (nicht Schmischko) von Prag läßt sich noch mehr entnehmen, als Schenk angibt. Die Schuld des Prager Kaufmanns betrug nicht 2792 Gulden 15 Schilling 20 Heller, sondern 2849 fl. rh. 2 ß 8 h. Von den elf „Nürnberger Gläubigern" waren sechs keine Bürger der Reichsstadt, sondern stammten aus Oberschwaben: aus Augsburg Jorg Vogker und Anthoni Herbart, aus Isny Berchtold und Konrad Bufler und aus Memmingen Jorg Pesserer, der bei Schenk fehlt, und Mathes Stainpach. Diese oberschwäbischen Kaufleute haben hauptsächlich mit Leinen und Barchent gehandelt.

Die Angabe Schenks S. 161, daß der Prager Kaufmann Hans Kolman seine Schuld von 596 Gulden in vier Raten an seine vier Nürnberger Gläubiger vom Jahre 1493 ab zur „Heiltumsweisung" bezahlen sollte, beweist die interessante Tatsache, daß Prager Kaufleute Besucher der Nürnberger Heiltumsmesse, die unmittelbar nach Ostern stattfand, gewesen sind.

S. 167 erwähnt Schenk, daß der Fuhrmann Hermann Genngel von Galgenhof bei Nürnberg am 16. Mai 1493 vor dem Nürnberger Stadtgericht ausgesagt hat, daß er von Wolf Haller in Ofen den Auftrag erhalten habe, 500 Häute über Prag nach Nürnberg zu transportieren. Schenk führt weiter aus, was mit der von ihm benützten Quelle nicht übereinstimmt, daß Haller dem Fuhrmann die Weisung gegeben habe, in Prag nur 400 Häute zu verzollen. Tatsächlich beging der Fuhrmann in Prag eigenmächtig Zollbetrug, der entdeckt wurde, so daß ihm die restlichen unverzollten 100 Häute beschlagnahmt wurden. Für den seinem Auftraggeber entstandenen Schaden mußte der Fuhrmann nach dem Urteil des Nürnberger Stadtgerichts selbst aufkommen, nicht Wolf Haller, wie Schenk angibt.

Ergänzend möchte ich dazu mitteilen, daß es wegen des Transports von Häuten aus Ungarn nach Nürnberg auch am 10. März 1497 vor dem Nürnberger Stadtgericht zu einer Entscheidung kam (StadtA. Nürnberg: l. cons. 1, f. 191'). Der Fuhrmann Behmisch Mertlin, der dem schon genannten Wolfgang Haller und Wolfgang Eysen 521 Häute von Ofen über Prag nach Nürnberg bringen sollte, aber diese entgegen der getroffenen Vereinbarung in Prag liegen ließ, wurde verurteilt, die Häute binnen fünf Wochen nach Nürnberg zu bringen. Diese beiden Belege sind die einzigen, die wir über den Transport von Waren aus Ofen über Tyrnau, Brünn und Prag nach Nürnberg besitzen.

Hinsichtlich des Verlaufs der Handelswege von Nürnberg nach Prag hat sich Schenk (S. 148) zu seinem Nachteil ganz von den ungenauen Kartenskizzen von Frant. Graus (Český obchod se suknem ve 14. a počátkem 15. století [Der böhm. Tuchhandel im 14. und zu Beginn des 15. Jahrhunderts], Prag 1950, S. 112 f. und Die Handelsbeziehungen Böhmens zu Deutschland und Österreich im 14. und zu Beginn des 15. Jahrhunderts, Historica 2 ⟨1960⟩ Karte II ⟨Schema der Handelswege⟩) beeinflussen lassen. Es wäre besser gewesen, wenn er für diesen Zweck die Karte „Städte und mittelalterliche Straßen" des Werkes „Süddeutschland" von Robert Gradmann, Bd. 1, Stuttgart 1931, Tafel 8 herangezogen hätte. Dieser Karte ist zu entnehmen, daß nicht von Sulzbach, wie Kraus angibt, sondern von Hirschau zwei Straßen ausgingen, die bei Haid in Böhmen zusammentrafen und dann über Mies nach Pilsen führten, von wo sie in einem Strang Prag erreichten. Grundfalsch ist die Aussage der beiden Graus'schen Karten, daß eine Straße von Nürnberg nach Prag über Mies, o h n e P i l s e n z u b e r ü h r e n, die Hauptstadt Böhmens erreicht habe. Wie schlecht die Graus'schen Kartenskizzen, welche die Zeit bis 1419 betreffen, sind, geht auch daraus hervor, daß darin die wichtigste Reiseroute von Nürnberg nach Prag in dieser Zeit, die über Bärnau und Tachau geführt hat, nicht eingezeichnet ist. Schenk hätte auch unter Heranziehung des Atlas československých dějin [Atlas der tschechoslowakischen Geschichte], Prag 1965, Blatt 5 und 9, zu den Irrtümern von Graus, was die Handelswege Nürnberg - Prag betrifft, kritisch Stellung nehmen sollen.

Im Gegensatz zu Schenk, der S. 151 behauptet, daß die Straße über Tachau nach Pilsen und Prag, die auf der Etzlaubschen Karte aus dem Jahre 1501 eingetragen ist, von den Nürnberger Kaufleuten am Ende des 15. und zu Beginn des 16. Jahrhunderts in erster Linie benützt wurde, bin ich der Ansicht, daß in dieser Zeit schon der Handelsweg über Waidhaus und Pfraumberg unter allen Straßen, die von Nürnberg nach Prag geführt haben, bei den Nürnberger Kauf- und Fuhrleuten den Vorrang genoß, da er die kürzeste Verbindung zwischen der Reichsstadt und der Stadt an der Moldau war. Für meine im Gegensatz zu den Angaben der Etzlaubschen Karte vom Jahre 1501 stehende Ansicht führe ich an, daß in den Jahren 1496 bis 1498 nach Schenk (S. 150 f.) die Gräfin Sigaun von Guttenstein und Tachau, unterstützt vom böhmischen König Wladislaw, an den Rat der Stadt Nürnberg mit der Bitte herantrat, seine Kaufleute zu veranlassen, die Straße von Tachau auf der Reise nach Prag und zurück zu benützen. Noch am 30. April 1498 erschienen wegen dieser Angelegenheit zwei Ratsherren von Tachau im Auftrag ihrer Herrin vor dem Nürnberger Rat, der es ablehnte, einen

Zwang auf seine Kaufleute bei der Wahl der Handelsstraßen auszuüben. Deutlich wird in diesem Nürnberger Ratsverlaß (STAN, Ratsverlaß Nr. 357, f. 12) in lapidarer Kürze ausgesagt, den Nürnberger Kaufleuten „wolle diser zeyt nit gelegen sein, dise straß uff Tachaw zu besuchen". Die Angaben der Etzlaubschen Karte des Jahres 1501 stehen daher im Gegensatz zu dieser amtlichen Aussage. Der Grund für die Nichtbenützung der Tachauer Straße durch die Nürnberger Kaufleute war die Konkurrenz der kürzesten Verbindung zwischen Nürnberg und Prag, welche die Straße über Waidhaus und Pfraumberg ermöglichte, wie Reiserechnungen Nürnberger Gesandter aus den Jahren 1512, 1517, 1522, 1525, 1561, 1562 und 1576, die diese Straße, aber niemals den Umweg über Tachau, bei ihren Reisen nach Prag benützt haben, erkennen lassen (STAN, Rep. 54a I, Nr. 1132, 1287, 1477, 1607, Rep. 54a II, Nr. 223 und 289). Aus der Zeit vor dem Jahre 1512 sind keine Nürnberger Reiserechnungen, die Böhmen betreffen, erhalten.

Im Kapitel 9 über die Währungen im Nürnberg - Prager Handelsverkehr vertritt Schenk die Auffassung, daß der ungarische Gulden dem rheinischen Gulden gleichwertig gewesen sei. Das ist ein Irrtum. Der ungarische Gulden entsprach im 15. Jahrhundert 1,33 fl. rhein., so z. B. in der Quittung des Ulrich Stoß von Breslau, des Stadtschreibers von Lauingen, vom 4. Mai 1489 für den Nürnberger Bürger Christoph Scheuerlin über 149 fl. 6 ß rhein. in Gold für 112 fl. ung. (Frhr. von Scheurl'sches Familienarchiv Nürnberg, Akten 1,56, nach Nr. 81 des Nachlasses Adolf Jäger, Stadtbibliothek Nürnberg). Vgl. auch Zikmund Winter, Dějiny řemesel a obchodu v Čechách v XIV. a v XV. století [Geschichte des Gewerbes und Handels in Böhmen im 14. und 15. Jh.], Prag 1906, S. 951 f. Die von Schenk S. 140, 155 und 161 erwähnten Goldschillinge haben niemals existiert, der Schilling war entweder eine Silbermünze oder nur eine Rechnungsmünze (Ludwig Veit, Das liebe Geld, zwei Jahrtausende Geld- und Münzgeschichte, München 1969, S. 139).

Trotz der gemachten Einwendungen ist der Wert der vorliegenden Studie darin zu sehen, daß dadurch eine Lücke in der deutschen Ostforschung beseitigt wurde.

Abkürzungen

STAN = Staatsarchiv Nürnberg

StadtA. Nbg. = Stadtarchiv Nürnberg

Teige, Základy = Josef Teige, Základy starého místopisu Pražského (1437—1620) [Grundlagen der alten Topographie Prags], 1437—1620. 1. Abteilung: Staré město Pražské [Altstadt Prag]. Teil 1, Prag 1910; Teil 2, Prag 1915.

Nürnberg Richard Klier

Karl Heinz Osterloh, *Joseph von Sonnenfels und die österreichische Reformbewegung im Zeitalter des aufgeklärten Absolutismus.*

Matthiesen, Lübeck und Hamburg 1970, 271 S. (Historische Studien 409).

Die vorliegende, von Gerhard Oestreich angeregte Dissertation von Karl Heinz Osterloh bedeutet einen wesentlichen Schritt voran zur Klärung des ‚eigentlichen Wesens' des sogenannten Josephinismus. Die ältere Forschung verstand unter Josephinismus in engerem Sinne die Kirchenpolitik Josephs II., die sich in einer verschärften Staatsaufsicht, in vom Geist der Aufklärung bestimmten Eingriffen im Kultusbereich manifestierte. Der Josephinismus war aber mehr als das unter Joseph II. sehr ausgeprägte österreichische Staatskirchentum. Dies fand auch in der neueren Forschung (Eduard Winter, Fritz Valjavec, Ferdinand Maass, Paul B. Bernhard) — wenn auch von verschiedenen Ansatzpunkten ausgehend — ihren Niederschlag. Für Winter bedeutete der Josephinismus im wesentlichen den Konflikt zwischen der römischen Kurie und den aufgeklärten Reformkreisen, von den geistigen Anfängen des böhmischen Barocks bis in die nachjosephinische Zeit. Politische, rechtliche, wirtschaftliche und gesellschaftliche Gesichtspunkte fanden bei dem für die innere Reform der katholischen Kirche engagierten Historiker keine Berücksichtigung. Valjavec versuchte das Phänomen Josephinismus als Gesamterscheinung darzustellen, mit dem Hauptakzent auf den geistigen Strömungen, bei denen die kirchengeschichtlichen nur einen Teilaspekt bedeuten, und ordnete den Josephinismus als eine charakteristische, österreichische Sonderform in die europäischen Geistesströmungen des 18./19. Jahrhunderts ein. Diese Auffassung wurde von Maass entschieden bestritten. Der Josephinismus sei keine durch das Wirken anonymer Kräfte entstandene Form, sondern Maass hält ihn für ein Staatskirchentum im eigentlichen Sinn (diese Auffassung bestimmte auch trotz Modifikationen sein 1969 erschienenes Buch ‚Der Frühjosephinismus'). Die leider noch relativ unbekannte Arbeit von Bernard (vgl. Ludwig Hammermayer, ZBLG 33 ⟨1970⟩ 1044 ff.) sieht den Josephinismus in seinen wesentlichen Zügen als bereits in der theresianischen Epoche entwickelt. Methodisch bettet Bernard die staatskirchliche Entwicklung in den Jahren vor 1780 in den Gesamtzeitraum ein, wobei er die Wirtschafts- und Gesellschaftsstruktur Österreichs im 18. Jahrhundert mit heranzieht und vor allem auch die Rolle der Freimaurerei und das Einwirken der Aufklärungsphilosophie auf die Reformideen des aufgeklärten Absolutismus analysiert. Von dieser Basis geht auch Osterloh aus, wenn er die österreichische Reformbewegung des 18. und beginnenden 19. Jahrhunderts mit dem Mittelpunkt Joseph von Sonnenfels untersucht. In seiner Arbeit ist es Osterloh in ausgezeichneter Weise gelungen zu zeigen, daß man unter dem Wesen des Josephinismus eine Reformidee zu verstehen hat, die dem gesamten staatlichen Leben Österreichs, unter Einbeziehung wirtschaftlicher, gesellschaftlicher und geistiger Gesichtspunkte, seit Mitte des 18. Jahrhunderts bis in das beginnende 19. Jahrhundert hinein ihr Gepräge gab.

Die Arbeit gliedert sich in zwei Hauptabschnitte und einen ausführlichen, die Voraussetzungen aufzeigenden Einleitungsteil. In den beiden Hauptteilen analysiert der Verf. Werk und Wirken von Sonnenfels als Theoretiker des aufgeklärten Absolutismus und als Staatsmann und Praktiker der Reformperiode. Osterloh zeigt uns Joseph von Sonnenfels als Kritiker der älteren Universitätskameralistik, mit der sich dieser in zahlreichen Abhandlungen auseinandersetzte. Als Universitätslehrer wurde Sonnenfels der entscheidende Theoretiker der Kameral- und Polizeiwissenschaften und wirkte auch entscheidend als politischer und wissenschaftlicher Schriftsteller für die Verbreitung der Reformideen des aufgeklärten Absolutismus. Als Staatsmann und Praktiker wurde er dann zum Hauptträger dieser Reformideen, die entscheidend zum Entstehen des modernen österreichischen Staates beitrugen, denn Lehramt und praktische Tätigkeit im Staatsdienst standen für Sonnenfels in ständiger Beziehung zueinander. Diesen Weg zeichnet Osterloh in seiner Arbeit auf und vermittelt die einzelnen Entwicklungsphasen in Theorie und Praxis mit großer Liebe zum Detail. Dieses Moment gereichte seiner Arbeit aber keineswegs zum Nachteil, vielmehr tragen die zahlreichen Mosaiksteinchen zu einem komplexen Gesamtbild der Epoche und ihrer administrativen Entwicklung bei; außerdem verstand es Osterloh, seine Arbeit, trotz der trockenen, nüchternen Materie, äußerst lebendig zu gestalten. Neben den mannigfaltigen Impulsen für die Josephinismusforschung ist zweifellos eines der Hauptverdienste dieser Arbeit, der Forschung ein neues, objektives und ideologiefreies Bild des großen österreichischen Reformers Joseph von Sonnenfels gegeben zu haben, eine der populärsten und umstrittensten Persönlichkeiten der österreichischen Aufklärung, dessen Programm der aufgeklärten Kameralwissenschaft — wenn es auch nicht immer realisiert wurde — „in vielen Einzelheiten den Weg der Habsburgischen Monarchie" bestimmte (S. 262), nämlich im Polizeiwesen, Strafrecht, Unterrichtswesen und in der Verwaltungspraxis.

Auch ein weiteres Ziel seiner Arbeit, „daß es in der Kameralistik keineswegs um die Ausbildung moderner wissenschaftlicher Dogmen ging, sondern, daß hier im wesentlichen praktische Ziele verfolgt wurden, nämlich die Bildung großer nationaler Einzelstaaten" (S. 8), konnte der Verf. überzeugend durch seine Darstellung verwirklichen.

Nicht ganz hermonisch dagegen fügte sich in die Gesamtdarstellung der in der Einleitung versuchte Vergleich der Entwicklung Preußens zum merkantilistischen Verwaltungsstaat mit dem Weg der Habsburger Monarchie bis zu den Haugwitzschen Reformen ein. Wünschenswert wäre auch gewesen, wenn Osterloh den Freimaurer Joseph von Sonnenfels einer eingehenden Würdigung unterzogen hätte.

Als Mangel wurde trotz des ausgezeichneten Inhaltsverzeichnisses das Fehlen eines Registers empfunden.

Insgesamt gesehen stellt die Arbeit von Osterloh einen wertvollen Beitrag zur Geschichte des Josephinismus und des österreichischen Staates im Zeitalter des aufgeklärten Absolutismus dar, indem sie es verstanden hat, am Beispiel Joseph von Sonnenfels' ausgezeichnet zu demonstrieren, wie sehr dessen Staats-, Verwaltungs- und Wirtschaftslehre mit den Reformen, die im Apparat des österreichischen Staates bis in das 19. Jahrhundert hinein erfolgten, verbunden war und wie sehr sie das Bewußtsein der Beamten bis weit in das 19. Jahrhundert hinein formte und bestimmte. Gleichzeitig ist Osterlohs Arbeit aber auch ein wesentlicher Beitrag zum Verständnis der Behördenorganisation und -geschichte Österreichs.

Künftige Forschungen über diese Epoche der österreichischen Geschichte werden am Buch von Osterloh nicht vorbeigehen können.

München   Wolf D. Gruner

Ludwig von Gogolák, Beiträge zur Geschichte des slowakischen Volkes. Bd. 2: Die slowakische nationale Frage in der Reformepoche Ungarns (1790—1848).

Verlag R. Oldenbourg, München 1969, 280 S. (Buchreihe der Südostdeutschen Historischen Kommission 21).

Die Entwicklung des Nationalismus bei den Slowaken hat seit der Dissertation des Huizinga-Schülers Th. J. G. Locher keine umfassende deutschsprachige Darstellung mehr gefunden, die dem komplizierten Vorgang der Ideologisierung im Bereich der oberungarischen Bevölkerung gerecht wurde. Vf. hat in großer Breite und mit umfassender familienkundlicher Sachkenntnis die ideengeschichtliche Ausbildung und Verbreitung des slowakischen Nationalgedankens in seinen Beziehungen zum madjarischen Nationalismus und zur tschechoslowakischen literarisch-politischen Tradition verfolgt und die wesentlichen Charakterzüge der slowakischen Bewegung herausgearbeitet. Von großem Interesse — namentlich für die Geschichte der Sudetenländer — dürften die Ausführungen über Franz Palackýs slowakisch-madjarische Anfänge sein. Die Studienzeit in Preßburg, als Schüler Juraj Palkovičs, vermittelte ihm Anregungen, die Vf. im Gegensatz zur bisherigen deutschen Literatur hoch bewertet. Dies steht mit einer neuen Beurteilung von Palackýs Bildungsweg und geistigem Horizont in engem Zusammenhang. Die Kontakte zu Familien der ungarischen Gentry haben dem großen Gelehrten und Politiker auch später in Prag geholfen, Aufnahme in den konservativen böhmischen Adelskreisen zu finden. Sie waren andererseits auch in wissenschaftlicher Hinsicht fruchtbar, denn Palacký wurde durch das Studium des ungarischen Staatsrechts auf manche Parallelen zum böhmischen Staatsrecht und zur böhmischen Staatsidee aufmerksam gemacht. So wird Palackýs Entwicklung als Geschichtsideologe stärker mit der geistigen Welt Ungarns in Verbindung gebracht als mit Herders Einfluß auf die Slawen. Palackýs Einschätzung des österreichischen Staats- und Reichsproblems war, wie Vf. richtig sagt, seit diesen Jahren nur bestimmt von Nützlichkeitserwägungen politischer Taktik, denn er betrachtete seit seinem Eintreffen in Prag (1823) das tschechische Volk — ähnlich wie die madjarischen Ideologen ihre Nation — als das auserwählte Volk der Freiheit. Interessant ist der Hinweis, Palacký habe Montesquieu bereits durch die Vermittlung ungarischer Patrioten kennengelernt.

Im Vormärz war die Entfaltung des slowakischen Nationalgedankens vielfach an eine ganz kleine Gruppe der geistigen Oberschicht mit soziologisch fester Abgrenzung geknüpft. Sie fand in dem Schülerkreis Ján Kollárs ihren Ausgangspunkt, wirkte auf Šafařík und schließlich auf L'udovit Štúr. Noch immer war die tschechoslowakische Idee in diesen Kreisen vorherrschend, die Propagierung großslawischer und tschechoslowakischer Überzeugungen fand aber keinerlei Niederschlag in einer Volksbewegung. Erst um 1845 gewinnt die breitere bürgerliche und kleinbürgerliche Mittelschicht — trotz zahlreicher Cliquenbildungen — den Anschluß an die Kultur- und Sprachreform des katholischen Slowaken Anton Bernolák. Die in der großslawischen Tradition vorherrschende Auffassung, man müsse die Slowaken den Tschechen zurechnen, tritt nun allmählich in den Hintergrund. Das Scheitern der slowakischen Erhebung (1847/48) erscheint als das Endergebnis einer sehr verhängnisvollen Konstellation: Die Einwirkungen des stark anwachsenden madjarischen Nationalismus waren überall spürbar, die eigene Uneinigkeit und das Unvermögen, auf österreichischer Seite einflußreiche Fürsprecher zu finden, führten zum Zusammenbruch. Die kaiserlichen Kommissare der neoabsolutistischen Regierung respektierten in ihrer konservativen Haltung die slowakischen Nationalinteressen überhaupt nicht. Die Gleichgültigkeit der Amtsstellen ging so weit, daß der führende Statistiker der neoabsolutistischen Ära, Joseph Hain, im „Handbuch der Statistik des österreichischen Kaiserstaates" (Wien 1852—1853) die Slowaken rundweg als Tschechen bezeichnete.

Immer wieder versucht der Vf. den slowakischen Nationalismus in seinen gesellschaftlichen Zusammenhängen zu sehen, er streift dabei auch die sozialen Verhältnisse vornehmlich im nordungarischen Bereich. Vielleicht wären hierbei Angaben zur Bevölkerungsstatistik von Nutzen gewesen. Aus der Darstellung geht auch deutlich hervor, wie gänzlich verschiedenartig die gesellschaftliche Evolution und mit ihr die wirtschaftliche und soziale Entwicklung bei den Tschechen in Böhmen und Mähren-Schlesien und bei den Slowaken Oberungarns verlief.

Fürth   Harald Bachmann

Hana Veverková-Rousová, Max Haushofer 1811—1866, Lehrer für Landschaftsmalerei an der Akademie der bildenden Künste in Prag. Ein Beitrag zur Problematik der böhmischen Landschaftsmalerei um die Mitte des 19. Jahrhunderts.

Dissertation an der Philosophischen Fakultät der Karls-Universität Prag 1966; deutsche Übersetzung von Dr. phil. Heribert G i r t h, als Manuskript vervielfältigt 1969.

Max Haushofer, aus einer altbayerischen Bauernfamilie stammend, Sohn eines Lehrers in Nymphenburg und Patenkind des ersten bayerischen Königs Max Joseph, wandte sich als Autodidakt der Landschaftsmalerei zu und gewann seinen Ruf als Schilderer der Alpen- und Voralpenlandschaft, besonders des Chiemsees. Er wird in der deutschen kunstgeschichtlichen Literatur meist im Zusammenhang mit der Gründung der Künstlerkolonie auf der Fraueninsel genannt, zu der auch sein Schwager Christian Ruben als Genre- und Historienmaler gehörte. Als Franz Graf Thun einen neuen Direktor für die Prager Akademie — als Nachfolger für Mánes — suchte, war der Ruf der Münchner Schule der Malerei bereits so dominierend, daß Thun nach München reiste und sich von Cornelius eben Ruben empfehlen ließ. Ruben brachte Haushofer 1845 als Lehrer für Landschaftsmalerei nach Prag, wo dieser über 20 Jahre, bis kurz vor seinem Tode, wirkte.

Die Dissertation der Prager Kunsthistorikerin Veverková-Rousová befaßt sich mit diesen 20 Prager Jahren, d. h. mit den eigenen Arbeiten Haushofers als reifer Landschafter und seiner „Schule": „‚Haushofers Landschaftsschule' ist vom Gesichtspunkt des schöpferischen Geschehens zu Beginn der 2. Hälfte des 19. Jahrhunderts in Böhmen, ein allgemein bekannter Begriff." Auch wenn Haushofer der großen Liebe seiner jungen Jahre, den Alpen und Voralpen und dem Chiemsee, lebenslang treu blieb, bezog er nun von Prag aus besonders auch den Böhmerwald in seine Arbeit ein. 1847—1849 machte er, offenbar mit seinen Schülern, Wanderungen durch den Böhmerwald, deren Niederschlag sich in eigenen Bildern und Zeichnungen und solchen seiner Schüler findet. Aus dem Jahre 1857 stammt seine große „Ansicht Prags von Süden", die (von Fr. Hohe lithographiert) weitere Verbreitung fand. Das Stichwort „Böhmerwald" läßt darauf verweisen, daß die Lebenszeit Haushofers sich weitgehend mit derjenigen Adalbert Stifters deckt, und daß zwischen dem malerischen Werk Stifters und demjenigen Haushofers — nicht nur von den Motiven her — eine gewisse Verwandtschaft besteht. Dieser Hinweis ist als Ergänzung zu dem außerordentlich interessanten Versuch der Verfasserin wichtig, Haushofer zwischen der deutschen Romantik und dem in der 2. Hälfte des 19. Jahrhunderts herrschenden Realismus einzuordnen. In diesem Zusammenhang ist es bedauerlich, daß es der Verfasserin als Folge der Schwierigkeiten einer Deutschlandreise während der Abfassung ihrer Dissertation nicht gelang, die noch vorhandenen Lebenserinnerungen Haushofers und diejenigen Teile seiner Korrespondenz einzusehen, die sich direkt auf Prag beziehen. (Dazu würden umfangreiche Konvolute von Briefen von Franz Graf Thun, Erwein Graf Nostiz, Christian Ruben u. a. m. gehören.) Gerade diese Materialien hätten es erlaubt, das Bild der Persönlichkeit Haushofers und seiner persönlichen, ausgesprochen freundschaftlichen Beziehungen zu den Trägern der Prager Akademie und auch der böhmischen Kunst- und Kulturpolitik abzurunden.

Das große Verdienst der vorliegenden Dissertation ist, daß sie auf dem heute noch im Staatsbesitz der ČSSR vorhandenen Nachlaß Haushofers an Gemälden und Zeichnungen (insgesamt 118 Nummern), auf den Akten der Akademie und den Verzeichnissen ihrer alljährlichen Ausstellungen beruht und die umfangreiche Literatur in tschechischer Sprache (55 Titel) auswertet. Demgegenüber fällt kaum ins Gewicht, daß einige deutsche Titel, wie etwa die ansprechende Biographie von Hyazinth Holland in der Allgemeinen deutschen Biographie oder Friedrich Pechts Lebenserinnerungen „Aus meiner Zeit" (wo er auch über die Kunstpolitik rings um München, Prag und Wien berichtet), fehlen.

Ein wichtiges Ergebnis ist, daß die Stellung Haushofers in seiner Prager Zeit, mit dem Höhepunkt seiner Schule um 1850, zwischen der eigentlichen Romantik und dem aufkommenden Impressionismus deutlich heraustritt. Ein weiteres Ergebnis ist die enge Beziehung zwischen der Münchner Schule und der Prager Landschafterschule Haushofers, die auch nach dem Abgang Rubens als Akademiedirektor nach Wien erhalten bleibt. Diese Beziehung äußert sich u. a. darin, daß alle guten Münchner Namen (wie Schleich, Zwengauer, Chr. Morgenstern, A. Zimmermann, C. Rottmann, Bürkel u. a.) auf den alljährlichen Frühjahrsausstellungen in Prag erscheinen. Die Beziehungen der Prager Akademie nach München scheinen intensiver als die nach Wien. Nur die Düsseldorfer Schule spielt daneben noch eine größere Rolle. Kernpunkt der Arbeit aber erscheint uns die Rekonstruktion dieser „einundzwanzigjährigen Landschaftsschule" anhand der Schicksale der Maler mit tschechischen und deutschen Namen, die aus ihr hervorgingen. Dazu gehören Bubák und Kosárek, Riedel (den Otto Kletzl „das größte Talent der Prager Haushoferschule" nannte) und der letzte Schüler Kirnig, der Haushofers Akademieklasse nach dessen Tod 1866 noch eine Zeitlang weiterführte und erst 1911 starb. Wie Haushofer also eine noch bis in unser Jahrhundert begangene Brücke zwischen München und Prag schlug, holt die Dissertation von Veverková-Rousová seine Prager Lebensarbeit wieder in seine Heimat zurück.

Hartschimmel   Heinz Haushofer

Die Protokolle des Österreichischen Ministerrates (1848—1867). Hrsg. vom österreichischen Komitee für die Veröffentlichung der Ministerratsprotokolle. Einleitungsband: Ministerrat und Ministerratsprotokolle 1848—1867, von Helmut R u m p l e r.

Österreichischer Bundesverlag, Wien 1970, 131 S., 4 Tabellen.

Die Ministerratsprotokolle Österreichs und der Österreichisch-Ungarischen Monarchie 1848—1918 werden von einem österreichischen und einem ungarischen Komitee herausgegeben. Die erste Serie, 1848—1867, obliegt dem österreichischen Komitee (Univ.-Prof. DDr. F. Engel-Janosi, Oberstaatsarchivar Dr. R. Blaas, Univ.-Prof. Dr. H. Lutz, Generaldirektor Univ.-Prof. Dr. H. L. Mikoletzky, Univ.-Prof. Dr. R. G. Plaschka, Univ.-Ass. Dr. H. Rumpler u. Univ.-Prof. Dr. G. Stourzh), die zweite, 1867—1918, dem ungarischen (Generaldirektor Univ.-Prof. Dr. G. Ember, Univ.-Doz. Dr. I. Diószegi, Abteilungsleiter Dr. P. Hanák, Oberstaatsarchivar Dr. M. Komjáthy, Abteilungsleiter Dr. E. Pamlényi) unter Mitarbeit des österreichischen Komitees.

Der Einleitungsband zur ersten Serie, der eine behördengeschichtliche und aktenkundliche Analyse des Ministerrats und seiner Protokolle 1848—1867 bringt, liegt uns nun vor. Es ist eine Behördengeschichte, aufgezogen am Beispiel der Ministerratsprotokolle, die zwar ein trockenes Thema behandelt, jedoch unter der Hand des Verf. an Leben gewinnt. Rumpler versteht es ausgezeichnet, die Entwicklungsgeschichte des Ministerrates und seine politisch-verfassungsrechtlichen Probleme in den Gesamtablauf der Zeit von 1848—67 und der jeweils handelnden Personen zu stellen. Durch sein Abweichen von einer rein behördengeschichtlichen Darstellung vermittelt er nicht nur Einblick in den Mechanismus der inneren Staatsverwaltung Österreichs dieser Jahre, sondern vermittelt auch am Beispiel des Ministerrates eine Geschichte Österreichs vom Vormärz über die konstitutionellen Errungenschaften der Revolutionszeit hin zum franzisko-josephinischen Neoabsolutismus. Rumplers Arbeit zeitigt als ein Ergebnis auch eine historisch differenziertere Würdigung und Beurteilung des Fürsten Schwarzenberg, des Grafen Buol-Schauenstein und des Grafen Rechberg.

Eingangs befaßt sich Rumpler mit dem methodischen Problem, das bei der Edition der Ministerratsprotokolle auftrat. Im Mittelpunkt stehen Quellenwert und Quellenkritik, die für die verschiedenen Entwicklungsstadien des Ministerrates berücksichtigt werden müssen. Die Protokolle sind bereits Interpretation[1] und ihr politischer Wert richtet sich danach, inwieweit der Ministerrat „Nervenzentrum" und „Zentralpunkt" der Regierung war oder nicht, und welche Rücksichten bei der Formulierung auf Kaiser, Öffentlichkeit etc. genommen werden mußten. Dadurch werden, wie der Verf. mit Recht betont, Bedeutung und Gewicht der Aussagen in den Protokollen relativiert.

Die Entwicklungsgeschichte des Ministerrates wird in zwei Phasen dargestellt; beide kennzeichnen das politische Gewicht des Ministerrates:

1) Die Zeit von 1848—52, als sich der neu geschaffene Ministerrat bewußt als konstitutionelles Gegengewicht zur Krone verstanden wissen wollte. Es ist die Ära Schwarzenberg — und seiner Vorgänger seit Kolowrat —, in der man versuchte, den durch die Revolution von 1848 bewirkten Abbau des Absolutismus auf konstitutioneller Ebene zu verankern (Problem der Gesamtregierung, Ministerverantwortlichkeit, Kompetenz des Ministerpräsidenten), ein Ergebnis des gestiegenen Selbstverständnisses des Ministerrats, das im Widerstand gegen die neoabsolutistischen Tendenzen der Krone seinen Niederschlag findet. Die gängige Beurteilung des Ministeriums Schwarzenberg findet dadurch ihre Modifizierung. Das Ministerium ist über die Wende von 1851 hinaus „durchaus als Erbe nicht als Überwinder des Ministerrates von 1848 anzusprechen ... Der latente Gegensatz zwischen Ministerrat und Monarch blieb bestehen" (S. 31). Interessant in diesem Zusammenhang sind auch die Auseinandersetzungen über Funktion und Aufgaben des neu geschaffenen Reichsrates (S. 34 ff.).

2) Die Zeit von 1852—67, als der Ministerrat als Organ des Gesamtministeriums entmachtet wurde und zum Vollzugsorgan des monarchischen Willens, trotz Widerstandes und zeitweiliger Neubelebung seiner Bedeutung, herabsank. Dies zeigte sich auch äußerlich in der Umbenennung des Ministerrates in Ministerkonferenz, der man den Behördencharakter absprach. Sie verlor zusehends an Bedeutung als „Regierungshilfe" zugunsten anderer, außerministerieller Instanzen (Die Konferenz). Wichtige Entscheidungen finden jetzt ihren Niederschlag in den Konferenzprotokollen (nicht MRP!). Den Höhepunkt ihrer Bedeutung erreicht die ‚Konferenz' in der Zeit der Vertrauenskrise zwischen Monarch und Ministern nach 1861 (S. 52 f.).

---

[1] Vgl. P r i n z , F.: Die soziale Frage u. d. Anf. d. österr. Arbeitergesetzgeb. i. Jahre 1848, Saeculum 20 (1969) 111.

Als Ergebnis seiner Untersuchung hält Rumpler fest: „Die Geschichte des österreichischen Ministerrates von 1848 bis 1867 illustriert ... nicht nur eine verfassungsrechtlich-politische Krise, sie dokumentiert mehr noch den Beginn einer sozialpolitischen: gerade der politisch aktivste Teil des österreichischen Hochadels kapitulierte damals vor der Krone und zog sich aus der Politik zurück. Das franzisko-josephinische System der Berufung von Staatsdienern statt von Politikern nahm seinen Anfang." (S. 74). Für die Beurteilung Österreichs in den Jahren 1867—1918, konstitutionelle Fassade, neoabsolutistische Struktur, muß man dieses vor allem für den gesellschaftsgeschichtlichen Aspekt wichtige Ergebnis mit für eine umfassende Strukturanalyse heranziehen, da es manche Entscheidungsprozesse transparenter macht.

Einer eingehenden Würdigung unterzieht der Verf. auch die Kanzlei des Ministerrates, da sie als erste Instanz direkten Einfluß auf die Gestaltung der Protokolle nahm. Ihre Entwicklung ist ein Spiegel der Geschichte des Ministerrates.

Große Bedeutung kommt auch der Formalstruktur der Protokolle zu, die sich bis etwa 1850 zum Typ eines „Normalprotokolls" entwickelt hatte. Rumpler geht in diesem Zusammenhang auf den Aufbau, die Reinschrift und das Reinkonzept ein und vergleicht sie mit den preußischen Protokollen. Hiermit verbindet er eine vergleichende Studie über die verfassungsmäßige Stellung des Ministerialsystems in anderen europäischen Staaten, um den neoabsolutistischen „Regierungscharakter" Österreichs einzuordnen. Wichtig sind auch die Hinweise des Verf. auf die editionstechnische Gestaltung und ihre Probleme, die heute gerade bei Editionen von Quellen zur neueren Geschichte auftreten. Rumpler weist deshalb darauf hin, daß das Editionsprinzip, praktisch erprobt an Material der Jahre 1865/67, noch als vorläufig zu betrachten ist. Insgesamt gesehen wird die Edition, in sechs Abteilungen gegliedert, die den Amtszeiten der verschiedenen ‚Ministerpräsidenten' entsprechen, nach sachlich-politischen, nicht nach behördengeschichtlichen Gesichtspunkten eingerichtet werden.

Nach der von Rumpler gebotenen Einführung, die u. a. vor allem viel zur Klärung der bisher in der Forschung vorgeherrschten Begriffsverwirrung beigetragen hat, darf man sich auf die Quellenedition freuen, die manche interessante Einzelheiten bringen und die Aussagen Rumplers dokumentarisch untermauern wird.

Lobend hervorgehoben zu werden verdient auch der von Waltraud Heindl bearbeitete Anhang mit Tabellen zur personellen Struktur des Ministerrates und der Ministerratskanzlei, der eine wertvolle Ergänzung und Revision des von Spuler bearbeiteten Ploetz, Regenten und Regierungen der Welt, Bd. 2: 1492—1953, darstellt. Als Nachschlagewerk für Amtszeiten und Ressortgliederung wird er künftig mit herangezogen werden müssen. Wünschenswert für den Gesamtband wäre vielleicht noch eine Bibliographie gewesen, da die zitierten Werke nur unvollständig wiedergegeben werden. Unbeschadet dieses kleinen Mangels ist die Arbeit von Rumpler ein wesentlicher Beitrag, der in seiner Bedeutung weit über die Aufgaben eines Einleitungsbandes für eine Quellenedition hinausgeht.

München   Wolf D. Gruner

Walter Wagner, Geschichte des k. k. Kriegsministeriums. Band 2: 1866—1888.

Hermann Böhlaus Nachf., Wien-Köln-Graz 1971, 287 S., DM 56.— (Studien zur Geschichte der österreichisch-ungarischen Monarchie 10).

Mit dem vorliegenden Buch legt Wagner den zweiten Band seiner Geschichte des k. k. Kriegsministeriums vor. Ursprünglich sollte dieser Band die Zeit von 1866 bis 1918 umfassen, doch zwang das überreiche Quellenmaterial den Verf., den zweiten Band mit dem Ende der Amtszeit des Reichskriegsministers Graf Bylandt-Rheidt abzuschließen. Die höchst interessante Zeit bis zum Ende der Donaumonarchie bleibt einem weiteren Band vorbehalten.

Die Einteilung des Bandes nach den Amtszeiten der Kriegsminister John (1866—1868), Kuhn (1868—1874), Koller (1874—1876) und Bylandt-Rheidt (1876—1888) scheint willkürlich zu sein, ist es aber wohl doch nicht, da am Anfang der Zusammenbruch des alten Systems der österreichischen Armee bei Königgrätz steht, am Ende die nahezu vollendete Reorganisation des k. k. Heeres, die es den Erfordernissen einer modernen Armee anpaßte und im wesentlichen die Organisation vorbereitete, mit der die k. k. Armee in den Ersten Weltkrieg zog. Testfall für die neue Armeeorganisation war die Okkupation Bosniens und der Herzegowina im Jahre 1878.

Die Jahre von 1866 bis 1874 brachten für die Kriegsminister die äußerst schwierige Aufgabe der Modernisierung und Reorganisation der bewaffneten Macht; es gelang, diese Frage zu lösen und dabei gleichzeitig der Armee die Gelegenheit zur Konsolidierung zu geben. Ein Unruhefaktor blieb jedoch die häufige Umstrukturierung der obersten administrativen und operativen Führungsorgane. Die Wiedereinführung des Dualismus Kriegsministerium - Armeeoberkommando unter John war wohl ein Fehler, wenn es auch den Nachfolgern Johns gelang, den äußeren Einfluß des Armeeoberkommandos und des designierten Feldherrn Erzherzog Albrecht zurückzudrängen, teilweise zu neutralisieren und das (Reichs-)Kriegsministerium zur zentralen Heeresleitung auszubauen.

Probleme für die Reichskriegsminister brachte vor allem der österreichisch-ungarische Ausgleich von 1867, da er die bewaffnete Macht dreiteilte, in eine gemeinsame Armee und Marine sowie in zwei Landwehren, und damit auch in drei Ressortministerien. Dem Entgegenkommen des ungarischen Ministerpräsidenten Andrássy war es zu verdanken, daß die Reibungsflächen nicht zu groß wurden.

Problematisch für die Reichskriegsminister, mit ihnen allein befaßt sich Wagner, war vor allem die ungeklärte Stellung des Erzherzogs Albrecht, der trotz der Einschränkung seiner Stellung sehr einflußreich blieb. Wenn auch der Kaiser letzten Endes sich die alleinige Entscheidungsgewalt vorbehielt — auch wenn die in den Jahren 1848—1866 stark im Vordergrund stehende Persönlichkeit des Kaisers Franz Joseph nicht mehr so sehr in Erscheinung trat —, führte die Stellung Albrechts immer wieder zu großen Spannungen und Reibungen mit den Reichskriegsministern.

Im wesentlichen unklar blieb während des gesamten Zeitraums auch die schwankende Position des Generalstabs und seines Chefs. Der Generalstab, vorübergehend aufgelöst, blieb in einer Doppelstellung, als Organ des Reichskriegsministeriums und als Gehilfe des zukünftigen Oberbefehlshabers.

Neben den Zentralbehörden und ihrer Organisation beschäftigt sich Wagner auch mit Fragen der Mobilmachungsvorbereitungen und der Wehrverfassung. Unter dem Druck der politischen Verhältnisse kam relativ schnell eine neue Wehrverfassung für die Monarchie zustande, die aber keine befriedigende Lösung brachte. Von führenden Militärs wurden vor allem die beiden Landwehren und das Recht der Parlamente, die Höhe des Budgets und der Rekrutenkontingente zu bestimmen, kritisiert.

Mit großer Hingabe und enormer Quellenkenntnis — wie sie nur ein Mitarbeiter des Kriegsarchivs haben kann — geht der Verf. auf die vielfältigen Fragenkomplexe ein, beschreibt jeden Vorgang und Erlaß wortwörtlich und mit großer Akribie und vermittelt aus der Sicht der Akten des Reichskriegsministeriums auf diese Weise einen Einblick in die Denkweise der verantwortlich handelnden Persönlichkeiten. Ein Ergebnis dieses methodischen Vorgehens ist es, daß der Mentalitätswandel seit dem Jahre 1866 deutlich wird. Hatte die zentrale Figur in den Jahren vor 1866, Graf Karl Grünne (vgl. Bd. I), Preußen in den fünfziger Jahren noch nicht zu den führenden europäischen Militärmächten gezählt, so wirkte sich nach 1866 und besonders seit 1870/71 das preußisch-deutsche Vorbild in militärischen Fragen nachhaltig auf die österreichische Entwicklung aus.

Wichtig und interessant für die europäische und deutsche Geschichte ist die Feststellung Wagners, daß sich die Habsburger Monarchie angesichts des preußisch/deutschen Krieges mit Frankreich im Jahre 1870 nicht in der Lage sah, einen Aufmarsch durchzuführen (S. 101 ff.), ein Gesichtspunkt, den man bei der Beurteilung Österreichs beim Ausbruch und während des Krieges von 1870/71 berücksichtigen muß.

Insgesamt gesehen vermittelt der Verf. in seinem Buch eine Behördengeschichte des Reichskriegsministeriums aus der Sicht und den Beständen dieses Ministeriums. Diese bewußte Einschränkung führt jedoch dazu, daß das Verhältnis des Reichskriegsministers zum Gesamtkabinett, seine Beziehungen zum Kaiser, zu den einzelnen Landesverteidigungsministern und den übrigen Landesministern (z. B. den Finanzministern) und sein Einfluß bei internen und öffentlichen Budgetberatungen oder im politischen Kräftespiel der Gesamtmonarchie, nicht gewürdigt werden. Nur gelegentlich berücksichtigt Wagner diese Aspekte in seiner Arbeit, beispielsweise bei seinen Ausführungen zum österreichisch-ungarischen Ausgleich von 1867, wo er die Stellung der bewaffneten Macht in der Gesamtproblematik des Ausgleiches und die Rolle Andrássys und Deáks analysiert.

Ausgezeichnet ist das dem Band beigegebene Register. Äußerst wertvoll sind auch die diesem Band beigegebenen Anhänge, einmal das leitende Personal des allerhöchsten Oberbefehls und des Kriegsministeriums (seit 24. 12. 1867 Reichskriegsministerium) sowie die Kurzbiographien der Kriegsminister der Gesamtmonarchie. Sinnvoll können diese jedoch nur dann sein, wenn sie sozialgeschichtlich ausgewertet werden, d. h. wenn man den Anteil des Adels und des Bürgertums feststellt sowie das gesellschaftliche und militärische Herkommen mit in Betracht zieht. Vielleicht kann der Verf. diese Anregung in der geplanten Fortsetzung berücksichtigen, oder in einer eigenen Studie untersuchen, da uns auf sozialgeschichtlichem Sektor, gerade für die bewaffnete Macht, eingehende Untersuchungen fehlen.

Ungeachtet der Schwäche der Arbeit, den Hauptakzent auf das rein Institutionell-Deskriptive gelegt zu haben, trägt Wagners Buch doch wesentlich neue Kenntnisse zum Behördenapparat der Habsburger Monarchie und für eine noch zu schreibende Gesamtgeschichte des österreichischen Heeres[1] im 19. und beginnenden 20. Jahrhundert bei. Trotz des trockenen Stoffes und der Behördensprache des 19. Jahrhunderts ist Wagners Arbeit flüssig zu lesen und seine interessanten Ergebnisse werden allgemein Beachtung finden. Man darf auf den folgenden Band, der ja wohl auch den Ausbruch des Ersten Weltkrieges und die verschiedenen Balkankrisen aus der Sicht des Reichskriegsministeriums behandeln wird, gespannt sein und wünschen, daß er baldmöglichst erscheinen wird.

München   Wolf D. Gruner

Hans Mommsen, *Nationalitätenfrage und Arbeiterbewegung.*
Verlag Karl-Marx-Haus, Trier 1971, 46 S. (Schriften aus dem Karl-Marx-Haus 6).

Die Entwicklung Zisleithaniens als bürokratischer Verwaltungsorganismus, in dem die Bourgeoisie rasch und fast ausnahmslos nach 1848 allem revolutionären Radikalismus entsagte, hatte für die Gesamtstruktur der österreichischen Gesellschaft tiefgreifende Folgen. Hans Mommsen wendet sich in der vorliegenden Abhandlung der sehr schwierigen Frage nach den ideologischen Beziehungen zwischen der (erst spät) aufkommenden Arbeiterbewegung und dem Nationalismus im zisleithanischen Raum zu, dessen Gesellschaft unter dem Einfluß des Neoabsolutismus unter ganz anderen Bedingungen als der Westen Europas mit den ideologischen Konflikten der Industrialisierung konfrontiert wurde. Die sozialistischen Theoretiker hatten Zisleithaniens unerlösten Nationen zunächst keineswegs eine entscheidende Rolle bei der Entfaltung der sozialistischen Bewegung beigemessen, da man der etwas naiven Auffassung war, die Einführung der Demokratie in diesem Raum werde die nationalen Fragen von selbst lösen. (Die Vorstellung, daß ein demokratisch organisiertes Zisleithanien einen „mildernden" Einfluß auf den Nationalitätenstreit ausüben könnte, fand sich auch gelegentlich bei den bürgerlichen österreichischen Parteien — als Wunschdenken.) — Die österreichische Arbeiterbewegung trat in gewisser Hinsicht die geistig-politische Nachfolge des demokratischen Radikalismus im Donauraum an. Die internationalistische Tendenz der (deutsch)österreichischen Arbeiterbewegung löste nach der Überwindung großdeutscher und liberalnationaler Einflüsse keine ähnliche Entwicklung in den Kreisen der slawischen, vor allem tschechischen sozialistischen Bewegung aus, da

---

[1] Eine größere Arbeit über die österreichische Armee von der Revolution von 1848 bis zum österreichisch-ungarischen Ausgleich liegt bereits vor: Antonio Schmidt, Die Armee in Österreich 1848—1867. Diss.ms. München 1971.

das Sozialgefüge der kleinen Nationen zu stark von der durchgreifenden Nationalisierung der Unterschichten beeinflußt war. Die Kontakte der tschechischen Arbeiterschaft zum linksliberalen (radikalen) Jungtschechentum ermöglichten gerade hier, wie Mommsen betont, engere Beziehungen. Erst die stark pointierte Absage der tschechischen Sozialdemokratie gegenüber dem „Böhmischen Staatsrecht" (1897) stellte die bisher parallel verlaufenden gesellschaftlich-ideologischen Tendenzen von Kleinbourgeoisie und Sozialdemokratie auf eine harte Bewährungsprobe. Die in nationalen Mischgebieten, wie etwa in Nordböhmen, wirkende internationale Solidarität der sozialistischen Bewegung war auf die taktisch erforderliche Zusammenarbeit im politischen Kampf zugeschnitten, also eher Zweckbündnis; sie war im Hinblick auf die Klassenstruktur zuweilen von einer gewissen Solidarisierung in den tschechisch-deutschen bürgerlichen Schichten begleitet. Diese Verhältnisse waren in ihren Einzelerscheinungen auf die siebziger Jahre beschränkt. Die Ausweitung der sozialistischen Bewegung gerade in den achtziger Jahren führte einen Wandel dort herbei, wo der Internationalismus der Arbeiterbewegung in der tschechoslawischen Sozialdemokratie mit nationalen Vorstellungen und Zielen verknüpft wurde, besonders bei der Bergarbeiterschaft, deren Vorkämpfer ihre nationalen und sozialen Bestrebungen im gemischten und deutschen Randgebiet vertraten. Ganz ohne Zweifel hat der zisleithanische Staat mit seinem noch vom Neoabsolutismus geprägten scheinkonstitutionellen Regierungssystem und dem funktionstüchtigen Apparat der Verwaltungsbourgeoisie die Entfaltung einer modernen Arbeiterbewegung aufs schwerste gehemmt. In diesem Raum war selbst der Ausbau des bürgerlich-liberalkapitalistischen Staates und seiner Gesellschaft erst nach dem Ende des manchesterlichen (deutschen) Handelskammerregimes (in Innerböhmen) nach 1884 möglich. Die Politik Victor Adlers, mit dem Ziel, unter deutlicher Distanzierung von der bürgerlich-nationalen Ideologie, die Partei „von unten" international aufzubauen und nur den Führungsapparat national in Zweigparteien zu organisieren, zeigte Gefühl und Sinn für das Mögliche in einem multinationalen Staatsgebilde, bewahrte die Partei aber nicht vor der nach 1897 notwendigen nationalen Föderalisierung. Auf die komplizierte Situation in den national gemischten Gebieten bezogen, hätte die bewußte Verkündung des Selbstbestimmungsrechtes eine für die slawischen Nationen bedenkliche Erneuerung des bürgerlich-großdeutschen Programms bedeutet und die internationale Zusammenarbeit in den gemischten Gebieten illusorisch gemacht. Im Sinne der Klassenideologie gesprochen, hatten überdies die tschechischen Sozialisten in ihren deutschen Gesinnungsfreunden Verbündete gegen die staatliche Verwaltungsbourgeoisie Zisleithaniens gesucht, deren Apparat wie ein zeitfremd gewordener Überbau die Substruktur der Unterschichten überdeckte.

Im Zeitalter des imperialistischen Kapitalismus hat dann der Nationalismus in nicht vorauszusehender Intensität die sozialen Unterschichten ergriffen und auch die ältere, noch international eingestellte Funktionärsschicht erfaßt. Dies führt während der Badeni-Krise zu der bereits zitierten Stellungnahme zugunsten der nationalen Interessenpolitik, deren Folge das allmähliche Abrücken der Sozialdemokratie von der zisleithanischen Staatseinheit war. Die große Kalamität war aber, daß man der Existenz Zisleithaniens keine nationalen Alternativen in den einzelnen Territorien gegenüberstellen konnte. Die Projekte nationaler Autonomie nahmen sich noch gegenüber dem zerfallenden Verwaltungsstaat wie Kartenhäuser aus. Auch die post festum erfolgte Konstruktion einer „(klein)österreichischen" Nation, die sich angeblich seit 1867 sukzessive entwickelt hatte, wird wohl zu Recht von Mommsen abgelehnt. Im Brünner Nationalitätenprogramm wurden die schwierigsten Probleme territorialer Art, die besonders Sprachen- und Schulangelegenheiten betrafen, nicht berührt. Man kann daraus schließen, daß sich die Sozialdemokratie mit den verwaltungstechnischen Maßnahmen und Projekten der staatlichen Sphäre des zisleithanischen Systems nicht identifizieren wollte. Dies war umso bezeichnender, weil die Sozialdemokraten die große Einheit des zisleithanischen Raumes in wirtschaftlicher Beziehung, aus der die Arbeiterschaft Nutzen zog, keineswegs mutwillig zerschlagen wollten. Auch hatte sich die deutsche Sozialdemokratie, die Einflüsse der staatlichen Sphäre Zisleithaniens reflektierend, einen Funktionärsapparat aufgebaut. Diese „Arbeiterbürokratie" organisierte nach Hainfeld die Partei als ein politisches Instrument, das zu dem zisleithanischen Staatsgefüge gewissermaßen auch außerparlamentarische Kontakte unterhielt, man vgl. etwa später den Arbeitsbeirat des Arbeitsstatistischen Amtes. Die Abspaltung der tschechischen Separatisten nach 1911 wird unter den angeführten Voraussetzungen verständlich, wobei hinzuzufügen wäre, daß in nationalen Mischgebieten die Solidarität der internationalen Zusammenarbeit auf der unteren und mittleren Ebene der Parteiorganisation länger erhalten blieb.

Sehr bemerkenswert ist Mommsens Urteil über die ideologische Konzeption der österreichischen Sozialdemokratie während des Ersten Weltkrieges. Im wesentlichen hat sich die Partei 1917 auf das Programm des Selbstbestimmungsrechtes geeinigt, dessen Verfechtung 1918/19 die böhmische Sozialdemokratie in heftige Auseinandersetzungen stürzte. Die Deklaration der deutschen Sozialdemokratie Böhmens (1920) gehört ebenfalls in diesen Zusammenhang. Hans Mommsen hat die Problematik der zisleithanischen Nationalitätenfrage im Bereich der Unterschichten durch neue Gesichtspunkte bereichert.

Fürth   Harald Bachmann

George F. Kennan, From Prague after Munich. Diplomatic Papers 1938—1940.

Princeton University Press, Princeton 1968, 266 S., US $ 6,50.

„Die Geschichte der Jahre der deutschen Besetzung der Tschechoslowakei ist noch nicht endgültig geschrieben worden; sie wird zu jeder Zeit und an jedem Ort schwer zu schreiben sein, wenn dies überhaupt möglich sein wird", meint Prof. Friedrich G. Heymann in einem Epilog zu diesem Buch. Er fährt fort: „Für ein Verständnis, was in den ersten zwei Jahren nach München in den beiden sich trennenden und dann getrennten Teilen der Tschechoslowakei auch in einigen Details geschah, hilft uns der Bericht von Mr. Kennan durch die Darstellung eines klaren, nie durch gefühlsmäßige Bindungen oder vorgeformte Parteilichkeit verzerrten Bildes sehr."

Der Verfasser dieses Buches, George F. Kennan, war ein amerikanischer Diplomat. 1904 in Milwaukee geboren, studierte er u. a. auch in Berlin und wurde dann im auswärtigen Dienst seines Landes in Deutschland und verschiedenen anderen Staaten Europas, darunter auch der Tschechoslowakei, eingesetzt. Er avancierte später zum Leiter der politischen Planungsabteilung des US-Außenministeriums und ging im August 1950 an das „Institute of Advance Studies" nach Princeton.

1952 holte ihn die Regierung der USA in den diplomatischen Dienst zurück: Kennan wurde als Autorität für Fragen der UdSSR angesehen (und galt darüber hinaus als einer der wichtigsten Vertreter der Politik des „National Interests", die in Professor Morgenthau den hervorragendsten akademischen Interpreten fand).

Fast ein Jahrzehnt beobachtete Kennan als amerikanischer Botschafter in Moskau die Agonie Stalins, die nachfolgende Entstalinisierung im Kreml und die schillernde Persönlichkeit Chruschtschows aus nächster Nähe. 1961 ging er für 2 Jahre als US-Botschafter nach Belgrad und studierte dort die titoistische Form des Kommunismus. Dann trat er wieder in das Princetoner Institut über und lehrt dort als Professor für Geschichte.

Kennans Einfluß auf die Politik seines Landes war von etwa 1945 bis 1960 beträchtlich. Er hat die Politik des sog. „Containments" der UdSSR nach dem Zweiten Weltkrieg mindestens mitgeprägt. Ohne seine Analysen der Motive sowjetischer Politiker ist das Bemühen des Westens, zu einem Arrangement mit der Nach-Stalinschen Sowjetunion zu kommen, ebenso schwer verständlich wie die amerikanische Unterstützung Titos nach seinem Bruch mit Moskau.

Über seine Erfahrungen in der bedeutungsvollen Zeit von 1925 bis 1950 hat Kennan „Memoirs" (New York 1967; deutsch: „Memoiren eines Diplomaten", Stuttgart 1968) vorgelegt. Sie erreichten zwar bei weitem nicht das Niveau seines Hauptwerkes „Russia and the west under Lenin and Stalin" (New York 1961), boten aber einen wertvollen Einblick in Kennans Denk- und Arbeitsmethode: Die „Memoiren" zeichneten sich durch eine begründet abgewägte Wertung und teilweise Distanz des Autors von eigenen politischen Konzepten früherer Entwicklungsphasen aus. Kennan behandelte in diesen „Memoiren" auch seine Prager Zeit (nach dem Oktober 1938). Er zitierte sich aus den Tagen nach München: Das Wohlergehen der Tschechoslowakei hänge davon ab, „daß sie mit den bestimmenden Kräften ihres Raumes handelt und nicht gegen sie ... Es ist die Tragik der Tschechoslowakei, daß sie allzulange gezögert hat, sich diesen Kräften anzupassen".

Insgesamt bleibt aber in Kennans „Memoiren" die Darstellung seiner Prager Zeit eine blasse Passage ohne bleibenden Erkenntniswert. Kennan erwähnte jedoch, daß er noch eine Fülle von „umfänglichen und inhaltlich speziellen" Berichten aus dieser Zeit als gesonderten Band herausgeben wolle. Diese Publikation liegt unter dem Titel „From Prague after Munich" nunmehr vor und korrigiert das eher beiläufige Bild der Memoiren sehr stark.

Der Autor legt insgesamt 35 Aufzeichnungen aus dem Zeitraum zwischen Oktober 1938 und August 1939, hauptsächlich offizielle Berichte oder Teile hieraus sowie einen Bericht vom Oktober 1940 vor, dazu eine historische Einleitung, den bereits erwähnten Epilog von Prof. Heymann, einige Fotos und Kartenskizzen sowie ein Namensverzeichnis erwähnter Personen.

Etwa 10 dieser 35 Berichte befassen sich vornehmlich mit der Slowakei und 2 mit der Karpato-Ukraine. Die Berichte über die Entwicklung in den „historischen Provinzen" (so Kennans Ausdruck) sind zum Teil persönliche Notizen (über z. B. die Situation unmittelbar nach München sowie über die Lage um dem 15. 3. 1939), behandeln aber auch geographisch (auf den Bereich von Mährisch-Ostrau) bzw. sachlich begrenzte Themen (Ankunft des Reichsprotektors v. Neurath, Hitlers Geburtstagsfeier in Prag, Lage der Juden, Ernennung einer neuen Regierung bzw. eines neuen Ministers). Dabei geht jedoch die Darstellung im Regelfalle über das Spezialthema hinaus und leitet thematisch zu zwei Berichten über „deutsch-tschechoslowakische Beziehungen" (vom 12. 1. bis 1. 2. 1939) und weitere etwa 10 offizielle Briefe, Berichte, Depeschen und Memoranden über, die bereits in den jeweiligen Überschriften die Befassung mit der allgemeinen Problematik deutlich machen: Das Thema lautet entweder „Allgemeine Situation" oder „Der Trend der Entwicklung" oder „Allgemeine Lage", und der Umfang bezieht sich stets auf „Böhmen und Mähren" oder das „Protektorat". Diesen Materialien, die den Zeitraum vom März bis August 1939 überspannen, folgt als Abschluß der bereits erwähnte Bericht vom Oktober 1940 über „Eineinhalb Jahre des Protektorats Böhmen und Mähren".

Zum Inhalt der Papiere möchte man zunächst grundsätzlich vorschlagen, sie als Material mindestens zum Teil durch Übertragung ins Deutsche nicht nur Forschern, sondern auch jener Leserschaft zugänglich zu machen, die die dargestellten Ereignisse (z. B. das Treffen in Budweis und die Heimkehr von Jung nach Iglau, S. 181, 209 f.) noch miterlebt haben. Dieser Wunsch einer weiteren Verbreitung gilt vor allem auch für die Notizen über die Lage um den 15. März 1939 in Prag (S. 80 bis 87), die ein sehr einprägsames Bild diplomatischer, persönlicher und politischer Zusammenhänge zeichnen, und den großen Abschlußbericht vom Oktober 1940 (S. 226 und 240), der einen recht interessanten Überblick der Lage in z. B. Bevölkerung, Wirtschaft, deutschem Einfluß, Haltung der Tschechen und der Protektoratsregierung bietet.

Im einzelnen bieten Kennans Papiere zwar nichts grundsätzlich Neues (etwa im Vergleich zur Arbeit von Brandes), aber eine Fülle von Material und Ansatzpunkten zur Unterstützung und Pointierung bisheriger Erkenntnisse: Das Bild Benešs in der tschechischen öffentlichen Meinung im Zeitablauf (S. 7, 224), die Entwicklung vom „Ausschuß für nationale Zusammenarbeit" über das „Národní souručenství" als Ausdruck eines speziellen Widerstandes gegen die Deutschen bis in die ersten Ansätze der Untergrundbewegung (S. 100, 157 f., 168, 175, 193 f.), eine Sequenz von der Charakterisierung Eliašs (S. 197) über die Zusammenhänge zwischen der Protektoratsregierung und dem tschechoslowakischen Exil (S. 219) bis zum arbeitsmäßigen Selbstverständnis dieser Regierung (S. 237), die Spezifika der Lage in Mähren, im Unterschied zu jener in Böhmen (S. 168 f., 175 f., 222) und viele ähnliche Punkte werden unter geschickter Vermischung von publizierten Fakten, unüberprüfbaren Gerüchten und bloßen Spekulationen dargestellt. Die allgemeine Unsicherheit bezüglich der jeweils zukünftigen Entwicklung zieht sich wie ein roter Faden durch die Darstellung der Monate vom Februar (S. 39 f.) bis zum August 1939 (S. 217) und wird durch Berichte und Ausblicke auf Lage und Absichten sowohl der Deutschen wie auch der Nazis ergänzt (S. 12, 31, 174, 209, 211, 218).

Diese kurze Inhaltsdarstellung sollen Auszüge einiger Passagen aus dem letzten Vorkriegsbericht (vom 19. 8. 1939) abschließen, um Einsicht und Ausblicksvermögen von George Kennan deutlich zu machen (S. 223 ff.):

„Böhmen und Mähren gehören heute zu den wenigen Gebieten der Welt, wo man ernstlich einen Krieg wünscht ... Wenn der Krieg kommt, können die Tschechen weiterhin auf die Wiedererlangung eines gewissen Maßes der verlorenen Selbstregierung hoffen, wenn nicht auf die Wiederherstellung der tschechoslowakischen Republik.

Man sollte jedoch sorgfältig beachten, daß — ob es Krieg geben wird oder nicht — das Böhmen und Mähren der Zukunft niemals ganz den Gebieten gleichen wird, die Präsident Beneš und seine Ratgeber im letzten Herbst verließen. Die Zeit steht nicht still und die turbulenten Ereignisse des letzten Jahres sind nicht ohne ändernden Einfluß auf den Charakter der Tschechen geblieben. Es ist wahr: Wenn das Pendel jemals in die andere Richtung zurückzuschwingen beginnt, dürften schreckliche antideutsche Exzesse stattfinden. Weiters hat deutsche Ungeschicklichkeit dem Namen Benešs eine oberflächliche Straßenpopularität verschafft, die seine eigene Persönlichkeit aufgrund ihrer eigenen Verdienste niemals erringen konnte. Daß jedoch die Tschechen jemals ihre Institutionen und Führer der Vergangenheit voll wieder einsetzen würden, erscheint zweifelhaft ...

Es ist schwierig, den genauen Weg vorauszusagen, den die Dinge nehmen werden. Viel wird von der Haltung der jungen Generation abhängen, die nun unter schwierigen Bedingungen erwachsen wird und die ihren Anteil jenes nationalen Lebens verlangen wird, der ihrem Land zurückgegeben werden könnte. Niemand weiß, was für Schlagworte und was für Führer sie verlangen wird, aber eines scheint sicher: Es werden weder die Schlagworte noch die Führer sein, die vor der Katastrophe galten."

Nicht alle Extrapolationen des knapp vierzigjährigen Diplomaten George F. Kennan können in diesem Umfang als eingetretene Visionen gewertet werden. (Schließlich ist die Prognose nicht die primäre Aufgabe des Beobachters einer historischen Situation, obwohl man gerne geneigt ist, aus dem Eintreffen von Prognosen auf die Korrektheit von Diagnosen zurückzuschließen.) Der Autor war sich anscheinend durchaus bewußt, daß manche seiner Voraussagen, aber auch manche seiner Urteile fehlgehen und hat sich daher im Vorwort seiner „Diplomatischen Papiere" von diesen abgesetzt: Er bemerkt, daß das Material „unvermeidlich in vieler Beziehung unausgewogen und unausreichend" (S. VII) sei. Prof. Heymann rückt zusätzlich einige Urteile der Kennan-Papiere behutsam zurecht (S. 250 f.), um dabei freilich die beachtliche Beschleunigung des Zeitfaktors in den historischen Dimensionen Kontinuität und Wandel zu unterschätzen.

Man möchte allerdings meinen, daß eine im Jahre 1968 geschriebene „Historische Einleitung" von dem Wissen um den derzeitigen Forschungsstand auf dem Gebiet der Fragen des Nationalsozialismus ausgehen sollte. Wenn Kennan hier schreibt (S. XV), daß Hitler vor und im September 1938 „die völlige Zerschlagung des tschechoslowakischen Staates nicht erforderlich, schwierig und nicht notwendig erschien", und dies mit Hitlers Angst vor der Annexion der Slowakei durch Ungarn begründet, so fehlt es an der bloßen Kenntnis vielfach belegter historischer Vorgänge. (Wortlaut und Entwicklung des „Falles Grün" vom 21. 12. 1937 über den 22. 4., 20. 5. und 30. 5. bis zum 30. 9. 1938 mit dem Konzept, „die Tschechoslowakei durch eine militärische Aktion zu zerschlagen". Heftige Auseinandersetzung mit dem ungarischen Premierminister am 21. 9. 1938, weil sich Ungarn an diesem Vorgang nicht beteiligen wollte.) Es mangelt auch an 1968 überall beschaffbarem Arbeitsmaterial, wenn man die Sudetengebiete schlicht nur als „Sitz eines großen und wichtigen Teiles des Industriepotentials ... des tschechoslowakischen Staates" kennzeichnet und das Problem der Sudetendeutschen selbst auf das eines bloßen „willigen Werkzeuges" der Pläne und Kalkulationen Hitlers denaturiert (S. XIV f.).

Diese und ähnliche Unzulänglichkeiten sind sekundär und wären bei einer deutschen Ausgabe durch entsprechende Kommentierung zu bereinigen. Der Wunsch nach einer derartigen Ausgabe unterstreicht jedoch nachdrücklich die Bedeutung der Kennan-Papiere „als einer zeitgenössischen Niederschrift der ersten Erfahrungen der Völker der Tschechoslowakei unter deutscher Besatzung und Herrschaft, gesehen mit den Augen eines westlichen Beobachters" (S. VII). Man wird an ihnen künftig nicht vorbeigehen dürfen.

München   Fritz Peter Habel

Vojtech Mastny, The Czechs Under Nazi Rule. The Failure of National Resistance, 1939—1942.

Columbia University Press, New York und London 1971, 274 S., $ 10,—.

Noch vor wenigen Jahren erschien es angesichts der ungenügenden Quellenlage kaum gerechtfertigt, eine erfolgversprechende Darstellung der deutschen Besatzungspolitik im Protektorat Böhmen und Mähren und ihrer Wirkungen auf das tschechische Volk zu versuchen. Nach Veröffentlichung einer ganzen Anzahl sehr wichtiger und auch reichhaltig belegter tschechoslowakischer Arbeiten erschien vor zwei Jahren das ausführliche Buch von Detlef Brandes über *Die Tschechen unter deutschem Protektorat*, das Hans Lemberg in der *Zeit* zu außerordentlichem Lob veranlaßte, und dem nunmehr die zumindest vom Titel her fast identische Arbeit von Vojtech Mastny, dem Enkel des gleichnamigen, langjährigen tschechoslowakischen Botschafters in Berlin, gefolgt ist.

Mastnys Arbeit, die als Columbia-Dissertation unter Anleitung von Fritz Stern begonnen wurde, ist dennoch zu begrüßen, weil nunmehr auch für die weder

Deutsch noch Tschechisch lesende Öffentlichkeit ein Werk verfügbar ist, das in knapper, aber ausreichend bemessener Form über einen für die spätere Entwicklung des deutsch-tschechischen Verhältnisses entscheidenden Abschnitt berichtet. Im Gegensatz zu Brandes, der neben deutschen auch wesentliche Prager Aktenbestände benutzen konnte und deshalb zu einem detailliert belegten Urteil über das Ausmaß des tschechischen Widerstandes, der Kollaboration und der Beziehungen zwischen Heimatbewegung und Exilführung gelangte, mußte Mastny auf tschechoslowakische Archive verzichten. Daß er dennoch anhand der verfügbaren Quellen und der umfangreich zitierten Sekundärliteratur zu ähnlichen Ergebnissen gelangt, wirkt überraschend und unterstreicht Mastnys Geschick als Historiker. Dabei war allerdings nicht zu vermeiden, daß er gelegentlich diesen Quellen unterlag, wie beispielsweise bei der Beurteilung des in Wirklichkeit unbedeutenden deutschen Doppelagenten Paul Thümmel (S. 38), bei der unkritischen Übernahme eines aus dem Jahre 1942 stammenden Urteils von Hermann Rauschning über Konstantin v. Neurath (S. 53), oder gar bei der Empfehlung von Radomir Lužas *The Transfer of the Sudeten Germans* als beste Darstellung der Londoner Auseinandersetzung zwischen Eduard Beneš und Wenzel Jaksch (S. 175).

Bedingt durch die Quellenlage steht eigentlich die deutsche Besatzungspolitik und das tschechoslowakische Problem innerhalb der Geschichte des Zweiten Weltkrieges im Mittelpunkt der Untersuchung Mastnys. Darüber hinaus aber geht es dem Autor in der Hauptsache um „das Versagen des nationalen Widerstandes" (Untertitel) in den böhmischen Ländern, ein Umstand, der laut Mastny mit dazu beigetragen hat, daß Beneš bereits im Hochsommer 1941 weniger auf die Heimatbewegung und die Westmächte als auf die politische Stärke der Sowjetunion nach Kriegsende zu setzen begann. Und dieses Verhalten, das sich nach Aussage Mastnys in den Jahren 1948 und 1968 wiederholte, verübelt er seinen Landsleuten. Er zeiht sie fast ausnahmslos eines fatalen Schwejkismus — jenes Verhaltens, das er als „schlauen Opportunismus kleiner Leute, der bis in die höchsten Stellen reichte", bezeichnet, das effektiven Widerstand unmöglich gemacht und in Präsident Emil Hácha seinen prominentesten Vertreter gehabt haben soll. Weil er diese These zu einem zentralen Thema seines Buches machte, hätte Mastny ihren Wurzeln in der unerfüllten Tradition der damals gerade zwei Jahrzehnte alten aber nie saturierten Tschechoslowakischen Republik zumindest kurz nachgehen sollen — dies jedoch unterblieb ebenso wie die Berücksichtigung der wichtigen Arbeiten Jan Tesařs über das Problem der kolaborace, die Mastnys hartes Gesamturteil möglicherweise gemildert hätten.

Das Buch ist durchaus lesenswert. Der ausführlich und klar angelegte wissenschaftliche Apparat erschließt eine Reihe sonst selten genannter Arbeiten tschechischer und anglo-amerikanischer Provenienz. Man sollte es aber vorzugsweise zusammen mit der eingangs erwähnten, von Mastny jedoch peinlich ignorierten Arbeit von Detlef Brandes lesen, in der die innertschechische Entwicklung bis zum Jahre 1942 auf ungleich breiterer Grundlage behandelt wird.

München   Martin K. Bachstein

FRANZ LAUFKE ZUM 70. GEBURTSTAG

Am 20. Juni 1971 vollendete der Ordinarius für Handelsrecht, Bürgerliches Recht und Zivilprozeß an der Juristischen Fakultät der Julius-Maximilian-Universität in Würzburg, Franz *Laufke,* sein 70. Lebensjahr. Geboren in Oberleutensdorf, studierte er nach der mit Auszeichnung bestandenen Reifeprüfung an der Deutschen Universität in Prag und an der Universität München Rechts- und Staatswissenschaften, legte die Staatsprüfungen und Rigorosen an der Prager Universität sämtlich mit Auszeichnung ab und beschloß seine Studien mit einer überragenden Promotion („sub auspiciis"). Im Jahre 1931 habilitierte er sich in Prag mit einer Arbeit über „Die Handelsgesellschaften und das zwingende Recht", wurde im Jahre 1934 als Nachfolger des 1933 nach Freiburg im Breisgau berufenen Hans Großmann-Doerth außerordentlicher und 1941 ordentlicher Professor für Handels- und Wechselrecht und führte von 1941 bis zu seiner Einberufung zur Wehrmacht (1943) zunächst in Vertretung, dann als Dekan die Geschäfte der Juristischen Fakultät der Deutschen Karls-Universität.

Nach der Rückkehr aus der Gefangenschaft und schweren Jahren der Lebensbehauptung konnte Laufke im Jahre 1949 seine Lehrtätigkeit wieder aufnehmen, zunächst vertretungsweise in Kiel und bald darauf im Kreise einer Reihe früherer Prager Fachkollegen als Ordinarius der Universität Würzburg. Seine vordringlichste Aufgabe sah er hier neben seiner Lehrtätigkeit vor allem darin, mit den zur Verfügung stehenden bescheidenen Mitteln, die durch Luftangriffe schwer getroffene juristische Bibliothek zu ergänzen und sie wieder zu einer Forschungs- und Arbeitsstätte auszubauen.

Als Dekan seiner Fakultät, als Direktor des Verwaltungsausschusses und als Senator der Universität hat er die Arbeit am Wiederaufbau der durch den Luftkrieg an ihren Wurzeln getroffenen Universität in den beiden Jahrzehnten unter stetig sich bessernden äußeren Umständen unermüdlich fortgesetzt und auch über den Zeitpunkt der Entpflichtung hinaus seine Vorlesungstätigkeit aufrecht erhalten.

Die Juristische Fakultät der Universität Würzburg hat ihm in Würdigung dieser Verdienste zu seinem 70. Geburtstag mit einer umfangreichen Festschrift[1] ihren ehrenvollen Dank bezeugt.

Der Titel der Festschrift — Jus et Commercium — ist kennzeichnend für die wissenschaftlichen Arbeiten des Gefeierten, in denen er immer solche handelsrechtlichen Fragen aufgegriffen hat, die gegenwartsbezogen und praktisch wichtig, keineswegs aber lediglich zeitbedingt und von nur vorübergehendem Interesse waren. Gerade in den wichtigsten und umfassendsten Arbeiten wird auf Grund

---

[1] Jus et Commercium. Studien zum Handels- und Wirtschaftsrecht. Festschrift für Franz Laufke zum 70. Geburtstag am 20. 6. 1971 dargebracht von der Juristischen Fakultät der Bayerischen Julius-Maximilians-Universität zu Würzburg. Würzburg 1971, 375 S.

eingehender, auch rechtsvergleichend geführter Untersuchungen Stellung zu Fragen genommen, denen rechtspolitisch erhebliches Gewicht zukommt.

In seiner Habilitationsschrift[2] untersuchte er die Bedeutung, die den zwingenden Normen im Recht der Handelsgesellschaften für den Schutz der Gesellschafter, der Gesellschaftsgläubiger und — angesichts der wirtschaftlichen Größenordnung zahlreicher Kapitalgesellschaften — auch für den Schutz ganzer Volkswirtschaften zukommt. Er hatte damit eine Frage aufgegriffen, die bei Beginn seiner Untersuchungen noch kaum in das Bewußtsein der Juristen, der Politiker und der Wirtschaft getreten war, im Zeitpunkt des Erscheinens der Arbeit aber eine weit über den Bereich der Wissenschaft hinausreichende schwerwiegende wirtschaftliche und rechtspolitische Aktualität gewonnen hatte und in den folgenden Jahrzehnten bis in unsere Zeit den Gesetzgeber in vielen Staaten vor immer neue Aufgaben stellte. Die im Jahre 1931 in einer Reihe von Staaten durch den Zusammenbruch großer Handelsgesellschaften und Banken entstandene wirtschaftliche Krisensituation (Bankenkrise in Deutschland und Österreich, Fall Kreuger in Schweden u. a.), welche die durch die Weltwirtschaftskrise ausgelösten wirtschaftlichen Schwierigkeiten äußerst verschärfte, hatte zur Folge, daß die rechtspolitische Forderung nach einer Erweiterung und Verschärfung der zwingenden Normen im Gesellschaftsrecht immer dringlicher wurde. Obwohl in vielen Staaten seither entsprechende gesetzgeberische Maßnahmen getroffen wurden, hat das Problem in den vierzig Jahren seit die Arbeit Laufkes erschienen ist, rechtspolitisch nichts an Bedeutung verloren.

Unmittelbar rechtspolitisch ausgerichtet sind die beiden grundlegenden Arbeiten zum Recht des Handelsvertreters. Der ersten dieser Arbeiten, dem umfangreichen auf dem „Deutschen Juristentag in der Tschechoslowakei" im Jahre 1937 erstatteten Gutachten[3] über die zweckmäßige gesetzliche Regelung der Rechtsstellung des Handelsagenten, in dem auch Informationen und Materialien aus der Praxis in großer Zahl berücksichtigt wurden — Hinweise auf ausländische gesetzliche Regelungen enthält ein gleichzeitig mit dem Gutachten veröffentlichter Aufsatz[4] —, blieb angesichts der politischen Ereignisse der Folgezeit eine unmittelbare rechtspolitische Auswirkung freilich versagt. Vierzehn Jahre später erteilte ihm dann die „Gesellschaft für Rechtsvergleichung" den Auftrag, ein Gutachten zur Reform des deutschen Handelsvertreterrechts auszuarbeiten; eine Reihe von Vorschlägen dieses richtungweisenden, auf breiter rechtsvergleichender Grundlage beruhenden Gutachtens[5], das im September 1951 dem Bundesjustiz-

---

[2] Die Handelsgesellschaften und das zwingende Recht. Prag 1931, XV u. 276 S.
[3] Welche Regelung verlangt die Rechtsstellung des Handelsagenten? Achter Deutscher Juristentag in der Tschechoslowakei. Gutachten 3. Bd. Reichenberg 1937, 132 S. — Ein Teilproblem des Handelsagentenrechts behandelt auch der Beitrag „Schutzvorschriften im Agentenrecht" in der von ihm herausgegebenen Festschrift für Otto Peterka. Brünn-Prag-Leipzig-Wien 1936, S. 39—58.
[4] Der Agent in der neueren ausländischen Gesetzgebung: Prager Juristische Zeitschrift 17 (1937) 297—308.
[5] Wesentliche Teile dieses Gutachtens sind veröffentlicht in dem Aufsatz: Provision und Abfindung des Agenten, eine rechtsvergleichende Studie zur Reform des deutschen Handelsvertreterrechts: Rabels Z 17 (1952) 20—55.

ministerium vorgelegt wurde, ist bei der Neuregelung des deutschen Handelsvertreterrechts im Jahre 1953 berücksichtigt worden.

Noch vor seiner Habilitationsschrift erschien im „Repertoire de Droit International" aus seiner Feder die erste Darstellung des tschechoslowakischen Internationalen und Interlokalen Privat- und Prozeßrechts[6], die bis zum Inkrafttreten der ersten gesamtstaatlichen Kodifikation im Jahre 1948 als einzige dieses wichtige Rechtsgebiet auch dem ausländischen Juristen sprachlich zugänglich machte. Die Schwierigkeiten einer solchen Darstellung waren beträchtlich: Im Westteil des Staates, in den Ländern Böhmen und Mähren - Schlesien galt das aus den wenigen einschlägigen Bestimmungen des ABGB von Lehre und Rechtsprechung entwickelte österreichische Kollisionsrecht und im Ostteil des Staates waren die, von vereinzelten Normen abgesehen, unkodifizierten und in ihren Einzelheiten nur schwer zu ermittelnden kollisionsrechtlichen Grundsätze des ungarischen Rechts maßgebend. Die Aufgabe, diese beiden zwar verwandten, aber in vielen wichtigen Einzelheiten voneinander abweichenden Kollisionsrechtsordnungen unter Berücksichtigung der neueren Gerichtspraxis darzustellen und zugleich Grundsätze des Interlokalen Rechts aus den noch nicht sehr zahlreichen gerichtlichen Entscheidungen zu entwickeln, war ein ebenso schwieriges wie mühevolles Unterfangen. Dies umso mehr als bei der Abfassung des Beitrages das für die Länderberichte des „Repertoire" vorgeschriebene Gliederungsschema beachtet werden mußte, das es unmöglich machte, auf die Einzelprobleme und noch ungelösten Fragen näher einzugehen. Umso bemerkenswerter die auf knappem Raum und in genauer bündiger Fassung wiedergegebenen kollisionsrechtlichen Grundsätze, die auch durch die Rechtssprechung der Folgezeit bestätigt wurden.

Als einer der ersten hat Laufke die Bedeutung der Rechtstatsachenforschung erkannt. Wie sein Vorgänger auf dem Prager Lehrstuhl, Hans Großmann-Doerth, hat er das „selbstgeschaffene Recht der Wirtschaft" bei seinen Arbeiten berücksichtigt und zum Gegenstand seiner Forschungen gemacht[7]. Nach dem Kriege hat er in langjähriger Arbeit „Allgemeine Geschäftsbedingungen" in dem von ihm gegründeten „Archiv für Rechtstatsachenforschung" in Würzburg gesammelt, geordnet und ausgewertet. Das wichtigste Ergebnis der Beschäftigung mit diesem Fragenbereich ist die grundlegende und wichtige Abhandlung über „Vertragsfreiheit und Grundgesetz"[8], in der er den Grundsatz der Vertragsfreiheit verfassungsrechtlich begründet hat und dafür eingetreten ist, den Grundrechtsnormen auch im Privatrecht allgemeine Geltung zuzuerkennen.

Als Schüler des Handelsrechtlers und Rechtshistorikers Otto Peterka hat Lauf-

---

[6] Droit international privé de la Tcheco-Slovaquie in: Repertoire de Droit International. Bd. VII (Paris 1930) 176—227, ed. A. de Lapradelle et J. P. Niboyet.
[7] Die Allgemeinen Geschäftsbedingungen der Filmwirtschaft unter Berücksichtigung der Generalklausel. Baden-Baden 1962, und Allgemeine Geschäftsbedingungen — ein Beitrag der Wirtschaft zur Rechtsfortbildung: Mitteilungsblatt der IHK Würzburg-Schweinfurt 1959, S. 224 ff. und 257 ff.
[8] Vertragsfreiheit und Grundgesetz. In: Das deutsche Privatrecht in der Mitte des 20. Jahrhunderts. Festschrift für Heinrich Lehmann zum 80. Geburtstag. Bd. 1. Berlin-Tübingen-Frankfurt a. M 1956, S. 147—188.

ke, dem die Begegnung mit Karl von Amira während seiner Münchener Studienzeit ein eindrucksvolles Erlebnis war, auch die Rechtsgeschichte in seine Forschungen einbezogen: Die eingehende Darstellung der Bemühungen des Deutschen Bundes um eine Vereinheitlichung des Privatrechts, vor allem des Handelsrechts und seiner Nebengebiete, deren Ergebnisse in Österreich bis 1938 und in der Tschechoslowakei bis 1950 gegolten haben und zu erheblichen Teilen in das auch in Österreich geltende deutsche Handelsgesetzbuch von 1897 übernommen wurden, stellt einen wichtigen Beitrag zur Kodifikationsgeschichte dar[9]. Eine Reihe weiterer Aufsätze[10] und mehrere Artikel im Staatslexikon[11] runden das Bild seiner wissenschaftlichen Interessen ab, nicht zu vergessen auch die große Zahl von Buchbesprechungen, mit denen er in den Jahren 1935 bis 1938 zahlreiche deutsche und tschechische Veröffentlichungen zum Handelsrecht in der „Prager Juristischenzeitung" kritisch beurteilt und den sudetendeutschen Juristen nahe gebracht hat.

Laufke hat entscheidende Jahre seines Lebens in Prag verbracht. Die Eigenart des Prager kulturellen Lebens in den zwanziger und dreißiger Jahren, die Ausstrahlung dieser geschichtsträchtigen und schönen Stadt hat auch ihn wie alle, die längere Zeit in ihr gelebt haben, in ihren Bann gezogen. Die ungeachtet aller äußerlichen Enge und mancher Belastungen anregende wissenschaftliche Arbeit und Lehre an der Deutschen Universität Prag, die zu einem geistigen Mittelpunkt des gesamten Sudetendeutschtums geworden war und auch mit anderen Universitäten des deutschen Sprachraums in enger Verbindung stand, haben seine wissenschaftliche Persönlichkeit geformt. Er gehörte zu der ersten Generation von sudetendeutschen Studenten, die nach dem Umsturz und der staatlichen Neuordnung von 1918 diese Universität bezog. Er hat am studentischen Leben jener Jahre in den „Böhmerländischen Freischaren" teilgenommen und wie die besten und aktivsten seiner Altersgenossen den Stil des akademischen Lebens an den deutschen Hochschulen in der Hauptstadt des neuen Staates zunächst als Student und Fakultätsassistent und später insbesondere auch als akademischer Lehrer in wesentlichen Bereichen mitbestimmt.

Die schweren Jahre der ersten Nachkriegszeit mit ihren Belastungen und ihrer Ungewißheit — Gefangenschaft, Verlust der Heimat und aller materiellen Werte sowie auch — und das wog besonders schwer — aller Hilfsmittel und der in zwanzigjähriger Forschung erarbeiteten Unterlagen — haben seine wissenschaftliche Arbeit nur vorübergehend unterbrochen. An seiner neuen Wirkungsstätte hat er nach dem Kriege seine Tätigkeit als Forscher, Lehrer und Mitarbeiter in

---

[9] Der Deutsche Bund und die Zivilgesetzgebung in: Festschrift für Heinrich Nottarp, Karlsruhe 1961, S. 1—57.
[10] So insbes.: Zum Eigentumserwerb nach 950 BGB in: Festschrift für Alfred Hueck, München und Berlin 1959, S. 69—80; Bemerkungen zum Nachbarrecht in: Rechtswahrung und Rechtsentwicklung. Festschrift für Heinrich Lange. München 1970, S. 275 ff.
[11] Art. „Körperschaften" in: Staatslexikon (Recht-Wirtschaft-Gesellschaft) Bd. 5 (1960) S. 50—54; Art. „Stiftungen": ebenda Bd. 7 (1962) S. 722—727; Art. „Vertrag": ebenda Bd. 8 (1963) S. 210—220; Art. „Wertpapiere": ebenda Bd. 8 (1963) S. 621—626.

der akademischen Selbstverwaltung unverzüglich mit vollem Einsatz wieder aufgenommen. Auch hier haben ihm sein ausgeglichenes und ausgleichendes Wesen — von seinen Freunden und Kollegen schon in den Prager Jahren hoch geschätzt — und sein wohlwollendes Verständnis den Studenten gegenüber, seine Lebensklugheit, seine bescheidene Liebenswürdigkeit und sein unantastbares Pflichtgefühl, wie der Sprecher seiner Kollegen in seiner Würdigung zum 70. Geburtstag hervorhob, hohe Achtung und Wertschätzung gesichert.

Hamburg   Friedrich Korkisch

SUMMARIES

BOHEMIA AND MORAVIA IN THE FIRST CENTURIES OF THE CHRISTIAN ERA

Helmut Preidel

Our view of history is still permeated by many romantic conceptions that distort historical reality. It often happens that individual events are dealt with in terms of modern behavioural patterns, if only in markedly simplified form. Expressions like "metal industry," "mass production," "sales markets," and "economic crisis" simulate a way of life which simply didn't exist in the past. To be sure, such methods are impressive, but they only serve to obscure the clarity of approach to the past. The author therefore begins by examining the extant Greek and Roman historical accounts, assessing them, however, not as the evidence of witnesses but as interpretations — the problem of the namens of the gods offering a good case in point. Other accounts are not consonant with reality at all and hence have to be rejected. The alleged Marcomanni empire of Maroboduus, which was supposed to have extended from the middle reaches of the Danube up to the lower Elbe, was nothing but a grouping of units of followers under King Maroboduus' leadership. When the Langobards and Semnones deserted the King and went over to his enemy Arminius, the latter would have gained the upper hand but for the fact that an uncle of the Cherusci prince, along with his followers, joined forces with Maroboduus. This shows that the alleged people's army of the Langobards and Semnones were none other than the retinue of the Langobard and Semnones chieftains.

When the Marcomanni and Quadi migrated to Bohemia and Moravia, they by no means found a deserted country. They subdued the local population, which henceforth had to provide the newly arrived ruling stratum with food and supplies, as Tacitus has indicated in his Germania (cap. 15, 25). This demonstrates that objects of material culture cannot play the role usually ascribed to them in evaluating the overall development of the time and place from which they stem; they are products of the subjugated population and therefore cannot tell us anything about the origin and quality of the upper stratum. It is far more difficult to explain the presence of provincial Roman objects in the Germanic remains of Bohemia and Moravia. But it appears that most of them came to this area as plunder during the so-called Marcomanni war (166—180); tables demonstrate the probability of this hypothesis. These struggles were not wars of conquest but only marauding expeditions into the then inadequately defended Roman Danube provinces.

JAN HUS TODAY

Paul de Vooght

Discussing the most inportant elements in the controversy of the last few years surrounding Jan Hus, the author reaches the following conclusions:

Jan Hus was not the creator of a new rationalist philosophy of man based on a new, rational theory of obedience. On the contrary, his doctrine of obedience was drawn from Thomas Aquinas, whom he cited in his treatise De Ecclesia. Nor did Hus die as a martyr of philosophical realism. He played only a marginal role in the conflict between realism and nominalism at the end of the 14th and beginning of the 15th century in Prague. And in any case this controversy had come to an end in Prague by 1403, continuing thereafter only in Vienna, Heidelberg and Erfurt. Hus was above all interested in the sermon and directed his polemics almost exclusively at Czech masters who, like himself, subscribed to realism in the field of philosophy. The Council of Constance condemned not the "realist" but a man who was considered a danger to the ruling Church. For he had preached to the people in the vernacular and attacked the abuses of the high clergy, claiming that the latter could not be "good shepherds" in the Gospel sense if their lives were a public scandal. He also taught that the Church was not exclusively a visible society of the believers but also a community of the saints and predestined. Small wonder that the Church authorities viewed him as a dangerous threat and condemned him for this reason.

Hus's position on social questions was a conservative one. A world without royal authority was unthinkable for Hus, who also viewed the division of society into three Estates as an expression of divine will. He was of the opinion that the divinely ordained calling of the third Estate (the Vulgares) was to serve the other two. He preached to the artisans the virtues of hard work and of contentment with their wages. Hus also refused to follow Jacobellus, who wanted to impose upon the clergy a common, genuinely communist mode of life, and regarded the right of man to private property, just as to matrimony, as inviolable.

In politics as such, Hus was virtually inactive. Those who claim that Hus asked for and got the famous decree of 1409 from the king are mistaken. He loved more a "good German than a bad Czech". Although there were superficial similarities between his political viewpoint and that of Marsilius of Padua, he differed from him on essential points. Marsilius' aspiration was to destroy every kind of Church authority, while Hus placed Church above worldly authority, his purpose being to reform the Church, not to destroy it. He demanded that the Christian obey his superiors — even when they led an un-Christian life. Neither was Hus a presumptuous, bold revolutionary in action. At every decisive turn he gave ground for the sake of peace.

Hus's real personality was uncompromisingly religious. But the question remains whether he should be placed in the Roman Catholic or the Protestant camp. A case can be made for Hus's Catholicism. From the strictly theological point of view, he can hardly be accused of having taught a single heresy. He was not under the influence of the Waldensians, and his reworking of Wyclif was in the main a Catholic one. He went to Constance of his own free will, convinced of the Catholicism of his teachings, to which the then Inquisitor of Prague, Bishop Nicolaus of Nezero, had also borne witness. He did not stubbornly insist on his heresies before the Council, but only refused to recant the errors with which he was charged, convinced, as he was, that he had never taught any. Before his death he went to Confession and publicly declared his faith in Christ and the Church. There was nothing heretical about his invocation of Christ, which was all the less an act of disobedience in that its purpose was that he not be condemned by a Church authority which was above any suspicion. Nevertheless, because of the Hussite movement which grew up after his death Hus has gone down in history as a Protestant.

With the loyalty to his own conscience which led him to prefer death to lying, Hus will live in human memory as a great and noble person. For all Christians he is a model of evangelical faith in the love for God and one's fellow man — for his whole life was dedicated to nothing less than "saving man from sin".

MINING AND INDUSTRY IN BOHEMIA IN THE ERA OF EARLY INDUSTRIALIZATION

Gustav O t r u b a and Rudolf K r o p f

Depicts the development of mining and industry in Bohemia from 1820 to 1848 by means of maps of the individual industrial branches. Following a listing of the sources used, the introduction outlines the changes that had taken place since the preceding manufactory era. The authors then characterize the Bohemian entrepreneurial stratum and explain the territorial focal points of industrial activity as well as the changes in enterprise structure.

This is followed by detailed data on the various industrial branches: iron and metal processing; mining; stones and earthengoods industries; glass-making; chemical industry; food, beverages and tobacco industries; wood-processing; paper; leather; textiles (linen and hemp, silk, other textile goods, mixed textile goods, woolen goods, cotton goods, and lace). Separate territorial distribution maps group the industrial branches together in the abovementioned order. Each section devoted to a particular industry begins with a general survey attempting to define the significance of the branch measured in terms of the ratio of its output to that in the monarchy as a whole. The individual enterprises are listed chronologically, beginning with those that existed throughout the period under survey, and followed by those whose names appeared only at the beginning or the end of the period, or which were founded or closed down during it. One fact which emerges is that in the 1820—1848 period the importance of the textile industry had clearly begun to decline, while the developing heavy industry continually gained ground. With respect to the large industries, a detailed examination is made of the succession to ownership, the number of employed, the extent of production, enterprise facilities and the market situation.

CISLEITHANIAN SOCIAL DEVELOPMENT AND THE GERMAN BOHEMIAN QUESTION: THE STATE AND NON-STATE SPHERES WITH REGARD TO NATIONAL AND SOCIAL IDEOLOGY

Harald Bachmann

The historiography of the Danube monarchy has heretofore confined itself mainly to the evolution of administrative institutions and foreign policy. Transformations in the social structure and their impact have for the most part been completely ignored. This is a particularly unsatisfactory and disturbing state of affairs for the Austro-Hungarian monarchy, because it was precisely here that a strong degree of horizontal and vertical social mobility can be ascertained. The Bohemian lands represent a near classic case of change in social and economic structures.

The conception of state and society upheld by the so-called constitutional loyalists within the Danube monarchy had a profound impact on the thought of the bourgeoisie, which identified itself with state and nation and therefore viewed the play of social forces and interests as inimical to the state. In full accord with their Liberal ideology, the "constitutional loyalists" virtually eradicated all national impulses. This officially ignored national component of social development thus emerges only from pronouncements stemming from oppositional quarters. In the Bohemian lands, unhindered, as they were, by the state apparatus, Czech society could shape itself into a complete state within the state, in the social sphere.

The maintenance of limited suffrage for electing the Bohemian diet was attacked by the Young Czechs as early as the 1880's. Characteristic for Cisleithania was the fact that the hitherto bourgeois strata sought to conserve their fundamental conception of society by propagating the Liberal ideology. Their view of social advancement remained unchanged until the end of the old monarchy; up to 1918 the political organization of Bohemia continued on the foundations created by neo-absolutism. From this point of view, the attempts of bourgeois politicians to reorganize the state sphere in the Bohemian lands without paying any attention to the lower strata — and their national and social ideology — appear all the more dubious.

THE MAIN PROBLEMS OF A MONOGRAPH ON IGNAZ VON PLENER

Mechthild W o l f

The author discusses a monograph of Ignaz von Plener which she is now preparing. This monograph will deal mainly with Plener's political activity in the years 1860—1873, during which period — first as Finance Minister and later as Minister of Commerce, but also as a parliamentarian — he played an important role in the decision-making process. Plener was put in charge of the Finance Ministry in 1860 through the offices of Count Agenor Goluchowski. He considered the difficult financial situation as only a question of Austria's credit standing, which was why he sought to gain the confidence of the high financial circles. He saw his ministerial activity in terms of serving their interests, and it was upon their urging that he became active politically and an energetic supporter of a constitution for Austria. Plener can be considered a prime moving force behind the February Patent. His operations in financial policy helped pave the way for Emperor Franz Joseph's decision in 1865 to adopt a more differentiated policy vis-à-vis Hungary and to dismiss the Schmerling cabinet. As a deputy in the Bohemian diet and member of the Reichsrat, Plener became the contact man between the German Liberals of Bohemia and the Belcredi and Beust governments as well as the supporters of a constitution in the various crownlands. Plener's importance as Minister of Commerce in the first Liberal government after the Ausgleich with Hungary lay in his role as a mediator between the emperor and the cabinet. He had perceived that the key to power in Austria was, in the last analysis, the Crown and that without taking its views into account, nothing could be achieved.

Plener was a politician of average ability. The fact that in this respect he scarcely differed from those who worked with him in the various governments makes a monograph on this man appear to be a promising approach to illuminating the political development of Austria in this period.

THE HEIR APPARENT ARCHDUKE FRANCIS FERDINAND AND HIS ATTITUDE TOWARD THE BOHEMIAN PROBLEM

Robert R. K a n n

This essay is focussed on the approach of the Heir Apparent and his circle of trusted advisers to the national issues of the ancient crownland of Bohemia within the overall political problems of the Habsburg monarchy. The study draws primarily on the Nachlass of the archduke deposited in the Haus-Hof- und Staatsarchiv in Vienna and the state archives in Prague. It discusses the relationship of the Heir Apparent to such Bohemian aristocrats as Count Ottokar Czernin, the future World War Minister of Foreign Affairs; Count Heinrich Clam-Martinic, future Prime Minister; Count Ernst Silva-Tarouca, Prince Karl Schwarzenberg, and above all to Prince Franz Thun, Governour of Bohemia of long standing, Austrian Prime Minister and one time Master of the archducal household. Relationships to other high officials are surveyed as well as far as they pertain to the Bohemian question. The most important documents among the many interesting ones published here for the first time are the letters written by the Archduke himself. They reflect in full the strange, in some ways repellent and in others fascinating personality of this autocrat.

As the interpretation of these documents reveals, the position of the Archduke in regard to the national conflict in Bohemia could be considered as neutral above the parties. While Francis Ferdinand was in general in favour of a German directed centralistic state structure and therewith an opponent of strong nationalistic tendencies, he feared the power of German perhaps more than of Czech nationalism. To him nationalism was within strict limits acceptable as long as it seemed to serve as means to the end of breaking the power of the dualistic political system which in his opinion was completely dominated by Magyar aspirations. Accordingly Czech, German, or any other national movement was welcome to him as long as it offered the chance to strengthen the position of the Crown above the peoples. He abhorred the same movements as soon as he felt that they impaired this status.

ON THE ACTIVITY OF THE SLOVAK DEPUTIES IN THE FIRST CZECHOSLOVAK NATIONAL ASSEMBLY (1918—1920)

Ladislav Lipscher

After the declaration of independence of the Czechoslovak Republic, the National Council exercised the functions of supreme legislative and governmental organ. The 254-member-strong enlarged National Council constituted itself as a Revolutionary National Assembly on 14 November 1918. Slovakia was originally assigned 40 deputies, the number later being raised to 53.

The Slovak parliamentary representatives, irrespective of party affiliation, joined together in a parliamentary group called the "Club of Slovak Deputies". The official justification for this unusual move was that the resulting concentration of political forces would enable a more effective assertion of Slovak interests, all the more since a fully articulated system of political parties did not exist in Slovakia.

Throughout its existence the Club was a firm link in the different coalitions, which meant that it could take active part in the work of the government. The circumstance that the Club played the most important role in the political life of Slovakia at the time distinguished the framework of its activity from that of other similar institutions. In addition to its principal field of work — taking the legislative initiative and voting on draft laws — the Club also assumed a major role in the solution of questions which were not directly related to its normal sphere of activity. Thus its meetings discussed the crucial problems of the structure and organization of the administrative apparatus in Slovakia.

This joint public posture on the part of the Slovak deputies by no means signified any uniformity of political conviction, but only that they upheld the common position adopted in the Club. The development of party pluralism in Slovakia, heightened by the penetration of political currents from the Bohemian lands, advanced rapidly. With the dissolution of the First National Assembly, the Club formally ceased its own activity as well.

CZECHOSLOVAKIA AND THE PROBLEMS OF THE RUHR OCCUPATION, 1923

Manfred Alexander

Examines the attitude of the Czechoslovak government to the questions of German reparations under the Versailles Peace Treaty and of the sanctions threatened or applied to enforce these reparations. The author's starting point is the thesis that France, and in particular the Poincaré government, presented French security as closely linked with the reparations question and considered reparations demands and the threat of sanctions as a means of asserting the French security policy vis-à-vis Germany. From this viewpoint he examines the position of Czechoslovakia within the French system of alliances in eastern Central Europe, with emphasis on how the German Foreign Office viewed the problem and incorporated its assessment in considerations of political options.

The conclusion is that the Czechoslovak government did not succumb to any of the French attempts to press it into some form of participation in the Ruhr occupation in 1923. This stand, however, was only reluctantly acknowledged by the German side, especially by the German regions bordering on Czechoslovakia. The author surveys German-Czechoslovak relations from 1921 to the spring of 1923 in their international context. Their most striking feature was that, despite the Czechoslovak endeavors to preserve neutrality toward Germany, the feeling persisted on the German side that Prague, as an ally of France, represented a latent threat. In short, German mistrust of Czechoslovakia was lessened by the latter's neutral stand, but not eliminated.

THE SLOVAKS AND THEIR PRESS IN POLAND

Lubica zum Felde

This study deals with the problems of the Slovaks in the area of the northern Zips (Spiš) and Arwa (Orava) — territories along the northern border of Slovakia which are today part of Poland.

The first section is an introduction to the historical development of the northern Spiš and Orava since the First World War. There has been no detailed history of this area thus far. The northern Spiš and Orava were for decades disputed between Czechoslovakia and Poland. The quarrel over this area began after the collapse of the Austro-Hungarian monarchy, when, during negotiations between Poland and the newly created ČSR over the course of the boundary in July 1919, the Polish side laid its first official ylaim to the territory. The author elucidates the origin of the Polish claims and describes the situation in the area from the end of the First World War up to the present. This section ends with the creation of the first joint organization of the Czechoslovak minority in Poland, the "Cultural and Social Society of the Czechs and Slovaks in Poland," in March 1957.

The next two sections deal with the founding of the periodical *Život* [Life], a social and cultural monthly for the Czechoslovak minority in Poland, and with the significance and prime tasks of the press of a national minority in general and the special status of *Život* among the minority periodicals in particular. The main theme is dealt with in the fourth and fifth sections: on the basis of an analysis of *Život*, the author shows the most important problems with which the Czechoslovak minority in Poland was confronted daily — equality of the Czechoslovak minority with their Polish compatriots, schools, culture, and mass education. The study concludes with an overall appraisal of the periodical *Život*.

RÉSUMÉS

LA BOHÊME ET LA MORAVIE DANS LES PREMIERS SIÈCLES APRÈS JÉSUS-CHRIST

Helmut Preidel

Notre conception de l'histoire est souvent marquée par de nombreuses interprétations romantiques, qui altèrent la vérité historique. On a aussi souvent tendance à trouver un comportement moderne dans certaines situations, même dans une forme très simplifiée. Des expressions comme industrie métallurgique, production en masse, débouchés, crise économique évoquent des conditions de vie qui furent loin d'exister. Tous ces procédés sont certes très frappants mais ils troublent la clarté de la pensée. C'est pourquoi l'auteur examine d'abord les récits grecs et romains qu'il étudie non comme des témoignages mais comme des interprétations, comme le montrent, par exemple, les noms des dieux. D'autres récits sont incompatibles avec la réalité et doivent par conséquent, être repoussés. De même pour le présumé royaume des Marcomans de Marbod, qui s'étendait, dit-on, de la partie supérieure du Danube jusqu'à l'Elbe inférieure et qui n'était autre qu'un groupement de vassaux sous la conduite du roi Marbod. Lors des dissensions avec Arminius les Langobards et les Semnons quittèrent Marbod pour se joindre à Arminius; ce dernier aurait pu l'emporter si un oncle du prince des Chérusques n'avait pris, avec sa suite, le parti de Marbod. Cela prouve que les présumées armées des Langobards et Semnons ne furent rien d'autre que les suites des chefs langobards et semnons.

Lorsque les Marcomans et les Quades émigrèrent en Bohême et Moravie ils ne trouvèrent pas de pays non peuplés. Ils soumirent les populations indigènes et en tant que supérieurs, se firent nourrir et soigner, comme l'indique Tacite dans son Germania cap 15, 25. Les utensiles de la civilisation matérielle ne peuvent donc jouer le rôle qu'on leur attribue dans l'étude du développement général, ce sont des produits de populations soumises et ils ne donnent aucune idée sur l'origine et la qualité de la classe dominante. Ce qui est plus difficile à expliquer c'est la présence d'objets de provinces romaines dans l'héritage germanique de Bohême et Moravie. Cependant il semble que la plupart des objets soient arrivés dans le pays comme butin pendant la prétendue guerre des Marcomans, comme on le démontre à l'aide de tableaux. Ces combats ne tendaient pas à des conquêtes mais n'étaient rien d'autre que des expéditions en vue de ramener du butin des provinces romaines du Danube, qui étaient alors insuffisamment protégées.

L'INDUSTRIE MINIÈRE ET L'INDUSTRIE EN BOHÊME AU DÉBUT DE L'INDUSTRIALISATION

Gustav Otruba et Rudolf Kropf

Le développement de l'industrie minière et de l'industrie en Bohême sera étudié à partir de cartes représentant les différentes branches industrielles de 1820 à 1848. Après un résumé des différentes sources utilisées l'introduction établit une comparaison des modifications survenues après la période de manufacture. De plus les caractéristiques de la classe des entrepreneurs de Bohême seront mises en relief et on commentera les points principaux des centres industriels ainsi que l'évolution de la structure des entreprises.

Suivent des données précises sur les différentes branches de l'industrie: industrie minière, industrie du fer et des métaux, industrie des produits de carrières et de dragage, industrie du verre, industrie chimique, industrie des produits alimentaires et des stimulants, industrie de transformation du bois, du papier, du cuir, des textiles (lin et chanvre, soie et autres textiles mélangés, lainages, cotons et dentelles). Les branches industrielles sont groupées sur des différentes cartes locales dans l'ordre de l'énumération. Chaque domaine industriel est d'abord représenté par une vue générale, qui essaie de situer l'importance de cette branche en comparant sa production à celle de l'ensemble de la Monarchie. Les différentes entreprises sont indiquées par un ordre chronologique. Sont d'abord citées les entreprises actives pendant toute la période, ensuite viennent celles qui n'existent qu'au début, puis les autres n'existant qu'à la fin. Le dernier groupe cité est celui des entreprisies fondées et fermées pendant cette période.

On voit ainsi que l'industrie du textile à l'époque étudiée a déjà perdu de son importance, tandis que l'industrie lourde prend de plus en plus d'importance. Des études détaillées sur les différents propriétaires, le nombre des employés, le volume de la production, l'équipement et les conditions des marchés complètent l'étude des grandes entreprises.

LE DÉVELOPPEMENT DE LA SOCIÉTÉ CISLÉITHANIENNE ET LA QUESTION DES ALLEMANDS DE BOHÊME. LES SPHÈRES GOUVERNEMENTALES ET LES SPHÈRES HORS DU CONTRÔLE DE L'ÉTAT VIS À VIS DE L'IDÉOLOGIE NATIONALE ET SOCIALE

Harald Bachmann

Si les rapports historiques sur la monarchie danubienne ont puisé dans l'évolution de l'état administratif l'élément fondamental de leur thématique, le changement structurel de la société fut par contre souvent complètement ignoré. Ceci était d'autant plus inquiétant que justement la „sphère sociale" des pays de Bohême représentait un domaine de forte mobilité horizontale et verticale, un exemple typique de l'évolution interne des structures de la société et de l'économie.

L'opinion que les soi-disant fidèles à la constitution („Verfassungstreuen") avaient de l'État et de la société avait eu une influence profonde sur les points de vue de la bourgeoisie, si bien que du côté de l'opposition, on peut reconnaitre une identification de l'État et de la Nation (dans la pensée de la bourgeoisie). Empreints d'idéologie libérale, ceux des Allemands qui étaient fidèles à la constitution, avaient complétement éliminé le sentiment national, et ce facteur national ignoré ne renaît que devant l'opposition tchèque. C'est avec la tolérance de l'administration de l'État de Cisléithanie, dans la „sphère sociale" des pays de Bohême, qu'eut lieu la transformation de la société tchèque en un État complet à l'intérieur de l'État. Le maintien du droit de vote par privilèges au parlement de Bohême avait déjà été critiqué dans les années 80 par les précurseurs démocrates du Jeune Mouvement Tchèque. Un trait caractéristique de la Cisléithanie est la conservation du concept de société par les classes jusqu'alors bourgeoises, malgré la propagation des idées d'idéologie libérale. Leur notion d'évolution de la société est demeurée inaltérée jusqu'à la fin du vieil État. La structure de l'État ne subit aucun changement jusqu'en 1918 et demeura telle que le néoabsolutisme l'avait créée. Les politiciens bourgeois qui essayèrent de réorganiser la structure nationale des pays de Bohême sans prendre égard aux classes inférieures et à leur idéologie nationale et sociale, étaient trop éloignés de la réalité.

PROBLÈMES PRINCIPAUX RELATIFS À UNE MONOGRAPHIE D'IGNAZ VON PLENER

Mechthild W o l f

La monographie traitera principalement de l'activité politique d'Ignaz von Plener de 1860 à 1873, années pendant lesquelles il prit d'importantes décisions non seulement en tant que ministre des finances, puis du commerce, mais aussi en tant que parlementaire. En 1860 Plener se vit confier la direction des finances par l'entremise du comte Agenor Goluchowski. La situation financière critique ne fut pour lui qu'une question de solvabilité de l'Autriche. Il s'efforça de gagner la confiance de la haute finance si nécessaire au crédit de l'État. C'est aussi dans son intérêt qu'il travailla au ministère. De même c'est sous son impulsion qu'il eut des activités politiques et qu'il s'engagea pour une constitution en Autriche. On peut voir en lui le moteur principal de la Constitution de Février (Februarpatent). Par ses opérations financières et politiques Plener facilita en 1865 la décision de l'Empereur François Joseph qui consistait à adopter une politique différente vis à vis de la Hongrie et à renvoyer le gouvernement Schmerling. En tant que député au parlement de Bohême et membre du Conseil de l'Empire Plener fut l'intermédiaire entre les allemands libéraux de Bohême et les gouvernements Belcredi et Beust ainsi qu'avec les partisans de la Constitution dans les différents pays de la Couronne. Plener, ministre du commerce pendant le premier gouvernement libéral après les accords avec la Hongrie, joua un rôle de médiateur important entre l'Empereur et le cabinet. Il avait reconnu, que le pouvoir en Autriche était finalement la Couronne, et que l'on n'arrivait à rien sans tenir compte de ses idées.

Plener fut un politicien moyen. Comme il se distingue peu des hommes avec qui il travailla dans les différents gouvernements, il semble judicieux de mettre en lumière l'évolution politique de l'Autriche pendant cette période, à partir d'une monographie de cet homme.

L'ARCHIDUC FRANÇOIS FERDINAND, HÉRITIER PRÉSOMPTIF ET SON ATTITUDE ENVERS LE PROBLÈME DE BOHÊME

Robert R. Kann

Cet exposé traite des contacts de l'héritier présomptif et de son cercle de conseillers avec les intérêts nationaux de l'ancien royaume de Bohême dans la totalité des problèmes politiques de la monarchie des Habsbourg. L'étude traite principalement des oeuvres posthumes (Nachlass) de l'Archiduc déposées aux „Haus-Hof- und Staatsarchiv" de Vienne et aux archives nationales de Prague. Elle traite des relations de l'héritier présomptif avec les aristocrates de Bohême tels que le comte Ottokar Czernin, le futur ministre des Affaires Etrangères de la Guerre Mondiale, le comte Heinrich Clam-Martinic, futur Premier Ministre, le comte Ernst Silva-Tarouca, le prince Karl Schwarzenberg, et principalement avec le prince Franz Thun, gouverneur de Bohême de longue date, Premier Ministre d'Autriche et pendant un certain temps Maitre de la Maison Archiducale. Les relations avec d'autres grands personnages ne sont mentionnées et examinées que lorsqu'elles concernent la question de Bohême. Les documents les plus importants parmi ceux très nombreux et très intéressants publiés ici pour la première fois, sont les lettres écrites par l'Archiduc lui-même. Elles reflètent pleinement la personnalité étrange, tantôt rebutante, tantôt fascinante de cet autocrate.

Comme l'étude de ces documents le révèle, la position de l'Archiduc vis à vis du conflict national de Bohême pourrait être considérée comme neutre au dessus des partis. Alors que François Ferdinand était en général favorable à une structure nationale centralisée allemande, s'opposant par la-même aux fortes tendances de nationalisme, il redoutait peut-être plus la puissance du nationalisme allemand que celle du nationalisme tchèque. Pour lui le nationalisme n'était acceptable dans de strictes limites qu'autant qu'il semblait servir de moyen de briser la puissance du système dualiste politique, lequel, à son avis, était entièrement dominé par les aspirations magyares. Par suite, tout mouvement national, qu'il soit tchèque, allemand ou de toute autre nation, lui était agréable tant qu'il lui donnait la possibilité d'affirmer la position de la couronne sur les peuples. Il prit en horreur ces mêmes mouvements dès qu'il sentit qu'ils affaiblissaient cette position.

DU RÔLE DES DÉPUTÉS SLOVAQUES À LA PREMIÈRE ASSEMBLÉE NATIONALE TCHÉCOSLOVAQUE (1918—1920)

Ladislav Lipscher

Le Comité National remplit les fonctions gouvernementales et législatives après la déclaration d'indépendance de la République Tchécoslovaque. Le Comité National augmenté de 254 membres se constitua, le 14. II. 1918, en Assemblée Nationale Révolutionnaire. Quarante sièges de députés furent d'abord promis à la Slovaquie, plus tard ce furent 53. Les représentants parlementaires slovaques, sans tenir compte d'une appartenance à un parti, s'unirent pour former un groupe qui prit le nom de Club des députés slovaques. Officiellement on justifia cette étrange solution par les arguments suivants: après la concentration des forces politiques les intérêts slovaques devaient être représentés et imposés avec d'autant plus de force qu'aucun système marquant de parti politique n'existait en Slovaquie.

Le club fut, pendant toute la période de son existence, un membre solide des coalitions de l'époque et participa donc au travail du gouvernement.

Ayant alors joué le rôle le plus notable dans la vie politique de la Slovaquie, l'activité du club se distingua nettement des autres institutions semblables. Cela eut pour effet que, à coté de son rayon d'action principal, la mise en application des initiatives législatives et la participation au vote des projets de loi, le club collabora activement à la solution de questions, qui, normalement, ne dépendaient pas directement de son activité. Les sessions furent avant tout consacrées aux problèmes de la constitution et de l'organisation de l'État administratif de la Slovaquie, qui prirent, à cette époque, une position-clef. L'entrée en scène commune des députés slovaques ne signifiait encore en aucun cas une unité d'opinion politique, mais seulement au contraire qu'ils représentaient le point de vue commun, accepté par le club. Le développement du pluralisme des partis en Slovaquie, soutenu par les courants politiques provenant des pays de Bohême, progressa vite.

Le club mit un point final à ses activités avec la dissolution de la première Assemblée Nationale.

LA TCHÉCOSLOVAQUIE ET LES PROBLÈMES DE L'OCCUPATION DE LA RUHR 1923

Manfred Alexander

Cet exposé traite du comportement du gouvernement tchécoslovaque vis à vis de la question des réparations de l'Allemagne après le Traité de Versailles et du problème des sanctions, appliquées ou menacées de l'être pour l'accomplissement de ces réparations. On étudie la position de la Tchécoslovaquie à l'intérieur du système d'alliance français en Europe Centrale Orientale, en partant de ce point de vue: pour la France et en particulier pour le gouvernement du premier ministre Poincaré, la sécurité française était intimement liée au problème des réparations et les menaces de sanctions étaient un moyen d'affirmer la politique de sécurité française vis à vis de l'Allemagne. La façon dont le ministère des Affaires étrangères allemand jugea cet ensemble de questions et en tint compte dans sa politique est particulièrement étudié.

Le résultat de cette étude est que le gouvernement tchécoslovaque se déroba à toute influence française lors de l'occupation de la Ruhr en 1923; ce comportement fut cependant reconnu avec hésitation par le côté allemand, en particulier par les pays allemands faisant frontière avec la Tchécoslovaquie. Suit, pour la période de 1921 au printemps 1923, un tableau des relations tchéco-allemandes (qui ne restèrent pas sans effets sur le plan international) et que l'on peut ainsi caractériser: malgré les efforts de neutralité de la Tchécoslovaquie vis à vis de l'Allemagne, celle-ci continue à se sentir menacée par Prague (l'alliée de la France). La méfiance allemande vis à vis de la Tchécoslovaquie fut cependant tempérée par la neutralité tchèque pendant la crise de la Ruhr.

LES SLOVAQUES DE POLOGNE ET LEURS JOURNAUX

Lubica zum Felde

Le travail traite des problèmes de la population slovaque de la Zips et de l'Arwa, régions à la frontière nord de la Slovaquie, appartenant aujourd'hui à la Pologne.

La première partie consiste en une initiation au développement historique des régions de la Zips et de l'Arwa depuis la première guerre mondiale. L'histoire détaillée de cette contrée n'existait pas encore. Les régions de la Zips et de l'Arwa furent, pendant des décennies, l'objet de conflits entre la Tchécoslovaquie et la Pologne. Le conflit commença sitôt après la chute de la monarchie austro-hongroise: en juillet 1919, lors des négociations sur la question des frontières entre la Pologne et la toute nouvelle ČSR, la Pologne réussit à imposer ses prétentions sur l'Arwa du nord et la Zips. L'auteur montre l'origine des prétentions polonaises et décrit la situation des régions depuis la fin de la première guerre mondiale jusqu'à aujourd'hui. La première partie du travail se termine par l'étude de la création de la première organisation en commun de la minorité tchécoslovaque en Pologne: la „Société culturelle et sociale des Tchèques et Slovaques de Pologne" en mars 1957. Les parties suivantes traitent d'une part de la naissance du journal „Život" (la vie), un mensuel social et culturel pour la minorité tchécoslovaque de Pologne et, d'autre part, de l'importance et des différentes tâches de la presse d'une minorité nationale en général, ainsi que de la position spéciale du journal „Život" parmi les journaux des minorités. Les quatrième et cinquième parties constituent l'essentiel du travail. En analysant le journal „Život" l'auteur traite les problèmes les plus importants, ceux auxquels la minorité tchécoslovaque de Pologne doit faire face quotidiennement: problèmes de l'égalité de la minorité tchécoslovaque vis à vis des citoyens polonais, problèmes de l'enseignement, des questions culturelles et l'éducation populaire. La conclusion du travail consiste en une appréciation d'ensemble du journal „Život".

ABKÜRZUNGSVERZEICHNIS

AR	Archeologické rozhledy
BohJb	Bohemia. Jahrbuch des Collegium Carolinum
ČSČH	Československý časopis historický
HZ	Historische Zeitschrift
JbGO	Jahrbücher für Geschichte Osteuropas
JCEA	Journal of Central European Affairs
MNExKl	Mitteilungen des Nordböhmischen Exkursions-Klubs
MÖSTA	Mitteilungen des österreichischen Staatsarchivs
MVGDB	Mitteilungen des Vereins für Geschichte der Deutschen in Böhmen
PA	Památky archeologické
VHZG	Vierteljahreshefte für Zeitgeschichte
ZBLG	Zeitschrift für bayerische Landesgeschichte
ZfO	Zeitschrift für Ostforschung

STICHWORTREGISTER

Adel 244 f., 263, 279
Alaungewinnung 68 f.
Amerika 207, 338
Arbeiterklasse, Arbeiterschaft 236—238
Arbeitslosigkeit 286, 318
Arsenbergbau 69
Ausgleich, böhmischer 268 f., 275—277
 ungarischer 275
Außenhandel der ČSSR 391 f., 396 f.

Badenische Sprachenverordnungen 262, 279
Banat 67, 81
Baumwollindustrie 56, 65, 179, 182, 187—193, 207—232
Bayern 123, 180, 193, 306 f., 321, 326, 404
Belgien 297, 302, 321, 330
Bergbau 56—81, 109, 111
Bessarabien 300, 331
Bleibergbau 67 f.
Bourgeoisie siehe Bürgertum
Bronzegefäße 21 f.
Buchdruck 109 f.
Bürgertum 234 f., 238—242, 245 f.
Bukowina 243, 250
Bulgarien 301, 331

Chemische Industrie 110, 140—151
COMECON 386, 388, 391 f., 394
Cornwall 66

Dalmatien 331, 403
Deutschland 119, 124, 127, 187, 207, 297—336, 342 f., 392 f., 399
Doppelsprachigkeit 262
Drahterzeugung 104, 116 f.
Dreiklassenwahlrecht 240
Dreißigjähriger Krieg 62 f., 66, 98

Einwanderung, germanische 11—15
Eisenindustrie 56, 81—117
England 72, 84, 107—109, 111, 118, 124—126, 180, 183, 207, 231 f., 248, 298—304, 306, 308, 313, 317, 321 f., 330, 334, 340 f.

Feldspatabbau 80
Frankreich 84, 118, 124, 126, 162, 232, 297—306, 308, 312—317, 320—326, 328—334, 336, 339—341
Freimaurerei 255

Galizien 70, 119, 243, 250
Gefolgschaftswesen, germanisches 10 f., 15, 17, 19, 24, 31
Genua, Konferenz von (1922) 315 f.
Genußmittelindustrie 57, 153—156
Gewerkschaftsbewegung, Revolutionäre 386
Glasindustrie 56, 126—140
Gleichberechtigung, nationale 277
Goldbergbau 61
Granatsteingewinnung 81
Graphitbergbau, Graphitverarbeitung 70 f., 118
Großbritannien siehe England

Handel, Handelsinteressen, Handelspolitik 22 f., 27, 297 f., 303, 309 f.
Hausindustrie 180—184, 186, 207 f.
Holzindustrie 110 f., 165—167

Import der ČSSR 392
Industrialisierung 236 f., 240, 242
Italien 106, 127, 176, 179, 193 f., 202, 205, 247, 301 f., 312, 321, 340—342, 392 f.

Japan 341, 392
Jugoslawien 301, 331, 385, 388
Jungtschechen 239

Kärnten 61, 64, 67, 81
Kammgarnspinnereien 195—197
Karpaten-Ukraine 281
Keramik 20, 26—29
Kinderarbeit 169
Kleine Entente 301, 311 f., 316, 318, 325, 328 f., 331
Klub der slowak. Abgeordneten 282—296
Kobaltbergbau 63 f., 66
Kohlenbergbau 72—80
Kontinentalsperre 108, 126, 151, 156 f., 160, 176, 179, 193, 207
Krain 67
Kupferbergbau 64 f.

Lebensmittelindustrie 55, 57, 110, 151—165
Lederindustrie 110, 176—179
Leinenindustrie 56 f., 179—193
Levante 127, 202
Liberalismus 234 f., 240, 255

Litauen 300
Lombardei 119

Mähren 12—15, 19—23, 25—29, 116, 121 f., 124, 157 f., 180 f., 183, 189, 194, 281, 393, 403 f.
Manchesterliberalismus 240 f.
Manganbergbau 68
Markomannenkrieg (166—180) 19, 24—26, 29—33
Maschinenindustrie 56, 108 f., 111, 116 f.
Meißen 118
Metallwarenindustrie 56, 104—117
Minderheit, nationale 262, 312, 317, 337—376
Mittelamerika 127
Möbelindustrie 165, 167
Mühlenindustrie 109 f., 152 f., 156
Münchner Abkommen 342—344
Münzfunde 24 f.
Musikinstrumentenherstellung 113, 166 f.

Nägelerzeugung 104 f., 117
Napoleonische Kriege 123, 176, 200, 207
Nationaldemokraten, slowakische 285, 288, 292 f.
Nationalismus 260, 263, 271, 277
Nationalpartei, Slowakische 282, 285, 288, 290, 293
Neoabsolutismus 240
Nickelbergbau 63 f.
Niederlande 231
Niederösterreich 22, 57
Nordamerika 126
Norwegen 392

Oberösterreich 88, 180
Oktoberrevolution, russische 300
Orient 119, 193

Panslawismus 307
Papierindustrie 55, 57 f., 109, 167—175
Pariser Friedenskonferenz 338—340
Pariser Vorortverträge 312, 329
Partherkrieg (161—166) 30
Pittsburgh, Vertrag von 291 f., 344
Polen 106, 227, 300 f., 305—307, 310 Anm. 59, 311, 319 f., 323 Anm. 125, 330 f., 337—376, 388, 392
Porzellanindustrie 56 f., 80, 109 f., 118—125
Potsdamer Konferenz 343
Preußen 62, 84, 193, 251, 306

Quarzabbau 80
Quecksilbergewinnung 71

Rapallo, Vertrag von 315
Reparationsverpflichtungen Deutschlands 297, 298 Anm. 4, 299, 302—304, 306, 309 f., 314 f., 318—322, 327 f., 334 f.
Revolution, industrielle 236
Rumänien 134, 300 f., 311, 331
Rußland 62, 118, 126, 134, 193, 227, 256, 300, 314 f., 385, 387 f., 392 f.

Sachsen 57, 166, 173—175, 193, 306, 326
Salzburg 61, 64, 69
Schafwollwarenindustrie 57, 193—195, 197—207
Schlesien 12, 57, 179, 181, 186, 301, 305—307, 311 f., 321, 323 Anm. 125, 344, 399
Schleswig-Holsteinischer Krieg 248
Schulwesen 354—365
Schwefelbergbau 69 f.
Seidenindustrie 186 f., 192
Seifenfabrikation 151
Serbien 134
Siebenbürgen 311
Silberbergbau 61—63, 65—68
Skandinavien 392
Slowakei 22, 25—29, 31, 281—296, 311, 338 f., 342 f., 375, 393
Sowjetunion siehe Rußland
Sozialdemokraten, Sozialdemokratie 235, 242, 285, 289 f., 293 f.
Sozialismus 255, 387
Spanien 67, 127
Spielwarenherstellung 165—167
Spitzenindustrie 231 f.
Sprachenproblem 236, 264
Stahlindustrie 56, 106 f.
Steiermark 61, 64, 81, 88
Steingutindustrie 57, 80, 110, 118—125
Steinindustrie 117 f.
Steuerreform 247 f.
Südamerika 127
Süddeutschland 193

Tabakfabrikation 153
Terra-sigillata-Funde 26—28
Textilindustrie 55—57, 108—113, 150, 167, 179—232
Tirol 61, 117, 264
Tonbergbau, Tonwarenindustrie 80, 118 f
Torfabbau 81
Trianon, Vertrag von 328 f.
Tuchindustrie 199—205
Türkei 106, 134, 173, 179, 227

Uhrenerzeugung 112 f.
Ukraine 300, 307
Ungarn 58, 64, 67, 70 f., 81, 119, 121 f., 124, 134, 170, 177, 181, 194, 244—246, 248, 250 f., 256 f., 264—267, 271—273, 278, 282, 292, 301, 307, 311, 314, 319, 323, 325, 328—331, 339, 342, 355, 385, 388
Uranbergbau 63
USA 299, 302, 330, 340

Verlagssystem 57, 181, 183 f., 186, 193, 198—200, 205—208, 222, 227—229, 231
Versailler Vertrag 297, 298 Anm. 4, 299, 301 f., 304, 310, 314, 316, 324, 329
Verwaltungsbourgeoisie 233—240
Völkerbund 302, 314
Volkspartei, Slowakische 288, 292—294
   Tschechische 293

Wahlrecht, Wahlreform 237—240, 242, 263, 265, 267 f., 293 f.
Waffenerzeugung 105
Weißrußland 300, 307
Weltkrieg, Erster 281, 297, 299, 305, 307, 311
   Zweiter 343, 345
Weltwirtschaftskrise 108
Wirtschaftsreformen 385—387, 394

Zinkbergbau 66 f.
Zinnbergbau 65 f., 116
Zollverein, Deutscher 175, 187, 193, 206
Zuckerindustrie 56 f., 109—111, 156—165

PERSONENREGISTER

Abele, G. C., Spiegelglasfabrikant (1. H. 19. Jh.) 131, 133, 140
Abeles, Leopold, Baumwollwebereibesitzer in Niederadersbach (1841) 223
Abt, Tischlerwarenfabrikant in Prag (1834) 166
Adam, Hermann, Glasfabrikant in Dux (1834) 133
Adler, Gottfried, Textilfabrikant in Asch (2. H. 19. Jh.) 192
Adler, Viktor (1852—1918), österr. soz.-dem. Politiker 268 Anm. 36
Ailly, Pierre d' (1350—1420), Theologe, Philosoph, Kardinal (ab 1411) 36, 44
Alberti, Fr., Glasfabrikant in Eichthal (1818) 129
Albrecht, Kohlenbergwerksbesitzer in Chotěschau (1830) 78
Altnöder, Wenzel, Besitzer einer Papiermühle in Kliftau (1813) 170
Andersch, Anton, Baumwollspinnereibesitzer in Kratzau (1843) 220
Angelis, Johann, Besitzer einer Papiermühle in Barau (1. H. 19. Jh.) 173
Angerstein, Heinrich, Lederfabrikant in Eger (1818) 176
Antonius Pius, röm. Kaiser (138—161) 19
Ariovist, germ. Heerführer (Mitte 1. Jh. v. Chr.) 11
Arminius, germ. Heerführer († 21 n. Chr.) 16 f.
Arnstein, Bankier (1841) 218
Ascher, Johann, Baumwollwebereibesitzer in Katzendorf (1841) 223
Ascherl, Spiegelglasfabrikant in Franzensbrunnhütte (1818) 132
Asten, Papierfabrikant in Oberkamnitz (1841) 174
Auer, M., Wachsleinwandfabrikant in Wscherau (1. H. 19. Jh.) 178, 186
Auersperg, Karl Wilhelm Fürst (1814—1890), österr. Staatsmann, Ministerpräsident (1868) 251
Auersperg, Vincenz Karl Fürst von (1812—1867), Industrieller 147, 151, 160
Auersperg, Wilhelm Fürst (1749—1822), Industrieller 70, 147, 151, 156

August, Johann, Baumwollwarenfabrikant in Kuttenberg (1829) 212
Augustus, röm. Kaiser (31 v. Chr.—14 n. Chr.) 24
Austerlitz, Friedrich (1862—1931), Journalist u. Politiker 268 Anm. 36
Avogadro di Quaranga e Ceretto, Amadeo Graf (1776—1856), Physiker 377 f., 381

Bach, Alexander (1813—1893), österr. Politiker 240, 244
Bacheibel, Philipp Ludwig, Wachsleinwandfabrikant in Brenn (1834) 186
Bachhaibel, Johann, Besitzer einer Baumwollspinnerei in Tetschen (1841) 212
Bachmann, S., Baumwollspinnereibesitzer in Wartenberg (1841) 213
Bachmayer, Johann, Baumwollfabrikant (1. H. 19. Jh.) 212, 226
Bachofen, Zuckerfabrikant (Mitte 19. Jh.) 162, 164
Badeni, Kasimir Felix Graf (1846—1909), österr. Staatsmann 265, 271—273
Bähr, Josef, Terralithfabrikant in Aussig (1845) 125
Bär, Christian, Besitzer einer Baumwollspinnerei in Asch (1818) 211
Baer, Friedrich, Besitzer einer Baumwollspinnerei in Roßbach (1828) 211
Bärenreuther, Besitzer einer Zuckerraffinerie in Prag-Smichow (1841) 160, 162, 164
Baernreither, Josef Maria (1845—1925), österr. Politiker, k. k. Minister (1898 u. 1916) 242, 259, 262 f., 269 f.
Balfour, Arthur James (1848—1930), engl. Politiker 317
Ballabene, Textilfabrikant (Anf. 19. Jh.) 190, 198, 211
Balle, Ignaz, Steingut- u. Porzellanfabrikant in Schelten (1851) 123
Barber, Papierfabrikant in Tetschen (1841) 174
Bardolff, Carl von (* 1865), österr.-ung. General 258, 278
Bareuther, Adam, Baumwollfabrikant in Haslau (1. H 19. Jh.) 222

Bartel, Josef, Baumwolldruckereibesitzer in Böhm.-Leipa (1818) 225
Bartelmus, E., Geschirrfabrikant (1. H. 19. Jh.) 94, 108
Barthou, Jean Louis (1862—1934), frz. Politiker 303 Anm. 26
Barton, Josef, Färberei- u. Bleichereibesitzer in Žďárek (1842) 192
Batka, Wenzel, Metallwarenfabrikant in Prag (1820) 115
Battarios, germ. Heerführer (um 175) 32
Baxa, Karel (* 1862), Jurist u. Politiker 261
Bayer, Gründer einer Papiermühle in Mies (1762) 170
Bayer, Gottlieb, Baumwollspinnereibesitzer in Schloppenhof (1837) 212
Bayerl, Johann, Tongeschirrfabrikant in Smichow (1835) 120
Bayerl, Josef, Direktor einer Porzellanfabrik in Smichow (1835) 120 f.
Bearzi, Hersteller von Woll- u. Weberkämmen in Reichenberg (1841) 113
Becher, A., Besitzer einer chem. Fabrik in Münchengrätz (1834) 148
Becher, Johann, Gründer einer Likörfabrik in Karlsbad (1807) 155
Beck, Max Wladimir Frh. von (1854—1943), österr. Staatsmann, Ministerpräsident (1906—1908) 259, 267 f., 273, 276—279
Belcredi, Richard Graf (1823—1902), österr. Staatsmann, Ministerpräsident (1865/66) 250
Bella, Metod (* 1869), slowak. Politiker 282 Anm. 2, 284
Bellieni, Baumwollfabrikant in Rumburg (Anf. 19. Jh.) 223
Bellmann, Karl, Papierfabrikant in Bubentsch (ab 1845) 174
Bellomarius, Markomannenkönig (2. H. 2. Jh.) 30
Bellot, Joh. Mar. Nikolaus († 1880), Chemiker u. Industrieller 116
Benda, Ferdinand (* 1880), slowak. Politiker 282
Benedikt, Franz, Baumwolldruckereibesitzer in Lichtenstadt (1818) 225
Beneš, Edvard (1884—1948), tschech. Staatspräsident 283, 308 f., 311 f., 314—316, 317 Anm. 102, 318—321, 324—332, 334, 336
Benesch, Baumwollspinnereibesitzer in Sopotnitz (1. H. 19. Jh.) 221
Benka, Martin (* 1888), slowak. Maler 369
Bense, Besitzer einer Zuckerraffinerie in Prag-Karolinenthal (1841) 160
Berchem-Haimhausen, Graf, Eisenwerkbesitzer in Prommenhof (Mitte 19. Jh.) 102
Berengar v. Tours (ca. 1000—1088), frz. Theologe 37
Berger, Ferdinand, Tuchfabrikant in Althabendorf (ab 1818) 201
Berger, Georg, Tuchfabrikant in Althabendorf (ab 1818) 201
Berger, Johann Georg (1739—1810), Prager Händler u. Tuchfabrikant in Reichenberg 201
Berglas, Frh. von, Kohlenbergwerksbesitzer in Lohowa (1841) 79
Bergner, Joseph, Besitzer eines Eisenwerkes in Hammerstadt (1841) 101
Berkert, Johann, Werkzeugfabrikant in Schmiedeberg (1820) 106
Bernhard, Kohlenbergwerksbesitzer in Lauterbach (1841) 75
Bertel, Eduard, Papierfabrikant in Bensen (ab 1849) 171
Berthelot, Philippe (1866—1934), frz. Diplomat 313 Anm. 79
Beust, Friedrich Ferdinand Graf (1809—1886), sächs. u. österr. Staatsmann 220, 250
Biedermann, Baumwollspinnereibesitzer in Steingrün (ab 1824) 215
Biedermann, T., Baumwollspinnereibesitzer in Steingrün (1841) 215
Biemann, Glasgraveur in Prag (1841) 140
Bienert, Carl, Posamentierwarenfabrikant in Reichenberg (Mitte 19. Jh.) 206
Bienert, Daniel, Resonanzbodenfabrikant in Moderhäuser (ab 1826) 167
Bienerth-Schmerling, Richard Graf (1863—1918), österr. Staatsmann, Ministerpräsident (1908—1911) 259, 276
Bitzan, Karl, Mühlenbesitzer u. Zuckerfabrikant (1837) 160
Blaeß, J. H., Stahlwarenfabrikant in Klösterle (1824) 107
Blaho, Pavol (1867—1927), slowak. Schriftsteller 282
Blaschka, Conrad, Industrieller in Liebenau (um 1840) 139, 198
Bloch, Fischbeinfabrikant in Prag (1834) 167
Blumenstock, Franz, Maschinenfabrikant in Reichenberg (1841) 113
Bobelle, Ignaz, Tuchfabrikant in Neuhaus (1832) 205
Bock, Josef, Papierfabrikant in Schüttwa (1820) 170
Böhm, Familie, Papiermühlenbesitzer in Ladung (19. Jh.) 171

Bohland, Musikinstrumentenfabrikant in Graslitz (1841) 113
Boltzmann, Ludwig (1844—1906), österr. Physiker 381
Bolza, Josef Graf von (1719—1787), Großindustrieller 227
Bonar Law, Andrew (1859—1923), engl. Staatsmann 321 Anm. 121
Bondi, Jonas, Baumwollwarenfabrikant in Lichtenstadt (1818) 225
Boulogne, Etienne, Handschuhfabrikant in Prag (1784—1790) 178
Bouquoy, Georg Graf (1781—1851), Großindustrieller 95, 128—130, 133, 185, 190, 224
Bouquoy-Rottenhan, Gräfin, Textilindustrielle (1829) 190
Božek, Ronald, Zuckerfabrikant in Popowitz (1837) 161
Bracegirdle, Thomas, Maschinenbauer (Mitte 19. Jh.) 111, 218
Bradbury, John Swanwick Baron (* 1872), brit. Staatsmann 303 Anm. 26, 322 Anm. 122
Bradler, Franz, Baumwollspinnereibesitzer in Zwickau (1843) 221
Bräuer, Baumwolldruckereibesitzer in Rumburg (1841) 230
Brandeis, Salomon, Besitzer einer Leinwanddruckerei in Prag (1818) 190, 207
Braun, J., Besitzer einer chem. Fabrik in Prag (1841) 148
Bredschneider, Baumwollspinnereibesitzer in Roßbach (1841) 212
Breiner, Johann Anton, Farbenfabrikant in Breitenbach (1841) 150
Breitfeld, E., Prager Industrieller (um 1840) 112, 231
Brem, J. A., Besitzer von chem. Fabriken (1. H. 19. Jh.) 148
Breuer, Christoph, Kattunfabrikant in Kuttenberg (1795) 212
Breuer, Matthias, Baumwollwarenfabrikant in Kuttenberg (1829) 212
Briand, Aristide (1862—1932), frz. Staatsmann 302, 314
Brichta, A., Parfümeriewarenfabrikant in Prag (1834) 150
Brosch, Besitzer eines Mineralwerkes in Hromitz (1800) 143
Brosch-Aarenau, Alexander von (1870—1914), österr. Stabsoffizier 258, 278
Brosche, A., Besitzer einer chem. Fabrik in Prag (um 1800) 159
Brosche, Franz Xaver (1776—1858), Prager Industrieller 147

Brožik, Wenzel, Gründer einer Wagenfabrik in Pilsen (1845) 166
Bruck, Karl Ludwig Frh. von (1798—1860), österr. Handelsminister 244, 247
Bryja, Augustin, Lehrer in Vyšné Lapše (1959) 370
Bübel, Michael, Textilfabrikant in Přibislau (ab 1838) 192
Bühne, Franz, Leinenfabrikant in Böhm.-Kamnitz (1841) 184
Büttrich, Johann, Lederfabrikant in Eger (1818) 176
Buffa, Ferdinand, wissenschaftl. Mitarb. d. Slowak. Akademie d. Wissensch. in Preßburg (1959) 368
Bunzel, Salomon, Leinwanddruckfabrikant in Prag (1823) 190, 207
Buresch, Besitzer einer Oleumhütte (Anf. 19. Jh.) 144
Burgemeister, A., Gründer einer Porzellan- u. Steingutfabrik in Klum (1819) 122

Caesar, Gaius Julius (100 v. Chr.—44 n. Chr.), röm. Staatsmann u. Feldherr 15, 22
Cassius, Avidius, Gegenkaiser Mark Aurels 32
Černák, Matúš (1903—1955), slowak. Politiker 343
Černý, Wenzel, Kohlenbergwerksbesitzer in Rapitz (1820) 78
Chalupec, Adam, Chefredakteur d. Zeitschrift „Život" in Warschau 337, 360, 366, 368, 373 f.
Chalúpka, Samo, slowak. Dichter 369
Chapsal, frz. Politiker (um 1930) 303 Anm. 26
Chiari, Karl Frh. von (1849—1912), österr. Politiker 258
Cholek, J., slowak. Politiker (um 1920) 282, 289
Chotek, Heinrich Graf von (1802—1864), Industrieller 162
Chotek, Sophie Gräfin (1868—1914), Gemahlin Erzherzog Franz Ferdinands 257, 261
Cicero, Marcus Tullius (106 v. Chr.—43 n. Chr.), röm. Politiker u. Schriftsteller 35
Clam-Gallas, Christian Christoph Graf (1770—1838) 75, 190
Clam-Martinic, Heinrich Graf (1863—1932), österr. Staatsmann, Ministerpräsident (1916/17) 258 f., 261—263
Clary und Aldringen, Fürstenhaus 76, 154
Clausius, Rudolf Julius (1822—1888), dt. Physiker 379 f.

Clemens, J. A., Besitzer einer chem. Fabrik in Radnitz (1841) 149
Colloredo-Mansfeld, Industrieller 96, 101, 156, 163
Commodus, röm. Kaiser (180—192) 24, 33
Conrad, Vertrauter Erzherzog Franz Ferdinands 278 Anm. 76
Corda, Prager Industrieller (Anf. 19. Jh.) 170
Coudenhove, Max Graf (1865—1928), österr. Verwaltungsjurist 276
Couget, frz. Gesandter in Prag (1922) 320
Cuno, Wilhelm (1876—1933), dt. Reichskanzler (1922/23) 322, 327 Anm. 156
Curie-Sklodowska, Marie (1867—1934), Physikerin 369
Curzon, George Nathaniel Marquis C. of Kedleston (1859—1925), engl. Staatsmann 298 Anm. 7
Cyrankiewicz, Joszef (* 1911), poln. Staatsmann 345, 348
Czech, Ludwig (1870—1942), suddt. soz.-dem. Politiker 330
Czernin, Eugen Karl Graf (1796—1868), Großgrundbesitzer u. Industrieller 77, 160
Czernin, Ottokar Graf (1872—1932), österr.-ungar. Staatsmann, Außenminister (1916—1918) 257, 259—266, 269 f., 276, 278 Anm. 75
Cziczek, Baumwollspinnereibesitzer in Sopotnitz (1. H. 19. Jh.) 221

Dalberg, Frh. von, Großgrundbesitzer u. Industrieller in Mähren (1. H. 19. Jh.) 157, 160 f.
Daler, F. M., Direktor der Feintuchfabrik Lažansky (1818) 204
Darwin, Charles Robert (1809—1882), engl. Biologe 369
Daubek, Kohlenbergwerksbesitzer in Brüx (1848) 76
Dauscha, Anton, Besitzer einer Leinwandbleiche in Braunau (Anf. 19. Jh.) 183
David, Václav (* 1910), tschechosl. Politiker 344
Demuth, Adolf, Tuchfabrikant in Röchlitz (2. H. 19. Jh.) 203
Demuth, Anton sen., Tuchfabrikant (ab 1835) 196, 203
Demuth, Anton jun., Tuchfabrikant in Röchlitz (2. H. 19. Jh.) 203
Demuth, Josef, Tuchfabrikant in Röchlitz (2. H. 19. Jh.) 203
Dérer, Ivan (1884—1956), slowak. Politiker 289, 293

Desfour, Graf, Glasfabrikant in Morchenstern (1820) 128
Dessauer, Z., Besitzer einer Fischbeinreißerei in Prag (1820) 167
Diebel, Franz, Papierfabrikant in Brünlitz (um 1810) 171
Diehl, Wilhelm, Baumwollspinnereibesitzer in Schloppenhof (1837) 212
Dietl, Johann, Steingutfabrikant in Unter-Chodau (1834) 122
Dietrichstein-Proskau-Leslie, Franz Fürst von, Industrieller (Anf. 19. Jh.) 96 f.
Dobisch, Johann von, Glasfabrikant in Eichthal (Anf. 19. Jh.) 128
Dobrowsky, Lederfabrikant in Elbeteinitz (1835) 177
Domitian, röm. Kaiser (81—96) 18, 25
Dormitzer, Leopold, Baumwollfabrikant (1. H. 19. Jh.) 213, 222, 229
Dormitzer, Rosaglia, Baumwollspinnereibesitzerin in Prag (1. H. 19. Jh.) 215
Dornheif, Besitzer d. Glashütte „Vorsicht Gottes" (1841) 129
Dotzauer, C. († 1827), Baumwollspinnereibesitzer in Graslitz 215
Dotzauer, Ignaz, Baumwollspinnereibesitzer in Graslitz (Mitte 19. Jh.) 219
Doumer, Paul (1857—1932), frz. Staatsmann 304
Drahokaupil, Wagenfabrikant in Prag (1835) 166
Dresler, J., Glasfabrikant in Gablonz (Anf. 19. Jh.) 128
Drusus, Sohn d. Kaisers Tiberius († 23 n. Chr.) 17
Dubček, Alexander (* 1921), tschech. Politiker 385, 389
Dubois, Louis (* 1859), frz. Politiker 302 Anm. 26
Dula, Matúš (1846—1926), slowak. Politiker 282, 284, 293
Durazin, Baumwollspinnereibesitzer in Lodenitz (1818) 213, 222, 229

Edelmuth'sche Erben, Baumwollfabrikanten in Jakobsthal (1818) 223
Egermann, Friedrich (1777—1864), Glasindustrieller 126, 138
Eggerth, Conrad, Besitzer einer Papiermühle in Jistetz (ab 1844) 71, 172
Eggerth, Johann Kaspar, Papiermühlenbesitzer in Stubenbach (1. H. 19. Jh.) 172
Ehrenhöfer, Johann, Tuchfabrikant in Neubistritz (um 1840) 205

Ehrenhöfer, Josef, Tuchfabrikant in Neubistritz (um 1840) 205
Ehrlich, Josef, Tuchfabrikant in Reichenberg (ab 1840) 203
Eichler, Josef, Gründer einer Lack- u. Firnisfabrik in Wysotschan (1822) 150
Eichmann, Julius, Papierfabrikant in Arnau (1834) 174
Eiselt, Josef, Baumwollfabrikant in Georgenthal (1820) 224
Eisenstein, Ritter von, Zuckerfabrikant (Mitte 19. Jh.) 162, 164 f., 219
Eisner, Glasfabrikant in Bergreichenstein (1835) 133
Elbel, Franz, Baumwolldruckereibesitzer in Böhm.-Leipa (1818) 225
Elger, Ferdinand, Tuchfabrikant in Proschwitz (1823—1846) 202
Elster, Franz, Drahtfabrikant in Platz (1820) 104
Elster, Johann, Drahtfabrikant in Christophhammer (1820) 104
Elstner, Franz, Tuchfabrikant (1. H. 19. Jh.) 196, 205
Ender, Begründer der Kompositionsbrennerei in Gablonz 134
Endler, Besitzer einer Glasraffinerie in Falkenau (um 1830) 138
Epstein, Israel, Leinwanddruckfabrikant in Prag (1818) 190, 207
Epstein, Leopold, Leinwanddruckfabrikant in Prag (1835) 190
Epstein, Moises, Lederfabrikant in Raudnitz (um 1830) 176
Erben, Franz, Kohlenbergwerksbesitzer in Schatzlar (1841) 79
Erben, Veronika, Kohlenbergwerksbesitzerin in Schatzlar (1841) 79
Ergert, Franz, Baumwollfabrikant in Gabel (1. H. 19. Jh.) 226
Erxleben, Christian, Leinwandfabrikant in Landskron (Anf. 19. Jh.) 188
Eskeles, Bankier (1841) 218
Ettel, Familie, Papierindustrielle 168, 171, 175
Ettel, Gabriel, Papierfabrikant in Hohenelbe (1820) 171
Evans, David, Maschinenfabrikant in Prag (1834) 112
Exner, Besitzer einer mechan. Flachsspinnerei in Skurow (1841) 183

Falkeles, Baumwollfabrikant in Karolinenthal (Mitte 19. Jh.) 227

Faltis, Johann (1796—1876), böhm. Textilindustrieller 111, 183, 186, 189
Fehrenbach, Konstantin (1852—1926), dt. Politiker 310
Feigel, Franz, Tischlerwarenfabrikant in Prag (Anf. 19. Jh.) 166
Ferdinand, Anton, Tuchfabrikant in Gablonz (ab 1836) 205
Fersch, Johann, Porzellanfabrikant in Klum (ab 1835) 122
Fidler, Josef, Baumwollspinnereibesitzer in Wernstadt (1. H. 19. Jh.) 221
Fiedler, Josef, Strohwarenfabrikant in Leitmeritz (1820) 187
Fierlinger, Zdeněk (* 1891), Regierungsfunktionär der ČSSR 344
Finger, Johann, Leinwandfabrikant in Hohenlebe (1829—1845) 184
Fischel, David Gabriel, Gründer einer Rübsamenölfabrik in Prag (1822) 152
Fischer, Familie, Papiermühlenbesitzer in Cikanka (1. H. 19. Jh.) 171
Fischer, A., Tuchfabrikant in Teplitz (1834) 204
Fischer, Anton, Steingutfabrikant in Neumark (ab 1832) 123
Fischer, Christian, Porzellanfabrikant in Pirkenhammer (1846) 123
Fischer, Franz, Besitzer einer Leinenbleiche in Přilep (1841) 185
Fischer, Josef, Baumwollspinnereibesitzer in Unter-Wildstein (ab 1822) 214
Fischer, Josef Emanuel, Edler von Röslerstamm (1787—1866), Industrieller 107
Fischer, Martin, Porzellanfabrikant in Pirkenhammer (1810) 123
Flegel, Florian, Baumwollspinnereibesitzer in Mertendorf (1843) 220
Fleißig, Zinnwarenfabrikant in Prag (1820) 116
Floth, Schafwollwarenfabrikant in Schönfeld (1830) 199
Foch, Ferdinand (1851—1929), frz. Marschall 299 Anm. 9, 305, 324, 336
Fock, Johann Friedrich, Baumwollfabrikant in Wernstadt (1. H. 19. Jh.) 229
Födisch, Likörfabrikant in Prag (1834) 155
Förster, Daniel, Besitzer d. Glashütte Antoniewald (1. H. 18. Jh.) 137
Forchheimer's Söhne, Besitzer einer Kammgarnspinnerei in Karolinenthal (1841) 196
Forster, Florian, Leinenfabrikant in Böhm.-Kamnitz (1841) 184
Fořt, Josef (1850—1929), tschech. Politiker 262

Franke, Schafwollwarenfabrikant in Josephinenthal (Anf. 19. Jh.) 190
Frankenberg, Zuckerfabrikant in Budweis (1841) 165
Franz Ferdinand, Erzherzog-Thronfolger (1863—1914) 255—280
Franz Joseph I., Kaiser v. Österreich (1848—1916) 244, 254—256, 259, 264 f., 267, 270, 272, 274, 276—278
Franz, Josef, Baumwollspinnereibesitzer in Warnsdorf (1. H. 19. Jh.) 214
Frenzel, Franz, Maschinenfabrikant in Prag (1834) 102, 112
Frey, Friedrich, Prager Apotheker u. Zukkerfabrikant in Wissotschan (1832) 162
Friedrich Wilhelm I., Kurfürst v. Hessen-Kassel (1847—1866) 92
Friedrich, Johann, Baumwollspinnereibesitzer in Wildstein (ab 1825) 216
Fritsch, Besitzer d. Glashütte „Vorsicht Gottes" (1841) 129
Fritsche, Gottfried, Sägeblätterfabrikant in Schönlinde (1820) 106
Fröhlich, Kohlenbergwerksbesitzer in Wotwowitz (um 1790) 78
Fröhlich, Anton, Textilfabrikant in Warnsdorf (1811—1834) 191, 199, 214, 229
Fröhlich, Franz, Textilfabrikant in Warnsdorf (1811—1834) 191, 199, 214
Fröhlich, Karl Georg, Baumwollfabrikant in Warnsdorf (ab 1842) 229
Fuchs, Benedikt, Besitzer d. Glashütte Fichtenbach (1818) 132
Fuchs, Karl, Obersteiner Gürtler (1820) 114
Fuchs, Thomas, Steingutfabrikant in Plachtin (1842) 120
Füger, Besitzer einer Weberei in Bünauburg (1841) 191
Fükert, Gewehrfabrikant in Weipert (1830) 105
Fürstenberg, Karl Egon Fürst von (1796—1854), österr. Staatsmann u. Industrieller 79, 88, 93 f., 149
Fürstl, Rudolph, Essigsiedereibesitzer in Hostaun (1820) 153
Fürth, Familie, Papiermühlenbesitzer in Possigkau (19. Jh.) 171
Fürth, Bernhard, Zündwarenfabrikant in Schüttenhofen (Mitte 19. Jh.) 149
Fürth, Wolf, Kappenfabrikant in Strakonitz (1. H. 19. Jh.) 206

Gaberle, Franz, Kohlenbergwerksbesitzer in Schatzlar (1841) 79

Gäble, Hersteller von Kompositionswaren in Gablonz (1834) 135
Gaertner, Friedrich (1882—1931), österr. Nationalökonom 327 Anm. 156
Garbner, Josef, Orgel- u. Klavierfabrikant in Prag (1829—1836) 167
Gay-Lussac, Louis-Joseph (1778—1850), frz. Physiker u. Chemiker 377 f.
Gedliczka, Johann, Zuckerfabrikant in Příbram (1844) 165
Geiger, Johann, Papiermachéfabrikant in Sandau (1. H. 19. Jh.) 175
Geipel, E., Baumwollspinnereibesitzer in Grün (2. H. 19. Jh.) 213
Geipel, Johann Adam, Lederfabrikant in Fleissen (1834) 177
Geipel, Nicolaus, Textilfabrikant in Asch (1820) 192
Geißler, Franz, Besitzer einer Papiermühle in Klokoty (1831) 170
Geitner, Porzellanfabrikant in Unter-Chodau (1845) 122
Gerbing, Tongeschirrfabrikant in Bodenbach (ab 1829) 125
Gerson, Johannes (1363—1429), frz. Theologe 36
Gerstner, Franz Joseph Ritter von (1756—1832), Astronom, Ingenieur u. Mechaniker 83, 91, 95
Geymüller, Frh. von, Eisenwerkbesitzer in Hermannsthal (1841) 102
Ginzkey, Ignaz, Teppichfabrikant in Maffersdorf (Mitte 19. Jh.) 205
Glaser, I., Steingutfabrikant in Karlsbad (1835) 120
Glaß, Benedikt, Besitzer eines Eisenwerkes in Ottengrün (1846) 96
Glogau, Elias, Baumwollwarenfabrikant in Schokau (ab 1830) 224
Görner, Brüder, Glasfabrikant in Ulbrichsthal (1830) 132
Görner, Glasraffineur u. Glasverleger in Blottendorf (1835) 139
Götz, Baumwollspinnereibesitzer in Roßbach (1. H. 19. Jh.) 215
Goldberg, Jakob, Baumwollfabrikant in Turnau (Anf. 19. Jh.) 223
Goldschmid, Jakob, Lederfabrikant in Prag (1829) 176
Goldstein, Lederfabrikant in Prag (1834) 176
Golstein, Sigmund, Baumwollspinnereibesitzer in Wlaschin (1828) 213
Goluchowski, Agenor Graf von (1849—1921), österr. Staatsmann 243 f., 246 f., 273

Gombas, Adrej, slowak. Schnitzer 370
Gomulka, Władysłav (* 1905), poln. Staatsmann 344
Gordian III., röm. Kaiser (238—244) 25
Gotscher, Ignaz, Glasschleifereibesitzer in Haida (1818) 138
Gottschald, A., Prager Industrieller (1. H. 19. Jh.) 112, 231
Gottwald, Klement (1896—1953), tschechosl. Staatsmann 345
Grab, Moritz, Textilfabrikant in Prag-Lieben (ab 1836) 192
Graff, Franz, Baumwollfabrikant in Böhm.-Leipa (1818) 225
Gregor XII., Papst (1406—1415) 46
Grohmann, C., Leinwandfabrikant in Lindenau (1846) 184
Grohmann, Gottfried, Industrieller in Schönbühel (Anf. 19. Jh.) 167, 186
Groß, Josef, Baumwollspinnereibesitzer in Warnsdorf (1. H. 19. Jh.) 214
Grund, Bernhard, Besitzer einer Drahtzieherei in Pürstein (1820) 104
Günther, Elis, Baumwollspinnereibesitzer in Hayde (1. H. 19. Jh.) 214
Günther, Heinrich, Schafwollwarenfabrikant in Aussig (ab 1843) 192
Günther, Josef, Besitzer einer Drahtzieherei in Johannisthal (1820) 104
Gürtel, Baumwollspinnereibesitzer in Böhm.-Leipa (1818) 225

Haas, Wenzel, Porzellanfabrikant in Schlaggenwald (1812) 121
Haase, Gottlieb, Prager Buchdrucker (1. H. 19. Jh.) 67, 174 f.
Haase, Rudolf, Prager Buchdrucker (um 1840) 175
Haberditzl, Raphael, Steingutfabrikant in Bilin (1838) 120 f.
Hadrian, röm. Kaiser (117—138) 18, 25
Haffenbrödl, J., Glasfabrikant in Wognomiestitz (1820) 129, 133
Haidinger, Eugen, Porzellanfabrikant in Elbogen (um 1820) 124
Haidinger, Rudolf, Porzellanfabrikant in Elbogen (um 1820) 124
Hálek, Ivan (* 1872), slowak. Politiker 282
Halik, Thomas, Besitzer einer Papiermühle in Deutschbrod (1851) 173
Halla, Jan (* 1885), slowak. Politiker 282
Hamman, Josef, Besitzer einer Baumwollspinnerei in Gabel (1818) 211
Hampel, Adalbert, Baumwollfabrikant (1. H 19. Jh.) 224, 226, 230
Handschke, Maschinenfabrikant in Reichenberg (1841) 113
Haniel, tschechosl. Staatssekretär (1921) 316
Hanisch, Franz, Baumwollfabrikant in Warnsdorf (Mitte 19. Jh.) 199, 219, 225
Hanisch, Ludmilla, Kohlenbergwerksbesitzerin in Littitz (1841) 79
Hanke, Likörfabrikant in Prag (1834) 155
Hanke, Augustin, Gründer einer Rasenbleiche in Trübenwasser (1811) 185
Hanke, Franz, Gründer einer Rasenbleiche in Trübenwasser (1811) 185
Hanke, Josef, Textilfabrikant in Schlukkenau (1820) 188
Hanke, Josef, Besitzer einer Rasenbleiche in Trübenwasser (ab 1846) 185
Hanke, Lorenz, Baumwollwarenfabrikant in Lochowitz (1834) 222
Hannabach, Baumwollwarenfabrikant in Schönlinde (1. H. 19. Jh.) 211
Hantschel, Wenzel, Industrieller (1. H. 19. Jh.) 106, 214
Hardtmuth, Carl, Bleistift- u. Porzellanfabrikant in Budweis (um 1850) 118, 123
Harrach (Geschlecht), Großindustrielle 97, 130, 154, 183, 186
Harrach, Georg Graf (19. Jh.) 279
Hartig, Gottfried, Tuchfabrikant (1. H. 19. Jh.) 202 f.
Hartig, Joseph, Tuchfabrikant in Reichenberg (1836) 202
Hartmann, Graf, Eisenwerkbesitzer in Zawierschin (Mitte 19. Jh.) 103
Hasslacher, Benedikt, Gründer einer Steingutfabrik in Alt-Rohlau (1813) 122
Hauptig, Josef, Tuchfabrikant in Oberleutensdorf (ab 1818) 204
Hawerlick, Papierfabrikant in Prag (um 1820) 175
Hawlin, A., Besitzer eines Graphitbergbaus sowie Graphitverarbeitung (1. H. 19. Jh.) 118
Hecht, Besitzer einer Mineralwasserabfüllanlage in Franzensbad (1834) 156
Heidrich, Felix, Hersteller von Pfeifenbeschlägen in Gablonz (Anf. 19. Jh.) 114
Heidrich, Vinzenz, Hersteller von Pfeifenbeschlägen in Gablonz (Anf. 19. Jh.) 114
Heinold, Karl Baron (1862—1943), österr. Politiker 275
Heinrich v. Langenstein (1325—1397), Theologe u. Kirchenpolitiker 44, 46
Heinrich, Franz, Baumwollspinnereibesitzer in Windisch-Kamnitz (1. H. 19. Jh.) 221

Heinrich, Wenzel, Gründer einer Schiffswerft in Aussig (1830) 113
Heller, Balduin, Metallwarenfabrikant in Teplitz (Mitte 19. Jh.) 114
Heller, F., Baumwollspinnereibesitzer in Johnsdorf (1. H. 19. Jh.) 214
Heller, Fabian, Glaskugelhersteller in Schaiba (1820) 138
Heller, Johann Anton, Papierfabrikant in Ledetsch (Anf. 19. Jh.) 172
Heller, Josef, Besitzer einer Papiermühle in Altenberg (1820) 171
Heller, Josef, Metallwarenfabrikant in Teplitz (Mitte 19. Jh.) 114
Heller, Josefa, Baumwollspinnereibesitzerin in Mertendorf (1. H. 19. Jh.) 217
Helmholtz, Hermann Ludwig Ferdinand von (1821—1894), Physiker u. Physiologe 381
Helzel, Josef, Baumwollspinnereibesitzer in Hayde (1. H. 19. Jh.) 214
Henke, Brüder, Baumwollspinnereibesitzer in Bürgstein (1. II. 19. Jh.) 217
Hennig, C., Besitzer einer lithograph. Anstalt in Prag (1834) 176
Henninger, Johann Frh. von, Industrieller (1835) 157, 160
Herapath, Physiker (um 1820) 379
Herbst, Anton, Textilfabrikant (1. H. 19. Jh.) 188
Herbst, Eduard (1820—1892), österr. Staatsmann, Justizminister (1867) 242, 249
Herkner, Andreas, Maschinenfabrikant in Reichenberg (1834) 113
Herlt, Brüder, Hersteller von Holzkämmen in Nixdorf (1834) 166
Hermann, Franz, Baumwollfabrikant in Johannesthal (1. H. 19. Jh.) 220, 227
Herrl, Metallwarenfabrikant in Prag (1835) 115
Hertsch, Friedrich, Schafwollwarenfabrikant in Bodenbach (1841) 191
Herz, Heinrich Eduard, Zuckerfabrikant (1. H. 19. Jh.) 159, 163
Herzig, Josef († 1849), Baumwollfabrikant 111, 216, 218, 222
Hess, Vladimír, Lubliner Bildhauer 370 f.
Heyrovský, Jaroslav (1890—1967), Physiker u. Chemiker 369
Heysler, Dionis, Baumwollspinnereibesitzer in Hayde (1. H. 19. Jh.) 214
Hieke, Glasschleifereibesitzer in Haida (1. H. 19. Jh.) 138
Hiellen, Elias, Gründer einer Zwirnfabrik in Schönlinde (1748) 186

Hieronymus von Prag (ca. 1360—1416), Hussit 35 f.
Hildebrand(t), Baron, Großindustrieller 149, 164, 205
Hillardt, Johann, Direktor d. Klösterler Porzellanfabrik (1835—1850) 121
Hiller, Franz, Schafwollwarenfabrikant (Mitte 19. Jh.) 198, 227
Hinkelmann, Johann, Spitzenhersteller in Hohenelbe (1818) 231
Hirsch, D., Industrieller (um 1834) 148, 167
Hirsch, Ignaz, Besitzer eines Eisenwerkes in Cerhovic (Mitte 19. Jh.) 103
Hirschl, Baumwollwebereibesitzer in Karbitz (1. H. 19. Jh.) 222
Hirth, Baumwollspinnereibesitzerin in Marienthal (1841) 217
Hladik, Anton, Porzellanfabrikant in Gießhübl (1814) 124
Hnievkovský, Kohlenbergwerksbesitzer in Brüx (1848) 76
Hochberger, Johann, Kohlenbergwerksbesitzer in Haberspirk (1841) 75
Hodža, Milan (1878—1944), slowak. Politiker 282 Anm. 2, 287, 293
Höcke, Friedrich, Steingutfabrikant in Pirkenhammer (1803) 123
Hoendl, Sebastian, Besitzer einer Baumwollspinnerei in Roßbach (1. H. 19. Jh.) 211
Hoesch, v., dt. Geschäftsträger in Paris (1923) 334 f.
Hoetzsch, Otto (1876—1946), Historiker u. Politiker 326
Hoffmann, Kaufmann, Baumwollwebereibesitzer in Opotschna (ab 1795) 222
Hoffmann, Glasfabrikant in Tassitz (1835) 133
Hoffmann, Zuckerfabrikant in Rusin (1841) 164
Hoffmann, Anton, Glasfabrikant in Erdreichsthal (Anf. 19. Jh.) 128
Hoffmann, Josef, Glasfabrikant in Tichobus (Anf. 19. Jh.) 128
Hoffmann, Josef, Baumwollspinnereibesitzer in Zwickau (1843) 221
Hofmannsthal, Emanuel Hofmann Edler von, Wiener Großhändler (19. Jh.) 121
Hofrichter, Karl, Dosenfabrikant in Reichenau (ab 1830) 174
Hohenwart, Karl Sigmund Graf (1824—1899), österr. Staatsmann, Ministerpräsident (1871) 253
Hollfeldt, Baumwollwebereibesitzer in Warnsdorf (1834) 222
Hollstein, Christoph, Baumwollwarenfabrikant in Asch (1818) 192

Holmes, R., Maschinenfabrikant in Neudeck (1841) 112
Holstein, Christian, Baumwollspinnereibesitzer in Niklasberg (ab 1820) 214
Holstein, J. Christian, Baumwollspinnereibesitzer in Niklasberg (1841) 214
Holzer, Glasfabrikant in Amonsgrün (Anf. 19. Jh.) 128
Horn, C., Besitzer einer Kammgarnspinnerei in Rosenthal (1841) 196
Horn, Karoline, Besitzerin einer Papierfabrik in Bensen (ab 1812) 171
Houdek, Theodor (1867—1920), slowak. Politiker 284, 287
Hoyer, Musikinstrumentenfabrikant in Schönbach (1841) 113
Hübel, Franz, Leinwandfabrikant in Böhm.-Kamnitz (ab 1828) 184
Hübel, Josef, Steingutfabrikant in Prag (1820) 78, 121
Hübel, Josef Emanuel, Mitbegründer einer Steingutfabrik in Prag (1795) 121
Hüttner, Johann, Steingutfabrikant in Unter-Chodau (1834) 122
Huffsky, Karl, Terralithfabrikant in Hohenstein (1822—1830) 125
Huffsky, Vincenz, Terralithfabrikant in Hohenstein (1830) 125
Hufnagel, Kohlenbergwerksbesitzer in Mantau (Mitte 19. Jh.) 77
Hummel, Hermann (1876—1952), badischer Politiker, Ministerpräsident (1920) 306 Anm. 39
Hus, Jan (ca. 1369—1415), böhm. Reformator 34—52
Huscher, Georg, Baumwollspinnereibesitzer in Asch (um 1850) 221
Hutter, Anton, Kohlenbergwerksbesitzer in Oberleutensdorf (1841) 76

Ihring, Mitarbeiter d. Zeitschrift „Život" in Warschau 349
Iro, Karl Martin (1861—1934), Politiker 261
Italicus, Swebenkönig (2. H. 1. Jh. n. Chr.) 18
Ivánka, Milan (* 1876), slowak. Jurist u. Politiker 282 Anm. 2, 290, 293

Jäger, Gustav (1865—1938), österr. Physiker 382
Jäger, Heinrich, Textilfabrikant in Asch (1849) 192
Jakobellus von Mies (ca. 1373—1429), führender huss. Theologe 38—42, 44, 49, 51

Janaczek, Kammerdiener Erzherzog Franz Ferdinands 257
Janke, Glasraffineur u. Glasverleger in Blottendorf (1835) 139
Janke, Georg Anton, Glasschleifereibesitzer in Haida (1818) 138
Janoviak, Andrej, Kandidat f. d. Nationalausschuß in Warschau (1958) 349
Jarosch, Josef, Schlosserwarenfabrikant in Beraun (1820) 106
Jehlička, František (* 1879), slowak. Geistlicher u. Politiker 282 Anm. 2
Jerak, Glasraffineur in Prag (1835) 139
Jerusalem, L., Textilindustrieller (1. H. 19. Jh.) 184, 207, 229 f.
Jirásek, Alois (1851—1930), tschech. Schriftsteller 369
Joachim, Johann, Werkzeugfabrikant in Schlan (1834) 106
Johannes XXIII., Papst (1410—1415) 44, 46
Jordan, Papierfabrikant in Tetschen (1841) 174
Joseph II., Kaiser (1765—1790) 156, 167, 174
Joß, Brüder, Baumwollfabrikanten in Goldenkron (1818) 223
Judex, Katharina, Besitzerin einer Grobzeug- u. Schneidschmiedeerzeugung in Komotau (1820) 106
Julian, röm. Kaiser (355—363) 28
Jungbauer, Brüder, Tuchfabrikanten in Goldenkron (1818) 204
Jungbauer, Vinzenz, Tuchfabrikant in Krumau (ab 1831) 205
Jungmichl, Baumwollfabrikant in Altwarnsdorf (Mitte 19. Jh.) 230
Juriga, Ferdiš (* 1874), slowak. Politiker 282, 288 Anm. 20

Kaden, G. F., Spielzeugfabrikant in Obergeorgenthal (1834) 166
Kafka, Bruno (1881—1931), dt.-böhm. Politiker 330
Kaizl, Josef (1854—1901), österr. Nationalökonom u. Politiker 274
Kantor, Baumwollwebereibesitzer in Karbitz (1. H. 19. Jh.) 222
Karl I. d. Große, König v. Franken (768—814), röm. Kaiser (ab 800) 401 f.
Karl I. (1887—1922), Kaiser v. Österreich u. König v. Ungarn (1916—1918) 268, 312
Karłovicz, Mieczysláv (1876—1909), poln. Komponist 369

Karrer, Josef Johann, Tuchfabrikant in Reichenberg (ab 1835) 203
Kaškiewicz, Marian, stellvertr. Chefredakteur d. Zeitschrift „Život" in Warschau 337, 361, 370 f., 373
Kastner, Baumwollspinnereibesitzer in Leibitschgrund (1834) 219
Katwald, König d. Markomannen (Anf. 1. Jh. n. Chr.) 17, 24, 33
Keilwerth, Spiegelfabrikant in Silberbach (1820) 128
Keilwerth, Josef, Baumwollspinnereibesitzer in Grünberg (ab 1820) 213
Kellner, Waffenfabrikant in Prag (um 1840) 105
Kiesewetter, Josef, Gablonzer Industrieller (um 1830) 114, 175
Kiesling, Anton, Papierfabrikant (Anf. 19. Jh.) 172
Kiesling, Franz, Papierfabrikant in Langenau (1823) 169
Kiesling, Gustav, Papierfabrikant (1. H. 19. Jh.) 172
Kiesling, Wilhelm, Papierfabrikant (1. H. 19. Jh.) 172
Kindermann, Franz, Besitzer einer Tücheldruckerei in Schluckenau (1818) 190
Kinsky (Geschlecht), Industrielle 116, 132, 134, 162, 164, 186, 225
Kinsky, Franz Joseph Graf (1739—1805), Industrieller 184
Kinzel, W. A., Baumwollspinnereibesitzer in Roßbach (1. H. 19. Jh.) 215
Kinzelberger, Bleizuckerfabrikant in Smichow (1841) 149
Kinzelberger, Karl, Farbenfabrikant in Smichow (1819) 149
Kinzl, Johann, Besitzer einer Baumwollspinnerei in Roßbach (1828) 211
Kirchberg, Adalbert, Baumwolldruckfabrikant in Böhm.-Leipa (1841) 226
Kirchhof, Christian, Baumwollspinnereibesitzer in Asch (1818) 213
Kirchhof, F. H., Besitzer einer Baumwollspinnerei in Asch (ab 1820) 212
Kittel, Anton († 1820), Glasfabrikant 138
Kittel, Anton, Baumwollspinnereibesitzer in Kathrinberg (1843) 220
Kittel, Johann Josef, Hersteller von Kompositionswaren in Falkenau (Mitte 18. Jh.) 137 f.
Kittel, Josef, Gründer einer Glashütte in Oberkreibitz (um 1750) 138
Kittel, Josef, Baumwollspinnereibesitzer in Markersdorf (1. H. 19. Jh.) 111, 213

Kittel, Nikolaus, Glasfabrikant in Oberkreibitz (ab 1820) 138
Kittel, Wilhelm, Baumwollspinnereibesitzer in Kratzau (1. H. 19. Jh.) 220
Klaar, Franz, Obersteiner Gürtler (1820) 114
Klaubert, Christian, Textilfabrikant in Asch (2. H. 19. Jh.) 192
Klaus, Florian, Metallwarenfabrikant in Peterswalde (1820) 114
Klaus, Hermann, Baumwollwebereibesitzer in Liebenau (1841) 223
Klawik, Mitbegründer eines Eisenwerkes in Adolphsthal (1841/43) 100
Klazar, Anton, Leinwandfabrikant in Kruh (1. H. 19. Jh.) 184
Klebelsberg, Graf, Besitzer einer Granatschleiferei in Třiblitz (1820) 117
Kleist, Baron, Eisenwerkbesitzer in Neudeck (1. H. 19. Jh.) 99
Klimt, Franz, Glaskugelpolierer in Arnsdorf (1820) 138
Klinger, Anton, Zwirnfabrikant in Zeidler (19. Jh.) 186
Klinger, Franz, Zwirnfabrikant in Zeidler (19. Jh.) 186
Klinger, Johann, Zwirnfabrikant in Zeidler (1841) 186
Klofáč, Václav Jaroslav (* 1868), tschech. Journalist u. Politiker 261
Klotz, Louis Lucien (1868—1930), frz. Finanzminister (1917—1920) 298
Kluge, Johann Adam, Leinenindustrieller (ab 1797) 183
Klussaček, Jacob, Papierfabrikant in Roth-Rečic (1. H. 19. Jh.) 170
Knaute, Benedikt, Porzellanfabrikant in Gießhübl (1815) 124
Knirsch, Hans (1877—1933), suddt. nat.-soz. Politiker 332 Anm. 172
Knoblauch, Josef, Baumwollspinnereibesitzer in Zwickau (1843) 221
Knobloch, Rochus, Papierfabrikant in Rothfloß (1804) 170
Knöspe, Glasverleger in Bürgstein (1835) 139
Knötgen, Anton, Steingutfabrikant in Bilin (ab 1838) 120
Knötgen, Friedrich, Steingutfabrikant in Bilin (1835) 120
Knoll, Carl, Porzellanfabrikant in Fischern (ab 1848) 125
Koch, Walter (1870—1947), dt. Gesandter in Prag 313, 317—321, 323—325, 331—334

Kodweiß, Friedrich (1803—1866), Chemiker 157, 161 f., 164
Köcher, Josef, Pächter einer Porzellanfabrik in Klum (1821) 122
Köchlin, Karl, Baumwolldruckereibesitzer in Jungbunzlau (1. H. 19. Jh.) 227
Köhler, Wenzel, Baumwollspinnereibesitzer in Graslitz (1828) 214, 223
König, Stefan, Tuchfabrikant in Althabendorf (ab 1839) 202
Königsdorf, August, Kohlenbergwerksbesitzer (um 1820) 78
Koerber, Ernest von (1850—1919), österr. Staatsmann 259, 279
Kötzing, Johann, Spielwarenfabrikant in Trhow-Kamenitz (1834) 166
Kohl, B., Maschinenfabrikant in Reichenberg (1841) 112
Kohlert, Vincenz, Gründer einer Musikinstrumentenfabrik in Graslitz (1840) 113
Kolb, F. F., Zuckerfabrikant in Königsaal (ab 1823) 159
Kolb, Simon, Porzellanfabrikant in Breitenbach (1847) 124
Kolísek, Alois († 1931), slowak. Theologe u. Politiker 282
Kolkovič, Kandidat f. d. Nationalausschuß in Warschau (1958) 350
Kolowrat-Krakowsky, Johann C. Graf, Industrieller (1841) 79
Kolowrat-Liebšteinský, Franz Anton Graf von (1778—1861), österr. Staatsmann 79, 98
Komarek, Friedrich, Baumwollspinnereibesitzer in Schebiřow (1843) 221
Konrad von Waldhausen (1320—1369), Augustiner-Chorherr, Reformprediger 38
Korda, Daniel, Parfümeriewarenfabrikant in Prag (1. H. 19. Jh.) 150
Korpášová, Klára, Lehrerin in Jablonka (1959) 369
Kościuszko, Tadeusz (1746—1817), poln. Feldherr 369
Kossek, Josef (1780—1858), Mechaniker u. Kunstuhrmacher 113
Kostka, Johann, Sirupfabrikant in Kuklena (1836) 163
Kotzaurek, Glasraffineur in Prag (1835) 139
Kotzisch, Frh. von, Spiegelfabrikant (1820) 128, 132
Kralik, Wilhelm, Glasfabrikant in Winterberg (ab 1841) 131
Kramář, Karel (1860—1937), tschech. Politiker, tschechosl. Ministerpräsident (1818/1819) 258, 262, 277 f., 284 f., 292 f.

Kraus, Conrad, Baumwollspinnereibesitzer in Gabel (1828) 216
Kraus, Franz, Besitzer einer Edelsteinschleiferei in Turnau (Mitte 19. Jh.) 117
Kraus, Vincenz, Zuckerfabrikant in Popowitz (1837) 161
Krauspenhaar, Metallwarenfabrikant in Tyssa (1834) 114
Kreibich, F., Baumwollspinnereibesitzer in Algersdorf (1828) 214
Kreibich, Franz, Glaskugelhersteller in Manisch (1820) 138
Kreibich, Franz Anton, Glasscheifereibesitzer in Haida (1. H. 19. Jh.) 138
Kreidel, Fr. Jos., Glasfabrikant in Chlumetz (Anf. 19. Jh.) 128
Kreitl, Johann, Nadelfabrikant in Preßnitz (1820) 107
Kren, Caspar, Kohlenbergwerksbesitzer in Lobsthal (1841) 75
Kriegel, Carl Ludwig, Prager Porzellanfabrikant (1842) 121
Kriegelstein von Sternfeld, Ferdinand, Industrieller (1. H. 19. Jh.) 120, 213
Kriese, Karl, Filzhutfabrikant in Prag (1834) 207
Krönig, August Karl (1822—1879), dt. Physiker 379
Kroitzsch, Hermann, Textilfabrikant in Aussig (ab 1844) 192
Kroyer, Josef, Stahlwarenfabrikant in Klösterle (1820) 106
Krug, Prager Kaufmann u. Zuckerfabrikant (1. H. 19. Jh.) 160, 162, 164
Krupa, Stanislav, Kandidat f. d. Nationalausschuß in Warschau (1958) 349
Kubesch, Baumwolldruckereibesitzer in Prag (1. H. 19. Jh.) 230
Kücherl, Franz, Metallwarenfabrikant in Peterswalde (1820) 114
Kühn, Franz, Spitzenfabrikant in Joachimsthal (1834) 231
Kühne, Gustav, Baumwollspinnereibesitzer in Görkau (Mitte 19. Jh.) 218
Kühne, Karl August († 1837), Baumwollspinnereibesitzer in Rothenhaus (ab 1824) 215
Kühnel, Anton, Kohlenbergwerksbesitzer in Schwarzwasser (1841) 79
Kühnel, Anton, Besitzer einer Leinenbleiche in Hohenelbe (1841) 185
Kühnel, Franz, Tuchfabrikant in Böhm.-Leipa (Anf. 19. Jh.) 203
Kühnel, Karl, Tuchfabrikant in Böhm.-Leipa (Anf. 19. Jh.) 203

Künzel, Johann, Baumwollfabrikant (1. H. 19. Jh.) 221, 224
Kuhlmann, Anna, Strohhutfabrikantin in Prag (1834) 187
Kuhlmann, Gustav, Spitzenfabrikant in Böhm.-Wiesenthal (1834) 231
Kunerle, Karl, Mitbegründer einer Steingutfabrik in Prag (1795) 121
Kuraš, József († 1947), Partisan 345

Ladislaus, König v. Neapel (1386—1414) 46
Lämel, L. v., Besitzer einer Kammgarnspinnerei in Prag (1841) 196
La Fontaine, Jean de (1621—1695), frz. Fabeldichter 35
Lammasch, Heinrich (1853—1920), österr. Jurist 278 Anm. 75
Lampel, Friedrich, Kohlenbergwerksbesitzer in Wittuna (um 1840) 78
Landrock, Christian Friedrich, Tuchfabrikant (Anf. 19. Jh.) 211, 214
Lang, Franz, Porzellanfabrikant in Budau (1831) 123
Lang, Jakob, Baumwollspinnereibesitzer in Drüssowitz (1. H. 19. Jh.) 214
Lang, Ludwig, Baumwollspinnereibesitzer in Roskosch (1834) 218
Lange, Josef Ignaz, Mitbegründer einer Steingutfabrik in Prag (1795) 121
Langer, August, Textilfabrikant in Sternberg (1821) 189
Langer, Johann, Textilfabrikant in Sternberg (1821) 189
Langer, Lorenz, Baumwollfabrikant in Lindenau (1818) 225 f.
Langer, Norbert sen., Textilfabrikant in Sternberg (1821) 189
Langer, Norbert jun., Textilfabrikant in Sternberg (1821) 189
Langer, Severin, Baumwollfabrikant in Kleinaicha (Anf. 19. Jh.) 229
Langhammer, Josef, Baumwollfabrikant in Schwaderbach (Anf. 19. Jh.) 223
Lanna, Mitbegründer eines Eisenwerkes in Adolphsthal (1841/43) 100
Lauda, Adalbert, Pächter einer Porzellanfabrik in Klum (1821) 122
Lautensack, Baumwollfärbereibesitzer in Pilsen (1834) 230
Lažansky, Prokop Graf von (1741—1804), Industrieller 204
Lazar-Lazarsfeld, Lederfabrikant in Postelberg (1833) 177
Lebeda, Waffenfabrikant in Prag (um 1840) 105
Ledebur, Frh. von, Industrieller (1780) 147
Lederer, Brüder, Lederfabrikanten in Pilsen (1822)
Lederer, J. A., Wollwarenfabrikant in Neuhof (1834) 204, 229
Lee, Josef, Maschinenfabrikant in Prag (1834) 112
Lehnert, Franz, Porzellanfabrikant in Gießhübl (1840) 124
Lehnhard, F., Baumwollspinnereibesitzer in Grabern (1. H. 19. Jh.) 214
Lehotský, slowak. Sozialdemokrat (1918) 290 Anm. 23
Leigeb, Ferdinand, Besitzer einer Tapezieranstalt in Prag (1834) 178
Leitenberger, Eduard (1796—1871), Industrieller 228
Leitenberger, Franz Peter (1761—1825), Industrieller 227 f.
Leitenberger, Friedrich d. Ä. (1801—1854), Industrieller 227
Leitenberger, Hermann (1774—1843), Baumwollfabrikant 180, 211
Leitenberger, Ignaz (1764—1839), Textilfabrikant in Reichstadt 228
Leitenberger, Johann Josef (1730—1802), Textilindustrieller in Reichstadt 223, 227 f., 228
Leitenberger, Karl, Baumwollfabrikant in Niemes (ab 1830) 228
Lemberger, Johann, Lederfabrikant in Horaždowitz (1831) 177
Lendeke, Johann Heinrich, Zuckerfabrikant (Mitte 19. Jh.) 162 f.
Lenhart, Florian, Baumwollspinnereibesitzer (1. H. 19. Jh.) 217, 221
Lenhart, Josef, Baumwollspinnereibesitzer in Mertendorf (1. H. 19. Jh.) 217
Lenk, Brüder, Baumwollspinnereibesitzer in Königsberg (ab 1827) 216
Lerch, Besitzer einer Zuckerraffinerie in Prag-Karolinenthal (1843) 160
Lewitt, D. L., Lederfabrikant in Pilsen (ab 1827) 177 f.
Lewy, Brüder, Gründer einer Siegellackfabrik in Prag (1820) 150
Liebig, Franz, Schafwollwarenfabrikant (1. H. 19. Jh.) 198 f.
Liebig, Johann Frh. von (1802—1870), Textilfabrikant 190, 194, 197—199, 211, 221
Liebisch, Schafwollwarenfabrikant in Warnsdorf (1834) 199, 223, 229
Liebler, Rudolph, Besitzer einer Leinenbleiche in Hohenelbe (1841) 185

Liechtenstein, Alois Joseph Fürst von (1796—1858), österr. Staatsmann 164
Liewald, Fabrikant in Döllnitz (1. H. 19. Jh.) 148
Lindenberg, Nadelfabrikant in Landskron (1834) 107
Lindheim, von, Kommerzienrat u. Industrieller (Mitte 19. Jh.) 77, 102, 219
Linke, Baumwollspinnereibesitzer in Heinrichsthal (1834) 218
Lippe-Weisenfeld, Graf von, Kohlenbergwerksbesitzer in Markausch (1841) 79
Lippert, Georg, Porzellanfabrikant in Schlaggenwald (1812) 121
Lippmann, Baumwollfabrikant in Prag (1841) 229
List, Friedrich, Mitbegründer einer Porzellanfabrik in Pirkenhammer (1802) 123
List, Gottlieb, Mitbegründer einer Porzellanfabrik in Pirkenhammer (1802) 123
Littschau, Frh. von, Kohlenbergwerkbesitzer (1841) 74 f.
Lloyd George, David (1863—1945), brit. Politiker 297, 298 Anm. 4 u. 7, 300 Anm. 13, 304 f., 314
Lobkowitz, Ferdinand Fürst von (1797—1868), Oberschatzmeister in Böhmen, Industrieller 75 f., 162, 164 f.
Lobkowitz, Georg Christian Fürst (1835—1908), österr. Staatsmann 279
Lobkowitz, Johann Karl Fürst (1799—1878), Industrieller 119, 163
Lobkowitz, Moritz Fürst von (1831—1903), österr. Politiker 156
Lochner, Fabrikant in Schönfeld (1834) 116
Lodgman von Auen, Rudolf (1877—1962), suddt. Politiker 322 Anm. 124
Löbbecke, Baumwollspinnereibesitzer in Klein-Skalitz (Mitte 19. Jh.) 219
Lötz, Glasfabrikant in Goldbrunn (1835) 133
Lötz, Johann, Glasfabrikant in Klostermühle (1850) 133
Löwenfeld, Leopold, Baumwollfabrikant in Merkelsgrün (1. H. 19. Jh.) 228
Lorenz, Anton, Baumwollspinnereibesitzer in Königinhof (1843) 220
Lorenz, Franz, Industrieller in Arnau (um 1840) 112, 174, 183
Lorenz, Johann Georg, Baumwollfabrikant in Grünwald (1818) 202, 224
Lorenz, Wilhelm Wenzel, Steingutfabrikant in Dallwitz (1832) 122
Loschmidt, Josef (1821—1895), österr. Physiker 379—384

Lots, C. A., Baumwollspinnereibesitzer in Wildstein (1843) 216
Lots, Johann, Baumwollspinnereibesitzer in Wildstein (1841) 216
Ludovici, Dampfmühlenbesitzer in Khan (1841) 153
Lueger, Karl (1844—1910), österr. Politiker 271 f.
Lumpe, J. F., Hersteller von Schilfwaren in Neu-Ehrenberg (1834) 187
Lunet, Jean, Handschuhfabrikant in Prag (ab 1788) 178
Lux, Florian, Besitzer einer Papiermühle in Klokoty (1809) 170

Maczka, Henryk, Mitarbeiter d. Zeitschr. „Život" in Warschau 373
Magiera, Jan, Kandidat f. d. Nationalausschuß in Warschau (1958) 350
Mai, Alois, Besitzer einer Leinenbleiche in Hohenelbe (1841) 185
Mai, Anton sen., Hersteller von Kompositionswaren in Gablonz (1820) 134
Mai, Anton jun., Hersteller von Kompositionswaren in Gablonz (Mitte 19. Jh.) 134
Mai, Franz, Hersteller von Kompositionswaren in Gablonz (Mitte 19. Jh.) 134
Mai, Josef, Zwirnfabrikant in Schönlinde (1792) 185
Mallik, Karl Cäsar, Stahlwarenfabrikant in Klösterle (1841) 107
Maltzan, Ago Frh. von, dt. Staatssekretär (um 1923) 320, 323, 327, 333 f.
Mamatey, Albert (1870—1923), slowak. Journalist u. Politiker 291
Manderscheid, Graf, Eisenwerkbesitzer in Rozmital (Mitte 18. Jh.) 100
Marbach, A. W., Baumwollspinnereibesitzer in Rauschengrund (Mitte 19. Jh.) 219
Marbod († 41 n. Ch.), König d. Markomannen (9 v. Chr.—19 n. Chr.) 12, 15—17, 21, 23 f., 33
Margolt, Paul, Papierfabrikant in Trautenau (1818) 169
Maria Theresia, Königin v. Ungarn u. Böhmen (1740—1780), Gemahlin Kaiser Franz' I. 129, 150, 245
Mark Aurel, röm. Kaiser (161—180) 25, 30—33
Markovič, Ivan (* 1888), slowak. soz.-dem. Politiker 292
Marschner, A., Baumwollspinnereibesitzer in Nieder-Kreibitz (1. H. 19. Jh.) 214
Marsilius von Padua (1275/90—1343), Publizist u. Staatstheoretiker 41—43, 51

Martin, Ignaz, Färbereibesitzer in Zwickau (1834) 192
Masaryk, Alice (* 1879), Präsidentin d. tschechosl. Roten Kreuzes 283
Masaryk, Tomáš Garrigue (1850—1937), tschech. Staatspräsident 291 Anm. 29, 315, 317 Anm. 102, 326
Mascha, V., Zuckerfabrikant in Neubidschow (um 1840) 162
Matausch, Fr., Baumwollspinnereibesitzer in Bensen (1841) 216
Mattausch, Franz Karl, Besitzer einer Baumwollspinnerei in Tetschen (Anf. 19. Jh.) 212
Maubach, Maschinenfabrikant in Prag (1841)112
Mauerbach, August Wilhelm, Baumwollspinnereibesitzer in Obergeorgenthal (1829) 214 f., 217
Mautner, Bernhard, Baumwolldruckereibesitzer in Königinhof (1837) 226
Mautner, Israel, Textilfabrikant in Prag (1837) 189
Maximianus, M. Valerius, röm. Legat (um 180) 31 f.
Maxwell, James Clark (1831—1879), engl. Physiker 379 f.
May, Anton, Schafwollwarenfabrikant in Liebenau (1836) 198
Mayer, Anton, Direktor d. Eisenhütte Neujoachimsthal (um 1825) 94
Mayer, Franz Josef, Gründer einer Steingutfabrik in Tannowa (1813) 122
Mayer (Meyer), Johann († 1841), Glasindustrieller 129, 131, 133
Mayer, Josef, Steingutfabrikant in Klentsch (ab 1835) 120
Medvecký, Karol Anton (1875—1937), slowak. Volkskundler 288 Anm. 20, 290 Anm. 23, 293
Meisel, J. A., Baumwollspinnereibesitzer in Karolinenthal (1850) 220
Meißner, Besitzer eines Folienhammers in Teplitz (1834) 116
Meißner, E. F., Baumwollspinnereibesitzer in St. Johann (1841) 213
Melzer, F., Leinwandfabrikant in Wellnitz (1834) 184
Menschel, Metallwarenlackierer in Prag (1834) 114
Metschiř, Wenzel, Besitzer einer Oleumhütte in Břas (Anf. 19. Jh.) 144
Metternich, Klemens Lothar Fürst von (1773—1859), österr. Staatskanzler (1821 —1848) 103, 160, 266

Michel, Filipp, Wirkwarenfabrikant in Gärten (1833) 189
Michel, Franz Josef, Kattunfabrikant in Böhm.- Leipa (1818) 223, 227
Mießl, Franz, Bergwerksbesitzer in Doglasgrün u. Steingutfabrikant in Unter-Chodau (um 1820) 74, 122
Milde, Industrieller in Bubentsch (1. H. 19. Jh.) 174, 225
Milíč von Kremsier, Jan († 1374), tschech. Theologe u. Schriftsteller 38
Milucker, Josef, Werkzeugfabrikant in Laimgrub (1834) 106
Mischowsky, Josef, Hersteller von Schilfwaren in Backofen (1834) 187
Mitscherlich, Friedrich, Besitzer einer Papiermühle in Prag (1820) 150, 169
Mittelhauser, Eugène Désiré Antoine (* 1873), frz. General 320
Möhling, Johann, Porzellanfabrikant in Schlaggenwald (1840) 121
Möser, Kohlenbergwerksbesitzer in Wotwowitz (um 1790) 78
Moš, František, slowak. Pfarrer in Nowa Biala (nach 1919) 345
Mosbauer, Johann, Glasfabrikant in Althütten (1818) 128
Mosburg, von, Glasfabrikant in Hosslau (1820) 128
Moser, Besitzer von Sensen- und Sichelhämmern (1834) 105
Moser, Wolfgang, Stahlwarenfabrikant in Brennporitschen (1820) 106
Muck, Josef, Filzhutfabrikant in Prag (ab 1830) 206
Müller, Brüder, Baumwollfabrikanten in Böhm.-Leipa (1818) 226
Müller, C. A., Spielzeugwarenfabrikant in Oberleutensdorf (Mitte 19. Jh.) 166
Müller, Christian, Baumwollspinnereibesitzer in Görkau (ab 1829) 217
Müller, Emanuel, Besitzer einer Papiermühle in Annathal (1835) 173
Müller, F. A., Wachs- u. Seifenfabrikant in Prag (1841) 151
Müller, Franz, Baumwollspinnereibesitzer in Rumburg (Anf. 19. Jh.) 223
Müller, Gottfried, Reichenberger Tuchmacher (Anf. 19. Jh.) 202 f.
Müller, Hermann, Baumwollspinnereibesitzer in Gablonz (Mitte 19. Jh.) 219
Münzberg, A., Baumwollfabrikant (1818) 226
Münzberg, Anton, Textilfabrikant (Mitte 19. Jh.) 196, 226

Münzberg, Johann, Baumwollspinnereibesitzer in Theresienau (1834) 219
Münzberg, Josef, Baumwollfabrikant in Georgswalde (1836) 224
Münzel, Gottlob, Sägeblätterfabrikant in Schönlinde (1820) 106
Münzel, Josef, Sägeblätterfabrikant in Schönlinde (1820) 106
Muider, Maschinenfabrikant in Neuhütten (1841) 112

Nachtmann, Josef, Glasfabrikant in Czeykow (1818) 129
Narutowicz, Gabriel (1865—1922), poln. Staatspräsident (1922) 323 Anm. 125
Nedoma, Franz, Essigsiedereibesitzer in Hohenbruck (1820) 153
Nemec, Familie, Papiermühlenbesitzer in Cikanka (2. H. 19. Jh.) 171
Nennel, Besitzer einer Papiermühle in Schmiedeberg (1820) 169
Nero, röm. Kaiser (54—68) 18, 24 f.
Nerva, röm. Kaiser (96—98) 18
Netsch, Familie, Papiermühlenbesitzer in Michelsberg (1. H. 19. Jh.) 171
Neuberg, Wilhelm Ritter von, Porzellanfabrikant in Gießhübl (1846) 124
Neuhäuser, Josef, Tuchfabrikant in Katharinberg (ab 1809) 202
Neupauer, Ritter von, Industrieller (Mitte 19.Jh.) 160, 164, 183
Neustadtl, Philipp, Leinwanddruckereifabrikant in Jungbunzlau (1835) 190
Nietsche, Friedrich, Porzellanfabrikant in Přichowitz (1847) 124
Nikolaus II., Papst (1058—1061) 37
Nikolaus von Nezero, Bischof v. Prag, Inquisitor (um 1400) 46, 51
Nittinger, Hofrat (1. H. 19. Jh.) 95
Nonne, Christian († 1813), Gründer einer Porzellanfabrik in Gießhübl (1803) 124
Nostitz-Rieneck (Geschlecht), Industrielle 76, 99, 102, 115, 120
Nostitz-Rieneck, Johann Graf von (1768—1840) 161
Nottrot, Prager Spitzenfabrikant (1832) 231
Novotný, Antonín (* 1904), Präsident d. Tschechosl. Republik (1957—1968) 385
Novotny, August, Porzellanfabrikant in Alt-Rohlau (ab 1823) 122
Novotný, Wenzel, Kohlenbergwerks- u. Eisenwerksbesitzer bei Kladno (Mitte 19. Jh.) 104 f.

Nowak, Baumwollfabrikant in Klein-Aicha (1834) 224
Nowak, Waffenfabrikant in Prag (um 1840) 105
Nowotny, Franz sen. († 1852), Baumwollfabrikant in Braunau 222
Nowotny, Franz jun., Baumwollfabrikant in Braunau (2. H. 19. Jh.) 222

Obersteiner, Eisenfachmann in Darowa (1816) 98
Öttingen-Wallerstein, Friedrich Fürst von (Mitte 19. Jh.), Industrieller 157, 161 f.
Opitz, Karl, Kartonagenfabrikant in Teplitz (Mitte 19. Jh.) 175
Oppelt, Anton Johann (1789—1864), Gutsbesitzer u. Industrieller 157, 160, 162
Orel, Josef, Pächter einer Porzellanfabrik in Prag (1830) 121
Orlando, Johanna von, geb. Leitenberger, Baumwollfabrikantin in Kosmanos (ab 1825) 227
Országh Hviezdoslav, Pavol (1849—1921), slowak. Dichter 369
Osborne, Textilfabrikant in Georgswalde (1818) 188
Ossendorf, Anton sen. († 1790), Papierfabrikant in Bensen 171
Ossendorf, Anton jun. († 1812), Papierfabrikant in Bensen 171
Osuský, Štefan (* 1889), tschechosl. Diplomat 327
Otto, Baumwollspinnereibesitzer in Heinrichsthal (1834) 218

Pacák, Friedrich (1846—1914), tschech. Politiker 258, 278 Anm. 75
Pachner, Johann Georg Edler von Eggenstorf, Papierfabrikant in Krumau (ab 1780) 172
Palm, Fürst, Eisenwerkbesitzer in Hammerstadt (1846) 101
Palm, Franz J., Stahlwarenfabrikant in Klösterle (1820) 106
Palme, Glasraffineriebesitzer in Parchen (1835) 139
Palme, Gottfried, Zwirnfabrikant in Schönlinde (1841) 186
Palme, Josef, Steingut- u. Porzellanfabrikant in Schelten (1830) 123
Park, James, Maschinenfabrikant in Beraun (1841) 112, 153
Patzelt, Adalbert, Zuckerfabrikant in Čáslau (1841) 164 f.

Paul, F. J., Seidenfabrikant in Nixdorf (1835) 187
Paulus, Johann Georg, Industrieller (um 1800) 120, 128
Payne, Peter (ca. 1385—1456), engl. hussit. Theologe 39 f., 42
Pelikan, Franz, Glasfabrikant in Ullrichsthal (1841) 132
Penel, Spiegelglasfabrikant in Franzensbrunnhütte (1818) 132
Perglas, Frh., Besitzer eines Eisenvitriolwerkes in Lohowa (1841) 149
Pertinax, röm. Kaiser (193) 24
Petermann, Besitzer einer Zuckerraffinerie in Prag-Karolinenthal (1841) 160
Petrus Lombardus († 1160), Theologe u. Philosoph 42
Petzold, Karl, Baumwollspinnereibesitzer in Kreibitz (1. H. 19. Jh.) 214, 225
Peuker, Josef, Wollwarenfabrikant in Friedland (1834) 198
Pfeifer, Anton, Wollenzeugfabrikant in Rumburg (Anf. 19. Jh.) 198, 215
Pfeifer, Elias, Baumwollspinnereibesitzer in Görkau (ab 1832) 218
Pfeiffer, Josef, Gablonzer Industrieller (Mitte 19. Jh.) 111, 134 f., 217 f.
Pfeiffer, Philipp, Hersteller von Gürtlerwaren in Gablonz (1820) 114
Phillipp, Josef, Sägeblätterfabrikant in Schönlinde (1820) 106
Pietschmann, Anton, Kunstblumenfabrikant in Nixdorf (1834) 151
Pietschmann, Josef, Metallwarenfabrikant in Komotau (ab 1829) 115
Pilát, Rudolf (* 1875), tschech. Politiker 282 f.
Pilz, Anton, Baumwollspinnereibesitzer in Neuhofsthal (1843) 220
Pilz, F. A., Besitzer einer Baumwollspinnerei in Wernstadt (1796) 212
Pilz, Friedrich, Besitzer einer Baumwollspinnerei in Wernstadt (1828) 212
Pilz, Theodor, Baumwollspinnereibesitzer in Graslitz (Mitte 19. Jh.) 215
Pistel, Franz, Zuckerfabrikant in Raditsch (1835) 163
Pistorius, Zuckerfabrikant in Neustupno (1841) 165
Plach, Wenzel, Besitzer einer Drahtzieherei in Pürstein (ab 1825) 104
Platt, Familie, Papiermühlenbesitzer in Aussig (1. H. 19. Jh.) 171
Plechinger, Josef, Besitzer einer Papiermühle in Haidl (1844) 173

Plener, Ernst von (1841—1923), österr. Staatsmann 244
Plener, Ignaz von (1810—1908), österr. Staatsmann, Finanzminister (1860—1865) 243—254
Pleninger, Familie, Besitzer einer Papiermühle in Horaždovitz (Anf. 19. Jh.) 172
Pohl, Baumwollspinnereibesitzer in Weipert (1. H. 19. Jh.) 217
Pohl's Erben, Baumwollwarenfabrik (1829) 189
Poincaré, Raymond (1860—1934), frz. Staatsmann 302, 303 Anm. 26, 304—306, 313—315, 319 f., 321 Anm. 121, 322, 336
Politzer, Josef, Papierfabrikant in Schatzlar (1820) 170
Pollak, Carl, Baumwollwebereibesitzer in Braunau (1841) 222
Pollak, Josef, Lederfabrikant in Prag (ab 1834) 177
Pollak, Rachel, Lederfabrikantin in Raudnitz (um 1830) 176
Polz, Michael, Stahlwarenfabrikant in Karlsbad (1820) 107
Polz, Phillipp, Stahlwarenfabrikant in Karlsbad (1820) 107
Popp, J., Prager Chemiker (um 1835) 147
Porges, Moses, Edler v. Portheim (1781—1870), Industrieller u. Humanist 189, 207, 227—229
Posinke, Anton, Sprengperlenerzeuger in Morchenstern (vor 1812) 138
Posselt, Ferdinand, Porzellanfabrikant in Gistry (1845) 124
Posselt, Ignaz, Textilfabrikant in Reichenberg (1. H. 19. Jh.) 194, 200
Poßert, Johann, Baumwollfabrikant in Grulich (1. H. 19. Jh.) 226
Pourtalés, Graf, Industrieller (1. H. 19. Jh.) 101, 164
Praschill, Spiegelfabrikant in Taus (1820) 128
Praschill'sche Erben, Besitzer einer Leinenbandweberei in Taus (1820) 185
Preißger (Preußger), Gottfried, Industrieller in Schönlinde (1. H. 19. Jh.) 106, 212
Preißler, Josef, Tuchfabrikant in Gablonz (ab 1836) 205
Priebsch, Johann, Baumwollspinnereibesitzer in Tannwald (Mitte 19. Jh.) 215, 219 f.
Prochaska, Mitbegründer eines Eisenwerkes in Adolphsthal (1841/43) 100
Prohaska, M., Holzessigfabrikant in Prag (1834) 148

Przibram, Aaron V., Leinenwarenfabrikant in Karolinenthal (1818) 184, 229
Pstroß, Franz, Lederfabrikant in Prag (1835) 177
Pstroß, Josef, Lederfabrikant in Prag (1818) 176, 178
Pürschner, Metallwarenfabrikant in Peterswalde (1834) 114
Püschner, Metallwarenfabrikant in Tyssa (1841) 114
Pujmanová-Hennerová, Marie (* 1893), tschech. Schriftstellerin 352
Purkert, Papiermühlenbesitzer in Hauenstein (19. Jh.) 170
Purkert, Anton, Besitzer einer Papiermühle in Pürstein (1850) 170
Purkert, Barbara, Besitzerin einer Papiermühle in Pürstein (1850) 170
Purkert, Josef Emanuel, Gründer einer Papiermühle in Obersedlitz (Ende 18. Jh.) 170
Purkyně, Jan Evangelista (1787—1869), tschech. Physiologe 369
Puteany, Frh. von, Kohlenbergwerksbesitzer in Schlan (1841) 79

Rabenstein, Wenzel, Papiermühlenbesitzer (1820) 169
Rätzler, J. C., Knopffabrikant in Nixdorf (1835) 187
Rahn, Johann Heinrich, Baumwollfabrikant in Eger (ab 1839) 224
Ramagnola, Sebastian, Parfümeriewarenfabrikant in Prag (1820) 150
Rankine, William John Macquorne (1820—1872), schott. Ingenieur 379
Rašín, Alois (1867—1923), tschech. Politiker, tschechosl. Finanzminister (1919/20) 320 f., 324, 326
Rathenau, Walther (1867—1922), dt. Staatsmann, Außenminister (1922) 304, 314 Anm. 80, 322 Anm. 123
Rausch, Gabriel, Baumwollspinnereibesitzer in Prag (1843) 220
Rautenstrauch, Glasschleifereibesitzer in Haida (1. H. 19. Jh.) 138
Rechberg und Rothenlöwen, Johann Bernhard Graf von (1806—1899), österr. Politiker 244
Redlhammer, Baumwollspinnereibesitzer in Tannwald (1828—1832) 217
Redlich, Josef (1869—1936), österr. Jurist u. Historiker 268
Rehwald, Franz, Baumwollspinnereibesitzer in Ruppersdorf (1843) 220

Reichel, Franz, Kohlenbergwerksbesitzer in Triebschitz (1841) 76
Reichenbach, Baumwollspinnereibesitzer in Schlaggenwald (ab 1839) 219
Reichenbach, Christoph, Porzellanfabrikant in Pirkenhammer (1810) 123
Reichenbach, Johann, Steingut- u. Porzellanfabrikant in Hammer (1820) 123
Reiff, Johann, Besitzer einer Spinnmaschinenfabrik in Althabendorf (1820) 111, 180
Reinhold, Johann, Textilfabrikant in Warnsdorf (ab 1835) 191
Reischel, J., Fabrikant von Ambossen u. Schraubstöcken in Böhm.-Leipa (1834) 106
Reismüller, G., Baumwollspinnereibesitzer in Niemes (1. H. 19. Jh.) 215
Renger, A., Baumwollspinnereibesitzer in Lindenau (1. H. 19. Jh.) 215
Reumann, Georg Paulus, Mitbegründer einer Porzellanfabrik in Schlaggenwald (1792) 120
Reuter, Josef, Zuckerfabrikant in Böhmisch-Fellern (1837) 160
Ribbentrop, Joachim von (1893—1946), dt. Außenminister (1938—1945) 343
Richtarsky, tschech. Landtagsabgeordneter (1923) 326
Richter, Kohlenbergwerksbesitzer in Lauterbach (1841) 75
Richter, Anton (1782—1846), böhm. Industrieller 116, 148, 155, 158 f., 161, 222
Richter, Eduard, Textilfabrikant in Warnsdorf (ab 1835) 191
Richter, Franz, Baumwollfabrikant (1. H. 19. Jh.) 214, 219 f.
Richter, Gustav, Textilfabrikant in Warnsdorf (ab 1835) 191
Richter, Ignaz, Baumwollfabrikant in Niedergrund (ab 1816) 225
Richter, Jenny geb. Leitenberger 159
Richter, Josef, Baumwollfabrikant (1. H. 19. Jh.) 212, 224, 230
Riedel, Josef, Gründer einer Glasspinnerei in Přichowitz (1690) 139
Riegel, Anna († 1855), Glashüttenbesitzerin 137
Riegel, Anton, Glasfabrikant (Anf. 19. Jh.) 137
Riegel, Carl Josef, Glasfabrikant (Anf. 19. Jh.) 137
Riegel, Franz († 1844), Glasfabrikant 137
Riegel, Franz Anton († 1780), Glasfabrikant (2. H. 18. Jh.) 137 f.

Riegel, Johann Leopold († 1800), Glasfabrikant 137 f.
Riegel, Josef, Glasfabrikant (Mitte 19. Jh.) 137
Rieger, Baumwollspinnereibesitzer in Tannwald (1828—1832) 217
Riegert, Anton, Baumwollspinnereibesitzer in Zwickau (1. H. 19. Jh.) 215
Riegert, Rosina, Baumwollspinnereibesitzerin in Zwickau (1828) 216
Riese-Stallburg, Frh. von, Industrieller (1. H. 19. Jh.) 77, 100, 144, 157, 160, 162
Rietsch, Oberförster (1834) 154
Ringhoffer, Franz († 1827), Besitzer einer Kupferschmiede in Prag-Smichow 115
Ringhoffer, Franz, Besitzer einer Kesselschmiede in Prag-Smichow (um 1850) 115
Ringhoffer, Josef, Besitzer einer Kesselschmiede in Prag-Smichow (1827—1847) 115
Robert, Bergwerksbesitzer in Rapitz (19. Jh.) 78
Röder, Johann Jakob, Baumwollspinnereibesitzer in Schloppenhof (1837) 212
Röhrs, Friedrich, Tischlerwarenfabrikant in Bubentsch (ab 1816) 165 f.
Röllig, Florian, Baumwollspinnereibesitzer in Mertendorf (1843) 220
Römheld, Ferdinand († 1830), Tuchfabrikant (1. H. 19. Jh.) 111, 201, 204
Römisch, Franz, Besitzer einer Tongrube in Jesseney (1820) 80
Römisch, Josef, Steingutfabrikant in Klein-Skal (Anf. 19. Jh.) 119
Rösler, Ignaz, Edler von Ehrenstahl, Stahlwarenfabrikant in Nixdorf (1. H. 19. Jh.) 107, 125
Rösler, Johann, Besitzer einer Drahtzieherei in Wolfsberg (1820) 104
Rösler, R., Leinenfabrikant in Georgswalde (1841) 184
Rößler, Anton, Gürtler in Gablonz (1830) 114
Rößler, Kaleb, Leinenfabrikant in Georgswalde (ab 1820) 184
Rohan, Fürst, Besitzer von Eisenwerken (Mitte 19. Jh.) 101
Rohan, Bertha Fürstin von, Industrielle (Mitte 19. Jh.) 101, 163
Rohn, W. W., Baumwollfabrikant in Schokau (ab 1857) 224
Roose, L. A., Hersteller von eisenblausaurem Kali in Karolinenthal (1834) 149
Rosenberg, Friedrich (Hans) von (1874—1937), dt. Außenminister (1922/23) 323 f.

Rothschild, Anselm von († 1874), Finanzmann 245, 248
Rotnágl, Josef (* 1875), Ingenieur u. Politiker 282 f.
Rotschek, Besitzer einer Papiermühle in Liebitz (1803) 170
Rottenhan, Heinrich von, Gründer d. Gabrielshütte (1778) 95
Routschek, Metallwarenlackierer in Prag (1834) 114
Rowland, Textilfabrikant in Georgswalde (1818) 187 f.
Rückziegel, Ignaz, Baumwollspinnereibesitzer in Zwickau (1. H. 19. Jh.) 215
Ruffer, Friedrich, Besitzer eines Arsenikwerkes in Riesenheim (1841) 149
Rumerskirch, Baron, Obersthofmeister Erzherzog Franz Ferdinands 265
Runge, Anton, Textilfabrikant in Neu-Franzensthal (1. H. 19. Jh.) 188, 230
Ruprecht, Franz, Metallwarenfabrikant in Peterswalde (1820) 114
Ruston, Maschinenfabrikant in Prag (1832) 112
Rutte, Waffenfabrikant in Böhm.-Leipa (1834) 105
Ruziczka, J., Fabrikant für Weizenstärkemehl (1841) 153
Řžebitschek, Uhrenhersteller in Prag (1841) 112

Säckel, Johann, Kompositionsbrenner in Gablonz (1836) 134
Saenger, dt. Gesandter in Prag (um 1820) 317 Anm. 102
Salm, Bernard, Tuchfabrikant in Heralitz (um 1815) 204
Salomon, Anton, Baumwollfabrikant in Rumburg (Anf. 19. Jh.) 223
Salomon, Ignaz, Tuchfabrikant in Katharinberg (1833—1838) 205
Salomon, Josef D., Tuchfabrikant (Mitte 19. Jh.) 202 f.
Salomon, Leopold, Metallwarenfabrikant in Reichenberg (Mitte 19. Jh.) 114
Samo († ca. 660), fränk. Kaufmann, Slawenkönig 405
Sandner, Besitzer einer Kammgarnspinnerei in Schlaggenwald (1841) 197
Sarder, Peter, Papierdosenfabrikant in Gablonz (1829) 114, 175
Sattler, Wilhelm, Farbenfabrikant in Smichow (1819) 149
Sattmacher, Franz, Metallwarenfabrikant in Peterswalde (1820) 114

Sattmacher, Josef, Metallwarenfabrikant in Peterswalde (1820) 114
Satzger, M. H., Zuckerfabrikant (1. H. 19. Jh.) 162, 164
Sauermann, Josef, Baumwollfabrikant in Reichstadt (1836) 224
Saumer, Martin, Teilhaber einer Prager Porzellanfabrik (um 1835) 121
Sauvaigne, Herr von, Gründer einer Zuckerraffinerie in Königsaal (1785) 159
Schärte, Brüder, Besitzer einer Leinenwarendruckerei in Landskron (1841) 185
Schallowetz, Industrieller in Bubentsch (1. H. 19. Jh.) 174, 207, 225
Schanzer, Karl (Carlo) (1865—1953), ital. Politiker 320
Schartler, Baumwollfärbereibesitzer in Landskron (1841) 230
Scheerer, Ferdinand, Tuchfabrikant in Neuhof (Anf. 19. Jh.) 204
Schefczik, Martin, Papierfabrikant in Senftenberg (1820) 170
Scheibler, Anton, Hersteller von Kompositionswaren in Gablonz (1836) 134
Scheibler, Josef, Begründer d. Glasspinnerei in Gablonz (um 1830) 134
Schellhorn, Martin, Steingutfabrikant in Bejereck (Mitte 19. Jh.) 120
Scheyer, Johann, Steingutfabrikant in Unter-Chodau (1834) 122
Schicht, Anton, Besitzer einer Baumwollspinnerei in Zwickau (1818) 211, 214, 220
Schicht, Georg, Seifenfabrikant in Ringelshain (Mitte 19. Jh.) 151
Schick, Esther, Baumwollfabrikantin in Prag (ab 1829) 229 f.
Schielhabel, Raimund, Besitzer einer Papiermühle in Hauenstein (1812) 170
Schierer, Paul, Glasfabrikant in Falkenau (1835) 139
Schiller, Tongeschirrfabrikant in Bodenbach (ab 1829) 125
Schiller, Josef, Zuckerfabrikant in Křimitz (1838) 161
Schimmer, Baumwolldruckereibesitzer in Prag (1841) 230
Schimpke, Josef Ernst, Baumwollwebereibesitzer in Lindenau (1818) 222
Schindler, Johannes, Baumwollspinnereibesitzer in Grün (ab 1817) 213
Schindler, Johann Adam, Besitzer einer Papiermühle bei Grün (1836) 171
Schlechta, Peter August, Leinwandfabrikant in Lomnitz (1. H. 19. Jh.) 184

Schlegel, Johann, Baumwollfabrikant in Roßbach (Anf. 19. Jh.) 224
Schlegel, Josef, Baumwollfabrikant in Lindenau (1. H. 19. Jh.) 228
Schlegel, Rosalia, Gründerin einer Papiermühle in Hammergrund (1800) 169
Schlesinger, G., Seifenfabrikant in Prag (1834) 151
Schlick, Johann Bernard, Eisenwarenfabrikant in Saaz (um 1840) 104
Schmaus, Clemens von, Eisenwerkbesitzer (1841) 96
Schmelzer, Familie, Besitzer einer Papiermühle in Eger (1690—1801) 171
Schmelzer, Nikolaus († 1801), Besitzer einer Papiermühle in Eger 171
Schmerling, Anton Ritter von (1805—1893), österr. Staatsmann 246—249
Schmeykal, Franz (1826—1894), suddt. Jurist u. Politiker 242
Schmidt's Erben, Kammgarnspinnerei in Neugedein (1841) 196
Schmidt, Glasfabrikant in Goldbrunn (1835) 133
Schmidt, Anton, Besitzer eines Eisenwerkes in Liditzau (Mitte 19. Jh.) 101
Schmidt, Ch., Baumwollspinnereibesitzer in Grün (1. H. 19. Jh.) 213
Schmidt, F. G., Baumwollspinnereibesitzer in Fleissen (1841) 216
Schmidt, Franz, Tuchfabrikant in Reichenberg (ab 1817) 202
Schmidt, Jakob Matthias, Wollenzeugfabrikant in Neugedein (ab 1769) 197
Schmidt, Johann Josef, Baumwollspinnereibesitzer in Fleissen (ab 1826) 216
Schmidt, Josef Philipp, Tuchfabrikant in Reichenberg (um 1840) 203
Schmiedl, W., Textilfabrikant in Weipert (1841) 198 f.
Schmieger, Schafwollwarenfabrikant in Schlaggenwald (1841) 197, 199
Schmieger, Ignaz, Gründer einer Kammgarnspinnerei in Zwodau (1844) 197
Schmitt, Franz, Textilfabrikant in Böhm.-Aicha (1841) 189, 199
Schneider, Wachsleinwandfabrikantin Brenn (1841) 186
Schneider, C. E., Baumwollspinnereibesitzer in Oberkratzau (1830) 218
Schöffel, Johann († 1830), Hersteller von Dosen in Reichenau 174
Schön, Mathias, Papierfabrikant in Brünlitz (1. H. 19. Jh.) 171

Schönau, Johann Ritter von, Gründer einer Steingutfabrik in Dallwitz (1804) 121
Schönbach, Anton, Knöpfefabrikant in Peterswalde (1820) 114
Schönborn, Adalbert Graf (nach 1900) 276
Schönborn, Friedrich Graf von, Großindustrieller (1. H. 19. Jh.) 77, 79, 117, 163
Schönburg-Hartenstein, Eduard Fürst von (1787—1872), Großgrundbesitzer 100
Schönfeld, Jakob, Besitzer einer Papiermühle in der Prager Altstadt (ab 1821) 173
Schönfeld, Johann Ferdinand Anton von, Prager Buchdrucker u. Papierfabrikant (1784—1821) 169, 173
Scholze, Benedict, Besitzer einer Glaskugelpoliererei in Parchen (1820) 139
Scholze, Wenzel, Glaskugelhersteller in Parchen (1820) 139
Schramm, Stanniolfabrikant in Ströbl (1834) 116
Schreiber, Baumwollfabrikant in Klein-Aicha (1834) 224
Schreiner, Josef, Baumwollfabrikant in Klein-Aicha (ab 1818) 227
Schroll, August, Baumwollwarenfabrikant in Braunau (2. H. 19. Jh.) 188
Schroll, Benedikt (1790—1876), Textilindustrieller in Braunau 183, 188, 222, 225
Schroll, Johann Benedikt (1759—1831), Textilindustrieller in Braunau 222
Schroll, Josef, Baumwollwarenfabrikant in Braunau (2. H. 19. Jh.) 188
Schürer, Glaswarenfabrikant in Blottendorf (1835) 139
Schütz, Johann Ehrenfried († 1827), Besitzer einer Papiermühle in Eger 171
Schütz, Sabine geb. Schmelzer 171
Schuller, Anton, Baumwollwebereibesitzer in Katzendorf (1841) 223
Schwab, R. F., Leinenfabrikant in Böhm.-Kamnitz (1841) 184
Schwarzenberg (Geschlecht), Industrielle 63, 71, 74 f., 77 f., 129, 131, 154, 163
Schwarzenberg, Felix Fürst zu (1800—1852), österr. Staatsmann 266
Schwarzenberg, Friedrich Fürst zu (*1862) 279
Schwarzenberg, Karl Fürst von (1824—1904) 257, 259—266, 270, 276
Schwarzenfeld, Ritter von, Besitzer von Kohlenbergwerken (1841) 75 f.
Schwertasek, Brüder, Besitzer einer Baumwolldruckerei in Prag (1. H. 19. Jh.) 190
Sedlaček, Ignaz, Besitzer einer Kammgarnspinnerei in Heřmanměstitz (1841) 196

Seeburg, Gustav, Baumwollspinnereibesitzer in Grün (1841) 213
Seeburg, Ludwig, Baumwollspinnereibesitzer in Großenteich b. Eger (1841) 213
Seeckt, Hans von (1866—1936), dt. General 299 Anm. 12, 308
Seele, W. F., Textilfabrikant in Bünauburg (1839) 191
Seidel, Nadelfabrikant in Landskron (1834) 107
Seidel, Augustin, Besitzer eines Eisenwerkes in Franzensthal (1794) 98
Seidel, Ferdinand, Tuchfabrikant in Katharinberg (ab 1825) 205
Seidel, Ignaz, Wollwarenfabrikant in Grottau (1835) 198
Seidel, Leopold, Tuchfabrikant in Reichenberg (1841) 203
Seidel, W., Maschinenfabrikant in Reichenberg (1841) 113
Seidenköhl, Anton, Besitzer einer Eisenwarenfabrik in Saaz (um 1840) 104, 153
Seidl, Baumwollspinnereibesitzer in Weipert (1. H. 19. Jh.) 217
Seidl, Karl Cosmas, Schafwollwarenfabrikant in Kratzau (1841) 199
Seidl, Rosalia, Baumwollspinnereibesitzerin in Ruppersdorf (1843) 221
Seifert, Wenzel, Industrieller (1. H. 19. Jh.) 78, 161
Seipel, Ignaz (1876—1932), österr. Politiker 317
Sellier, Louis, Zündhütchenfabrikant bei Prag (1. H. 19. Jh.) 116
Severus Alexander, röm. Kaiser (222—235) 25
Seyler, Wolfgang, Wollenzeugfabrikant in Asch (1818) 197
Siber, Baumwollfabrikant in Rumburg (Anf. 19. Jh.) 223
Sido, Swebenkönig (Mitte 1. Jh. n. Chr.) 18
Siebenhüner, Baumwollfabrikant in Schönlinde (1. H. 19. Jh.) 211
Sieghart, Rudolf (1866—1937), österr. Politiker 268, 279
Siegmund, Franz, Tuchfabrikant (Mitte 19. Jh.) 202 f.
Siegmund, Franz Florian, Tuchfabrikant in Katharinberg (ab 1809) 202
Siegmund, Friedrich, Tuchfabrikant in Reichenberg (ab 1835) 203
Siegmund, Wilhelm sen., Tuchfabrikant (Anf. 19. Jh.) 202, 224
Siegmund, Wilhelm jun., Tuchfabrikant (Mitte 19. Jh.) 203

Sigismund, Kaiser (1410—1437), König v. Ungarn u. Böhmen 46
Silberer, Johann, Baumwollfabrikant in Komotau (1. H. 19. Jh.) 227
Silberstein, Josef Frh. von, Papierfabrikant in Hermannseifen (1825) 172
Silva-Tarouca, Ernst Graf (1860—1936), österr. Politiker 258 f., 262, 268 f.
Simons, Walter (1861—1937), dt. Jurist u. Politiker 310
Singer, Jeremias, Baumwolldruckereibesitzer in Jungbunzlau (1. H. 19. Jh.) 227
Skirmunt, Konstantin Graf (1866—1951), poln. Politiker 313
Sladkovský, Karel (1823—1880), tschech. Jurist u. Politiker 239 f.
Slávik, Juraij (* 1890), tschech. Politiker 295 Anm. 42
Sluka, Franz, Leinwanddruckfabrikant in Böhm.-Aicha (1. H. 19. Jh.) 189
Sonntag, Kuneš (1878—1931), tschech. Politiker 287
Sorger, Franz, Juchtenlederfabrikant in St. Katharina (1822) 178
Speikner, Josef, Besitzer einer Drahtzieherei in Johannisthal (1820) 104
Spiegel, G., Baumwollspinnereibesitzer in Reichstadt (1. H. 19. Jh.) 215
Spietschka, Schafwollwarenfabrikant in Liebenau (1841) 199
Spiro, Ignaz, Papierfabrikant (Mitte 19. Jh.) 170
Spitra, Hersteller physik. u. math. Instrumente in Prag (1834) 113
Šrobár, Vavro (1867—1953), slowak. Politiker 281 f. 284, 287 f., 290, 293 f., 295 Anm. 42
Stadion, Graf, Eisenwerksbesitzer in Josephsthal (1. H. 19. Jh.) 97
Stametz, J. H., Wiener Großhändler (1832) 217
Staniek, Johann, Farbenfabrikant in Neuhaus (1845) 150
Stanislaus von Znaim († 1414), Theologe u. Philosoph 36
Starck, Johann Anton Edler von (1808—1883), Großindustrieller 70, 146
Starck, Johann David Edler von (1770—1841), Großindustrieller 73—78, 99, 115, 120, 141—146, 151
Stark, Friedrich († 1827), Baumwollspinnereibesitzer in Graslitz 215, 223
Stark, Friedrich Karl jun., Baumwollspinnereibesitzer in Graslitz (1828) 215

Stark Josef Karl, Baumwollspinnereibesitzer in Graslitz (ab 1827)
Starke, August, Baumwollspinnereibesitzer in Niemes (1802—1818) 228
Štefánik, Milan Ratislav (1880—1919), slowak. Staatsmann 284 Anm. 7
Steffan, F., Leinwandfabrikant in Arnau (1841) 184
Steigerwald, Besitzer einer Glasraffinerie in Haida (1. H. 19. Jh.) 139
Stein, Fezfabrikant (1. H. 19. Jh.) 206
Steinbach, Besitzer einer Weberei in Bünauburg (1841) 191
Steiner, Wenzel, Lederfabrikant in Klösterle (1818) 176
Sternberg, Graf von, Industrieller (Mitte 19. Jh.) 78, 98
Steyrer, Baumwollwarenfabrikant in Prag (um 1820) 188
Stierba, Porzellanfabrikant in Unter-Chodau (1845) 122
Stifter, J. M., Handschuhfabrikant in Prag (ab 1832) 179
Stojowska, Alžbeta, slowak. Übersetzerin d. Zeitschrift „Život" in Warschau 337, 373
Stolle, Franz, Leinenstoffabrikant in Warnsdorf (Anf. 19. Jh.) 184, 191, 226
Stolle, Josef sen., Textilfabrikant in Warnsdorf (1809) 191
Stolle, Josef jun., Textilfabrikant in Warnsdorf (ab 1820) 184, 191, 226
Strabo (ca. 63 v. Chr.—20 n. Chr.), griech. Geograph 11 f., 15
Strohlendorf, Ritter von, Zuckerfabrikant in Bezdiekau (1830) 160
Stuckly, W., Filzhutfabrikant in Prag (Mitte 19. Jh.) 207
Stumpf, Tuchfabrikant in Braunau (Anf. 19. Jh.) 204
Štúr, L'udovít (1815—1856), slowak. Schriftsteller 366 Anm. 20
Suchy, Karl, Hersteller von Pendeluhren in Prag (1. H. 19. Jh.) 113
Suida, Franz, Baumwollwarenfabrikant in Wekelsdorf (1848) 224
Švehla, Antonín (1873—1933), tschechosl. Staatsmann 281 Anm. 1
Swoboda, Ignaz, Besitzer eines Eisenwerkes in Franzensthal (1794) 98
Swoboda, Prokop, Handschuhfabrikant in Prag (ab 1822) 178
Swoboda, Wenzel, Industrieller (Mitte 19. Jh.) 102, 221

Taaffe, Eduard Graf von (1833—1895), österr. Staatsmann, Ministerpräsident (1879—1893) 237 f., 251
Taaffe, Ludwig Graf von, Industrieller (1. H. 19. Jh.) 163
Taaffe, Rudolf Graf, Industrieller (1. H. 19. Jh.) 176
Tacitus, Publius Cornelius (ca. 55—120 n. Chr.), röm. Historiker 9—12, 14 f., 17—19, 21—24, 28
Tardieu, André (1876—1945), frz. Politiker 299 Anm. 9
Taschek, Besitzer eines Eisenwerkes in Franzensthal (1. H. 19. Jh.) 98
Taschek, Josef, Glasfabrikant in Winterberg (ab 1841) 131
Tauchau, A. J., Zuckerfabrikant in Chlumetz (1853) 164
Taußig, Brüder, Baumwollfabrikanten in Bubentsch (1841) 230
Tedesco, Salomon, Gründer einer Ölraffinerie in Prag (1829) 152
Teller, Michael B., Ölfabrikant in Bestwin (1836) 152
Tersch, Karl, Schafwollwarenfabrikant in Hegewald (1835) 198
Tetzner, Franz, Baumwollspinnereibesitzer in Rothenhaus (ab 1834) 216, 221
Tetzner, Gustav, Baumwollspinnereibesitzer (Mitte 19.Jh.) 216 f., 221
Tetzner, Johann August, Baumwollspinnereibesitzer in Rothenhaus (ab 1824) 215 f., 221
Tetzner, Otto, Baumwollspinnereibesitzer in Rothenhaus (ab 1834) 216, 221
Teuber, Besitzer einer mechan. Flachspinnerei in Skurow (1841) 183
Theer, Ferdinand, Baumwollfärbereibesitzer in Politz (1818) 230
Theißig, Rußfabrikant in Binsdorf (1833/1834) 148
Ther, Karl, Leinwandfabrikant in Hohenelbe (1829—1845) 184
Thern, Adalbert Wenzel, Besitzer einer Papiermühle in Aussig (Mitte 19. Jh.) 171
Thitschel, Seraphin, Baumwollfabrikant in Rumburg (Anf. 19. Jh.) 223
Thomas von Aquin (ca. 1225—1274), Kirchenlehrer, Philosoph u. Theologe 35, 50
Thomas, Constantin, Baumwollspinnereibesitzer (1843) 220
Thomas, Edward, Industrieller (1. H. 19. Jh.) 111 f.
Thomas, James, Mitbegründer einer Maschinenfabrik in Reichenberg (1822) 111
Thomas, Leopold, Maschinenfabrikant in Graslitz (1834) 111, 196, 199
Thum, Anton, Gründer einer Kammgarnspinnerei in Katharinberg (1834) 194, 196, 199
Thume, Ignaz, Baumwollfabrikant (1837) 229 f.
Thun u. Hohenstein, Franz Fürst (1847—1916), österr. Ministerpräsident (1898/99) 258—260, 262, 266, 269—277, 279
Thun, Franz Josef Graf (1734—1813), Großgrundbesitzer u. Industrieller 99, 107, 121
Thun, Jaroslav Fürst (1864—1929) 257, 259—261, 266—269
Thun, Josef Mathias Graf von (1794—1868), Großgrundbesitzer u. Industrieller 121
Thurn u. Taxis, Karl Anselm Fürst von (1792—1844) 79, 157, 161, 163
Tiberius, röm. Kaiser (14—37) 15—17, 24
Tinus, Baumwollwebereibesitzer in Königinhof (1818) 226
Tisza von Borosjenö, Stephan Graf (1861—1918), ungar. Staatsmann 278
Titus, röm. Kaiser (79—81) 25
Tobisch, Stahlwarenfabrikant in Klösterle (1834) 106
Tobisch, Josef, Textilfabrikant in Hohenelbe (1836) 189
Tokár, Ľudovít, Kandidat f. d. Nationalausschuß in Warschau (1958) 350
Topsch, Josef, Baumwollspinnereibesitzer in Zwickau (1843) 221
Torsch, Brüder, Besitzer einer Kammgarnspinnerei in Karolinenthal (1834) 196
Trajan, röm. Kaiser (98—117) 18 f., 25
Trauttmansdorff, Fürst, Eisenwerkbesitzer (1841) 101
Trauttmansdorff, Gräfin, Eisenwerkbesitzerin in Theresienthal (1811) 100
Trenkler, Anton, Tuchfabrikant (Mitte 19. Jh.) 202 f.
Trenkler, Josef, Gründer einer Streichgarnspinnerei in Proschwitz (1833) 196
Triebel, W., Schafwollwarenfabrikant in Reichenberg (1841) 199
Trinks, Ferdinand, Kohlenbergwerksbesitzer in Obergeorgenthal (1841) 76
Tschörner, Josef, Tuchfabrikant in Reichenberg (1. H. 19. Jh.) 194, 203
Tschubert, Josef, Seidenfabrikant in Prag (1819) 187
Tudrus, Quadenkönig 23
Turba, Vertrauter Erzherzog Franz Ferdinands 278 Anm. 75

Tusar, Vlastimil (1880—1924), tschech. soz.-dem. Politiker 310, 319 f., 327, 333 f.
Tuscani, Z. W., Besitzer einer Fischbeinreißerei in Prag (1820) 167
Tuschner, Philipp, Tuchfabrikant in Pilsen (Anf. 19. Jh.) 204

Ulbrich, Anton, Baumwollfabrikant in Georgenthal (1820) 224
Ulbrich, Franz, Tuchfabrikant in Reichenberg (ab 1802) 202
Ulbrich, Friedrich, Baumwollspinnereibesitzer in Zwickau (1818) 212
Ulbrich, Ignaz, Baumwollspinnereibesitzer in Zwickau (1828) 212
Ulbrich, Josef, Besitzer einer Leinenbleiche in Niedergrund (1841) 185
Ulbricht, Franz, Baumwollfabrikant in St. Georgenthal (1. H. 19. Jh.) 226
Ulbricht, Johann, Baumwollspinnereibesitzer in Zwickau (1. H. 19. Jh.) 215
Ullmann, Jacob, Nadelfabrikant in Prag (1. H. 19. Jh.) 107
Ullmann, Kaspar, Hersteller physik. u. math. Instrumente in Neudeck (1. H. 19. Jh.) 113
Ulrich v. Znaim, Theologe (Anf. 15. Jh.) 39
Unger, Hersteller von Kompositionswaren in Gablonz (1834) 135
Unger, Christoph, Besitzer einer Zinngrube (1841) 66
Urban, Hersteller von Kompositionswaren in Labau (Anf. 19. Jh.) 138

Valle, Christoph de, Hersteller von Hanferzeugnissen (Anf. 19. Jh.) 186
Vangio, Quadenfürst (Mitte 1. Jh. n. Chr.) 18
Vannius, Quadenkönig (um 50 n. Chr.) 18 f., 24
Vanovič, Jan (* 1856), slowak. Politiker 293
Varus, Publius Quin(c)tilius († 9 n. Chr.), röm. Feldherr 17
Veit, Schlosserwarenfabrikant in Budweis (1820) 106
Veit, Jakob, Gerbereibesitzer in Zebus (1818) 176
Veith, Alois, Leinenfabrikant in Grulich (1841) 184
Veith, Jakob (1758—1833), Industrieller u. Humanist 160
Velleius, Paterculus (um 30 n. Chr.), röm. Offizier u. Geschichtsschreiber 11 f., 15 f.

Verus, Lucius Aurelius, röm. Kaiser (160—169) 31
Vespasian, röm. Kaiser (69—79) 18, 25
Vibilius, Hermundurenkönig (1. Jh. n. Chr.) 17 f., 23
Vlček, Jaroslav (1860—1930), tschech. Literarhistoriker 282
Völkelt, Selma, Maschinenfabrikantin in Altharzdorf (1852) 111
Vogel, Brüder, Baumwollspinnereibesitzer in Joachimsthal (1841) 213
Vogel, Glasraffineur in Steinschönau (1835) 139
Vogel, A., Baumwollspinnereibesitzer in Gabel (1. H. 19. Jh.) 217
Vogel, Ignaz, Baumwollspinnereibesitzer in Zwickau (1828) 216
Voigt, Stahlwarenfabrikant in Karlsbad (1820) 107
Voithenberg, Frh. von, Glasfabrikant in Haselberg (1. H. 19. Jh.) 132
Vonwiller, Johann Niclaus, Tuchfabrikant (Mitte 19. Jh.) 205
Votruba, František (* 1880), slowak. Schriftsteller u. Journalist 282, 294

Wagner, Tuchfabrikant in Braunau (Anf. 19. Jh.) 204
Wagner, Johann, Kohlenbergwerksbesitzer in Triebschitz (1841) 76
Wagner, Martin, Zuckerfabrikant (um 1835) 157, 161—163
Wahle, Simon, Textilfabrikant in Prag (1830) 189, 219
Waldstein, Grafen von, Industrielle 76 f., 79, 100, 164, 204
Walter, Franz, Porzellanfabrikant in Bilin (ab 1841) 124
Walz, Franz, Besitzer einer Lederlackiererei in Prag (1818) 178
Walzel, Brüder, Besitzer einer Leinenbleiche in Unterwekelsdorf (1841) 185
Walzel, Tuchfabrikant in Braunau (Anf. 19. Jh.) 204
Walzl, Georg, Baumwollwebereibesitzer in Wiesen (1841) 223
Wambersky, Johann, Textilfabrikant in Prag (1824) 189
Wania, Johann, Bergmann (Anf. 19. Jh.) 77
Wanig, Josef, Filzhutfabrikant in Prag (Mitte 19. Jh.) 207
Wanka, Franz L., Gründer einer Hofbierbrauerei in Prag (1805) 154
Wartus, Adam, Besitzer eines Kohlenbergwerks in Davidsthal (um 1800) 74

Watznauer, Philipp, Tuchfabrikant in Reichenberg (ab 1840) 203
Weber, Baumwolldruckereibesitzer in Böhm.-Leipa (1817) 225
Weber, Johann Nicolaus (1734—1801), Oberforstmeister u. Porzellanfabrikant 121
Weckerle, Baumwollwebereibesitzer in Königinhof (1818) 226
Wederich, Franz, Baumwollfabrikant in Böhm.-Leipa (1841) 226
Weigand, Metallwarenfabrikant in Tyssa (1841) 114
Weikelt, Friedrich, Maschinenfabrikant in Reichenberg (1834) 111
Weil, Moyses, Fezfabrikant in Strakonitz (1. H. 19. Jh.) 206
Weil, Wolf, Fezfabrikant in Strakonitz (1. H. 19. Jh.) 206
Weinrich, Karl (1800—1860), Chemiker, Begründer d. österr. Zuckerindustrie 157, 160—164
Welkens, Conrad, Baumwollspinnereibesitzer in Mildeneichen (1843) 220
Wels, Glasfabrikant in Guttenbrunn (1835) 133
Wenzel, dt. König (1378—1400), als König v. Böhmen W. IV. (1378—1419) 38
Wenzel, Anton sen., Textilfabrikant in Schönlinde (ab 1794) 191
Wenzel, Anton jun., Textilfabrikant in Schönlinde (ab 1838) 191
Wenzel, Franz, Textilfabrikant in Schönlinde (ab 1838) 191
Werner, Brüder, Baumwollspinnereibesitzer in Bürgstein (1. H. 19. Jh.) 214
Werner, Josef, Glaskugelhersteller in Arnsdorf (1820) 138
Westphal, Graf, Kohlenbergbau- u. Großgrundbesitzer 73 f.
Westphalen, Gräfin, Kohlenbergwerksbesitzerin in Klum (1841) 75
Wettengel, Michael, Baumwollspinnereibesitzer in Roßbach (1818) 212
Wiclif, John (ca. 1330—1384), Reformator 34, 36—40, 42—44, 46, 48 f., 51
Wieden, Brüder, Baumwolldruckereibesitzer in Lindenau (1818) 225
Wieden, Ignaz, Baumwollspinnereibesitzer in Zwickau (1. H. 19. Jh.) 211, 215
Wiener, Michael Wenzel, Leinwanddruckfabrikant in Prag (1820) 189, 207
Wiesener (Wißner), Baumwollspinnereibesitzer in Engenthal (1. H. 19. Jh.) 214
Wießner, Josef, Wachsfabrikant in Kaplitz (1820) 150
Wietz, Johann, Eisenwerkbesitzer in Palmsgrün (um 1815) 84
Wietz, Vinzenz, Eisenwerkbesitzer in Palmsgrün (um 1815) 84
Wieweg, Besitzer einer Oleumhütte (Anf. 19. Jh.) 144
Wilhelm, Siegmund, Besitzer einer Streichgarnspinnerei in Röchlitz (1841) 196
Will, Ernst, Baumwollspinnereibesitzer (1843) 221
Willenbacher, Uhrenhersteller in Prag (1. H. 19. Jh.) 112
Williams, Maschinenfabrikant in Reichenberg (1834) 111
Wilson, Thomas Woodrow (1856—1924), amerik. Staatsmann, Präsident der USA (1913—1921) 300 Anm. 13
Windischgrätz, Alfred Fürst zu (1787—1862), österr. Feldmarschall 103, 128 f., 156
Winkler, Familie, Papiermühlenbesitzer in Kundratitz (19. Jh.) 171
Winter, Franz, Tuchfabrikant in Braunau (1818) 204
Wirth, Joseph (1879—1956), dt. Politiker 310, 322 Anm. 123
Wlach, Johann, Kappenfabrikant in Pisek (1. H. 19. Jh.) 206
Wölz, Anton, Pächter einer Porzellanfabrik in Klum (1831) 122
Wolf, Karl, Teilhaber einer Prager Porzellanfabrik (um 1835) 121
Wolf, Karl Hermann (1862—1931), alldt. Politiker 261
Wolfrum, Carl Georg, Schafwollwarenfabrikant in Aussig (ab 1843) 192
Wolkenstein, Graf von, Kohlenbergwerkbesitzer (1841) 75
Wolker, Jiří (1900—1924), tschech. Dichter 369
Wolzel, F., Baumwollspinnereibesitzer in Böhm.-Leipa (1. H. 19. Jh.) 217
Wratislaw, Gabriela Gräfin von, Zuckerfabrikantin (1837) 161
Wrbna, Graf, Großindustrieller (1. H. 19. Jh.) 59, 77 f., 91 f., 108
Wrtby, Franz Josef Graf von, Herrschafts- u. Fabrikbesitzer (um 1800) 119
Wünsche, Adalbert, Zwirnfabrikant in Schönlinde (um 1800) 185
Wünsche, Franz, Baumwolldruckereibesitzer in Hirschberg (ab 1803) 226

Wünsche, Johann, Zwirnfabrikant in Schönlinde (1830) 185, 196
Wunderlich, Baumwollwarenfabrikant in Asch (1834) 225
Wurmbrand-Stuppach, Wilhelm von (1806—1884), Großindustrieller 79, 147, 157, 160
Wurscher, Wolfgang, Besitzer einer Papiermühle in Těschowitz (1808) 170

Zabel, Baumwolldruckereibesitzer in Niedergrund (1841) 230
Zahn, Besitzer einer Glasraffinerie in Kreibitz (1818) 138
Zahn, Josef, Glasfabrikant in Steinschönau (um 1800) 139
Záruba-Pfeffermann, Quido (* 1899), Dipl. Ing. 283
Zdeborsky, Leiter d. Zuckerfabrik in Daubrawitz (1834) 161
Zeileisen, von, Farbenfabrikant in Joachimsthal (1841) 150
Zeiske, Franz, Papierfabrikant in Rokitnitz (1818) 172
Zellinger, Johann, Wagenfabrikant in Prag (1835) 166
Zenker, Glasraffinieur in Josefsthal (1835) 139
Zenker, A., Spielzeugfabrikant in Katharinenberg (1834) 166
Zenker, Elias, Besitzer d. Glashütte Antoniewald (1. H. 18. Jh.) 137
Zessner, Baron, Siruphersteller in Litschau (1836) 163
Zich, Josef, Glasfabrikant in Joachimsthal (1820) 128
Ziegler, Baumwolldruckereibesitzer in Böhm.-Leipa (1817) 225
Ziegler, Wolfgang, Spiegelglasfabrikant (1. H. 19. Jh.) 132
Zimmermann, Dampfmühlenbesitzer in Saaz (1841) 153
Zinke, Glasschleifereibesitzer in Haida (1. H. 19. Jh.) 138
Zinsmeister, Baumwolldruckereibesitzer in Prag (1841) 230
Živiol, František, Kandidat f. d. Nationalausschuß in Warschau (1958) 350
Žižka von Trocnov, Jan (ca. 1370—1424), Hussitenführer 63
Zweigelt, Franz, Zwirnfabrikant in Schönlinde (1841) 186
Zweigelt, Josef, Zwirnfabrikant in Schönlinde (1792) 186

AUSWAHLVERZEICHNIS DER PUBLIKATIONEN
DES COLLEGIUM CAROLINUM

REIHE: VERÖFFENTLICHUNGEN DES COLLEGIUM CAROLINUM

Bd. 11: Friedrich P r i n z : Hans Kudlich (1823—1917).
1962 — 214 Seiten mit 3 Abb. — kart. DM 25,—, Ln. DM 30,—

Bd. 12: Die Sudetenfrage in europäischer Sicht (Vorträge).
1962 — 281 Seiten — kart. DM 25,—

Bd. 13: Heribert S t u r m : Egerer Reliefintarsien.
1961 — 280 Seiten Text mit 112 teils farbigen Abb. — Ln. DM 36,—

Bd. 14: Anton E r n s t b e r g e r : Böhmens freiw. Kriegseinsatz gegen Napoleon 1809.
1963 — 200 Seiten — kart. DM 15,—, Ln. DM 18,—

Bd. 15: Die Slowakei als mitteleuropäisches Problem in Geschichte und Gegenwart (Vorträge).
1965 — 237 Seiten — kart. DM 19,—, Ln. DM 22,—

Bd. 16: Probleme der böhmischen Geschichte (Vorträge).
1964 — 145 Seiten — kart. DM 12,—, Ln. DM 14,50

Bd. 17: Erwin H e r r m a n n : Slawisch-germanische Beziehungen im südostdeutschen Raum von der Spätantike bis zum Ungarnsturm.
1965 — 286 Seiten — kart. DM 24,—, Ln. DM 29,—

Bd. 18: Ernst Karl S i e b e r : Ludwig von Löhner. Ein Vorkämpfer des Deutschtums in Böhmen, Mähren und Schlesien im Jahre 1848/1849.
1965 — 157 Seiten — kart. DM 14,—, Ln. DM 16,—

Bd. 19: Beiträge zum deutsch-tschechischen Verhältnis im 19. und 20. Jahrh. (Vorträge).
1967 — 175 Seiten — Ln. DM 24,—

Bd. 20: Gustav K o r k i s c h : Geschichte des Schönhengstgaues. Teil 1.
1966 — 340 Seiten, 15 Abb. — kart. DM 29,—, Ln. DM 33,—

Bd. 21: Friedrich P r i n z : Prag und Wien 1848. Probleme der nationalen und sozialen Revolution im Spiegel der Wiener Ministerratsprotokolle.
1968 — 180 Seiten — Ln. DM 19,— ISBN 3-87478-068-6

Bd. 22: Peter H i l s c h : Die Bischöfe von Prag in der frühen Stauferzeit. Ihre Stellung zwischen Reichs- und Landesgewalt von Daniel I. (1148—1167) bis Heinrich (1182—1197).
1969 — 262 Seiten — Ln. DM 29,— ISBN 3-87478-046-5

Bd. 23: Monika G l e t t l e r : Sokol und Arbeiterturnvereine (D. T. J.) der Wiener Tschechen bis 1914.
1970 — 116 Seiten — Ln. DM 18,— ISBN 3-486-43311-3

Bd. 24: Manfred A l e x a n d e r : Der deutsch-tschechoslowakische Schiedsvertrag von 1925 im Rahmen der Locarno-Verträge.
1970 — 212 Seiten — Ln. DM 25,— ISBN 3-486-43301-6

Bd. 25: Egbert K. J a h n : Die Deutschen in der Slowakei in den Jahren 1918—1929. Ein Beitrag zur Nationalitätenproblematik.
1971 — 186 Seiten — Ln. DM 23,— ISBN 3-486-43321-0

Bd. 26: Christoph S t ö l z l : Die Ära Bach in Böhmen. Sozialgeschichtliche Studien zum Neoabsolutismus 1849—1859.
1971 — 360 Seiten — Ln. DM 38,— ISBN 3-486-47381-6

Bd. 28: Monika G l e t t l e r : Die Wiener Tschechen um 1900. Strukturanalyse einer nationalen Minderheit in der Großstadt.
1972 — 628 Seiten — Ln. DM 58,— ISBN 3-486-43821-2

HANDBUCH DER SUDETENDEUTSCHEN KULTURGESCHICHTE

Bd. 1: Ernst Schwarz: Die Ortsnamen der Sudetenländer als Geschichtsquelle.
2. durchgesehene, teilweise umgearbeitete und erweiterte Auflage.
1961 — 405 Seiten mit 12 Abbildungen, 1 Grundkarte und 13 Deckblättern — kart. DM 37,—, Ln. DM 40,—

Bd. 2: Ernst Schwarz: Sudetendeutsche Sprachräume.
2. durchgesehene und teilweise erweiterte Auflage.
1962 — 386 Seiten mit 59 Abbildungen — kart. DM 39,—, Ln. DM 42,—

Bd. 3: Ernst Schwarz: Volkstumsgeschichte der Sudetenländer. Teil 1: Böhmen.
1965 — 455 Seiten mit 81 Abbildungen — kart. DM 42,—, Ln. DM 46,—

Bd. 4: Ernst Schwarz: Volkstumsgeschichte der Sudetenländer. Teil 2: Mähren-Schlesien.
1966 — 534 Seiten mit 56 Abbildungen — kart. DM 50,—, Ln. DM 54,—

Bd. 5: Franz J. Beranek †: Atlas der sudetendeutschen Umgangssprache. Band 1.
1970 — 222 Seiten mit 100 Karten — Ln. DM 54,—   ISBN 3-7708-0396-5

BOHEMIA-JAHRBUCH DES COLLEGIUM CAROLINUM

Bd. 1 (1960) ff.

SONSTIGE VERÖFFENTLICHUNGEN

Handbuch der Geschichte der böhmischen Länder. 4 Bände, pro Lieferung (80 Seiten) kart. DM 25,—   ISBN 3-7772-6602-7
Bereits erschienen: Bd. I — 1966/67 — XXIV + 638 Seiten — Ln. DM 218,—
Bd. III — 1967/68 — XI + 503 Seiten — Ln. DM 166,—
Bd. IV — 1969/70 — XV + 393 Seiten — Ln. DM 142,—
Bd. II — 1971/72 — 4 Lieferungen

Heinrich Kuhn: Handbuch der Tschechoslowakei.
1966 — 1021 Seiten — Plastikeinband DM 142,—   ISBN 3-87478-042-2

Heinrich Kuhn: Biographisches Handbuch der Tschechoslowakei. Loseblatt-Ausgabe in Lieferungen, pro Seite DM —,10. Bereits erschienen: 3 Lieferungen

Zwischen Frankfurt und Prag (Vorträge).
1963 — 155 Seiten mit 1 Karte — Ln. DM 20,—   ISBN 3-87478-039-2

Detlef Brandes: Die Tschechen unter deutschem Protektorat.
Teil 1: Besatzungspolitik, Kollaboration und Widerstand im Protektorat Böhmen und Mähren bis Heydrichs Tod (1939—1942).
1969 — 372 Seiten — Ln. DM 45,—   ISBN 3-486-43041-6

Aktuelle Forschungsprobleme um die Erste Tschechoslowakische Republik (Vorträge).
1969 — 209 Seiten — Ln. DM 28,—   ISBN 3-486-43021-1

Versailles-St. Germain-Trianon. Umbruch in Europa vor fünfzig Jahren (Vorträge).
1971 — 198 Seiten — Ln. DM 28,—   ISBN 3-486-47321-2

Das Jahr 1945 in der Tschechoslowakei. Internationale, nationale und wirtschaftlich-soziale Probleme (Vorträge).
1971 — 316 Seiten — Ln. DM 38,—   ISBN 3-486-43451-9

Weiters sind erschienen:

12 Bände in der Reihe: Wissenschaftliche Materialien und Beiträge zur Geschichte und Landeskunde der böhmischen Länder.

5 Bände in der Reihe: Forschungen zur Geschichte und Landeskunde der Sudetenländer.

Ausführliche Veröffentlichungsverzeichnisse können bei jeder Fachbuchhandlung angefordert werden.